Office 2010 Práctico

Word · Excel · Access · PowerPoint

RAFAEL ROCA

Edición: Rafael Roca Arrufat

Diseño y realización de la cubierta: Rafael Roca Arrufat

Comunicaciones: rafaroca.net/contacto

ISBN 978-1986641739

Índice del contenido

Contenido online en: rafaroca.net/libros/office2010

- Archivos complementarios para la realización de las prácticas:
  - Archivos Office 2010 – Word
  - Archivos Office 2010 – Excel
  - Archivos Office 2010 – Access
  - Archivos Office 2010 – PowerPoint
- Material audiovisual
- Prácticas resueltas (Excel, Access)

INTRODUCCIÓN

INFORMACIÓN PRELIMINAR

1

Con este libro aprenderá a trabajar eficazmente con las cuatro aplicaciones más populares de la suite ofimática *Microsoft Office 2010*: *Word* (procesador de texto), *Excel* (hoja de cálculo), *Access* (base de datos) y *PowerPoint* (presentación de diapositivas).

Office 2010 Práctico no es un manual al uso, con explicaciones pormenorizadas de todas las opciones de cada aplicación, sino un libro con un enfoque funcional, en consonancia con el conocido proverbio: *"Quien oye, olvida. Quien ve, recuerda. Quien hace, aprende"*. En cada tema dispondrá de indicaciones y consejos para llevar a cabo las prácticas propuestas, a través de las cuales llegará a dominar las cuatro aplicaciones sin tener que leer largas exposiciones teóricas.

A la hora de decidir los temas a tratar y su orden se ha seguido un criterio pedagógico. Más que presentar farragosos bloques temáticos, la serie de temas en cada aplicación sigue un nivel de dificultad ascendente y una secuencia lógica.

Por otra parte, aunque los temas iniciales tratan procedimientos básicos, los lectores con experiencia previa con las aplicaciones podrán acceder a aquellos que les interesen, prescindiendo de los que ya conocen.

¿Para quién es *Office 2010 Práctico*?

El libro está destinado a cualquier persona que quiera aprender las funcionalidades más importantes de *Microsoft Office 2010* y a manejar los programas con seguridad para realizar cualquier tarea ofimática.

También en el entorno docente será un instrumento de enseñanza idóneo al facilitar la labor del profesorado y estimular, al mismo tiempo, el interés de los/as estudiantes con prácticas amenas, a la vez que relevantes.

Requisitos

Deberá tener instaladas las aplicaciones *Microsoft Word 2010*, *Microsoft Excel 2010*, *Microsoft Access 2010* y *Microsoft PowerPoint 2010* en el ordenador donde vaya a realizar las prácticas. Si no ha instalado las aplicaciones y necesita ayuda sobre cómo hacerlo, visite la web de Microsoft, **support.office.com** y busque la información referente a la versión *Microsoft Office 2010*.

Dado que las aplicaciones se ejecutan en el entorno del sistema operativo *Windows*, necesitará conocer este sistema operativo —preferentemente, *Windows 7* o posterior— en cuanto al manejo de la interfaz, ventanas, menús, cuadros de diálogo, carpetas y archivos. En el caso de tener poca experiencia con el sistema operativo, es recomendable realizar el curso online gratuito "Windows: Gestión de archivos" en la plataforma web **formacion.rafaroca.net**.

Por último, habrá de disponer de conexión a internet para descargar archivos complementarios y material extra de la página web del libro: **rafaroca.net/libros/office2010**.

Complementos en la web del libro

En la página web **rafaroca.net/libros/office2010** se encuentran imágenes, documentos de *Word*, libros de *Excel*, bases de datos de *Access* y presentaciones de *PowerPoint* para usar en las prácticas de cada aplicación. Los archivos están en carpetas comprimidas para facilitar su descarga.

Las ventanas de las aplicaciones

Es de agradecer que aplicaciones tan complejas tengan una **interfaz** muy similar, con lo que muchas de las operaciones típicas las llevaremos a cabo en todos los programas también de forma similar.

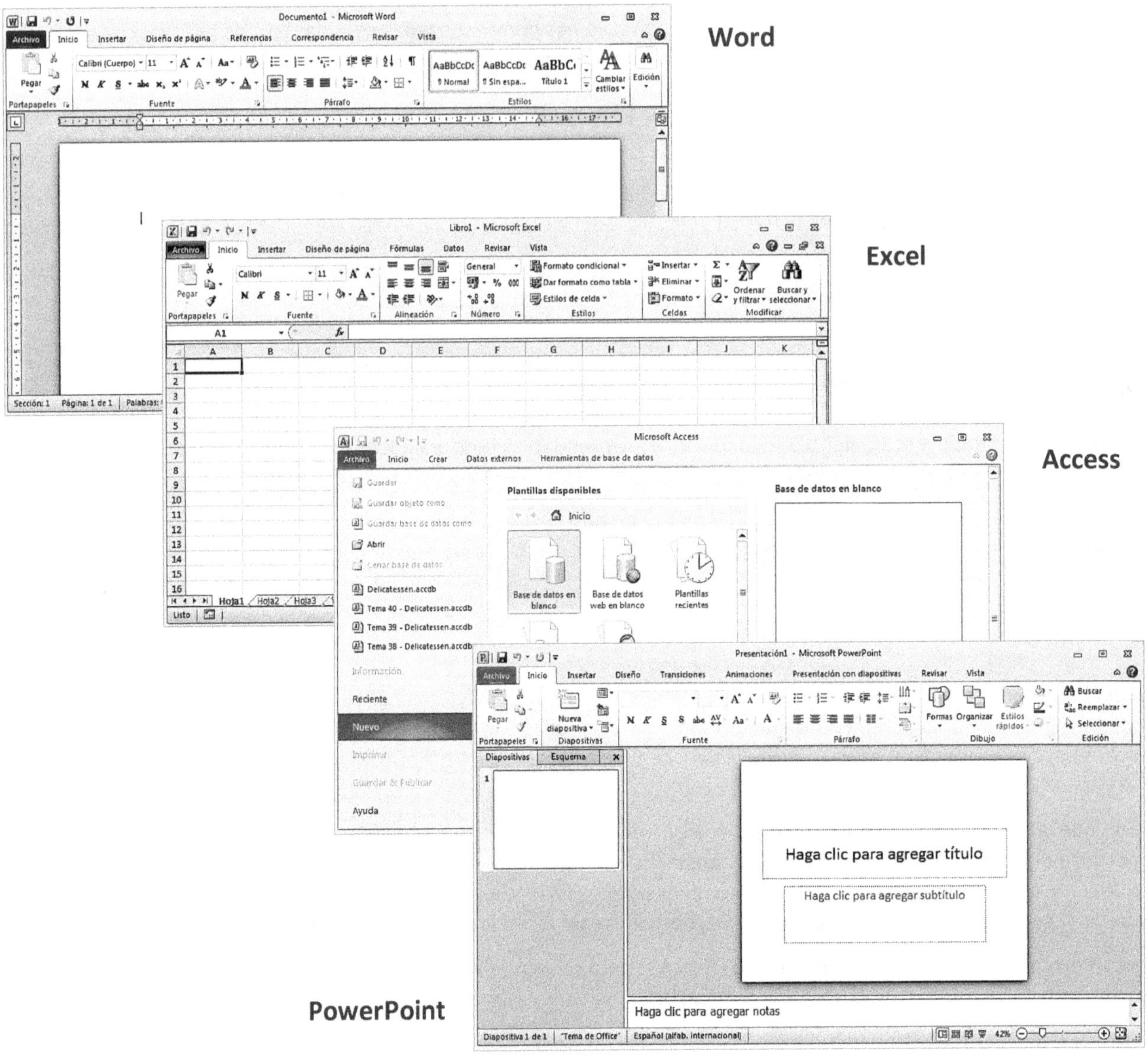

Nuestra primera tarea consistirá en conocer las **partes de las ventanas**, aquellas que son específicas de una aplicación concreta y, antes que nada, aquellas partes que son comunes a todas ellas, que son las siguientes:

1) **Barra de inicio rápido**
   Contiene botones de comando habituales y es personalizable.
2) **Barra de título**
   Muestra el nombre del archivo y de la aplicación.
3) **Botones de control**
   Minimiza, maximiza o cierra la ventana.
4) **Cinta de opciones**
   Contiene todos los botones de comando del programa distribuidos en fichas y es personalizable.
5) **Regla horizontal** (en *Word* y *PowerPoint*)
   Muestra el tamaño que ocupa el área de escritura en horizontal y los márgenes izquierdo y derecho.
6) **Regla vertical** (en *Word* y *PowerPoint*)
   Muestra el tamaño que ocupa el área de escritura en vertical y los márgenes superior e inferior.
7) **Área o zona de trabajo**
   El área donde llevamos a cabo el trabajo.
8) **Barra de desplazamiento vertical**
   Para desplazarnos por las páginas, filas, etc.
9) **Barra de estado**
   Muestra información sobre el documento, hoja de cálculo, objeto de la base de datos, diapositiva, etc. y contiene zonas activas con botones, como el zoom.

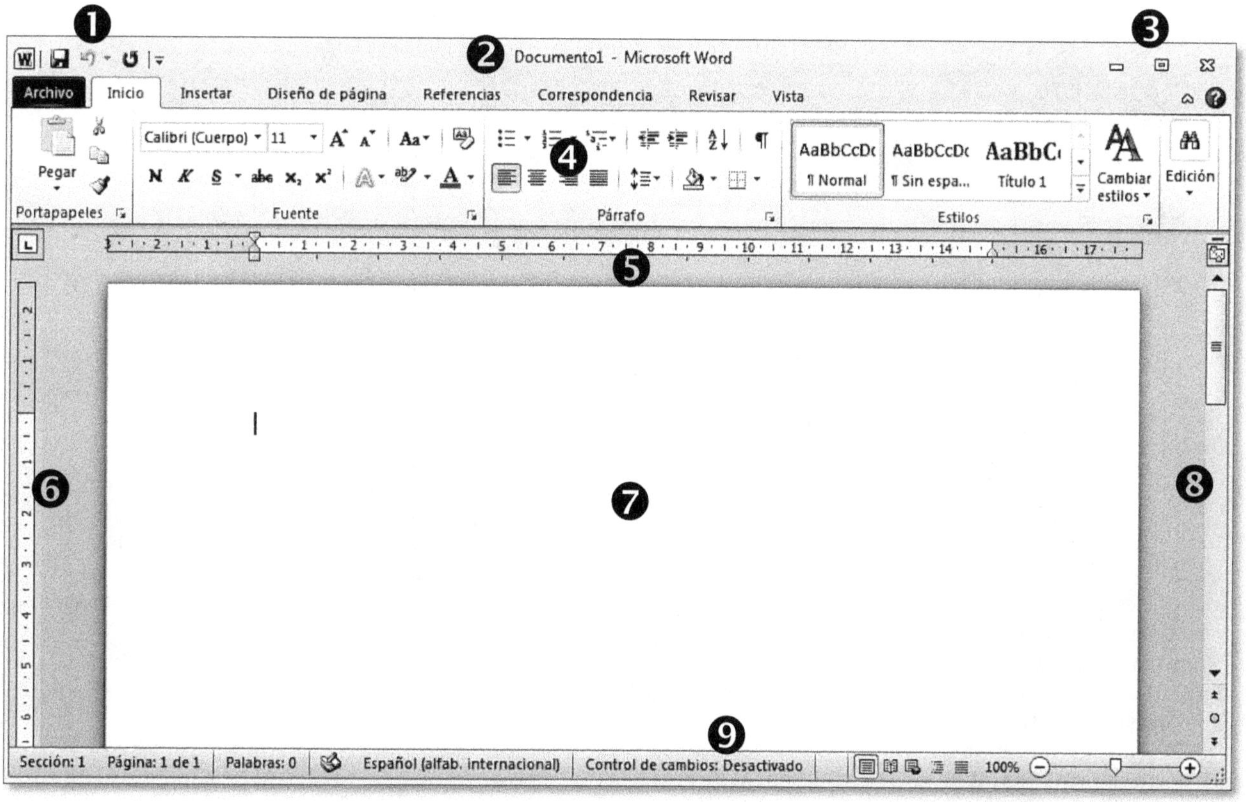

En la **cinta de opciones** encontramos los siguientes elementos, iguales en todas las aplicaciones:

1) **Menú Archivo**
Contiene las opciones habituales para trabajar con archivos (crear, guardar, abrir, cerrar, ...) y las opciones de configuración del programa.

2) **Fichas de la cinta de opciones**
Cada ficha contiene los comandos del tema que indica su pestaña. La ficha de **Inicio** contiene los comandos básicos.

3) **Botón de minimizar (ocultar) cinta de opciones**
Oculta o muestra la cinta de opciones.
Botón de ayuda (?)
Muestra la ayuda de la aplicación.

4) **Botones de comando**
Realizan acciones determinadas, las cuales nos las indicará el programa al colocar el puntero encima de cada botón.

5) **Menú del botón de comando**
En forma de flecha debajo o a la derecha del botón de comando, proporciona opciones adicionales.

6) **Grupos de opciones**
Conjunto de botones de comando agrupados temáticamente en cada ficha de la cinta de opciones (fuente, párrafo, estilos, ...).

7) **Menú del grupo de opciones**
Este pequeño botón en la parte inferior derecha de un grupo de opciones abre el menú o cuadro de diálogo con opciones adicionales asociadas al grupo.

8) **Galería de estilos, formas, animaciones, etc.**
Con las flechas de la barra de desplazamiento veremos las opciones sucesivamente, mientras que el botón inferior desplegará todas las de la galería.

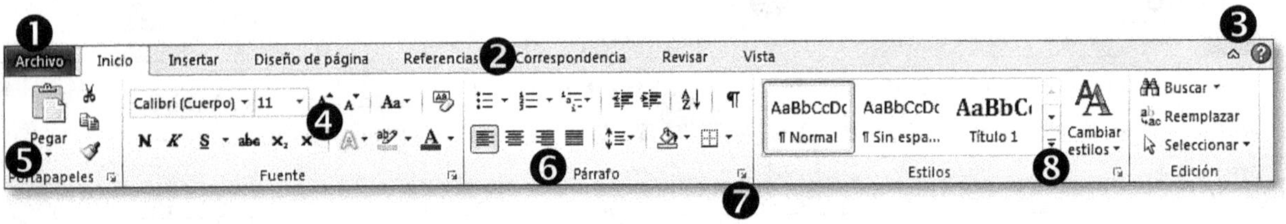

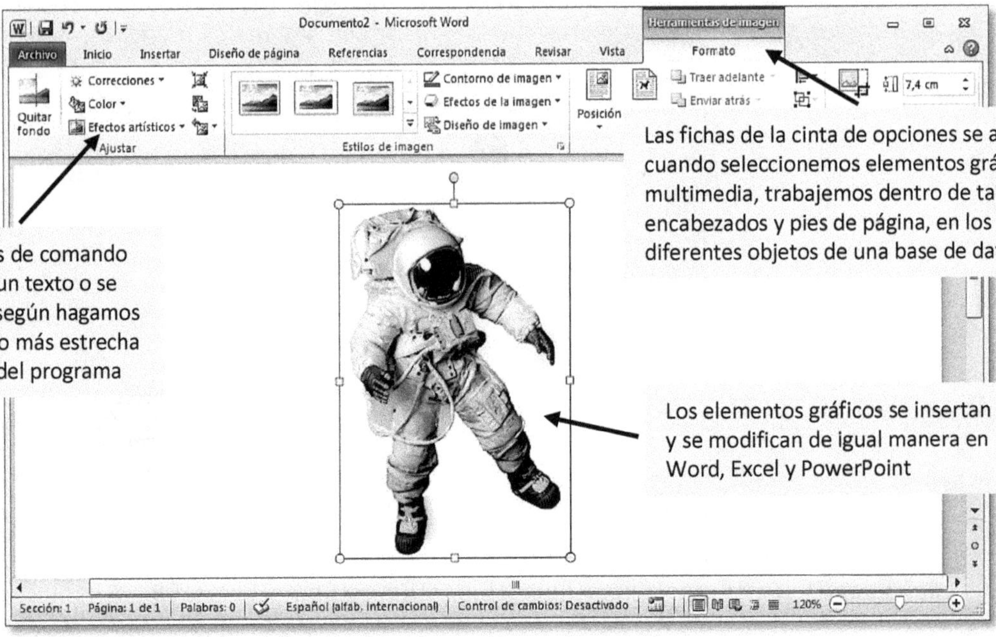

Los botones de comando mostrarán un texto o se agruparán según hagamos más ancha o más estrecha la ventana del programa

Las fichas de la cinta de opciones se ampliarán cuando seleccionemos elementos gráficos o multimedia, trabajemos dentro de tablas, en encabezados y pies de página, en los diferentes objetos de una base de datos, etc.

Los elementos gráficos se insertan y se modifican de igual manera en Word, Excel y PowerPoint

Hemos de comentar las peculiaridades de la **ventana de *Excel***:

1) **Botones de control del libro de *Excel***
Minimiza, maximiza o cierra la ventana del libro dentro de la aplicación

2) **Barra de fórmulas**
Consta de una casilla para editar fórmulas, un botón para insertar funciones y el cuadro de nombres (a la izquierda) que muestra los nombres dados a celdas

3) **Etiquetas de las hojas**
Para cambiar de hoja de cálculo y gestionarlas

4) **Barra de desplazamiento horizontal**
Esta barra aparece en cualquier programa para desplazarnos en horizontal solo cuando el contenido sobrepasa la ventana, pero en *Excel* está siempre visible, ya que la hoja es muy extensa

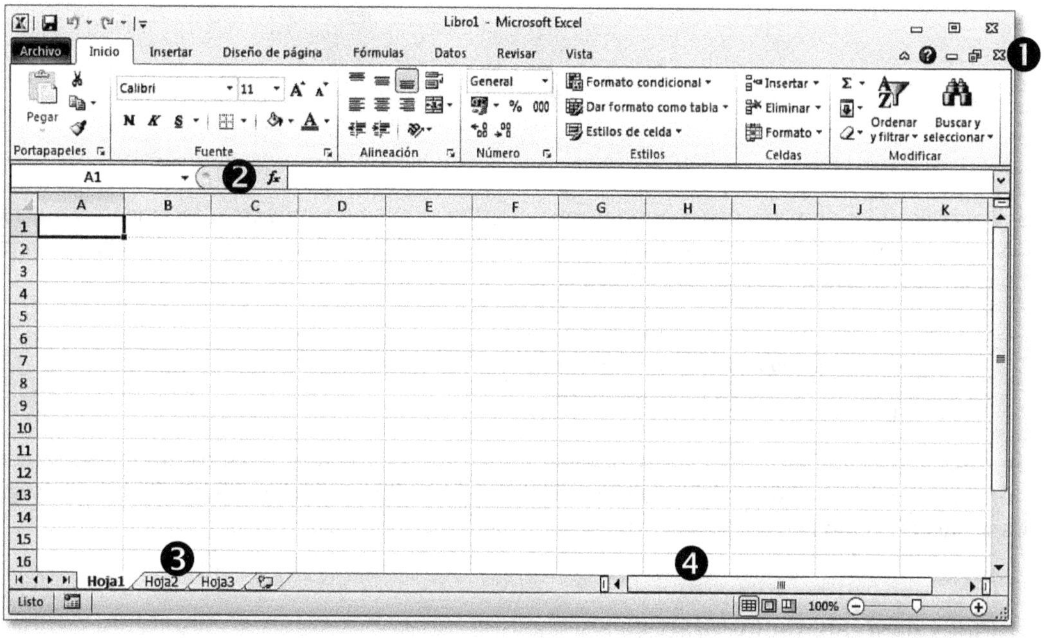

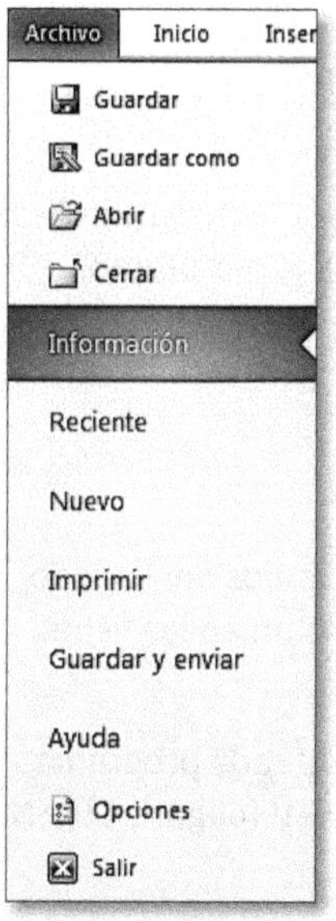

El menú **Archivo** contiene las mismas opciones en todas las aplicaciones excepto en *Access*, que difiere un poco.

La opción de **ayuda** equivale al botón del interrogante de la cinta de opciones y su ventana es igual para todos los programas.

La opción **Introducción** conecta con la web y ofrece diversos tutoriales de cada aplicación.

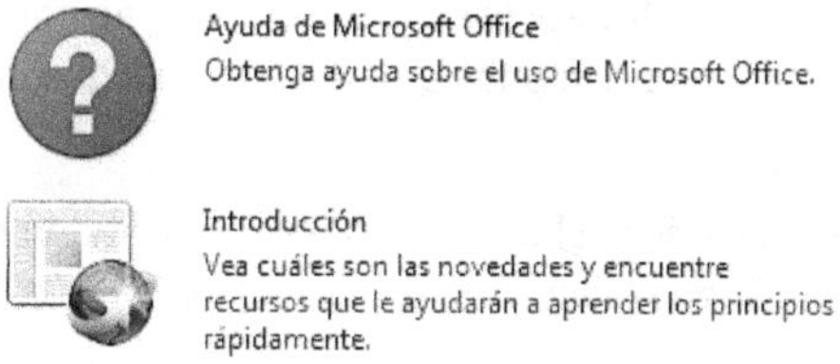

Access es la aplicación más complicada de *Office*, ya que crear bases de datos relacionales funcionales requiere un esfuerzo de planeamiento previo a su diseño que no es necesario para las otras aplicaciones.

Mientras que en *Word*, *Excel* y *PowerPoint* trabajamos y luego guardamos el documento, libro o presentación, en *Access* su ventana inicial nos pide que guardemos primero la base de datos para, luego, trabajar en ella.

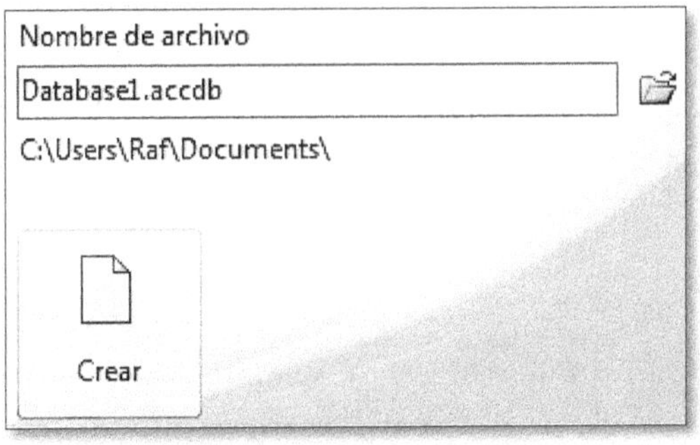

Las macros o macroinstrucciones son una especie de miniprogramas que podemos crear fácilmente y que realizan varias acciones en secuencia. Como estas acciones podrian ser perjudiciales si no sabemos quién ha grabado la macro, los programas de *Office* pueden mostrar esta advertencia.

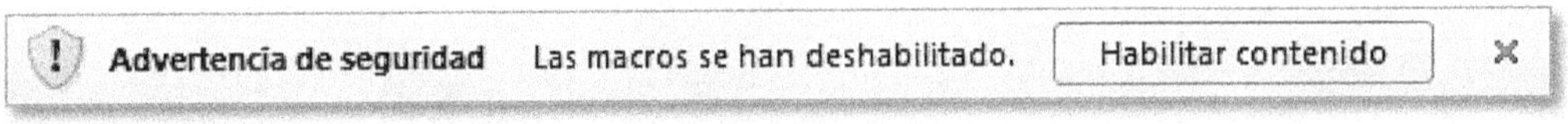

Ante tal advertencia de seguridad cabe cerrarla, habilitar el contenido si es nuestro o sabemos que es de confianza, o bien, clicar en **Las macros se han deshabilitado** y acceder a **Configuración del Centro de confianza > Configuración de macros** para establecer cómo han de comportarse los programas ante las macros.

Las indicaciones para realizar las prácticas

Para saber qué botón hay que clicar o qué opción hay que utilizar para realizar lo que se nos pide en cada práctica, en el libro se indicará, por ejemplo, de esta manera: **Diseño de página > Configurar página > Saltos > Página** o **Ctrl+Entrar**.

En este caso hay que insertar un salto de página en un documento de *Word* y la instrucción nos dice que hay que clicar en la **ficha Diseño de página**, luego, en el **grupo Configurar página** hay que clicar en el **botón Saltos** y, por último, clicar en la **opción Página**. O bien, pulsar la combinación de teclas **Ctrl+Entrar**.

Los atajos del teclado

Los amantes del teclado están de suerte, ya que en todas las aplicaciones existen gran cantidad de atajos del teclado, es decir, combinaciones de teclas que efectúan las mismas acciones que los botones que se encuentran en las fichas de la cinta de opciones.

Estos atajos reciben el nombre de **métodos abreviados de teclado** y, aunque algunos son propios de cada programa, otros son comunes a todos ellos, por ejemplo: **Ctrl+G** (guardar), **Ctrl+B** (buscar), **Ctrl+C** (copiar), **Ctrl+V** (pegar), **Ctrl+N** (negrita), **Ctrl+K** (cursiva), **Ctrl+S** (subrayado).

A lo largo del libro se indicarán aquellos atajos más útiles, pero si acudimos a la ayuda de *Word*, *Excel*, *Access* o *PowerPoint* y buscamos "métodos abreviados de teclado", encontraremos la lista completa de combinaciones que podemos utilizar.

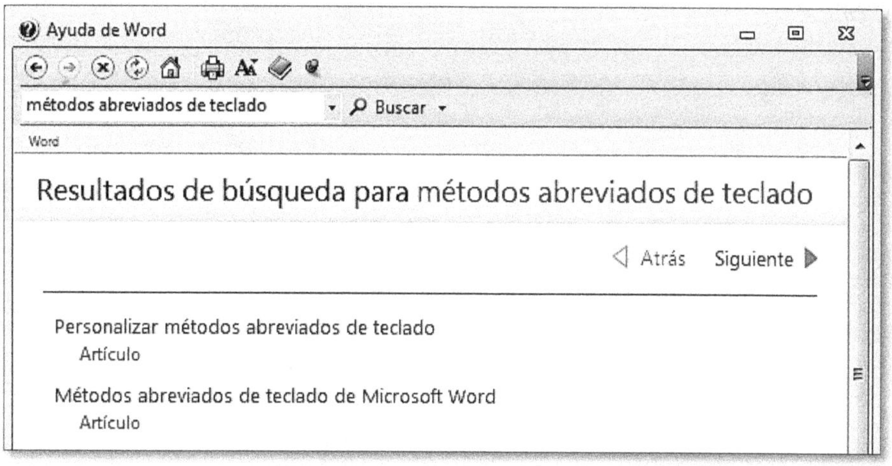

El menú contextual

Además de los atajos del teclado y la cinta de opciones, contamos con otro práctico elemento: el **menú contextual**.

Las acciones más habituales que llevamos a cabo en las aplicaciones de *Office* las encontramos en este menú, que aparece cuando hacemos clic con el botón secundario del ratón, del touchpad u otro dispositivo en un sitio concreto: un párrafo, una celda, una columna, una imagen, etc.

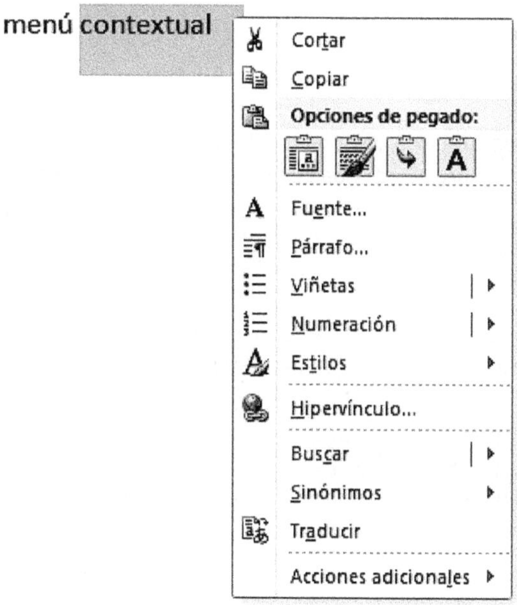

El puntero

La flecha normalmente asociada al puntero **cambia de forma** según donde la movamos para indicarnos visualmente la acción que se llevará a cabo al arrastrarlo o al clicar. Las siguientes formas y acciones del puntero son comunes a todas las aplicaciones de *Office*.

PUNTERO	ACCIÓN	CONTEXTO
	Activar, mover	General: botones de comando, fichas, ventanas, cuadros de diálogo, selección
	Mover el cursor, seleccionar texto	Texto (página, cuadro de texto, etc.)
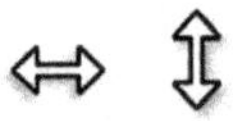	Cambiar anchura / altura	Ventanas, cuadros de diálogo, objetos gráficos, paneles
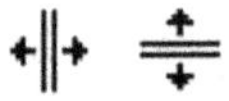	Cambiar anchura / altura	Columnas y filas de tablas, hojas de cálculo
	Mover	Objetos gráficos, texto, tablas
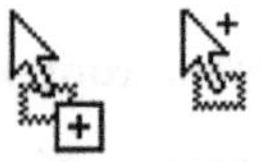	Copiar (arrastrar con el botón secundario o con **Ctrl** pulsado)	Objetos gráficos, texto, tablas
	Girar	Objetos gráficos

La revisión ortográfica

La herramienta para corregir la ortografía está disponible y funciona de igual manera en todas las aplicaciones. No obstante, dada su mayor utilidad en el procesador de texto, es en *Word* donde se estudia con mayor detenimiento.

El color de la interfaz

Disponemos de tres gamas de color en los que mostrar la interfaz de cada programa: **azul**, **plateado** y **negro**. Para cambiar la combinación de colores iremos a **Archivo > Opciones > General**.

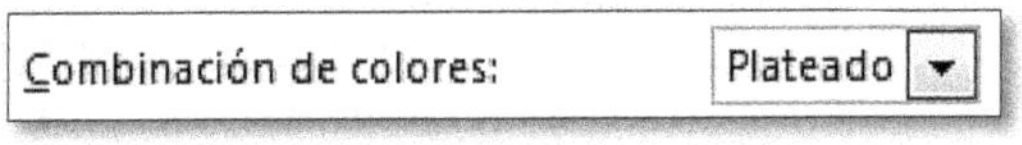

WORD 2010

PROCESADOR DE TEXTO

2

Módulo 1 - PÁGINA 15

- Escribir, Deshacer/Rehacer
- Guardar el documento
- Imprimir el documento
- Alternar documentos
- Vistas de documento
- Espacio en blanco
- Panel de navegación
- Regla
- Desplazarse por el documento
- Seleccionar con ratón y teclado
- Copiar, cortar y pegar
- Uso del Portapapeles
- Guardar con otro formato
- Formato de fuente
- Ortografía y gramática
- Sinónimos
- Configurar el idioma
- Traducción y referencia
- Formato de párrafo
- Marcas ocultas
- Estilos rápidos de párrafo
- Borrar formato
- Copiar formato
- Guiones

Módulo 2 - PÁGINA 38

- Guardar en otros formatos: *.pdf, *.txt, *.rtf, *.odt
- Abrir archivos con otros formatos
- Configurar la página:
  Márgenes
  Orientación
  Tamaño
- Encabezado y pie de página:
  Escribir y número de página
  Fecha y total de páginas
- Saltos de página manuales
- Cinta de opciones
- Barra de acceso rápido
- Sangría
- Bordes y sombreado
- Autocorrección
- Tabulaciones

Módulo 3 - PÁGINA 53

- Numeración y viñetas
- Lista multinivel
- Tablas:
  Insertar, tamaño y alineación
  Mostrar/ Ocultar cuadrículas
  Desplazarse
  Seleccionar
  Bordes y sombreado
  Insertar filas/columnas
  Eliminar filas/columnas
  Cambiar tamaño de filas/columnas
  Alinear texto
  Ordenar texto de la tabla
  Combinar y dividir celdas
  Dirección del texto
  Numeración y viñetas
- Buscar y búsqueda avanzada
- Panel de navegación
- Reemplazar
- Ir a
- Insertar símbolos
- Insertar elementos rápidos
  Información del documento

Módulo 4 - PÁGINA 70

- Imágenes:
  - *Insertar*
  - *Cambiar tamaño*
  - *Recortar*
  - *Contorno*
  - *Girar/voltear*
  - *Color*
  - *Estilo*
  - *Restablecer*
  - *Ajustar texto*
  - *Decolorar*
  - *Otras opciones de diseño*
  - *Precisión en los ajustes*
  - *Insertar en tablas*
  - *Insertar en encabezado/pie*
- Formas:
  - *Insertar*
  - *Modificar*
  - *Relleno*
  - *Contorno*
  - *Sombra*
  - *Estilo*
  - *Girar y voltear*
  - *Insertar texto*
  - *Ajustar a imagen*
  - *Ordenar y agrupar*
- Cuadros de texto
- WordArt
- Letra capital
- Notas al pie
- Copiar y pegar entre documentos
- Tablas:
  - *Convertir texto en tabla y tabla en texto*
  - *Repetición de filas de título*
  - *Ordenar datos*
  - *Buscar*
- Columnas estilo periódico

Módulo 5 - PÁGINA 95

- Combinar correspondencia:
  - *Cartas*
  - *Etiquetas*
  - *Sobres*
  - *Directorio*
- Plantillas:
  - *Crear documentos basados en plantillas incluidas*
  - *Crear plantillas basadas en plantillas incluidas*
  - *Crear y gestionar plantillas propias*
- Estilos de párrafo
- Tablas de contenido
- Secciones de documento
- Referencias en documentos extensos:
  - *Tabla de ilustraciones*
  - *Índice*
- Marcadores
- Hipervínculos
- Referencias cruzadas
- Cinta de opciones: crear ficha
- Macros
- Protección del documento:
  - *Edición*
  - *Apertura*
  - *Marca de agua*
- Revisión y control de cambios
- Importar contenido externo
- Opciones de Word

Word · Módulo 1

TEMAS

1.1 Escribir · Deshacer · Rehacer

Lo primero que debemos hacer en un procesador de texto es, por supuesto, **escribir**. Y, si nos equivocamos, recurriremos a las siempre útiles opciones de **deshacer** y **rehacer**.

Para redactar un texto en *Word*, siga estas indicaciones básicas:

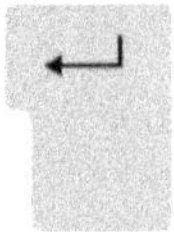

- Pulse la tecla **Entrar** (también llamada **Intro**, **Return** o **Enter**) al acabar cada párrafo y para separar los párrafos, pero no la pulse al final de la línea, ya que el texto que no cabe baja automáticamente a la línea siguiente.

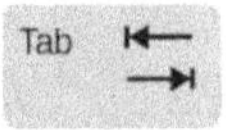

- Use la tecla de tabulación, **Tab**, para separar el texto del margen izquierdo.

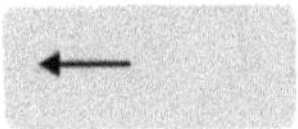

- Para borrar caracteres a la izquierda del cursor utilice la tecla **Borrar** (también llamada **Retroceso** o **Backspace**).

  Si los caracteres están a la derecha del cursor, utilice la tecla de suprimir, **Supr** (también llamada **Delete**).

- Con **Ctrl+Borrar** y con **Ctrl+Supr** borrará palabras en lugar de caracteres.

  En las combinaciones de teclas hay que mantener pulsada la primera y pulsar la segunda. Por ejemplo, si mantengo pulsada **Ctrl** y pulso **Borrar**, borraré la palabra situada a la izquierda del cursor.

> **NOTA**: Si al escribir aparecen algunas palabras con subrayado ondulado de color rojo, es porque *Word* tiene activada la revisión automática y considera que esas palabras están mal escritas. El tema de la revisión ortográfica y gramatical lo trataremos posteriormente.
>
> Si quiere, puede hacer clic con el botón derecho sobre la palabra subrayada para ver las opciones de corrección que le sugiere el programa.

La opción **Deshacer** deshace la última acción realizada, es decir, va hacia atrás en la secuencia de acciones que hemos hecho (escribir, suprimir, pulsar **Entrar**, etc.).

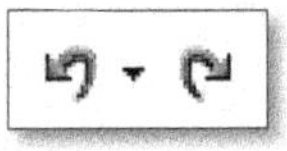

La podemos activar con el botón **Deshacer** de la barra de acceso rápido (en la esquina superior izquierda de la ventana de *Word*) o con **Ctrl+Z**.

La opción **Rehacer** rehace la última acción que hemos deshecho; si nos pasamos deshaciendo, esto nos será muy útil.

La podemos activar con el botón **Rehacer** de la barra de acceso rápido o con **Ctrl+Y**.

> **NOTA**: Si no se ha deshecho ninguna acción, no aparecerá el botón de rehacer. En su lugar tendremos el botón **Repetir**, que repetirá la última acción realizada.

PRÁCTICA

A Abra *Word* y escriba el texto de abajo en el **documento** en blanco que ha creado el programa al abrirlo.

Los finales de línea coincidirán con los de su documento en pantalla. Recuerde, no pulse **Entrar** al final de línea, sino al final de párrafo.

INFORME INTERNO – SECRETO – TOP SECRET

De: Superintendente Vicente

Para: Todos los agentes

Como sabrán, el presupuesto de la T.I.A. de este año prevé algunos recortes en los gastos de los agentes. Con todo, se alegrarán de saber que estos recortes no afectarán a su estimado superior.

Paso a detallarles los cambios previstos:

Parece ser que no ha sido suficiente con cambiar los Panda por ciclomotores, así pues, estos serán sustituidos por bicicletas, eso sí, de cuatro marchas, con cesta y timbre.

Como vamos a vender la máquina de café y el café sobrante, se les va a entregar un termo para que traigan de casa su propio café. El termo lo puede usar cada día un agente.

Las clases de artes marciales serán sustituidas por clases de zumba, impartidas por la administrativa Srta. Ofelia en el rellano del ascensor.

No hace falta que les recuerde que cualquier protesta ante estas medidas conllevará la asignación "voluntaria" al puesto de probador de nuevos inventos del Profesor Bacterio.

Y como todo no van a ser malas noticias, les comunico que van a cobrar este mes el sueldo adeudado de Noviembre de 1995.

El Súper

B Compruebe el funcionamiento de las opciones **Deshacer [Ctrl+Z]** y **Rehacer [Ctrl+Y]**; por ejemplo, borre una palabra, deshaga la acción y, a continuación, rehágala.

1.2 Guardar · Imprimir documento completo · Cerrar

Después de haber trabajado en un documento, la siguiente operación básica que se debe realizar es **guardar** el archivo de *Word*. No necesario acabar de redactarlo, de hecho, lo mejor es guardarlo en cuanto hayamos escrito un poco, para no perder nuestro trabajo si sucede algún contratiempo. Podemos hacerlo pulsando **Ctrl+G**.

Una vez guardado, con un nombre y una ubicación, las posteriores operaciones de guardado actualizarán su contenido, así que, deberíamos realizarlas a medida que hagamos cambios en el archivo (documento).

Cuando tengamos que **imprimir** el documento, podremos hacerlo de forma muy sencilla, pulsando un botón. Si no cambiamos ninguna opción de impresión, se imprimirá una copia de todas las páginas del documento.

Al acabar el trabajo, elegiremos entre **cerrar** el documento o la aplicación y, si tenemos cambios sin guardar, nos avisará *Word*.

PRÁCTICA

A **Guarde** el documento que tiene en pantalla en la biblioteca **Documentos** o en otra carpeta de su elección con el nombre de **Informe TIA.docx** clicando en el botón de la barra de acceso rápido, desde **Archivo > Guardar**, o bien, pulsando **Ctrl+G.**

La extensión **.docx**, que identifica a los archivos de *Word*, no es necesario escribirla, ya que el programa la pone por nosotros, tal como se ve en la casilla **Tipo**.

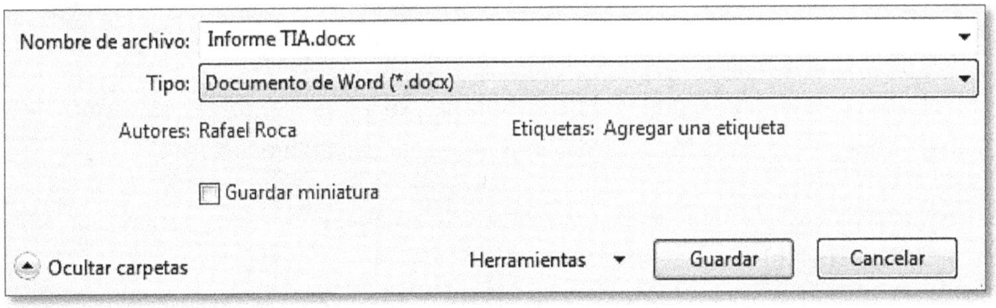

B **Imprima** una copia del documento si lo considera necesario desde **Archivo > Imprimir > Imprimir** o pulsando **Ctrl+P > Imprimir**.

Pulse **Esc** o clique sobre cualquier pestaña para salir de las opciones de impresión y volver al documento.

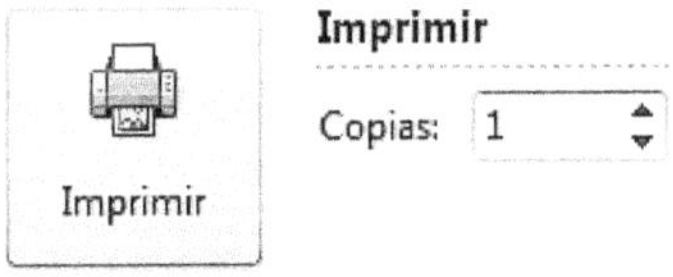

C Por último, **ciérrelo** desde **Archivo > Cerrar** o **Ctrl+F4**. Si cierra la ventana con el botón de la equis, cerrará el documento y, si es el único abierto, cerrará también *Word*.

Si tiene cambios por guardar, *Word* le avisará y podrá guardarlos, descartarlos o seguir en el documento.

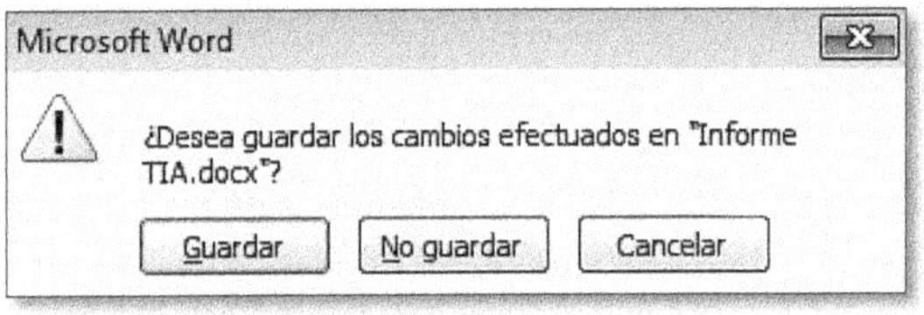

1.3 Abrir · Alternar documentos · Zoom

Para **abrir** los archivos guardados tenemos dos opciones: hacerlo desde la aplicación o desde la carpeta que contiene el archivo.

Si tenemos abiertos varios documentos, conocer cómo **alternar** documentos nos facilitará el pasar de un documento a otro rápidamente.

Y para facilitarnos la visualización adecuada del documento en pantalla, contamos con un **zoom** muy preciso.

PRÁCTICA

A **Abra** el archivo **Informe TIA.docx** que creó en la práctica anterior desde **Archivo > Abrir** o **Ctrl+A**.

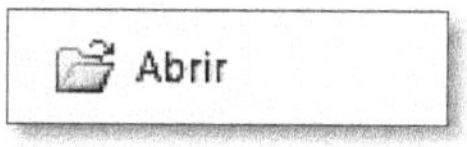

A continuación, sin cerrar el documento anterior, **abra** el archivo **Ejemplo para prácticas.docx**, que se encuentra en la carpeta **Archivos Office 2010 - Word**, haciendo **doble clic** sobre su icono (si aún no ha descargado los archivos complementarios de la página web del libro, **rafaroca.net/libros/office2010**, hágalo ahora).

NOTA: *Word* guarda un historial de los archivos y carpetas que se han abierto, al cual se accede en **Archivo > Reciente**. En las listas mostradas podemos abrir los últimos archivos y carpetas utilizados, siempre que no hayamos cambiado su nombre o su ubicación.

B **Cambie** de la ventana de **Informe TIA** a la de **Ejemplo para prácticas**, y al revés, usando **Alt+Tab** o el menú de **Vista > Ventana > Cambiar ventanas**.

También puede cambiar entre ventanas desde la **barra de tareas** de *Windows*, al colocar el puntero encima de icono de *Word*.

C Luego, **cierre** el documento del informe **[Ctr+F4]**.

D Practique la función de **zoom** de página mediante los **botones – / +** y el botón de **porcentaje**, a la derecha de la barra de estado, o la **ficha Vista**.

NOTA: Este zoom es puramente visual, para ver más grande o más pequeño el documento en la pantalla, por tanto, no afecta a cómo se imprime.

1.4 Vistas · Espacio en blanco · Panel de navegación · Regla

Las **vistas de documento** nos permitirán trabajar de forma cómoda con el procesador de texto al controlar su aspecto en pantalla, al igual que podemos controlar el **espacio en blanco** que separa las páginas para ocultarlo o mostrarlo, según nuestras preferencias.

Con el **Panel de navegación** obtendremos miniaturas de las páginas, útiles para desplazarnos a una página concreta.

La **regla** (horizontal y vertical) muestra el espacio que tenemos para escribir (zona blanca) y los márgenes del documento (zona gris izquierda, derecha, superior e inferior). También nos permitirá cambiar la disposición de varios elementos del documento (márgenes, tabulaciones, sangría, etc.), los cuales estudiaremos en temas posteriores.

PRÁCTICA

A Desde la **ficha Vista** (o los botones a la izquierda del zoom, en la barra de estado) compruebe las distintas formas de visualizar el documento **Ejemplo para prácticas.docx**, especialmente la vista **Lectura de pantalla completa**.

Esta vista contiene opciones interesantes a la hora de visualizar **[Opciones de vista]** y revisar **[Herramientas]** documentos extensos.

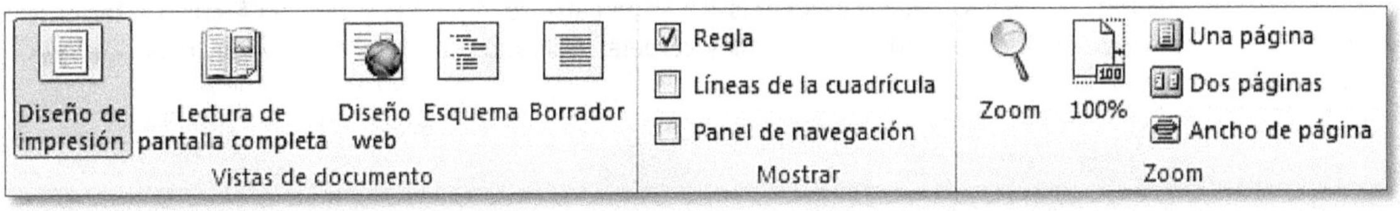

NOTA: La vista **Borrador** tenía su utilidad cuando los ordenadores eran poco potentes, al ocultar las imágenes y otros elementos. La vista **Esquema** puede ser útil con documentos complejos, mientras que **Diseño Web** solo nos servirá si hacemos páginas web con *Word*, algo no recomendable, dadas las limitaciones del programa en esta área.

B Después de practicar con las vistas, active la predeterminada: vista **Diseño de impresión**.

Con la vista Diseño de impresión activa, oculte y, posteriormente, muestre el **espacio en blanco** que separa las páginas del documento haciendo **doble clic entre una página y la siguiente**.

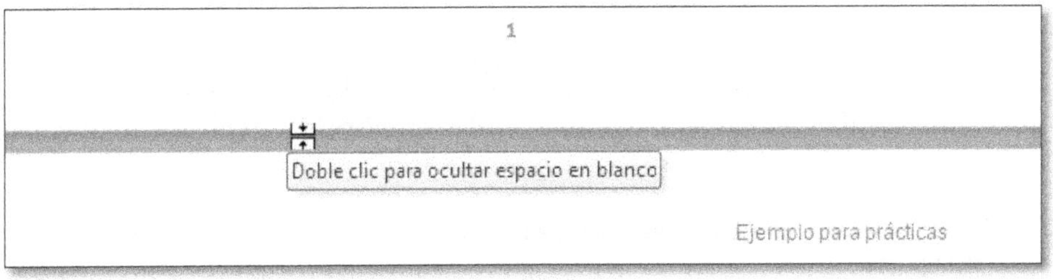

C Si no lo tiene visible, active el **Panel de navegación** desde **Vista > Mostrar** y clique en la segunda ficha para observar miniaturas de las páginas del documento.

Clique en cualquier miniatura para desplazarse a esa página. Para ensanchar el panel, arrastre su borde derecho.

Al acabar, desactive el panel (o manténgalo visible si lo prefiere).

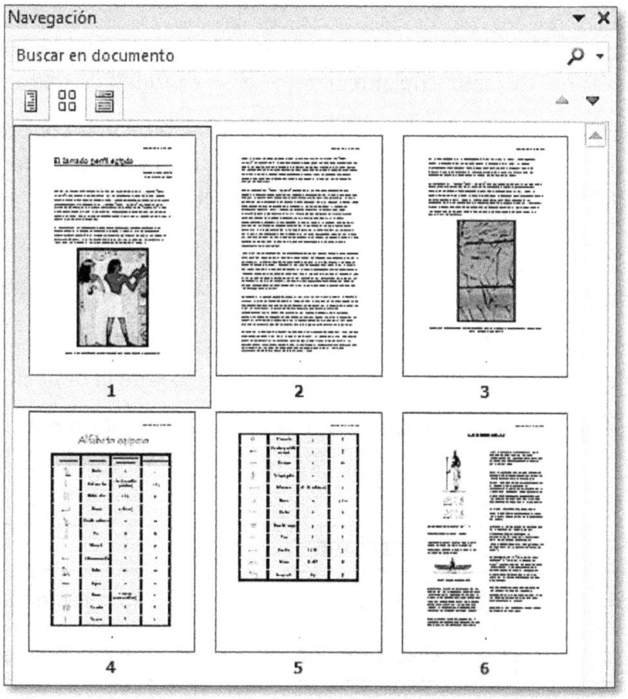

D Compruebe cómo se imprimirá el documento en la **Vista previa de impresión [Archivo > Imprimir** o **Ctrl+P]**.

Utilice los botones de la parte inferior o la barra de desplazamiento vertical para pasar las páginas. También cuenta con un zoom y el botón de ajustar a ventana.

Para salir de las opciones de impresión y volver al documento, pulse **Esc** o clique sobre cualquier ficha.

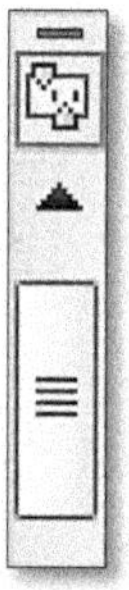

E Oculte y, luego, muestre la **regla** clicando en botón en la parte superior de la barra de desplazamiento vertical o desde **Vista > Mostrar > Regla**.

F Al acabar, **cierre** el documento.

1.5 Desplazarse y seleccionar con el ratón y el teclado

La manera más sencilla de **desplazar el cursor** en el documento es arrastrar la barra de desplazamiento vertical, girar la rueda del ratón o usar el touchpad del portátil para, a continuación, hacer clic en la posición deseada.

No obstante, si trabaja de forma intensiva con el procesador de texto, será de gran utilidad aprender el uso del teclado para desplazarse, ya que, en general, es más rápido y más exacto que el ratón.

Seleccionar es la acción más habitual en un procesador de texto, puesto que es necesaria para llevar a cabo muchas operaciones básicas, como cambiar el formato, copiar o eliminar gran cantidad de texto.

Normalmente, seleccionamos texto arrastrando con el ratón, pero no está de más conocer otros procedimientos que nos proporcionarán mayor rapidez y, sobre todo, mayor exactitud. De hecho, si aprendemos a desplazarnos con el teclado, con solo añadir la tecla **Máyus** ya sabremos seleccionar con el teclado.

PRÁCTICA

A Para practicar las distintas formas de desplazarnos por el texto usaremos el documento **Ejemplo para prácticas.docx**, que tiene varias páginas, siguiendo los procedimientos de la tabla de abajo.

Abra el documento mencionado desde la carpeta **Archivos Office 2010 - Word** o desde dentro del mismo *Word* mediante **Archivo > Abrir**.

DESPLAZARSE	TECLADO	RATÓN
Carácter derecha/izquierda	teclas de dirección	clic en carácter derecha/izquierda
Palabra derecha/izquierda	**Ctrl**+teclas dirección	clic en palabra derecha/izquierda
Línea arriba/abajo	teclas de dirección	clic en línea (arriba/abajo)
Párrafo arriba/abajo	**Ctrl**+teclas dirección	clic en párrafo (arriba/abajo)
Inicio de **línea**	tecla **Inicio**	clic en inicio de línea
Final de **línea**	tecla **Fin**	clic en final de línea
Pantalla arriba/abajo	teclas **Re Pág/Av Pág**	barra desplazamiento vertical y clic
Inicio/Fin **texto** en pantalla	**Alt Gr**+Re Pág/Av Pág	
Página siguiente/anterior	**Ctrl**+Re Pág/Av Pág	clic en flechas dobles en la parte inferior de la barra desplazamiento vertical
Inicio de **documento**	**Ctrl**+tecla **Inicio**	barra desplazamiento vertical y clic
Final de **documento**	**Ctrl**+tecla **Fin**	

B Ahora, practique las distintas formas de **seleccionar** texto siguiendo los procedimientos de la tabla de abajo.

La zona de selección corresponde al margen izquierdo y al colocar el puntero, este recoge la forma de flecha inclinada hacia la derecha.

<table>
<tr><th>SELECCIONAR</th><th>TECLADO</th><th>RATÓN</th></tr>
<tr><td>Caracteres</td><td>Mayús+teclas dirección</td><td>arrastrar por encima</td></tr>
<tr><td>Palabra</td><td>Mayús+Ctrl+teclas dirección</td><td>doble clic en la palabra</td></tr>
<tr><td>Palabras (varias)</td><td>Mayús+Ctrl+teclas dirección</td><td>arrastrar por encima</td></tr>
<tr><td>Línea</td><td>Mayús+tecla Inicio / tecla Fin</td><td>clic a la izquierda de la línea, en la zona de selección</td></tr>
<tr><td>Párrafo</td><td>Mayús+Ctrl+teclas dirección</td><td>arrastrar en la zona de selección o tres clics en palabra</td></tr>
<tr><td>Párrafos (varios)</td><td>Mayús+Ctrl+teclas dirección</td><td rowspan="3">arrastrar en la zona de selección</td></tr>
<tr><td>Hasta inicio de documento</td><td>Mayús+Ctrl+Inicio</td></tr>
<tr><td>Hasta final de documento</td><td>Mayús+Ctrl+Fin</td></tr>
<tr><td>Todo el documento</td><td>Ctrl+E</td><td>arrastrar en la zona de selección o tres clics en la zona de selección</td></tr>
</table>

C Para finalizar, compruebe otros tres procedimientos indicados en la tabla de abajo.

Cuando acabe cierre el archivo, pero no guarde los cambios si ha realizado alguno.

SELECCIONAR	TECLADO + RATÓN
Selección múltiple	**Ctrl+arrastrar** o **Ctrl+doble/triple clic**
Desde... hasta	**Mayús+clic**
Selección en vertical	**Alt+arrastrar**

1.6 Copiar y pegar · Cortar y pegar

Para **duplicar** un texto, lo seleccionaremos y usaremos la opción de **copiar** y **pegar**. Una vez copiado el texto, lo podremos pegar tantas veces como queramos, ya que permanecerá en la memoria del ordenador hasta que copiemos (o cortemos) otro. Para **mover** un texto, usaremos **cortar** y **pegar** de igual forma.

La tabla de abajo muestra los variados procedimientos que podemos usar para copiar, cortar y pegar. De todos ellos, el teclado y el menú contextual son los más seguros y, generalmente, los más rápidos.

ACCIÓN	TECLADO	RATÓN	MENÚ CONTEXTUAL	BOTONES FICHA INICIO
Copiar	**Ctrl+C**	**Ctrl+arrastrar**	**Copiar**	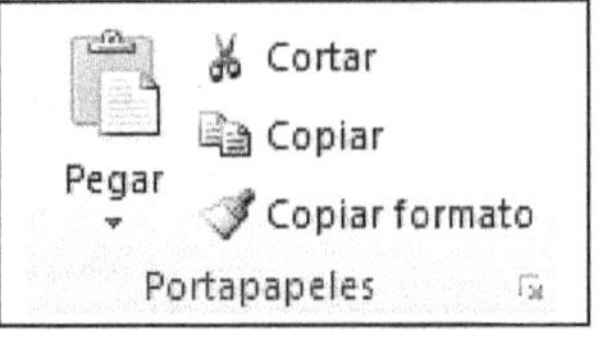
Cortar	**Ctrl+X**	**Arrastrar**	**Cortar**	
Pegar	**Ctrl+V**	- - -	**Pegar**	

PRÁCTICA

A Para practicar estas opciones, abra *Word* y en un **documento nuevo** escriba el texto siguiente.

NOTA: Con *Word* abierto, puede crear documentos pulsando **Ctrl+U** o **Archivo > Nuevo > Documento en blanco > Crear.**

Una vez montado el monopatín antigravedad, lea detenidamente las instrucciones de uso antes de ponerlo en funcionamiento.

Monte el monopatín * siguiendo las instrucciones de montaje.

Desembale el producto

Pulse el botón "Start" para iniciar el vuelo *.

MONOPATÍN * MARCA ACME

Compruebe que dentro de la caja se encuentran todas las piezas listadas en el lateral del embalaje.

B Mediante el procedimiento de **copiar** y **pegar** repita la palabra "antigravedad" del primer párrafo en el lugar que ocupan los asteriscos.

Luego, con **cortar** y **pegar** ordene el texto para que siga una secuencia lógica.

Al acabar, guarde el documento en su carpeta con el nombre de **Instrucciones monopatín.docx** y ciérrelo.

1.7 Portapapeles · Guardar con otro formato

Al activar el **Portapapeles** de *Office* todo lo que copiemos se irá guardando en un **panel a la izquierda** de la ventana de *Word*, listo para pegarlo cuando nos convenga.

No solo recogerá texto u otros elementos de *Word*, sino del resto de programas de *Office*, e incluso de programas externos como puede ser un navegador donde copiamos el contenido de una página web.

En otro orden de cosas, es bastante frecuente encontrarnos con archivos de tipo *.doc creados en versiones más antiguas de *Word* o con otros formatos (*.txt, *.rtf). Para actualizarlos a la versión 2010 y poder trabajar con todas las herramientas del programa contamos con la opción **Guardar como**.

Igualmente, esta opción nos permite hacer lo contrario, es decir, guardar como *.doc un documento más actual (*.docx). Esto es útil si vamos a compartir un archivo con alguien que tenga una versión anterior de la aplicación.

PRÁCTICA

A Abra el documento **Ejercicio Portapapeles.doc** que se encuentra en la carpeta **Archivos Office 2010 - Word**.

Active **Inicio >** menú **Portapapeles** para poder guardar el texto que vaya copiando.

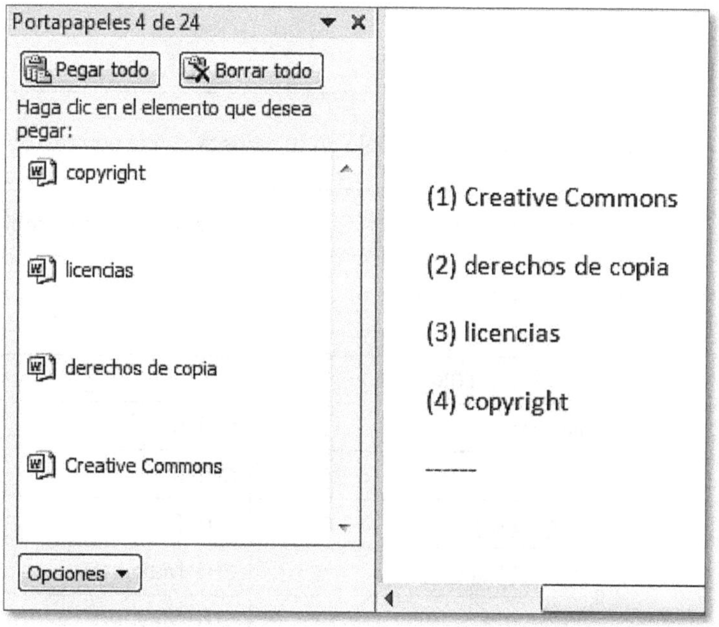

B **Copie** sucesivamente las palabras escritas al inicio del documento, al lado de los números entre paréntesis.

Ahora, clicando en cada elemento del panel o en el menú a su derecha, **péguelos** dentro el texto en el lugar marcado con su número.

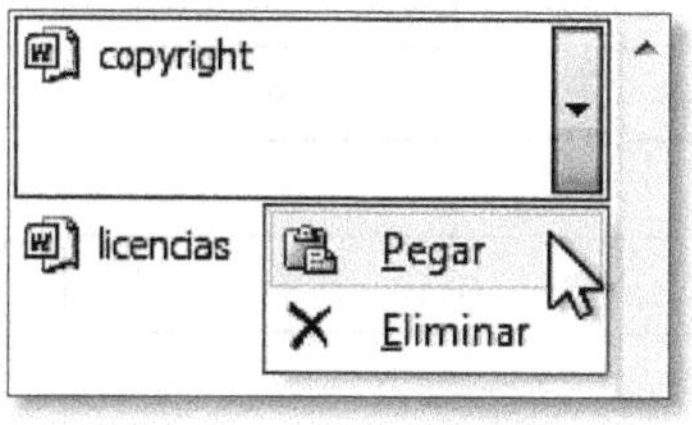

Mediante los botones en la parte superior del panel es posible pegar o borrar a la vez todos los elementos que contenga. Para eliminar los elementos uno a uno habrá que usar su menú.

C Al acabar, guarde el documento en su carpeta con el formato de **Word 2010 (*.docx)** y el nombre de **Creative Commons.docx** accediendo a **Archivo > Guardar como > Documento de Word (*.docx)** o pulsando **F12**.

1.8 Formato de fuente

Por **formato de fuente** entendemos el aspecto del texto escrito, del cual podemos cambiar su tamaño, su fuente (tipografía) y aplicarle formatos como color, negrita, cursiva, varios tipos de subrayado, tachado, superíndice, etc.

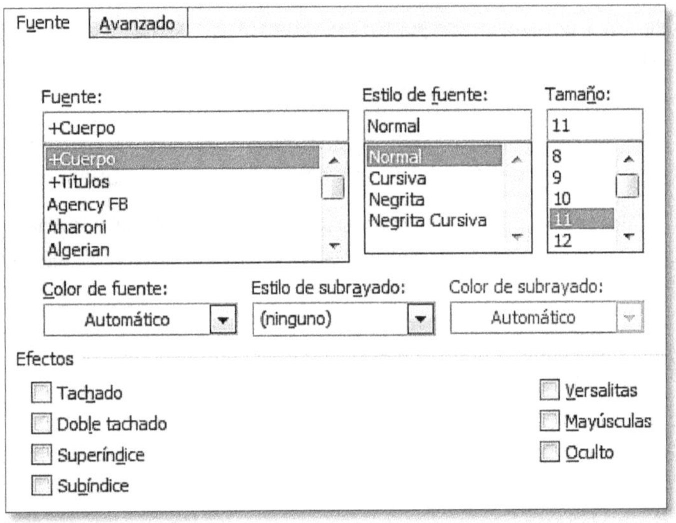

El formato se puede cambiar antes de comenzar a escribir el texto o una vez escrito, seleccionándolo previamente. Sin embargo, para aplicar formato a una sola palabra no es necesario seleccionarla, basta con tener el cursor en ella.

La mayoría de formatos están disponibles en **Inicio > Fuente**. Otros no tan habituales, como las versalitas o el espaciado entre caracteres los tenemos en el menú de dicho grupo.

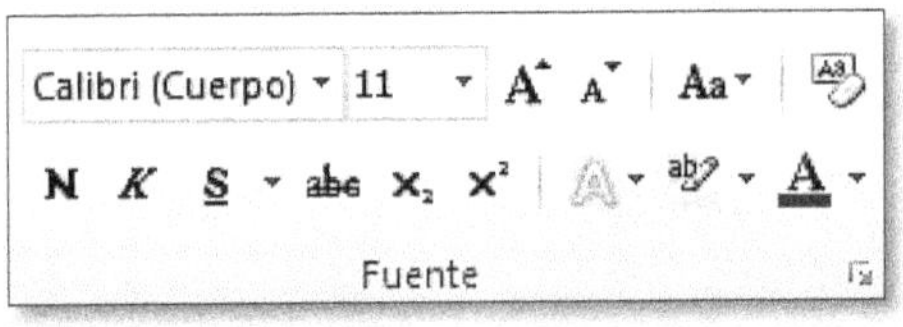

PRÁCTICA

A **Cree** un documento y **guárdelo** en su carpeta con el nombre de **Prácticas de Word 1.docx.** En este documento realizará todas las prácticas a partir de ahora, si no se especifica lo contrario.

Escriba los párrafos de abajo (copie y pegue el texto que se repite) y, una vez escritos, aplique a cada texto el formato indicado. Puede hacerlo con los botones disponibles en **Inicio > Fuente** o usando las siguientes combinaciones de teclas.

FORMATO	TECLAS
Negrita	**Ctrl+N**
Cursiva	**Ctrl+K**
Subrayado	**Ctrl+S**
MAYÚSCULAS	**Ctrl+Mayús+U**
VERSALITAS	**Ctrl+Mayús+L**
Subíndice	**Ctrl+signo igual (=)**
Superíndice	**Ctrl+signo más (+)** del teclado principal
Cambiar MAYÚS/minús	**Mayús+F3**
Aumentar tamaño de fuente	**Ctrl+>** (escala predeterminada) o **Ctrl+Alt+>** (de uno en uno)
Disminuir tamaño de fuente	**Ctrl+<** (escala predeterminada) o **Ctrl+Alt+<** (de uno en uno)

Este párrafo está escrito en un formato subrayado con la fuente Garamond 12.

Este párrafo está escrito en un formato cursiva y negrita y tiene color rojo. La fuente empleada es Book Antiqua 14.

Este párrafo está escrito, con la fuente Lucida Sans 14 y subrayado solo palabras.

Este párrafo está escrito en Trebuchet MS 10 negrita, con esta palabra resaltada.

Este párrafo está escrito en Britannic Bold 20 y se le ha aplicado un efecto de texto.

Estas palabras están escritas con un formato subíndice y estas otras con un formato superíndice, todo el párrafo en Calibri 12.

> **NOTA:** Al acabar de seleccionar texto y colocar el puntero encima, *Word* muestra una **minibarra** de herramientas que podemos utilizar si queremos. Si nos molesta esta barra flotante, se puede desactivar en **Archivo > Opciones > General.**

B Abra el documento **Informe TIA** y cambie el formato de fuente desde **Inicio > Fuente >** menú **Fuente >** fichas **Fuente** y **Avanzado** como se indica abajo.

Para establecer un tamaño de fuente con decimal (9,5; 12,5, ...), hay que escribirlo en la casilla de tamaño.

- **Título**: Stencil 18, color rojo, espaciado entre caracteres: expandido en 1,2 pto, escala 90%
- **De**: y **Para**: Verdana 9,5, versalitas
- **Texto**: Bookman Old Style 10, color azul
- **Firma**: Bookman Old Style 12, versalitas

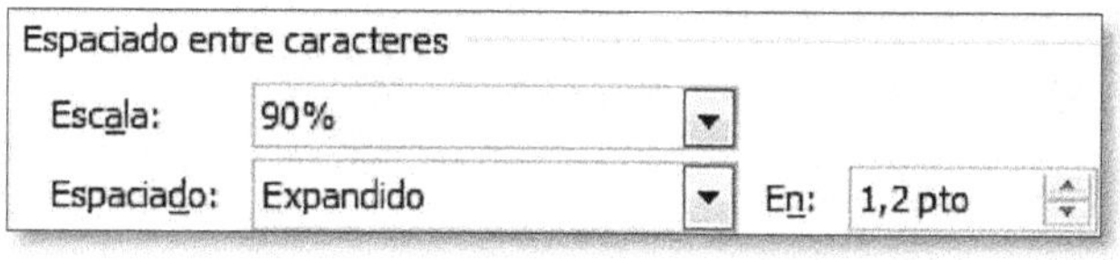

INFORME INTERNO - SECRETO - TOP SECRET

DE: SUPERINTENDENTE VICENTE

PARA: TODOS LOS AGENTES

Como sabrán, el **presupuesto de la T.I.A.** de este año prevé algunos recortes en los gastos de los agentes. Con todo, se alegrarán de saber que estos recortes no afectarán a su estimado superior. Paso a detallarles los cambios previstos:

Parece ser que no ha sido suficiente con cambiar los Panda por ciclomotores, así pues, estos serán sustituidos por bicicletas, eso sí, de cuatro marchas, con cesta y timbre.

Como vamos a vender la máquina de café y el café sobrante, se les va a entregar un termo para que traigan de casa su propio café. El termo lo puede usar cada día un agente.

Las clases de artes marciales serán sustituidas por clases de zumba, impartidas por la administrativa *Srta. Ofelia* en el rellano del ascensor.

No hace falta que les recuerde que cualquier protesta ante estas medidas conllevará la asignación "voluntaria" al puesto de ***probador de nuevos inventos*** del *Profesor Bacterio.*

Y como todo no van a ser malas noticias, les comunico que van a cobrar este mes el **sueldo adeudado de Noviembre de 1995**.

EL SÚPER

1.9 Revisión de la ortografía y gramática · Sinónimos · Idioma

Que nos indiquen los errores de **ortografía** y de **gramática** que cometemos y que, además, nos los corrijan automáticamente es algo realmente estupendo. Pero no podemos despreocuparnos, ya que *Word* no reconoce el sentido de lo escrito, solo si la palabra es correcta según el diccionario incorporado. Tampoco detecta el 100% de los errores gramaticales, así pues, es conveniente que, además, revise personalmente su texto.

También es interesante contar con la opción de los **sinónimos** cuando no se nos ocurren a nosotros mismos.

Si todo o parte de nuestro trabajo está escrito en otro **idioma**, la revisión ortográfica y gramatical utilizará el diccionario del idioma que haya detectado o nosotros le hayamos indicado. Al igual que en los sinónimos mostrados.

Todas estas herramientas se encuentran en **Revisar > Revisión / Idioma**.

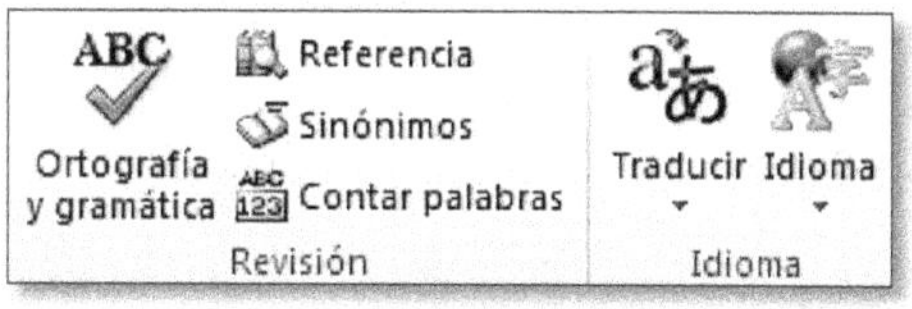

PRÁCTICA

A Abra su documento **Prácticas de Word 1.docx** y, a continuación de la práctica existente escriba el texto de abajo en *Comic Sans Ms 11* y **revise la ortografía y la gramática** con el menú contextual, o con la opción **Ortografía y gramática** de la ficha **Revisar** (en este último caso, seleccione el texto previamente).

Cuando el programa detecte un error, elija una **sugerencia** y clique en **Cambiar** o en **Omitir una vez**.

> **NOTA:** Verá que el programa pone automáticamente en mayúsculas la primera letra de cada párrafo. Este comportamiento y otros relacionados se controlan con la herramienta **Autocorrección**, que estudiaremos más adelante. Cuando *Word* haga algo que no nos interese, pulsaremos **Ctrl+Z** para deshacerlo.
>
> Si **agrega** una palabra al diccionario, *Word* ya no la corregirá. Asegúrese de que es correcta antes de agregarla.

En timpos de los apóstoles

heran los ombres tan barbaros

que se subian a a los arvoles

y se comian a los pajaros

los lunes, mates y y miércoles

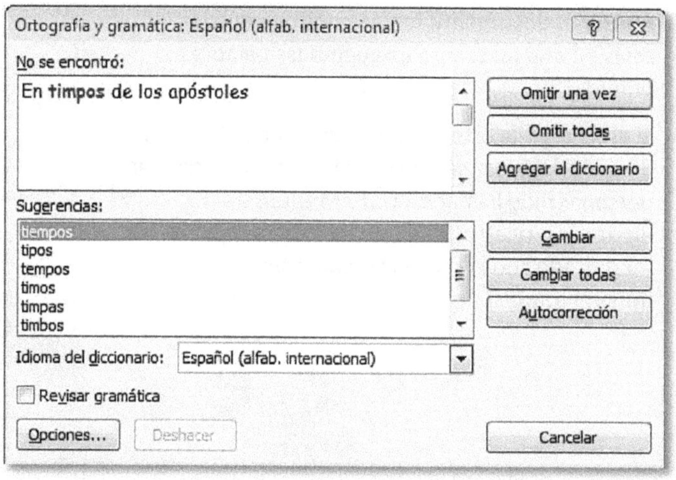

B Escriba los párrafos siguientes y **revise la ortografía y la gramática** de igual manera.

El estava muy enfadao. Tantas días en la mar lo habían afectao.

Por último, hay que decir que el equipo han hecho un buen partida.

Decidimos de que ya estudiaríamos el problema mas adelante.

C Escriba las siguientes palabras y **busque sinónimos** para ellas, bien con el menú contextual, bien con la opción **Sinónimos** de la ficha **Revisar**, donde tendrá más opciones de búsqueda.

Mover Saludo Blanco A propósito

D Practicaremos ahora la corrección en otro idioma: escriba el texto siguiente, selecciónelo, elija el idioma **Inglés (Reino Unido)** clicando en la barra de estado sobre el nombre del idioma (o en **Revisar > Idioma > Idioma > Establecer idioma de corrección**) y corrija las faltas.

To ve or not to ve, that's teh cuestión. (Corregido: *To be or not to be, that's the question*)

E Por último, compruebe las **opciones** de ortografía y gramática de *Office* y de *Word* **[Archivo > Opciones > Revisión]** y cambie las que considere oportuno para que se ajusten a su forma de trabajar.

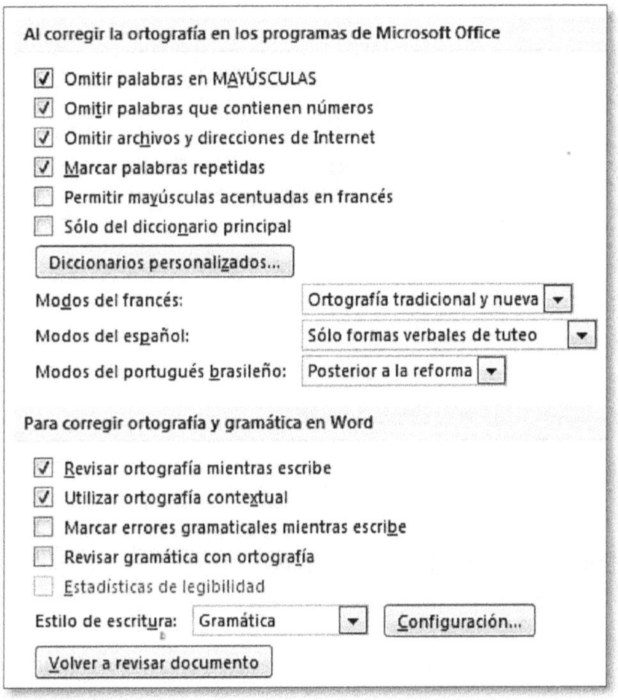

Si acabamos de revisar el documento, pero queremos hacerlo de nuevo, con el botón **Volver a revisar el documento** forzaremos una nueva revisión que no tendrá en cuenta las palabras omitidas.

Si al corregir la ortografía ha agregado palabras al diccionario, estas se han guardado en un diccionario personalizado llamado CUSTOM.DIC. Este diccionario (y otros que pueden crearse) puede ser modificado con la opción **Diccionarios personalizados**.

1.10 Traducción · Referencia

La herramienta de **traducción** incluida en *Word* no es de las más fiables si el texto que traducimos vamos a distribuirlo con fines "serios" (comerciales, académicos, jurídicos, ...). En ese caso, lo mejor será que lo redacte un traductor cualificado. Con todo, puede que nos sea útil en alguna ocasión.

Los idiomas disponibles para traducir activados los veremos y controlaremos desde la herramienta **Referencia**, la cual nos permite consultar palabras en las obras de referencia incluidas, como el Diccionario de la RAE, o en sitios web.

PRÁCTICA

A Seleccione el texto que corrigió en inglés *To be or not to be, that's the question* y acceda a **Revisar > Idioma > Traducir > Traducir texto seleccionado**.

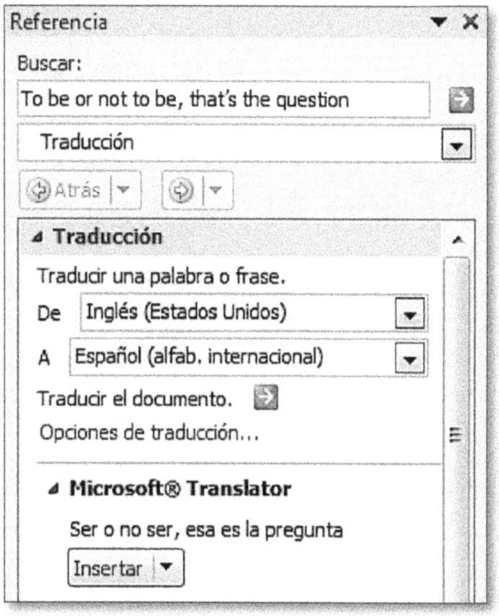

B En el panel donde ha aparecido la traducción, borre el contenido de la casilla **Buscar** y escriba "entropía".

Despliegue el menú bajo dicha casilla y elija **Diccionario de la Real Academia Española** para ver su significado.

Escriba otra palabra que le interese consultar y clique en el botón de la flecha →, a la derecha de la casilla **Buscar**.

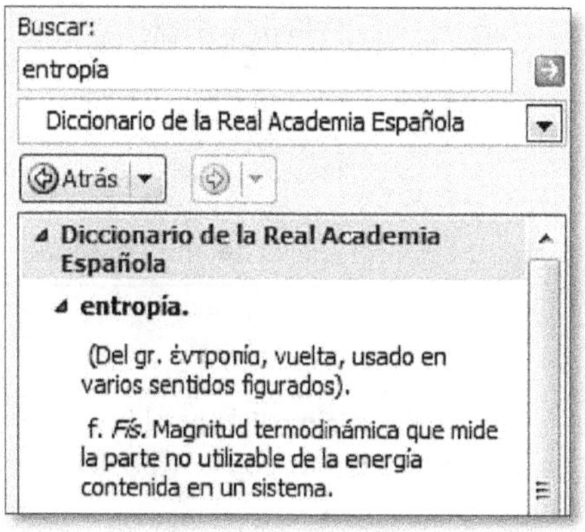

1.11 Formato de párrafo · Marcas ocultas · Estilos rápidos · Borrar formato

Los párrafos reciben diversos formatos, siendo los más comunes la **alineación** con respecto a los márgenes del documento y el **interlineado**, es decir, la separación de sus líneas.

El formato se puede modificar antes de escribir o una vez escrito el texto, seleccionando previamente el párrafo, o párrafos. Sin embargo, para aplicar formato a un solo párrafo no es necesario seleccionarlo, basta con que el cursor esté dentro.

El formato de párrafo (y de fuente) se copia al párrafo siguiente al pulsar **Entrar**.

Las **marcas ocultas** son unos símbolos que representan pulsaciones de teclas que no son caracteres, por ejemplo, la pulsación de la tecla **Entrar**, que indica el fin de párrafo. Podemos activarlos para comprobar qué pulsaciones existen.

Practicaremos todo ello a continuación con las opciones de **Inicio > Párrafo**.

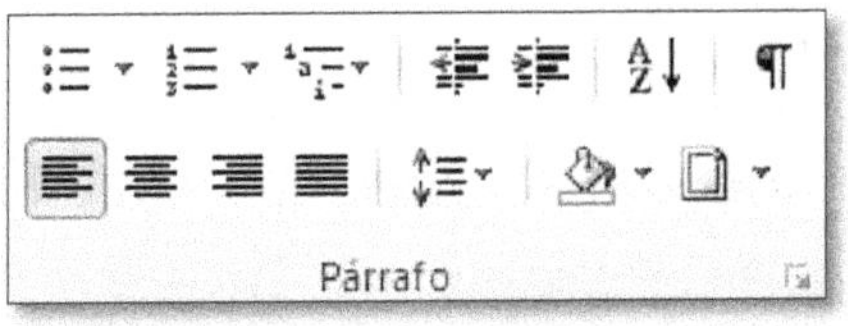

También, comprobaremos cómo los **estilos rápidos** permiten aplicar varios formatos preestablecidos con un solo clic, mientras que, también con un clic, podemos quitar todos los formatos aplicados con la opción de **borrar formato**.

PRÁCTICA

A **Abra** su documento de prácticas, active las **marcas ocultas** desde **Inicio > Párrafo > Mostrar todo** o **Ctrl+(** y compruebe las pulsaciones que representan. Desactívelas del mismo modo al acabar.

La tabla siguiente indica las marcas ocultas más habituales.

MARCA	SÍMBOLO	PULSACIÓN DE TECLA
Fin de párrafo	¶	**Entrar**
Tabulación	→	**Tab**
Espacio en blanco	·	**barra espaciadora**
Salto de línea manual	↵	combinación **Mayús+Entrar**

B Ahora, en **Inicio > Estilos** elija el **estilo Sin espaciado** y escriba los siguientes párrafos con la fuente *Cambria 11* (use la opción de copiar y pegar, ya que el texto es el mismo).

A continuación, **aplíqueles los formatos** que se indican mediante los botones de **Inicio > Párrafo** o mediante el teclado, tal como se señala en las tablas.

Alineación de párrafos	
Izquierda	**Ctrl+Q**
Derecha	**Ctrl+D**
Centrar	**Ctrl+T**
Justificar	**Ctrl+J**

Interlineado de párrafos	
Sencillo	**Ctrl+1**
1,5 líneas	**Ctrl+5**
Doble	**Ctrl+2**

NOTA: Los **finales de línea** no coincidirán con los que se ven impresos porque los márgenes de su documento son distintos. En un tema posterior aprenderemos a configurar la página del documento y cambiaremos los márgenes para que lo escrito en su ordenador se ajuste a lo que aparece en el libro.

1) El siguiente párrafo está alineado a la IZQUIERDA y tiene un interlineado de 1,5

Durante años el chocolate ha sido objeto de un sinfín de acusaciones. Sin embargo, de un tiempo para esta parte, el chocolate negro se está reivindicando como fuente de salud. Los flavonoides contenidos en el chocolate parecen jugar un efecto protector frente a enfermedades cardiovasculares por sus efectos antioxidantes.

2) El siguiente párrafo está CENTRADO y tiene un interlineado de 1,15

Durante años el chocolate ha sido objeto de un sinfín de acusaciones. Sin embargo, de un tiempo para esta parte, el chocolate negro se está reivindicando como fuente de salud. Los flavonoides contenidos en el chocolate parecen jugar un efecto protector frente a enfermedades cardiovasculares por sus efectos antioxidantes.

3) El siguiente párrafo está alineado a la DERECHA y tiene un interlineado doble

Durante años el chocolate ha sido objeto de un sinfín de acusaciones. Sin embargo, de un tiempo para esta parte, el chocolate negro se está reivindicando como fuente de salud. Los flavonoides contenidos en el chocolate parecen jugar un efecto protector frente a enfermedades cardiovasculares por sus efectos antioxidantes.

4) Estos párrafos están JUSTIFICADOS, con interlineado sencillo y el primer párrafo tiene un espaciado posterior de 24 puntos

Durante años el chocolate ha sido objeto de un sinfín de acusaciones. Sin embargo, de un tiempo para esta parte, el chocolate negro se está reivindicando como fuente de salud. Los flavonoides contenidos en el chocolate parecen jugar un efecto protector frente a enfermedades cardiovasculares por sus efectos antioxidantes.

Durante años el chocolate ha sido objeto de un sinfín de acusaciones. Sin embargo, de un tiempo para esta parte, el chocolate negro se está reivindicando como fuente de salud. Los flavonoides contenidos en el chocolate parecen jugar un efecto protector frente a enfermedades cardiovasculares por sus efectos antioxidantes.

C Experimente con los **estilos rápidos [Inicio > Estilos]** para aplicar formato.

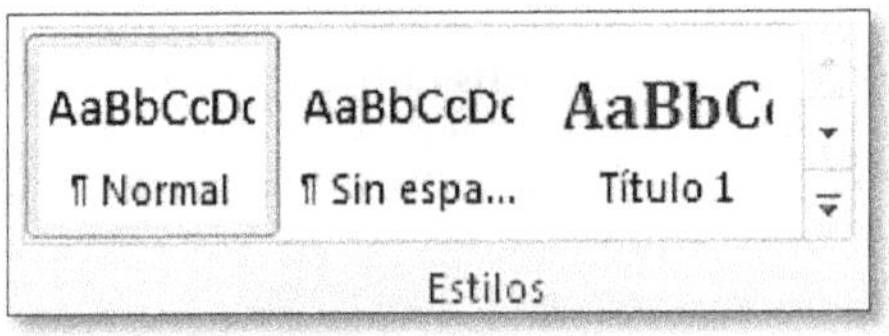

D Por último, en **Inicio > Fuente** compruebe cómo el botón **Borrar formato**  **[o Ctrl+Mayús+A]** quita todos los formatos aplicados (excepto el resaltado) y deja el **estilo Normal.**

Tenga en cuenta esta opción cuando aparezcan formatos indeseados, tanto los de párrafo y de fuente, como otros que veremos más adelante: sangría, bordes, sombreado y tabulaciones. El botón de borrar formato los quitará todos.

Si solo le interesa borrar el formato de fuente, pulse **Ctrl** y la **barra espaciadora.**

1.12 Guiones

Podemos separar manualmente una palabra al final de línea escribiendo un guion, pero este quedará en la palabra, como un carácter más y, si modificamos el texto, la palabra con el guion se moverá de su posición correcta. Así pues, es mucho más práctico y seguro dejar que *Word* ponga **guiones automáticamente**, si nos interesa el texto separado con guiones.

PRÁCTICA

A Abra el archivo **Ejemplo para prácticas.docx** y, <u>sin seleccionar nada</u>, desde **Diseño de página > Configurar página > Guiones > Automático** ponga guiones en todo el documento.

B Ahora <u>seleccione varios párrafos</u> y active la opción **Diseño de página > Configurar página > Guiones > Manual**, de esta manera se podrá elegir cómo separar solamente el texto seleccionado.

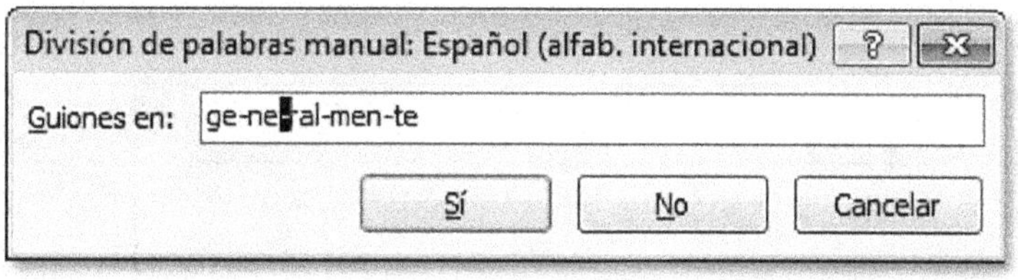

C Acceda a las **Opciones de guiones** y establezca que no divida las palabras en mayúsculas.

Con la casilla de la zona de división se indica el espacio que ha de haber al final de línea para poder poner guiones, y con la siguiente se pueden limitar el número de líneas seguidas que acaben en guion. Generalmente, no hay que modificar estos valores.

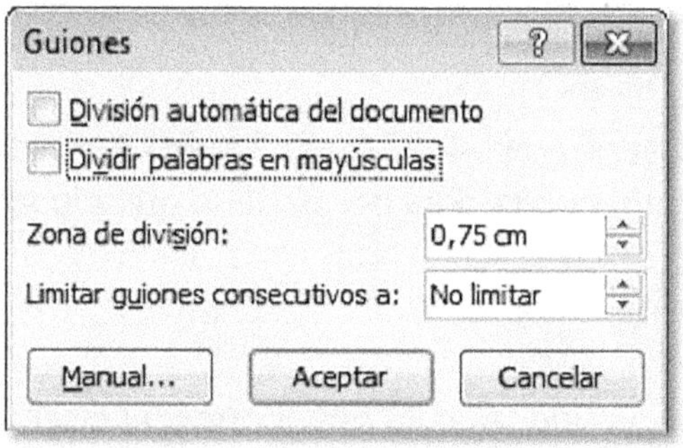

D Finalmente, desactive los guiones (**Ninguno**) y cierre el documento.

1.13 Copiar formato

Al **copiar el formato** de un párrafo y pegarlo en otro, este último recoge todas las características del primero: fuente, alienación, interlineado, sangría, tabulaciones, etc.

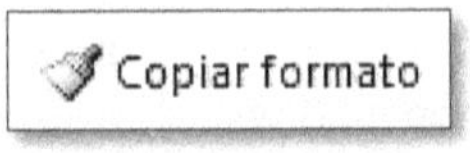

Esta operación consta de tres pasos:

1) **colocar** el cursor dentro del párrafo con el formato a copiar,

2) **clicar** en el botón **Copiar formato** y

3) **seleccionar** el párrafo (o párrafos) donde queremos pegarlo.

Para obtener el resultado correcto, nos aseguraremos de que al pegar seleccionamos todo el párrafo, incluida la marca de fin de párrafo. Si seleccionamos solo parte del texto al copiar o al pegar, pegaremos los formatos de fuente, pero no los de párrafo.

La tabla de abajo nos muestra los procedimientos a seguir usando el ratón o el teclado.

NOTA: Copiar formato funciona también con otros elementos de *Word,* como las tablas, las imágenes o los dibujos.

ACCIÓN	BOTÓN Y RATÓN	TECLADO
Copiar formato	**Inicio > Portapapeles > botón Copiar formato** (con doble clic queda activo hasta que cliquemos de nuevo)	**Ctrl+Mayús+C**
Pegar formato	**seleccionar con el ratón**	**seleccionar** y **Ctrl+Mayús+V**

PRÁCTICA

A **Escriba** en *Arial 11* los párrafos siguientes, pertenecientes a la sinopsis de varios capítulos de un serial televisivo.

Capítulo 11.326

El día de su 30 cumpleaños, Adelita averigua que ha sido adoptada. La noticia se la da la prima segunda de la vecina del quinto, que la odia por haberle quitado el novio en el parvulario.

Capítulo 11.327

Debido a la desilusión que ha sufrido, Adelita abandona su hogar y se alista en la brigada paracaidista. Sufre un accidente y pierde la memoria.

Capítulo 11.328

Vagando sin rumbo, se enrola como pinche de cocina en un barco, el cual naufraga frente a las costas de Inglaterra. Asida a una tabla de cortar verduras, Adelita logra llegar a la orilla, exhausta.

Capítulo 11.329

La reina de Inglaterra, que paseaba con su séquito por la playa, acoge a Adelita y la emplea como ayudante personal. Un día, la reina advierte la marca en forma de taza de té que Adelita tiene en el cuello, se vuelve lívida de repente y sufre un aparatoso desmayo...

B **Cambie el formato** del párrafo con el primer título (**Capítulo 11.326**) de la siguiente manera: fuente *Arial Black 12*, color azul oscuro, centrado y subrayado.

Capítulo 11.326

C Ahora, cambie el formato del resto de títulos mediante la opción **Inicio > Portapapeles > Copiar formato**.

D **Cambie el formato** de la primera sinopsis: fuente *Courier New 10*, justificado e interlineado de 1,15.

El día de su 30 cumpleaños, Adelita averigua que ha sido adoptada. La noticia se la da la prima segunda de la vecina del quinto, que la odia por haberle quitado el novio en el parvulario.

E Por último, cambie el formato del resto de sinopsis mediante la opción **copiar formato**.

Word · Módulo 2

TEMAS

2.1 Guardar como pdf, rtf, txt, odt · Abrir archivos en estos formatos

Al compartir o distribuir documentos no podemos controlar si se mostrarán tal como los hemos creado, ya que dependerá de la versión de *Word* del destinatario, de las fuentes que tenga en su ordenador e, incluso, de la impresora que tenga instalada. Por ello, lo más práctico es convertir nuestro documento al **formato PDF**, un formato de archivo estándar en cualquier sistema operativo.

Además del PDF existen **otros formatos** a los que podemos exportar el documento, por ejemplo:

***.rtf** (Rich Text Format) - El formato de texto enriquecido conservará los formatos y configuraciones más habituales.

***.txt** - Solamente el texto sin formato se guarda en este tipo de archivo.

***.odt** (Open Document Text) - Este formato es compatible con Open Office y otras aplicaciones en Linux y Windows.

Los archivos con estos formatos también pueden **abrirse** con *Word*.

PRÁCTICA

A Abra el archivo **Ejemplo para prácticas.docx** y guárdelo como ***.pdf [Archivo > Guardar como** o **Archivo > Guardar y enviar > Crear documento PDF/XPS]**.

Guárdelo con el mismo nombre, pero con el **tipo PDF**.

El **botón Opciones** en el cuadro de diálogo nos ofrece más posibilidades de publicación: sólo la página actual, páginas concretas, el texto seleccionado, cifrar el documento con contraseña, etc.

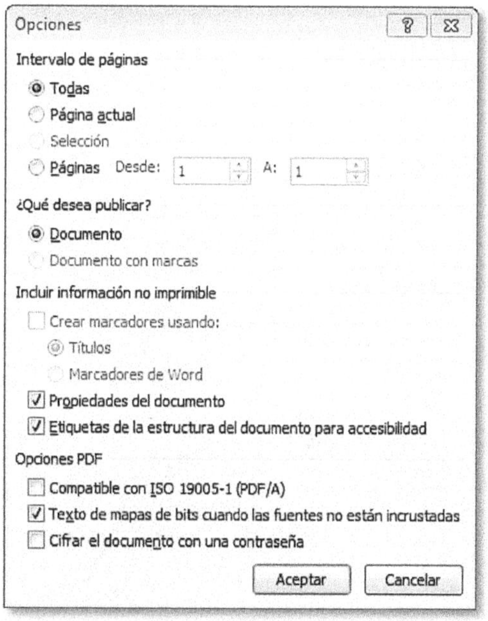

NOTA: Si vamos a compartir el PDF (o el .docx) y necesitamos que se muestre exactamente igual, es conveniente incrustar las fuentes desde **Archivo > Opciones > Guardar > Mantener la fidelidad... > Incrustar fuentes en el archivo.** Esta operación también será necesaria si el destino del documento es una imprenta.

B Mediante **Archivo > Guardar como**, guarde el mismo documento sucesivamente en los formatos ***.rtf**, ***.txt**, y ***.odt**.

Al guardar como *.txt y *.odt, aparecerán sendas **advertencias** sobre los cambios que pueden afectar al contenido del documento por la conversión.

Cierre los archivos a medida que los vaya guardando con el nuevo formato.

C Una vez guardados y cerrados, **ábralos** para comprobar el resultado.

2.2 Configurar la página: márgenes, orientación, tamaño · Saltos de página manuales

El texto de un documento de acomoda entre los **márgenes** del mismo. A mayores márgenes, menor cantidad de texto cabrá en cada página, y viceversa. En el punto A estableceremos nuevos márgenes para su documento de prácticas y podremos comprobar cómo las líneas de los párrafos escritos anteriormente se adaptan a los mismos.

Otras características a configurar son: la **orientación**, en vertical u horizontal y el **tamaño** del papel según sea el que tengamos en la impresora.

Aunque las páginas aparecen automáticamente a medida que aumenta el contenido del documento, si insertamos un **salto de página manual**, crearemos una nueva página separada de las anteriores. Esta opción es necesaria en un documento donde tengamos capítulos que han de comenzar siempre en su propia página, como en una novela, en un informe científico o en un libro de texto.

PRÁCTICA

A En **Diseño de página** > menú **Configurar página** > ficha **Márgenes** establezca los siguientes márgenes para su documento de prácticas, **Prácticas de Word 1.docx**:

Superior: **2,5 cm** Inferior: **3 cm**

Izquierdo: **2,5 cm** Derecho: **1,5 cm**

Encabezado: **1,25 cm** Pie de página: **1,75 cm** (en la ficha **Diseño**)

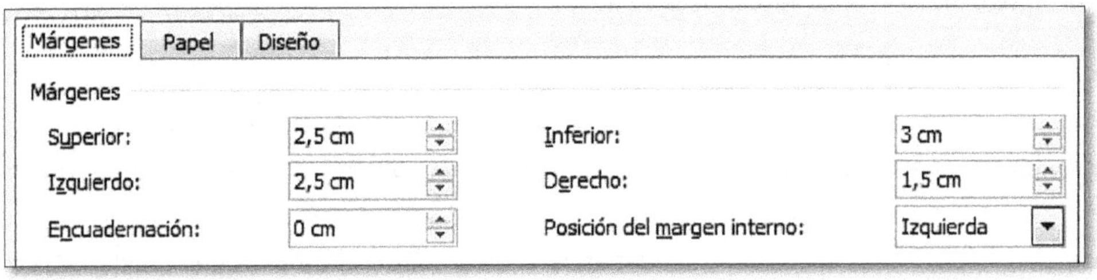

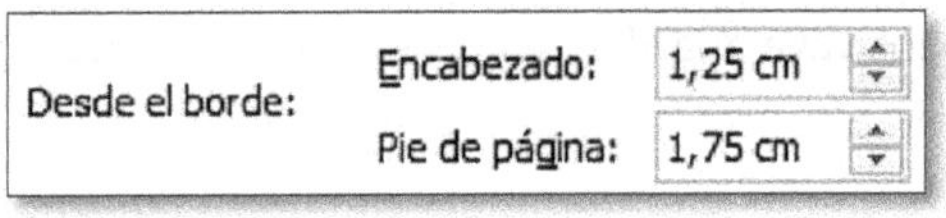

NOTA: Las zonas grises a la izquierda y derecha de la regla indican los márgenes establecidos. Si ensanchamos o estrechamos estas zonas arrastrándolas, cambiaremos los márgenes, pero este procedimiento es muy inexacto.

B Compruebe en **Configurar página >** ficha **Márgenes** que la **orientación** de la página sea vertical.

NOTA: Si va a cambiar la orientación en algún documento, hágalo antes de establecer los márgenes, de lo contrario los márgenes cambiarán con la orientación y habrá que volver a establecerlos.

C Compruebe en **Configurar página >** ficha **Papel** que el **tamaño** del papel coincida con el que tiene en la impresora, normalmente un A4.

NOTA: La orientación y el tamaño del papel se pueden controlar también con los botones de la ficha **Diseño de página**.

D Ahora inserte **saltos de página** antes del título de cada práctica realizada para que cada una empiece en página nueva: **Insertar > Páginas > Salto de página** (o bien, **Diseño de página > Configurar página > Saltos > Página**). Si no ha escrito un título que identifique las prácticas, hágalo ahora.

Active las **marcas ocultas** para poder ver los saltos de página manuales que ha insertado.

Si va a realizar esta acción habitualmente, considere la opción de **Ctrl+Entrar** para insertarlos.

..............................Salto de página..............................¶

2.3 Encabezado y pie de página

El **encabezado** es una zona en la parte superior de la página en la cual podemos escribir o insertar otros elementos. Lo que escribamos o insertemos aparecerá automáticamente en todas las páginas del documento.

El **pie de página** funciona exactamente igual que el encabezado, pero se encuentra en la parte inferior de la página. Tradicionalmente, se usa para insertar el número de página.

PRÁCTICA

A Escriba un **encabezado** en su documento haciendo doble clic en la zona del encabezado (alternativamente, **Insertar > Encabezado y pie de página > Encabezado > Editar encabezado**):

En el encabezado en blanco escriba **su nombre** en *Calibri 10*.

Para salir del encabezado haga **doble clic** en zona del **texto principal** del documento o clic en el botón **Cerrar encabezado y pie de página** en la ficha **Herramientas para encabezado y pie de página**.

B Escriba un **pie de página** en su documento haciendo doble clic en la zona del pie de página (alternativamente, **Insertar > Encabezado y pie de página > Pie de página > Editar pie de página**):

En el pie de página inserte **números de página** sin formato **[Herramientas para encabezado y pie de página > Diseño > Encabezado y pie de página > Número de página > Posición actual > Número sin formato]**.

Luego, establezca la fuente del número en *Calibri 10* negrita y céntrelo.

Al finalizar, salga del pie de igual modo que hizo en el punto A con el encabezado.

NOTA: El menú de los botones de encabezado y pie de página nos ofrece varios ya preparados. Podemos elegir alguno de la lista, pero para aprender a trabajar con estos elementos es mejor hacerlo todo nosotros mismos.

2.4 Impresión del documento: opciones

Aunque gracias a los documentos digitales cada vez es menos necesario imprimir, dado el caso, *Word* ofrece muchas posibilidades para llevar a cabo esta tarea en **Archivo > Imprimir** (o **Ctrl+P**): elegir la impresora, elegir el número de copias, intercalar las páginas de cada copia, imprimir páginas determinadas o el texto seleccionado, incluir varias páginas en una hoja, ...

Para seleccionar unas páginas concretas, escribiremos sus números en la casilla **Páginas** separados con comas o con guiones. La **coma** equivale a **"y"**, mientras que el **guion** equivale a **"desde ... hasta"**.

Así pues, al escribir 1, 5, imprimirá las páginas 1 y 5. Al escribir 1-5, imprimirá las páginas 1, 2, 3, 4 y 5.

Las comas y guiones se pueden combinar: si escribimos 1-5, 10, 12, imprimirá las páginas desde la 1 a la 5, la página 10 y la página 12.

Para imprimir solo el texto seleccionado acudiremos a **Archivo > Imprimir > Imprimir todas las páginas > Imprimir selección.**

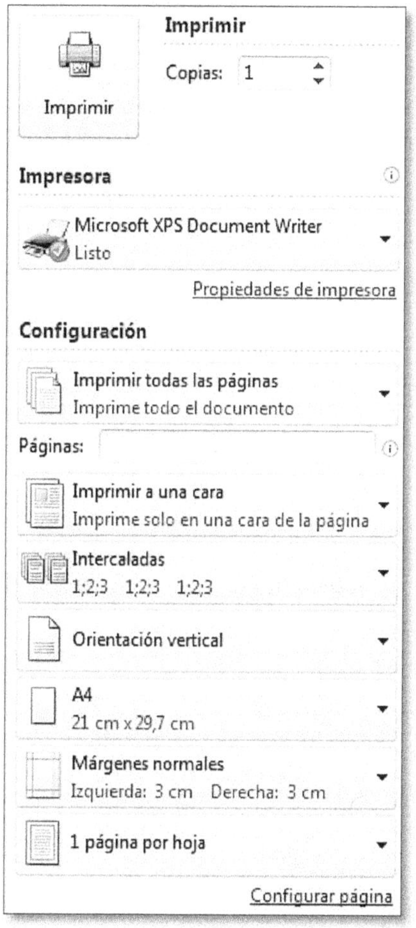

NOTA: Los cambios que hagamos en la orientación, el tamaño del papel o los márgenes en el menú de impresión, afectaran a la **configuración de página** del documento.

La impresión a **doble cara** dependerá de la impresora que tengamos instalada, ya que algunas impresoras no admiten esta función.

PRÁCTICA

A Practique la impresión desde **Archivo > Imprimir** con su documento **Prácticas de Word 1.docx** de la siguiente manera:

- Desplácese a la **página 2** e imprima la **página actual.**
- Indique el **intervalo** de páginas **1, 3** y **5** e imprímalas.
- Seleccione parte del documento e imprima solo el **texto seleccionado.**

B Practique con otras opciones de impresión.

2.5 Cinta de opciones · Barra de acceso rápido

Al minimizar (ocultar) la **cinta de opciones** ganaremos espacio en la pantalla, si esto es lo que nos interesa.

La **barra de acceso rápido**, por otra parte, no resta espacio, ya que forma parte de la barra de título de la ventana de *Word* (a la izquierda). Esta barra de herramientas puede personalizarse añadiendo botones para agilizar las acciones de realizamos con más frecuencia y quitando aquellos que no nos sean útiles.

PRÁCTICA

A **Minimice** la cinta de opciones con el botón ^ (en la parte superior derecha de la ventana de *Word*) o haciendo **doble clic en una pestaña**. También funciona la combinación **Ctrl+F1**.

B Luego, **anule** tal configuración de igual manera (o manténgala si lo desea).

C Añada el botón de **Vista previa de impresión e Imprimir** y el botón de **Impresión rápida** a la **barra de acceso rápido** [menú de la **Barra acceso rápido]**.

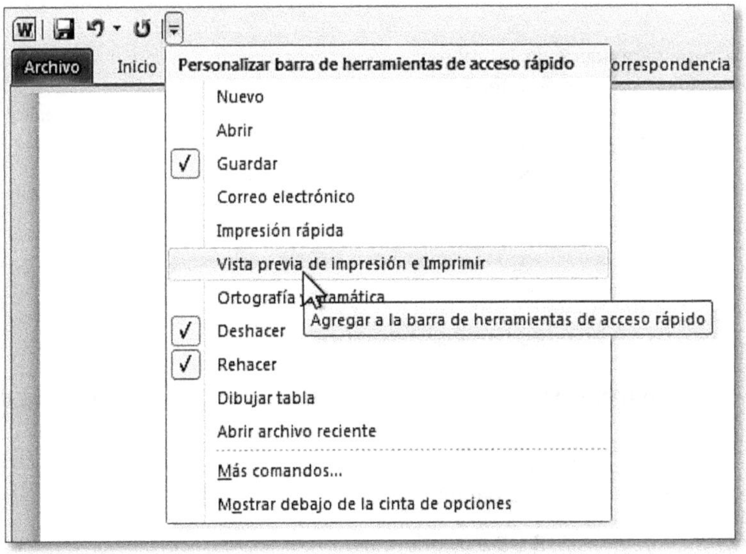

D Luego, quite el botón de impresión rápida y **personalice** esta barra según sus intereses.

NOTA: Con la opción **Más comandos** del menú de la **Barra acceso rápido** accedemos a todos los botones posibles. También aquí, podremos quitar todas las personalizaciones y dejar la barra como venía de fábrica con el botón **Restablecer**.

2.6 Sangría

La **sangría** nos permite acotar las líneas de un párrafo independientemente de los márgenes del documento.

Para aplicarla rápidamente arrastraremos los **controladores** que aparecen al inicio de la regla (sangría izquierda, de primera línea o francesa) y al final (sangría derecha).

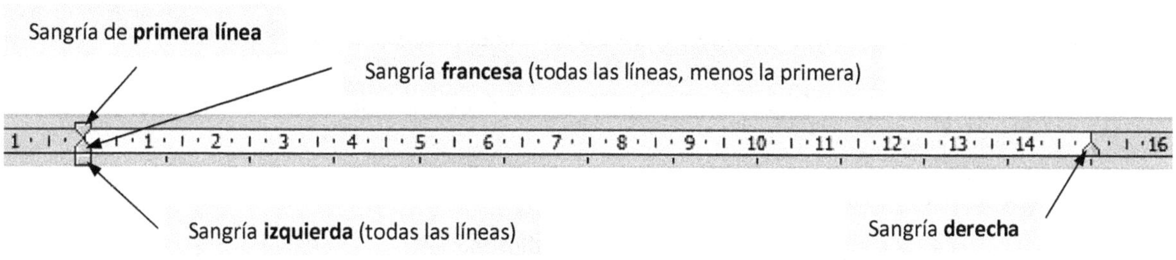

Si necesitamos mayor precisión accederemos a **Inicio > Párrafo >** menú **Párrafo** o a **Diseño de página > Párrafo > Aplicar sangría**, si bien, esta última opción solo permite sangría izquierda y derecha.

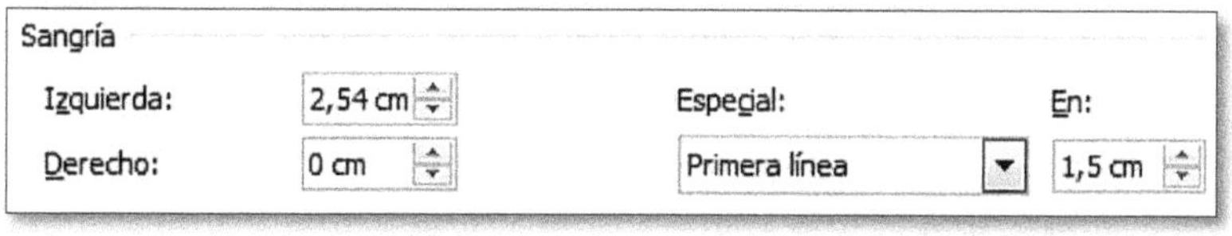

También podemos pulsar **Tab** delante de la primera línea de un párrafo o delante de cualquier otra para aplicar sangría de primera línea o sangría izquierda respectivamente, pero solo obtendremos la medida preestablecida.

Al igual que sucede con los otros formatos de párrafo, al pulsar **Entrar**, se copiará la sangría dada al párrafo siguiente.

PRÁCTICA

A Escriba cada párrafo tal como se indica (*Calibri 11*). Coloque el cursor dentro del párrafo y aplique la **sangría**.

1) Sangría izquierda todo el párrafo 4 cm, alineación izquierda.

Un párrafo se puede sangrar por la izquierda y la derecha. La primera línea puede tener un sangrado distinto. No hace falta seleccionar un párrafo para sangrarlo, pero si queremos sangrar varios párrafos seguidos tendremos que seleccionarlos.

2) Sangría de primera línea de 1,5 cm, sangría derecha 5 cm, justificado.

Para Word un párrafo es cualquier cantidad de texto terminada en una marca de fin de párrafo. Este texto puede incluir una imagen.

3) Sangría izquierda 2,5 cm, sangría derecha 6,5 cm, centrado.

Las sangrías nos permiten acotar texto entre márgenes propios. La alineación del párrafo se realizará en función de su sangría izquierda o derecha, si la hubiere.

4) Sangría izquierda 2,5 cm, sangría primera línea 1,5 cm, alineación izquierda.

Un párrafo puede constar de un solo carácter, de una palabra, de una línea o de varias líneas.

5) Sangría izquierda 2,5 cm, sangría francesa 1,5 cm, justificado.

Hemos visto que el sangrado de la primera línea puede ser distinto del resto del párrafo. Cuando el sangrado de la primera línea es menor que el del resto del párrafo se denomina *Sangría Francesa*.

2.7 Bordes y sombreado · Borde de página

Una forma de resaltar parte del texto o las páginas de un documento es usar los **bordes** y el **sombreado**.

Para aplicar bordes y sombreado a un solo párrafo, no es necesario seleccionarlo. Para aplicarlos a más de un párrafo o a parte del texto, sí que hay que seleccionar.

PRÁCTICA

A Escriba los párrafos siguientes (fuente *Tahoma 11*, excepto el último) y aplíqueles los bordes y sombreados que se mencionan desde **Inicio > Párrafo > botón Bordes / botón Sombreado** y el cuadro de diálogo que obtenemos con la última opción del menú del botón de bordes.

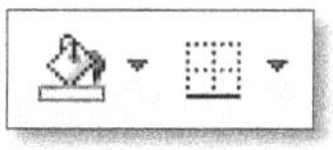

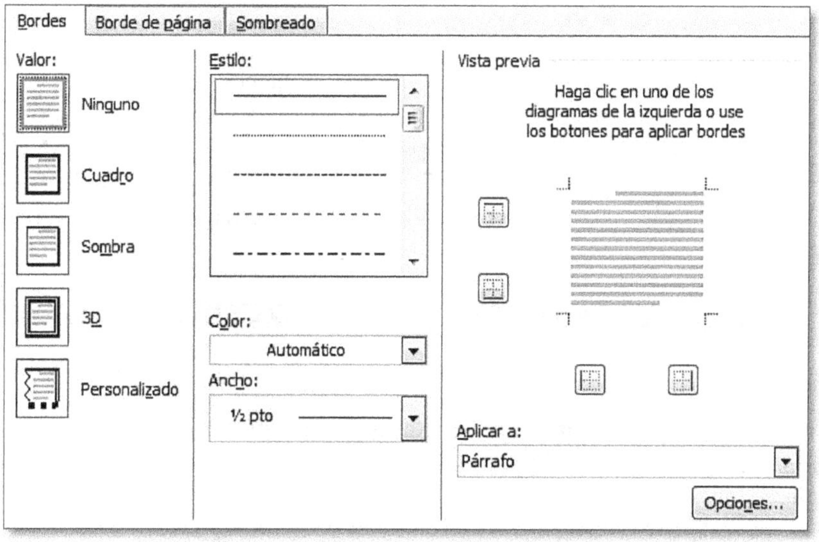

Este párrafo tiene un borde superior y un borde inferior de ¾ de grosor.

Este párrafo tiene un borde de 3 puntos a la izquierda y a la derecha. Su sombreado es de color verde claro. Está centrado.

Este párrafo solo tiene unas pocas palabras con borde y sombreado.

Este párrafo tiene bordes de alrededor estilo punteado de 2 y ¼, de color naranja y está alineado a la derecha.

Este párrafo está escrito en Arial Rounded MT Bold 14, sin bordes. Tiene un sombreado de color azul oscuro y está centrado.

B Escriba los párrafos de abajo en *Tahoma 11*, aplique los formatos y mediante el **botón Opciones** del cuadro de diálogo controle la separación de los bordes con respecto al texto del párrafo.

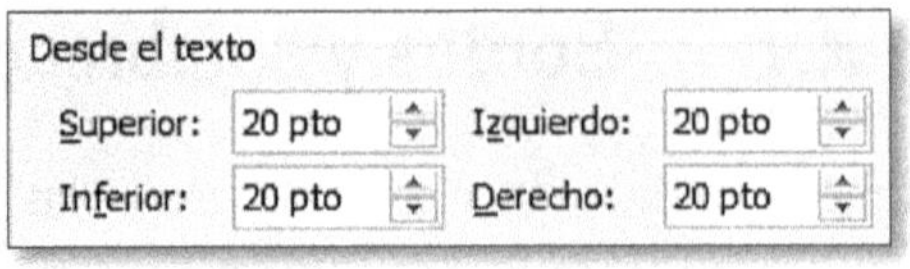

Este párrafo tiene bordes estilo guiones alrededor de 1 pto, sangría izquierda (1 cm) y sangría derecha (5,5 cm). La distancia del texto al borde es de 20 puntos por todos los lados. Está centrado.

Estos dos párrafos tienen bordes alrededor con doble línea de 3 puntos color rojo oscuro y sombra; sangría izquierda y derecha de 3,5 cm; sangría de primera línea de 1 cm.

Están justificados y la distancia del texto al borde es de 12 puntos por todos sus lados.

C En el cuadro de diálogo del menú del **botón Bordes > Bordes y sombreado...** contamos con las opciones para aplicar un borde a las páginas de nuestro documento. A este cuadro accedemos igualmente desde **Diseño de página > Fondo de página > Bordes de página**.

Cree un documento y configure su página con orientación horizontal. Aplíquele unos bordes **alrededor de la página** con las siguientes características:

- **Arte**: Palmeras
- **Ancho**: 30 pto
- **Aplicar a todo el documento**

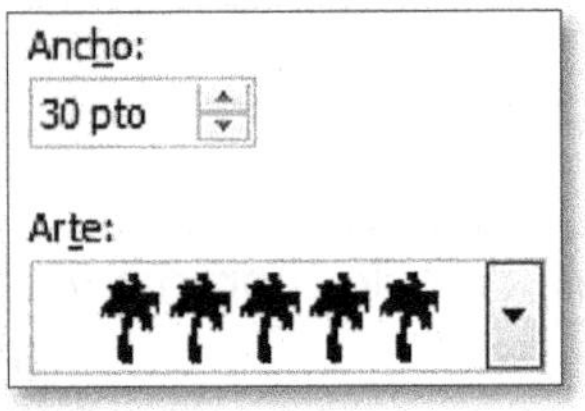

Escriba el texto mostrado y al acabar guarde el documento con el nombre que prefiera.

2.8 Autocorrección

La **autocorrección** es una herramienta muy interesante, ya que corrige automáticamente palabras mal escritas, el uso accidental de las mayúsculas y pone en mayúsculas la primera letra después de punto, entre otras posibilidades.

Para corregir palabras, *Word* consulta una lista interna que contiene los errores más habituales y las palabras correctas, es decir, los **elementos de autocorrección**. Los elementos los podemos modificar, eliminar o ampliar. Esto último es realmente útil, ya que podemos adaptar la autocorrección a nuestras necesidades.

Esta herramienta la encontramos en **Archivo > Opciones > Revisión > Opciones de Autocorrección**.

PRÁCTICA

A Mediante la **autocorrección** hemos de lograr que:

Al escribir **yabero** lo cambie por **llavero**.

Al escribir **ssan** lo cambie por **Su Santidad**.

Al escribir **acdn** lo cambie por **ácido desoxirribonucleico**.

En la casilla **Reemplazar** escribiremos el texto a reemplazar y en la casilla **Con**, el que queremos que aparezca.

Clicaremos en **Agregar** para añadir el elemento de autocorrección.

B **Cree** el siguiente **elemento de autocorrección** de modo que, al escribir **gaiaong**, aparezca con **formato**. Para ello, (1) escriba el texto con formato, (2) selecciónelo y (3) acceda a las opciones de autocorrección.

El formato es el siguiente:

1er párrafo: fuente *Berlin Sans FB 28*, con efecto de texto (cualquiera), sangría izquierda de 2,5 cm

2do párrafo: fuente *Rockwell 14*, versalitas, color azul oscuro, sangría izquierda de 5 cm

3er y 4to párrafos: fuente *Rockwell 12*, sangría izquierda de 5 cm

Gaia

ORGANIZACIÓN NO GUBERNAMENTAL

Plaza del Abedul, 7

46064 VALENCIA

C Al acabar, **elimine** los elementos de autocorrección creados, a no ser que le interese conservar alguno.

2.9 Tabulaciones

Cuando necesitemos crear listas tabuladas, es decir, en forma de columnas, contamos con las **tabulaciones**, que nos permiten separar el texto de cada párrafo de forma exacta. Al insertar "topes" de tabulación, cada pulsación de la tecla **Tab** llevará el cursor de un tope al siguiente consiguiendo, así, total uniformidad en el texto escrito.

La tabla siguiente nos muestra los **símbolos** que aparecen en la regla y el **tipo de tabulación** que representan.

SÍMBOLO	TIPO DE TABULACIÓN
	Tabulación **Izquierda**: el texto tabulado se alinea de izquierda a derecha
	Tabulación **Derecha**: el texto tabulado se alinea de derecha a izquierda
	Tabulación **Centro**: centra el texto tabulado
	Tabulación **Decimal**: alinea los números con la parte decimal a la derecha de la tabulación y la parte entera a la izquierda
	**Barra**: inserta una barra vertical en la posición de la tabulación

PRÁCTICA

A Escriba y **tabule** el texto de abajo (*Calibri 12*, interlineado de 1,5).

Inserte las tabulaciones indicadas utilizando la regla: clique en el **botón a la izquierda** para elegir tipo de tabulación y, a continuación, clique en el **borde inferior de la regla** para insertar el tope de tabulación en la posición deseada.

Tenga en cuenta que al pulsar **Entrar**, las tabulaciones aplicadas se copiarán al párrafo siguiente.

Si necesita modificar la posición de una tabulación, arrástrela a lo largo de la regla. Para eliminarla, arrástrela fuera de la regla.

Encabezados (3 topes):

- Posición **3 cm,** alineación **izquierda**
- Posición **9 cm,** alineación **derecha**
- Posición **12,5 cm**, alineación **derecha**

Texto (3 topes):

- Posición **3 cm,** alineación **izquierda**
- Posición **8,5 cm**, alineación **decimal**
- Posición **12 cm,** alineación **decimal**

CAMBIO	DÓLARES	EUROS
1 yen	1,17	0,09
100 rupias	1,31	0,75
1 rublo	0,50	0,23

B Escriba el texto siguiente con el formato y tabulaciones indicados.

Fuente del **título**: *Courier New 14* (centrado, sin topes de tabulación).

Resto de **párrafos**: *Courier New 11* con los siguientes topes:

Para insertar y modificar las tabulaciones acceda a **Inicio > Párrafo >** menú **Párrafo > Tabulaciones.**

- Posición **3 cm**, alineación **derecha**
- Posición **5,5 cm**, alineación **centrado**
- Posición **8 cm**, alineación **izquierda**
- Posición **14,5 cm**, alineación **decimal**

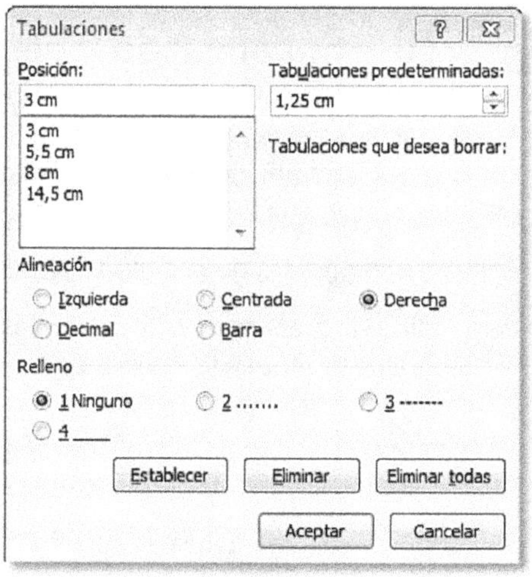

RALLY DE VEHÍCULOS ANTIGUOS "CIUTAT DE CASTELLÓ"

FECHA	**ETAPA**	**RECORRIDO**	**KM**
9 Julio	1ª	Castelló-Almassora	7
10 Julio	2ª	Vila-real-Alcora	25,8
15 Julio	3ª	Adzaneta-Burriana	100,5
17 Julio	4ª	Benicàssim-Vinaròs	286
21 Julio	5ª	Llucena-Castelló	29,4
		TOTAL KILÓMETROS	448,7

C Ahora, en el mismo menú, una las tabulaciones que se muestran con **relleno** punteado (aplique el relleno en la tabulación de destino).

RALLY DE VEHÍCULOS ANTIGUOS "CIUTAT DE CASTELLÓ"

FECHA		**ETAPA**	**RECORRIDO**		**KM**
9 Julio	....	1ª	Castelló-Almassora	....	7
10 Julio	....	2ª	Vila-real-Alcora	....	25,8
15 Julio	....	3ª	Adzaneta-Burriana	....	100,5
17 Julio	....	4ª	Benicàssim-Vinaròs	......	286
21 Julio	....	5ª	Llucena-Castelló	....	29,4
			TOTAL KILÓMETROS	....	448,7

2.10 Encabezado y pie de página: fecha y total de páginas

Al insertar la **fecha** actualizable automáticamente, conseguiremos que aparezca la fecha del día en que se imprime el documento. Será útil incluirla en justificantes de asistencia o en cualquier documento que necesite verificarse la fecha de impresión, y, si la insertamos en el encabezado/pie aparecerá en todas las páginas.

Al insertar el **número de páginas** totales del documento sabremos si, una vez impreso, contamos con todas ellas.

Para realizar la práctica de este tema y las siguientes (si no se indica lo contrario), cree un documento y guárdelo con el nombre de **Prácticas de Word 2.docx**.

PRÁCTICA

A Configure los **márgenes** de igual forma que en su documento de prácticas 1:

Superior: **2,5 cm**	Inferior: **3 cm**
Izquierdo: **2,5 cm**	Derecho: **1,5 cm**
Encabezado: **1,25 cm**	Pie de página: **1,75 cm**

B Prepare un encabezado y un pie de página haciendo **doble clic** en el área de los mismos:

En el encabezado:

- Escriba **su nombre**.
- Inserte la **fecha** con el formato que prefiera, pero que se actualice automáticamente desde **Herramientas para encabezado y pie de página > Diseño > Fecha y hora**.

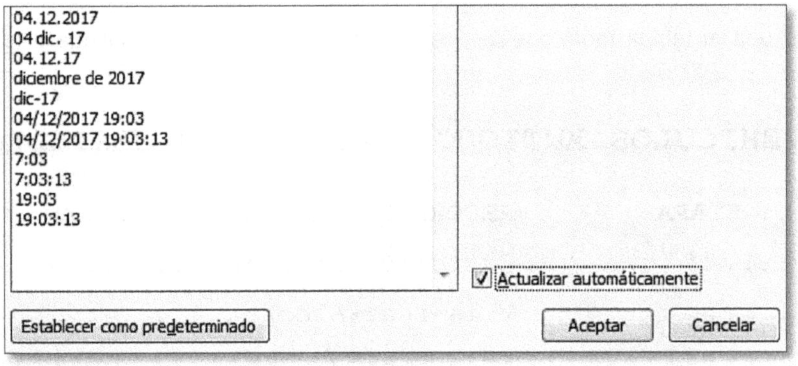

En el pie de página:

- Inserte **números de página centrados** que muestren la página actual y el total de páginas del documento **[Herramientas para encabezado y pie de página > Diseño > Número de página > Posición actual >** formato **Página X de Y]**.

Word · Módulo 3

TEMAS

3.1 Numeración y viñetas

En lugar de escribir guiones o asteriscos delante de los párrafos de una lista, podemos colocar **viñetas** y destacarlos mejor.

Si esos párrafos siguen una secuencia, la mejor opción es numerarlos. La **numeración** es especialmente útil en listas muy largas, pues, al añadir o suprimir párrafos de la lista, se vuelven a numerar correctamente.

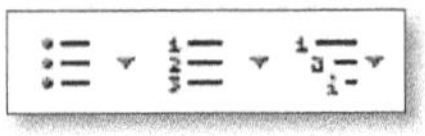

PRÁCTICA

A En **Prácticas de Word 2.docx** confeccione la siguiente lista con **viñetas** con la fuente *Corbel 11*.

Para ello, escriba la lista, selecciónela y ponga las viñetas desde **[Inicio > Párrafo > Viñetas]**. Alternativamente, hágalo en el primer párrafo y pulse **Entrar**.

Cambie el estilo de las viñetas por el que más le guste con el menú asociado al botón y ajuste la sangría de la lista con los botones **Aumentar / Disminuir sangría [Inicio > Párrafo]**, situando el cursor en el primer párrafo de la lista.

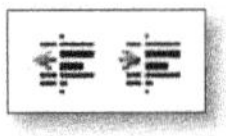

Cuando se da formato a un disco **se pierden todos los datos** que contiene. El formateo accidental del disco duro puede hacernos perder años de trabajo y ocasionarnos, además, una crisis nerviosa. Así pues, por el bien de su salud y la de sus datos, siga los siguientes consejos:

- Haga copias de seguridad periódicas de sus archivos más importantes.
- Guarde las copias en un lugar seguro.
- Guarde los archivos con frecuencia mientras está trabajando con ellos.
- Asegúrese de que tiene copias de seguridad antes de formatear un disco.
- Si ha dado formato un disco y no tiene copias de seguridad, no podrá recuperar los datos que estaban guardados en él antes de darle formato.

NOTA: Si escribimos un guion, un asterisco o el símbolo >, al pulsar la barra espaciadora, *Word* los convertirá en viñetas. Al escribir el número 1 seguido de paréntesis, punto o guion, aparecerá una lista numerada, tema del siguiente punto de este ejercicio. Si necesita controlar estos comportamientos, acceda a **Archivo > Opciones > Revisión > Opciones de Autocorrección > Autoformato mientras se escribe.**

B En este mismo documento, **Prácticas de Word 2.docx**, escriba el título de abajo, luego, escriba el primer párrafo y numérelo **[Inicio > Párrafo > Numeración]**.

A continuación, escriba el resto de párrafos. La fuente utilizada es *Courier New 12*.

Utilice el menú contextual para **controlar la numeración** de los párrafos si fuera necesario.

Para borrar un número, clique de nuevo en el botón de numeración o bórrelo con la tecla **Borrar**.

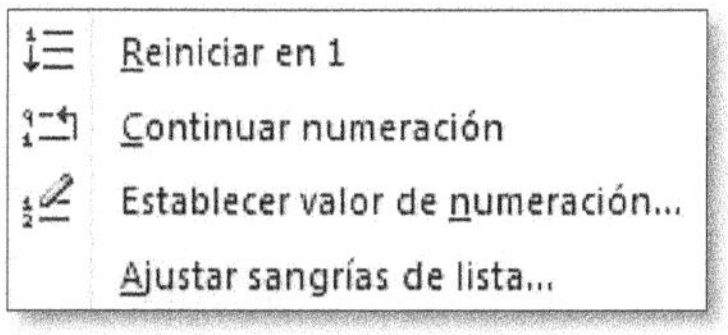

Receta de tortilla de patatas

1) Ponga una sartén con abundante aceite de oliva en el fuego.

2) Pele las patatas y córtelas en lonchas.

3) Rompa y bata un huevo.

   ¡OJO!: El huevo no ha de quedar batido en exceso, sólo mezclado.

4) Cuando las patatas estén doradas añada sal y el huevo batido.

5) Dele la vuelta ayudándose de un plato (¡No gire la tortilla en el aire si no es cocinero experto!).

6) Espere unos minutos y sírvala.

Consejo para novatos: Tenga a mano el número de teléfono de alguna casa de comidas a domicilio.

C Una vez creada la lista de arriba, **añada el párrafo siguiente** pulsando **Entrar** al final del párrafo numerado con un 2. Compruebe que se vuelven a numerar automáticamente los párrafos.

Cuando el aceite esté caliente ponga las patatas en la sartén.

3.2 Lista multinivel

Con las **listas multinivel** 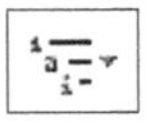 podemos crear varios subniveles y aplicar un formato específico a cada uno.

PRÁCTICA

A Para realizar esta **lista multinivel** parta de una lista numerada normal y use los botones **Aumentar / Disminuir sangría [Inicio > Párrafo]** para crear los subniveles.

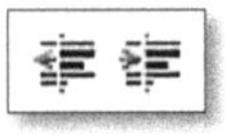

El **menú contextual** nos servirá para **controlar la numeración** de los párrafos. La fuente es *Calibri 14, 12* y *10.*

Esquema discurso presidente

1. **Resumen ejercicio actual**
    a. **Economía**
        i. Subida de impuestos
    b. **Empleo**
        i. Aumento del desempleo
        ii. Menor número de contratos indefinidos
            1. Primer semestre
            2. Segundo semestre
    c. **Seguridad Social**
        i. Menor número de afiliados
2. **Previsión para el nuevo ejercicio**
    a. **Economía**
        i. Bajada de impuestos
    b. **Empleo**
        i. Retroceso del desempleo
        ii. Mayor número de contratos indefinidos
            1. Primer semestre
            2. Segundo semestre
    c. **Seguridad Social**
        i. Mayor número de afiliados
3. **Preguntas de la prensa**
    a. **¡Mucho cuidado!**

3.3 Tablas: insertar, escribir, aplicar estilo, ver cuadrículas

Las **tablas** son uno de los elementos más útiles y versátiles del procesador de texto. Constan de una cuadrícula compuesta de filas, columnas y casillas, llamadas celdas, donde insertamos texto.

En este tema aprenderemos los procedimientos para **insertarlas**, **escribir** en las celdas, aplicar un **estilo** o diseño de los incluidos con el programa y activar las **cuadrículas**, que muestran la estructura de la tabla.

PRÁCTICA

A Inserte una **tabla** de **4 columnas** y **3 filas** clicando en la cuadrícula de **Insertar > Tabla**. Al hacerlo con este método, la tabla ocupará el espacio de márgen a márgen con columnas de igual anchura.

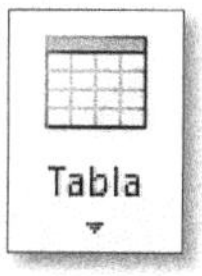

Antes de insertarla, aplique el estilo rápido **Sin espaciado** y cambie la fuente a *Calibri 12.*

NOTA: Al insertar una tabla, el texto de sus celdas recogerá el formato del párrafo en que se encuentre el cursor.

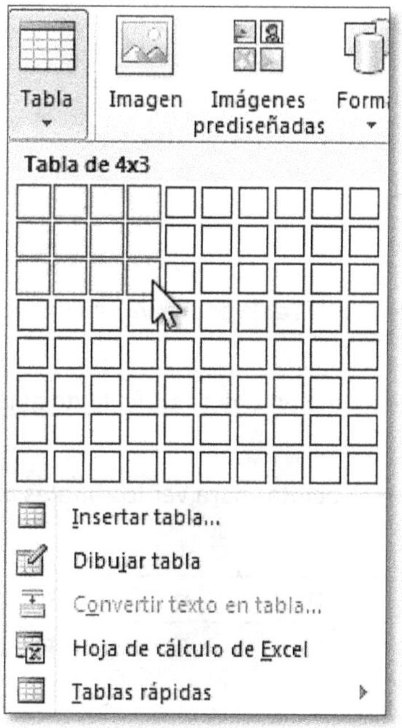

Escriba en las celdas el texto mostrado y alinéelo como se ve abajo, de igual manera que un párrafo.

Para pasar de una celda a otra puede clicar en ella, pulsar las teclas de dirección o la tecla **Tab**.

PRODUCTO	DISPONIBLE	DISTRIBUIDOR	MINORISTA
Cartucho de tinta	Junio	30 €	38 €
Papel fotográfico	Agosto	7 €	10 €

B Inserte una tabla con **7 columnas** de una anchura de **1,5 cm** y **5 filas** **[Insertar > Tabla > Insertar tabla]**.

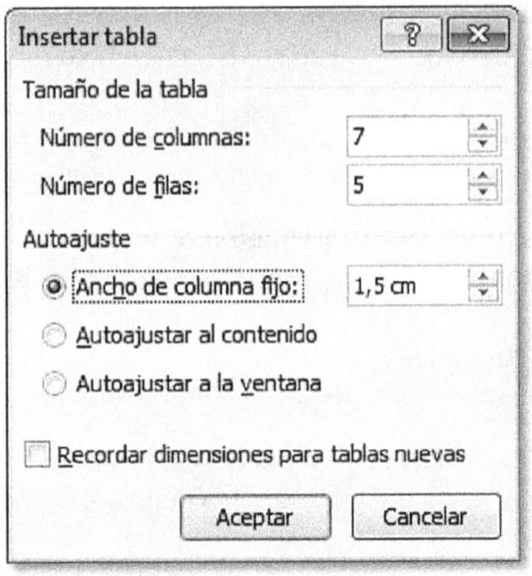

Una vez insertada, con el cursor dentro de la tabla, aplíquele el **diseño Sombreado claro - Énfasis 1** desde **Herramientas de tabla > Diseño > Estilos de tabla**.

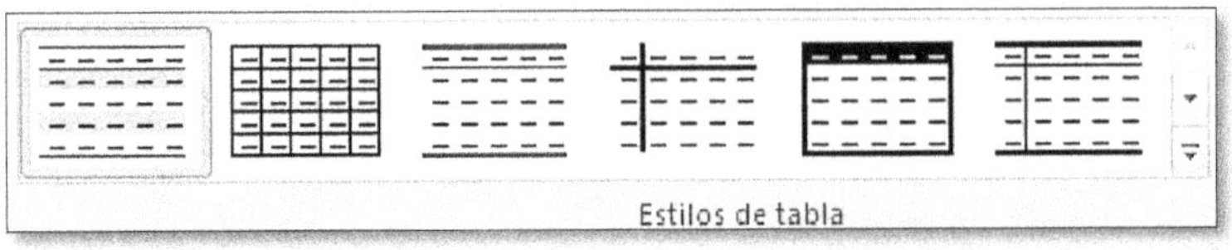

Verá que este estilo no contiene todos los bordes, como se ven en una tabla estándar.

Los bordes, al igual que el sombreado, son formatos que podemos aplicar, o no, a cualquier parte de una tabla.

C En **Herramientas de tabla > Presentación > Tabla** active **Ver cuadrículas** para observar la estructura de la tabla anterior.

Las celdas sin bordes aplicados aparecerán con una cuadrícula de guiones azules. Poder ver las cuadrículas de las tablas es útil si usamos tablas sin bordes.

Active, asimismo, las marcas de formato ocultas para ver los **finales de celda y de fila**. Luego, desactívelas.

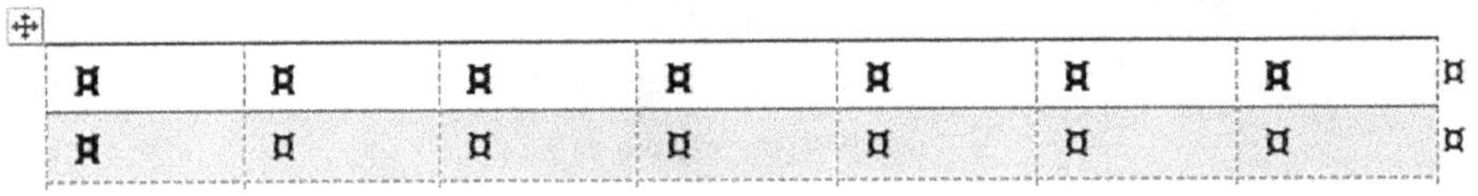

3.4 Tablas: desplazarse y seleccionar

Desplazarnos con rapidez por una tabla y **seleccionar** sus distintas partes es fundamental, especialmente, si nos encontramos con tablas extensas, con muchas filas y columnas. Por ello, es conveniente, aprender los procedimientos existentes para adoptar aquellos que consideremos mejores.

PRÁCTICA

A Practique los procedimientos para **desplazarse** y **seleccionar** en la tabla del punto **A**.

Si desea practicar con tablas más extensas, puede hacerlo en el documento **Ejemplo para prácticas.docx** (pag. 4) y en **Tabla productos.doc**, ambos ubicados en la carpeta **Archivos Office 2010 - Word**.

DESPLAZAMIENTO	TECLADO	RATÓN
Celda siguiente	**Tab** o teclas dirección	
Celda anterior	**Mayús+Tab** o teclas dirección	
Principio celda izq. / derecha	**Alt**+teclas dirección arriba/abajo	clic en celda
Celda inicial / final de fila	**Alt+Inicio / Fin**	
Celda inicial / final de columna	**Alt+Re Pág / Av Pág**	

SELECCIÓN	TECLADO	RATÓN
Celda	**Mayús**+teclas dirección	clic a la izquierda celda
Celdas adyacentes	**Mayús**+teclas dirección	arrastrar
Fila(s)	**Mayús**+teclas dirección	clic a la izquierda de fila y arrastrar para varias
Columna(s)	**Mayús+Alt+Av Pág** (de arriba a abajo) **Mayús+Alt+Re Pág** (de abajo a arriba)	clic arriba de columna y arrastrar para varias
Tabla	**Alt+5** del teclado numérico con la tecla **Bloq Num** inactiva	clic en la esquina superior izquierda

NOTA: También puede seleccionar celdas, filas, columnas o la tabla entera con el botón **Seleccionar** en **Herramientas de tabla > Presentación > Tabla.**

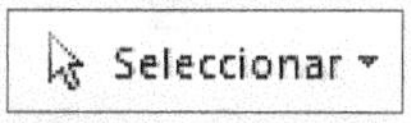

Para insertar una **tabulación** en una celda, pulse **Ctrl+Tab.**

3.5 Tablas: bordes y sombreado, tamaño, alinear tabla

Los **bordes** y el **sombreado** son los formatos más habituales que se aplican a las tablas. Para poner bordes y sombreado hay que seleccionar la parte que queremos: filas, columnas, o tabla entera; pero, para aplicarlos a una sola celda, no hace falta seleccionarla.

Si no establecemos una anchura de columna determinada al insertar la tabla, esta ocupara todo el espacio, de margen a margen. Posteriormente podemos cambiar su **altura** y **anchura** uniformemente arrastrando su esquina inferior derecha y **alinearla** como si se tratara de un párrafo.

PRÁCTICA

A **Cambie** los bordes y sombreados de la tabla creada en el punto A del ejercicio anterior **[Herramientas de tabla > Diseño > Estilos de tabla** o **Inicio > Párrafo]**:

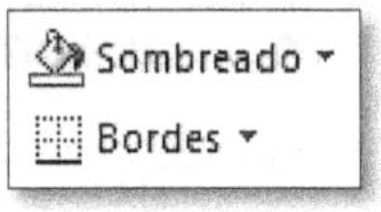

- Todos los bordes de **estilo** punteado fino de 1 punto de **grosor.**
- **Sombreado** en primera fila de color verde claro y en el resto, anaranjado.

PRODUCTO	DISPONIBLE	DISTRIBUIDOR	MINORISTA
Cartucho de tinta	Junio	30 €	38 €
Papel fotográfico	Agosto	7 €	10 €

B Cambie el **tamaño** la tabla anterior (arrastre el tirador □ de la esquina inferior derecha).

Centre la tabla en la página: seleccione toda la tabla y centre como un párrafo.

Alternativamente, con el cursor en cualquier celda de la tabla, acceda a **Herramientas de tabla > Presentación > Tabla > Propiedades > Tabla > Alineación**.

En este cuadro de diálogo también puede, entre otras opciones, aplicar sangría izquierda a toda la tabla.

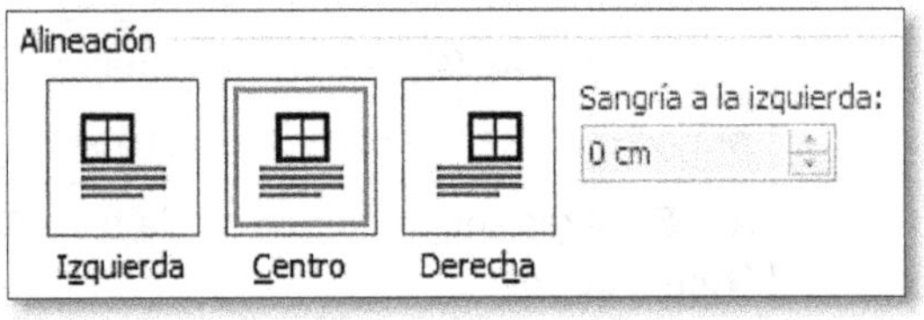

PRODUCTO	DISPONIBLE	DISTRIBUIDOR	MINORISTA
Cartucho de tinta	Junio	30 €	38 €
Papel fotográfico	Agosto	7 €	10 €

3.6 Tablas: insertar, eliminar y ajustar filas/columnas, alineación vertical

Una vez creada la tabla, en muchas ocasiones, será necesario modificar su estructura, es decir, **añadir** o **eliminar filas** o **columnas**. Esto lo conseguiremos mediante el menú contextual de cualquier celda de la columna/fila, o bien, acudiendo a **Herramientas de tabla > Presentación > Filas y columnas**.

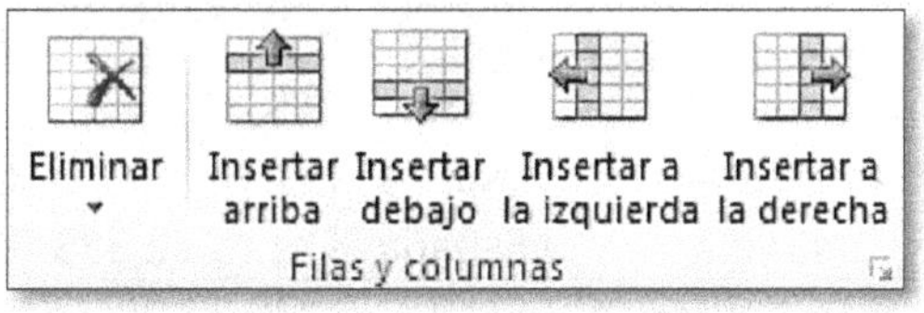

NOTA: Para añadir filas al final, la opción más rápida es pulsar **Tab** en la última celda. Si selecciona varias filas o columnas antes de insertar, añadirá tantas como haya seleccionado.

Asimismo, es habitual el tener que **cambiar** su **anchura/altura**, lo cual, como veremos, se puede hacer fácilmente arrastrando sus intersecciones o haciendo doble clic.

En filas más altas que el texto es conveniente **alinear** su contenido **verticalmente** para que se vea más claramente y las opciones para ello se encuentran en la ficha de herramientas de la tabla.

PRÁCTICA

A Cree la tabla siguiente. La 1ª fila tiene un sombreado de color azul oscuro. La fuente de la tabla es *Calibri 11.*

NOMBRE	DIRECCIÓN	POBLACIÓN	TELÉFONO	FAX
Puertas, Bill	Win Drive	Redmond	55 44 33	33 44 55
García, Ana	Avda Valencia	Castelló	22 69 96	23 70 81
Duque, Mario	Alcalá	Madrid	111 222 333	

B Inserte una **nueva fila al final** de la tabla (pulse **Tab en la última celda**) y escriba el texto mostrado.

Haga **más estrechas** las columnas <u>arrastrando la línea divisoria a la derecha</u> de cada una cuando el puntero adopte la forma de doble flecha +||+. Empiece por la primera.

NOMBRE	DIRECCIÓN	POBLACIÓN	TELÉFONO	FAX
Puertas, Bill	Win Drive	Redmond	55 44 33	33 44 55
García, Ana	Avda Valencia	Castelló	22 69 96	23 70 81
Duque, Mario	Alcalá	Madrid	111 222 333	
Banderín, Toni	Beverly Hills	L.A. California	ME 77 88	ME 88 77

C Inserte una **nueva columna**, PAÍS, antes de TELÉFONO **[Herramientas de tabla > Presentación > Filas y columnas** o **menú contextual]**.

A continuación, **ajuste la anchura** de las columnas automáticamente haciendo doble clic en la línea divisoria a la derecha de cada columna.

Para ajustar todas las columnas de la tabla a la vez haga doble clic en la línea inicial de la tabla, a la izquierda de la primera columna.

NOMBRE	DIRECCIÓN	POBLACIÓN	PAÍS	TELÉFONO	FAX
Puertas, Bill	Win Drive	Redmond	EEUU	55 44 33	33 44 55
García, Ana	Avda Valencia	Castelló	España	22 69 96	23 70 81
Duque, Mario	Alcalá	Madrid	España	111 222 333	
Banderín, Toni	Beverly Hills	L.A. California	EEUU	ME 77 88	ME 88 77

D **Elimine** la 4ª fila y la 6ª columna **[Herramientas de tabla > Presentación > Filas y columnas** o **menú contextual]**.

Haga **más alta** la 1ª fila (arrastre parte inferior de la fila cuando el puntero adopte la forma de doble flecha).

Centre la tabla.

NOMBRE	DIRECCIÓN	POBLACIÓN	PAÍS	TELÉFONO
Puertas, Bill	Win Drive	Redmond	EEUU	55 44 33
García, Ana	Avda Valencia	Castelló	España	22 69 96
Banderín, Toni	Beverly Hills	L.A. California	EEUU	ME 77 88

NOTA: Si selecciona celdas, filas, columnas o toda la tabla y pulsa **Supr**, borrará su **contenido**, pero si pulsa la tecla **Borrar** eliminará las celdas, filas, columnas o toda la tabla, afectando a la **estructura de la tabla.**

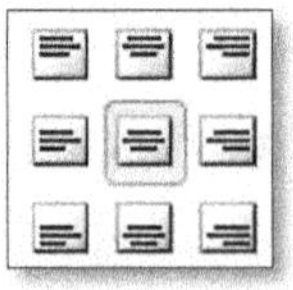

E Añada **dos filas** más al final de la tabla y **centre horizontal y verticalmente** el texto de la primera fila **[Herramientas de tabla > Presentación > Alineación]**.

NOMBRE	DIRECCIÓN	POBLACIÓN	PAÍS	TELÉFONO
Puertas, Bill	Win Drive	Redmond	EEUU	55 44 33
García, Ana	Avda Valencia	Castelló	España	22 69 96
Banderín, Toni	Beverly Hills	L.A. California	EEUU	ME 77 88
Dela'O, María	Plaza Gardel	Buenos Aires	Argentina	07 08 05
Manara, Milo	Aldente	Turín	Italia	88 77 10

3.7 Tablas: ordenar, combinar celdas

Una tabla puede funcionar como una base de datos simple que permite su **ordenación** hasta por tres criterios. Si la primera fila contiene los encabezados, estos no se ordenarán.

Combinar celdas es necesario cuando tenemos un mismo encabezado para dos o más columnas, pero no debemos combinar si vamos a utilizar la tabla como base de datos.

PRÁCTICA

A Practicaremos la ordenación en la tabla creada en el tema anterior mediante **Herramientas de tabla > Presentación > Datos > Ordenar**:

- Ordene la tabla **ascendentemente** por **NOMBRE**. Compruebe que la ordenación sea correcta.
- Ordénela de nuevo, esta vez **descendentemente**, por el criterio **PAÍS**.

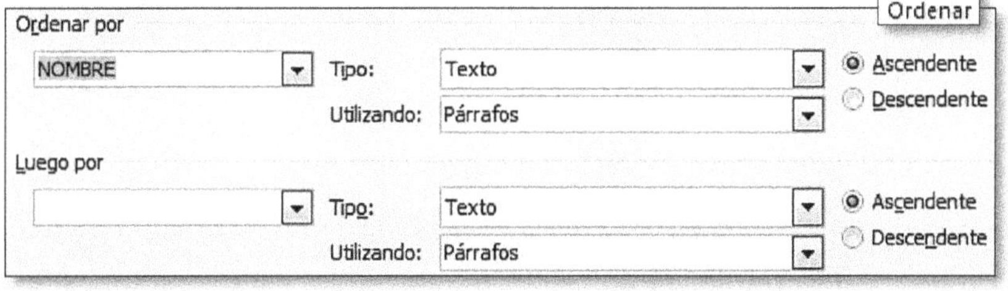

- Por último, ordene la tabla, usando dos criterios: primero por **PAÍS** y luego por **NOMBRE**, **ascendentemente**.

B Inserte la tabla siguiente (fuente Calibri 11) y **ajuste la anchura** de las columnas cuando sea necesario. Para establecer unas medidas exactas acuda a **Herramientas de tabla > Presentación > Tamaño de celda**.

ÚLTIMOS RESULTADOS QUINIELA			
Real Madrid-Valencia	1	X	2
Atlético de Bilbao-Barcelona	1	X	2
Tenerife-Villareal	1	X	2
Coruña-Valladolid	1	X	2

C **Combine** las celdas de la primera fila **[Herramientas de tabla > Presentación > Combinar]**.

Centre el texto horizontal y verticalmente. Aplique el resto de formatos según se muestran.

ÚLTIMOS RESULTADOS QUINIELA			
Real Madrid-Valencia	**1**	**X**	**2**
Atlético de Bilbao-Barcelona	**1**	**X**	**2**
Tenerife-Villareal	**1**	**X**	**2**
Coruña-Valladolid	**1**	**X**	**2**

3.8 Tablas: dividir celdas, dirección del texto, numeración y viñetas

En el ejercicio anterior hemos practicado cómo combinar celdas, pero también es posible **dividirlas** como nos convenga.

Otras opciones interesantes son el poder cambiar la **dirección del texto** de las celdas para que se muestre verticalmente y el poder usar la **numeración** o las **viñetas** en las filas y/o columnas de la tabla.

Estudiaremos estas posibilidades a continuación.

PRÁCTICA

A Inserte esta tabla con las siguientes características:

- 7 columnas x 5 filas
- Celdas de la primera columna **combinadas**.
- **División** en columnas 6 (PUERTAS) y 7 (PRECIO).
- La alineación y dirección del texto hay que establecerla como se muestra.
- La fuente utilizada es *Trebuchet Ms 11*.

Las opciones para combinar celdas, dividir celdas y las de alineación y dirección del texto se encuentran en **[Herramientas de tabla > Presentación]**.

	MODELO	CILINDRADA	AIR BAG	ABS	PUERTAS		PRECIO	
	Ferrari Testarrosa	2500	Sí	Sí	3	---	7.986.212	---
	Bugatti Veyron	1950	No	Sí	3	5	6.984.321	7.123.894
	Porsche Carrera	3100	Sí	Sí	3	---	8.365.945	---
	Tesla Racing	---	Sí	Sí	3	5	9.500.000	9.621.456

B **Modifique** la tabla anterior (texto y formatos) para que aparezca aproximadamente como se muestra en la página siguiente.

Dream Cars, S.A.

DREAM CARS	MODELO	CILINDRADA	AIR BAG	ABS	PUERTAS		PRECIO EUROS €	
	Ferrari Testarrosa	2500	Sí	Sí	3		27.986	
	Bugatti Veyron	1950	No	Sí	3	5	26.984	27.123
	Porsche Carrera	3100	Sí	Sí	3		28.365	
	Tesla Racing		Sí	Sí	3	5	29.500	29.621

C Inserte esta tabla y aplíquele la **numeración** mostrada: seleccione primero las celdas a numerar y acceda a **Inicio > Párrafo > Numeración.**

	a)	b)	c)	d)	e)
1)					
2)					
3)					
4)					
5)					

D Inserte **dos filas en medio** de la tabla y compruebe que se vuelven a numerar todas las celdas.

Elimine la **columna C** y compruebe que también se vuelven a numerar automáticamente.

	a)	b)	c)	d)
1)				
2)				
3)				
4)				
5)				
6)				
7)				

3.9 Buscar · Reemplazar · Ir a

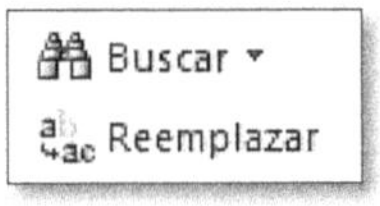

La **búsqueda** es una herramienta muy potente que en documentos largos nos ahorra mucho tiempo al localizar aquello que nos interesa muy rápidamente. Las extensas opciones de búsqueda permiten encontrar texto, formatos, pulsaciones concretas o una mezcla de todo lo anterior.

Además de buscar texto, es posible reemplazarlo por otro automáticamente. El comando **reemplazar** también funcionará con formatos (fuente, párrafo) u otros elementos que no sean texto.

Si lo que queremos es desplazarnos una página concreta, usaremos la opción **Ir a** del menú del botón **Buscar**.

Accederemos a estas herramientas en **Inicio > Edición**.

PRÁCTICA

A En su documento **Prácticas de Word 1.docx** practique la función de búsqueda **[Inicio > Edición >** botón **Buscar** o **Ctrl+B]**.

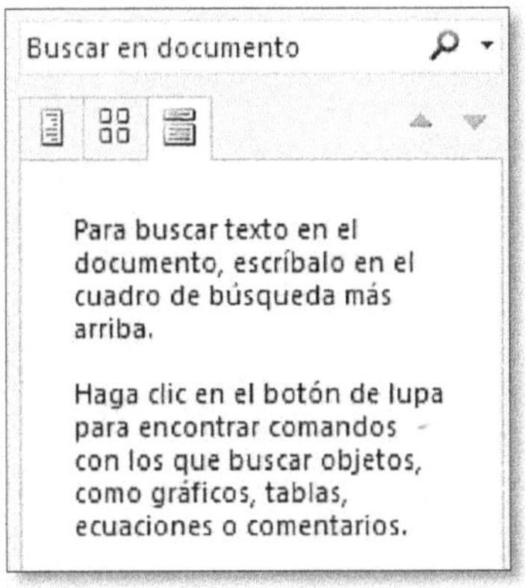

En el **Panel de navegación** escriba la palabra a buscar en la casilla de búsqueda y, a medida que la escriba, *Word* mostrará los resultados.

1. Busque las apariciones de la palabra **fuente.**
2. Busque la palabra **párrafo.**
3. Busque la palabra **bárbaros.**

Al hacer clic en cada resultado, se desplazará a la página donde aparece la palabra.

Si selecciona una palabra (o varias) antes de utilizar el comando, se buscará el texto seleccionado.

B Ahora, desde **Inicio > Edición >** menú **Buscar > Búsqueda avanzada**:

1. Busque la palabra **Capítulo** cambiando las opciones de búsqueda **Coincidir mayúsculas y minúsculas.**
2. Busque las **marcas de tabulación (Especial).**
3. Busque la aparición de **cualquier número (Especial).**
4. Busque el formato de fuente **Calibri 12 (Formato).**
5. Busque el formato de párrafo **centrado** con **interlineado de 1,5 (Formato).**

Si no ve todas las opciones, clique en el botón **Más >>.**

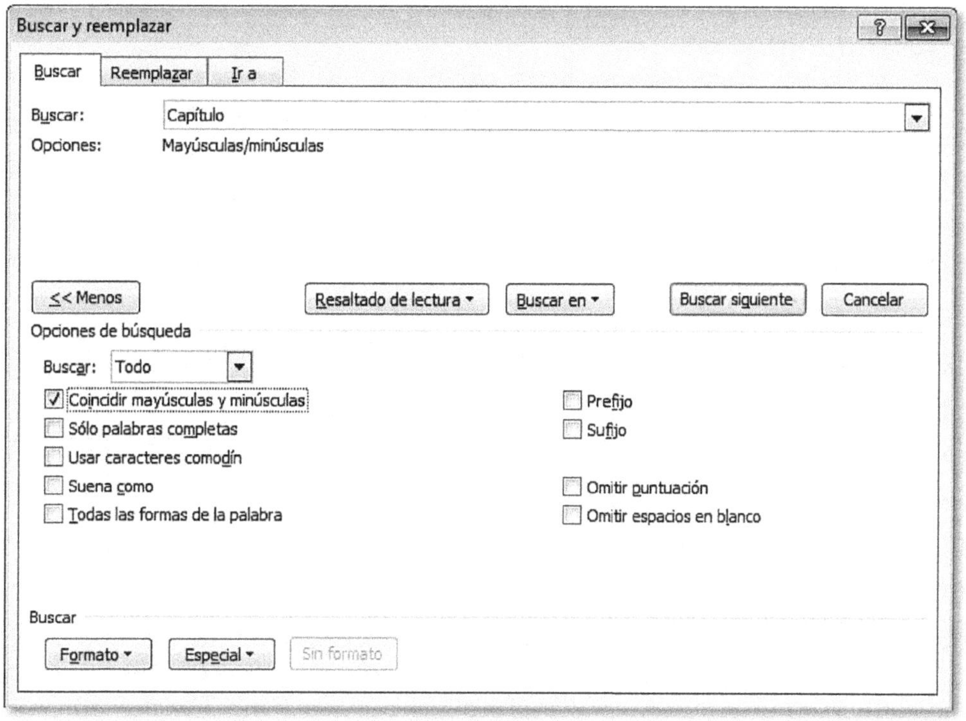

C Active la casilla **Usar caracteres comodín** y practique la búsqueda utilizando comodines: **?** equivale a un carácter, ***** equivale a un grupo de caracteres.

Por ejemplo, si busco car??, obtendré: carta, caras, cardo, carne, ...; pero, si busco car*, obtendré: carta, carnicería, carpintero, carruaje, ...

Compruebe, asimismo, las distintas opciones de esta herramienta de búsqueda avanzada.

D Desde **Inicio > Edición > Reemplazar** [o **Ctrl+L]** busque la palabra **chocolate** y sustitúyala por **chorizo de Cantimpalos.**

Luego, haga lo contrario, busque **chorizo de Cantimpalos** y sustitúyala por **chocolate**.

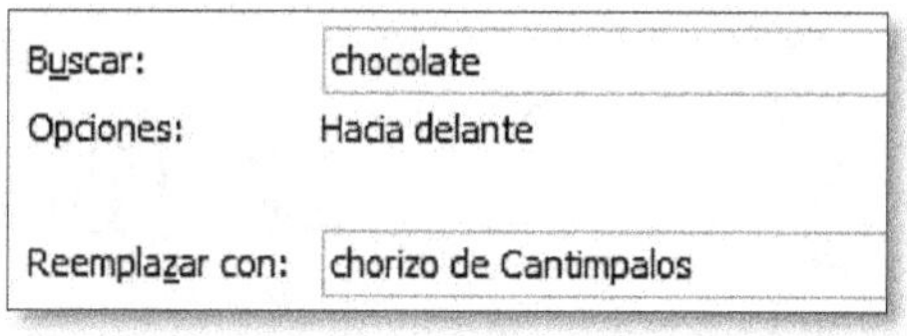

E En su documento **Prácticas de Word 1**, vaya a la página 5 y, a continuación, a la página 2 utilizando la opción **Inicio > Edición >** menú **Buscar > Ir a [o Ctrl+I].**

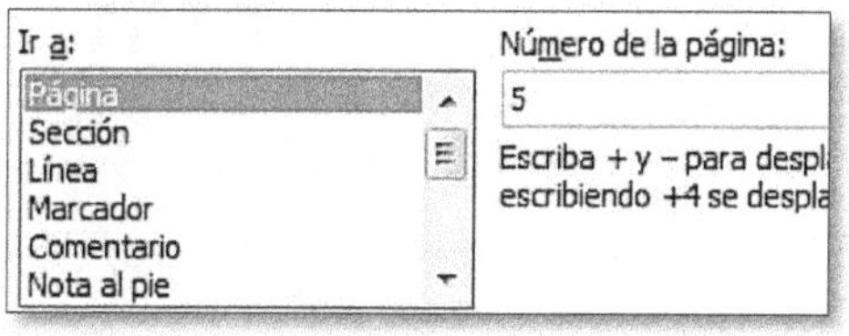

NOTA: Un atajo para este comando es clicar en la zona de la barra de estado que muestra el número de página y el total de páginas. Por otra parte, la **búsqueda** se puede activar clicando en el círculo en la parte inferior de la barra de desplazamiento vertical.

3.10 Insertar símbolos

Algunas fuentes (*Symbol, Webdings, Windings, Windings 2* y *Windings 3*), en lugar de contener letras y números, contienen **símbolos** que podemos insertar para "aderezar" nuestros trabajos.

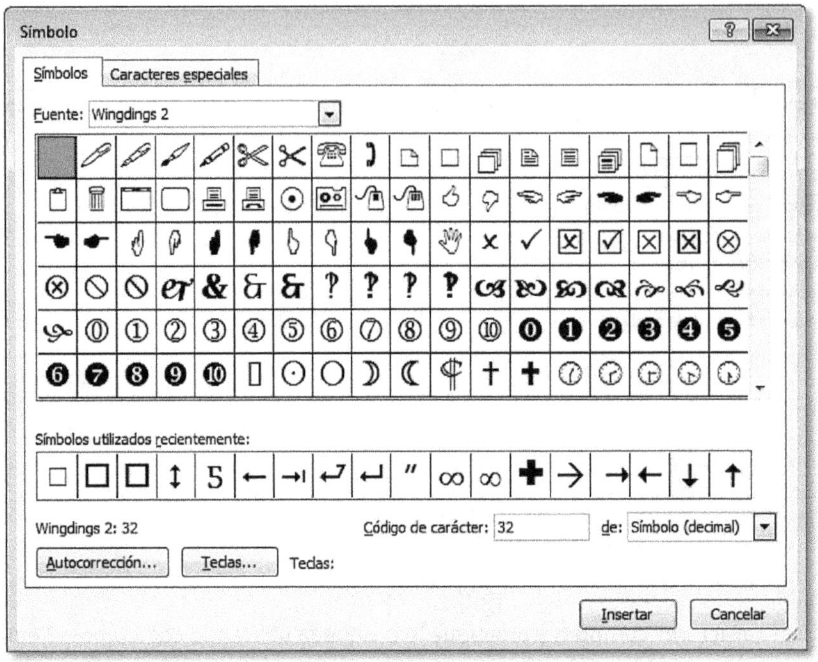

PRÁCTICA

A Inserte los **símbolos** siguientes en su documento **Prácticas de Word 2 [Insertar > Símbolos > Símbolo > Más símbolos]**. Clique en el símbolo y pulse **Insertar**.

El primer párrafo contiene símbolos de la fuente *Windings* y el segundo de la fuente *Webdings*.

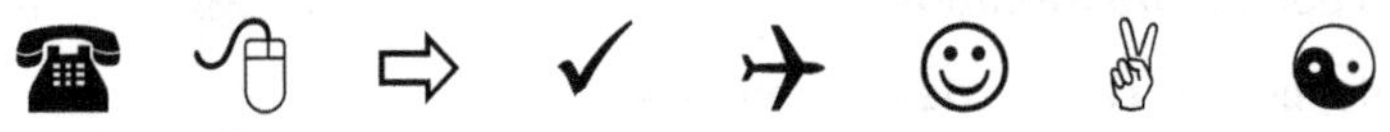

B Inserte los **símbolos** de caracteres especiales siguientes **[Insertar > Símbolos > Símbolo > Más símbolos >** ficha **Caracteres especiales]**:

© ® ™

3.11 Insertar elementos rápidos: información sobre el documento

Los **elementos rápidos** insertan información de muy diverso tipo, siendo la más útil aquella concerniente al documento en el que estamos trabajando, por ejemplo, su autor, sus propiedades, el número de palabras o de caracteres, su tamaño, etc.

PRÁCTICA

A Inserte en su documento **Prácticas de Word 2** tres **elementos rápidos** que muestren información del documento: el tamaño del archivo, el número de páginas y el número de palabras.

Hágalo desde **Insertar > Texto > Elementos rápidos > Campo** (Categoría: *Info. documento* → Nombres de campos: *FileSize / NumPages / NumWords*. Tenga en cuenta que el resultado será distinto del que figura abajo, que es sólo un ejemplo.

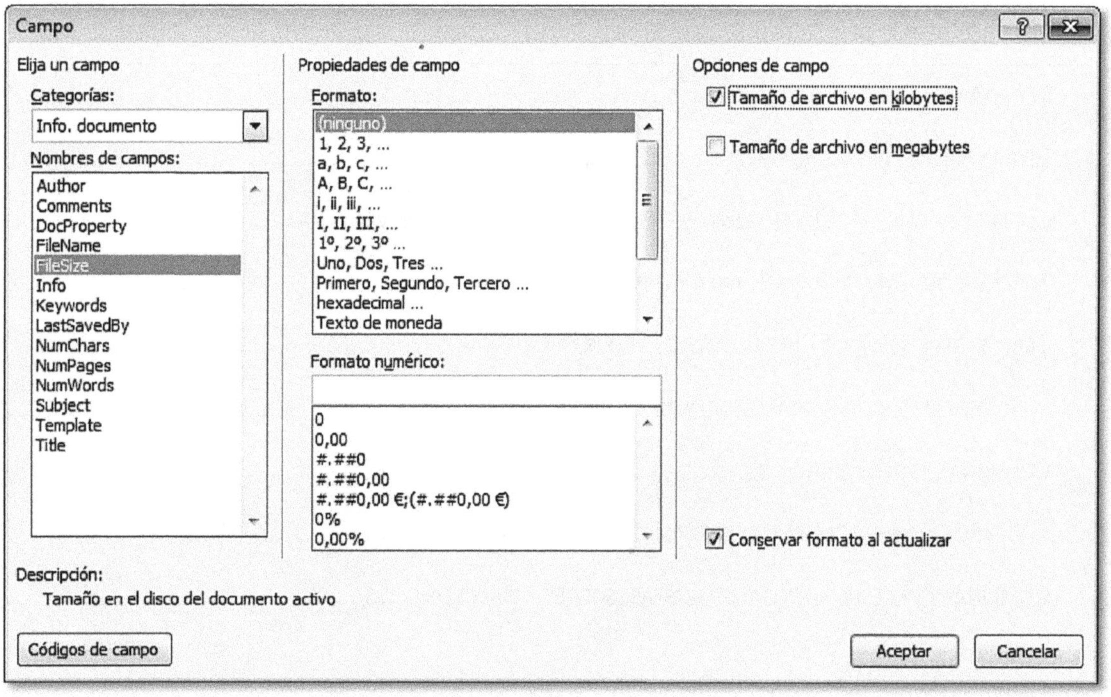

Tamaño del archivo en kilobytes: **34**

Número de páginas: **12**

Número de palabras: **567**

B Inserte en el **pie de página** el **elemento rápido** que muestra **el nombre del documento** (Categoría: *Info. documento* → Nombre de campo: *FileName*).

Word · Módulo 4

TEMAS

4.1 Imágenes: insertar, modificar y restablecer

Junto a la posibilidad de insertar **imágenes**, *Word* cuenta con tal cantidad de herramientas para modificarlas que, para la mayoría de trabajos, no habrá que recurrir a un programa de tratamiento gráfico externo. Una vez insertada la imagen podremos cambiar su **tamaño**, **recortarla**, añadirle un **contorno**, **girarla** y **voltearla**, ajustar su **color**, aplicarle un **estilo** predefinido, un **efecto** artístico y, **restablecer** sus características originales.

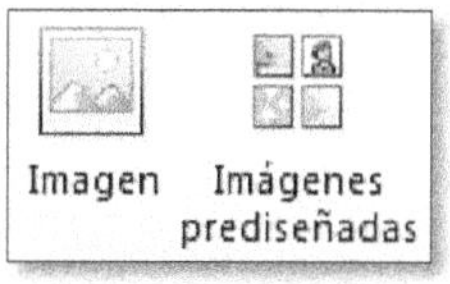

Como imágenes en **Insertar > Ilustraciones** tenemos las incluidas en *Office* (imágenes prediseñadas) y las propias.

Cuando insertamos una imagen, queda dentro del párrafo donde está el cursor, en línea con el texto, es decir, la imagen será como una letra más. En las prácticas siguientes trabajaremos así con las imágenes.

PRÁCTICA

A Active **Insertar > Ilustraciones > Imágenes prediseñadas** y dentro del panel de **Imágenes prediseñadas** busque **deportes** y **símbolos**. Cuando localice la imagen deseada, **clique** en ella para insertarla.

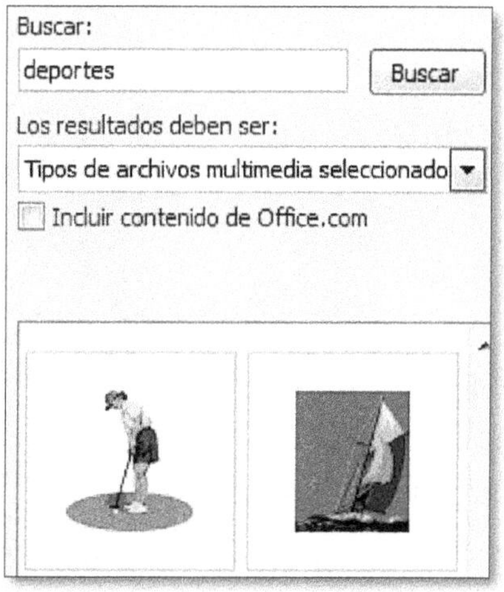

Nota: En el panel podemos restringir el tipo de archivos multimedia a buscar desplegando el menú **Los resultados deben ser**. También podemos decidir si incluimos en la búsqueda los archivos de la web **Office.com** además de los locales.

B Ahora, **clique** en las imágenes y **modifique** su tamaño arrastrando uno de los **controladores de las esquinas** para mantener las proporciones. Si arrastra los controladores de tamaño de los lados se hará más ancha o más alargada.

Céntrelas en la página (como un párrafo) para que se muestren como abajo.

C Compruebe la ficha **Herramientas de imagen > Formato**, la cual utilizaremos para modificar las imágenes.

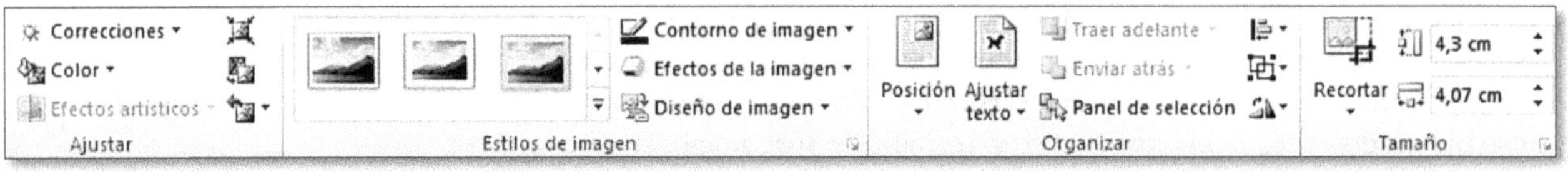

D **Copie** las imágenes insertadas a un párrafo posterior (copiar y pegar) y **muévalas** para que queden como sigue (cortar y pegar).

Aplique **contorno** a las imágenes **[Estilos de imagen > Contorno de imagen]**.

E Elimine el contorno de la imagen de la golfista y **modifíquela** para que quede:

- En tonos de gris **[Ajustar > Color]**.
- Volteada **[Organizar > Girar]**.
- Recortada (arrastre los controladores de recorte y clique fuera de la imagen al acabar) **[Tamaño > Recortar]**.
- Su altura en **2,8 cm** (casilla del grupo **Tamaño**).

Compruebe la opción **Restablecer imagen** en el grupo **Ajustar** y luego deshaga la acción.

F Mediante **Insertar > Ilustraciones > Imagen**, inserte la imagen **Playa.jpg** (en **Archivos Office 2010 – Word**) y:

- Modifique su tamaño.
- Aplíquele el **efecto artístico Texturizador [Ajustar > Efectos artísticos]** u otro de su agrado.
- Por último, aplíquele un **estilo [Estilos de imagen]**.

4.2 Imágenes: ajustar texto

Cuando queramos que las imágenes interactúen con el texto que las acompaña, acudiremos a la opción de **ajustar texto**, donde tendremos diversos tipos de ajuste. Una vez ajustado, arrastraremos la imagen para moverla a cualquier posición.

PRÁCTICA

A Escriba el párrafo en *Trebuchet 12*, **inserte** la imagen prediseñada (busque **avión**), cambie su tamaño y posición y aplíquele un ajuste el texto **Cuadrado [Herramientas de imagen > Formato > Organizar > Ajustar texto]**.

Este párrafo está escrito normalmente, distribuido de margen a margen y alineado a la derecha. Al insertar la imagen prediseñada, establecer un **ajuste del texto Cuadrado**, cambiar su tamaño y moverla ha "empujado" el texto para colocarse al lado.

B Ahora, modifique el texto del párrafo, cambie el tamaño de la imagen y establezca un ajuste **Estrecho**.

Este párrafo está escrito normalmente, distribuido de margen a margen y alineado a la derecha. Al insertar la imagen prediseñada, establecer un **ajuste del texto Estrecho**, cambiar su tamaño y moverla ha "empujado" el texto, que ahora se adapta a la forma de la imagen. No obstante, con las imágenes *.jpg y otras de mapa de bits (píxeles) no es posible conseguir este efecto envolvente del texto.

C **Cambie** a los distintos modos de ajuste y compruebe el efecto que produce cada uno. En el ejemplo de abajo se ve la imagen con un ajuste de **detrás del texto** y una **decoloración** a modo de marca de agua **[Herramientas de imagen > Formato > Ajustar > Color > Decolorar]**.

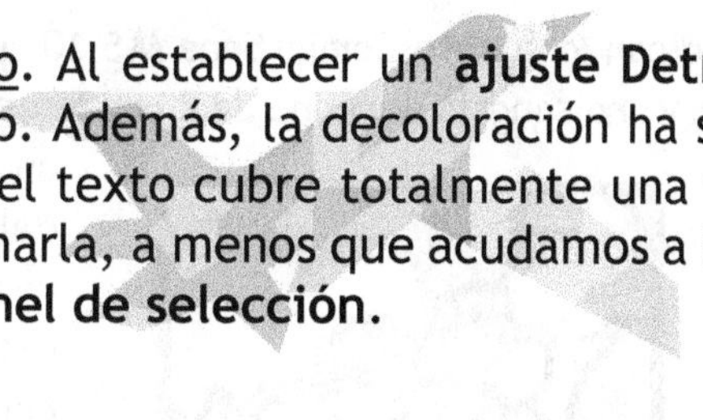

Este párrafo está justificado. Al establecer un **ajuste Detrás del texto** a la imagen, ha hecho que quede por debajo. Además, la decoloración ha suavizado los colores para que se vea el texto impreso. Si el texto cubre totalmente una imagen con ajuste **Detrás del texto** no podremos seleccionarla, a menos que acudamos a **Inicio > Edición > Seleccionar > Seleccionar objetos / Panel de selección.**

NOTA: Hay que tener en cuenta que las imágenes se **anclan** al párrafo más cercano cuando las insertamos o las movemos. Para ver la marca de anclaje ⚓ y poderla mover, si fuera necesario, muestre las marcas de formato.

4.3 Imágenes: más opciones de diseño y precisión en los ajustes

Aquí practicaremos opciones más avanzadas sobre el **diseño** y la **precisión** en los ajustes de las imágenes.

PRÁCTICA

A Escriba el texto según se indica en el mismo y luego inserte la imagen **Violinista.wmf** que se encuentra en la carpeta **Archivos Office 2010 - Word** con ajuste del texto cuadrado.

Acceda a **[Herramientas de imagen > Formato > Organizar > Ajustar texto > Más opciones de diseño > Ajuste del texto]** y modifique la imagen.

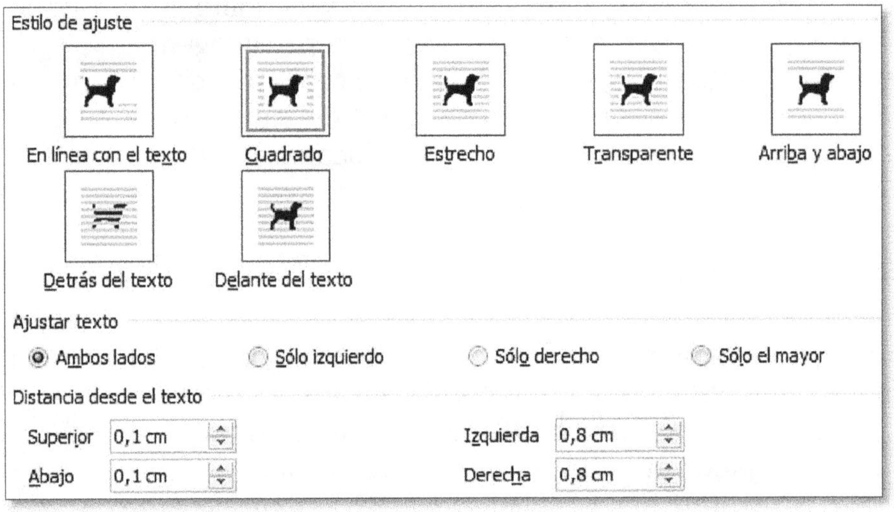

El **tamaño** de la imagen es 2,4 cm (alto) x 4,3 cm (ancho).

La **distancia desde texto** es de 0,1 cm (arriba y abajo) y de 0,8 cm (izquierda y derecha).

El **brillo** se ha disminuido un 20% y el **contraste** se ha aumentado 40% **[Herramientas de imagen > Formato > Ajustar > Correcciones]**.

Este párrafo se ha escrito con la fuente Comic Sans MS 10, justificado, tiene una sangría izquierda de 1,5 cm y una sangría derecha de 2 cm. Si escribe texto e inserta una imagen dentro de un párrafo, esta quedará como parte del mismo, es decir, como un carácter más. Para que el texto rodee la imagen habrá que establecer un ajuste de texto adecuado. Si necesitamos gran precisión habrá que acudir a **Más opciones de diseño**, en el botón **Ajustar texto**. Otras opciones de precisión están en el menú **Tamaño** y en **Formato de imagen** del **menú contextual**.

4.4 Formas: insertar, modificar, añadir texto, ajustar imagen a forma

Las **formas** son dibujos prediseñados que podemos **insertar**, **modificar** y darles un **estilo** de forma similar a las imágenes. Sin embargo, a diferencia de las estas, cuando las insertamos tienen un ajuste **Encima del texto**.

A las formas cerradas se les puede añadir **texto** en su interior con el menú contextual y también se pueden utilizar a modo de marco para una imagen al **recortar** la **imagen con una forma**.

PRÁCTICA

A Inserte las **formas** aproximadamente como se muestran **[Insertar > Ilustraciones > Formas]**.

Formas

Use los colores de **relleno**, el **contorno** y la **sombra** que desee **[Herramientas de dibujo > Formato > Estilos de forma > Relleno de forma / Contorno de forma / Efectos de formas]**.

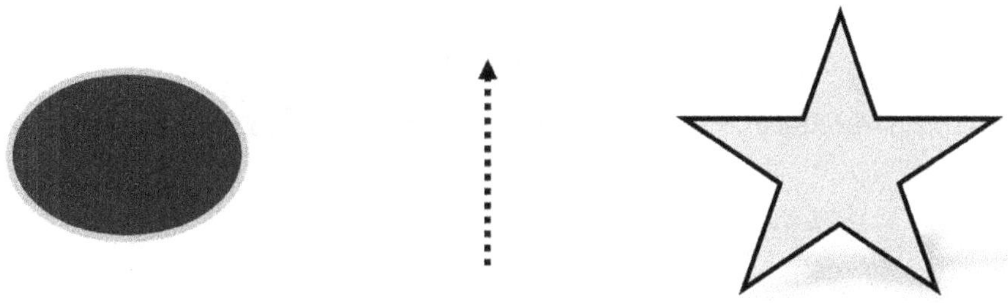

NOTA: Para dibujar formas regulares (círculo, cuadrado) o mantener las proporciones de una forma al cambiar su tamaño, arrastre uno de los controladores de las esquinas **manteniendo** la tecla **Mayús** pulsada.

B Ahora inserte la forma básica "Sol" y desde la misma ficha de herramientas aplíquele el **efecto preestablecido 5 [Estilos de forma > Efectos de formas > Preestablecer]**.

Inserte, además, una llamada de nube con **texto** alineado en el **centro** y **sombra exterior**.

Para **mover** una forma con texto, arrastre su borde.

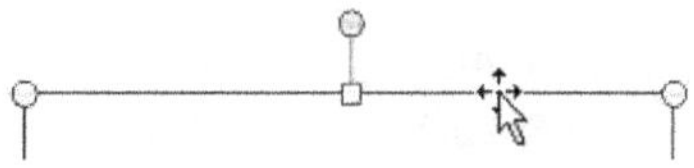

Esta llamada
contiene texto
centrado

C **Copie** las formas del punto A y **gírelas manualmente** arrastrando el controlador de giro, el círculo verde (o el de tamaño en la flecha) hasta que aparezcan como abajo.

Aplíqueles un estilo de su agrado en **Estilos de forma**.

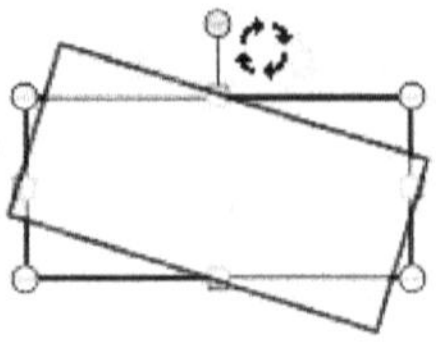

D **Copie** las formas del punto B y cambie lo siguiente:

Escriba "Sol" en la primera [menú contextual > **Agregar texto**].

Voltee la segunda forma **horizontal y verticalmente [Herramientas de dibujo > Formato > Organizar > Girar]**.

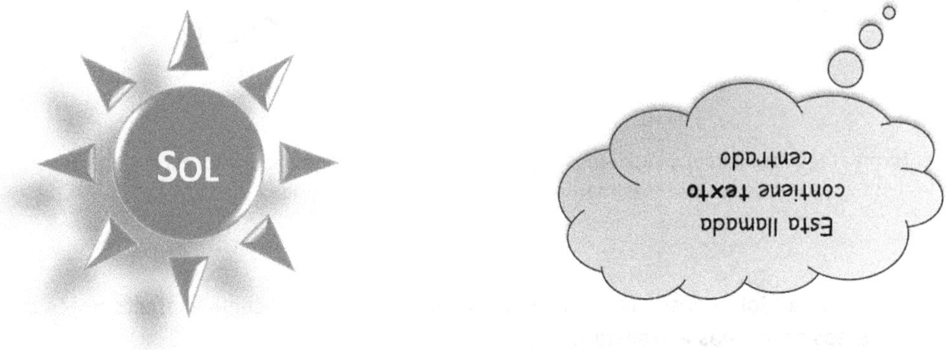
SOL
Esta llamada
contiene texto
centrado

E Por último, inserte la imagen **Alisa.jpg** desde la carpeta **Archivos Office 2010 - Word** y en **Herramientas de imagen > Tamaño >** menú **Recortar > Recortar a la forma**, elija una forma que aplicar a la imagen.

4.5 Formas: ordenar y agrupar

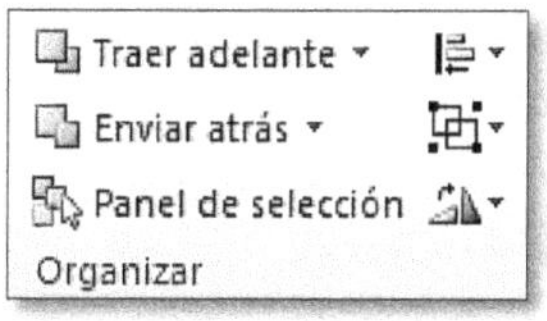

Las imágenes y las formas se pueden solapar. Si queremos cambiar el **orden** de figuras superpuestas lo haremos fácilmente con el menú contextual o desde **Herramientas de dibujo > Formato > Organizar**. Con el mismo procedimiento podremos **agrupar** en un solo objeto aquellas formas que hayamos seleccionado previamente.

PRÁCTICA

A Inserte las cuatro formas empezando por la elipse y desde **Herramientas de dibujo > Formato > Organizar > Traer adelante / Enviar atrás** (o el **menú contextual**) **ordénelas** para realizar la siguiente composición.

Luego, seleccione (**Ctrl / Mayús+clic**) y **agrupe** las figuras en un solo objeto **[Herramientas de dibujo > Formato > Organizar > Agrupar** o el **menú contextual]**.

Aplique al conjunto una **sombra** o **reflejo**.

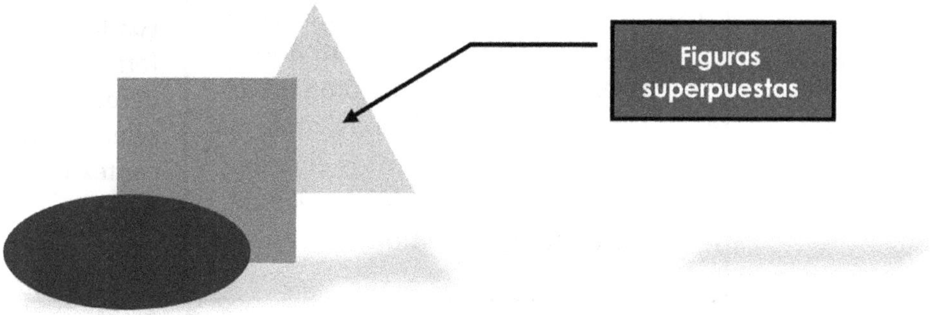

B Realice el siguiente diagrama de flujo **[Insertar > Ilustraciones > Formas (Líneas** y **Diagrama de flujo)]**. Una vez creadas todas las partes, **agrúpelas** en un solo objeto.

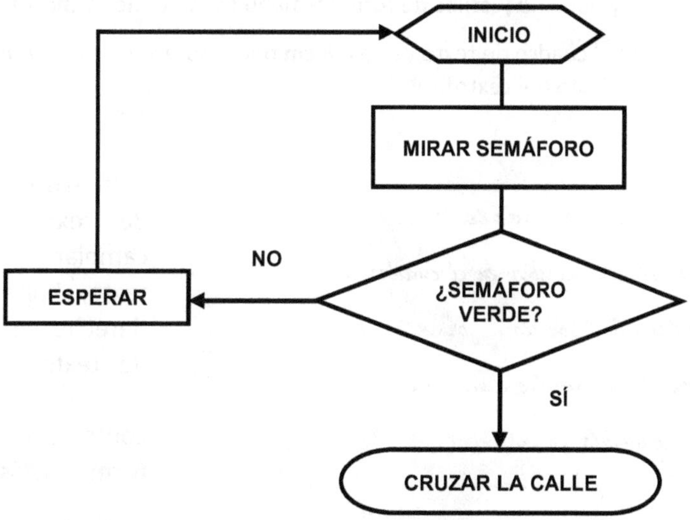

4.6 Cuadros de texto

Los **cuadros de texto** son formas especialmente preparadas para contener texto en su interior, aunque también es posible incluir imágenes y tablas. Veremos sus posibilidades en este tema.

PRÁCTICA

A **Escriba** el párrafo en *Calibri* 11 y luego inserte un cuadro de texto **[Insertar > Texto > Cuadro de texto > Cuadro de texto simple / Dibujar cuadro de texto]**.

Escriba el texto dentro del cuadro (*Cambria 12*, centrado) y aplíquele un **ajuste de texto cuadrado [Herramientas de dibujo > Formato > Organizar > Ajustar texto]**.

Centre el texto **verticalmente** desde **Herramientas de dibujo > Formato > Texto > Alinear texto**. Dele otros formatos: contorno, relleno, ...

Este texto está **fuera del cuadro de texto** y justificado. Para cambiar el formato del cuadro de texto, haga clic con el botón derecho en el borde del cuadro de texto, lo seleccionará y al mismo tiempo aparecerá el menú contextual. Elija **Formato de forma** o **Más opciones de diseño**.

Este texto está **dentro del cuadro de texto**, cuyo ajuste es **cuadrado.** Puede escribir en el cuadro de texto y cambiar su tamaño, posición, formato, etc. Puede editar el texto haciendo clic dentro del cuadro de texto y escribiendo normalmente.

B Desde **Herramientas de dibujo > Formato** cambie el cuadro de texto del ejercicio anterior para que se muestre aproximadamente como sigue. Tiene distinto estilo, posición, tamaño y fuente. Tiene, además, un **margen interno** de **1,5 cm** en los lados izquierdo y derecho **[Estilos de forma >** menú **Formato de forma > Cuadro de texto]**.

La **distancia desde texto** externo al cuadro de texto es de **0,8 cm** por todos los lados **[Organizar > Ajustar texto > Más opciones de diseño >** ficha **Ajuste del texto]**.

*Este texto está **dentro del cuadro de texto**, cuyo ajuste es **cuadrado**. Puede escribir en el cuadro de texto y cambiar su tamaño, posición, formato, etc. Puede editar el texto haciendo clic dentro del cuadro de texto y escribiendo normalmente.*

Este texto está **fuera del cuadro de texto** y justificado. Para cambiar el formato del cuadro de texto, haga clic con el botón derecho en el borde del cuadro de texto, lo seleccionará y al mismo tiempo aparecerá el menú contextual. Elija **Formato de forma** o **Más opciones de diseño**.

C Inserte el cuadro de texto de abajo y cambie **dirección** del texto en su interior (*Calibri 12*) **[Herramientas de dibujo > Formato > Texto > Dirección del texto]**.

Luego, cambie su **forma** en el grupo **Insertar formas** eligiendo **Cambiar forma** del menú del botón **Editar forma**.

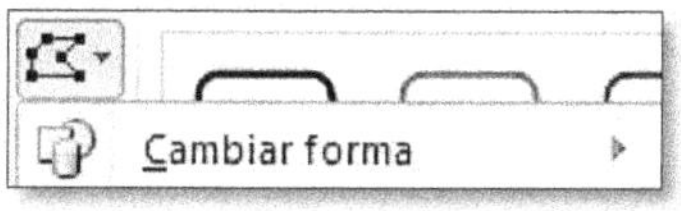

Para enfatizar más o menos la forma y destacar sus características distintivas, arrastre el controlador del **rombo amarillo**.

El texto siguiente tiene una
dirección vertical izquierda

D Inserte el cuadro de texto y cambie su **forma**. Dentro de él inserte una **imagen prediseñada** y la **tabla** mostrada, ambas centradas.

4.7 WordArt

El texto artístico del **WordArt** nos puede servir para un folleto, un cartel o cualquier trabajo que precise títulos o rótulos llamativos, ya que puede adoptar diversas formas y estilos.

Una vez insertado, junto a las herramientas de dibujo, tendremos las propias de este elemento en **Herramientas de dibujo > Formato > Estilos de WordArt**.

PRÁCTICA

A Inserte estos cuatro objetos **WordArt [Insertar > Texto > WordArt]** y deles una forma parecida a los mostrados con el menú del botón **Efectos de texto > Trasformar**, en el grupo **Estilos de WordArt**.

Una vez insertado el objeto puede **modificarlo** con los grupos **Estilos de WordArt** y **Texto**.

Para **enfatizar** la forma (por ejemplo, para abrir o cerrar una forma circular) arrastre el **rombo rosado**. Tenga en cuenta que, según la forma dada, la fuente cambiará de tamaño con el WordArt.

Las fuentes usadas son: *Brush Script MT, Century Gothic* negrita, *Calibri* y *Arial Black 22.*

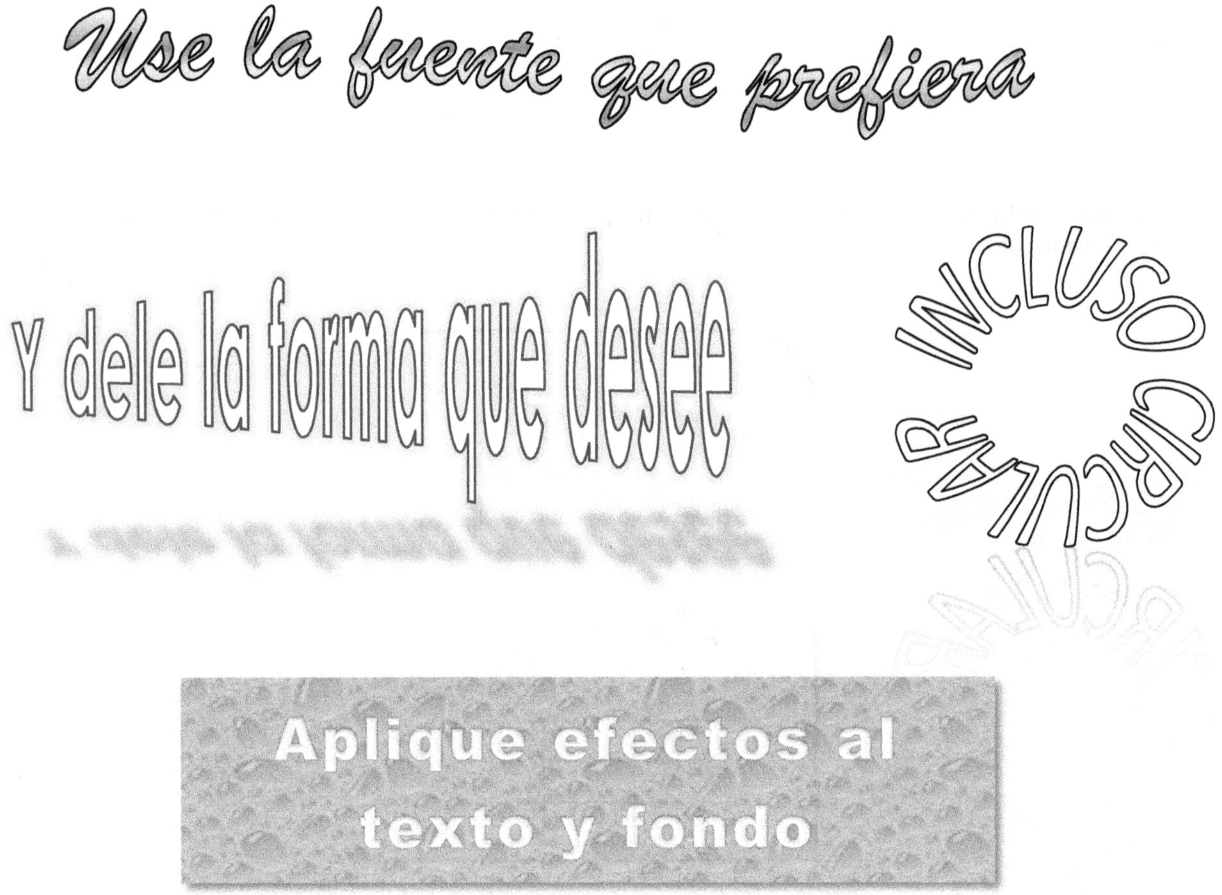

4.8 Letra capital · Notas al pie

Un fragmento del inicio del *El Quijote* nos servirá para aprender a insertar una **letra capital** en un párrafo y a usar las **notas al pie** para clarificar términos del texto.

PRÁCTICA

A En el documento **Prácticas de Word 2** escriba este párrafo (excepto los números en superíndice) con el siguiente formato: justificado, interlineado de 1,5 y fuente *Monotype Corsiva 16.*

Una vez escrito, con el cursor en el texto, aplíquele una **letra capital [Insertar > Texto > Letra capital]**: la letra capital está en el texto, ocupa 3 líneas y la distancia desde el texto es de 0,5 cm.

B Finalmente, colocando el cursor tras la palabra del texto que quiera aclarar, inserte las dos **notas al pie** que se muestran **[Referencias > Notas al pie > Insertar nota al pie]**.

NOTA: Al colocar el puntero sobre el número de cada nota en el párrafo aparecerá el texto de la nota. Si suprimimos este número, suprimiremos también la nota al pie.

Las notas se pueden colocar al final del documento eligiendo **Referencias > Notas al pie > Insertar nota al final.**

En un lugar de la Mancha, de cuyo nombre no quiero acordarme, no ha mucho tiempo que vivía un hidalgo de los de lanza en astillero, adarga[1] antigua, rocín flaco y galgo corredor. Una olla de algo más vaca que carnero, salpicón las más noches, duelos y quebrantos[2] los sábados, lentejas los viernes, algún palomino de añadidura los domingos consumían las tres partes de su hacienda.

[1] Escudo de cuero, ovalado o de forma de corazón.

[2] Los duelos y quebrantos son un plato tradicional de la gastronomía de Castilla-La Mancha, cuyos ingredientes principales son huevo revuelto, chorizo, tocino entreverado y otros derivados del cerdo, todo ello preparado en la sartén.

4.9 Copiar y pegar entre documentos · Ver en paralelo · Dividir ventana

El contenido de un documento, no solo lo podemos copiar/cortar y pegar en él, sino en otro documento, e incluso en una aplicación distinta. Aquí practicaremos la **copia entre archivos** de *Word*, pero el procedimiento será el mismo en cualquier otro caso.

Para comparar dos documentos tenemos la opción de **verlos en paralelo** de forma automática, sin necesidad de mover y redimensionar sus ventanas.

Y en un documento largo será útil **dividir su ventana** en dos paneles, de manera que podamos comparar dos páginas alejadas entre sí al verlas a la vez.

PRÁCTICA

A Cree un documento nuevo y guárdelo con el nombre de **Ejercicios de Tablas.docx**. Configure sus **márgenes**:

Superior: **2,5 cm** Inferior: **3 cm** Izquierdo: **2,5 cm** Derecho: **1,5 cm**

Encabezado: **1,25 cm** Pie de página: **1,75 cm**

B Abra **Prácticas de Word 2.docx** y **copie** el contenido de las páginas que contienen los ejercicios sobre tablas.

C Desplácese al nuevo documento, **Ejercicios de Tablas**, y **pegue** allí las páginas copiadas.

D **Guarde** el documento **Ejercicios de Tablas**.

E En **Vista > Ventana** active **Ver en paralelo** y compare las tablas en uno y otro documento. Desactive el **desplazamiento sincrónico** si no le es de utilidad.

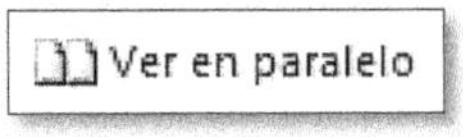

F Desactive la vista en paralelo y en **Prácticas de Word 2** divida su ventana arrastrando la parte superior de la barra de desplazamiento vertical. Alternativamente, acuda a **Vista > Ventana > Dividir** y clique donde quiera la división.

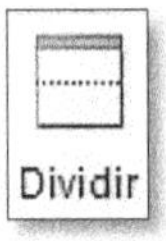

G Desplácese a la página 1 en el panel superior, y a la página 4 en el inferior.

H Finalmente, desactive la división de la ventana arrastrando el separador hacia arriba o hacia abajo hasta llegar al final. O bien, clique en **Vista > Ventana > Quitar división**.

4.10 Tablas: convertir texto en tabla y tabla en texto

Esta doble opción de convertir **texto en tabla** y **tabla en texto** nos puede venir muy bien cuando nos encontramos con trabajos donde, bien las tabulaciones, bien las tablas no se han empleado adecuadamente y hay que mejorarlos.

PRÁCTICA

A Escriba el texto de abajo (*Calibri 11*) separado por tabulaciones en su documento **Ejercicios de Tablas** (las pulsaciones de la tecla **Tab** están representadas por las flechas).

Selecciónelo y **conviértalo** en una tabla desde **Insertar > Tabla > Convertir texto en tabla**.

Luego, vuelva a convertir la tabla en texto desde **Herramientas de tabla > Presentación > Datos > Convertir texto a** (en realidad, debería mostrar **Convertir tabla en texto**, que es el cuadro de diálogo que activa el botón).

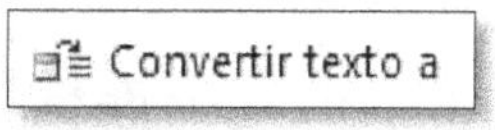

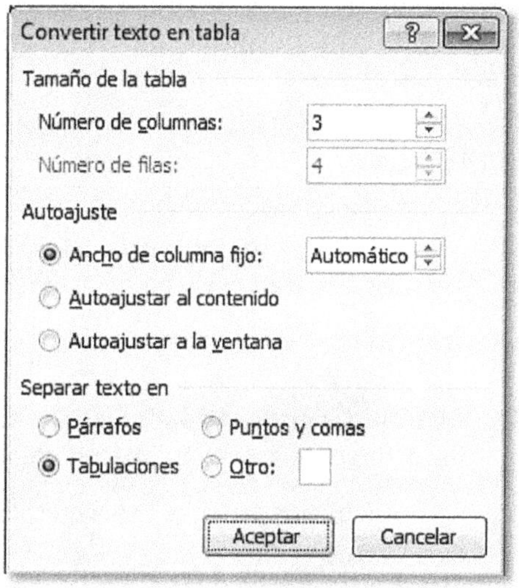

TIPO ORDENADOR → PROCESADOR → PRECIO
Sobremesa → Intel → 1.500
Sobremesa → AMD → 1.200
Portátil → Apple → 2.000

TIPO ORDENADOR	**PROCESADOR**	**PRECIO**
Sobremesa	Intel	1.500
Sobremesa	AMD	1.200
Portátil	Apple	2.000

B **Copie** el texto tabulado que creó en el módulo 2 (**Prácticas de Word 1.docx**) y **conviértalo** en tabla.

Elimine la primera columna, centre la tabla y cambie la alineación del texto.

CAMBIO	**DÓLARES**	**EUROS**
1 yen	1,17	0,09
100 rupias	1,31	0,75
1 rublo	0,50	0,23

4.11 Tablas: repetición de filas de título, ordenar y buscar datos

En tablas largas, con muchas filas que ocupan varias páginas perderemos de vista los encabezados de las columnas a partir de la segunda página, a menos que activemos la **repetición de filas de título**. Al hacerlo así, también se imprimirán los encabezados en todas las páginas que ocupe la tabla.

Ya hemos practicado la **ordenación** en tablas con datos de tipo texto, en esta ocasión la ampliaremos a los datos de tipo numérico.

En cuanto a la **búsqueda**, también la retomamos en esta práctica, ya que es una operación fundamental al trabajar con tablas extensas.

PRÁCTICA

A Abra el documento **Tabla productos.doc**, que se encuentra dentro de la carpeta **Archivos Office 2010 - Word** y guárdelo en su carpeta como documento de Word (*.docx).

B Mediante la opción **Repetir filas de título** en **Herramientas de tabla > Presentación > Datos** establezca la primera fila como títulos a repetir en cada página (sitúe el cursor en la primera fila o selecciónela).

Compruebe que se repite la fila en cada página.

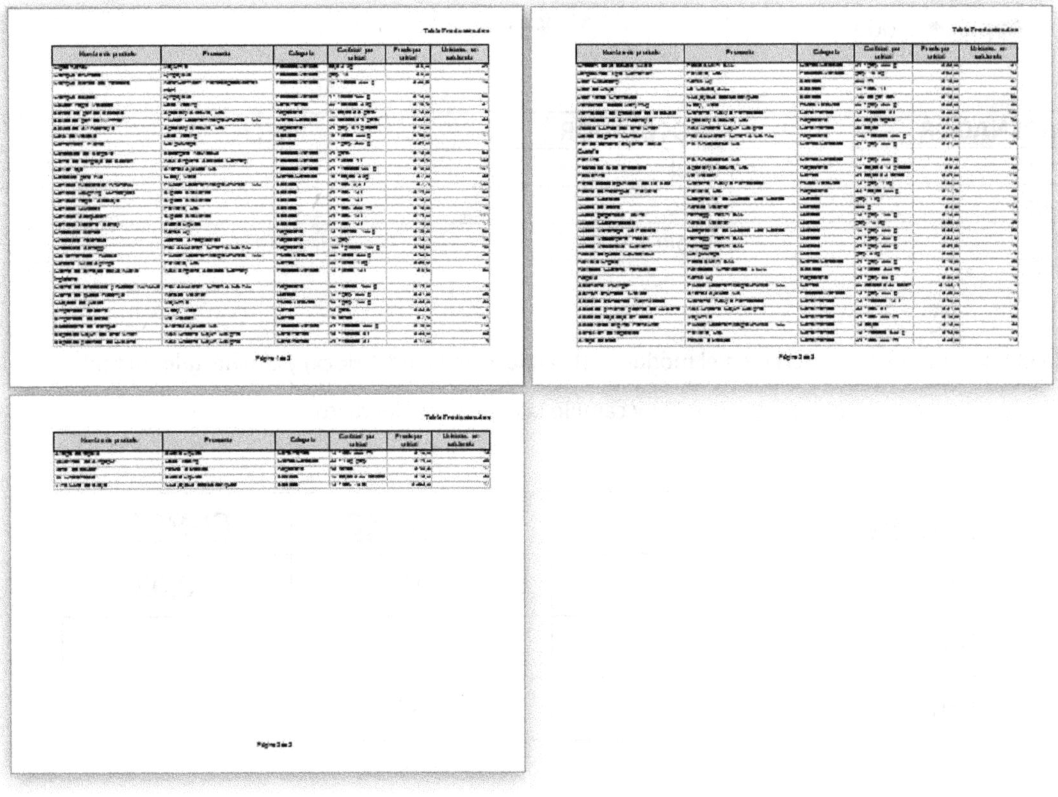

C **Desactive** la repetición de filas de título de igual forma y compruebe que ya no se repiten

D Vuelva a activarla.

E Acceda a **Herramientas de tabla > Presentación > Datos > Ordenar** y

- Ordene la tabla por **Nombre de producto** en forma descendente.
- Ordénela de nuevo por **Precio por unidad** (dato de <u>tipo numérico</u>) descendentemente.
- Configure una nueva ordenación por **Categoría** como primer criterio y por **Proveedor** como segundo criterio, ambos ascendentemente.
- Finalmente, ordénela por **Categoría** ascendente, **Precio por unidad** (numérico) descendente y **Unidades en existencia** (numérico) ascendente.

F Desde **Inicio > Edición > Buscar** busque lo siguiente:

- Productos cuyo nombre contenga *chocolate*.
- Ahora, busque los *ositos de goma*.
- Finalmente, busque el proveedor *Exotic Liquids*.

4.12 Imágenes en tablas, encabezado y pie de página

Las **imágenes** se pueden insertar en las celdas de una **tabla** y también en el **encabezado** o **pie de página** para que se repitan en todas las páginas del documento. Esto último será de utilidad para incluir el logo de una empresa.

PRÁCTICA

A Inserte una **tabla** como la mostrada escriba el texto e **inserte imágenes** de su agrado en las celdas. Alinéelas como se muestran.

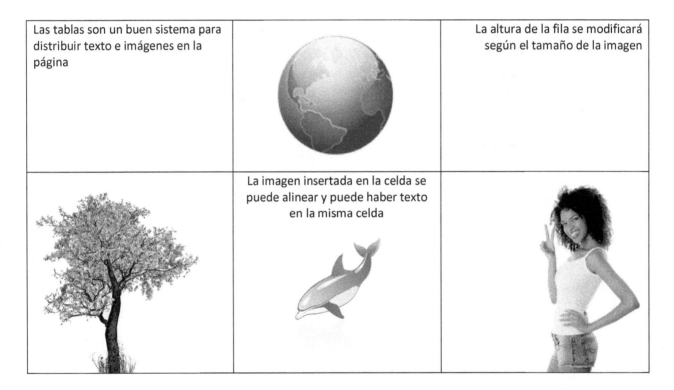

Las tablas son un buen sistema para distribuir texto e imágenes en la página		La altura de la fila se modificará según el tamaño de la imagen
	La imagen insertada en la celda se puede alinear y puede haber texto en la misma celda 	

B En el **encabezado** de su documento **Instrucciones monopatín** (u otro de su elección) inserte la imagen siguiente u otra parecida. Aplique a la imagen un ajuste de texto **Delante del texto** y muévala a la derecha del encabezado.

NOTA: Una vez insertada la imagen dentro del encabezado/pie puede colocarse en cualquier posición de la página, no necesariamente en el área destinada al encabezado/pie. Esto nos permite crear una marca de agua personalizada.

4.13 Columnas estilo periódico

Si queremos que el texto de nuestro documento o parte de él se distribuya en dos o más columnas y que el texto se ajuste automáticamente dentro de ellas, deberemos utilizar las **columnas estilo periódico**.

Word colocará el texto así distribuido en una nueva sección, es decir, insertará automáticamente un **salto de sección continua** antes y otro después del texto seleccionado (si activamos las marcas ocultas, podremos verlos). Esto es importante tenerlo en cuenta porque si borramos uno de los saltos, cambiaremos la distribución del texto de antes y/o de después de las columnas estilo periódico.

> **NOTA:** Las **secciones** son partes de un documento que pueden configurarse de **forma independiente** en cuanto a la orientación de la página, sus márgenes, el encabezado y el pie de página, etc., exceptuando las secciones continuas, que usamos para las columnas estilo periódico.
>
> Se pueden crear de forma manual en **Diseño de página > Configurar página > Saltos > Saltos de sección.**
>
> Para ver en la barra de estado en qué sección se encuentra, en el menú contextual de la barra de estado, active **Sección.**

PRÁCTICA

A En su documento **Prácticas de Word 2.docx, escriba** el texto siguiente en *Garamond 12* y justificado.

"...y entonces fue cuando tuve la certeza de que era el asesino. El corazón me empezó a latir con fuerza y quería echar a correr, sin embargo, no sé cómo me las arreglé para balbucear una excusa y salí de su despacho. Tan pronto llegué al portal corrí hasta su oficina, Sr. Marlowe, creyendo oír pisadas que se acercaban, mirando hacia atrás continuamente por si me perseguía..."

"Está bien", dije con voz serena, intentando tranquilizar a la joven, que parecía a punto de echarse a llorar y mi pañuelo estaba sin lavar desde hacía una semana, "tome un cigarrillo e intente calmarse. Me haré cargo de su caso, pero no informe a la policía hasta que yo le avise".

Encendió el cigarrillo lentamente y le dio una larga y ávida calada. Su cuerpo pareció relajarse y una sonrisa pretendidamente forzada se dibujó por un momento en su joven, cándido y, a la vez, turbador rostro.

B Haga una copia del texto anterior, **seleccione** el texto copiado y distribúyalo en **3 columnas** de igual anchura con una línea entre ellas. Para ello, acceda a **Diseño de página > Configurar página > Columnas > Más columnas.**

Asegúrese de haber dejado párrafos antes y después del texto que quiere distribuir en columnas, ya que este se incluirá en una **nueva sección** del documento. El tema de las secciones lo trataremos en el próximo módulo, pero puede mostrar las marcas de formato ocultas para ver los saltos de sección.

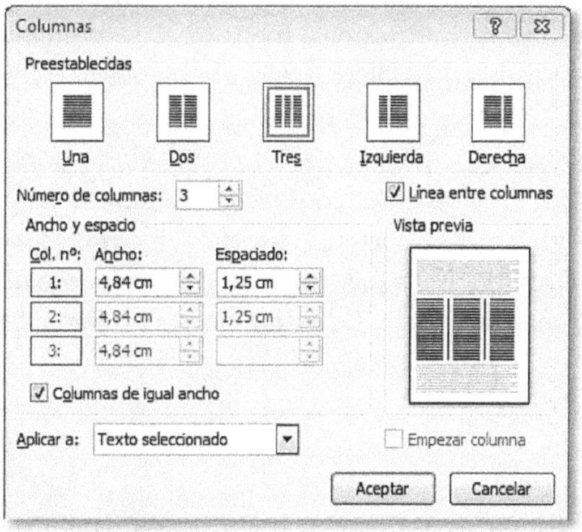

"...y entonces fue cuando tuve la certeza de que era el asesino. El corazón me empezó a latir con fuerza y quería echar a correr, sin embargo, no sé cómo me las arreglé para balbucear una excusa y salí de su despacho. Tan pronto llegué al portal corrí hasta su oficina, Sr. Marlowe, creyendo oír pisadas que se acercaban, mirando hacia atrás continuamente por si me perseguía..."

"Está bien", dije con voz serena, intentando tranquilizar a la joven, que parecía a punto de echarse a llorar y mi pañuelo estaba sin lavar desde hacía una semana, "tome un cigarrillo e intente calmarse. Me haré cargo de su caso, pero no informe a la policía hasta que yo le avise".

Encendió el cigarrillo lentamente y le dio una larga y ávida calada. Su cuerpo pareció relajarse y una sonrisa pretendidamente forzada se dibujó por un momento en su joven, cándido y, a la vez, turbador rostro.

C **Modifique** el texto anterior de la siguiente manera:

- **Añada** un título antes del texto en columnas y complete el primer párrafo.
- **Cambie** la anchura de la primera columna y desactive la línea entre columnas.
- **Inserte** la imagen **Detective.wmf**, desde la carpeta **Archivos Office 2010 - Word**.

Capítulo 1

"Aunque Billy dijo que no conocía a aquel hombre, yo los había visto hablando en el café. De pronto, me miró de una forma extraña y entonces fue cuando tuve la certeza de que era el asesino. El corazón me empezó a latir con fuerza y quería echar a correr, sin embargo, no sé cómo me las arreglé para balbucear una excusa y salí de su despacho. Tan pronto llegué al portal corrí hasta su oficina, Sr. Marlowe, creyendo oír pisadas que se acercaban, mirando hacia atrás continuamente por si me perseguía..."

"Está bien", dije con voz serena, intentando tranquilizar a la joven, que parecía a punto de echarse a llorar y mi pañuelo estaba sin lavar desde hacía una semana, "tome un cigarrillo e intente calmarse. Me haré cargo de su caso, pero no informe a la policía hasta que yo le avise".

Encendió el cigarrillo lentamente y le dio una larga y ávida calada. Su cuerpo pareció relajarse y una sonrisa pretendidamente forzada se dibujó por un momento en su joven, cándido y, a la vez, turbador rostro.

4.14 Combinar correspondencia: cartas

La herramienta para **combinar correspondencia** nos permite crear cartas personalizadas con los datos almacenados en una base de datos. Estos datos pueden proceder de distintas aplicaciones, como *Access* o *Excel*, aunque en esta práctica usaremos una sencilla tabla de *Word*.

Durante el proceso de combinación de correspondencia emplearemos **3 archivos**:

1) La tabla ya mencionada con los **datos** a combinar.

2) El documento principal de la combinación, que en este caso será una **carta**.

3) El documento con los **datos combinados**, es decir, con el texto de la carta más los datos de la tabla.

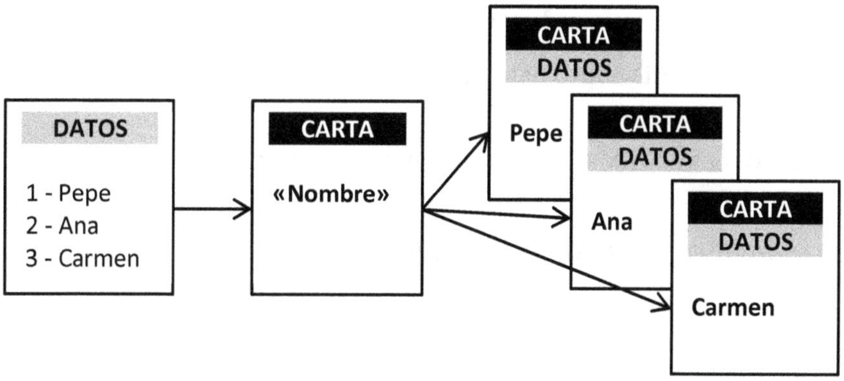

PRÁCTICA

A En un documento nuevo cree una **tabla** con la estructura y datos mostrados. Al acabar, guarde el documento con el nombre de **Clientes El Ruiseñor** y ciérrelo.

Esta tabla la utilizaremos como **origen de datos** para la combinación.

Nombre	Apellidos	Dirección	CódigoPostal	Ciudad	Provincia	Teléfono
Vicent	Blanc Groc	Av. l'Orxata, 7	46120	Alboraya	Valencia	654321065
Pedro	Picapiedra	Flintstone, 8	16061	Cuenca	Cuenca	642567899
Amalia	Luna Llena	Plaza Playa, 15	12560	Benicàssim	Castelló	696969696
Lara	Croft	Raider, 127	28007	Madrid	Madrid	605040302
Benito	Pope Ruíz	Av. Vatican, 33	08080	Barcelona	Barcelona	648321483

B En otro documento confeccione la carta mostrada en la página siguiente y guárdelo como **Carta clientes El Ruiseñor – comb. Corresp.**

Este será el **documento principal** de la combinación. A partir de él crearemos una carta para cada cliente con sus datos postales.

El ruiseñor

Moda y confort

Ávila, 16 de junio de 2018

Estimado nos dirigimos a usted para informarle del inicio de las esperadas rebajas de artículos de importación, que debido a la gran demanda habíamos tenido que retrasar.

No lo dude, para estar a la última moda de París y Nueva York visite nuestros locales. Nuestro personal le atenderá gustosamente como usted se merece.

Reciba nuestros más cordiales saludos, y recuerde nuestro lema:

"Haga frío o haga calor, nadie supera a El Ruiseñor"

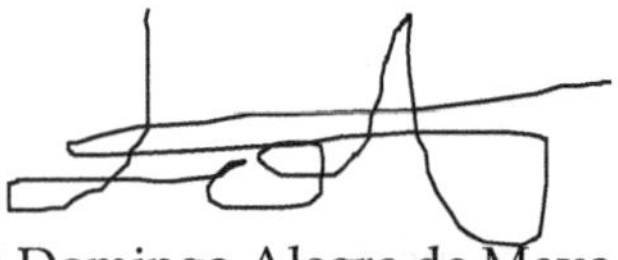

José Domingo Alegre de Mayo
GERENTE

C En este documento, desde la ficha **Correspondencia > Iniciar combinación de correspondencia**, iniciaremos la combinación de correspondencia eligiendo **Cartas**.

D A continuación, seleccionaremos los destinatarios y clicaremos en **Usar lista existente**.

Para elegir un origen de datos, abriremos la carpeta y, finalmente, el archivo que contiene los datos, en nuestro caso el documento **Clientes El Ruiseñor**.

E Ahora colocaremos el cursor en la posición donde queremos que aparezca el nombre del cliente.

En el grupo **Escribir e insertar campos**, clicaremos en el botón (o en la flecha asociada al botón) **Insertar campo combinado**, y elegiremos el campo "Nombre".

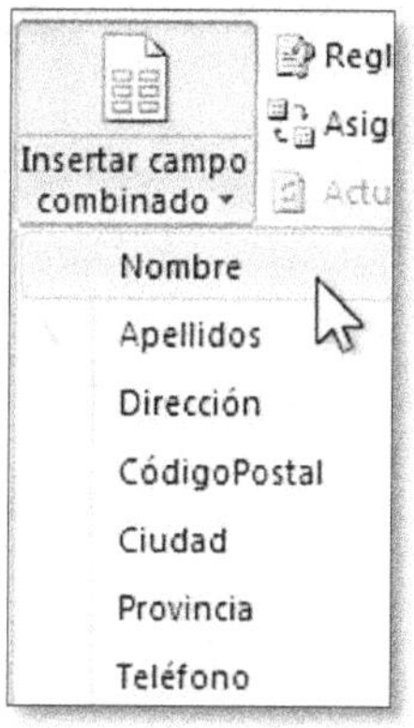

El ruiseñor

Moda y confort

«Nombre»

F Repetiremos la operación para cada campo, situando el cursor correctamente.

Una vez insertados los campos se pueden eliminar, copiar, mover y cambiar su formato.

El ruiseñor

Moda y confort

«Nombre» «Apellidos»

«Dirección»

«CódigoPostal» «Ciudad»

«Provincia»

G Mediante el botón **Vista previa de resultados** comprobaremos cómo quedan los datos combinados. Si clicamos en los botones de las **flechas** visualizaremos los distintos registros de la tabla.

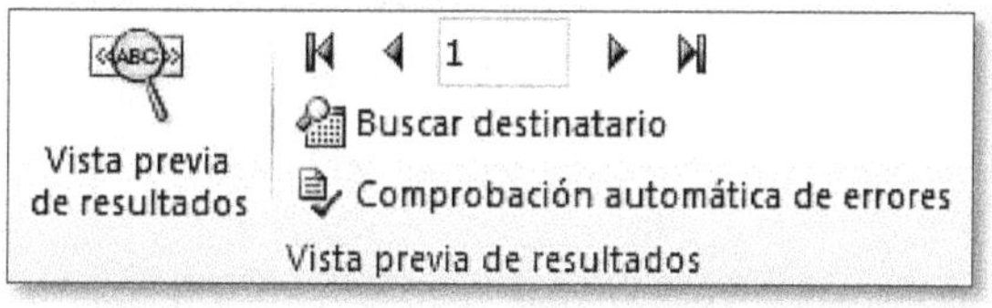

Seleccionando los datos mostrados podemos cambiar su formato (fuente, alineación, sangría, etc.) el cual se aplicará a todos los registros.

El ruiseñor

Moda y confort

Vicent Blanc Groc

Av. l'Orxata, 7

46120 Alboraya

Valencia

H A continuación, en el cuerpo de la carta colocaremos el cursor allí donde queremos que aparezcan el nombre y apellidos del cliente.

Mediante **Escribir e insertar campos > Insertar campo combinado** elegiremos sucesivamente los campos de la base de datos "Nombre" y "Apellidos". Este será el texto que veremos si desactivamos **Vista previa de resultados**.

Estimado «**Nombre**» «**Apellidos**» nos dirigimos a usted para informarle del inicio de las esperadas rebajas de artículos de importación, …

I Finalmente clicaremos en **Finalizar y combinar**, eligiendo **Editar documentos individuales** para todos los registros.

Con ello se creará automáticamente un documento (**Cartas1**) conteniendo el texto de la carta y los datos de los clientes.

Pase a la **vista previa de impresión** para comprobar mejor el resultado.

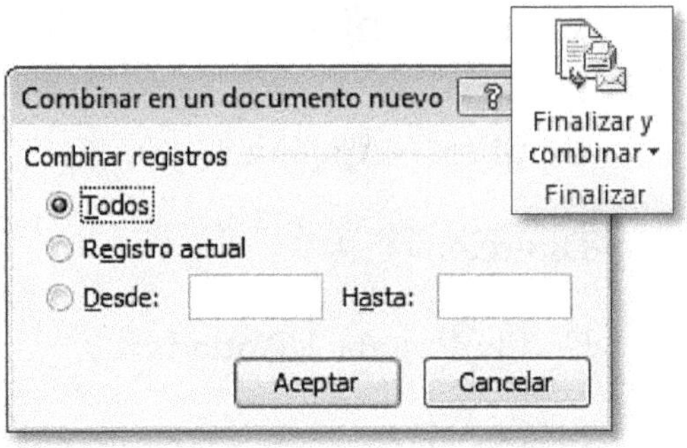

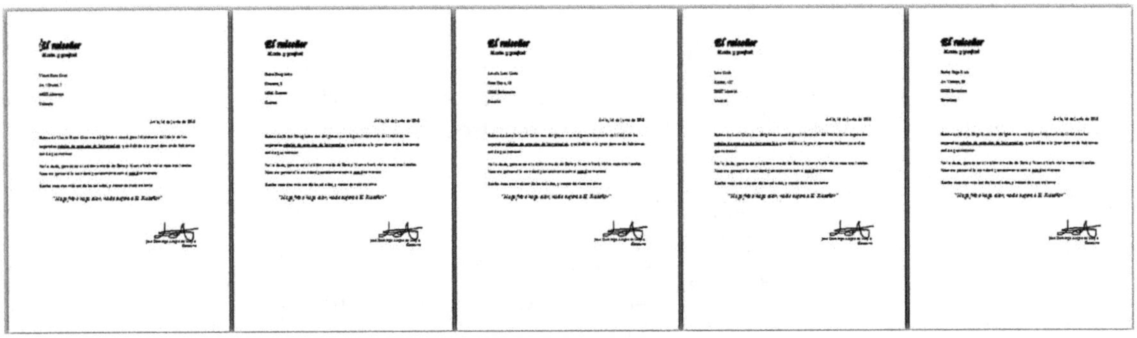

J Este documento podremos **imprimirlo**, **guardarlo**, o bien, **descartarlo** si encontramos errores en el texto o en los datos. En este caso, deberíamos corregir los errores y combinar de nuevo.

4.15 Combinar correspondencia: etiquetas, sobres y directorio

A partir de los datos almacenados, además de cartas personalizadas, contamos con las opciones de crear **etiquetas**, de diversos tamaños y formatos, al igual que los **sobres**, donde añadiremos el remitente si queremos. El **directorio**, por su parte, es un simple listado de los datos.

El proceso de combinación es muy similar al visto en el tema anterior, pero con opciones específicas en cada caso.

PRÁCTICA

A **Cree** un documento y **guárdelo** con el nombre de **Etiquetas clientes – comb. corresp**.

Inicie el proceso de combinar correspondencia para crear etiquetas **[Correspondencia > Iniciar combinación de correspondencia > Etiquetas]**.

En **opciones para etiquetas** elija la marca **APLI** y el número de producto **APLI 01209**.

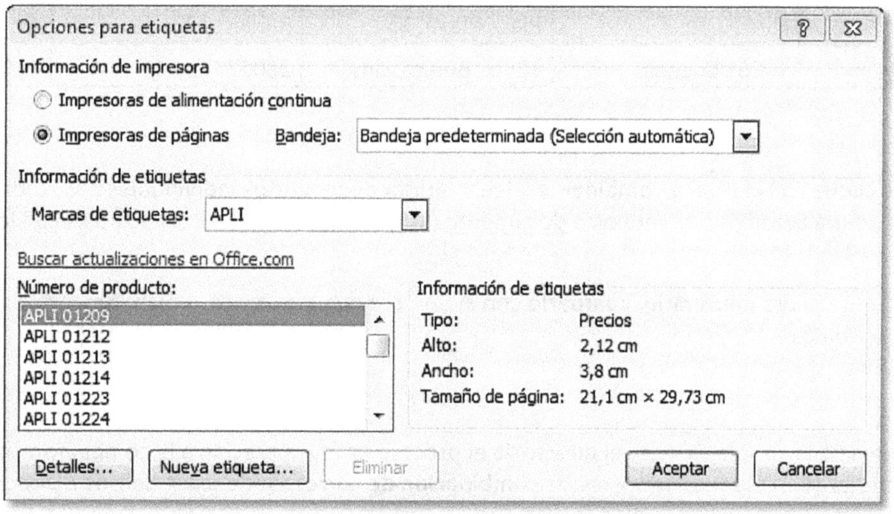

El documento se configurará **automáticamente** para imprimir dichas etiquetas y aparecerá una tabla con su distribución (cada celda equivale a una etiqueta).

B **Seleccione los destinatarios** de una **lista existente:** el documento **Clientes El Ruiseñor.docx**.

Aparecerá el contenido siguiente en la tabla:

	«Próximo registro»	«Próximo registro»	«Próximo registro»	«Próximo registro»

C En la tabla inserte los campos **[Escribir e insertar campos > Insertar campo combinado]** solo en la **primera celda** y, al acabar, clique en el botón **Actualizar etiquetas** para que se repita el bloque en el resto de celdas.

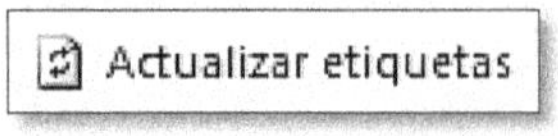

«Nombre» «Apellidos» «Dirección» «CódigoPostal» «Ciudad»	«Próximo registro»«Nombre» «Apellidos» «Dirección» «CódigoPostal» «Ciudad»	«Próximo registro»«Nombre» «Apellidos» «Dirección» «CódigoPostal» «Ciudad»	«Próximo registro»«Nombre» «Apellidos» «Dirección» «CódigoPostal» «Ciudad»	«Próximo registro»«Nombre» «Apellidos» «Dirección» «CódigoPostal» «Ciudad»

D Clique en **Vista previa de resultados** para comprobar cómo quedan los datos combinados.

Vicent Blanc Groc Av. l'Orxata, 7 46120 Alboraya	Pedro Picapiedra Flintstone, 8 16061 Cuenca	Amalia Luna Llena Plaza Playa, 15 12560 Benicàssim	Lara Croft Raider, 127 28007 Madrid	Benito Pope Ruíz Av. Vatican, 33 08080 Barcelona

E Finalmente clique en **Finalizar y combinar**, eligiendo **Editar documentos individuales** para todos los registros. Con ello se creará automáticamente otro documento (**Etiquetas1**) con etiquetas postales con los datos de los clientes.

Este documento podrá **imprimirlo**, **guardarlo** con el nombre que queramos, o bien, **descartarlo** si encuentra errores en los datos.

F En la combinación con **sobres** y con el **directorio** el proceso es muy parecido a la combinación de cartas, visto en el tema anterior **[Correspondencia > Iniciar combinación de correspondencia > Sobres / Directorio].**

En el caso de los **sobres** habrá que elegir su **tamaño** y la forma de **colocación** de los sobres en la impresora, que variará según la marca y modelo de impresora que tengamos instalada.

En la mitad inferior central del documento se insertan los datos y, también, se pueden escribir los del remitente en la parte superior izquierda.

En cuanto al **directorio**, simplemente, se creará un listado de los registros de la tabla según coloquemos los campos en el documento.

G Realice una combinación de sobres y/o directorio, con las opciones que prefiera.

Word · Módulo 5

TEMAS

5.1 Plantillas: crear documentos basados en plantillas incluidas

Una **plantilla** es un documento especial con unas características y un contenido predefinido (márgenes, tamaño, fuentes, encabezado/pie, texto, ...) que, como si fuera un molde, sirve para crear documentos iguales, sin tener que configurarlos cada vez.

Una vez creado un documento a partir de una plantilla se puede modificar para adaptarlo a nuestras necesidades.

PRÁCTICA

A Cree un **documento** basado en la plantilla **Currículum intermedio** desde **Archivo > Nuevo > Plantillas de ejemplo.**

B Cambie el nombre que aparece en el currículum, agregue o modifique algunos datos y, si quiere cambie la imagen.

C **Guarde** el documento en su carpeta con el nombre de **CV creado con plantilla**.

D Cree un **documento** basado en la plantilla **Programa de eventos musicales** desde **Archivo > Nuevo > Plantillas de Office.com > Educación.**

Esta plantilla es un díptico que hay que doblar una vez impreso.

E Modifique aquello que considere oportuno y **guarde** el documento en su carpeta con el nombre de **Díptico creado con plantilla**.

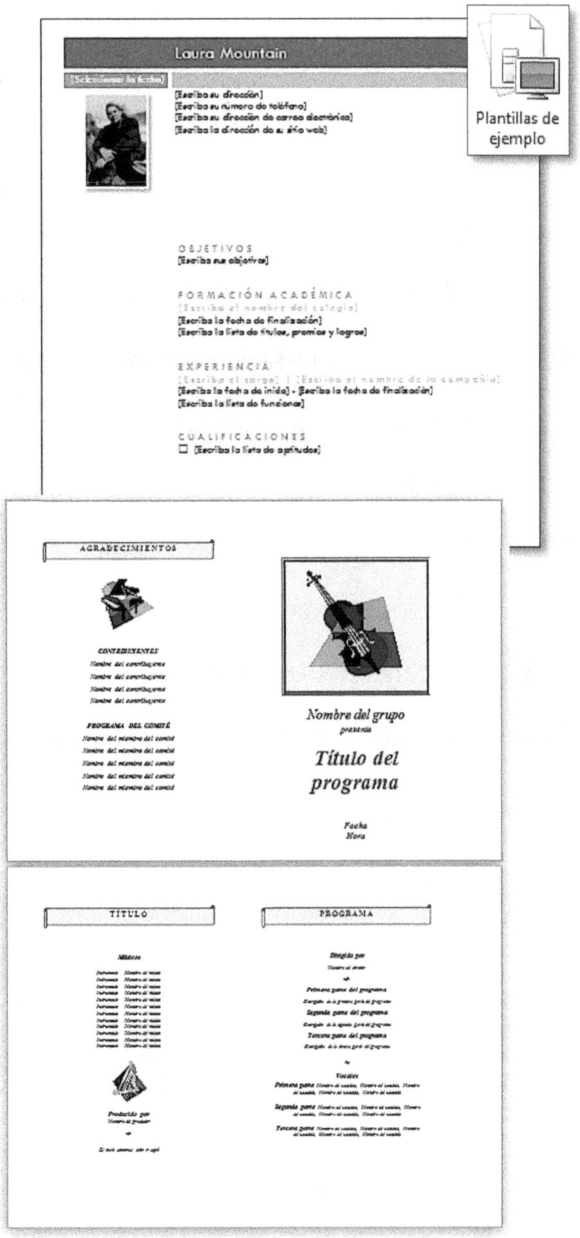

5.2 Plantillas: crear plantillas basadas en plantillas incluidas

Aquí aprenderemos a crear **plantillas personalizadas** a partir de las existentes en el programa y, así, aprovechar su configuración y/o contenido.

La extensión de las plantillas de *Word* es **.dotx**.

PRÁCTICA

A Cree una **plantilla** basada en la plantilla **Informe esencial** desde **Archivo > Nuevo > Plantillas de ejemplo** seleccionando **Plantilla** antes de crear.

B Elimine la imagen inicial (clique en su borde) y **guarde** la plantilla con el nombre de **Artículos Revista Viajes.dotx** en la carpeta que le propone *Word*, **Plantillas**.

Si el programa no le lleva a dicha carpeta, hágalo manualmente accediendo al panel de navegación (a la izquierda del cuadro de diálogo **Guardar como**) y desplegando el elemento inicial, **Microsoft Word:**

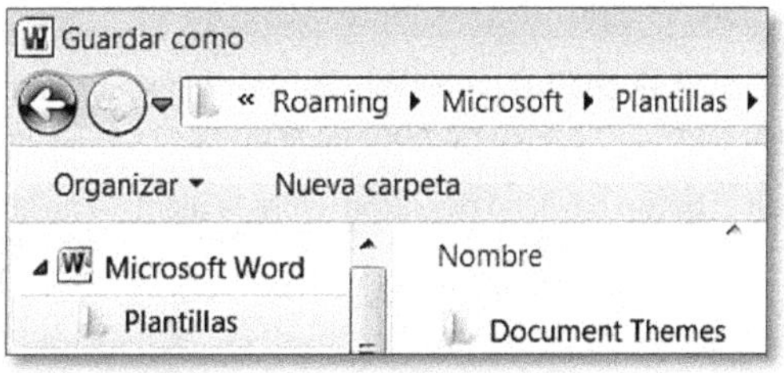

NOTA: La ruta completa de las plantillas en Windows 7, suponiendo que Office se haya instalado en el disco C:, es **C:\Users***Nombre de Usuario***\AppData\Roaming\Microsoft\Plantillas**

C Cierre la plantilla y acceda a **Archivo > Nuevo > Mis plantillas** para comprobar que se muestra en la lista.

D Ahora, seleccione la plantilla anterior y cree **dos documentos** basados en ella.

1. En el primero inserte la imagen **Lobo gris – Yellowstone.jpg** (en **Archivos Office 2010 - Word**)

   Cambie el título a **Yellowstone: el retorno del lobo**.

   Guarde el documento como **Artículo Yellowstone**.

2. En el segundo inserte la imagen **Tiburón blanco - Sudáfrica.jpg** (en **Archivos Office 2010 - Word**)

   Cambie el título a **Sudáfrica: nadando con el gran blanco**.

   Guarde el documento como **Artículo Sudáfrica**.

SUDAFRICA: NADANDO CON EL GRAN BLANCO
[ESCRIBA EL SUBTÍTULO DEL DOCUMENTO]

NOTA: Para **modificar** una plantilla de **Mis plantillas**, acceda a **Archivo > Nuevo > Mis plantillas** y en el cuadro de diálogo clique con el botón derecho del ratón sobre la plantilla. Elija **Abrir**, haga los cambios que desee y guárdela con el mismo nombre. A la pregunta si desea reemplazar la plantilla existente, clique en **Sí**.

Para **cambiar el nombre** a la plantilla, en el cuadro de diálogo de **Mis Plantillas** clique con el botón derecho del ratón sobre la plantilla y elija **Propiedades**. Escriba el nuevo nombre en la primera casilla de la **ficha General**.

Para **eliminar** una plantilla clique con el botón derecho del ratón sobre la plantilla en el cuadro de diálogo de **Mis Plantillas** y elija **Eliminar**.

5.3 Plantillas: crear y gestionar plantillas propias

Con las **plantillas propias** podremos crear rápidamente documentos que se ajusten a nuestros intereses particulares.

Mientras que las plantillas que nos ofrece el programa o la web de *Office* pueden sernos útiles en trabajos personales, en el área profesional o empresarial es más que recomendable crear plantillas propias donde incluir logotipos, firmas y otras particularidades de cada empresa.

PRÁCTICA

A Cree un documento similar al mostrado abajo (margen superior: 4 cm, margen encabezado: 1,5 cm).

El logotipo (WordArt) y los datos de la empresa están en el **encabezado**.

ElecTonica.com

Avda. Condensadores, 101
08080 BARCELONA
✆ 914 896 112
info@electonica.com

Estimado Sr./Sra.:

Nos alegra comunicarle que en el **sorteo de abril** le ha correspondido el siguiente **premio**:

En el plazo de 7 días recibirá en su domicilio el citado regalo. Para cualquier consulta o cambio de dirección puede llamar a nuestra oficina (**914 896 112**), escribirnos un correo a **info@electonica.com** o usar el formulario en nuestro sitio Web **www.electonica.com**

Cordialmente,

Antonia Staño
DPTO. COMERCIAL
cial@electonica.com

B Cree una carpeta con el nombre de **Plantillas de Word personales**.

Guarde el documento como **Plantilla de Word (*.dotx)** en esa carpeta con el nombre de **Ganadores sorteo** y ciérrelo.

C Para crear un documento basado en la plantilla, localícela en la carpeta donde la ha guardado y haga **doble clic** sobre ella (o **menú contextual > Nuevo**).

Use esta plantilla para escribir **tres cartas** a los ganadores del concurso.

1er premio: Susan Hita, una Tablet

2do premio: Gerónimo Gepeese, un Smartphone

3er premio: Verónica Vila, un Smartwatch

NOTA: Las plantillas guardadas en una carpeta propia no aparecen en el cuadro de diálogo **Mis plantillas**. Para **abrir** y **modificar** una plantilla, localícela en la carpeta y use el **menú contextual > Abrir**. Para **cambiar el nombre** o **eliminar** la plantilla, hágalo como con cualquier documento de *Word*.

5.4 Estilos de párrafo

Anteriormente hemos visto cómo aplicar **estilos de párrafo** utilizando los de la galería de estilos rápidos que proporciona *Word*. Ahora aprenderemos a modificar los existentes y a crear nuestros propios estilos.

Además de dar uniformidad a nuestros documentos, el uso de los estilos de párrafo les dará consistencia, ya que, al modificar un párrafo con un estilo aplicado, podemos actualizar automáticamente todos los párrafos del documento (u otros documentos) que tengan el mismo estilo.

PRÁCTICA

A Abra el documento **Colecciones MBAC** (carpeta **Archivos Office 2010 - Word**), guárdelo en su carpeta y aplique los estilos siguientes al texto **[Inicio > Estilos]**:

- Título inicial: estilo **Título**
- Apartados (Introducción, Colección de...): estilo **Título 1**
- Sub-apartados (los que están dentro de cada colección): estilo **Título 2**

NOTA: En **Inicio > Estilos > Cambiar estilos** tenemos opciones para cambiar el formato de todo el documento automáticamente. Compruebe qué cambios globales se pueden hacer y aplíquelos si lo desea, pero deshaga estas acciones al finalizar. Lo que nos interesa realmente es crear nuestros propios estilos a partir de los aplicados.

B **Seleccionaremos** el primer párrafo del título inicial, *El Museu de Belles Arts de Castelló* y cambiaremos lo siguiente:

- Fuente: Britannic Bold 26
- Color rojo (Rojo, Énfasis 2)
- Alineación derecha
- Sin borde

Ahora, desde el menú **Estilos** clicaremos en el **botón Nuevo estilo** (abajo, a la izquierda del panel) y, configuraremos:

- Nombre: **Título Portada Museu**
- Estilo del párrafo siguiente: **Normal**
- Agregar a la lista de estilos rápidos
- Actualizar automáticamente (para que cada cambio en el párrafo actualice el estilo)
- Sólo en este documento (para que no aparezca en cada documento nuevo)

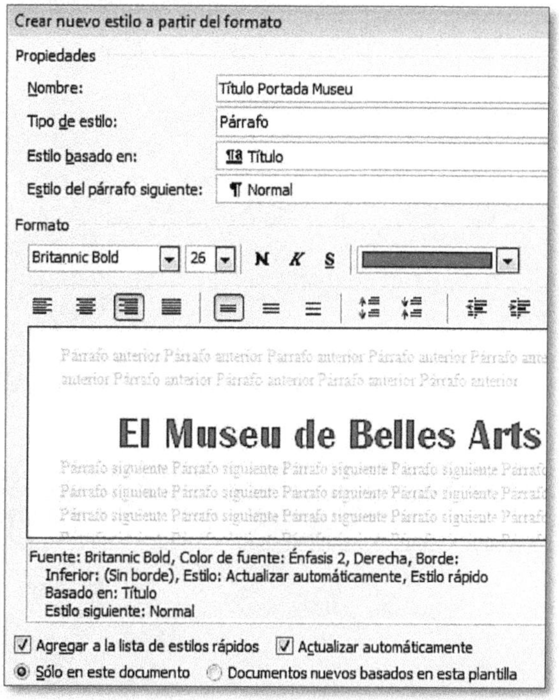

C **Aplicaremos** este nuevo estilo al segundo párrafo, *Las colecciones*, eligiéndolo en la lista de estilos rápidos.

D A continuación, crearemos estilos personalizados para los otros títulos de igual manera.

Seleccionaremos un párrafo con el estilo **Título 1** y cambiaremos su fuente a Britannic Bold 18, normal, interlineado sencillo, espaciado anterior 0 pto, espaciado posterior 12 pto.

Introducción a las colecciones

En el cuadro de diálogo de menú **Estilos > Crear nuevo estilo** le daremos el nombre de **Título Museu 1** y el resto de opciones como el estilo creado antes.

Seleccionaremos un párrafo con el estilo **Título 2** y cambiaremos su fuente a Britannic Bold 14, normal, interlineado sencillo, espaciado anterior 0 pto, espaciado posterior 10 pto. Le daremos el nombre de **Título Museu 2** y el resto de opciones como el anterior.

Prehistoria

E Por último, **aplicaremos** los nuevos estilos personalizados a los apartados y sub-apartados del documento.

NOTA: Para **modificar, eliminar** y obtener más opciones de gestión de estilos podemos acudir a menú **Estilos** para activar el panel y dentro de él clicar en el botón **Administrar estilos**, en la parte inferior del panel

5.5 Tablas de contenido

Las **tablas de contenido** son índices del contenido del documento que se generan automáticamente.

Si hemos aplicado estilos de párrafo, desde **Referencias > Tabla de contenido** será muy sencillo insertar una que muestre el título de cada capítulo, subcapítulo, etc. y su página correspondiente.

La tabla de contenido se actualizará automáticamente al imprimir, no obstante, para mayor seguridad, es conveniente actualizarla manualmente al acabar de editar el documento.

PRÁCTICA

A Abra el documento **Colecciones MBAC** que configuró en el ejercicio anterior y coloque el cursor en la página 2, bajo el párrafo con el texto *Tabla de contenido*.

B Active **Referencias > Tabla de contenido > Insertar tabla de contenido** y elija el formato **Formal** para la tabla.

C Clique en el **botón Opciones** y en el cuadro de diálogo compruebe que está seleccionada la opción de generar tabla de contenido a partir de estilos.

D Configure el **nivel de TDC** para que el estilo **Título Museu 1** sea el número 1 y el estilo **Título Museu 2** sea el número 2: escriba sendos números en las casillas correspondientes.

Asegúrese de que solo esos dos estilos aparecen con el número de nivel (borre cualquier otro número si aparece).

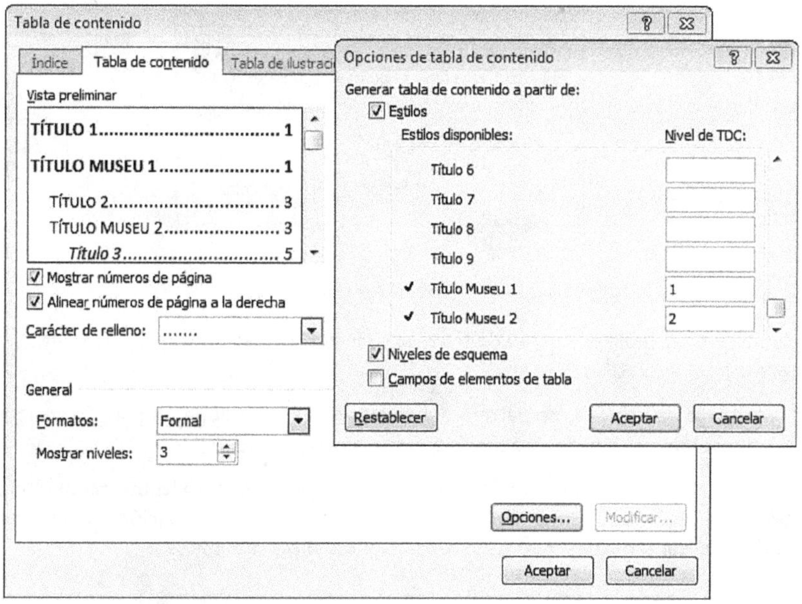

Al clicar en **Aceptar**, la tabla de contenido debería quedar como sigue:

Tabla de contenido

INTRODUCCIÓN A LAS COLECCIONES 3
COLECCIÓN DE ARQUEOLOGÍA 5
  PREHISTORIA 6
  EDAD ANTIGUA 6
COLECCIÓN DE ETNOLOGÍA 8
  OFICIOS Y ACTIVIDADES 9
  VIDA DOMÉSTICA 10
  INDUMENTARIA 10
COLECCIÓN DE CERÁMICA 12
  SIGLOS XIII-XIV 13
  SIGLOS XV-XVII 13
  SIGLOS XVIII-XIX 14
COLECCIÓN DE PINTURA Y ESCULTURA 17
  GÓTICO 18
  RENACIMIENTO 19
  BARROCO 20
  SIGLOS XIX-XX 21

Después de añadir o suprimir páginas, deberemos actualizar la tabla con el **menú contextual > Actualizar campos**, eligiendo el tipo de actualización: solo los **números de página** o **toda la tabla**, para que compruebe el texto de los títulos incluidos en ella.

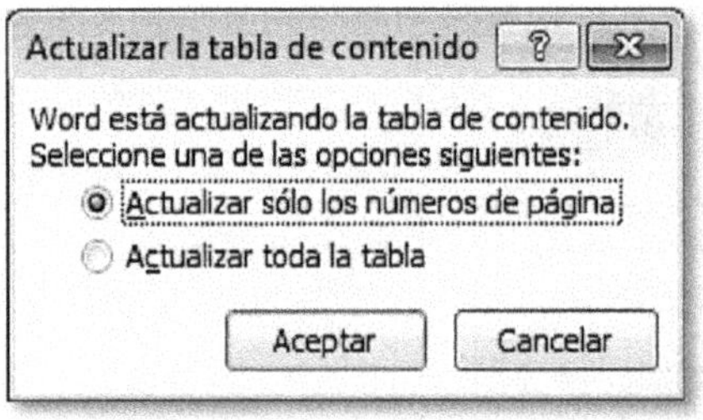

NOTA: Para hacer **cambios** en la tabla de contenido (formato, niveles a mostrar, nivel de TDC, etc.), clique dentro de la tabla y repita el proceso para insertarla.

Si quiere cambiar el formato de fuente o de párrafo del **primer nivel**, seleccione un párrafo cualquiera de ese nivel y realice el cambio. En el **resto de niveles**, deberá seleccionar todos los párrafos.

Si quiere numerar los niveles, puede hacerlo directamente en la tabla desde **Inicio > Numeración / Viñetas**. O bien, puede aplicar la numeración a los estilos de párrafo que aparecen en la tabla y, a continuación, **actualizarla** en **Referencias > Tabla de contenido > Actualizar tabla** o en **menú contextual > Actualizar campos**.

5.6 Secciones de documento

Anteriormente, al crear columnas estilo periódico, hemos visto como *Word* "enmarcaba" las columnas en una sección propia, pues la distribución del texto era distinta de la del resto del documento.

Las **secciones** son partes de un documento que pueden tener características diferenciadas por lo que respecta a la orientación de la página, los márgenes, el encabezado y el pie de página, etc.

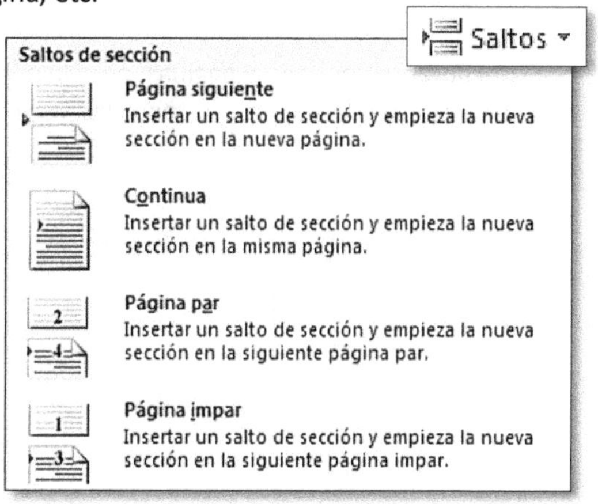

Se crean insertando saltos de sección en **Diseño de página > Configurar página > Saltos > Saltos de sección**.

Existen varios tipos de saltos de sección para establecer dónde empezará esta: **continua** (como las columnas estilo periódico), **página siguiente**, **página par** y **página impar**.

Por tanto, lo que escribamos a partir del salto de sección comenzará allí donde indique el tipo de salto.

Para ver en la barra de estado en qué sección se encuentra el cursor, active **Sección** en el menú contextual de la barra de estado.

Dado las diferencias entre una sección y la siguiente, hay que ser muy precavido/a en su manejo. Si borramos un salto de sección, todas las configuraciones de la sección de abajo se copiarán a la de arriba.

En la práctica siguiente comprobaremos su funcionamiento.

PRÁCTICA

A Cree un documento y guárdelo con el nombre de **Documento con secciones.docx**.

Escriba: *Esta es la sección 1. Página con orientación vertical. Márgenes predeterminados* y pulse **Entrar** varias veces.

B En un párrafo debajo del texto escrito inserte un salto de sección de **página siguiente**.

Con el cursor debajo del salto, configure la **orientación** de la página en **horizontal**.

Escriba: *Esta es la sección 2. Página con orientación horizontal. Márgenes predeterminados.*

C Ahora, inserte otro salto de sección de **página siguiente**, cambie la orientación a vertical y establezca unos márgenes anchos.

Escriba: *Esta es la sección 3. Página con orientación vertical. Márgenes anchos.*

D Active las **marcas de formato** ocultas para ver los saltos insertados.

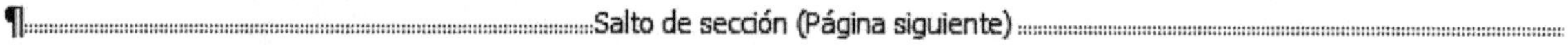

E Cree ahora otra sección, pero con otro procedimiento.

Pulse **Entrar** varias veces en la última página, que también es la última sección, y en un párrafo, escriba: *Esta es la sección 4, de página impar, creada seleccionando texto. Página con orientación vertical. Márgenes anchos.*

Seleccione ese párrafo e inserte un salto de sección de **página impar** con el procedimiento habitual.

El número de página debería ser el 5 ya que hemos indicado que empiece en página impar.

F El documento contiene 5 páginas, pero la página 4 no la verá la vista **Diseño de impresión**. Cambie a la **Vista previa de impresión** para ver todas las páginas.

G Seleccione y **elimine** el **primer salto** de sección para comprobar cómo afecta esta acción a la primera página, que recogerá las características de la segunda.

Deshaga la acción y guarde el documento.

5.7 Referencias en documentos: tabla de ilustraciones e índice

Las tablas de contenido, que ya hemos estudiado, son un elemento imprescindible en documentos con muchas páginas o apartados, pero existen otras opciones de referencia que veremos en este tema.

La **tabla de ilustraciones** indicará las páginas en que se encuentran las imágenes o tablas que incluyamos. Deberemos asignar un título a cada imagen o tabla para que pueda ser incluida.

El **índice** mostrará las palabras más relevantes de nuestro documento junto a la página en que aparecen. Tendremos que seleccionar las palabras que queremos que aparezcan en el índice.

Ambos elementos los insertamos desde la ficha **Referencias**.

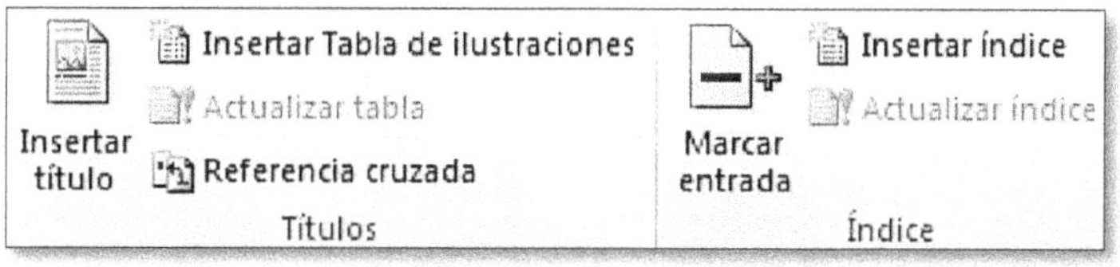

PRÁCTICA

A Abra el documento **Colecciones MBAC – 2.docx**, donde crearemos una **tabla de ilustraciones** que muestre el título de las imágenes de las piezas de las colecciones y la página donde se encuentran.

Para aprender el proceso, nos centraremos en la colección de arqueología. Comenzaremos cortando el texto del párrafo con la información sobre la primera imagen, ya que lo usaremos como título de la ilustración.

Vaso campaniforme, Calcolítico

A continuación, seleccionaremos la imagen y accederemos a **Referencias > Títulos > Insertar título.**

En la casilla **Título** pegaremos el texto que hemos cortado detrás del que aparece predeterminado:

Ilustración 1 - Vaso campaniforme, Calcolítico.

Clicaremos en **Aceptar**, dejando el resto de opciones como nos propone el programa (Ilustración como rótulo y la posición, debajo de la imagen seleccionada).

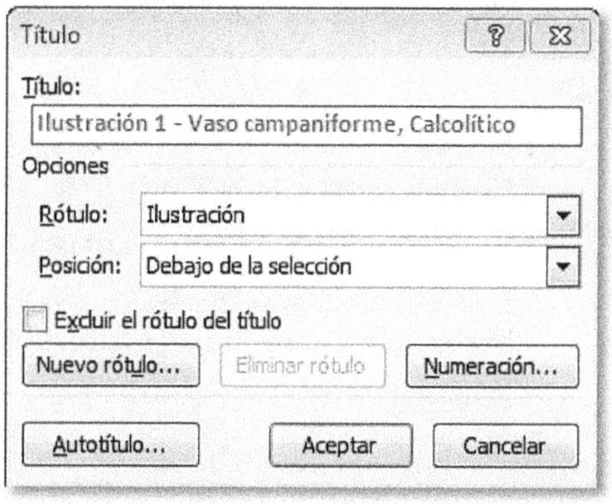

B Repetiremos el proceso con las otras tres imágenes de la colección de arqueología: la urna, el kylix, y el retrato.

C Generaremos la tabla de ilustraciones al **final del documento**. Nos desplazaremos allí y en **Referencias > Títulos > Insertar Tabla de ilustraciones** clicaremos en **Aceptar** para insertarla con las opciones predeterminadas (sangría, columnas, estilo, ...).

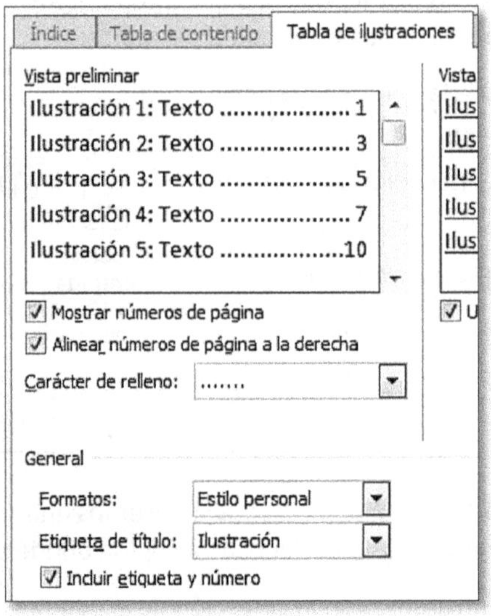

Tabla de ilustraciones

D Amplíe la tabla, si lo desea, añadiendo más ilustraciones y **actualice** toda la tabla de ilustraciones **[Referencias > Títulos > Actualizar tabla]**.

NOTA: Para **eliminar** un título de la tabla, borre el texto bajo la imagen y actualice la tabla **[Referencias > Títulos > Actualizar tabla]**. Para cambiarlo, modifique el texto bajo la imagen y actualice.

Para cambiar el formato de fuente o párrafo de la tabla, puede hacerlo como en un texto normal.

Para hacer **cambios** en la tabla en sí (alineación, relleno, formato, etiqueta, etc.), clique dentro de la tabla y vuelva a **Referencias > Títulos > Insertar Tabla de ilustraciones.**

E Ahora, crearemos un **índice** en el documento **Colecciones MBAC**. Vamos a incluir los nombres de algunos pintores: *Joan de Joanes, José de Ribera, Gabriel Puig Roda* y *Vicente Castell.*

Buscaremos *Joan de Joanes* en la página 6 y seleccionaremos las tres palabras. Las incluiremos como entrada del índice desde **Referencias > Índice > Marcar entrada**.

Cambiaremos el **texto de la entrada** para que aparezca primero el apellido seguido de coma (*Joanes, Joan de*) ya que el índice se ordena alfabéticamente.

Comprobaremos que en el cuadro de diálogo aparece seleccionada **Página actual** en las opciones y clicaremos en **Marcar todas** para evitarnos marcar una a una todas las apariciones de las palabras.

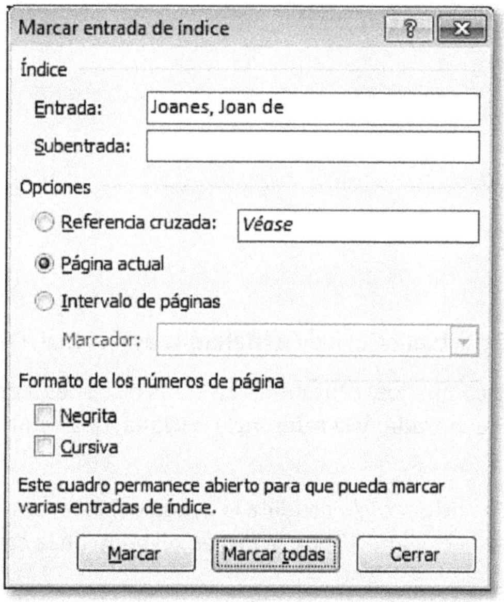

Al mostrar las **marcas ocultas** veremos el **campo XE** de entrada de índice insertado.

Joan·de·Joanes{·XE·"Joanes,·Joan·de"·}

Cerraremos el cuadro de diálogo para acabar la inclusión.

F Repetiremos el proceso con los otros tres pintores, cambiando el texto de la entrada:

Ribera, José de - Puig Roda, Gabriel - Castell, Vicente.

G Finalmente, generaremos el índice a continuación de la tabla de ilustraciones, tras el salto de sección.

Acudiremos a **Referencias > Índice > Insertar índice** y clicaremos en **Aceptar** para insertarlo con las opciones predeterminadas (sangría, columnas, estilo, ...).

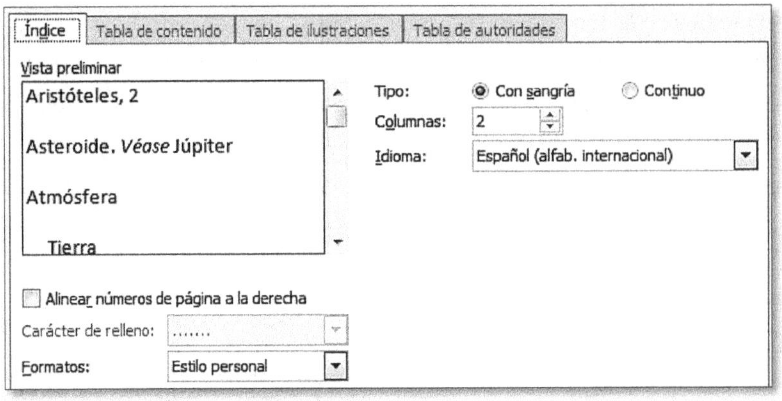

Índice

Castell, Vicente, 6, 27
Joanes, Joan de, 6, 23
Puig Roda, Gabriel, 6, 26
Ribera, José de, 6, 24

H Incluya más términos si lo desea y **actualice** el índice **[Referencias > Índice > Actualizar índice]**.

Si necesitamos crear índices más complejos, contamos con otras opciones, como la **subentrada**, que mostrará el texto que escribamos debajo de la entrada; y la **referencia cruzada**, que remitirá la entrada a otra más general que nos parezca pertinente.

Podemos experimentar con estas opciones y/o acudir a la ayuda del programa donde encontraremos información detallada buscando "índices" y seleccionando **Todo Word** en el menú de la casilla **Buscar**.

NOTA: Para **eliminar** una entrada del índice, borre el **campo XE** asociado en el texto del documento, incluyendo las llaves **{}** y actualice el índice **[Referencias > Índice > Actualizar índice]**.

Para cambiar el formato de fuente o párrafo del índice, hágalo como en un texto normal. La fuente de las entradas y subentradas puede cambiarse en el momento de marcarlas si seleccionamos el texto escrito y clicamos en él con el botón derecho.

Para hacer **cambios** en el índice en sí (formato, columnas, sangría, etc.), clique dentro del índice y vuelva a **Referencias > Índice > Insertar índice**.

5.8 Marcadores, hipervínculos y referencias cruzadas

Los **marcadores** son una especie de marcapáginas electrónicos que nos permiten dirigirnos a los lugares concretos del documento donde los hemos insertado.

Con los **hipervínculos** nos desplazamos a un marcador concreto, abrimos un documento o cargamos una página web en el navegador predeterminado al clicar sobre ellos.

La última opción que trabajamos en este tema son las **referencias cruzadas**, las cuales nos remiten a un marcador, una nota al final o una ilustración, entre otros elementos. El número de página, si la hemos incluido en la referencia cruzada, se actualiza automáticamente con cada cambio que se produzca en el documento.

PRÁCTICA

A En el documento **Prácticas de Word 2.docx** insertaremos **dos marcadores**, uno antes del texto *Receta de tortilla de patatas* (módulo 3) y otro antes del texto inicial de *El Quijote* (módulo 4).

Con el cursor delante del primer texto mencionado, accederemos a **Insertar > Vínculos > Marcador**, le daremos el nombre de **Receta** y clicaremos en **Agregar**.

Repetiremos la operación en el segundo texto, dando el nombre de **Quijote** al marcador.

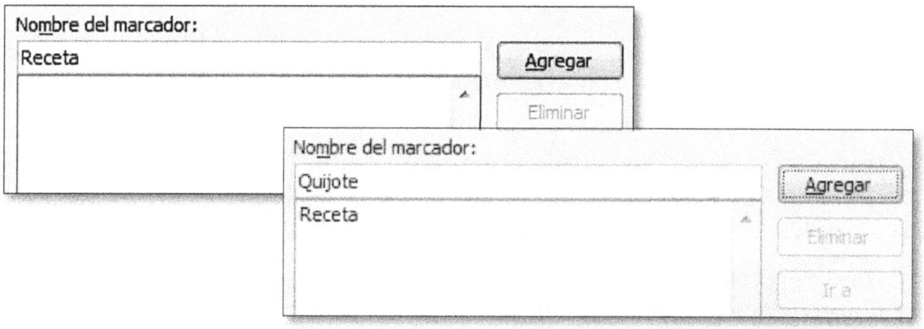

Al volver al cuadro de diálogo de marcador y seleccionar uno de la lista, tendremos la opción de **Ir a** la posición de ese marcador o de **eliminarlo** si no nos interesa.

B Insertaremos ahora un **hipervínculo** al inicio del documento que nos dirija al marcador **Quijote**.

Escribiremos **Vínculo al marcador Quijote,** seleccionaremos lo escrito y accederemos a **Insertar > Vínculos > Hipervínculo**, donde veremos la casilla **Texto** con el que hemos seleccionado.

En la columna **Vincular a** clicaremos en **Lugar en este documento** y seleccionaremos el marcador correspondiente antes de aceptar.

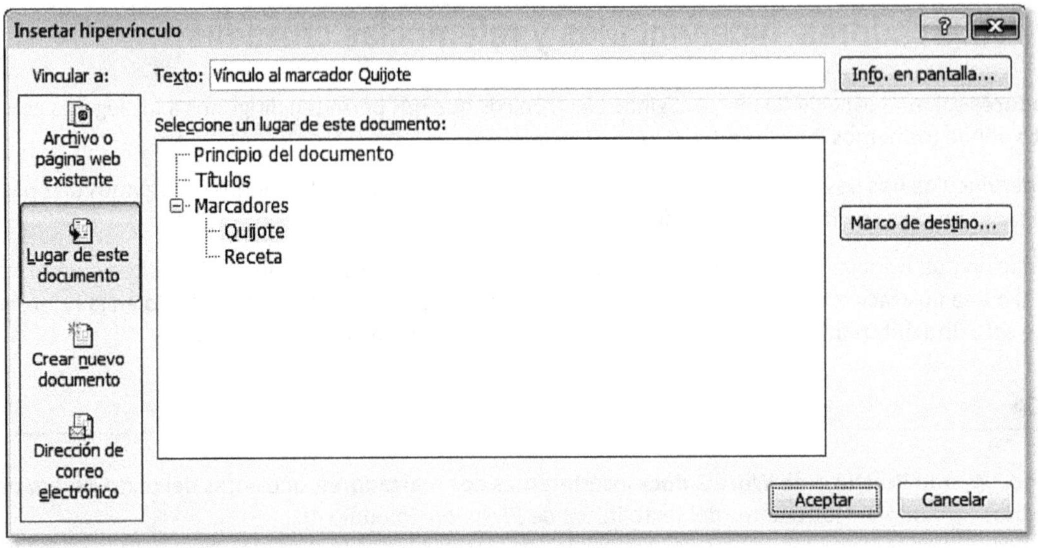

El texto que hemos seleccionado está ahora subrayado y es de color azul, ya que se ha convertido en un vínculo: <u>Vínculo al marcador Quijote</u>. Al hacer **Ctrl+clic** sobre él, nos llevará a la posición del marcador.

NOTA: Si el vínculo es a un archivo que contiene marcadores, tenemos la opción de abrirlo y desplazarnos a un marcador determinado si en el cuadro de diálogo clicamos en **Marcador** una vez hemos seleccionado el archivo.

C A continuación, insertaremos dos hipervínculos más: uno que abra el documento **Prácticas de Word 1.docx** y otro que abra la página web del libro **http://rafaroca.net/libros/office2010**.

En el primer caso, en la columna **Vincular a** clicaremos en **Archivo o página web existente** y buscaremos el archivo mediante **Buscar en > Bibliotecas > Bibliotecas/Documentos** (si es ahí donde lo tenemos guardado), o bien, con el botón **Buscar archivo**.

Clicaremos sobre el archivo y cambiaremos el texto a *Abrir documento Prácticas de Word 1*. Una vez, insertado comprobaremos su funcionamiento haciendo **Ctrl+clic**.

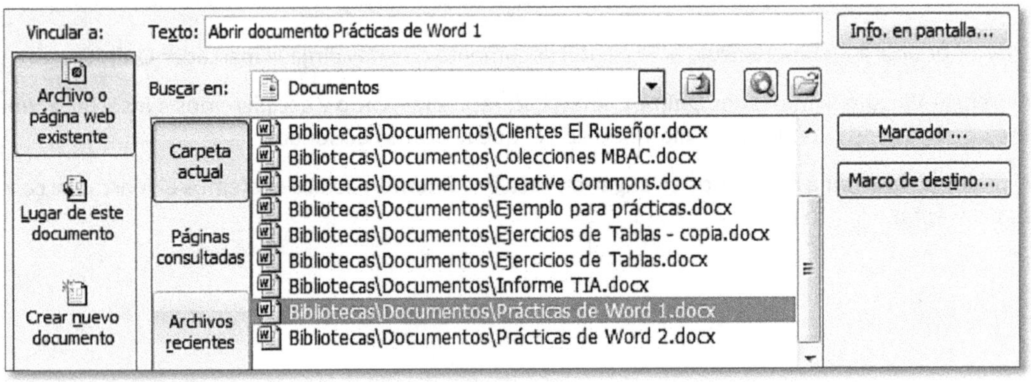

D El hipervínculo a una **página web** se puede insertar simplemente escribiendo en el documento una dirección que comience por **http://** o por **www**, puesto que *Word* tiene esta opción activada de forma predeterminada.

También reconocerá una dirección de correo electrónico (p. ej., formacion@rafaroca.net) y abrirá el programa de correo que tengamos instalado para enviar un mensaje.

Pero, si queremos mostrar otro texto, tendremos que cambiarlo una vez reconozca el programa el vínculo, o acudir al cuadro de diálogo, como antes.

Escriba *Página web de Office 2010 Práctico*, seleccione ese texto y en **Insertar > Vínculo > Hipervínculo > Archivo o página web existente** escriba la dirección **http://rafaroca.net/libros/office2010** en la casilla **Dirección**.

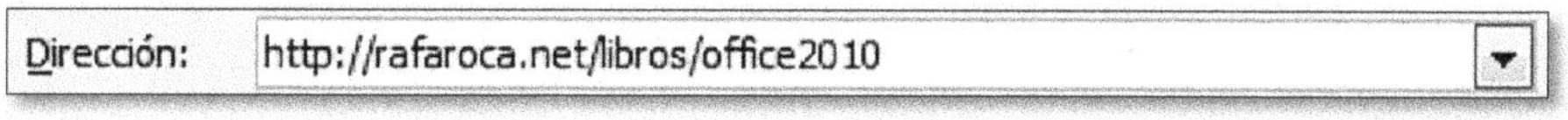

NOTA: Para **eliminar** un hipervínculo o **modificar su dirección** podemos clicar en él con el botón derecho o volver a **Insertar > Vínculo > Hipervínculo** con el cursor dentro del texto del vínculo. Para **cambiar el texto** de un vínculo, lo haremos directamente en el documento o acudiremos al cuadro de diálogo.

E Veremos, por último, cómo insertar **referencias cruzadas**. Para ello, escribiremos los párrafos siguientes:

> Sin duda, uno de los platos más populares de la gastronomía española es la tortilla de patatas, que los angloparlantes denominan, *Spanish omelette* (Ver receta en pág.).
>
> Menciones a la gastronomía tradicional de Castilla-La Mancha las encontramos en *El ingenioso hidalgo Don Quijote de la Mancha* (*Véase pág.*) donde, por ejemplo, nos enteramos de que el valeroso caballero degustaba *duelos y quebrantos* (*Véase pág.*).

Con el cursor detrás de "Ver receta en pág." activaremos **Insertar > Vínculo > Referencia cruzada**. En el cuadro de diálogo elegiremos:

Tipo: **Marcador**

Referencia a: **Número de página.**

Seleccionaremos el marcador **Receta** y, tras clicar en **Insertar**, aparecerá el número de la página donde insertamos el marcador.

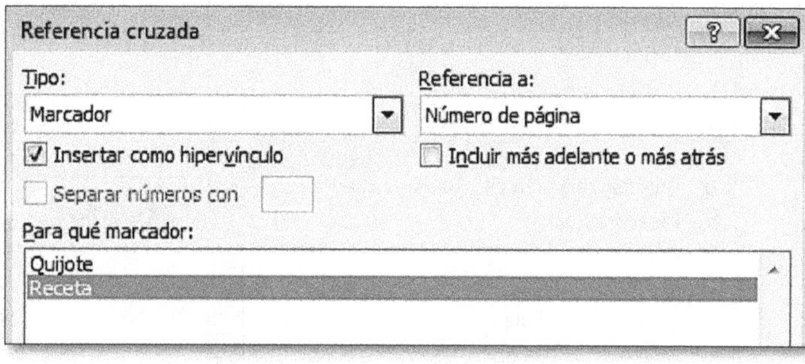

Aunque insertamos la referencia cruzada como hipervínculo, no la veremos subrayada y de color azul, porque lo que nos pone *Word* es un campo. No obstante, seguirá funcionando la opción de **Ctrl+clic**.

F Repetiremos el proceso tras los textos *"Véase pág."* del segundo párrafo.

La primera referencia cruzada en ese párrafo será de tipo **Marcador**, mientras que la segunda referencia cruzada será de tipo **Nota al pie**, ambas con referencia a **Número de página**.

5.9 Cinta de opciones: crear ficha propia

Al crear una **ficha propia en la cinta** y agregar los botones que más nos interesen agilizaremos nuestro trabajo, pues tendremos en un mismo sitio aquellos comandos que utilicemos más habitualmente.

PRÁCTICA

A Acceda a **Archivo > Opciones > Personalizar la cinta de opciones** (o menú contextual de la cinta) y en el panel de la derecha clique en **Nueva ficha**. Dele su nombre propio clicando en **Cambiar nombre**.

B **Despliegue** el contenido de su ficha personalizada, seleccione **Nuevo grupo (personalizada)** y dele el nombre de **Mis botones**.

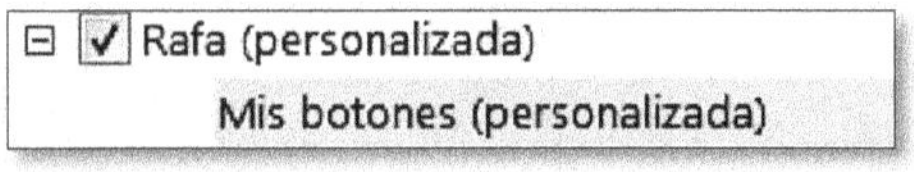

C Con el grupo **Mis botones** seleccionado busque en el panel de la izquierda, dentro de **Comandos más utilizados**, el comando **Guardar como**. Selecciónelo y pulse **Agregar >>**.

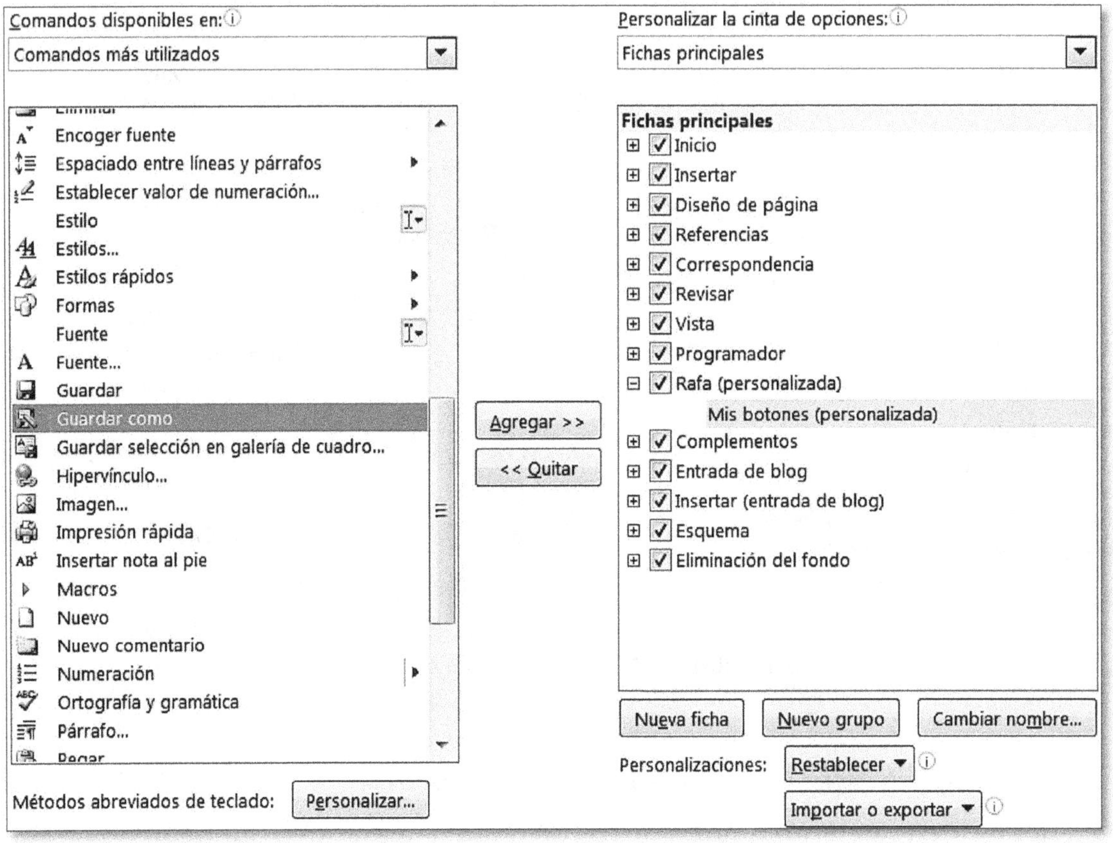

D Repita la acción con el comando **Configurar página**. Al acabar, clique en **Aceptar**.

E Añada, ahora, un nuevo grupo a su ficha con el nombre de **Mis macros**. Agregaremos botones de macro a este grupo en la práctica del tema siguiente.

NOTA: Para **quitar** comandos, grupos o fichas de la cinta de opciones use el botón **<< Quitar** o el menú contextual.

También puede **ordenar** las fichas y grupos según sus preferencias con los botones **Subir / Bajar** (o arrastrar) y desactivar la **visualización** de las fichas desmarcando la casilla asociada.

Para dejar la cinta con las opciones predeterminadas clique en **Restablecer.**

Desde el cuadro de diálogo **Personalizar la cinta de opciones también** puede asignar o modificar las combinaciones de teclas que activan los comandos, es decir, puede **personalizar** los **métodos abreviados de teclado.**

5.10 Macros

Una **macro** o macroinstrucción es una secuencia de acciones que se llevan a cabo automáticamente. Al grabar esta secuencia de acciones repetitivas en una macro, evitaremos tener que hacerlas nosotros mismos una y otra vez, ya que las ejecutará la macroinstrucción.

Para grabar macros deberemos acudir a **Vista > Macros >** menú **Macros > Grabar macro**.

PRÁCTICA

A Abra el documento **Ejemplo para prácticas.docx** y grabe una **macro** que cambie el formato de fuente de un párrafo automáticamente. Siga los pasos siguientes.

B Coloque el cursor justo al **inicio del párrafo** que contiene la información de la primera imagen:

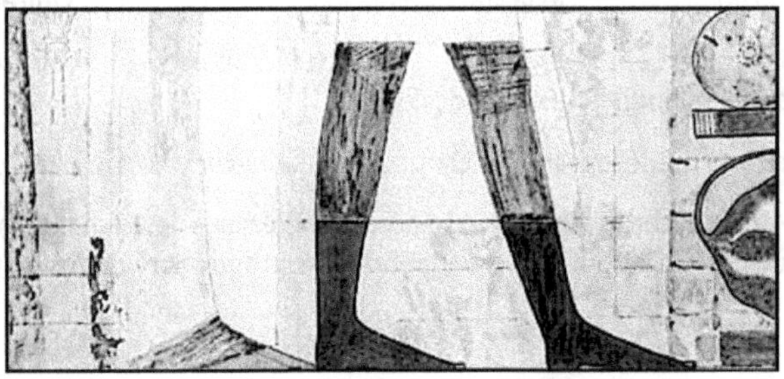

Nakht y su esposa Tawy (TT52). Dinastía XVIII. Foto: Susana Alegre García.

C En **Vista > Macros >** menú **Macros** clique en **Grabar macro**. Dele el nombre de **Pie_imagen** (sin espacios) y guarde la macro en el documento **Ejemplo para prácticas.docx.**

NOTA: En este ejemplo, restringimos la macro a un documento, pero si quisiéramos disponer de una macro en todos los documentos de *Word*, deberíamos guardarla en **Todos los documentos (Normal.dotm)**.

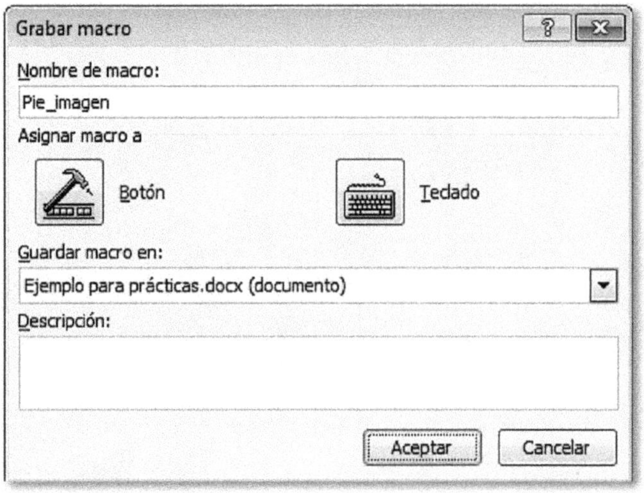

D Pulse **Aceptar** para comenzar la grabación de acciones en la macro.

El puntero tendrá la imagen de una casete asociada para indicarnos que <u>todas las acciones</u> que hagamos a partir de ahora serán grabadas en la macro.

E Seleccione el párrafo mediante el teclado pulsando la combinación **Mayús+Ctrl+↓** (flecha abajo), ya que la selección con el ratón no la recoge la macro.

Luego, desde **Inicio >** menú **Fuente** cambie el **formato** de **fuente**: tamaño 9 pto, negrita, color azul. No cambie el formato con los botones de la ficha, que tampoco se graban en la macroinstrucción.

F Vuelva a **Vista > Macros >** menú **Macros** y clique en **Detener grabación**.

G Compruebe que la macro funciona correctamente: desplácese al **inicio del párrafo** que contiene la información de la siguiente imagen del documento, pulse el botón **Macros**, seleccione la macro **Pie_imagen** y **ejecútela**.

Si la macro no funciona como debiera, selecciónela en la lista, **elimínela** y vuelva a grabarla.

H Para tener la macro más a mano, vamos a asignarle un botón en nuestra ficha personalizada desde el cuadro de diálogo de **Personalizar la cinta de opciones**.

Accederemos a **Comandos disponibles en: Macros** y agregaremos el botón a nuestro grupo **Mis macros**.

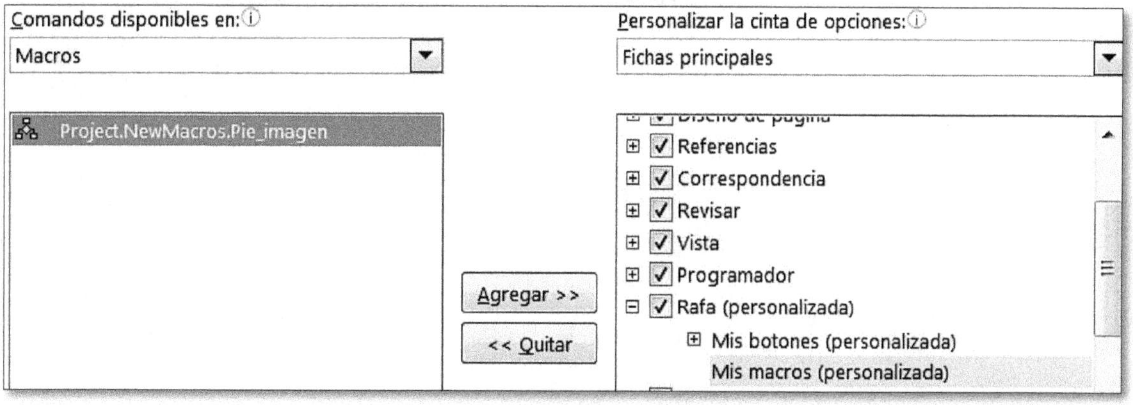

I **Cambiaremos el nombre** del botón por el nombre que dimos a la macro y, si queremos, asignaremos una imagen de botón distinta de la predeterminada.

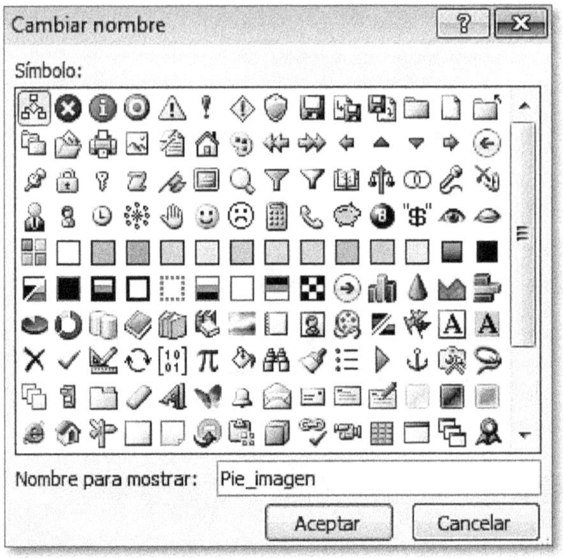

J Finalmente, ejecutaremos la macro mediante el botón que tendremos en el grupo **Mis macros** para cambiar el texto de la tercera imagen, al final del documento.

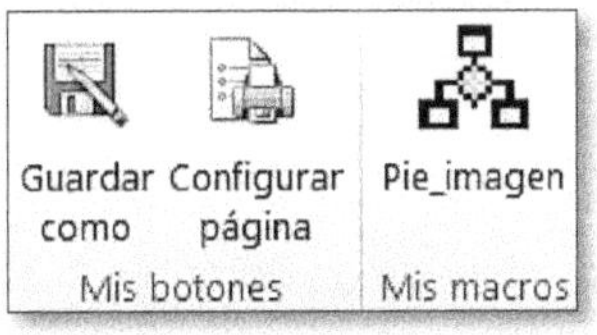

K Al guardar el documento deberemos usar la opción de **Guardar como** y elegir el tipo **Documento habilitado con macros de Word (*.docm)**.

5.11 Protección del documento: edición, apertura, marca de agua

Los documentos pueden **protegerse** para que no puedan **modificarse** o **abrirse** si no se dispone de la contraseña que hayamos establecido.

Otra forma de protección es imprimir una **marca de agua** en las páginas del documento, de manera que se muestre debajo del texto el logotipo de la empresa o un mensaje de advertencia.

PRÁCTICA

A Abra el documento **Informe TIA.docx** que creó anteriormente (o abra ese archivo en **Archivos Office 2010 - Word**) y desde la **ficha Revisar**, proteja su contenido.

B En el grupo **Proteger** clicaremos en **Restringir edición** y en el panel **Restringir formato y edición** seleccionaremos la casilla del **punto 2**, eligiendo **Sin cambios (sólo lectura)**.

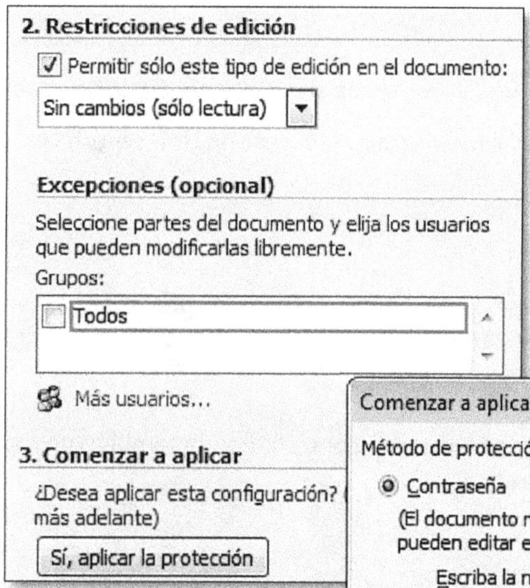

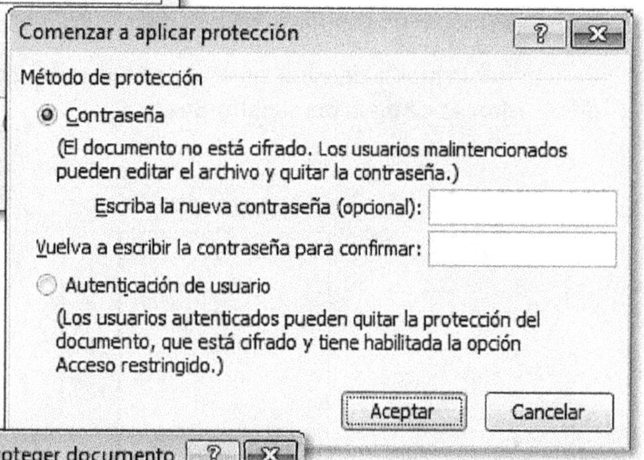

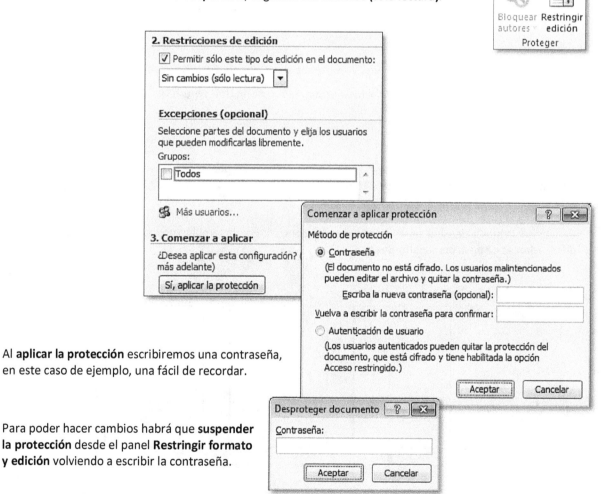

C Al **aplicar la protección** escribiremos una contraseña, en este caso de ejemplo, una fácil de recordar.

D Para poder hacer cambios habrá que **suspender la protección** desde el panel **Restringir formato y edición** volviendo a escribir la contraseña.

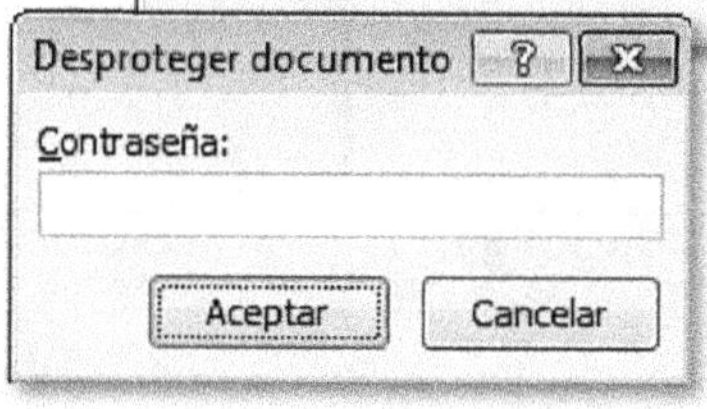

E Ahora evitaremos que se abra el documento mediante una contraseña. Accederemos a **Archivo > Información > Proteger documento > Cifrar con contraseña**, escribiremos una contraseña y guardaremos el documento.

Al volver a abrirlo, nos pedirá la contraseña.

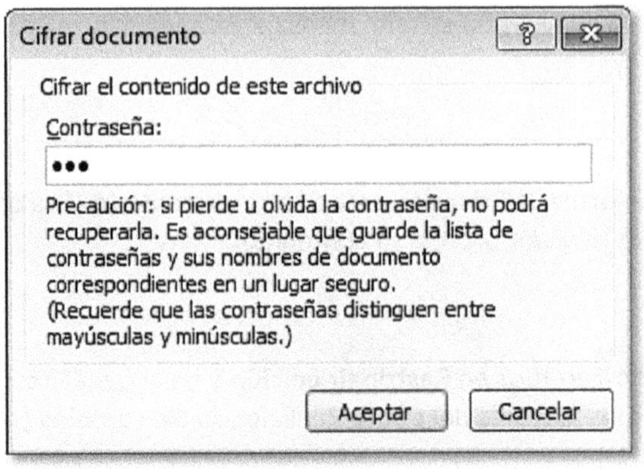

F Para quitar la protección contra apertura, volveremos al mismo menú y la **borraremos**.

No está de más recordar que es esencial memorizar o apuntar en sitio seguro las contraseñas, ya que, de olvidarlas, no se podrá modificar o abrir el documento.

G Si lo que nos interesa es aparezca una marca de agua en todas las páginas lo conseguiremos desde **Diseño de página > Fondo de página > Marca de agua**.

Vamos a colocar una en diagonal que diga CONFIDENCIAL.

Para quitar la marca de agua acudiremos a la misma opción, donde también podremos personalizar la marca desde **Marcas de agua personalizadas**.

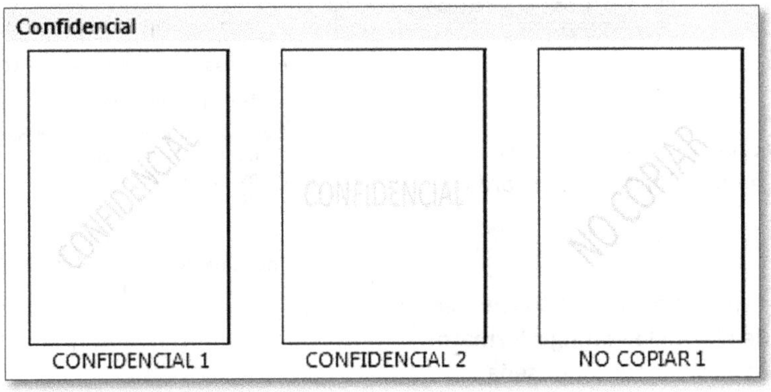

5.12 Revisión y control de cambios

Cuando varios autores trabajan en un mismo archivo de *Word*, normalmente, habrá un supervisor encargado de dirigir la edición de ese documento. Para llevar a cabo esta tarea, podrá comunicarse personalmente con los diversos autores o utilizar las herramientas de **revisión y control de cambios** que estudiaremos a continuación.

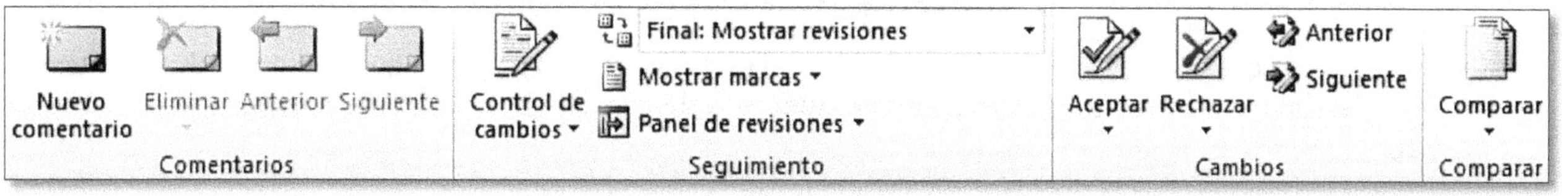

Con los **comentarios** damos valoraciones o indicaciones para corregir la parte del documento donde los insertamos.

Para ver y supervisar las modificaciones que se van haciendo en un documento, activaremos el **control de cambios**, cuyas herramientas nos mostrarán los revisores y los cambios realizados por ellos. Entonces, podremos decidir si aceptamos o rechazamos tales cambios.

La opción de **comparar** documentos nos mostrará el original junto al documento revisado, de manera que será posible revisar los cambios producidos.

PRÁCTICA

A Para trabajar en los procedimientos de revisión y control, crearemos una copia del documento **Informe TIA.docx** con el nombre de **Informe TIA - revisión.docx**.

En este documento activaremos el control de cambios en **Revisar > Seguimiento > Control de cambios** de modo que vaya supervisando todo lo que hagamos.

Si queremos ver y activar este control desde la **barra de estado**, del menú contextual de dicha barra elegiremos la opción **Control de cambios**.

B Insertaremos un **comentario**. Seleccionaremos las palabras TOP SECRET del título y accederemos a **Revisar > Comentarios > Nuevo comentario**.

Escribiremos en el globo: *Este texto está en inglés. Habría que eliminarlo.*

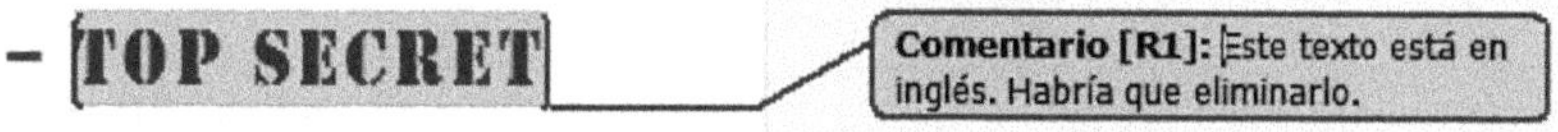

C Una vez insertado el comentario podemos **eliminarlo** desde el mismo grupo **Comentarios** clicando previamente en el texto de la página o en el globo. También nos permitirá desplazarnos al **anterior** o al **siguiente** comentario si hemos insertado varios.

D Modificaremos ahora el texto del informe añadiendo palabras al principio (Como *todos ustedes* sabrán...), borrando la palabra "estimado" de la tercera línea y quitando el subrayado de "cambios previstos".

Comprobaremos que aparece **subrayado** y en color rojo el texto añadido, mientras que aparece **tachado** el texto borrado y el cambio de formato se muestra en un **globo**, a la derecha. A cada usuario se le asigna un color distinto.

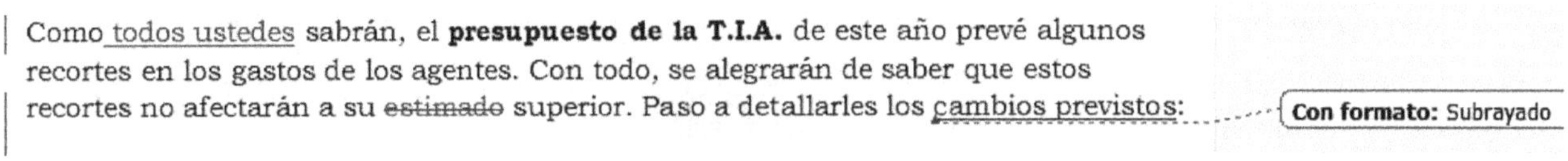
Como todos ustedes sabrán, el presupuesto de la T.I.A. de este año prevé algunos recortes en los gastos de los agentes. Con todo, se alegrarán de saber que estos recortes no afectarán a su estimado superior. Paso a detallarles los cambios previstos:
Con formato: Subrayado

E Activaremos el **panel de revisiones [Revisar > Seguimiento > Panel de revisiones]** y veremos el resumen de los cambios realizados.

Si queremos comprobar la revisión por otros usuarios podemos guardar, cerrar y trasladar el documento a otro ordenador donde *Word* tenga asignado otro usuario y hacer cambios.

O bien, modificar provisionalmente nuestro nombre de usuario en **Revisar > Seguimiento >** menú **Control de cambios > Cambiar nombre de usuario**.

Para controlar la visualización de las marcas de revisión lo haremos en **Revisar > Seguimiento > Mostrar marcas**, o bien, en el menú **Mostrar para revisión**, encima de la opción anterior.

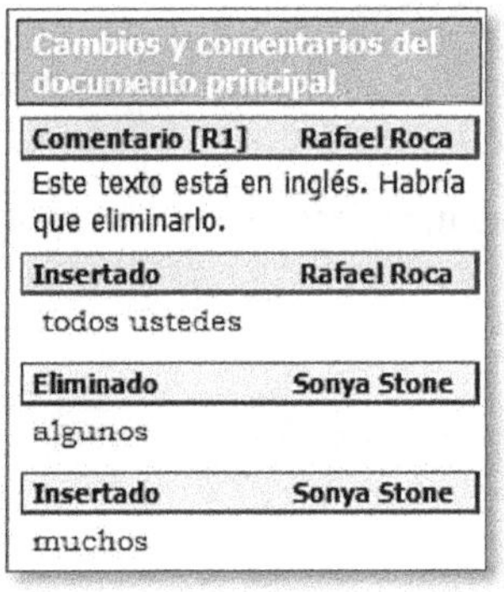

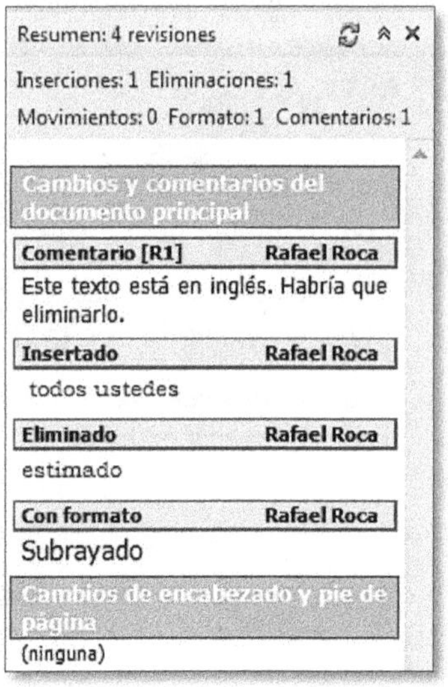

F A la hora de **aceptar** o **rechazar** los cambios tenemos la opción de ir uno a uno **[Revisar > Cambios > Anterior / Siguiente > Aceptar / Rechazar]** o hacerlo para todos a la vez con el menú **Aceptar / Rechazar > Aceptar / Rechazar todos los cambios del documento**.

Aceptaremos todos los cambios, elegiremos **Final** en el menú **Mostrar para revisión** y guardaremos el archivo.

G Por último, compararemos **Informe TIA.docx** (el documento original) con el que hemos modificado, **Informe TIA - revisión.docx**. Para ello en **Revisar > Comparar > Comparar > Documento original**, elegiremos de la lista o buscaremos el primero, y como **Documento revisado**, elegiremos o buscaremos el segundo.

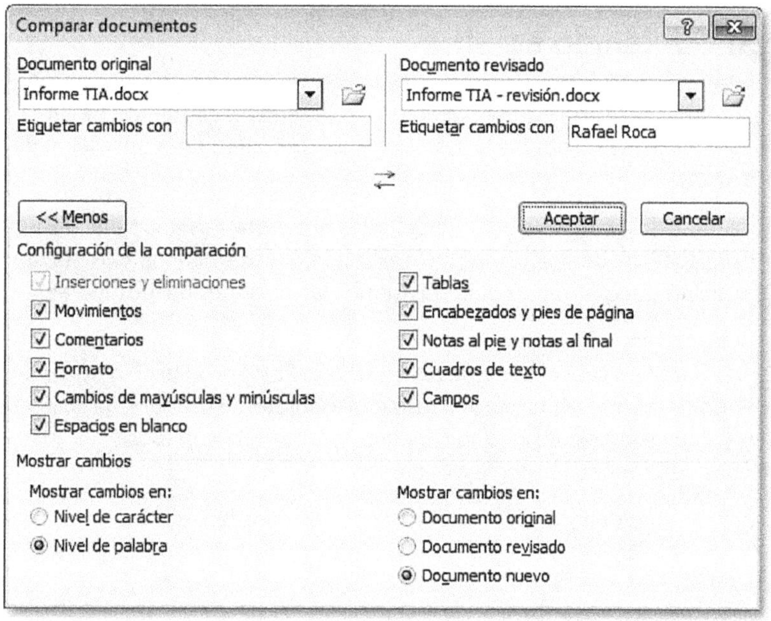

Al aceptar, veremos en la pantalla un documento nuevo que nos muestra **tres versiones** del documento, el **original**, el **revisado** y el **comparado** mostrando los cambios.

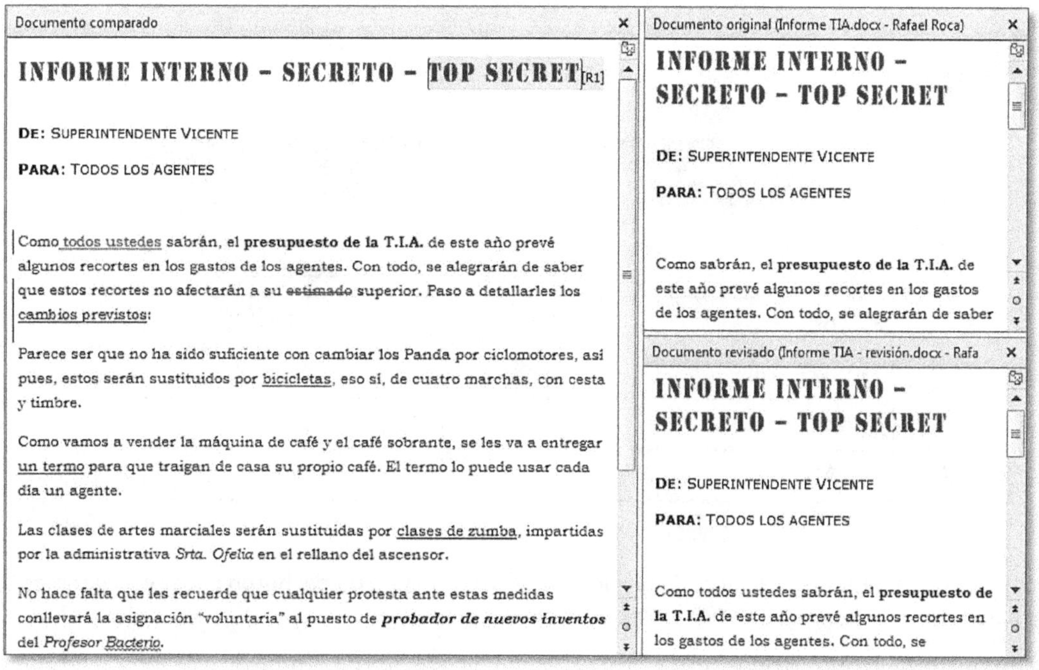

Una vez hayamos comparado los documentos, podemos guardar el documento comparado, que mantendrá las marcas de revisión, o, simplemente, no guardar el documento.

5.13 Importar contenido externo

En general, el procedimiento más rápido para insertar en un documento el contenido de otra aplicación (hoja de cálculo, datos, presentación, página web, etc.) será seleccionar el contenido en la aplicación de origen, copiarlo y pegarlo en el documento de *Word*.

Dependiendo de la estructura de los datos copiados, al pegarlos obtendremos una tabla (*Excel*, *Access*), una imagen (*PowerPoint*), un gráfico editable (*Excel*) o el texto que hayamos copiado. No obstante, tendremos a nuestra disposición otros formatos cuando usemos las opciones del **botón Pegar** y el **Pegado especial**.

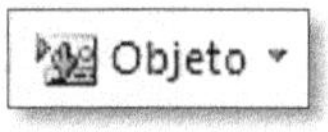

Si nos interesa modificar el contenido proveniente de *Excel* o *PowerPoint* en el propio documento con las herramientas de la aplicación de origen, acudiremos a **Insertar > Objeto**. Al usar este procedimiento y hacer doble clic sobre la copia de la hoja de cálculo o de la presentación de diapositivas aparecerá en *Word* la cinta de opciones de la aplicación correspondiente.

Para llevar a cabo estas operaciones deberemos tener instalados en el ordenador los programas mencionados.

PRÁCTICA

A Las prácticas de este tema las realizaremos en un documento nuevo que guardaremos con el nombre de **Importar contenido externo.docx**. Los archivos de los que importaremos su contenido los encontraremos en la carpeta **Archivos Office 2010 - Word**. Comenzaremos con el procedimiento de copiar y pegar.

Abra el libro de *Excel* **Contenido Excel.xlsx** y **seleccione** las celdas con contenido de la **Hoja 1** arrastrando el **puntero de la cruz blanca** ✚ por encima de las celdas. Cópielas, vuelva al documento de *Word* y péguelas.

El resultado debería ser una tabla que conserva los formatos aplicados en la hoja de cálculo:

PORCENTAJE EMPLEADOS EJERCICIO ACTUAL		
	Empleados	Porcentaje
Fijos	3.500	***27%***
Interinos	7.893	***60%***
Eventuales	1.724	***13%***
TOTAL	***13.117***	***100%***

Para obtener otros formatos, a la hora de pegar desplegaremos el **menú** del **botón Pegar** y elegiremos una opción de pegado distinta, o bien, acudiremos al **Pegado especial**.

Tenga en cuenta que estas opciones de pegado variarán según el tipo de contenido copiado y la aplicación de origen. Normalmente, no será necesario otro formato, no obstante, es conveniente conocerlos por si nos son de utilidad.

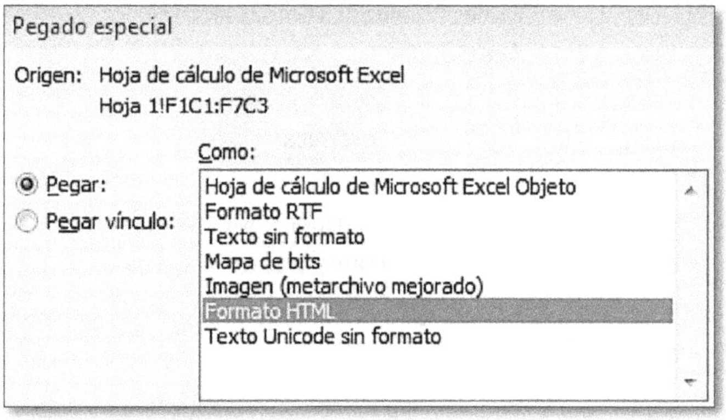

B Vuelva a *Excel* y clique en la etiqueta de la **Hoja 2**, que contiene un gráfico circular. Clique en el borde del gráfico para seleccionarlo y cópielo. Al volver a *Word* y pegarlo tendrá un gráfico editable.

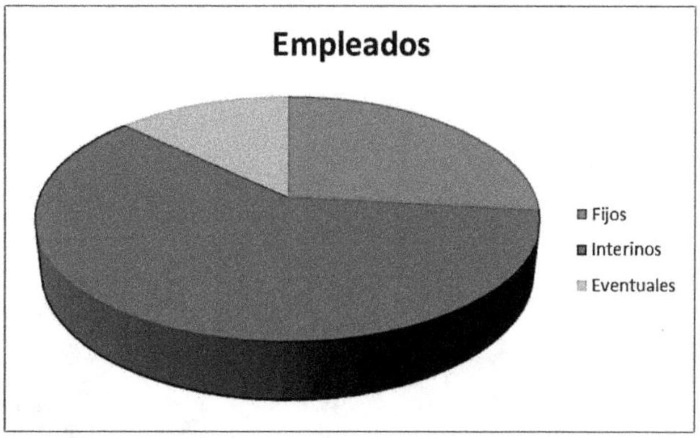

Si hacemos clic sobre el gráfico, aparecerá una **nueva ficha** en la cinta de opciones, **Herramientas de gráficos**, conteniendo las mismas herramientas para trabajar con gráficos que existen en *Excel*.

El hecho de que los gráficos se puedan modificar en el documento se debe que *Word* lleva incluida la opción de insertarlos directamente desde la ficha **Insertar**. Con todo, si queremos cambiar los datos en los que se basan, no podremos hacerlo en el documento y nos llevará a la hoja de cálculo. Por ello, debemos aprender a trabajar con *Excel*, la aplicación idónea para este tipo de elementos.

C Abra ahora la base de datos de *Access* **Contenido Access.accdb**.

En el panel de la izquierda, **Todos los objetos de Access**, clique con el botón derecho sobre **Tabla Actividades Empresariales**, elija copiar, vuelva al documento y pegue el objeto.

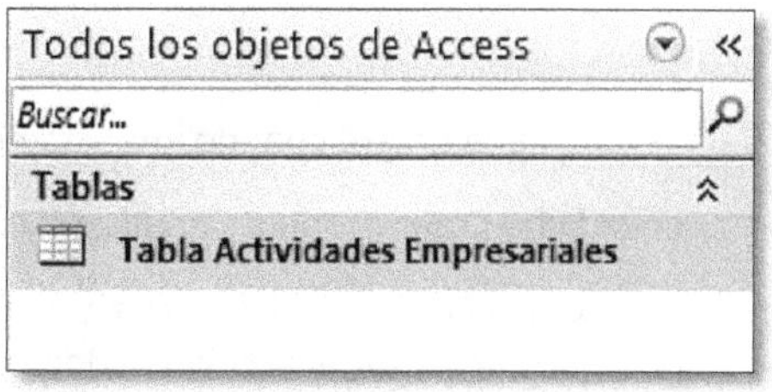

La tabla en *Word* contendrá los 60 registros de la tabla de *Access* y tendrá activada la repetición de filas de título.

Tabla Actividades Empresariales	
Id_Actividad	**Actividad**
1	Construcción
2	Cerámica
3	Comercio
4	Transporte Mercancías
5	Transporte de Viajeros
6	Educación
...	...

D Como última práctica del procedimiento de copiar-y-pegar para insertar contenido externo, veremos el resultado con una diapositiva de *PowerPoint.*

Abra la presentación **Contenido PowerPoint.pptx** y en el panel de miniaturas a la izquierda de la ventana clique con el botón derecho sobre una diapositiva, elija copiar, vuelva al documento y péguela.

La diapositiva aparecerá como una imagen.

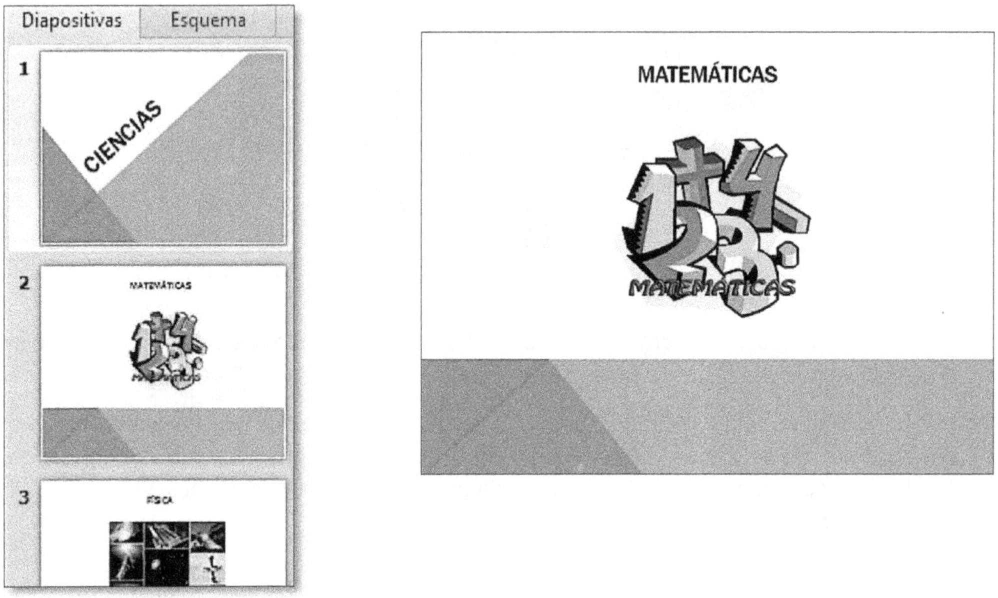

E Veamos qué ocurre cuando importamos el contenido desde **Insertar > Objeto**.

En la ficha **Crear desde un archivo** clicaremos en **Examinar** para buscar el archivo que queremos insertar.

Elegiremos **Contenido Excel.xlsx** y al pulsar **Aceptar** obtendremos el archivo en la página. Alternativamente, podemos **arrastrar el archivo** al documento si lo tenemos a la vista.

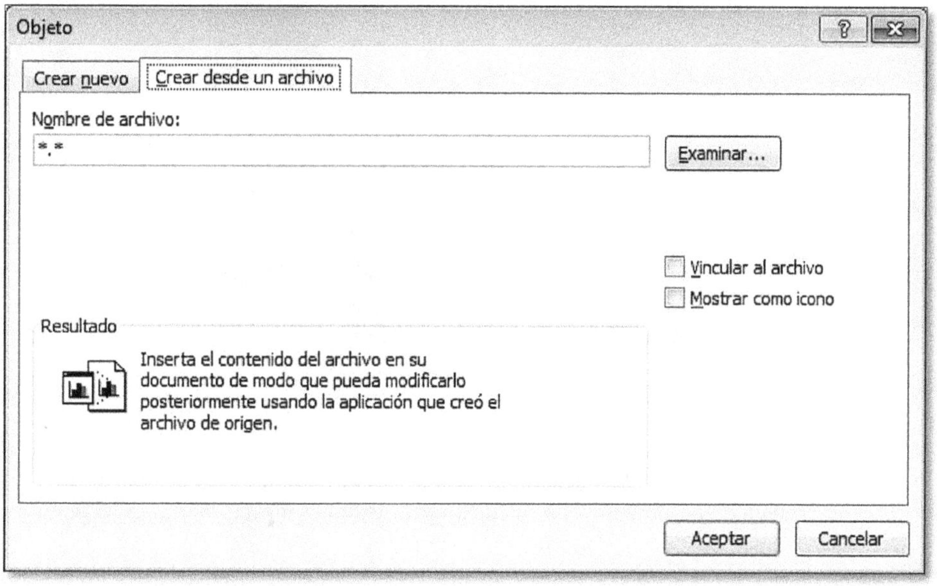

Al hacer doble clic sobre el mismo podremos modificarlo. Veremos que la cinta de opciones de *Word* cambiará para mostrar la cinta de *Excel* y podremos trabajar en el archivo incrustado directamente en el documento.

PORCENTAJE EMPLEADOS EJERCICIO ACTUAL		
	Empleados	Porcentaje
Fijos	3.500	*27%*
Interinos	7.893	*60%*
Eventuales	1.724	*13%*
TOTAL	*13.117*	*100%*

La zona delimitada que ocupa el archivo puede modificarse en cuanto a su posición y tamaño, y al clicar fuera de ella, volveremos al documento.

F Lo mismo explicado arriba ocurrirá al insertar la presentación **Contenido PowerPoint.pptx**, pero en este caso la cinta de opciones será la de *PowerPoint* y el doble clic mostrará la presentación.

Para editarla habrá que usar el menú contextual y elegir **Objeto Presentación > Editar**.

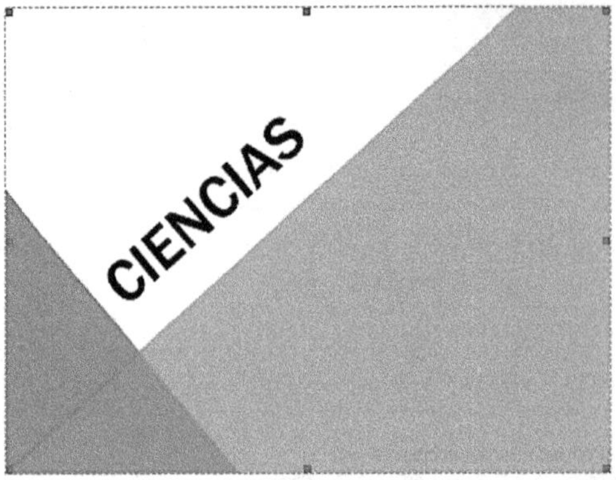

G Si realizamos la misma operación con la base de datos **Contenido Access.accdb** no veremos su contenido, sino un icono que abrirá el archivo en *Access*, es decir, no podremos trabajar directamente en el documento.

NOTA: Tanto si copiamos y pegamos, como si insertamos un objeto existe la opción de **vincular** el contenido (celdas, gráfico, tabla, diapositiva, etc.).

Si seleccionamos **Pegar vínculo** al pegar (pegado especial) o **Vincular al archivo** al insertar, el contenido que aparecerá en el documento de *Word* no será una copia, sino el archivo o la parte del archivo original. Por tanto, los cambios se habrán de realizar en el origen (*Excel, Access, PowerPoint*), mientras que, en el documento, simplemente se reflejarán dichos cambios.

Hay que tener muy presente que deberemos mantener el archivo original con el mismo nombre y en la misma carpeta, ya que, de lo contrario se romperá el vínculo y habrá que rehacerlo.

5.14 Opciones de Word

En diversas prácticas de temas anteriores hemos accedido a **Archivo > Opciones** para personalizar la cinta de opciones, la autocorrección, la ortografía y la gramática de *Word*, entre otras operaciones.

En este tema ampliaremos nuestro recorrido por el extenso menú de configuración del programa, fijándonos en aquellas opciones más habituales, no solo para activar/desactivar las que consideremos útiles, sino también para corregir algún posible cambio no deseado.

En el menú **General** podemos cambiar el nombre del usuario de todas las aplicaciones de *Office*, incluido *Word*.

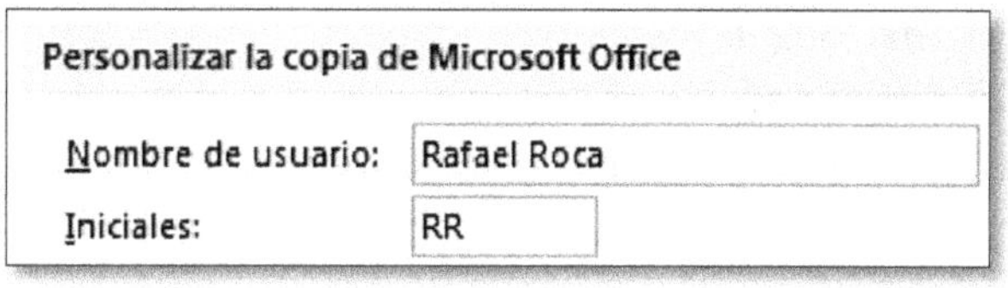

En el menú **Mostrar** controlamos la impresión y si activamos **Actualizar campos antes de imprimir**, nos aseguramos de que los campos que hayamos insertado (número de caracteres, tamaño del archivo, autor, etc.) mostrarán la información correcta.

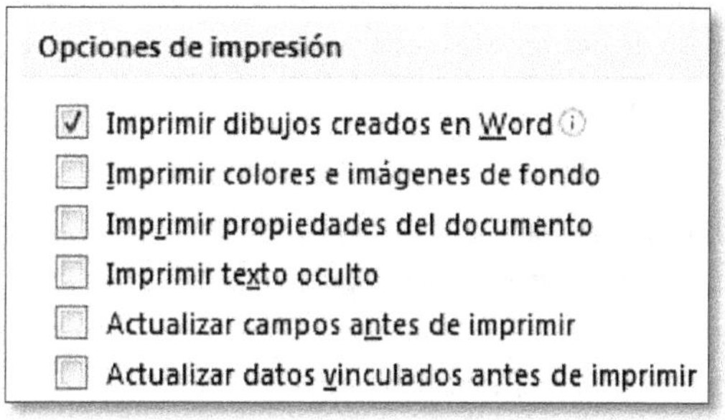

En **Guardar > Guardar documentos** establecemos el tiempo que ha de transcurrir para la próxima copia de seguridad automática que realiza *Word*.

Estas copias se utilizan para recuperar documentos que no han sido guardados debido a algún error que ha cerrado el programa o el sistema operativo de forma incorrecta.

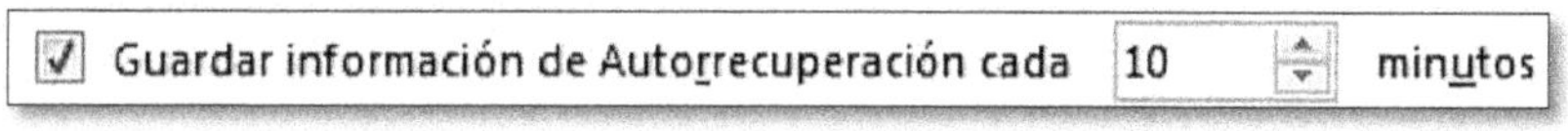

En **Avanzadas > Opciones** de edición tenemos la opción de activar el modo de sobrescritura, el cual hace que el texto que escribimos sustituya al texto escrito delante. En versiones de *Word* antiguas, este modo era el predeterminado y, en principio, es más seguro no activarlo.

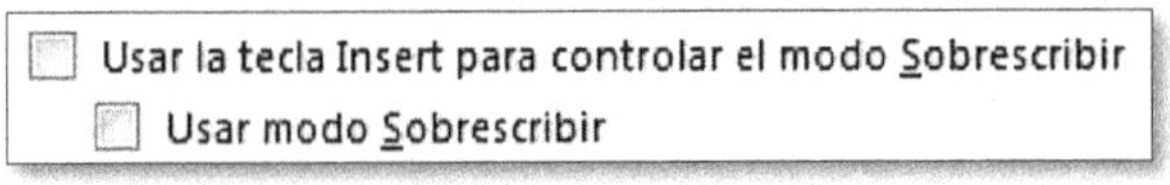

Si hemos de imprimir el documento con imágenes en la más alta calidad posible, seleccionaremos la casilla **No comprimir las imágenes del archivo** en **Avanzadas > Tamaño**, de lo contrario, se imprimirán a la resolución predeterminada abajo.

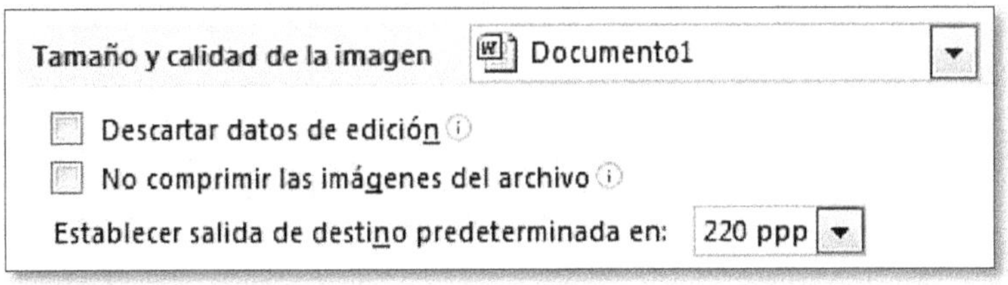

Por último, en el menú **Avanzadas** indicaremos el número de documentos recientes a mostrar en el menú **Archivo**, las unidades de medida y, además, contamos con opciones para mostrar/ocultar partes de la ventana de *Word*.

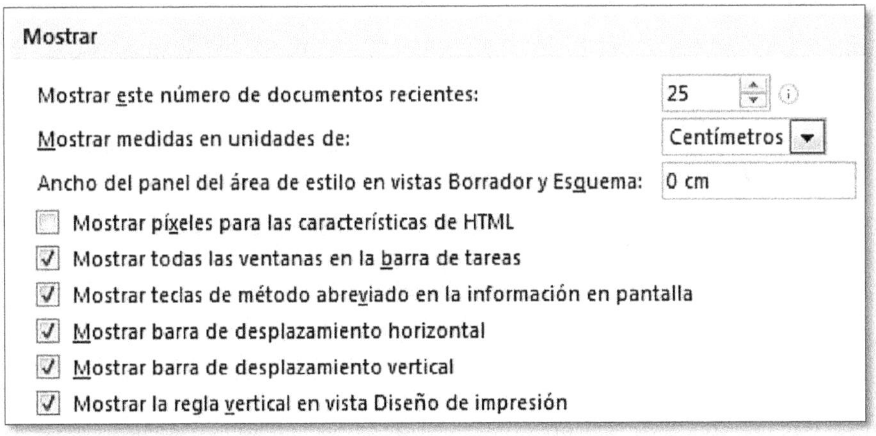

EXCEL 2010
HOJA DE CÁLCULO

3

Módulo 1 - PÁGINA 133

- Datos:
  - *Introducir*
  - *Borrar*
  - *Modificar*
- Columnas y filas:
  - *Ajustar anchura*
  - *Insertar*
  - *Eliminar*
- Libros de Excel:
  - *Guardar*
  - *Abrir*
  - *Cerrar*
- Deshacer/Rehacer
- Seleccionar con ratón y teclado
- Copiar, cortar y pegar
- Formato de celda:
  - *Fuente*
  - *Alineación*
  - *Bordes y sombreado*
  - *Orientación*
  - *Ajustar texto*
  - *Combinar*
- Formato de valores numéricos:
  - *Estilo millares*
  - *Formato moneda (€)*
  - *Controlar decimales*
- Borrar formatos
- Copiar formato
- Fórmulas simples:
  - *Insertar*
  - *Copiar con el cuadro de llenado*
- Función =SUMA()
- Revisión ortográfica y sinónimos
- Desplazamiento rápido
- Configurar la página:
  - *Márgenes*
  - *Orientación*
  - *Tamaño*
- Encabezado y pie de página:
  - *Nombre de hoja*
  - *Número de página*
- Vista previa de impresión
- Impresión de la hoja

Módulo 2 - PÁGINA 151

- Fórmulas:
  - *Referencias*
  - *Constantes*
  - *Orden de los operadores aritméticos*
- Funciones:
  - *Insertar*
  - *Partes de una función*
  - *Ejemplos de funciones*
  - *Función trigonométrica =PI()*
- Errores en fórmulas y funciones
- Ayuda de Excel
- Hojas:
  - *Insertar*
  - *Mover*
  - *Cambiar nombre*
  - *Color de la etiqueta*
  - *Centrado*
- Menú Formato de celda
  - *Números y fechas*
- Estilo porcentual
- Símbolo de porcentaje

Módulo 3 - PÁGINA 161

- Gráficos:
  - *Elementos del gráfico*
  - *Insertar*
  - *Modificar*
  - *Gráfico de columnas*
  - *Gráfico circular*
- Configurar la página:
  - *Personalizar encabezado y pie de página*
- Cuadros de texto e imágenes
  - *Insertar*
  - *Modificar*
  - *Propiedades*
- Formas
  - *Insertar*
  - *Añadir texto*
- WordArt
- Listas y series
- Ocultar elementos de la hoja y de la ventana de Excel
- Guardar como PDF

Módulo 4 - PÁGINA 178

- Funciones estadísticas:
  - *=MIN(), =MAX(), =PROMEDIO()*
- Funciones de búsqueda y referencia:
  - *=BUSCARV()*
- Funciones lógicas:
  - *=SI(), =SI() anidado*
- Funciones texto:
  - =CONCATENAR(), operador &
- Funciones financieras:
  - *=PAGO(), =NPER()*
- Insertar funciones con asistente
- Fórmulas con fechas
- Referencias absolutas y mixtas
- Dar nombre a celdas
- Gráficos:
  - *Gráficos 3D*
  - *Anillo*
  - *Líneas*
  - *Barras*
- Configurar impresión:
  - *Líneas de la cuadrícula*
  - *Área de impresión*
- Vista diseño de página
- Insertar comentarios
- Formato condicional
- Hojas de cálculo:
  - *Copiar y mover en mismo y distinto libro*
  - *Eliminar*
  - *Seleccionar y agrupar*
- Libros:
  - *Actualizar libro *.xls*
  - *Organizar ventanas*

Módulo 5 - PÁGINA 202

- Hojas de cálculo:
  - *Ocultar y mostrar columnas*
  - *Inmovilizar paneles*
  - *Seleccionar y agrupar*
  - *Trabajo con varias hojas*
  - *Fórmulas con referencias en hojas distintas*
  - *Ventanas de las hojas*
- Guardar en distinto formato
- Otras opciones de impresión:
  - *Ajustar escala*
  - *Repetir filas*
- Listas y bases de datos:
  - *Ordenar y filtrar*
  - *Buscar y reemplazar*
  - *Subtotales*
  - *Tablas dinámicas*
  - *Gráficos dinámicos*
- Proteger la hoja y el libro
- Plantillas:
  - *Crear plantillas basadas en plantillas incluidas*
  - *Crear y gestionar plantillas propias*
- Personalizar Excel:
  - *Barra de acceso rápido*
  - *Cinta de opciones*
- Macros
- Compartir libros
- Importar datos externos
- Opciones de Excel

Excel · Módulo 1

TEMAS

1.1 Datos: introducir, borrar y modificar · Columnas: cambiar anchura

Aquellas personas que hayan trabajado con tablas de *Word*, pero no con hojas de cálculo, han de tener en cuenta que la forma de **introducir datos**, **borrarlos** o **modificarlos** en *Excel* es algo distinto:

- Lo que escribimos no se introduce en la celda hasta que pulsamos **Entrar**, **Tab**, las teclas de dirección o clicamos en otra celda.
- La tecla **Supr** borra todo el contenido de la celda. La tecla **Borrar** (Retroceso) también borra el contenido, pero deja el cursor dentro de la celda.
- Para modificar el contenido de una celda haremos **doble clic** en ella o pulsaremos **F2**.
- El texto se alinea de forma predeterminada a la izquierda de la celda, mientras que los números y fechas lo hacen a la derecha.

El procedimiento para cambiar la **anchura** de una **columna** es muy similar al de las tablas de *Word*, arrastrar la intersección entre las columnas, pero ahora arrastraremos la intersección entre los **encabezados** de las columnas.

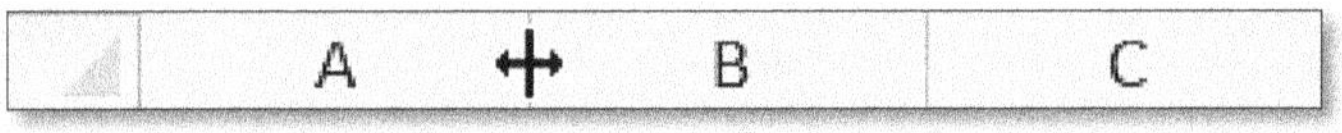

En este tema y en los ocho siguientes practicaremos las operaciones básicas en el trabajo con libros y hojas de cálculo mediante un supuesto práctico. Las prácticas de estos primeros temas muestran imágenes de la hoja tal como aparecerá en pantalla a medida que desarrollemos los ejercicios de cada punto.

PRÁCTICA

A En este supuesto configuraremos una lista de artículos con sus precios, subtotales y total que permita controlar las existencias del almacén y su valor.

Abra *Excel* y en la **Hoja1** del libro de trabajo que ha creado el programa automáticamente **escriba** el texto que se muestra en las celdas A1, B1 y C1.

> **NOTA:** Al abrir el programa siempre tendremos un libro nuevo, pero si queremos crearlo sin cerrar *Excel*, lo haremos en **Archivo > Nuevo > Libro en blanco > Crear** o pulsaremos **Ctrl+U**.

Para desplazase por las celdas, puede clicar con el puntero de la cruz blanca  o pulsar las teclas de dirección.

Alternativamente, puede usar **Tab** para desplazarse a la celda de la derecha y **Mayús+Tab** para desplazarse a la celda de la izquierda.

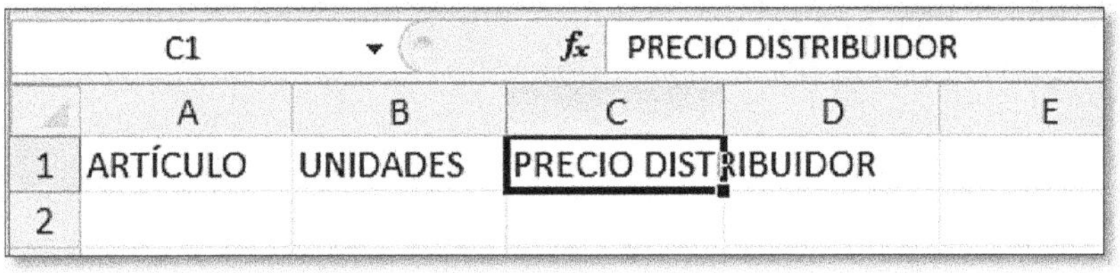

NOTA: El contenido de la celda activa, se muestra también en la **barra de fórmulas**, arriba de los encabezados de las columnas.

B Podrá observar que el texto introducido en C1 es demasiado largo para la celda. **Ensanche** la columna C para que se muestre el texto **arrastrando** la línea de intersección que separa la columna C de la columna D.

Escriba TOTAL en D1.

	A	B	C	D
1	ARTÍCULO	UNIDADES	PRECIO DISTRIBUIDOR	TOTAL
2				

C **Modifique** el contenido de la celda C1 haciendo **doble clic en la celda** y cámbielo a PRECIO UNITARIO.

Para editar el contenido también puede clicar en la barra de fórmulas o pulsar **F2**.

D Por último, **introduzca los datos** mostrados en las celdas.

	A	B	C	D
1	ARTÍCULO	UNIDADES	PRECIO UNITARIO	TOTAL
2	Golosinas	120	25	
3	Pipas	540	40	
4	Quicos	326	35	
5	Papas	785	50	

NOTA: Si introduce los datos por filas pulsando **Tab**, cuando introduzca el último de esa fila, pulse **Entrar** y se desplazará automáticamente a la celda inicial de la fila siguiente. Este procedimiento es muy útil en hojas donde hemos de introducir datos en muchas columnas.

1.2 Columnas: insertar, seleccionar y ajustar automáticamente · Guardar libros

Tres operaciones básicas a realizar con las columnas son **insertarlas**, **seleccionarlas** y **ajustar** su anchura **automáticamente**, operaciones que realizaremos fácilmente con el ratón y el menú contextual.

Columnas, filas y celdas forman parte de la hoja de cálculo, pero los archivos de *Excel* son un conjunto de hojas de cálculo, llamados **libros de trabajo**. Así, cuando guardamos un archivo, guardamos el libro con todas las hojas que contiene.

PRÁCTICA

A Siguiendo con el supuesto práctico iniciado en el tema anterior, hemos de consignar el código antes del nombre de los artículos.

Necesitamos **insertar una columna** antes de la columna A para poder introducirlo.

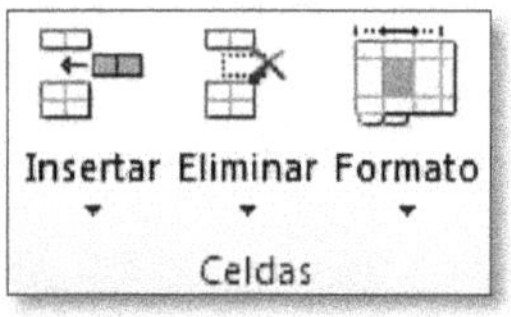

Use el **menú contextual del encabezado** de la columna o, estando en cualquier celda de la columna A, acceda a **Inicio > Celdas >** menú **Insertar**. Las columnas insertadas aparecen a la izquierda de las seleccionadas.

B Ajuste **automáticamente la anchura** de las columnas A, B, C, D y E de la siguiente manera:

- Una a una: haga **doble clic** en la intersección del encabezado de la columna con la siguiente.
- Todas a la vez: **seleccione** las columnas arrastrando por encima de los encabezados y haga **doble clic** en la intersección de cualquiera de los encabezados seleccionados.

	A	B	C	D	E
1	CÓDIGO	ARTÍCULO	UNIDADES	PRECIO UNITARIO	TOTAL
2	go	Golosinas	120	25	
3	pi	Pipas	540	40	
4	qu	Quicos	326	35	
5	pa	Papas	785	50	

C **Guarde el libro** con el nombre de **Prácticas de Excel 1.xlsx** en la carpeta **Documentos** o en otra carpeta de su elección clicando en el botón **Guardar** de la barra de acceso rápido o: **Archivo > Guardar** o **Ctrl+G**.

Haga todas las prácticas en este libro si no se indica lo contrario.

NOTA: La extensión **.xlsx** no es necesario escribirla, ya que *Excel* la pone por nosotros, tal como se ve en la casilla **Tipo**.

1.3 Fórmulas: insertar, copiar con el cuadro de llenado

La razón de ser de toda hoja de cálculo es, obviamente, realizar cálculos de todo tipo. Y para ello necesitamos las **fórmulas**, que se introducen mediante el signo igual (=).

Una vez escrita una fórmula se puede **copiar** fácilmente con el **cuadro de llenado** (esquina inferior derecha de la celda) para no tener que repetirla, ya que se actualizará automáticamente al copiarla.

Si nos equivocamos en alguna acción, contamos con la opción de **deshacer**, y si nos pasamos deshaciendo, tendremos la opción de **rehacer**. Practicaremos todo lo anterior a continuación.

PRÁCTICA

A Para **calcular los totales** de los artículos de la lista necesitamos una fórmula. Escriba en la celda E2: **=C2*D2.**

Al pulsar **Entrar** la celda mostrará el resultado, mientras que en la barra de fórmulas aparecerá la fórmula escrita, en este caso: el contenido de la celda C2 multiplicado (*) por el contenido de la celda D2.

E2 fx =C2*D2

	C	D	E
1	UNIDADES	PRECIO UNITARIO	TOTAL
2	120	25	3000
3	540	40	
4	326	35	
5	785	50	

Las fórmulas pueden contener números, referencias a celdas (C2, D2) y los operadores aritméticos **suma** (+), **resta** (-), **multiplicación** (*), **división** (/) y **potencia** (^).

B Ahora, **copie la fórmula** a las demás celdas arrastrando el **cuadro de llenado**, el pequeño cuadrado en la esquina inferior derecha de la celda.

Al arrastrar nos aseguraremos de que el puntero ha cambiado a la forma de cruz negra **+**.

Si la forma es una flecha y una cruz con puntas, indica que estamos en el borde de la celda y al arrastrar, la moveremos.

	C	D	E
1	UNIDADES	PRECIO UNITARIO	TOTAL
2	120	25	3000
3	540	40	
4	326	35	
5	785	50	
6			+

1.4 Insertar filas · Botón Suma · Deshacer y rehacer · Cerrar libro

Insertar filas, al igual que hemos hecho con las columnas, es muy sencillo con el ratón y el menú contextual.

Igualmente sencillo es calcular un total mediante el **botón Suma**, que introduce esta función en la celda.

Cuando nos equivocamos, nada mejor que **deshacer** el error con un solo clic. Y si deshacemos más de la cuenta, contamos con la opción de **rehacer**.

Al acabar de trabajar con un libro podemos cerrar *Excel*, pero también podemos **cerrar el libro** y mantener el programa abierto. Esto será útil en ordenadores poco potentes, que tardan más tiempo en abrir los programas.

PRÁCTICA

A Nos hemos olvidado de introducir un artículo: **inserte una fila** entre las **Pipas** y los **Quicos** para introducir los **Frutos Secos**.

Para ello, use el **menú contextual del encabezado** de la fila 4 o, estando en cualquier celda de la fila 4, acceda a **Inicio > Celdas >** menú **Insertar > Insertar filas de hoja**. Las filas insertadas aparecen arriba de las seleccionadas.

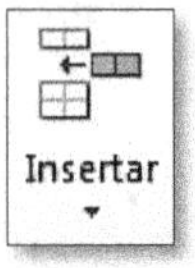

Copie la **fórmula** del total para este artículo arrastrando el **cuadro de llenado**.

	A	B	C	D	E
1	CÓDIGO	ARTÍCULO	UNIDADES	PRECIO UNITARIO	TOTAL
2	go	Golosinas	120	25	3000
3	pi	Pipas	540	40	21600
4	fr	Frutos Secos	294	160	47040
5	qu	Quicos	326	35	11410

NOTA: Para copiar fórmulas o cualquier otro elemento de una hoja, podemos usar también los botones de la ficha **Inicio** o las combinaciones **Ctrl+C** (copiar) y **Ctrl+V** (pegar).

B Ahora, **calcule la suma total** en la celda E7 clicando el botón **Suma** Σ **[Inicio > Modificar]**, el cual introducirá automáticamente la función **=SUMA(E2:E6)** cuando clique en él por segunda vez o pulse **Entrar**.

Alternativamente, se pueden seleccionar las celdas E2 a E7 antes de pulsar el botón **Suma**.

E7 =SUMA(E2:E6)

	A	B	C	D	E
1	CÓDIGO	ARTÍCULO	UNIDADES	PRECIO UNITARIO	TOTAL
2	go	Golosinas	120	25	3000
3	pi	Pipas	540	40	21600
4	fr	Frutos Secos	294	160	47040
5	qu	Quicos	326	35	11410
6	pa	Papas	785	50	39250
7				SUMA TOTAL	122300

NOTA: Las **funciones** son una especie "fórmulas prediseñadas" que ahorran mucho trabajo en cálculos complejos o repetitivos. La función =SUMA() tiene su propio botón, dado que es la más utilizada, pero *Excel* cuenta con muchas más funciones, las más importantes de las cuales serán el objeto de próximos temas.

C Modifiquemos algunos datos numéricos para ver cómo se recalculan las fórmulas introducidas:

- Cambie el precio de las **golosinas** a **35,50** y el de los **quicos** a **29,99**.
- Cambie las unidades de **pipas** a **1540**, de los **frutos secos** a **2500** y de las **papas** a **178**.

Compruebe que cambian automáticamente los **resultados de las fórmulas**.

D La opción **Deshacer** deshace la última acción realizada, es decir, va hacia atrás en la secuencia de acciones que hemos hecho (escribir, suprimir, etc.). La podemos activar con el **botón Deshacer** de la barra de acceso rápido (en la esquina superior izquierda de la ventana de *Excel*) o con **Ctrl+Z**.

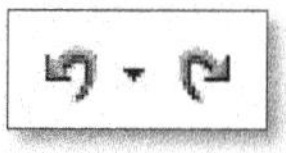

La opción **Rehacer** rehace la última acción que hemos deshecho; si nos pasamos deshaciendo, esto nos será muy útil. La podemos activar con el **botón Rehacer** de la barra de acceso rápido o con **Ctrl+Y**.

Practique las opciones **Deshacer [Ctrl+Z]** y **Rehacer [Ctrl+Y]**, por ejemplo: borre o cambie el contenido de alguna celda, inserte o elimine filas o columnas y deshaga la acción.

E Al acabar, guarde el libro y **ciérrelo** clicando en el botón correspondiente de la <u>ventana del libro</u>, pero mantenga *Excel* abierto. Alternativamente, acuda a **Archivo > Cerrar** o pulse la combinación de teclas **Ctrl+F4**.

NOTA: Los libros ocupan su propia ventana dentro de la ventana del programa, por ello existe una doble fila de botones de control, siendo los inferiores para la ventana del libro.

1.5 Abrir libros · Seleccionar · Formato de celda: fuente y alineación · Ajustar filas

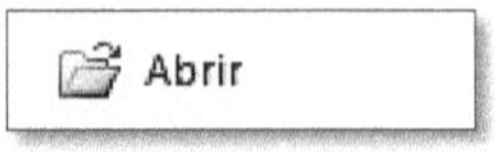

Los libros de *Excel*, como cualquier otro tipo de archivo, se pueden **abrir** desde la carpeta que los contiene o desde la propia aplicación.

En las hojas de los libros, para realizar acciones que afecten a varias celdas, columnas o filas tendremos que **seleccionarlas** previamente. Las posibilidades son muy amplias, ya que podemos seleccionarlas, tanto si son adyacentes, como si están separadas. En este último caso, pulsaremos **Ctrl** para añadir celdas, columnas o filas a la selección.

Como formatos de celda más usuales practicaremos aquí la aplicación de la **fuente**, los **bordes** y el **sombreado**, que nos servirán para destacar las celdas que consideremos más importantes. Con las opciones de **alineación** colocaremos el contenido de las celdas a la izquierda, centro o derecha, tanto horizontal, como verticalmente.

Todas estas opciones las encontraremos en los grupos **Fuente** y **Alineación** de la ficha **Inicio**.

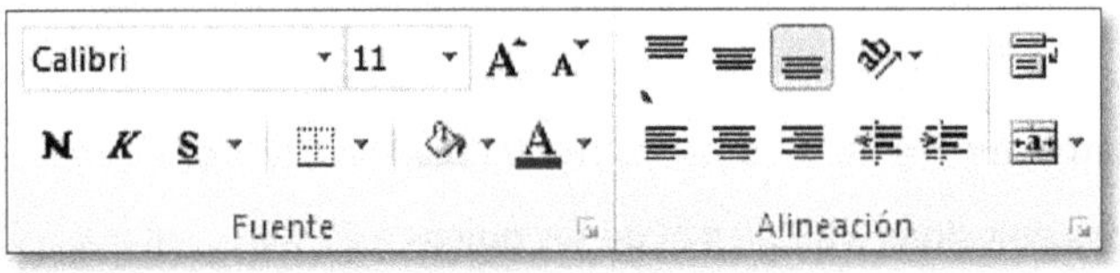

También veremos cómo **ajustar la altura de las filas** manual y automáticamente, lo cual haremos de igual manera que con las columnas.

PRÁCTICA

A Abra su libro **Prácticas de Excel 1.xlsx** desde su carpeta o desde **Archivo > Abrir** (o **Ctrl+A**) y modifique la lista de la **Hoja1** siguiendo las instrucciones.

B **Seleccione** las celdas desde A1 hasta E1 arrastrando el **puntero de la cruz blanca**  por encima de las celdas o pulsando las teclas de dirección mientras mantiene pulsada **Mayús**.

En el grupo **Fuente** aplíqueles los **formatos** negrita **[**también **Ctrl+N]** y cursiva **[**también **Ctrl+K]**.

C Aplique los mismos formatos a las celdas D7 y E7, seleccionándolas previamente.

D Seleccione de nuevo las celdas desde A1 hasta E1, **centre** su contenido **[Alineación >** botón **Centrar]** y coloque un **borde** inferior grueso **[Fuente >** menú **Bordes]**.

E **Alinee** a la **derecha** el contenido de la celda D7 (SUMA TOTAL) **[Alineación >** botón **Alinear a la derecha]**.

F **Seleccione** las celdas A1 y B1 y **alinee** su contenido a la **izquierda [Alineación >** botón **Alinear a la izquierda]**.

G Ahora, **seleccione** las celdas C1 y D1 y **alinee** su contenido a la **derecha**.

H **Seleccione** las celdas D7 y E7, aplíqueles un **borde** grueso alrededor.

I **Seleccione** las celdas A1 hasta E1 y, a continuación, manteniendo **Ctrl** pulsado, seleccione las celdas D7 y E7. Quíteles el formato cursiva y aplíqueles un **sombreado** color anaranjado.

J **Seleccione** las filas 1 a la 7 arrastrando por sus encabezados y hágalas **más altas**: arrastre la intersección de los encabezados de cualquiera de las filas seleccionadas.

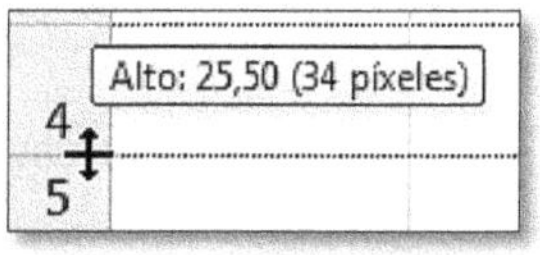

NOTA: Al seleccionarlas previamente y tener igual altura, la altura conseguida será uniforme en todas ellas. Si la altura de la fila cuya intersección arrastramos fuera distinta, el resto de filas tendrían la altura de la arrastrada. Lo mismo sucede al cambiar manualmente la anchura de las columnas.

K **Seleccione toda la hoja** clicando en el botón a la izquierda de la columna A / arriba de la fila 1 y cambie la **fuente** a *Trebuchet MS 11* **[Fuente]**.

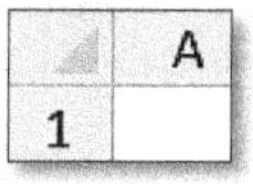

NOTA: Al pulsar la combinación **Ctrl+E**, se selecciona el grupo de celdas adyacentes con contenido, pero, si lo pulsamos y no hay celdas adyacentes con contenido, se selecciona toda la hoja.

L Con toda la hoja seleccionada **ajuste automáticamente** la **anchura** de las columnas y la **altura** de las filas (doble clic en las intersecciones de filas/columnas).

El resultado de todos los pasos anteriores debería ser el siguiente:

	A	B	C	D	E
1	CÓDIGO	ARTÍCULO	UNIDADES	PRECIO UNITARIO	TOTAL
2	go	Golosinas	120	35,5	4260
3	pi	Pipas	1540	40	61600
4	fr	Frutos Secos	2500	160	400000
5	qu	Quicos	326	29,99	9776,74
6	pa	Papas	178	50	8900
7				SUMA TOTAL	484536,74

1.6 Formato de celda: estilo millares, moneda (€), decimales · Borrar formatos

Además de los formatos "estéticos", como los bordes o el sombreado, tenemos otros más importantes en el ámbito del cálculo en el grupo **Número** de la ficha **Inicio**. En este tema nos centraremos en tres.

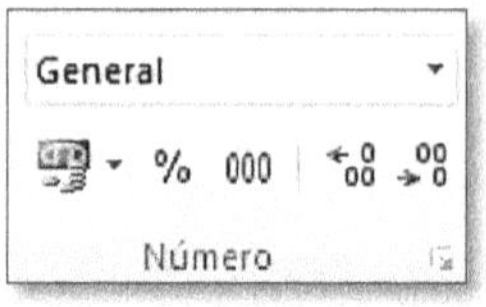

- El **estilo millares** coloca el separador de miles, dos decimales y deja una sangría (espacio) a la derecha.
- El **formato moneda (€)** separa los miles, pone dos decimales y el símbolo del euro.
- Los **decimales** se pueden aumentar o disminuir a voluntad con sendos botones.

Por último, el botón **Borrar**, nos permite **borrar los formatos** aplicados, entre otras opciones de su menú.

PRÁCTICA

A Seleccione las celdas C2 a C6 y aplíqueles el **estilo millares [Número >** botón **Estilo millares]**.

Nota: Si aparece en las celdas este símbolo **######** (o un número en forma exponencial) quiere decir que la anchura de la columna no es suficiente para mostrar su contenido: ensanche la(s) columna(s) hasta que se muestre el contenido.

B Disminuya los **decimales** de esas celdas hasta que desaparezcan **[Número >** botón **Disminuir decimales]**.

C Aplique el **formato moneda** a las celdas que contienen el precio unitario, el total y la suma total **[Número >** menú **Formato de número > Moneda]**.

	A	B	C	D	E
1	**CÓDIGO**	**ARTÍCULO**	**UNIDADES**	**PRECIO UNITARIO**	**TOTAL**
2	go	Golosinas	120	35,50 €	4.260,00 €
3	pi	Pipas	1.540	40,00 €	61.600,00 €
4	fr	Frutos Secos	2.500	160,00 €	400.000,00 €
5	qu	Quicos	326	29,99 €	9.776,74 €
6	pa	Papas	178	50,00 €	8.900,00 €
7				**SUMA TOTAL**	**484.536,74 €**

Nota: El formato de número de **contabilidad** es prácticamente igual al de moneda. Este último usa el símbolo de moneda preestablecido, en este caso, el €, y tiene más posibilidades de personalización.

D Compruebe la opción de **borrar los formatos**, por ejemplo, aplique varios en una celda fuera de las ya escritas y clique en el botón de la goma de borrar **[Inicio > Modificar >** botón **Borrar]**.

1.7 Eliminar filas · Copiar, cortar y pegar · Copiar formato

Al igual que podemos insertar filas o columnas, podemos **eliminarlas** de forma similar, siendo la opción más rápida el menú contextual del encabezado de la fila/columna.

Para copiar una fórmula hemos utilizado el cuadro de llenado, pero también nos vale el procedimiento "clásico" de **copiar** y **pegar**; o **cortar** y **pegar** si queremos moverla. Obviamente, estas acciones son válidas para cualquier contenido que haya en la celda: texto, fechas, funciones, etc.

La tabla de abajo muestra los variados procedimientos que podemos usar para copiar, cortar y pegar.

De todos ellos, el teclado y el menú contextual son los más seguros y, generalmente, los más rápidos.

ACCIÓN	TECLADO	RATÓN	MENÚ CONTEXTUAL	BOTONES FICHA INICIO
Copiar	**Ctrl+C**	**Ctrl+arrastrar el borde de la celda**	**Copiar**	
Cortar	**Ctrl+X**	**Arrastrar el borde de la celda**	**Cortar**	
Pegar	**Ctrl+V**	- - -	**Pegar**	

Además del contenido de las celdas se pueden **copiar los formatos** y aplicarlos en otras celdas, lo cual es útil para que el nuevo contenido recoja el aspecto de los que ya tenemos establecidos.

Esta operación consta de tres pasos:

1) **situarnos** en la celda con el formato a copiar,

2) **clicar** en el **botón** de copiar formato y

3) **seleccionar** la(s) celda(s) donde queremos pegarlo.

ACCIÓN	PROCEDIMIENTO
Copiar formato	**Inicio > Portapapeles > botón Copiar formato** (con doble clic queda activo hasta que cliquemos de nuevo)
Pegar formato	**Seleccionar con el ratón**

PRÁCTICA

A Añada un nuevo artículo, el regaliz, a partir de la **celda A10**.

Copie los formatos de las celdas ya escritas y péguelos en las nuevas.

	A	B	C	D
1	**CÓDIGO**	**ARTÍCULO**	**UNIDADES**	**PRECIO UNITARIO**
10	re	Regaliz	4.600	34,55 €

NOTA: Copiar formato funciona también con otros elementos, como las imágenes, los cuadros de texto o el WordArt.

B **Inserte** una fila entre la fila 5 y la fila 6 mediante el **menú contextual del encabezado** de la fila o desde **Inicio > Celdas >** menú **Insertar**.

C Ahora, seleccione la **fila 11**, que contiene el nuevo artículo, **córtela** y **péguela** en la fila insertada, a partir de la celda **A6**.

D **Copie** la **fórmula** del TOTAL mediante el procedimiento de **copiar y pegar**.

E Por último, **elimine** la **fila 2**, las golosinas **[menú contextual del encabezado** de la fila o **Inicio > Celdas >** menú **Eliminar]**.

F Compruebe que el resultado de los pasos anteriores es el siguiente:

	A	B	C	D	E
1	**CÓDIGO**	**ARTÍCULO**	**UNIDADES**	**PRECIO UNITARIO**	**TOTAL**
2	pi	Pipas	1.540	40,00 €	61.600,00 €
3	fr	Frutos Secos	2.500	160,00 €	400.000,00 €
4	qu	Quicos	326	29,99 €	9.776,74 €
5	re	Regaliz	4.600	34,55 €	158.930,00 €
6	pa	Papas	178	50,00 €	8.900,00 €
7				**SUMA TOTAL**	**639.206,74 €**

1.8 Revisión ortográfica · Sinónimos · Traducción · Referencia

La **revisión ortográfica** tiene más utilidad en un procesador de texto, como *Word*, donde el texto escrito prima sobre los números, aun así, no está de más contar con esta herramienta y con la de **sinónimos**.

Al igual que la revisión ortográfica, una herramienta de **traducción** juega un papel secundario en *Excel*, no obstante, puede que nos sea útil en alguna ocasión. Ahora bien, si el texto que traducimos vamos a distribuirlo con fines "serios", lo mejor será que lo redacte un traductor cualificado, ya que la herramienta que proporciona el programa no es fiable al cien por cien.

Los idiomas disponibles para traducir activados los veremos y controlaremos desde la herramienta **Referencia**, la cual nos permite consultar palabras en las obras de referencia incluidas, como el Diccionario de la RAE, o en sitios web.

Las herramientas mencionadas se encuentran en los grupos **Revisión** e **Idioma** de a ficha **Revisar**.

PRÁCTICA

A Cambie un par de palabras, por ejemplo, "Kikos" por "Quicos" y "Rejalis" por "Regaliz" y active la **revisión ortográfica** colocándose en la primera celda **[Revisión > Ortografía]**.

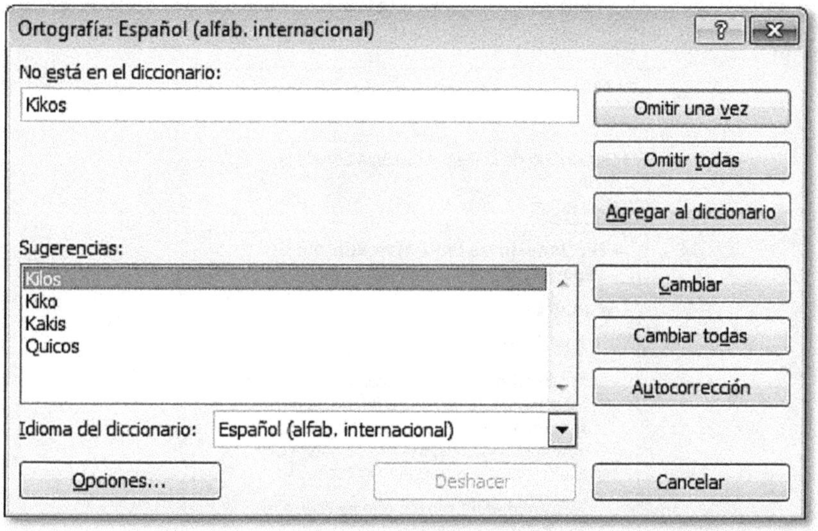

Para corregir las palabras incorrectas, selecciónelas en la lista de sugerencias y clique en **Cambiar**.

Si quiere ver qué sugerencias de **sinónimos** le ofrece el programa, acuda a **[Revisión > Sinónimos]**.

B Colóquese ahora en la celda A1 y desde **Idioma > Traducir** traduzca su contenido al **inglés** (Estados Unidos).

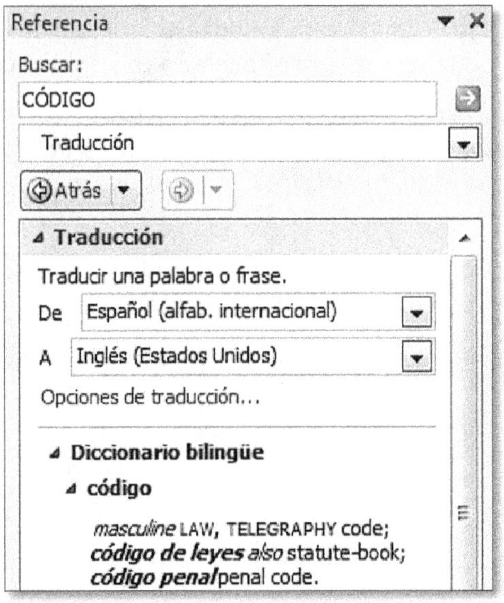

C En el panel donde ha aparecido la traducción, borre el contenido de la casilla **Buscar** y escriba "pipa".

Despliegue el menú bajo dicha casilla y elija **Diccionario de la Real Academia Española**.

Escriba otra(s) palabra(s) y clique en el botón de la flecha →, a la derecha de la casilla **Buscar**.

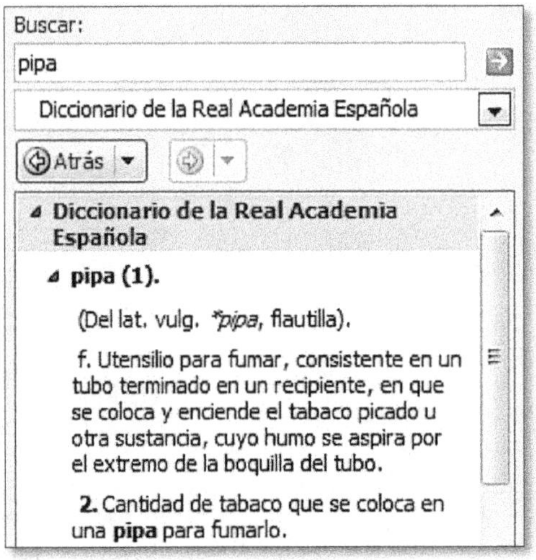

1.9 Vista previa de impresión · Configurar página · Encabezado y pie de página · Impresión

Aunque las hojas de cálculo son muy extensas, cuando imprimimos obtenemos solo la parte que hemos escrito, es decir, el rango de celdas que tiene contenido. Para ver cómo se imprimirá la hoja acudiremos a la **vista previa de impresión**, en el menú **Archivo**.

Según el tamaño del papel que usemos y los márgenes que establezcamos en nuestras páginas, cabrán más o menos filas y columnas a la hora de imprimir. Por ello, es necesario controlar la **configuración de la página**.

Igualmente necesario es controlar el **encabezado** y **pie de página** para imprimir en cada página la misma información, como el nombre de la hoja, del libro o de una persona, o bien, el número de página.

PRÁCTICA

A Abra su libro **Prácticas de Excel 1** y con la **Hoja1** en pantalla active la **Vista previa de impresión** para comprobar cómo será el resultado de la impresión **[Archivo > Imprimir]**.

B Cierre el menú **Archivo** y advierta que unas líneas punteadas le muestran los límites de impresión para el tamaño de papel que tenga establecido, normalmente A4.

> **NOTA:** *Excel* imprime por columnas (y filas) completas, es decir, aunque parte de una columna (o fila) quepa entre los márgenes, si no se puede imprimir entera, no se imprimirá.

C Compruebe en **Diseño de página > Configurar página** que las **dimensiones** del papel coinciden con las del que tenga en la impresora. Asimismo, en la misma ficha compruebe que la **orientación** de la página sea vertical.

D En **Diseño de página >** menú **Configurar página > Márgenes** establezca los siguientes márgenes:

- Superior, inferior, izquierdo y derecho: **2,5 cm.**
- Encabezado y pie de página **1,5 cm.**

E En la ficha **Encabezado y pie de página**, desplegando las casillas correspondientes, establezca

- Como encabezado el nombre de la hoja (**Hoja1**).
- Como pie de página elija **Página 1.**

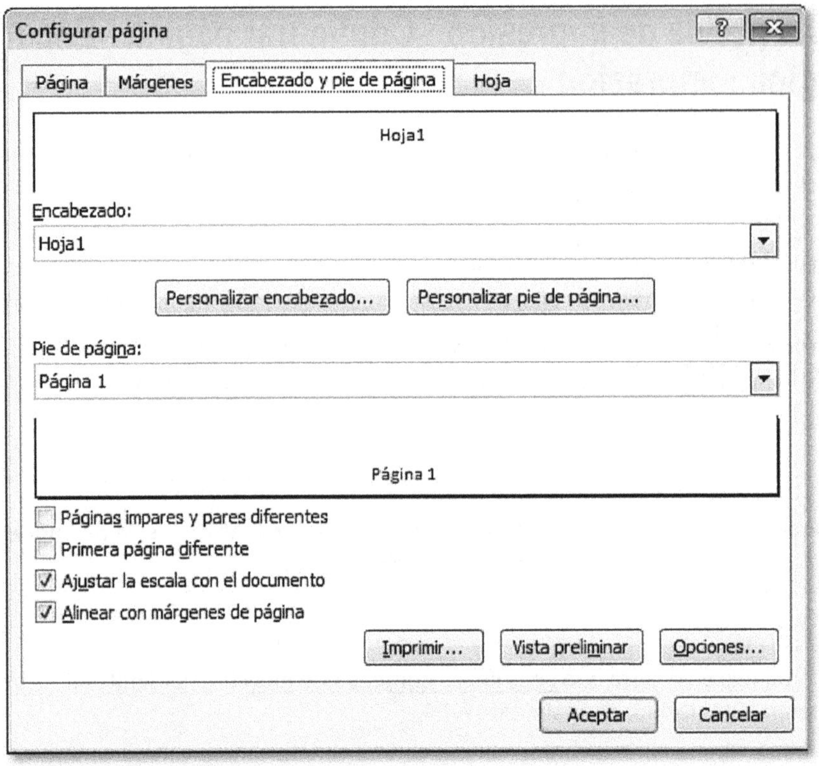

F Sin salir del cuadro de diálogo, active de nuevo la **Vista previa de impresión** clicando en el botón **Vista preliminar** y compruebe que se muestra el encabezado y el pie.

Compruebe, también, que la hoja cabe en **una sola página** (de lo contrario, tendrá que ajustar la anchura de las columnas).

Los botones en la parte inferior derecha nos permiten **ampliar** la visualización y mostrar los **márgenes**, con lo cual veremos la disposición de las columnas y podremos modificar su achura.

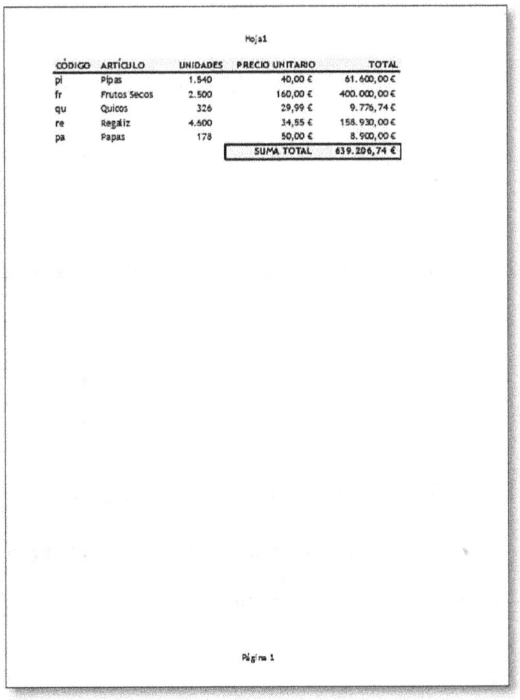

G Por último, **imprima** la hoja si lo cree conveniente y **guarde el libro.**

1.10 Desplazamiento rápido

Si trabajamos con hojas extensas, nos vendrá bien saber cómo movernos al inicio o final de las filas o columnas rápidamente y otros procedimientos de **desplazamiento rápido**.

Para **desplazarnos** celda a celda con el teclado usamos las **teclas de dirección**, o bien, **Inicio** (inicio de fila), **Av Pág** (pantalla abajo), **Re Pág** (pantalla arriba), pero también pueden sernos útiles las siguientes combinaciones:

TECLAS	DESPLAZAMIENTO
Alt+Av Pág	Pantalla a la **derecha**
Alt+Re Pág	Pantalla a la **izquierda**
Ctrl+Inicio	Celda **inicial** de la **hoja**
Ctrl+Fin	Celda **final** con contenido de la **hoja**

TECLAS*	DESPLAZAMIENTO
Ctrl+↑	Celda **inicial** de la **columna**
Ctrl+↓	Celda **final** de la **columna**
Ctrl+←	Celda **inicial** de la **fila**
Ctrl+→	Celda **final** de la **fila**

* Este desplazamiento tiene en cuenta las celdas con contenido dentro el rango de celdas donde lo activamos. En el caso de no existir contenido en las celdas cuando pulsamos estas combinaciones, llegaremos al inicio o final de la hoja, siendo la última columna: **XFD** y la última fila: **1048576**.

PRÁCTICA

A Abra el libro **Empresas.xlsx** que se encuentra en la carpeta **Archivos Office 2010 - Excel** y practique los procedimientos mencionados. Ciérrelo al acabar.

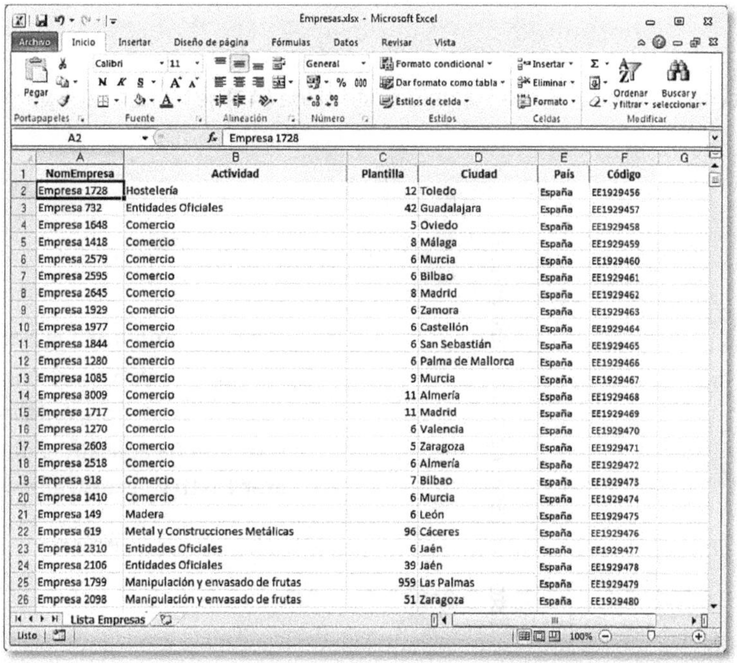

1.11 Formato de celda: alineación vertical, orientación, combinar celdas, ajustar texto

En este tema practicaremos otras opciones para dar **formato** a las celdas, siendo las más interesantes, la **alineación vertical**, para aplicar en filas más altas que el texto; **combinar celdas**, que nos permite unir varias celdas en una sola y el **ajuste de texto**, que hará que un texto largo se distribuya en la celda como lo haría en una tabla de *Word*.

PRÁCTICA

A En **Prácticas de Excel 1** clique en la **etiqueta** de la **Hoja2** para acceder a ella y llevar a cabo las prácticas.

B Escriba el texto en las celdas en *Calibri 12* y **cambie su formato tal como se indica** en ellas: por ejemplo, si aparece "Texto centrado en la celda B3", debe escribir dicha frase en una sola celda, la B3, y centrarlo.

Todos los formatos se encuentran en **Inicio > Alineación >** botones de: **Alineación horizontal y vertical** / **Orientación** / **Ajustar texto** / **Combinar y centrar**.

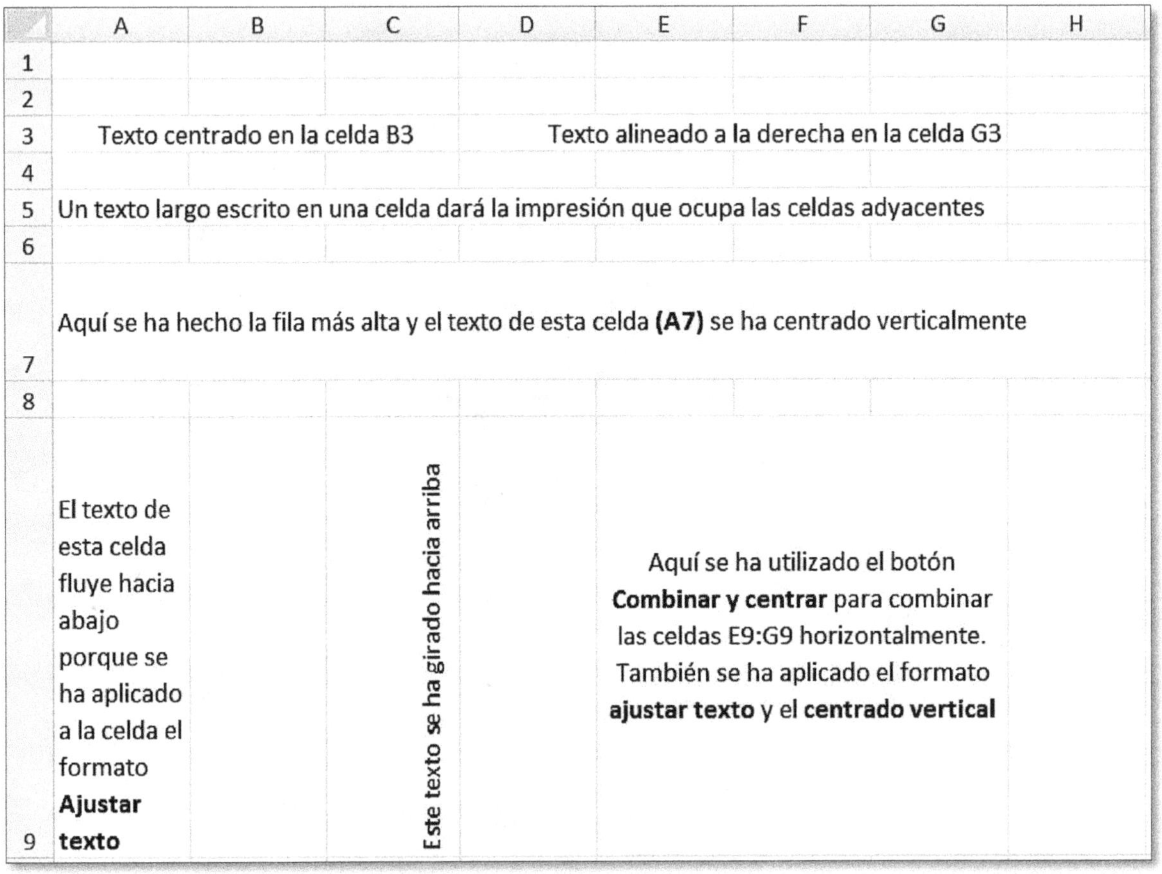

A
B
C
D
E
F
G
H
1
2
3
Texto centrado en la celda B3
Texto alineado a la derecha en la celda G3
4
5
Un texto largo escrito en una celda dará la impresión que ocupa las celdas adyacentes
6
7
Aquí se ha hecho la fila más alta y el texto de esta celda (A7) se ha centrado verticalmente
8
9
El texto de esta celda fluye hacia abajo porque se ha aplicado a la celda el formato Ajustar texto
Este texto se ha girado hacia arriba
Aquí se ha utilizado el botón Combinar y centrar para combinar las celdas E9:G9 horizontalmente. También se ha aplicado el formato ajustar texto y el centrado vertical

Excel · Módulo 2

TEMAS

2.1 Fórmulas · Orden de los operadores aritméticos

En este tema aprenderemos a confeccionar **fórmulas**, así como el orden de los **operadores aritméticos**. Ya sabemos que para decirle a *Excel* que calcule, hay que escribir el signo igual =. Pero, ¿qué podemos incluir en una fórmula? Veamos:

- **Referencias** a celdas (A3, B52, K7, ...).
- **Constantes numéricas**, es decir, cualquier número positivo o negativo.
- **Operadores aritméticos**, que son la suma (+), la resta (-), la multiplicación (*), la división (/) y la potencia (^).

> **NOTA:** La potencia (o exponente) es el acento circunflejo y, como tal, no lo veremos hasta que escribamos el número al que elevamos. Por ejemplo, para calcular 3 elevado al cuadrado (3^2), escribiremos el 3, el acento circunflejo y el 2.

Hay que tener muy en cuenta que el programa ejecuta unos operadores antes que otros, así que habrá que usar los **paréntesis** para indicar que queremos que realice antes esa operación si es el caso. Por ejemplo, la fórmula **=3+2*5** dará como resultado **13** porque *Excel* hará primero la multiplicación (2*5=10; 3+10=13). Si queremos que haga primero la suma debemos escribir **=(3+2)*5**, cuyo resultado será **25**.

ORDEN DE EJECUCIÓN DE LOS OPERADORES ARITMÉTICOS EN LAS FÓRMULAS		
Orden	**Operador**	**Descripción**
1º	^	Exponente (potencia)
2º	* y /	Multiplicación y división
3º	+ y −	Suma y resta

PRÁCTICA

A En la **Hoja3** del libro de prácticas **escriba las fórmulas en la columna D** (RESULTADO) y compruebe que dan el resultado correcto (no las escriba en la columna C, que simplemente nos muestra la fórmula o función usada).

Las referencias se pueden introducir clicando en las celdas, pero es más seguro escribirlas. En todo caso, para evitar problemas, hay que acabar la fórmula pulsando **Entrar** o **Tab**.

	A	B	C	D
1	DATOS		FÓRMULA	RESULTADO
2	12		=A2-A3+A4-25	*-63*
3	100		=A2+A3*A4	*5012*
4	50		=(A2+A3)*A4	*5600*
5			=A3/A4^2	*0,04*
6			=(A3/A4)^2	*4*

2.2 Funciones: sintaxis y ejemplos

Ya hemos mencionado que las **funciones** son fórmulas prediseñadas que realizan cálculos complejos o repetitivos, lo cual agiliza nuestro trabajo. Por ejemplo, es más rápido escribir =SUMA(A2:A9) que =A2+A3+A4+A5+A6+A7+A8+A9.

Existen funciones de **diversos tipos**: matemáticas, como la función =SUMA(), trigonométricas, estadísticas, lógicas, financieras, de texto, de fecha y hora, etc. (ver **Fórmulas > Biblioteca de funciones**).

Los datos con los que opera una función se colocan siempre dentro de los **paréntesis** que siguen a su nombre y se les denomina **argumentos** de la función.

Estos datos o argumentos pueden ser referencias a celdas, constantes numéricas y operadores aritméticos, pero, según el tipo de función, también pueden ser operadores lógicos, caracteres (texto) e, incluso, otra función. Las funciones que arrojan un resultado, como una fecha o el número pi, no llevan argumentos dentro de los paréntesis: =HOY(), =PI().

Dos **operadores propios de las funciones** son los dos puntos (:) y el punto y coma (;). Los **dos puntos** indican **"desde...hasta"**, mientras que el **punto y coma** indica **"y"**. Así, la función estadística =PROMEDIO(A2:A9), nos dará la media aritmética desde A2 hasta A9, es decir, de todos los datos contenidos en ese rango de celdas.

PRÁCTICA

A A continuación de la práctica anterior **escriba en la columna D las funciones** indicadas y compruebe el resultado.

8			**FUNCIÓN**	**RESULTADO**
9			**=SUMA(A2:A4;38)**	***200***
10			**=PRODUCTO(A3;A4)**	***5000***
11			**=PROMEDIO(A2:A4)**	***54***
12			**=PI()**	***3,141592654***
13			**=HOY()**	***26/07/2017***
14				
15			**FÓRMULA+FUNCIÓN**	**RESULTADO**
16			**=RAIZ(A4)+RAIZ(A3)-A2**	***5,07***
17			**=2*PI()*7**	***43,98229715***
18			**=HOY()+365**	***26/07/2018***

NOTA: Si queremos escribir la fórmula o función para verla en la celda, sin que *Excel* la calcule, hemos de establecer el formato de la celda como texto **[Inicio > Número > Formato de número > Texto]** antes de escribir la fórmula.

Si lo que necesitamos es ver las fórmulas o funciones en las celdas en lugar del resultado, habrá que acudir a **Fórmulas > Auditoría de fórmulas > Mostrar fórmulas** o pulsar **Ctrl+`** (acento abierto).

2.3 Errores en fórmulas y funciones · Ayuda de Excel

Cuando ocurre un error en una fórmula o función, *Excel* muestra un código que indica el **tipo de error** cometido. Hemos de conocer, pues, los códigos de error más comunes para saber cómo corregirlos.

Con todo, si tenemos dificultades al intentar corregir el error o queremos saber más sobre este tema, siempre podremos acudir a la **ayuda** del programa.

PRÁCTICA

A A la vista de los códigos de error de la tabla de abajo, compruébelos escribiendo en la **Hoja3** los ejemplos dados.

ERROR	DESCRIPCIÓN Y EJEMPLOS
#####	Indica que el ancho de una columna no es suficiente para mostrar todo el texto y se arregla al ensanchar la columna. Pero también aparecerá cuando una celda con una fecha u hora tenga un valor negativo. Ejemplo: **-01/08/2017**, compruébelo escribiendo una fecha y, una vez introducida, modifíquela añadiendo el signo negativo.
#¡DIV/0!	Hemos efectuado una división por cero (0) o por una celda vacía. Ejemplo: **=A2/A6**
#¿NOMBRE?	Indica que el nombre de una función (o de un rango) puede estar mal escrito. Ejemplo: **=SUMA, =PRODUCTO(A2:A4), =RAIZ(AB)**
#¡NÚM!	Este error aparece cuando una fórmula o función contiene valores numéricos no válidos. Ejemplo: **=RAIZ(-10)**
#¡REF!	Indica que en la fórmula o función existe una o más referencias de celda no válidas. Suele darse cuando se eliminan o se mueven celdas que formaban parte de la fórmula.

NOTA: Una celda con la esquina superior izquierda coloreada nos avisa de que la fórmula podría no ser correcta.

B Acuda a la **ayuda** de *Excel* [clic en el interrogante o **Archivo > Ayuda]** para ampliar la información y busque: *Buscar y corregir errores en las fórmulas* en la ventana de la ayuda.

Dentro del artículo localice el punto **Corregir errores comunes al escribir fórmulas.**

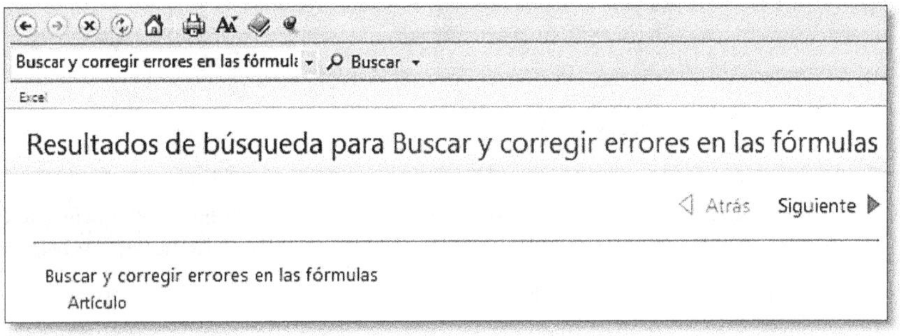

2.4 Hojas: insertar, cambiar el nombre, color de la etiqueta, mover

Al acabar la práctica anterior habrá comprobado que no dispone de más hojas. Así pues, tendremos aprender a **insertar hojas**.

> **NOTA:** En cada libro nuevo hay tres hojas de forma predeterminada, pero podemos establecer el número que queramos hasta un máximo de 255 en **Archivo > Opciones > General > Al crear nuevos libros > Incluir este número de hojas.**

Para identificar mejor cada hoja es conveniente **cambiar el nombre** según su contenido. También podemos utilizar un **color de etiqueta** para destacarla.

Si arrastramos su etiqueta, **moveremos** la hoja. Al mover las hojas, las organizamos en el orden que nos interese.

PRÁCTICA

A Inserte una **hoja** clicando la pestaña **Insertar hoja de cálculo**, a la derecha de la etiqueta de la última hoja.

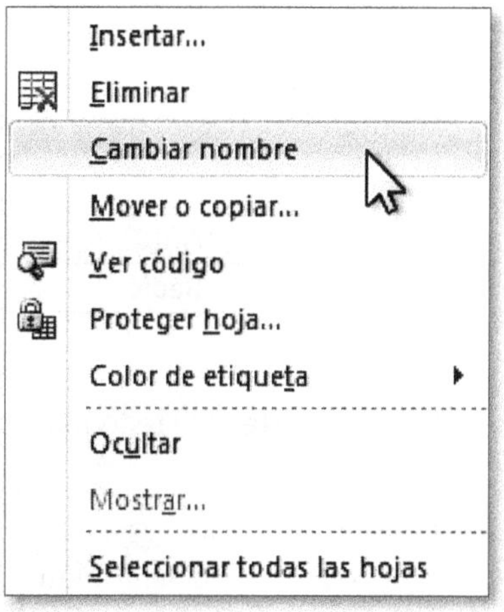

B Cambie el **nombre de las etiquetas** de las hojas para que este refleje su contenido (por ejemplo: **Temas 1.1-1.9; Temas 2.2-2.3**; **Tema 2.4**) con el menú contextual de cada etiqueta.

C Cambie el **color de las etiquetas**, si quiere, con el menú contextual.

D Compruebe que puede **mover una hoja** arrastrando su etiqueta.

Si no se especifica de otra manera, realice estas acciones con cada nueva práctica: **inserte** hoja nueva, cambie su **nombre** y, si fuera necesario, **muévala** al final del libro.

2.5 Fórmulas · Función trigonométrica =PI()

Para ir adquiriendo seguridad en la confección de fórmulas y funciones planteamos tres problemas en los que hay que usar la **función trigonométrica =PI()**.

En las fórmulas tendrá que aparecer el dato π (**pi**) como función, pero solo hemos de poner el signo igual al principio de la fórmula.

PRÁCTICA

A Hay que calcular la **longitud de una circunferencia** sabiendo que su radio (**r**) es de **25 cm** y la **fórmula** para calcularla: $2 * \pi * r$.

	A	B	C	D	E	F
1	Radio:	**25**	cm	Longitud:		cm

El resultado (en E1) redondeado a 3 decimales debe ser **157,080 cm**.

B En este segundo problema hemos de calcular la **mitad del área de un círculo** con el mismo radio que en el punto anterior, 25 cm. La fórmula para calcular el área de un círculo es $\pi * r^2$.

	A	B	C	D	E	F
2	Radio:	**25**	cm	Mitad área círculo:		cm^2

El resultado (en E2) redondeado a 3 decimales debe ser **981,748 cm^2**.

C En este tercer problema hemos de calcular el **volumen de una esfera**, también con el mismo radio, 25 cm. La fórmula para calcular el volumen de una esfera es:

$$\frac{4 * \pi * r^3}{3}$$

	A	B	C	D	E	F
3	Radio:	**25**	cm	Volumen esfera:		cm^3

El resultado (en E3) redondeado a 3 decimales debe ser **65.449,847 cm^3**.

2.6 Menú Formato de celda: números

Además de los botones para dar formato a las celdas en **Inicio > Número**, disponemos de más posibilidades en el **menú Formato de celdas** de ese grupo de opciones.

PRÁCTICA

A Escriba el **primer número sin formato (15628,758)** y cópielo con el **cuadro de llenado.**

B Desde **Inicio > Número** cambie el formato con el menú **Formato de celdas > Número**. Aplique los otros formatos de celda que se muestran (combinar celdas, alineación, bordes, etc.).

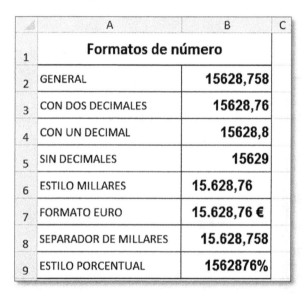

	A	B	C
1	**Formatos de número**		
2	GENERAL	**15628,758**	
3	CON DOS DECIMALES	**15628,76**	
4	CON UN DECIMAL	**15628,8**	
5	SIN DECIMALES	**15629**	
6	ESTILO MILLARES	**15.628,76**	
7	FORMATO EURO	**15.628,76 €**	
8	SEPARADOR DE MILLARES	**15.628,758**	
9	ESTILO PORCENTUAL	**1562876%**	

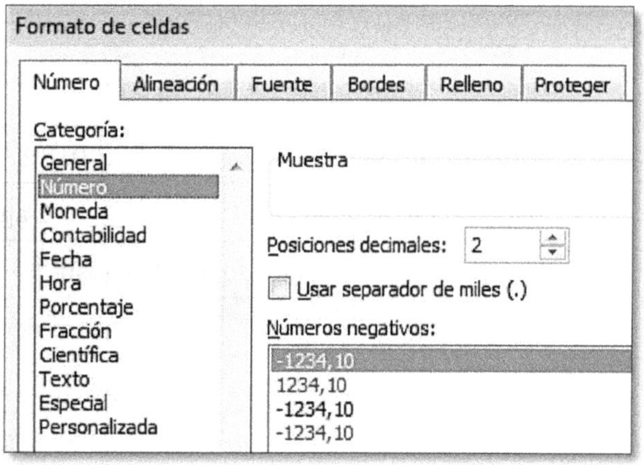

Hemos de tener en cuenta que, cuando disminuimos los decimales, el número se **redondea**, pero solo a efectos de presentación o impresión de la hoja. Si nos fijamos en la barra de fórmulas, veremos que internamente mantiene todos los decimales, lo cual es necesario si vamos a operar con él.

Por tanto, un cambio en el formato no afecta al dato numérico en sí, excepto en el estilo porcentual que lo multiplica por cien.

NOTA: Recuerde que cuando aplicamos a una celda un formato determinado (negrita, centrado, bordes, formato moneda, fecha larga, etc.), aunque borremos su contenido conservará el formato dado anteriormente. Esto implica que lo que escribamos en esa celda recogerá todos los formatos anteriores. Si no nos interesan, bien aplicamos otros, bien los borramos todos desde **Inicio > Modificar > Borrar > Borrar formatos.**

2.7 Menú Formato de celda: fechas y horas · Centrar en página

Veremos ahora los formatos que podemos aplicar a las **fechas** y **horas** mediante el menú.

Si queremos imprimir el contenido de la hoja **centrado en la página** independientemente de los márgenes aplicados, lo activaremos en la configuración de la página.

PRÁCTICA

A En la misma hoja de la práctica anterior, a partir de la columna D, **escriba cada una de las fechas y horas** en forma abreviada, es decir, con **barras** (o guiones) como separadores y con **dos puntos** si contiene la hora. Por ejemplo:

1/8/2015 (fecha) **1/8/2015 12:45** (fecha y hora) **1/8/2015 12:45** (hora)

Luego, cambie su formato tal como se ve abajo mediante el menú **Formato de celdas > Fecha / Hora**.

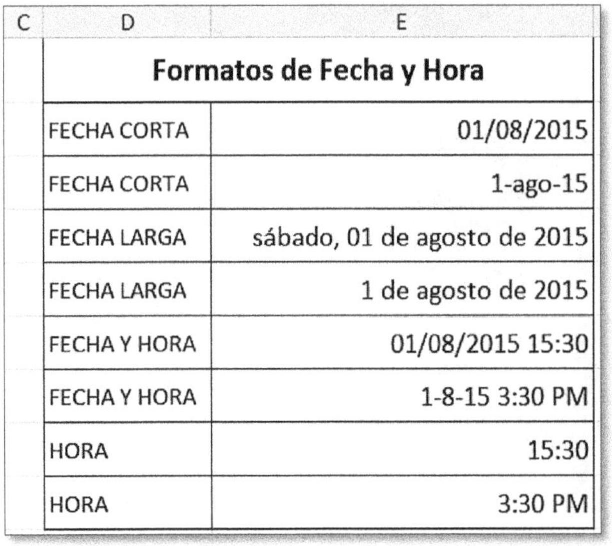

Formatos de Fecha y Hora	
FECHA CORTA	01/08/2015
FECHA CORTA	1-ago-15
FECHA LARGA	sábado, 01 de agosto de 2015
FECHA LARGA	1 de agosto de 2015
FECHA Y HORA	01/08/2015 15:30
FECHA Y HORA	1-8-15 3:30 PM
HORA	15:30
HORA	3:30 PM

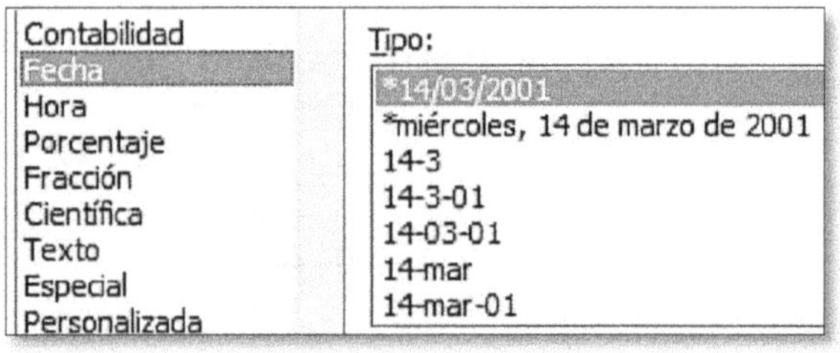

B **Configure la página** de la hoja de la siguiente manera **[Diseño de página >** menú **Configura página]**:

- Márgenes, todos: **1,5 cm** Encabezado y pie de página **0,75 cm**
- **Centre** el contenido de la **hoja** en la página **horizontalmente** (ficha **Márgenes**)
- Como **encabezado** elija el nombre del libro (**Prácticas de Excel 1**) como **pie de página** elija el nombre de la hoja y número de página (**Temas 2.6-2.7; Página 1**)

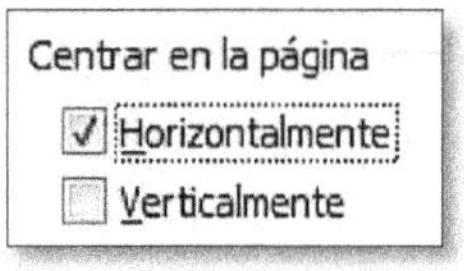

C Por último, compruebe en la **Vista previa de impresión** cómo se imprimirá **[Archivo > Imprimir]** e imprímala si lo considera necesario.

2.8 Estilo porcentual

El **estilo porcentual** % se usa cuando el resultado de una fórmula tiene que expresarse en forma de tanto por ciento, es decir, se nos pide un porcentaje sobre un total.

Este formato **multiplica por cien** el contenido de la celda a la que se aplica. Por tanto, al hacer la fórmula omitiremos el paso de multiplicar por cien y aplicaremos el estilo porcentual a la celda que contiene la fórmula. Además, este estilo añade el símbolo de porcentaje como parte del formato.

PRÁCTICA

A En esta práctica, que llevaremos a cabo en una hoja nueva, hay que calcular el porcentaje de varones y de mujeres sobre el total poblacional, que conseguiremos mediante una simple regla de tres y el estilo porcentual.

Escriba las fórmulas apropiadas, que han de arrojar los resultados mostrados en **negrita**. A partir de ahora, en las prácticas se mostrarán en negrita las celdas que contienen fórmulas y los datos en formato de fuente normal.

Aplique el formato de separador de miles a los datos y al total datos desde **Inicio > Número >** menú **Formato de celda > Número**. Aplique, asimismo, los formatos que se muestran (combinar y centrar, alineación, etc.)

Porcentajes varones y mujeres		
	Individuos	**Porcentaje**
VARONES	85.000	***40%***
MUJERES	125.000	***60%***
TOTAL POBLACIÓN	**210.000**	**100%**

Modifique los datos: varones, 90.500; mujeres, 115.000 y compruebe que se recalculan los porcentajes y el total.

B Aquí hemos de averiguar la tasa de actividad laboral, conociendo los datos (ver la tabla de abajo) y la fórmula:

$$\textbf{TASA DE ACTIVIDAD LABORAL} = \frac{\text{POBLACIÓN OCUPADA + POBLACIÓN PARADA}}{\text{POBLACIÓN EN EDAD LABORAL}} * 100$$

Aplique el estilo porcentual a la fórmula. Aplique también los formatos de número y texto que se muestran.

Tasa de actividad laboral	
Población ocupada	20.000.000
Población parada	3.000.000
Población en edad laboral	30.000.000
Tasa de actividad laboral	**76,67%**

2.9 Símbolo de porcentaje

Al **escribir** el **símbolo %** detrás de un número, éste **se divide por cien**, aunque la celda no lo muestre. Como se puede ver, ocurre lo contrario que con el estilo porcentual. En este caso, el número mostrado como porcentaje es un dato que introducimos, en el caso del estilo porcentual, es un formato que aplicamos a una fórmula.

Este símbolo es útil para extraer una cantidad correspondiente a un porcentaje. Por ejemplo, para saber a cuánto asciende el **21%** de IVA de un producto que nos cuesta 10.500 € simplemente multiplicaremos el importe por 21% (o mejor, por la celda que contiene el 21%).

PRÁCTICA

A Calcule la cantidad correspondiente al IVA y el total con las fórmulas apropiadas. Consigne el tipo de IVA (21%) en su propia celda.

Compruebe que el resultado coincide con el mostrado en **negrita**.

Cálculo IVA y TOTAL		
IMPORTE NETO		10.500,00 €
IVA	21%	**2.205,00 €**
TOTAL		**12.705,00 €**

Modifique los datos del IVA y del importe y compruebe que se recalcula el resultado.

B Conociendo la fórmula (**capital*rédito*tiempo)/100**, calcule el rendimiento mensual y final de un depósito a plazo fijo de **1.000.000** de euros a **18** meses cuyo interés real (rédito) es del **0,3%** mensual.

Escriba las fórmulas y compare el resultado obtenido con el mostrado (en negrita).

PLAZO FIJO		
INVERSIÓN		1.000.000 €
INTERÉS	0,30%	
MESES	18	
RENDIMIENTO MENSUAL		**3.000 €**
RENDIMIENTO FINAL		**54.000 €**

Modifique los datos del interés y de los meses y compruebe que se recalcula el resultado.

Excel · Módulo 3

TEMAS

3.1 Gráficos: elementos del gráfico, insertar · Gráfico de columnas

Al presentar de forma gráfica los datos de una hoja de cálculo conseguimos transmitir con mayor claridad y efectividad aquellos datos que son más relevantes. En este tema aprenderemos, paso a paso, la creación de **gráficos** a partir de los datos existentes en la hoja.

Los tipos de gráfico disponibles los tenemos en **Insertar > Gráficos**.

Pero, antes que nada, debemos conocer las distintas partes de un gráfico de *Excel*.

Elementos de los gráficos

Un gráfico consta de numerosos **elementos**. Algunos de ellos se presentan de forma predeterminada al crearlo y otros se pueden **agregar** según las necesidades.

Estos elementos se pueden **mover** dentro área del gráfico y cambiar su **tamaño** o su **formato**. También se pueden **eliminar** aquellos que no deseemos.

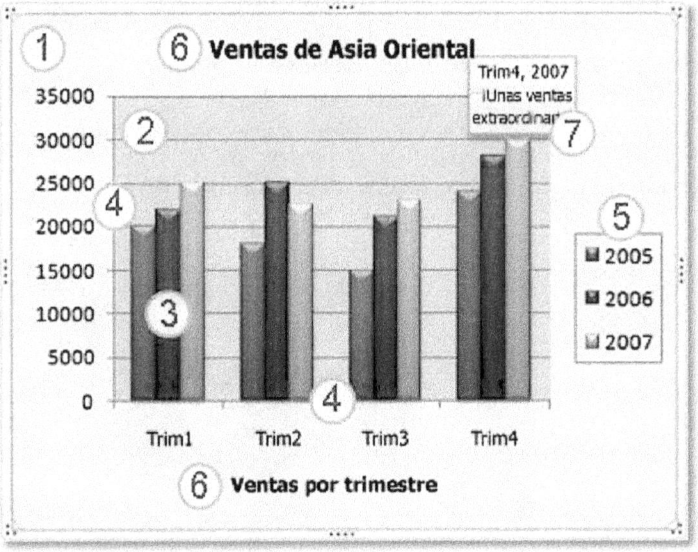

1 El **área del gráfico** (todo el gráfico).

2 El **área de trazado** (la zona donde aparecen las columnas, barras, líneas, círculos, etc.).

3 Un **punto de datos** o grupo de columnas que se trazan en el gráfico (en la imagen, Trim1, Trim2, Trim3 y Trim4).

4 Los **ejes horizontal** (eje de categorías o eje X) y **vertical** (eje de valores o eje Y).

5 La **leyenda** muestra el color de cada **serie de datos** (2005, 2006, 2007), es decir, cada columna de igual color.

6 El **título del gráfico** y los **títulos de los ejes**.

7 Las **etiquetas de datos** se usan para mostrar los detalles de los puntos de datos.

PRÁCTICA

A Vayamos a la práctica. Elabore la siguiente tabla y **seleccione los datos y rótulos** que queremos representar gráficamente; en nuestro ejemplo, los partidos, las zonas y las cifras, es decir, **desde A3 hasta C6**.

	A	B	C
1	**RESULTADOS ELECTORALES: ESCAÑOS**		
2			
3		**Norte**	**Sur**
4	**PARTIDO VERDE**	50	35
5	**PARTIDO ROSA**	30	40
6	**PARTIDO AMARILLO**	15	28
7		**95**	**103**

NOTA: Una correcta selección del rango es imprescindible para obtener el resultado deseado. **No debe haber filas y columnas en blanco** en una selección de celdas contiguas. En el caso de la selección de celdas no contiguas (pulsando **Ctrl**), los datos y rótulos relacionados han de estar en una misma fila o columna.

B Ahora crearemos un gráfico que nos muestre los votos obtenidos por cada partido en cada una de las zonas. Para ello, dentro de la ficha **Insertar**, en el grupo **Gráficos > Columna** elegimos el tipo **Columna en 2D, agrupada**.

Una vez insertado el gráfico podremos **moverlo** arrastrando el área del gráfico o el marco que la rodea y **redimensionarlo** arrastrando los controladores de tamaño de las esquinas o centro de dicho marco.

Al redimensionar un gráfico pueden **cambiar automáticamente** la escala de los **valores** del eje vertical y los **rótulos** del eje horizontal para adaptarse al nuevo tamaño.

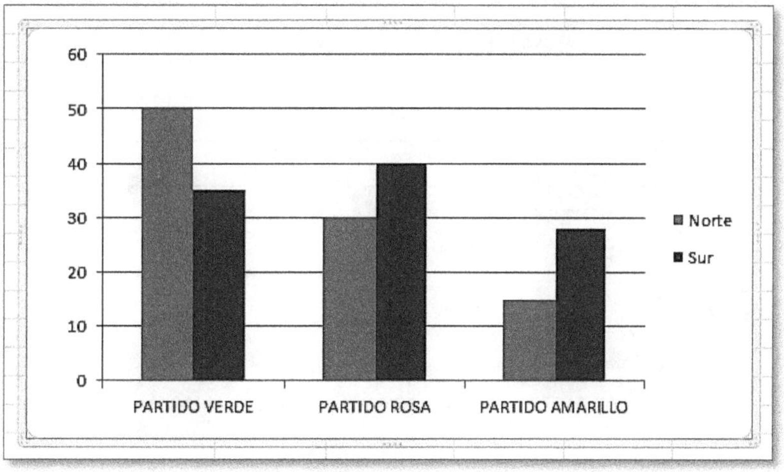

Compruebe que, al **modificar los datos** de la tabla, cambia el gráfico en consonancia.

3.2 Gráficos: modificar gráfico de columnas

Una vez sabemos insertar gráficos, veremos cómo **modificarlos** añadiendo, eliminado o cambiando sus elementos.

También contamos con gran variedad de estilos para conseguir un aspecto que sea de nuestro agrado. E, incluso, podremos cambiar el tipo de gráfico o el rango que habíamos seleccionado inicialmente para crearlo.

PRÁCTICA

A Modificaremos el gráfico creado en la práctica anterior añadiendo el **Título del gráfico** (encima del gráfico) en **Herramientas de gráficos > Presentación > Etiquetas.**

Escribiremos *Resultados elecciones* directamente en el recuadro del título una vez lo hayamos insertado.

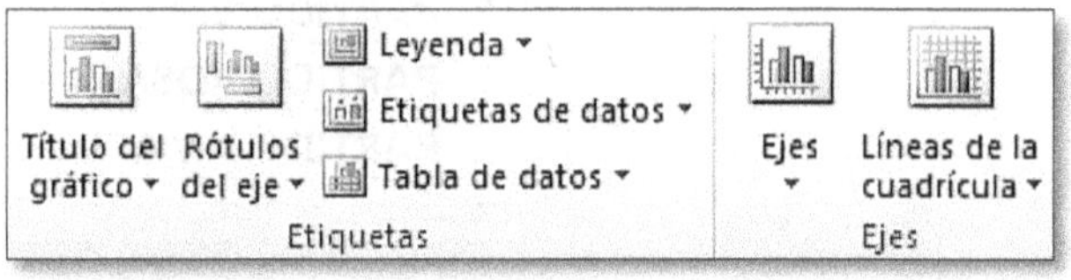

B Agregaremos dos **Rótulos del eje**, *Partidos presentados* y *Número de escaños*, desde el mismo grupo de etiquetas:

Título de eje horizontal primario > Título bajo el eje y **Título de eje vertical primario > Título girado.**

Clicaremos en los rótulos para seleccionarlos y cambiar su formato **[Herramientas de gráficos > Formato].** O bien, clicaremos **dentro** de ellos si queremos modificar su **contenido.**

NOTA: Si cambiar el formato o el contenido no funciona correctamente, compruebe que esté seleccionado o que el cursor se encuentre dentro del rótulo.

Tanto el **título** del gráfico como los **rótulos** de eje no se pueden redimensionar.

Si los arrastramos, **cambiaremos su posición** manualmente.

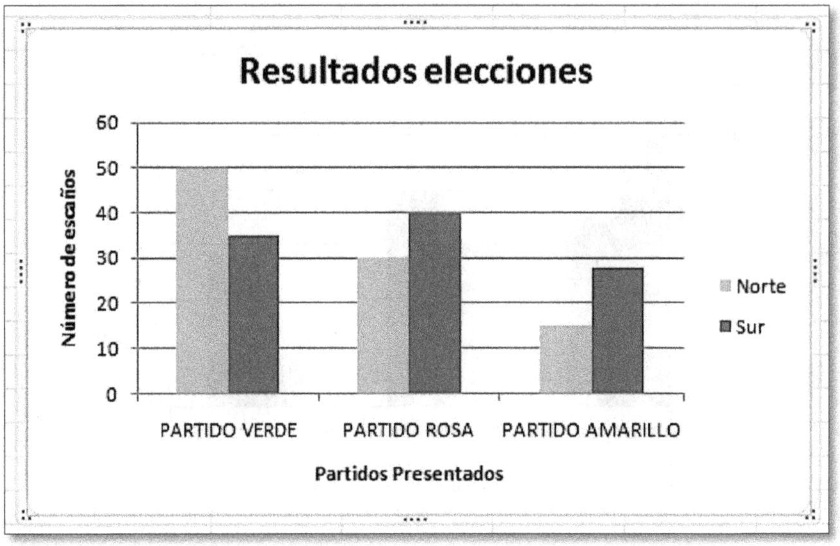

C Mediante **Herramientas de gráficos > Diseño** podremos modificar rápidamente el gráfico en sí (el tipo, disposición de los datos, el diseño, el estilo, etc.).

Pruebe a cambiar el estilo del gráfico con los **estilos de diseño** predefinidos.

D En **Herramientas de gráficos > Formato** encontramos las opciones para modificar individualmente cada elemento del gráfico: el área de trazado, la del gráfico, los rótulos, ...

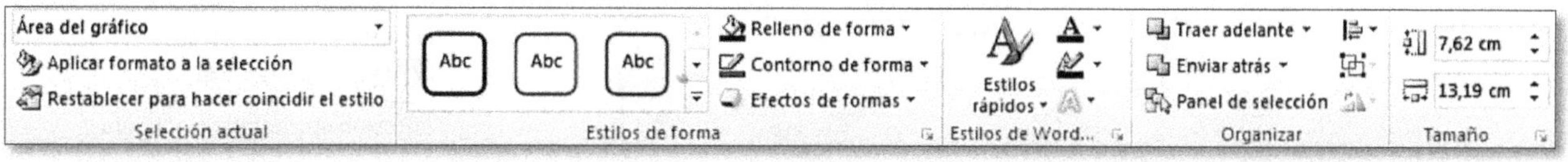

Para cambiar el **formato** de un elemento concreto hay que **seleccionarlo**, lo cual podemos hacer directamente clicando sobre él o desplegando la casilla **Elementos del gráfico** en el grupo **Selección actual**.

Una vez seleccionado accederemos a los grupos **Estilos de forma** y/o **Estilos de WordArt**.

Si necesitamos más opciones, elegiremos **Aplicar formato a la selección** (grupo **Selección actual**), o bien, con el **menú contextual > Formato de...**

Pruebe a cambiar el formato de algún elemento del gráfico. Siempre podrá recuperar el formato estándar clicando en **Selección actual > Restablecer para hacer coincidir el estilo**.

3.3 Gráficos: insertar y modificar gráfico circular

Los **gráficos circulares** son adecuados para representar el porcentaje que supone cada parte sobre un total, aunque este porcentaje no se haya calculado en la hoja. Aprenderemos sus particularidades este tema.

PRÁCTICA

A Crearemos en la misma hoja un **gráfico circular [Insertar > Gráficos > Circular]**.

En este tipo de gráficos solo puede ser representada **una serie**, es decir, los datos han de estar distribuidos, bien en columnas, bien en filas.

Queremos mostrar los porcentajes del total de escaños de la zona Norte y de la zona Sur. Así pues, seleccionaremos el rango **B3:C3** (los rótulos de las zonas) y, con **Ctrl** pulsado, seleccionaremos los totales de las zonas, **B7:C7**.

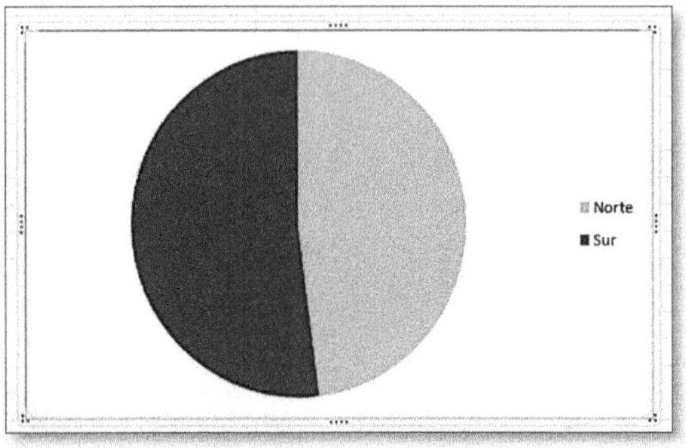

B Mediante **Herramientas de gráficos > Presentación > Etiquetas** añadiremos un **título**.

Desde aquí desactivaremos la **leyenda** y mostraremos el **porcentaje y las categorías** dentro de cada sección clicando en **Etiquetas de datos > Más opciones de la etiqueta de datos > Opciones de etiqueta**.

Aumentaremos la **fuente** y cambiaremos el **color** de las etiquetas de datos.

El gráfico debería quedar, aproximadamente, como sigue:

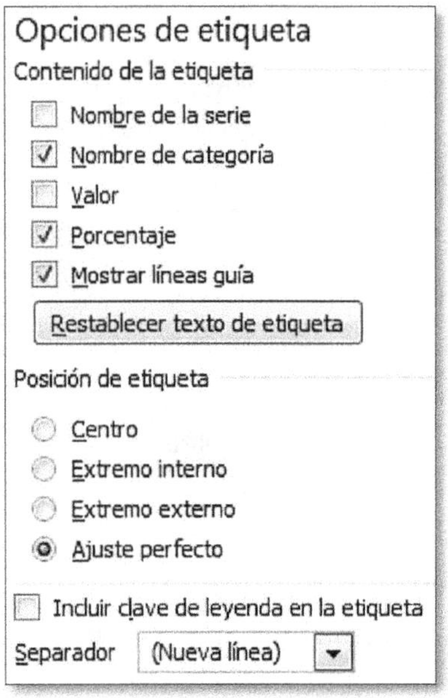

Aunque es mejor saber modificar el diseño para controlarlo y obtener el resultado deseado, también podemos acudir a la ficha **Diseño** y en **Diseños de gráfico** aplicar alguno que se ajuste a nuestras preferencias.

3.4 Gráficos: series de datos

Aquí continuamos practicando el extenso tema de los **gráficos** para comprobar cómo representar y cambiar las **series de datos** en los gráficos de columnas y circulares.

PRÁCTICA

A Configure la tabla mostrada, calcule las cifras en negrita y aplique los formatos mostrados

Para obtener los totales rápidamente, seleccione los datos más las **celdas bajo y a la derecha** de los datos (B3:E7) antes de clicar en el botón de **Suma**.

Cree el gráfico de columnas, con las provincias como **series** de datos.

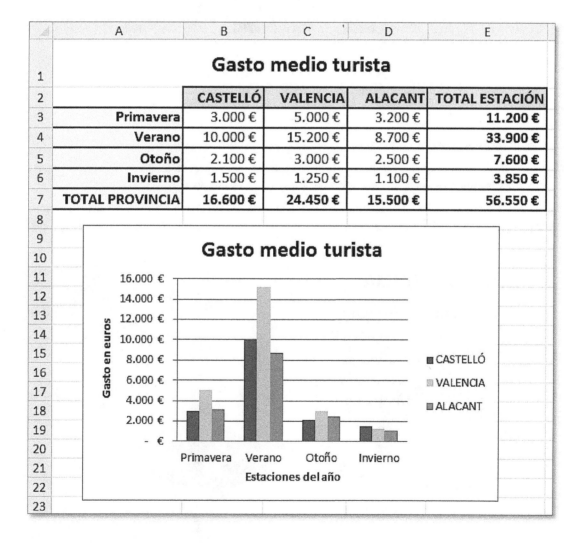

Gasto medio turista

	CASTELLÓ	VALENCIA	ALACANT	TOTAL ESTACIÓN
Primavera	3.000 €	5.000 €	3.200 €	**11.200 €**
Verano	10.000 €	15.200 €	8.700 €	**33.900 €**
Otoño	2.100 €	3.000 €	2.500 €	**7.600 €**
Invierno	1.500 €	1.250 €	1.100 €	**3.850 €**
TOTAL PROVINCIA	**16.600 €**	**24.450 €**	**15.500 €**	**56.550 €**

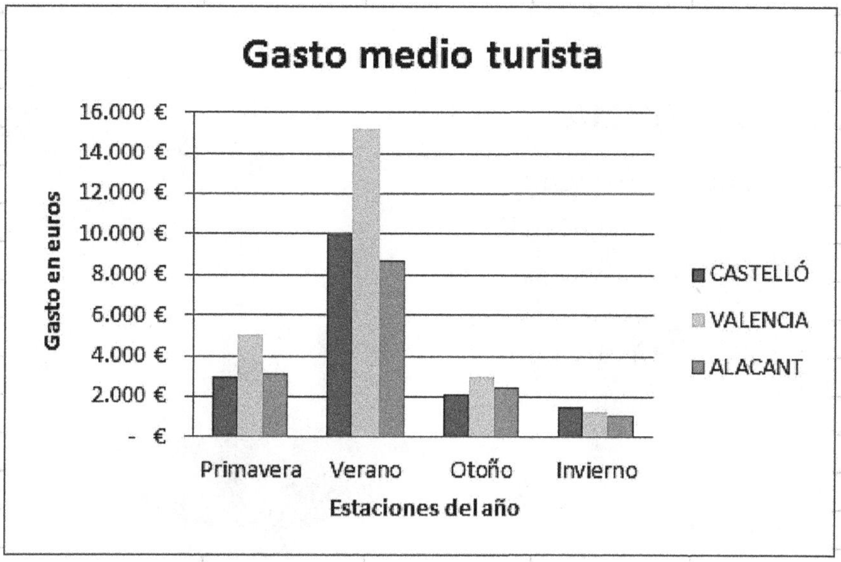

B Inserte un segundo gráfico igual que el primero (o copie el anterior) y modifíquelo para que las **series** sean las estaciones **[Herramientas de gráficos > Diseño > Datos > Cambiar entre filas y columnas]**. De unos formatos similares a los mostrados.

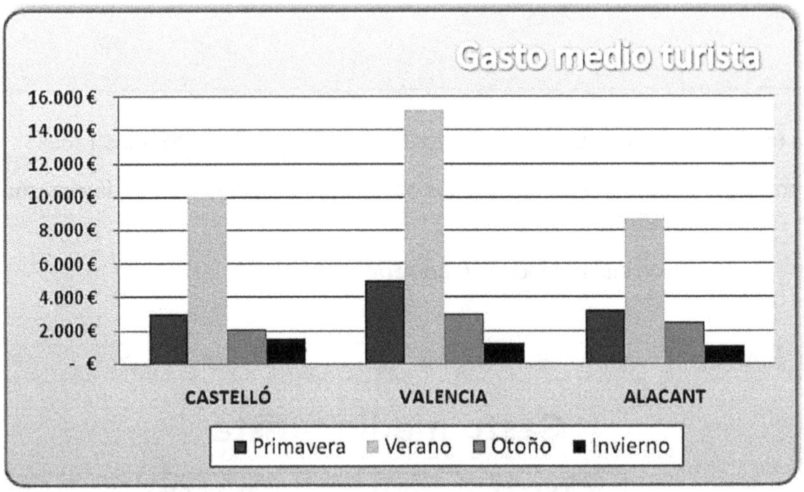

C Inserte dos gráficos circulares:

El primero ha de mostrar la serie de las provincias y sus totales como porcentaje. Cambie su diseño usando la ficha **Diseño > Diseños de gráfico**, y su estilo desde **Diseño > Estilos de diseño**.

El segundo ha de ser **gráfico circular en 3D** que muestre la serie de las estaciones y sus totales como porcentaje. Para separar una sección, clique en el círculo, clique en la sección y arrástrela. Modifíquelo según la muestra.

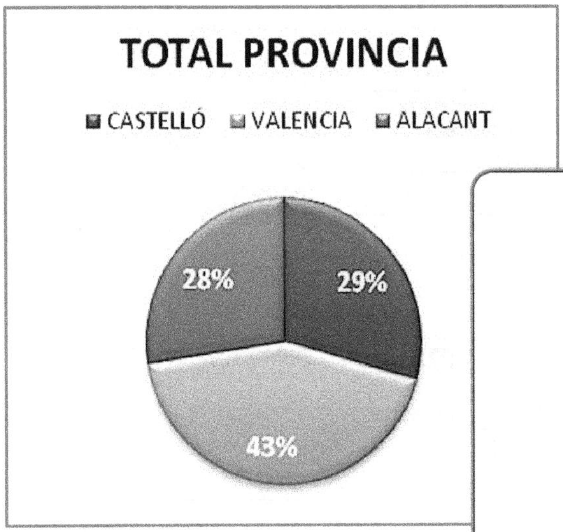

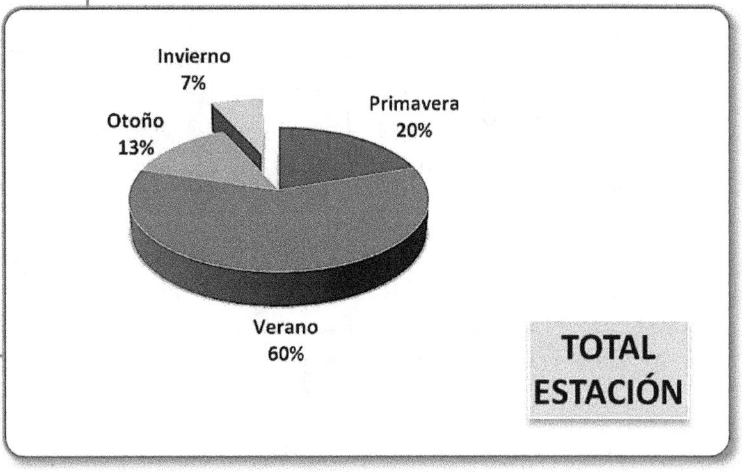

3.5 Configurar página: personalizar encabezado y pie · Imprimir

Retomamos la configuración de la página para aprender a **personalizar el encabezado** y el **pie de página** cuando necesitemos **imprimir** la hoja.

PRÁCTICA

A Configure la página de la hoja del tema anterior **centrada horizontalmente**, con los márgenes y orientación que considere más convenientes para que ocupe **dos páginas [Diseño de página >** menú **Configurar página]**.

B Mediante los botones de **personalizar encabezado** y **pie de página**, consiga que en el encabezado aparezca automáticamente el **nombre de la hoja** a la derecha.

En el pie de página ha de escribir **su nombre** a la izquierda e insertar el **número de página** a la derecha.

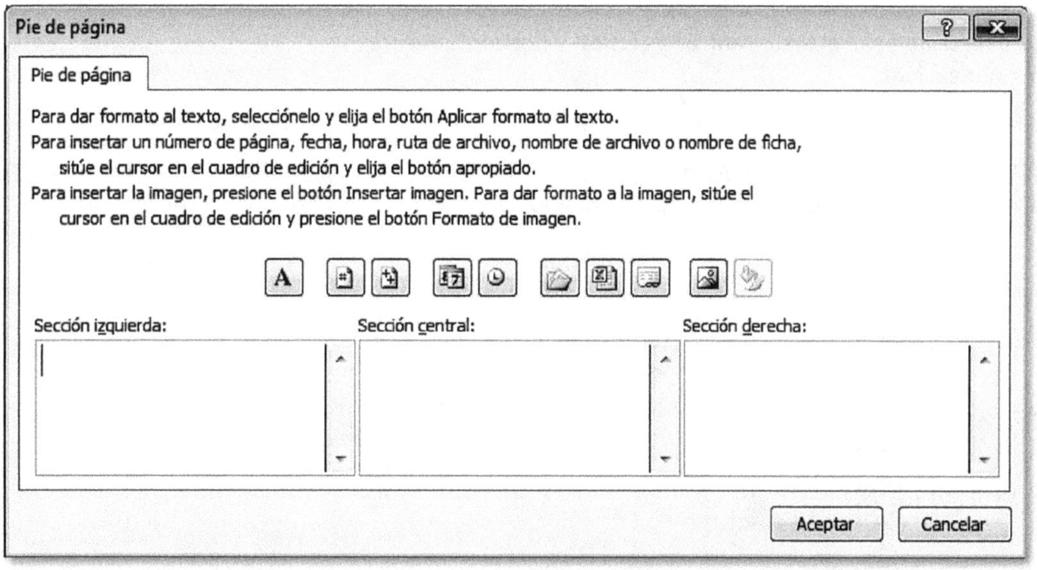

C Compruebe en la **Vista previa de impresión** que se imprimen los datos y gráficos correctamente en **dos páginas**.

Si se selecciona un gráfico, solo se imprimirá el gráfico.

D Al acabar, **imprima la hoja** si lo considera necesario.

3.6 Cuadros de texto e imágenes: insertar, formato y propiedades

Los **cuadros de texto** nos permiten colocar un texto en cualquier parte de la hoja independiente de las celdas.

Las **imágenes** no tienen tanta relevancia en las hojas de cálculo como la tienen en un procesador de texto, no obstante, su inserción puede ser necesaria.

El trabajo con estos dos elementos gráficos es similar a *Word*, pero tienen ciertas particularidades que controlaremos mediante el **formato** y las **propiedades**.

PRÁCTICA

A Configure la tabla del final aplicando los formatos mostrados e inserte fórmulas que calculen la columna TOTAL.

El título está en un **cuadro de texto**. Para insertarlo acuda a **Insertar > Texto > Cuadro de texto** y arrastre el puntero de la cruz para darle forma.

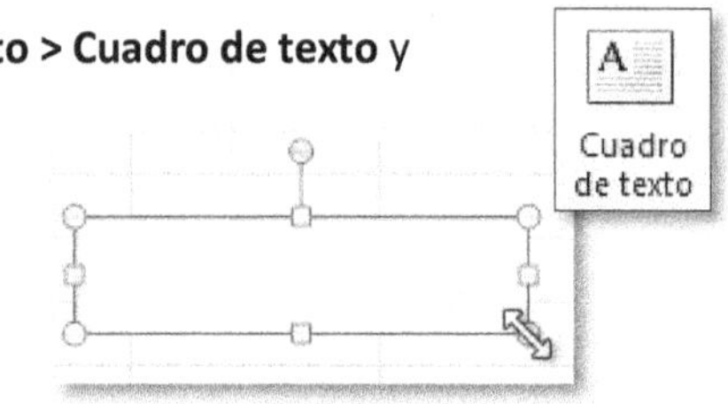

Una vez en la hoja arrastre los **controladores de tamaño** de las esquinas o del centro del recuadro para cambiar su tamaño.

El cuadro de texto tiene el **texto centrado vertical y horizontalmente [Inicio > Alineación]**.

En **Herramientas de dibujo > Formato** puede cambiar su estilo (contorno, relleno, sombra, ...)

Además, debe aplicarle el formato *No mover, ni cambiar tamaño con celdas* con el **menú contextual > Formato de forma > Propiedades**, o bien, **Herramientas de dibujo > Formato >** menú **Tamaño > Propiedades**.

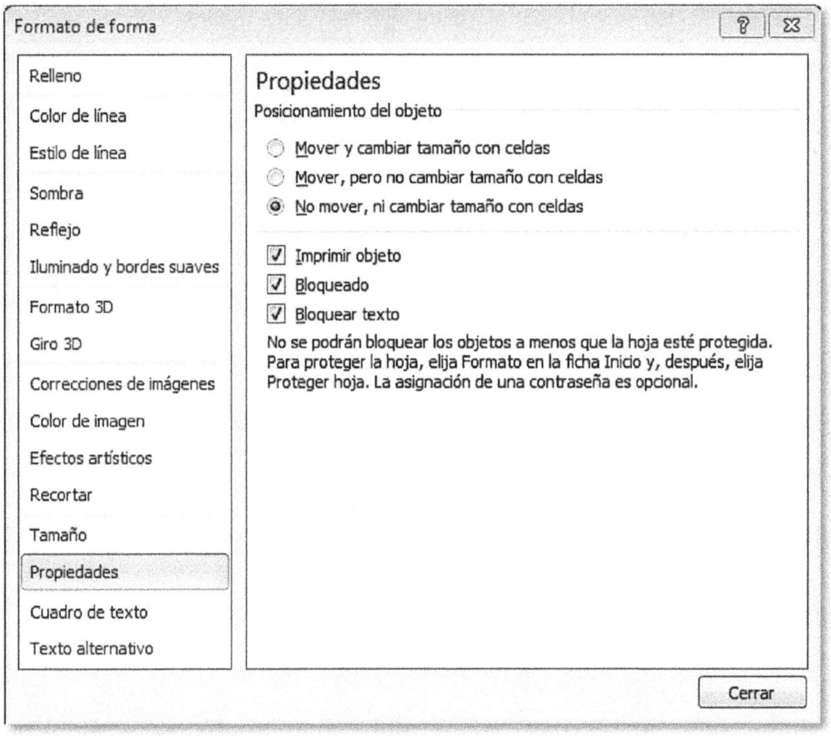

B Inserte la **imagen, MapaEuropa.jpg**, que se encuentra en la carpeta **Archivos Office 2010 - Excel** desde **Insertar > Ilustraciones > Imagen**.

Acuda a **Herramientas de imagen > Formato** para cambiar su estilo.

Aplíquele también el formato *No mover, ni cambiar tamaño con celdas*, con el **menú contextual > Formato de imagen > Propiedades**, tal como hicimos con el cuadro de texto.

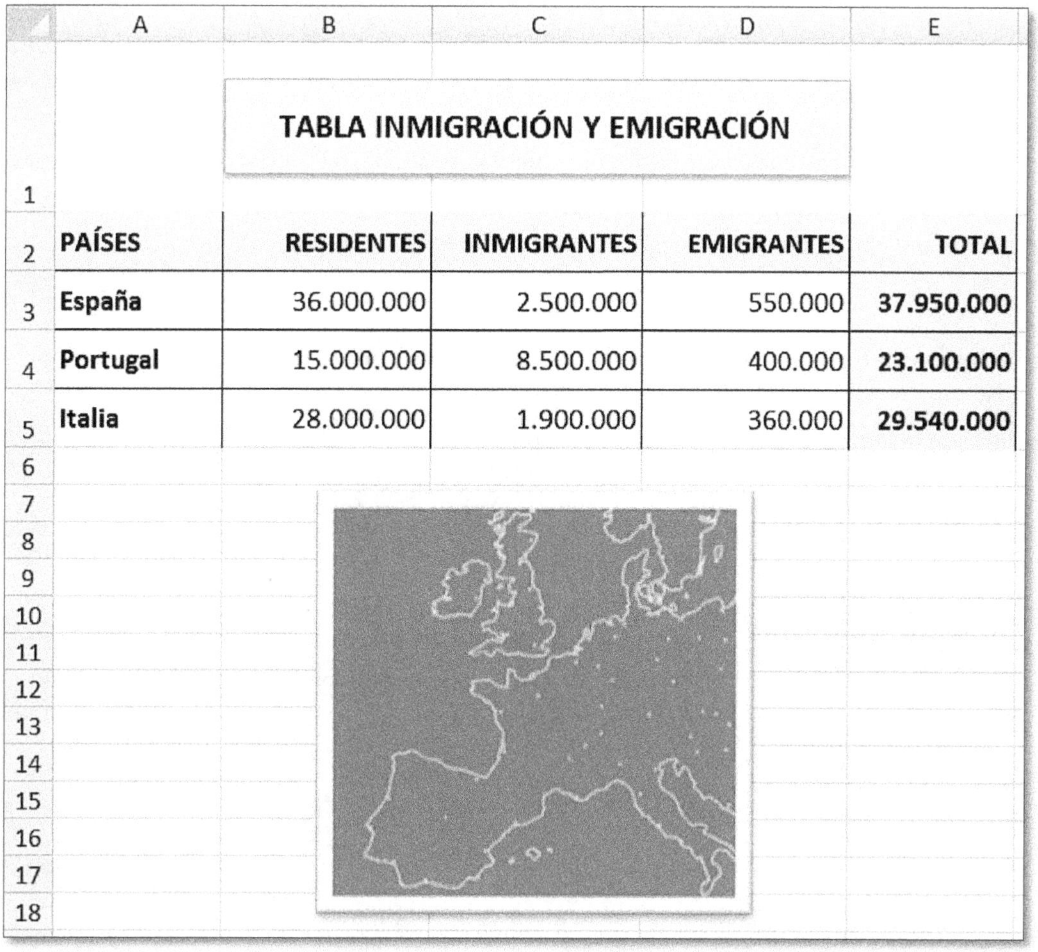

TABLA INMIGRACIÓN Y EMIGRACIÓN

PAÍSES	RESIDENTES	INMIGRANTES	EMIGRANTES	TOTAL
España	36.000.000	2.500.000	550.000	37.950.000
Portugal	15.000.000	8.500.000	400.000	23.100.000
Italia	28.000.000	1.900.000	360.000	29.540.000

NOTA: Las **imágenes** insertadas en las hojas tienen un comportamiento peculiar: si añadimos/eliminamos filas o columnas <u>antes</u> de la imagen, esta **se desplazará** en consonancia, hacia abajo o hacia arriba.

Otros **objetos gráficos**, además, **cambiarán automáticamente su tamaño** si cambiamos la altura o anchura de las filas o columnas <u>sobre</u> las que se encuentran situados. De ahí que sea muy conveniente conocer los formatos antes descritos.

3.7 Insertar formas · Imágenes prediseñadas · Revisión símbolo %

Otros elementos gráficos disponibles en las hojas de cálculo son las **formas**. En estos dibujos prediseñados podremos insertar texto si son formas cerradas, al igual que lo hacemos en los cuadros de texto.

Las **imágenes prediseñadas** nos las proporciona el programa o las busca en la web de Office.

Accederemos a estos elementos desde **Insertar > Ilustraciones**.

PRÁCTICA

A Realice la factura de abajo teniendo en cuenta que el **descuento** se aplica sobre el precio neto y el **IVA** se aplica al subtotal. Introduzca la **fecha** mediante dígitos separados con barras y luego aplíquele el formato mostrado.

B El membrete está dentro de una **Forma básica [Insertar > Ilustraciones > Formas]** con el **texto centrado** vertical y horizontalmente **[Inicio > Alineación]**.

Para escribir el texto en la forma, simplemente, teclee con la forma seleccionada.

C Inserte la **imagen prediseñada** mostrada **[Insertar > Ilustraciones > Imágenes prediseñadas]**. Dentro del panel busque *diana*.

Cuando localice la imagen, **clique** en ella para insertarla.

Arrastre los **controladores de tamaño** de las esquinas para cambiar su tamaño proporcionalmente.

D Por último, configure la **página** de la manera que le parezca más adecuada para imprimir la factura.

DEPORTES JORDAN

FACTURA		Número: 1254	
	Fecha:	**29 de abril de 2017**	
ARTÍCULO	***CANTIDAD***	***PRECIO***	***TOTAL***
Raquetas de tenis Nadal	25	70,00 €	**1.750,00 €**
Zapatillas Mike	50	55,00 €	**2.750,00 €**
Pelotas baloncesto Gasol	38	30,00 €	**1.140,00 €**
Bolas de golf Masters	10	150,00 €	**1.500,00 €**
	PRECIO NETO:		**7.140,00 €**
	DESCUENTO:	10%	**714,00 €**
	SUBTOTAL:		**6.426,00 €**
	IVA:	21%	**1.349,46 €**
	TOTAL:		**7.775,46 €**
Forma de pago: giro a 30 días			

3.8 Listas y series con el cuadro de llenado · Listas personalizadas

Hemos utilizado el **cuadro de llenado** para copiar fórmulas, sin embargo, tiene otras utilidades: crear **listas**, como los días de la semana, y crear **series** de números y fechas.

Las listas de los días de la semana y los meses están incorporadas en la aplicación, pero *Excel* nos permite crear nuestras propias **listas personalizadas.** Veremos aquí como hacerlo.

PRÁCTICA

A Mediante el **cuadro de llenado** cree las **listas** y **series** que se muestran en la ilustración.

Los datos en negrita son los de partida y el resto ha de aparecer automáticamente al arrastrar el cuadro de llenado hacia la derecha o hacia abajo. Si los datos de partida están en dos celdas, habrá que seleccionar ambas antes de usar el cuadro de llenado.

	A	B	C	D	E	F	G
1	LISTAS						
2	**Días**						
3	**Lunes**	Martes	Miércoles	Jueves	Viernes	Sábado	Domingo
4	**Lun**	Mar	Mié	Jue	Vie	Sáb	Dom
5	**Meses**						
6	**Enero**	Febrero	Marzo	Abril	Mayo	Junio	Julio
7	**Ene**	Feb	Mar	Abr	May	Jun	Jul
8							
9	SERIES						
10	**Números**					**Texto y números**	
11	**1**	**0**	**1º**		**Trim 1**	**1er Trim**	**Zona 1**
12	**2**	**5**	2º		Trim 2	2do Trim	Zona 2
13	3	10	3º		Trim 3	3er Trim	Zona 3
14	4	15	4º		Trim 4	4to Trim	Zona 4
15	**Fechas**						
16	**01/01/2016**		**01/01/2016**				
17	**02/01/2016**		**01/02/2016**				
18	03/01/2016		01/03/2016				
19	04/01/2016		01/04/2016				

NOTA: Para **evitar crear** una serie (o para **crear** una serie simple a partir de un solo dato numérico) hay que pulsar **Ctrl** mientras arrastramos el cuadro de llenado.

B Cree las **listas personalizadas** de abajo accediendo a **Archivo > Opciones > Avanzadas > General > Modificar listas personalizadas**.

La primera lista de los días de la semana en alemán créela en la casilla **Entradas de lista** escribiendo cada entrada separada con una coma o con **Entrar** (Intro).

Pulse en **Agregar** al acabar y compruebe que funciona en la hoja.

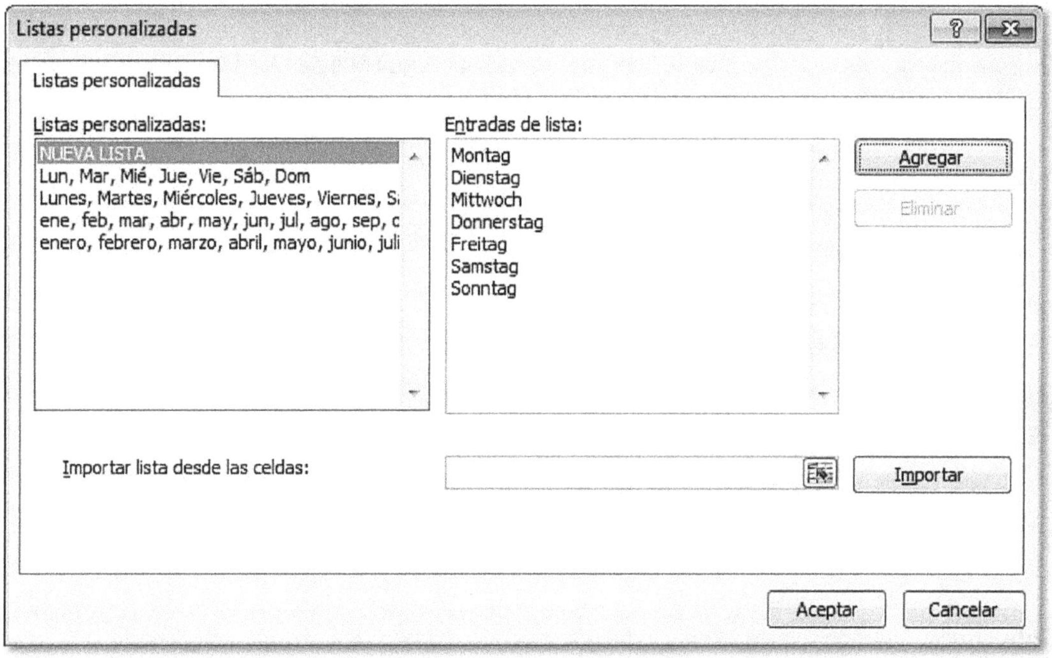

La segunda lista de los días en inglés escríbala en las **celdas de la hoja**, seleccione las celdas y acceda a modificar listas personalizadas.

Impórtela desde el menú y compruebe que funciona en la hoja.

21	LISTAS PERSONALIZADAS		
22	**Montag**		**Monday**
23	Dienstag		Tuesday
24	Mittwoch		Wednesday
25	Donnerstag		Thursday
26	Freitag		Friday
27	Samstag		Saturday
28	Sonntag		Sunday

3.9 WordArt

Con los efectos artísticos del **WordArt** conseguiremos títulos llamativos si nos interesa.

Practicaremos cómo trabajar con este tipo de objeto gráfico.

PRÁCTICA

A En la hoja de la práctica anterior inserte filas en la parte superior para dejar espacio e inserte allí **un objeto WordArt** similar al de abajo **[Insertar > Texto > WordArt]**.

Una vez insertado, use el panel **Estilos de WordArt** en **Herramientas de dibujo > Formato** para cambiar su aspecto.

Cambie la fuente (Calibri, negrita) desde la ficha **Inicio**, seleccionando previamente el WordArt.

Para cambiar su **tamaño**, hágalo como con los otros objetos gráficos vistos anteriormente y para **enfatizar** la forma del WordArt arrastre el **rombo rosado**.

B Inserte otro WordArt de su agrado debajo del anterior con el texto: *con el cuadro de llenado*.

Tenga en cuenta que **según la forma** que haya aplicado, el **tamaño de la fuente** cambiará automáticamente cuando hagamos más grande o más pequeño el WordArt, o bien, habrá que cambiar el tamaño de fuente como si se tratara de un texto en una celda.

3.10 Ocultar elementos de la hoja y de la ventana · Guardar como PDF

La cuadrícula que separa las celdas, los encabezados de columnas (A, B, C, ...) y filas (1, 2, 3, ...), la barra de fórmulas y la cinta de opciones son elementos esenciales para trabajar con el programa. No obstante, si nuestro propósito es mostrar la hoja en pantalla (por ejemplo, un presupuesto a un cliente) podemos **ocultar** estos **elementos** de la **hoja** y de la **ventana** de *Excel*.

Por otra parte, si vamos a distribuir una o más hojas, lo mejor es **guardarlas como PDF**, un formato de archivo estándar en cualquier sistema operativo.

PRÁCTICA

A Oculte las **líneas de cuadrícula**, los **títulos** (encabezados) y **la barra de fórmulas** accediendo a **Vista > Mostrar**.

B Compruebe cómo **minimizar** (ocultar) la cinta de opciones con el **botón ^** (también, con **doble clic en una pestaña** o **Ctrl+F1**).

C Por último, **guarde la hoja como PDF** con el nombre **Listas y series en PDF** en la carpeta **Documentos** o en otra de su elección desde **Archivo > Guardar como > Tipo: PDF (*.pdf)** [o **Archivo > Guardar y enviar > Crear documento PDF/XPS**].

El **botón Opciones** en el cuadro de diálogo nos ofrece más posibilidades de publicación: todo el libro, hojas seleccionadas, etc.

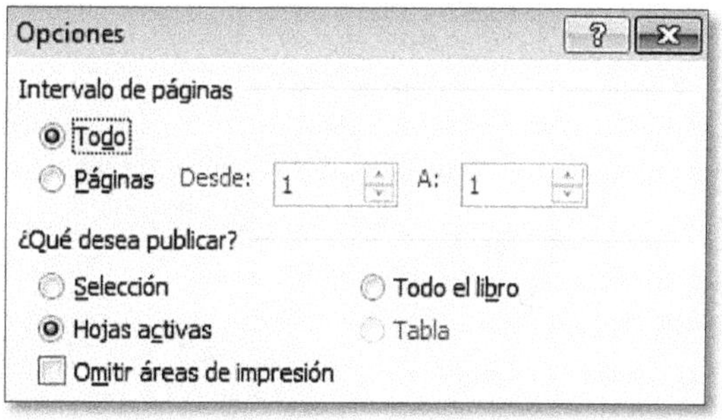

Excel · Módulo 4

TEMAS

4.1 Funciones estadísticas =MIN(), =MAX(), =PROMEDIO() · Gráficos 3D

En este módulo 4 veremos un conjunto de funciones habituales, de las cuales, practicaremos en este tema 3 **funciones estadísticas: =MIN(), =MAX() y =PROMEDIO()**. También retomaremos la inserción de **gráficos**, en este caso en **3D**.

Primero, crearemos un libro nuevo con el nombre de **Prácticas de Excel 2.xlsx** para realizar las prácticas a partir de ahora, si no se indica lo contrario.

PRÁCTICA

A Escriba los datos mostrados y calcule el **total**. A partir de esos datos averigüe cual es la **peor** y la **mejor** venta mediante las funciones estadísticas **=MIN()** y **=MAX()**, respectivamente. Como argumentos deberán llevar el rango de celdas con los valores numéricos.

También hemos de averiguar la cantidad **media** por venta usando la función =**PROMEDIO()**.

NOTA: Para saber más sobre las funciones estadísticas o de otro tipo y sobre su correcta sintaxis, consulte la **ayuda** del programa y fíjese, sobre todo, en los **ejemplos** mostrados en la ventana de la ayuda.

B Realice, asimismo, los **gráficos mostrados** (barras cilíndricas 3D y circular 3D) con unas características similares. Al acabar, oculte las **líneas de la cuadrícula**.

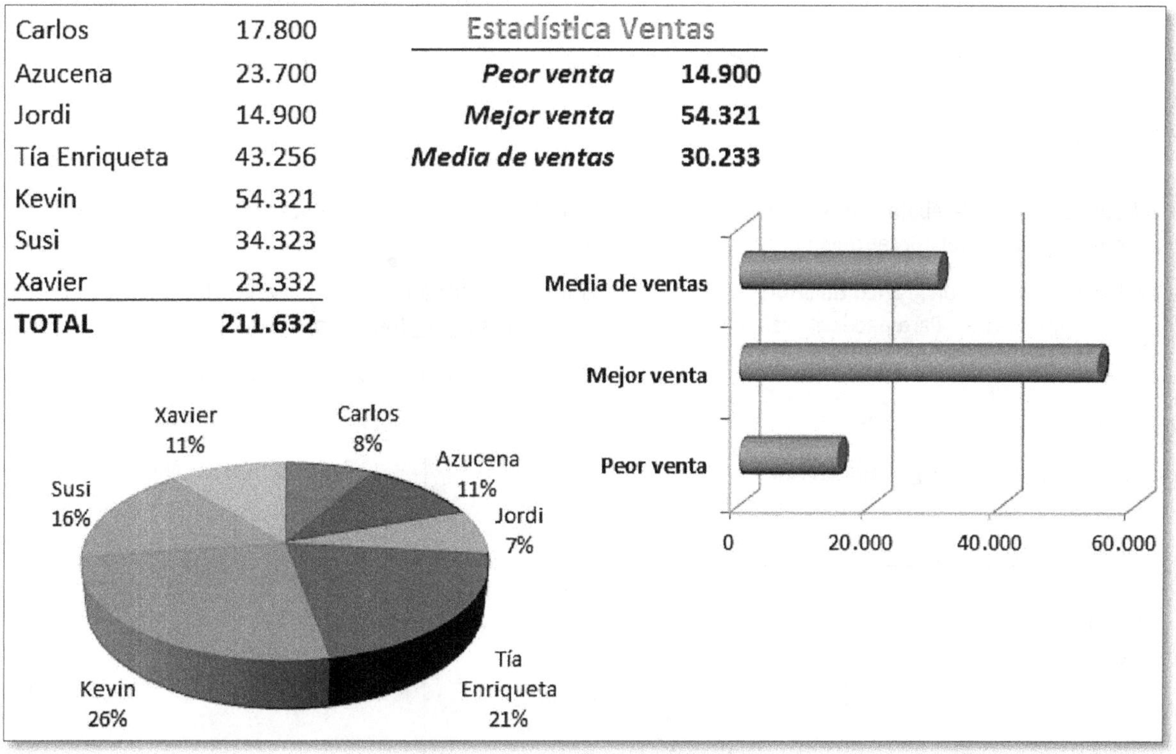

4.2 Referencias absolutas y mixtas · Gráficos: anillo y líneas

Al copiar una fórmula, las referencias que contiene se actualizan para que el resultado no varíe. Por ejemplo, si copiamos =C3*10 a la celda de **abajo**, cambiará a =C**4***10; es decir, aumentará el número porque hemos pasado a la **fila** siguiente. Si la copiamos hacia la **derecha**, cambiará la letra porque hemos pasado a la **columna** siguiente: =**D**3*10

Esto es muy conveniente, ya que, de no hacerlo, deberíamos escribir las fórmulas una a una. Ahora bien, hay ocasiones en que una o más referencias han de permanecer constantes cuando copiamos la fórmula y entonces habremos de recurrir a las referencias **absolutas** o **mixtas**.

Como vemos en la tabla, estas referencias consisten en añadir el **símbolo del dólar $** para fijar la parte de la referencia que no queremos que se actualice al copiar (la letra, el número, o ambos).

REFERENCIA	EJEMPLO	AL COPIAR/MOVER
Relativa	**A7**	Cambia la letra y el número
Absoluta	**$A$7**	No cambia la **letra** ni el **número**
Mixta	**$C3**	No cambia la **letra**
Mixta	**C$3**	No cambia el **número**

NOTA: Si pulsamos la tecla **F4** con el cursor en la referencia cambiaremos automáticamente entre los tres tipos.

Practicaremos, además, en este tema la creación un gráfico de **anillo** y otro de **líneas**.

PRÁCTICA

A Realice la tabla de abajo sobre producción de energía. Utilice **referencias absolutas** (ej. $C$4) o **mixtas** (ej. C$4) en las fórmulas del porcentaje, de manera que al copiarlas con el **cuadro de llenado** den los resultados correctos.

Al acabar inserte un **gráfico de anillo** que muestre los tipos de energía y los megavatios (MW) con sus porcentajes correspondientes. Para hacer el gráfico seleccione Tipo energía y MW (no el porcentaje).

Por último, configure la página para que aparezca **centrada** tanto **horizontal** como **verticalmente**.

Producción energía eléctrica

Tipo energía	MW	Porcentaje
Solar	150	**29%**
Eólica	120	**23%**
Hidráulica	160	**30%**
Térmica	95	**18%**
Total producción	***525***	

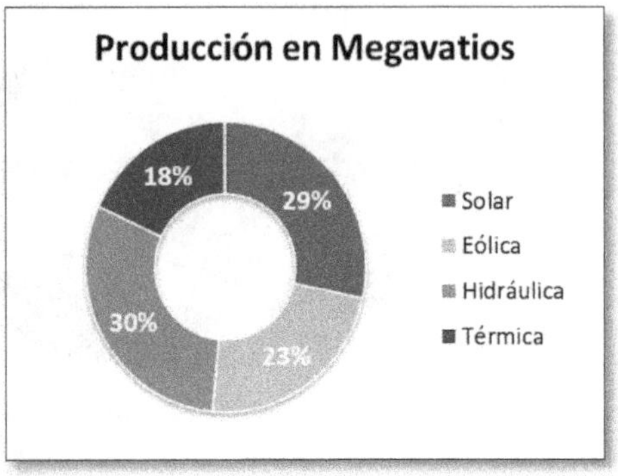

B En otra hoja confeccione la siguiente tabla. Recuerde que debe calcular todas las cifras en **negrita**.

Use el **cuadro de llenado** para crear series (TRIM.1) y para copiar fórmulas.

Introduzca **referencias absolutas** o **mixtas**, donde sea necesario.

Aplique el **estilo porcentual** en las fórmulas cuyos resultados lo requieran.

Realice un **gráfico de líneas** que muestre las ÁREAS como series (leyenda) y los trimestres como categorías en el eje horizontal (no incluya los totales).

NUEVAS LÍNEAS MÓVILES POR TRIMESTRES Y ÁREAS

	NORTE	SUR	ESTE	OESTE	CENTRO	TOTAL	% TRIM
TRIM.1	105	350	295	450	505	**1.705**	***35,01%***
TRIM.2	95	195	215	310	350	**1.165**	***23,92%***
TRIM.3	60	100	170	195	210	**735**	***15,09%***
TRIM.4	120	205	190	340	410	**1.265**	***25,98%***
AÑO	**380**	**850**	**870**	**1.295**	**1.475**	**4.870**	
% ZONA:	***7,80%***	***17,45%***	***17,86%***	***26,59%***	***30,29%***		***100,00%***

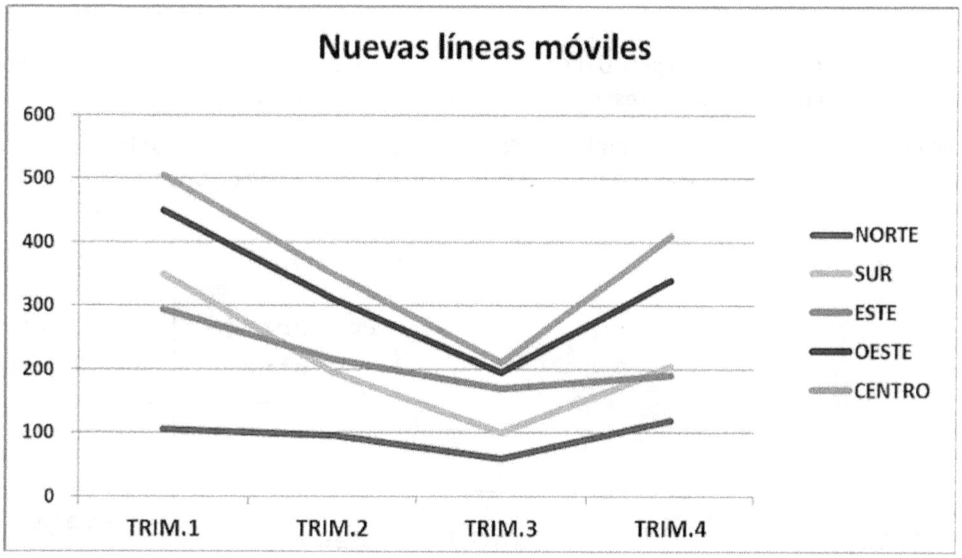

4.3 Dar nombre a celdas

Al **dar nombre a celdas** individuales o rangos de celdas es más sencillo realizar fórmulas complejas y puede sustituir el uso de referencias absolutas o mixtas. Una vez dado el nombre, lo escribiremos en las fórmulas en lugar de la referencia a la celda.

Por ejemplo, si en la hoja de abajo asignamos el nombre **Precio** a la celda **A2** y el nombre **Descuento** a la celda **B2**, la fórmula del total del importe descontado, =A2*B2, podría cambiarse por =Precio*Descuento.

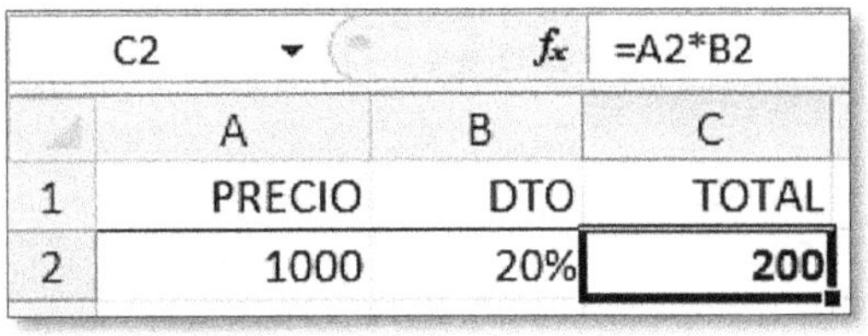
C2 fx =A2*B2

	A	B	C
1	PRECIO	DTO	TOTAL
2	1000	20%	200

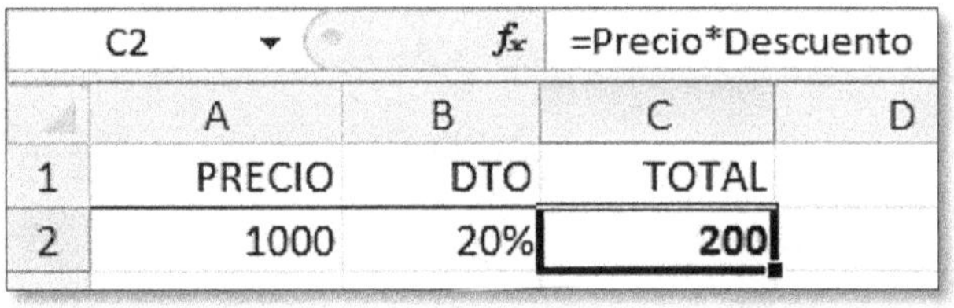
C2 fx =Precio*Descuento

	A	B	C	D
1	PRECIO	DTO	TOTAL	
2	1000	20%	200	

Todas las operaciones referentes a los nombres las controlaremos en **Fórmulas > Nombres Definidos.**

En las prácticas siguientes veremos los procedimientos para asignar y gestionar los nombres de celdas.

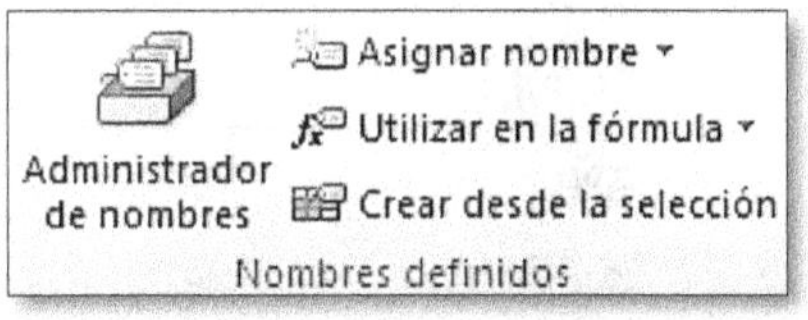

PRÁCTICA

A En el supuesto mostrado, a partir del precio de compra y de los porcentajes de gastos y margen de beneficio, hemos de calcular los importes que corresponden a los gastos, al beneficio y el precio de venta.

En una hoja nueva, a la que daremos el nombre de **Nombres celdas**, confeccionaremos la tabla excepto las columnas con fórmulas, las cuales escribiremos a medida que vayamos asignando nombres a los rangos de celdas.

	A	B	C	D	E
1				**Porcentaje Gastos**	**Margen Beneficio**
2				2%	7%
3					
4	**Código**	**Precio Compra**	**Gastos**	**Beneficio**	**Precio Venta**
5	HP0234	1.200,78 €	**24,02 €**	**84,05 €**	**1.308,85 €**
6	EP0654	3.874,00 €	**77,48 €**	**271,18 €**	**4.222,66 €**
7	AP0942	5.678,50 €	**113,57 €**	**397,50 €**	**6.189,57 €**
8	MS0098	890,67 €	**17,81 €**	**62,35 €**	**970,83 €**
9	MS0117	4.874,00 €	**97,48 €**	**341,18 €**	**5.312,66 €**

B Comenzaremos dando un nombre a la celda **D2**, que contiene el porcentaje que corresponde al gasto. Para ello nos colocaremos en dicha celda y del **menú contextual** elegiremos **Definir > Nombre**. O bien, **Fórmulas > Nombres Definidos > Asignar nombre**.

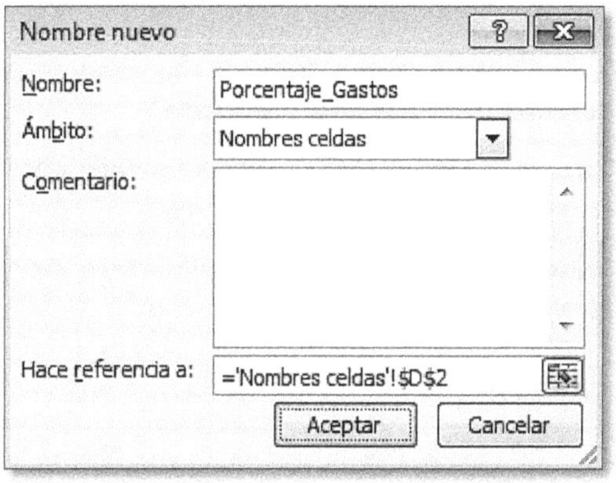

Excel nos propone un nombre, **Porcentaje_Gastos**, ya que tenemos un encabezado para ese dato. Podemos cambiarlo si queremos, pero en esta práctica, dejaremos el propuesto.

El **Ámbito** lo restringiremos a la hoja donde realizamos la práctica, en este ejemplo, **Nombres celdas**. Al hacerlo así, se podrá usar el mismo nombre en otra hoja del libro.

Si el ámbito lo dejamos en **Libro**, siempre que usemos el nombre en alguna fórmula, se referirá al dato de D2 de la hoja **Nombres celdas** y no podremos usar el mismo nombre en otra hoja del libro. Así pues, el ámbito lo estableceremos según necesitemos hacer cálculos en una o más hojas.

Una vez creado el nombre al pulsar **Aceptar**, podremos modificarlo (excepto el ámbito) o eliminarlo desde **Fórmulas > Nombres Definidos > Administrador de nombres**.

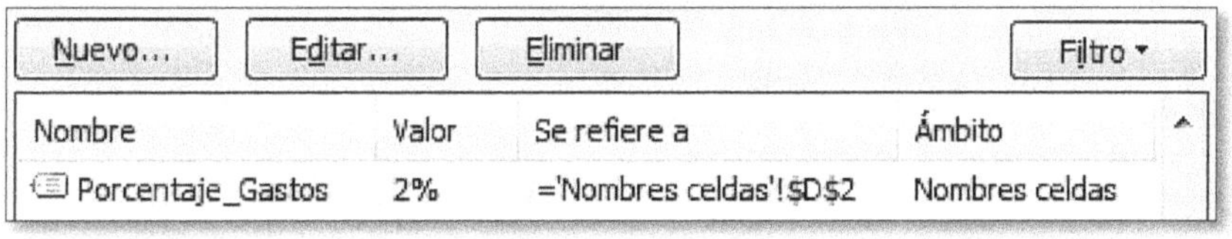

C Repetiremos el proceso con la celda **E2**, eligiendo el nombre propuesto **Margen_Beneficio**.

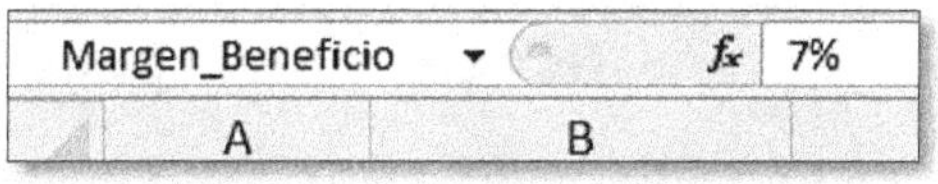

Para dar el nombre a la columna **Precio Compra**, seleccionaremos las celdas que contienen los datos, **B5:B9**.

Veremos que en el **cuadro de nombres** aparecen los nombres dados. De hecho, podríamos asignar nombres escribiéndolos directamente en ese cuadro, pero no podríamos cambiar el ámbito, que sería el predeterminado.

D Ahora, asignaremos nombres a las columnas **Gastos** y **Beneficio**, pero lo haremos de forma distinta: seleccionaremos sus **encabezados junto con el rango** y acudiremos a **Fórmulas > Nombres Definidos > Crear desde la selección** donde indicaremos que recoja los nombres de la fila superior.

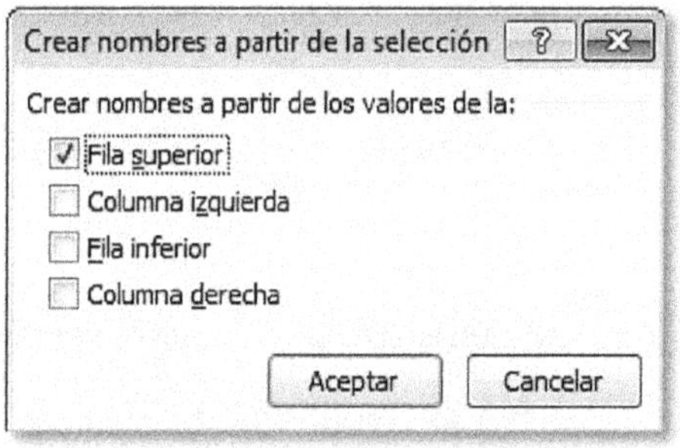

E Por último, solo nos queda introducir las fórmulas con los nombres, en lugar de referencias, y copiarlas. Para ello, escribiremos los nombres tras el signo igual o bien los elegiremos de **Fórmulas > Nombres Definidos > Utilizar en la fórmula**. Hemos de tener en cuenta que la columna **Gastos** es el 2% del precio de compra, **Beneficio** es el 7% del precio de compra y **Precio Venta** es el precio de compra más los gastos y el beneficio.

4.4 Configurar impresión: líneas de la cuadrícula, área de impresión · Vista Diseño de página

Si no queremos molestarnos en aplicar bordes, pero queremos que se impriman podemos activar la opción de **imprimir las líneas de la cuadrícula**.

Otra opción interesante es poder imprimir por defecto una parte determinada de la hoja, un rango de celdas concreto, estableciendo un **área de impresión**.

Presentaremos en este tema la **Vista Diseño de página**, que muestra la hoja dividida en páginas con el encabezado y el pie visibles y accesibles directamente.

PRÁCTICA

A Realice la tabla de abajo con las fuentes Arial 10 y Arial Black 14. Hay que calcular la columna **Total Comisión** y aplicar los formatos de celda mostrados. Dele el nombre **Comisiones 1er Sem** a la hoja.

Para el texto en D3, E3 y F3 puede usar el formato **ajustar texto** o bien, pulsar **Alt+Entrar** para introducir un salto de línea en la celda.

	A	B	C	D	E	F
1	**Liquidación de comisiones 1er Semestre**					
2						
3	**Nombre**	**Apellidos**	**Zona**	**Ventas netas**	**% Comisión**	**Total Comisión**
4	Rodrigo	Rodríguez	Madrid	8.562.000	3,0%	**256.860**
5	Amelia	Otero	Castellón	674.000	19,5%	**131.430**
6	Felisa	Coste	Tarragona	4.191.000	18,0%	**754.380**
7	Arturo	Artero	Salamanca	1.790.000	19,0%	**340.100**
8	Elena	Morado	La Coruña	8.406.000	15,0%	**1.260.900**
9	Leonardo	Flores	Vigo	8.423.000	3,0%	**252.690**
10					**Total**	**2.996.360**

B Desde **Diseño de página** y el menú **Configurar página** configure la página de la hoja de la siguiente manera:

- **Márgenes:** Superior e inferior **2,5**; Izquierdo y derecho **1,5**; Encabezado, Pie de página **1,5**.
- Orientación **Vertical.** Centrada en la página **Horizontal** y **Verticalmente**.
- Active la **impresión** de las **líneas de división**.

Acceda a **Vista previa de impresión** y **active los márgenes** en la vista para observar mejor el cambio.

C Insertaremos el encabezado y pie de página desde la **Vista > Vistas de libro > Diseño de página**.

Habrá que clicar en la zona del encabezado/pie de página y <u>pulsar los botones correspondientes</u> en **Herramientas para encabezado y pie página > Diseño**.

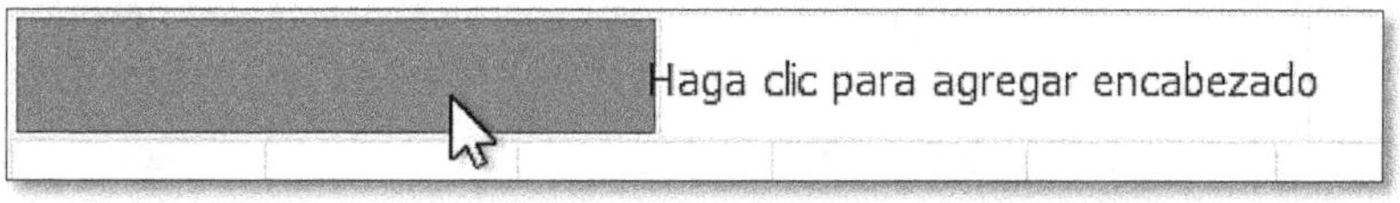

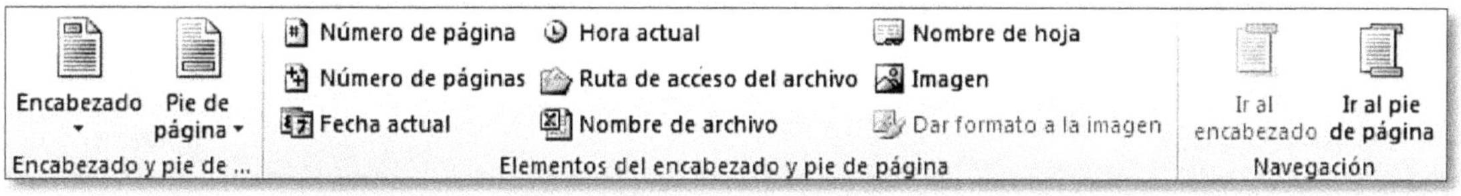

- Estableceremos el **nombre de la hoja** como encabezado en la sección izquierda y la **fecha de impresión** en la sección derecha **[Elementos del encabezado y pie de página]**.
- Estableceremos el **número de página** precedido del texto "Página" como pie de página en la sección central **[Elementos del encabezado y pie de página]**.
- La fuente para el encabezado y el pie debe ser Arial 9 negrita.
- Compruebe en la **Vista previa de impresión** que la hoja consta de **1 página**.

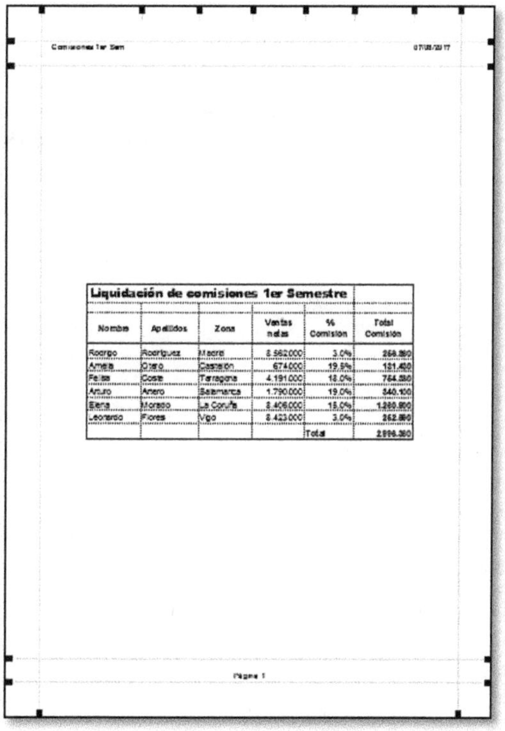

D Establezca un **área de impresión** desde la celda **A3** hasta la celda **D9**: seleccione el rango y active **Diseño de página > Configurar página > Área de impresión > Establecer área de impresión**.

Desactive la impresión de las **líneas de cuadrícula** [menú **Configurar página** o ficha **Diseño de página > Opciones de la hoja > Líneas de la cuadrícula]**.

Desactive también el centrado **vertical** e imprima la hoja (o pase a **Vista previa de impresión** para ver el resultado).

Por último, **borre** el área de impresión establecida.

Comisiones 1er Sem 07/08/2017

Nombre	Apellidos	Zona	Ventas netas
Rodrigo	Rodríguez	Madrid	8.562.000
Amelia	Otero	Castellón	674.000
Felisa	Coste	Tarragona	4.191.000
Arturo	Artero	Salamanca	1.790.000
Elena	Morado	La Coruña	8.406.000
Leonardo	Flores	Vigo	8.423.000

NOTA: El área de impresión queda fijada en la hoja hasta que se borra. Alternativamente, podemos elegir qué parte de la hoja imprimir seleccionando el rango y, al dar la orden de imprimir, marcar **Selección** en el cuadro de diálogo.

4.5 Funciones: lógicas =SI(), estadísticas =PROMEDIO() · Gráficos: modificar eje

Mediante la **función lógica =SI()** comprobamos si el contenido de una celda cumple una determinada **condición**. Según cumpla o no cumpla esa condición, haremos que aparezca un valor u otro en la celda que contiene la función. Ese valor puede ser numérico, una fórmula o un texto. Veamos un ejemplo:

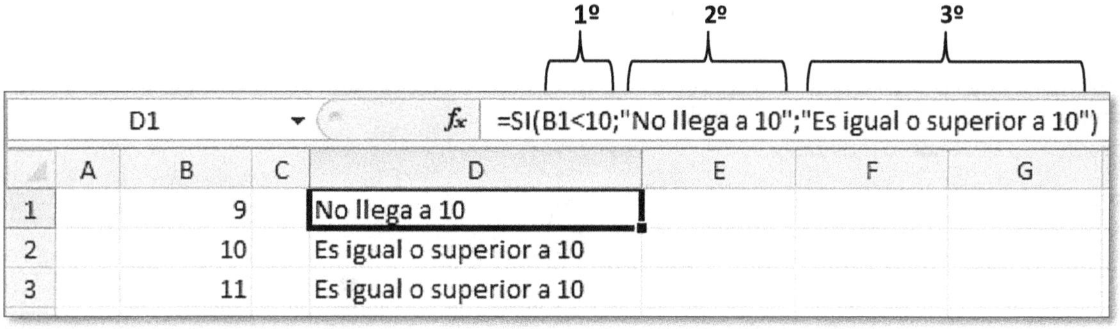

La función consta de **3 argumentos** separados con punto y coma (**;**):

1er argumento - **prueba lógica** que evalúa el contenido de B1 para ver si es menor que 10

2do argumento - valor que queremos mostrar si el resultado de la prueba lógica es **verdadero**: "No llega a 10"

3er argumento - valor que queremos mostrar si el resultado de la prueba lógica es **falso**: "Es igual o superior a 10"

NOTA: El texto que queremos que aparezca en la celda irá siempre entre comillas cuando esté dentro de una función.

En las funciones lógicas usaremos los **operadores de comparación**.

Teniendo en cuenta el significado de estos operadores, la función anterior daría el mismo resultado reformulada como:

=SI(B1>=10; "Es igual o superior a 10"; "No llega a 10"). Veamos un par de ejemplos más:

OPERADOR	SIGNIFICADO
=	Igual a
>	Mayor que
<	Menor que
>=	Mayor o igual que
<=	Menor o igual que
<>	Distinto de

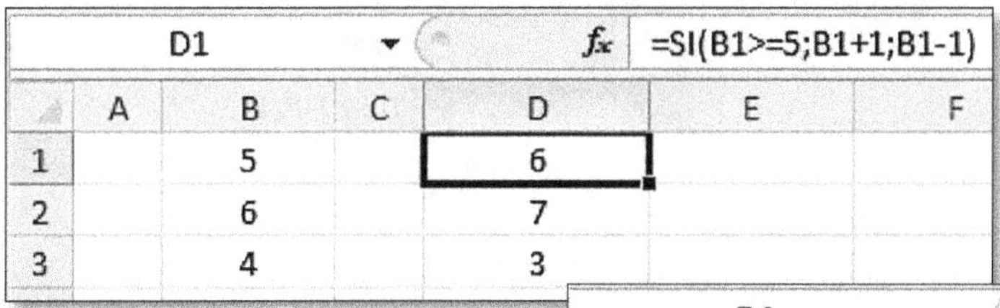
D1
=SI(B1>=5;B1+1;B1-1)
A B C D E F
1 5 6
2 6 7
3 4 3

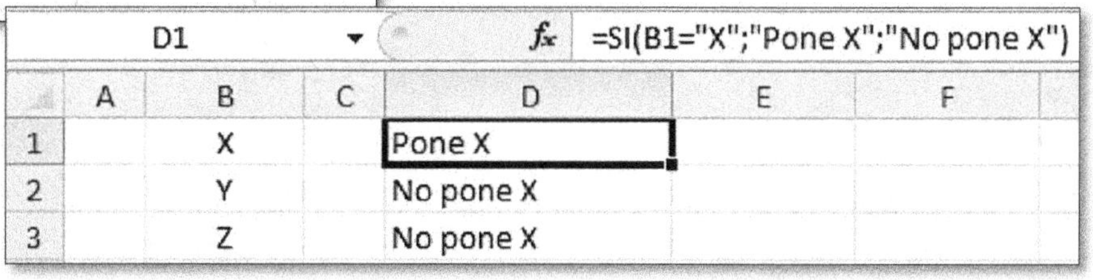
D1
=SI(B1="X";"Pone X";"No pone X")
A B C D E F
1 X Pone X
2 Y No pone X
3 Z No pone X

PRÁCTICA

A Calcularemos la **nota final** hallando la **media** de los tres exámenes de tres alumnos mediante la función estadística =**PROMEDIO()**.

Seguidamente, usaremos la función lógica **=SI()** para obtener la **calificación**, teniendo en cuenta que se suspenderá si la nota final es **menor que 5**.

B Crearemos un gráfico de columnas en el que habrá que **modificar** la escala del eje de valores y su formato de número para que coincida con el mostrado.

Para ello, seleccione el eje y acceda al **menú contextual > Dar formato a eje > Opciones del eje / Número**.

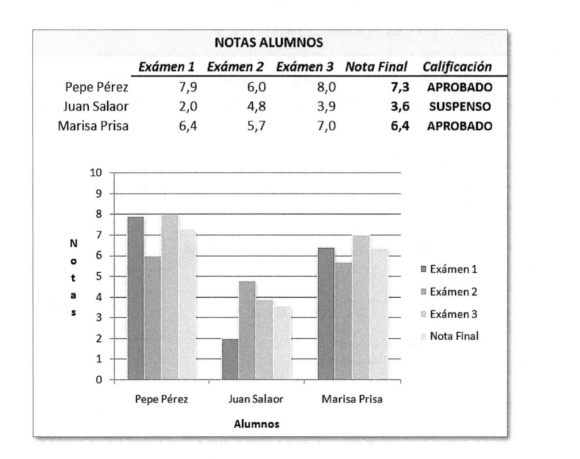

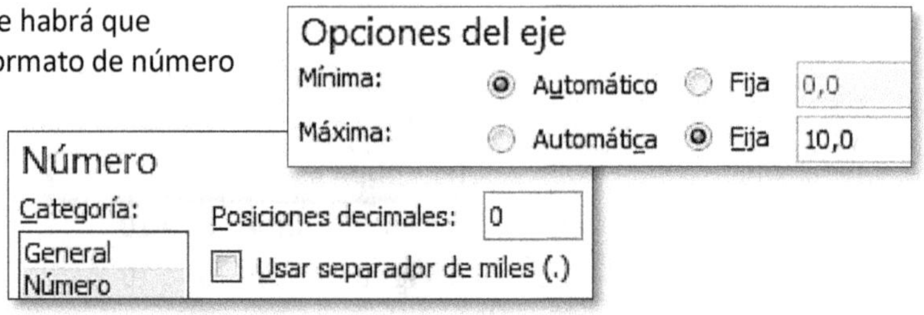

NOTAS ALUMNOS

	Exámen 1	*Exámen 2*	*Exámen 3*	*Nota Final*	*Calificación*
Pepe Pérez	7,9	6,0	8,0	**7,3**	**APROBADO**
Juan Salaor	2,0	4,8	3,9	**3,6**	**SUSPENSO**
Marisa Prisa	6,4	5,7	7,0	**6,4**	**APROBADO**

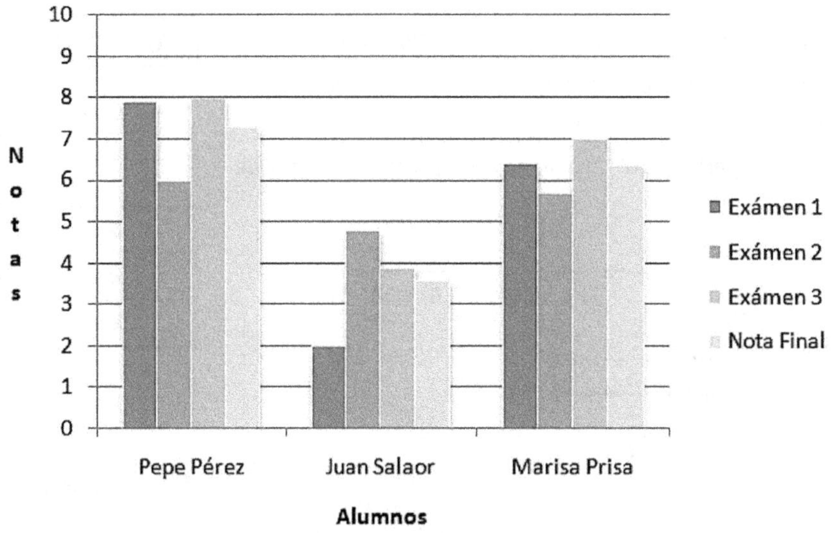

4.6 =SI() anidado

Al introducir una función =SI() dentro de otra función =SI(), podemos evaluar más de un valor.

Este **=SI() anidado** lo colocaremos como 3er argumento, y plantearemos allí otra prueba lógica.

Anidaremos tantas funciones como valores queramos comparar.

PRÁCTICA

A En la misma hoja de la práctica anterior inserte una nueva columna: ***Calificación exacta*** y utilice la función **=SI()** para que cambie el texto de la calificación exacta según la **Nota Final** obtenida.

El baremo y el texto será:

Menor que 5: INSUFICIENTE

5: SUFICIENTE

6: BIEN

7 - 8: NOTABLE

9 - 10: SOBRESALIENTE

Tendrá que **anidar funciones** =**SI()** sucesivas para comparar la nota con los valores del baremo.

La función empezaría, por ejemplo, así

=SI(Nota Final<5;"INSUFICIENTE"**;SI(**Nota Final<6;"SUFICIENTE"**;SI(** ... ... **)))**

***Nota Final** se refiere a la **celda** que contiene la nota final.

Fíjese que hay que abrir un paréntesis con cada SI, pero hay que **cerrarlos** todos **al final**, tantos paréntesis como SI hayamos puesto.

	A	B	C	D	E	F	G
1			**NOTAS ALUMNOS**				
2		***Exámen 1***	***Exámen 2***	***Exámen 3***	***Nota Final***	***Calificación***	***Calificación exacta***
3	Pepe Pérez	7,9	6,0	8,0	**7,3**	**APROBADO**	**NOTABLE**
4	Juan Salaor	2,0	4,8	3,9	**3,6**	**SUSPENSO**	**INSUFICIENTE**
5	Marisa Prisa	6,4	5,7	7,0	**6,4**	**APROBADO**	**BIEN**

4.7 Función =SI() con fórmulas en argumentos · Comentarios

Ahora introduciremos cálculos en lugar de texto en los argumentos de la función lógica **=SI()** para poder elegir entre dos **fórmulas** diferentes, según sea el valor evaluado.

Por otro lado, veremos cómo insertar **comentarios** en celdas que sirvan de ayuda a la persona que utilice la hoja. Estos comentarios aparecerán al colocar el puntero sobre las celdas que los contengan.

PRÁCTICA

A Queremos aplicar un **descuento del 10%** a aquellos pedidos cuya cantidad **exceda las 4 unidades.**

Mediante la función **=SI()** hemos de conseguir que se aplique el descuento correcto en la columna **Importe**. Por tanto, en los argumentos de la función tendremos que escribir una fórmula que refleje el descuento y otra sin él.

Luego, calcularemos el TOTAL SIN IVA, el IVA y el TOTAL CON IVA, según los productos elegidos.

	A	B	C	D
1	**PEDIDOS SOFTWARE**			
2			**Descuento**	10%
3		**Precio**	**Cantidad**	**Importe**
4	Microsoft Office	480,25 €	8	**3.457,80 €**
5	Microsoft Office Mac	375,00 €		**- €**
6	Adobe Creative Suite	1.200,00 €	4	**4.800,00 €**
7	Apple Final Cut Pro	329,00 €		**- €**
8	Ubuntu Linux	6,00 €	20	**108,00 €**
9	OpenOffice	6,00 €	3	**18,00 €**
10	COSTE TOTAL SIN IVA			***8.383,80 €***
11		IVA	21%	***1.760,60 €***
12	COSTE TOTAL CON IVA			***10.144,40 €***

B Mediante el menú contextual o **Revisar > Comentarios** insertaremos **un comentario** en **C3** que muestre *"Solo si la cantidad excede las 4 unidades se aplicará el descuento"* cuando se coloque el puntero encima de esa celda.

Para **modificar** o **eliminar el comentario**, clicaremos en la celda que lo contiene y volveremos a **Revisar > Comentarios.**

		Descuento	10%
	Precio	**Cantidad**	**Importe**
Microsoft Office	480,25 €	8	**3.457,80 €**
Microsoft Office Mac	375,00 €		**- €**

Solo si la cantidad excede las 4 unidades se aplicará el descuento

4.8 Función de búsqueda y referencia =BUSCARV() · Insertar función

La función de **búsqueda y referencia =BUSCARV()** nos permite obtener un valor determinado buscándolo en una lista (rango de celdas) de intervalos previamente configurada. Veremos su correcta sintaxis en este tema e introduciremos el cuadro de diálogo de **insertar función**, que será de utilidad en funciones complejas.

PRÁCTICA

A Configure la hoja mostrada abajo excepto las columnas % RETENCIÓN, TOTAL RETENCIÓN y SUELDO LÍQUIDO.

Mediante la función **=BUSCARV()** hemos de obtener el porcentaje de retención según el sueldo del empleado.

Introdúzcala en **C4** desde **Fórmulas > Insertar función** (o el botón *fx* de la **barra de fórmulas**). Puede buscarla en la categoría de **Búsqueda y referencia**.

En el cuadro de diálogo introduciremos los argumentos:

En **Valor_buscado** la **celda** con el sueldo base del primer empleado, **B4**.

En **Matriz_buscar_en** el **rango de celdas** con la correspondencia entre sueldo y retención **$A$14:$B$18**.

En **Indicador_columnas** el **número de columna** que contiene el dato que queremos buscar, en nuestro caso, el **2**.

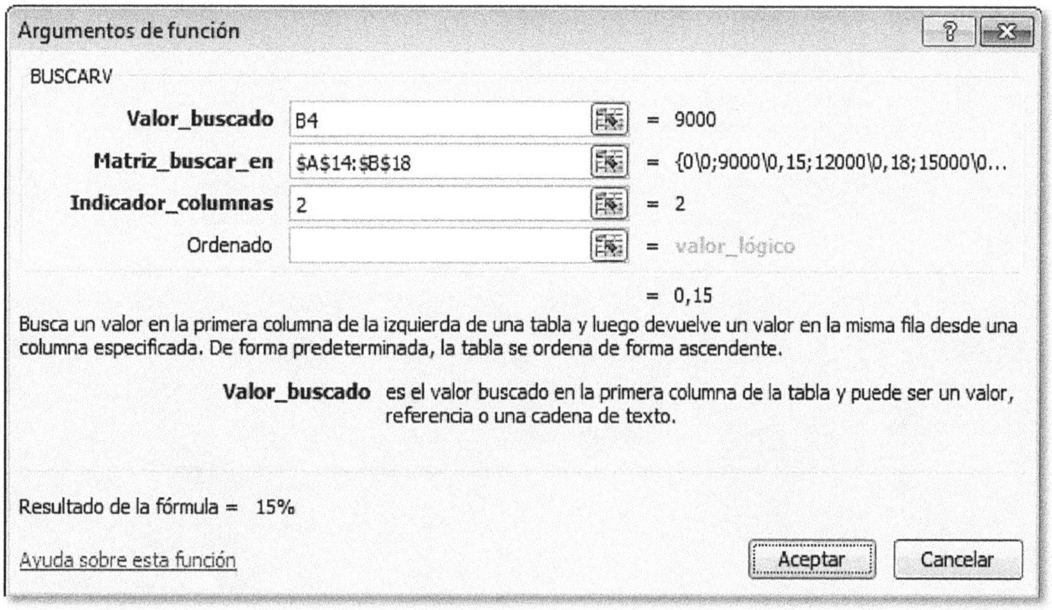

Fíjese cómo van apareciendo los valores a medida que los introduce y cómo se puede comprobar el resultado de la función (abajo, a la izquierda) antes de clicar en **Aceptar** para insertarla.

B Ahora, **copie** la función al resto de celdas y elabore las fórmulas para TOTAL RETENCIÓN y SUELDO LÍQUIDO.

	A	B	C	D	E
1	CÁLCULO DE LA RETENCIÓN DEL IRPF				
2					
3	EMPLEADO	SUELDO BASE	% RETENCIÓN	TOTAL RETENCIÓN	SUELDO LÍQUIDO
4	González, Juan	9.000,00 €	15%	1.350,00 €	7.650,00 €
5	Servet, Miguel	15.500,00 €	20%	3.100,00 €	12.400,00 €
6	Prisa, Marisa	12.100,00 €	18%	2.178,00 €	9.922,00 €
7	Castelló, Susana	8.900,00 €	0%	0,00 €	8.900,00 €
8	García, José	10.520,00 €	15%	1.578,00 €	8.942,00 €
9	Ferrer, Vicente	7.000,00 €	0%	0,00 €	7.000,00 €
10	Picapiedra, Pedro	12.600,00 €	18%	2.268,00 €	10.332,00 €
11	Barceló, Miguel	18.030,00 €	22%	3.966,60 €	14.063,40 €
12					
13	*SUELDO BASE*	*% RETENCIÓN*			
14	0,00 €	0%			
15	9.000,00 €	15%			
16	12.000,00 €	18%			
17	15.000,00 €	20%			
18	17.000,00 €	22%			

4.9 Funciones financieras =PAGO() y =NPER()

Siguiendo nuestro "tour" de las funciones, le toca el turno a las financieras, de las cuales aprenderemos **=PAGO()** y **=NPER()** a partir de los problemas propuestos.

La primera calcula el **importe mensual** a pagar de un préstamo, dado el capital financiado, la tasa anual de interés y el plazo. La segunda, el **número de pagos** a realizar dado el capital financiado, la tasa anual de interés y el pago mensual.

PRÁCTICA

A Hemos decidido pedir un préstamo para adquirir una máquina de realidad virtual que también hace fotocopias y chocolate con churros. Cuesta **285.000 €** y la pagaremos en **5 años** con una tasa de interés anual del **10%**.

Tenemos que calcular el importe del **pago mensual,** para lo cual escribiremos **los datos mencionados** (tasa, plazo y capital) en las celdas correspondientes.

Luego, mediante la ficha **Fórmulas > Insertar función** o el botón fx **de la barra de fórmulas** buscaremos la función **financiera =PAGO().**

En las casillas de los argumentos consignaremos los datos: en **Tasa**, la celda donde está la tasa; en **Nper**, el plazo y en **Va**, el capital. Habrá que modificar dos de estos datos en las mismas casillas del asistente (ver nota).

Tasa de interés	10%
Plazo	5
Capital	285.000 €
PAGO MENSUAL	**-6.055,41 €**

NOTA: En el cuadro de dialogo de insertar función podemos clicar en la celda para introducir la referencia. Recuerde que la **tasa** es por periodo (en este caso, anual), sin embargo, el **pago** ha de ser mensual.

Los dos parámetros *Valor futuro* y *Tipo* son opcionales y no los hemos utilizado.

B El presupuesto estaba equivocado y su precio real es **2.850.000 €.** Como solo podemos pagar **70.000 €** mensuales queremos saber **cuántos pagos** hemos de realizar, es decir, la vida del préstamo.

Calcúlelos mediante **insertar función** y buscando la **función =NPER().**

La tasa es la misma, 10%. Recuerde que el pago es un gasto y se ha de consignar en negativo.

Tasa de interés	10%
Pago	70.000 €
Capital	2.850.000 €
PAGOS A REALIZAR	**50**

4.10 Fórmulas con fechas y horas

Ya vimos, al introducir las funciones, que se puede operar con fechas. Así, pues, dedicaremos este tema a aprender las posibilidades de las **fórmulas con fechas y horas**, resolviendo dos supuestos prácticos.

PRÁCTICA

A Calcule la fecha de presentación de los cuatro informes **quincenales** a partir de la **fecha de inicio** del proyecto: sume 15 a la fecha inicial para el 1er informe y, luego, súmelo a las fechas sucesivas.

Fecha inicio	*Informes quincenales*	*Fecha presentación*
12-julio-2017	*1er Informe*	**27-julio-2017**
	2do Informe	**11-agosto-2017**
	3er Informe	**26-agosto-2017**
	4to Informe	**12-septiembre-2017**

B Calcule la paga semanal de un trabajador introduciendo el precio de la hora, la hora de entrada y la hora de salida.

Las horas de entrada y salida hay que introducirlas como fecha y hora, por ejemplo, 16/10/17 09:00.

El **total de las horas** trabajadas es la diferencia entre la hora de entrada y la hora de salida con **formato de hora**.

Las **horas en número** es el resultado de **multiplicar** el **total de las horas** por **24**.

					Precio hora
					35,00 €
Día	**Hora entrada**	**Hora salida**	**Total horas**	**Horas en número**	**Paga**
Lunes **M**	***16/10/17 09:00***	***16/10/17 12:00***	**3:00**	**3,00**	**105,00 €**
Lunes **T**	***16/10/17 15:00***	***16/10/17 19:00***	**4:00**	**4,00**	**140,00 €**
Martes **M**	***17/10/17 08:45***	***17/10/17 13:15***	**4:30**	**4,50**	**157,50 €**
Martes **T**	***17/10/17 15:30***	***17/10/17 21:15***	**5:45**	**5,75**	**201,25 €**
Miércoles **M**			**0:00**	**0,00**	**0,00 €**
Miércoles **T**	***18/10/17 15:25***	***18/10/17 20:40***	**5:15**	**5,25**	**183,75 €**
Jueves **M**	***19/10/17 08:20***	***19/10/17 13:05***	**4:45**	**4,75**	**166,25 €**
Jueves **T**			**0:00**	**0,00**	**0,00 €**
Viernes **M**	***20/10/17 09:30***	***20/10/17 14:00***	**4:30**	**4,50**	**157,50 €**
Viernes **T**			**0:00**	**0,00**	**0.00 €**
				TOTAL SEMANA:	**1.111,25 €**

4.11 Función de texto =CONCATENAR() · Operador & · Pegado especial: Valores y Trasponer

Las funciones de texto tal vez no tengan tanta relevancia en un entorno de cálculo, pero al menos deberíamos conocer **=CONCATENAR()** y el **operador** de texto **&**, por si alguna vez nos son de utilidad. =CONCATENAR(A2;B2) equivale a =A2&B2, es decir, unir el contenido de la celda A2 al de la celda B2.

El **menú** del botón **Pegar** nos ofrece varias opciones al pegar las celdas copiadas. Por ejemplo, nos permite pegar los **valores** que arrojan las fórmulas copiadas, en lugar de las fórmulas en sí mismas.

También conseguimos **trasponer** un rango de celdas copiado, es decir, si los datos estaban dispuestos en una fila, quedarán dispuestos en una columna y viceversa.

El cuadro de diálogo **Pegado especial** nos amplía las opciones.

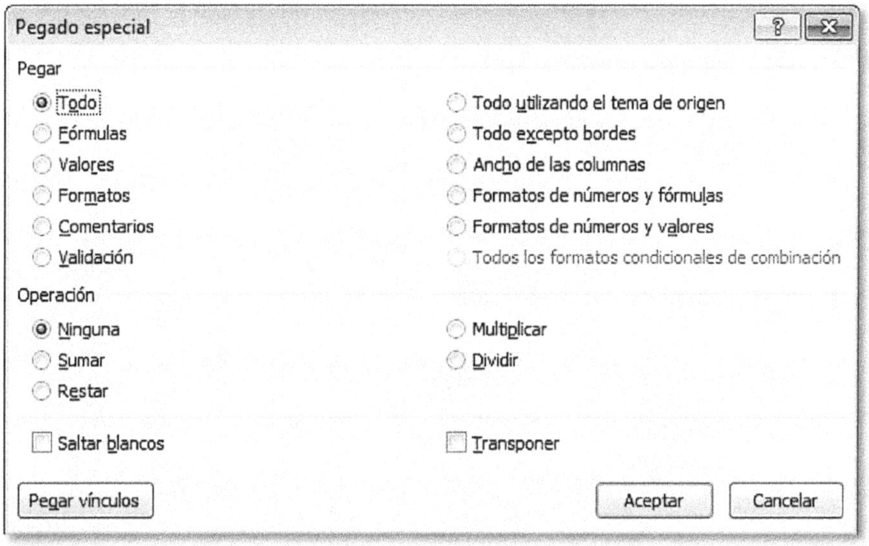

PRÁCTICA

A Mediante la función **=CONCATENAR()** o el operador de texto **&**, consiga que el nombre y el apellido aparezcan juntos y por ese orden en la tercera columna. Recuerde que el espacio también es un carácter e irá entre comillas.

Apellido	Nombre	Nombre y Apellido
Picasso	Pablo	**Pablo Picasso**
Shakespeare	William	**William Shakespeare**
Herrera	Lola	**Lola Herrera**
Grandes	Almudena	**Almudena Grandes**
Bowie	David	**David Bowie**

B A continuación, queremos que desaparezcan las dos primeras columnas y que quede **solamente la tercera**. Pero no podemos eliminarlas porque contienen los datos. ¿Qué podemos hacer?

La solución vendrá de las opciones dentro del menú del botón **Pegar**. Copiaremos la tercera columna y al pegarla al lado usaremos la opción **Pegar valores**. Luego, podremos eliminar las tres primeras columnas sin peligro de perder los datos.

Nombre y Apellido
Pablo Picasso
William Shakespeare
Lola Herrera
Almudena Grandes
David Bowie

C Escriba las profesiones de las personas anteriores en **una fila** debajo de la lista:

Pintor	Dramaturgo	Actriz	Novelista	Músico

El problema, ahora, es que deberían estar en la columna de al lado. Para arreglarlo acudiremos de nuevo a las opciones del botón **Pegar** (o al menú **Pegado especial**) para, una vez copiado el rango con las profesiones, pegarlo junto a los nombres eligiendo la opción **Trasponer**.

Nombre y Apellido	Profesión
Pablo Picasso	Pintor
William Shakespeare	Dramaturgo
Lola Herrera	Actriz
Almudena Grandes	Novelista
David Bowie	Músico

4.12 Formato condicional

Con el **formato condicional** se aplican efectos gráficos a las celdas según los valores que contengan.

Lo practicaremos usando la hoja de los temas 4.5 y 4.6 para lograr el resultado que aparece al final.

PRÁCTICA

A **Seleccionaremos** las celdas que contienen las **notas de los exámenes** y activaremos **Inicio > Formato condicional > Barras de datos > Más reglas**.

Aquí configuraremos nuestra regla:

- Estilo de formato: **Barra de datos**
- Tipo: **Automático** para la barra más corta y **Número** para la más larga
- Valor: **Automático** para la barra más corta y **10** para la más larga
- Apariencia de la barra: elegiremos la que se prefiramos

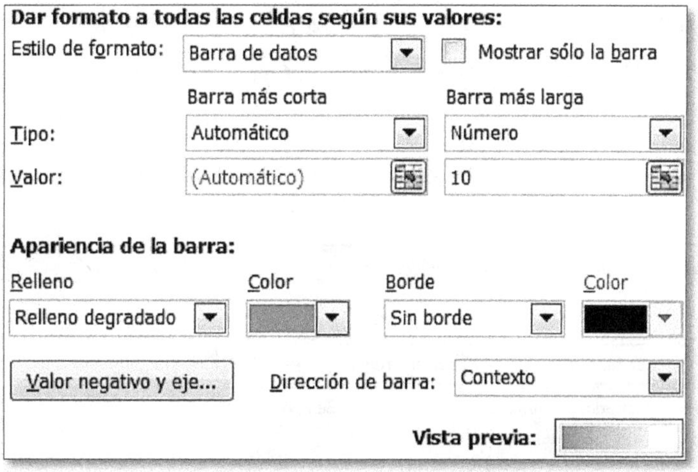

B Aplicaremos un **formato condicional** en el rango de la **Nota Final** para que muestre un icono distinto según la nota.

Desde **Inicio > Formato condicional > Conjunto de iconos > Más reglas** estableceremos:

- Estilo de formato: **Conjunto de iconos**
- Estilo de icono: **Personalizada**
- Elegiremos un icono de **flecha arriba** cuando el valor es **>= 5**, icono de **flecha abajo** cuando es **<5** y sin icono cuando es **<0**.

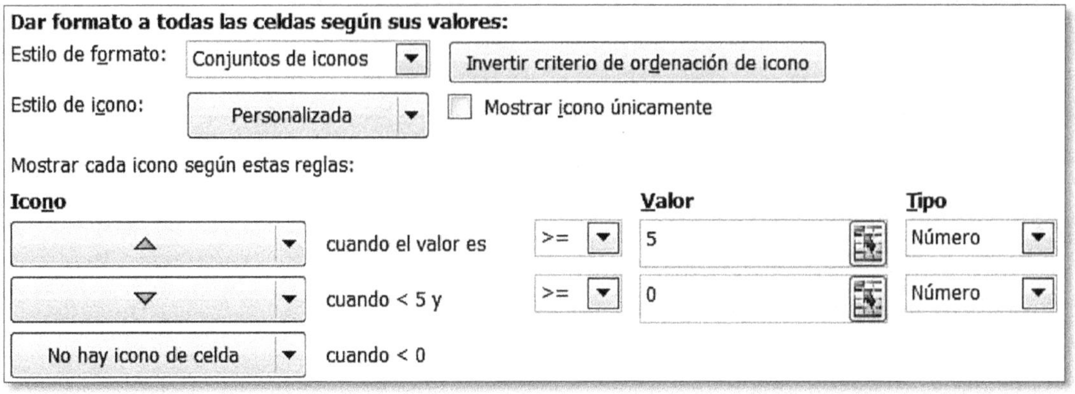

C El resultado final debería ser el mostrado abajo.

	Exámen 1	Exámen 2	Exámen 3	Nota Final
Pepe Pérez	7,9	6,0	8,0 △	7,3
Juan Salaor	2,0	4,8	3,9 ▽	3,6
Marisa Prisa	6,4	5,7	7,0 △	6,4

Para eliminar o editar las reglas creadas, lo haremos desde **Inicio > Formato condicional > Administrar reglas**.

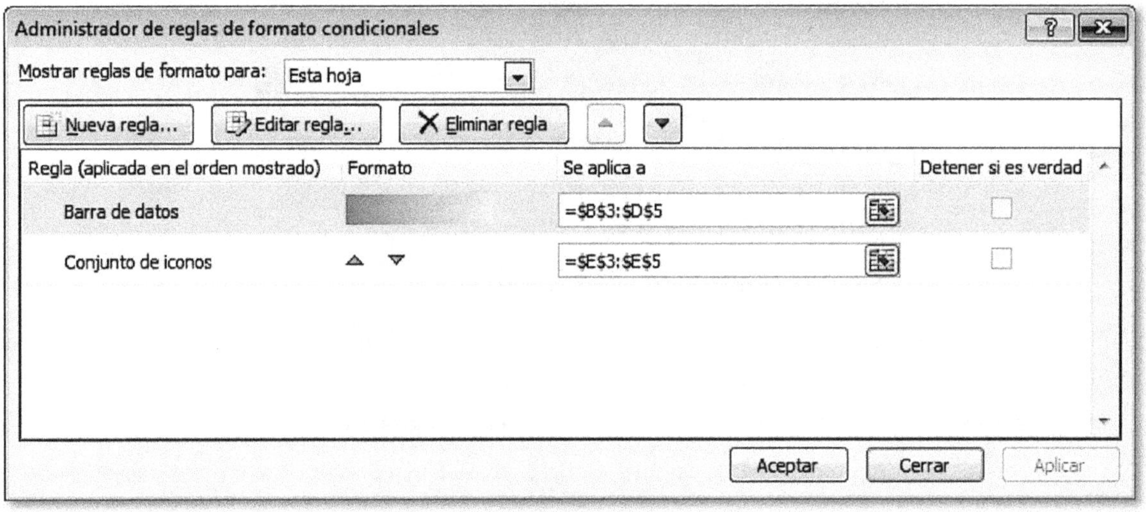

4.13 Hojas: copiar y mover en el mismo y en distinto libro, eliminar

Las hojas de cálculo se pueden **copiar** y **mover** dentro del mismo libro o entre libros. Al copiar la hoja entera duplicaremos, no solamente su contenido, sino cualquier configuración que hayamos establecido: márgenes, encabezado/pie, opciones de impresión, etc.

PRÁCTICA

A **Copie la hoja** de la práctica anterior dentro del mismo libro mediante el **menú contextual** de la etiqueta de la hoja > **Mover o copiar**, seleccionando **Crear una copia**.

Alternativamente, puede pulsar **Ctrl** y **arrastrar** la etiqueta.

B Luego, **elimine** la copia también con el menú contextual o desde **Inicio > Celdas >** menú **Eliminar > Eliminar hoja**. Una hoja eliminada no se puede recuperar.

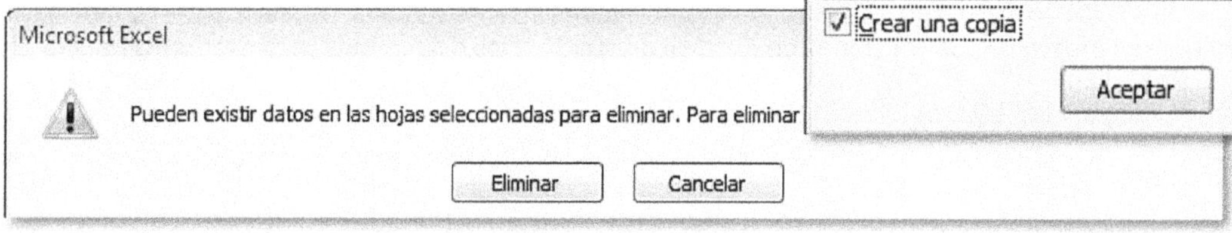

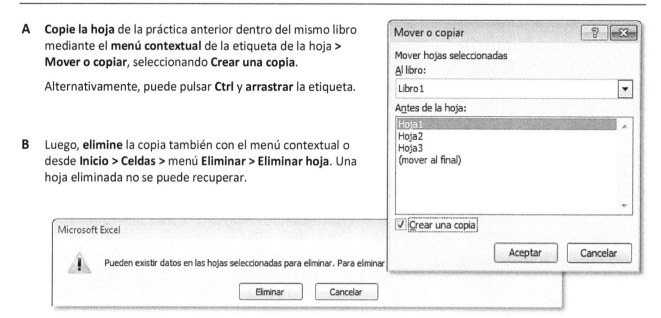

C **Mueva** la hoja al inicio del libro **arrastrando su etiqueta** o con el procedimiento anterior: **menú contextual** de la etiqueta de la hoja > **Mover o copiar**.

D Cree otro libro **[Archivo > Nuevo > Libro en blanco > Crear]** y **copie la misma hoja** a ese libro nuevo.

Guarde el libro nuevo con el nombre de **Formato condicional.xlsx**.

NOTA: Una opción útil para trabajar con dos libros a la vez es **Organizar todo** de la ficha **Vista**.

E Por último, guarde y cierre ambos libros.

4.14 Libros: actualizar *.xls, organizar ventanas · Hojas: seleccionar y agrupar

Continuando con el tema del trabajo con libros y hojas, veremos varias opciones útiles cuando tenemos que manejar más de una hoja o más de un libro.

En primer lugar, hemos de saber que el antiguo formato de los archivos de *Excel*, ***.xls**, es compatible con esta versión y es posible trabajar en un libro manteniendo el formato anterior. No obstante, para aprovechar todas las características, es conveniente actualizarlo guardándolo como***.xlsx**.

Si hemos de trasladar o copiar hojas entre libros, o comparar su contenido, podemos **organizar sus ventanas** dentro de la ventana de *Excel* para verlos todos a la vez.

Cuando tengamos que realizar operaciones que afecten por igual a varias hojas, lo mejor será **seleccionarlas**. El programa considerará esta selección como un **grupo** y los cambios que hagamos en una hoja afectarán a todas las agrupadas.

PRÁCTICA

A Abra el libro **Primer Semestre.xls,** que se encuentra en **Archivos Office 2010 - Excel**.

En la barra de título aparecerá el texto **[Modo de compatibilidad]** tras el nombre del libro ya fue creado con una versión anterior del programa y las opciones de *Excel* se ajustarán a las disponibles para ese formato de archivo.

Guarde el libro en su carpeta con el mismo nombre, pero con el formato **Libro de Excel** (**.xlsx**).

B **Ensanche** la zona de las etiquetas de las hojas, si fuera necesario, de forma que pueda verlas todas: arrastre la intersección con la barra de desplazamiento horizontal.

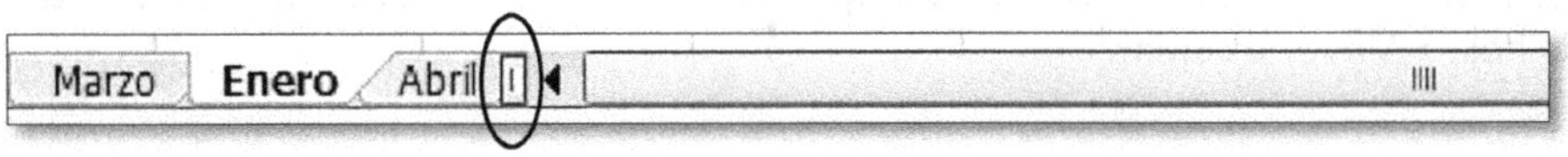

C Como puede comprobar, hay meses que faltan y otros que no deberían estar. Ordenemos los meses de Enero a Septiembre **moviendo** las hojas que sean necesarias.

D Ahora, habrá que **insertar** una hoja nueva entre Enero y Marzo y darle el nombre de Febrero.

E **Cree** un libro nuevo (puede utilizar el atajo del teclado **Ctrl+U**) y **guárdelo** en su carpeta con el nombre de **Segundo Semestre.**

F **Organice las ventanas** de los dos libros abiertos en **horizontal [Vista > Ventana > Organizar todo]**.

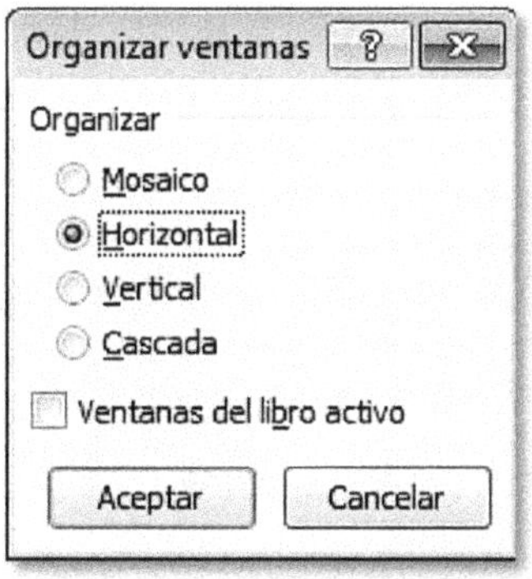

G **Seleccione** las hojas Julio, Agosto y Septiembre (**Ctrl+clic**) de **Primer Semestre** y **cópielas** al principio del libro **Segundo Semestre**.

H **Renombre** las tres hojas siguientes del libro **Segundo Semestre** con el nombre de los tres meses restantes (Octubre, Noviembre y Diciembre).

I **Elimine** las hojas Julio, Agosto y Septiembre del libro **Primer Semestre**.

J **Seleccione** todas las hojas del libro **Primer Semestre** con el **menú contextual > Seleccionar todas las hojas** (o clicando en la primera etiqueta y pulsando **Mayús+clic** en la última).

K **Configure la página del grupo** de hojas en cualquiera de ellas: orientación horizontal, nombre del libro y nombre de la hoja en el encabezado.

L **Escriba** en A1 "Práctica selección hojas".

M **Desagrupe** las hojas **[menú contextual > Desagrupar hojas]** y compruebe que tanto la configuración de página como el texto escrito aparecen en todas las hojas.

N Repita la operación anterior con el libro **Segundo Semestre**.

Excel · Módulo 5

TEMAS

5.1 Ocultar columnas y filas · Inmovilizar paneles

Al utilizar *Excel* como base de datos nos podemos encontrar con muchas columnas y filas repletas de contenido. Si necesitamos mostrar o imprimir unas columnas (o filas) concretas, tenemos la opción de **ocultar** el resto.

Para gestionar los datos de tablas extensas es prácticamente imprescindible **inmovilizar paneles**, es decir, dejar fijas ciertas **filas** (normalmente, la primera) para que, al desplazarnos hacia **abajo**, no perdamos de vista los encabezados.

Igualmente, si fijamos la(s) primera(s) **columna(s)**, no las perderemos de vista al desplazarnos hacia la **derecha**.

PRÁCTICA

A Cree un libro con el nombre de **Prácticas de Excel - Datos.** Allí confeccione la lista de abajo utilizando la fuente *Calibri 14* (incluya las columnas, pero no es necesario escribir todo el texto).

De un formato de celda a toda la hoja con **alineación vertical superior** y **ajuste de texto.**

Ajuste las columnas para que aparezcan aproximadamente como abajo.

	A	B	C	D	E	F
1	**AÑO**	**PELÍCULA**	**GÉNERO**	**DIRECTOR**	**ESCRITORES**	**ACTORES PRINCIPALES**
2	1968	2001: Una odisea espacial	Ciencia-ficción	Stanley Kubrick	Arthur C. Clarke y Stanley Kubrick	Keir Dullea, Gary Lockwood, William Sylvester
3	1956	El hombre que sabía demasiado	Suspense	Alfred Hitchcock	John Michael Hayes, Angus MacPhail	Doris Day, James Stewart
4	1982	Blade Runner	Ciencia-ficción	Ridley Scott	Philip K. Dick (novela *¿Sueñan los androides con ovejas eléctricas?*)	Harrison Ford, Rutger Hauer, Sean Young, Daryl Hannah
5	1992	Reservoir Dogs	Thriller	Quentin Tarantino	Quentin Tarantino	Harvey Keitel, Tim Roth
6	1951	Extraños en un tren	Suspense	Alfred Hitchcock	Raymond Chandler, Patricia Highsmith (novela)	
7	1960	Psicosis	Suspense	Alfred Hitchcock	Robert Bloch (novela), Joseph Stefano	Anthony Perkins
8	1994	Pulp fiction	Thriller	Quentin Tarantino	Roger Avary, Quentin Tarantino	Tim Roth, Amanda Plummer, John Travolta, Samuel L. Jackson, Uma Thurman, Harvey Keitel, Bruce Willis, Rosanna Arquette

B **Oculte** las columnas ESCRITORES y ACTORES PRINCIPALES mediante el menú contextual de los encabezados de columna, o bien, **Inicio > Celdas > Formato > Ocultar y mostrar**.

Seleccione ambas para ocultarlas a la vez.

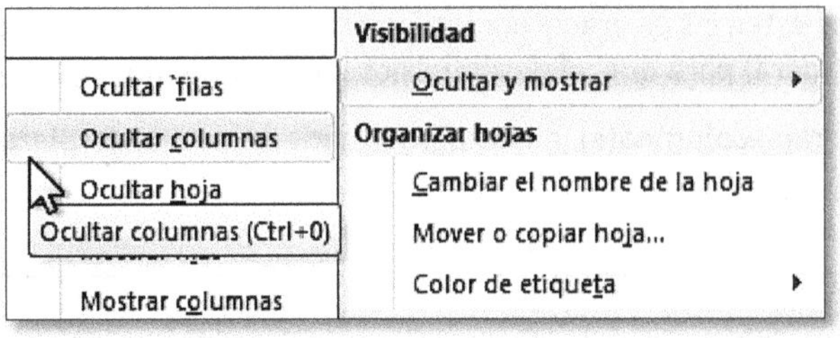

Ahora, **muestre** las columnas ocultas de igual manera, pero seleccionando previamente aquellas entre las cuales están ocultas.

C **Oculte**, y posteriormente **muestre** las **filas 2** y **3** al igual que ha hecho con las columnas en el punto anterior.

Practique estos procedimientos con otras filas y columnas.

D **Inmovilice** la primera fila **[Vista > Ventana > Inmovilizar > Inmovilizar fila superior]** y compruebe el resultado desplazándose hacia abajo.

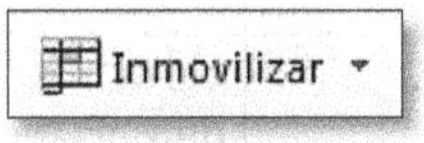

Luego, **movilice** de nuevo la fila desde **Vista > Ventana > Inmovilizar > Movilizar paneles.**

E **Inmovilice** la primera fila y las dos primeras columnas colocándose en **C2** y accediendo a **Vista > Ventana > Inmovilizar > Inmovilizar paneles.**

Compruebe el resultado desplazándose hacia abajo y hacia la derecha (ajuste el zoom a 150% o más para ver mejor el efecto).

NOTA: Cuando damos la orden de inmovilizar paneles, se quedan fijas las **filas** que hay **arriba** de la celda donde nos encontremos y las **columnas** a la **izquierda** de esa celda.

5.2 Ordenar y filtrar datos

Saber **ordenar** y **filtrar** los **datos** de una tabla, especialmente si contiene muchos, es imprescindible. *Excel* tiene las herramientas necesarias al final de la ficha **Inicio** y veremos cómo utilizarlas a través de la práctica siguiente.

PRÁCTICA

A En la lista creada en la práctica anterior, **ordene** la lista por AÑO en forma ascendente. Para ello colóquese en cualquier celda con contenido de la columna A y clique en **Inicio > Modificar > Ordenar y filtrar > Ordenar de menor a mayor**.

NOTA: No seleccione columnas o rangos para ordenar **toda una lista**, a menos que le interese ordenar solamente las columnas o rangos seleccionados.

La ordenación y el filtrado también los conseguimos desde la ficha **Datos**.

B Para ordenar sin estar en una columna concreta, hágalo desde el cuadro de diálogo **Inicio > Modificar > Ordenar y filtrar > Orden personalizado**: ordénela por DIRECTOR, descendente; y luego, hágalo por GÉNERO, ascendente.

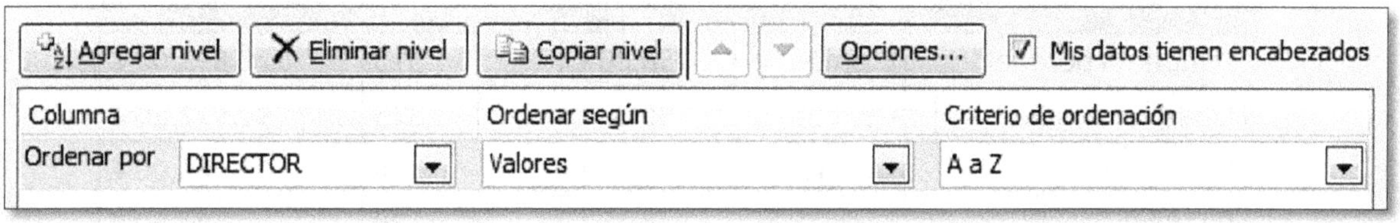

C **Filtre** la lista para aparezcan solo los registros de Alfred Hitchcock **[Inicio > Modificar > Ordenar y filtrar > Filtro >** menú desplegable de encabezado**]**.

D Luego, fíltrela para que aparezcan los de Quentin Tarantino y los de Stanley Kubrick.

E Finalmente, quite todos los filtros **[Inicio > Modificar > Ordenar y filtrar > Borrar]**.

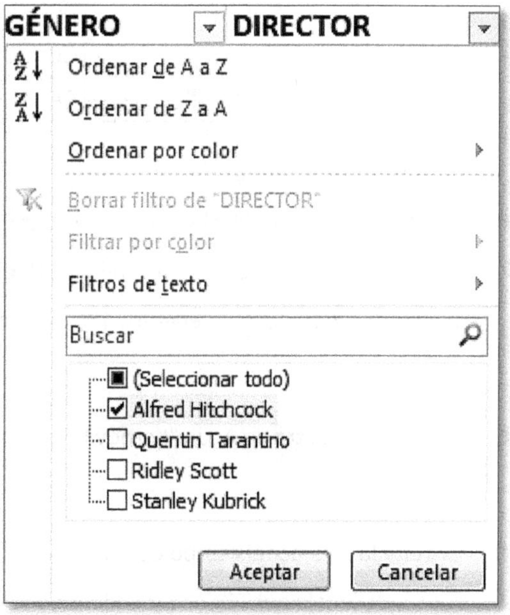

5.3 Gestionar datos de listas y bases de datos: ordenar, filtrar, buscar

Seguimos practicando la **gestión de datos** ampliando las opciones de **ordenación** y **filtrado** e introduciendo la **búsqueda** como una práctica necesaria con grandes volúmenes de datos.

Las herramientas para llevar a cabo estas operaciones las encontramos en **Inicio > Modificar**, como vimos en el tema anterior, y también en **Datos > Ordenar y filtrar**.

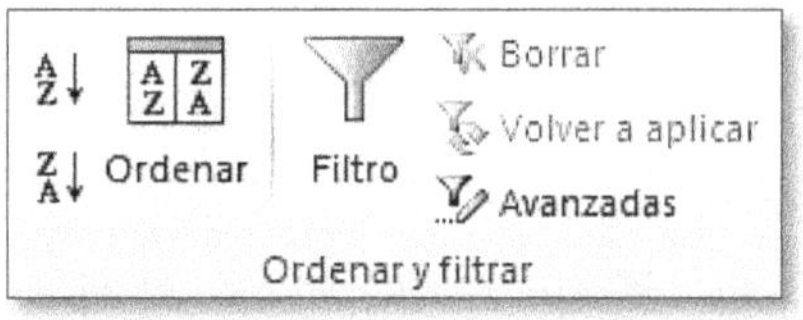

Es conveniente mencionar que en las bases de datos se usan los términos **registro** (cada fila) y **campo** (cada columna). Así pues, hablaremos, por ejemplo, del primer registro (el jamón), del campo artículo, el campo tipo, etc.

PRÁCTICA

A Confeccione la lista mostrada abajo en una hoja de **Prácticas de Excel - Datos.xlsx** (el total hay que calcularlo).

ARTÍCULO	TIPO	COSTE	CANTIDAD	TOTAL
Jamón "El porquet"	Comida	250,20 €	515	**128.853,00 €**
Queso "Cabrales"	Comida	95,30 €	325	**30.972,50 €**
Cola "Kilo"	Bebida	2,50 €	984	**2.460,00 €**
Candado "Lock"	Ferretería	6,15 €	30	**184,50 €**
Vino "Pronto"	Bebida	2,75 €	234	**643,50 €**
Fuet "E"	Comida	3,00 €	702	**2.106,00 €**
Agua "Xernovil"	Bebida	0,80 €	3	**2,40 €**

B **Añada** los registros (filas) siguientes a continuación de los anteriores:

56 Llaves BMW (Ferretería) que valen 6,15 €.

Queso "Burgos" del que tenemos 186 unidades y que vale 80,25 €.

C **Elimine** el registro de Agua "Xernovil" (elimine la **fila entera**, no los datos de las celdas).

D **Ordene** la lista por el campo COSTE descendente **[Datos > Ordenar y filtrar > Ordenar]**.

Luego, ordénela por TOTAL ascendente.

E **Ordene** la lista usando dos criterios: por TIPO y por ARTÍCULO ascendente.

Pulse en **Agregar nivel** para añadir criterios de ordenación.

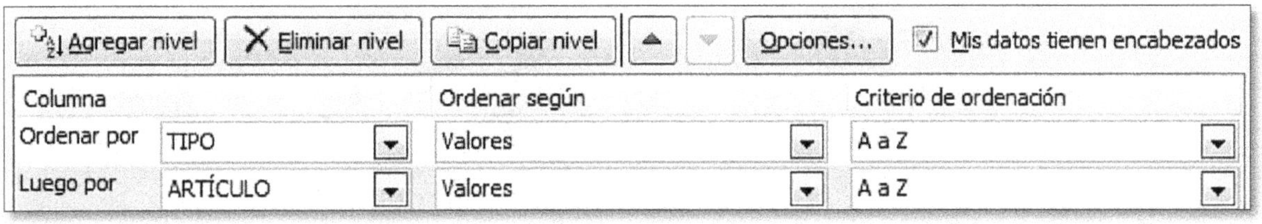

F **Busque** los registros de los **quesos [Inicio > Modificar > Buscar y seleccionar]**. Escriba la palabra o parte de ella en la casilla de búsqueda y clique en **Buscar siguiente**.

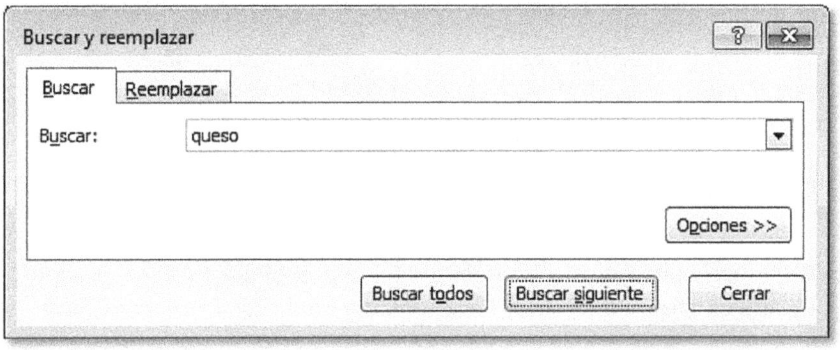

G Active el **Filtro** desde **Datos > Ordenar y filtrar** y, mediante la casilla desplegable, filtre la columna TIPO para que aparezca solamente la ferretería.

Una vez comprobado el resultado, muestre todos los registros de nuevo (**borrar filtro de TIPO**).

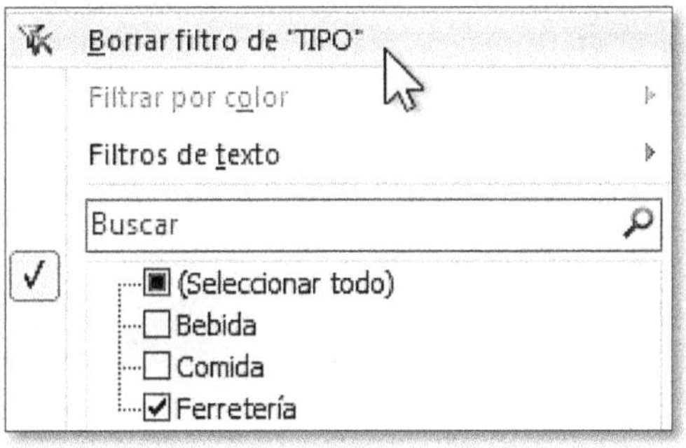

NOTA: Es necesario borrar un filtro antes de aplicar otro criterio de filtrado, a no ser que queramos más de un criterio.

H Filtre la lista para ver solo la bebida y la comida. Sin borrar ese filtro, haga que aparezcan todos los quesos mediante el **Filtro de texto**.

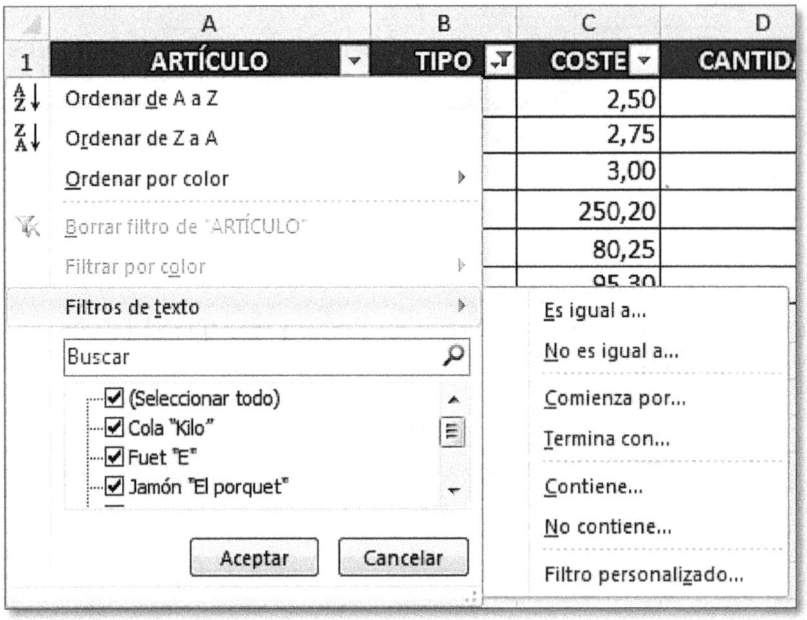

I Muestre todos los registros **borrando** todos los **filtros [Inicio > Modificar > Ordenar y filtrar > Borrar]**.

J Desde **Filtros de número** y **Diez mejores** muestre los 4 artículos de mayor coste.

Luego, los 3 importes menores.

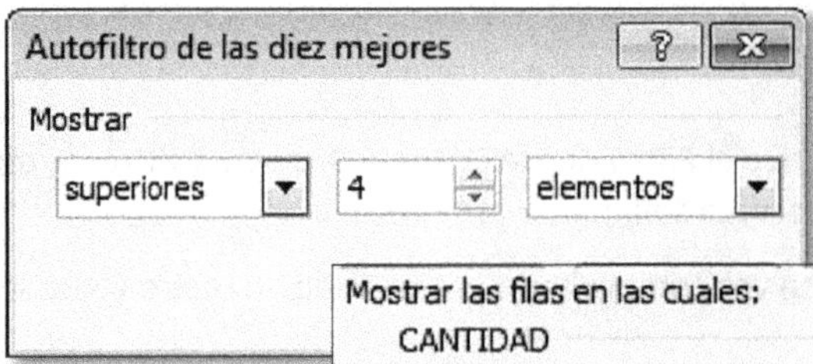

K Mediante un filtro en la columna CANTIDAD consiga mostrar las cantidades comprendidas entre **500** y **900**.

L Filtre la columna TOTAL para que muestre los valores superiores al promedio.

Practique otros criterios de filtrado.

5.4 Opciones de impresión: repetir filas, ajustar escala · Insertar tabla

Si, al gestionar datos, inmovilizábamos filas, cuando imprimimos podemos **repetir filas** para hacer que se impriman automáticamente en todas las páginas aquellas que nos interesen, normalmente, las que contienen los encabezados.

Al ajustar la **escala de impresión** conseguimos disminuir o aumentar el contenido de una hoja, sin necesidad de modificar la estructura de la hoja. Este "zoom" de impresión nos puede ir bien para listas de datos extensas.

Convertir una lista de datos en **tabla** hace que *Excel* ofrezca herramientas extras de diseño y opciones avanzadas de vinculación.

PRÁCTICA

A Para practicar estas opciones abra el libro de trabajo **Stock.xls** (formato de Excel 97-2003), que se encuentra en la carpeta **Archivos Office 2010 - Excel**.

B A continuación, guárdelo como **Libro de Excel** en su carpeta con el nombre de **Datos Productos.xlsx** y mejore su aspecto:

- Cambie el formato de la primera fila a **negrita.**
- Quite el **ajuste de texto** del formato de las celdas en toda la hoja y **ajuste la anchura** de las columnas.
- Cambie el nombre de la hoja por el de **Productos**.

C Configure la página de la hoja en la ficha **Diseño de página** y/o el menú **Configurar página** de la siguiente manera:

- Orientación **Horizontal.**
- **Márgenes:** Superior **2**; Inferior **2**; Izquierdo **1,5**; Derecho **1,5**; Encabezado y pie **1**.
- Centre la hoja en página **horizontalmente**.
- Establezca el **nombre de la hoja** como encabezado en la sección izquierda y **su nombre** en la sección derecha.
- Establezca **Página** (actual) **de** (total páginas) como pie de página.
- Active la **impresión** de las **líneas de la cuadrícula [Opciones de la hoja]**.

D Configure la **fila 1** como **títulos a imprimir** en cada página **[Diseño de página > Imprimir títulos > Repetir filas en extremo superior >** clicar en la fila 1].

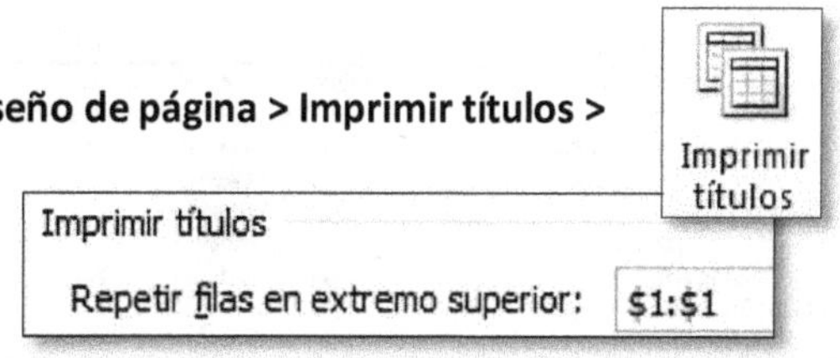

E Ajuste la escala de impresión con un **zoom adecuado** para que se impriman <u>todas las columnas en una misma página</u> sin necesidad de cambiar la fuente **[Diseño de página > Ajustar área de impresión > Escala]**.

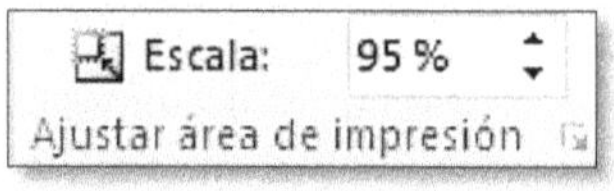

Pase a **Vista previa de impresión** para comprobar los ajustes anteriores y modifique aquellos que sean necesarios.

F Compruebe, igualmente, que la hoja **Productos** consta de **2 páginas** e imprímala si lo considera conveniente.

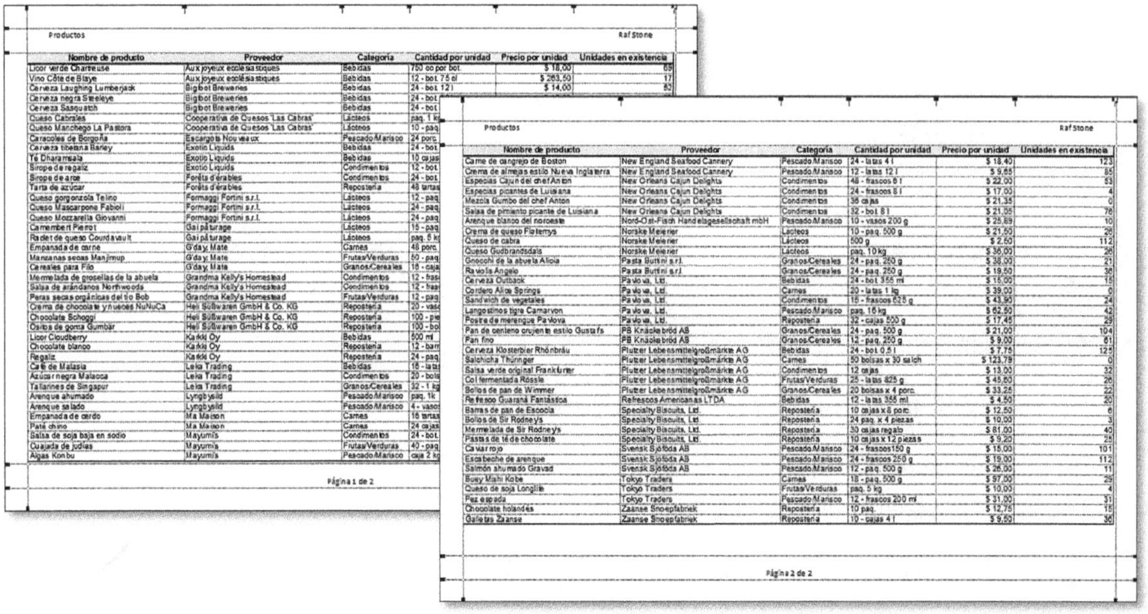

G Active **Insertar > Tablas > Tabla**. Esta opción de **insertar tabla** hace que *Excel* detecte el rango de datos en la hoja, active el **filtro** automáticamente y nos ofrezca una nueva ficha, **Herramientas de tabla > Diseño**.

Aquí podremos cambiar su **aspecto**, darle un **nombre** para utilizarlo en fórmulas y otras opciones para trabajar con datos vinculados (**Datos externos a la tabla**). Esto último lo trataremos al final del módulo.

Para cambiar la tabla a una hoja normal, dehaga las acciones o clique en **Herramientas de tabla > Diseño > Herramientas > Convertir en rango**.

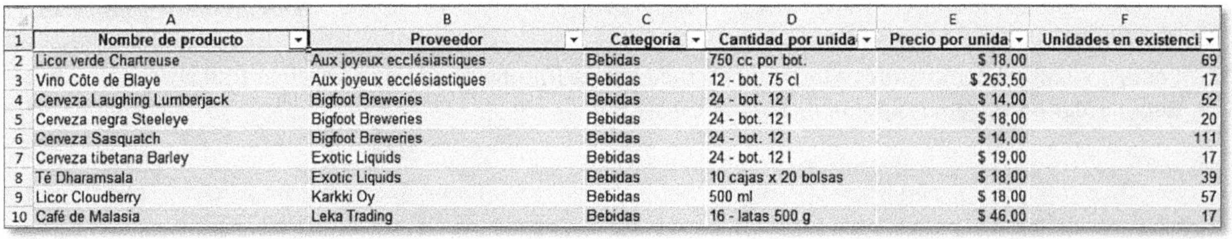

	A	B	C	D	E	F
1	Nombre de producto	Proveedor	Categoría	Cantidad por unida	Precio por unida	Unidades en existenci
2	Licor verde Chartreuse	Aux joyeux ecclésiastiques	Bebidas	750 cc por bot.	$ 18,00	69
3	Vino Côte de Blaye	Aux joyeux ecclésiastiques	Bebidas	12 - bot. 75 cl	$ 263,50	17
4	Cerveza Laughing Lumberjack	Bigfoot Breweries	Bebidas	24 - bot. 12 l	$ 14,00	52
5	Cerveza negra Steeleye	Bigfoot Breweries	Bebidas	24 - bot. 12 l	$ 18,00	20
6	Cerveza Sasquatch	Bigfoot Breweries	Bebidas	24 - bot. 12 l	$ 14,00	111
7	Cerveza tibetana Barley	Exotic Liquids	Bebidas	24 - bot. 12 l	$ 19,00	17
8	Té Dharamsala	Exotic Liquids	Bebidas	10 cajas x 20 bolsas	$ 18,00	39
9	Licor Cloudberry	Karkki Oy	Bebidas	500 ml	$ 18,00	57
10	Café de Malasia	Leka Trading	Bebidas	16 - latas 500 g	$ 46,00	17

5.5 Datos: búsqueda ampliada, filtro personalizado, reemplazar

Dadas las potentes herramientas que nos ofrece *Excel* en la gestión de datos, habrá muchas tareas para las que no necesitemos un programa especializado en bases de datos, como *Access*.

Dos de las herramientas más importantes cuando manejamos un gran volumen de datos son la búsqueda y el filtrado, ya que nos permiten localizar y consultar los registros que nos interesen mediante criterios muy variados. Por ello, aquí realizaremos varias prácticas de **búsqueda ampliada** y, sobre todo, con el **filtro personalizado**.

Si hemos de cambiar unos datos por otros, lo más rápido será **buscarlos** y **reemplazarlos** automáticamente.

PRÁCTICA

A En el libro **Datos Productos.xlsx** que creó en el tema anterior **inmovilice** la **primera fila** y la **primera columna** **[Vista > Ventana > Inmovilizar paneles]**. Así, al desplazarnos por la hoja, no perderemos de vista los encabezados ni la columna de los productos.

NOTA: No podrá inmovilizar filas y columnas en la **Vista diseño de página**.

B Ordene la lista utilizando tres criterios: **1º Categoría, 2º Proveedor, 3º Nombre de producto**, todos de forma ascendente **[Datos > Ordenar y filtrar > Ordenar]**.

Una vez ordenada la lista, consulte qué condimentos nos proporciona **New Orleans Cajun Delights**.

C Busque el registro de los **Raviolis Angelo [Inicio > Modificar > Buscar y seleccionar]**.

Modifique el precio a **20,50** dólares y las unidades en existencia a **30**.

D Busque y elimine todos los registros de **Tokyo Traders** (elimine las filas).

Clique en **Buscar todos** en el cuadro de diálogo para localizarlos más fácilmente y clique en los resultados para desplazarse a la fila.

Esta opción es especialmente útil cuando la información buscada se encuentra en varias hojas del libro.

Si este fuera el caso, deberíamos clicar en **Opciones** para ampliar la búsqueda.

También podemos afinarla al especificar coincidencias exactas del texto, su formato y dónde buscarlo.

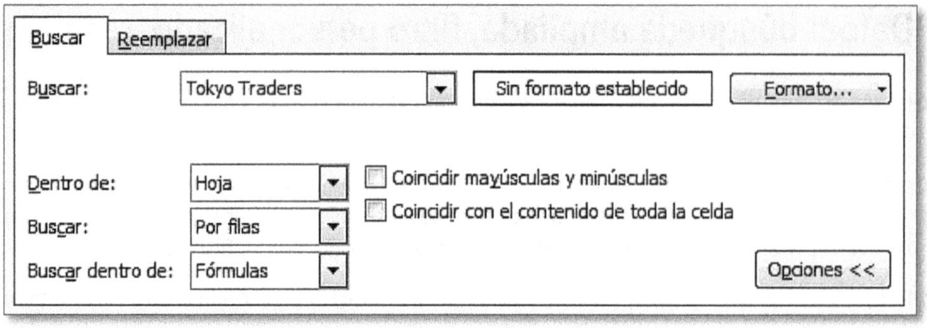

E Introduzca los siguientes **nuevos registros**:

Nombre de producto	Proveedor	Categoría	Cantidad unidad	Precio unidad	Unidades exist.
Licor de Orujo	La Abuela, S.A.	Bebidas	10 - bot. 1 l	50,00	25
Müesli con frutas	El Granero, S.A.	Granos/ Cereales	15 - cajas 1 kg	34,85	9
Crema catalana	Casa Pep, S.L.	Repostería	20 - vasos 50 g	19,99	64

F **Reordene** la lista con los criterios del punto B y, a continuación, **fíltrela** para que aparezcan sólo los registros de **repostería [Datos > Ordenar y filtrar > Filtro]**.

G Sin quitar el filtro anterior, aplique otro filtro para que aparezcan solamente los productos del proveedor **Specialty Biscuits, Ltd.**

H Cancele los filtros anteriores **[Datos > Ordenar y filtrar > Borrar]** para que recuperar todos los registros.

I Consiga ahora que aparezcan los **10 productos más caros.**

J Recupere todos los registros y consiga que aparezcan ahora los **20 productos cuyas existencias son menores**.

K Filtre la lista de nuevo para que aparezcan todos los registros **excepto las bebidas** y las **carnes.**

L Muestre aquellos productos cuyas unidades en existencia sean **menores de 50**.

M Luego, muestre aquellos productos cuyas unidades en existencia sean **mayores o iguales a 50** y **menores de 100**.

N Use el **Filtro personalizado** (en **Filtros de texto**) para mostrar las **cervezas** y los **licores**.

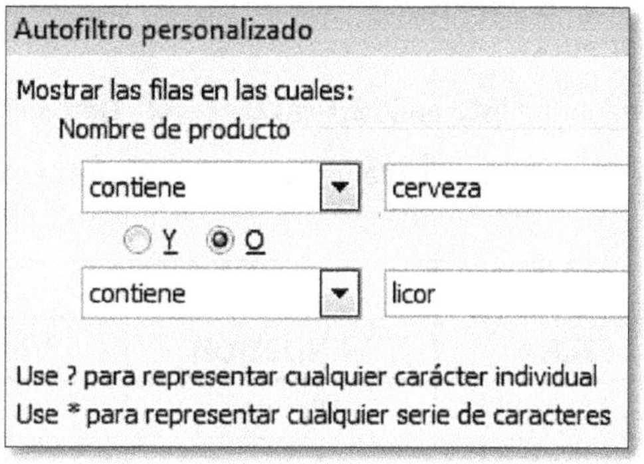

O Mediante la opción **Reemplazar** del botón **Buscar y seleccionar** hemos de cambiar el nombre el proveedor Pavlova, Ltd. por el de **Petrovich & Co, Ltd**.

A fin de asegurarnos de que buscamos el nombre exacto, seleccionaremos las casillas **Coincidir mayúsculas y minúsculas** y **Coincidir con el contenido de toda la celda**.

Clicaremos en **Reemplazar** para hacerlo uno a uno, o bien, en **Reemplazar todos** para hacerlo todo de una vez.

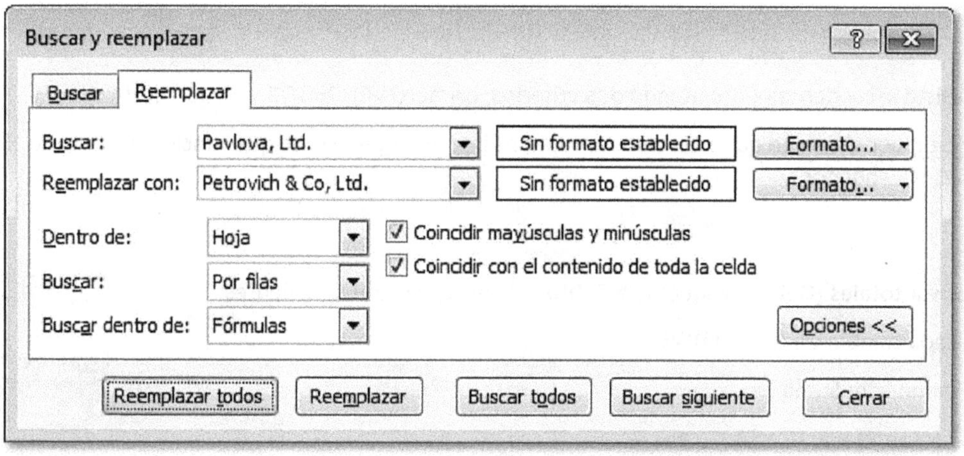

Tras finalizar, realizaremos una búsqueda para comprobar que ya no existen registros con el proveedor Pavlova, Ltd. y sí existen con el proveedor Petrovich & Co., Ltd.

P Revise las **opciones** de búsqueda y reemplazo y experimente con ellas.

5.6 Subtotales

El uso de los **subtotales** nos permite agrupar y calcular automáticamente valores en registros que tienen en común algún campo sin desvirtuar la base de datos.

PRÁCTICA

A Veamos un supuesto. Realice la siguiente lista en **Prácticas de Excel - Datos.xlsx**.

Queremos conocer el importe de las **ventas de cada vendedor** y el **importe total**.

	A	B	C
1	**FECHA**	**VENDEDOR**	**VENTA**
2	13/12/2015	Vicente	3.256
3	07/06/2015	María	5.631
4	16/01/2015	María	10.484
5	10/04/2015	José	12.844
6	31/12/2015	María	16.984
7	02/01/2015	José	24.987
8	15/12/2015	José	26.435
9	10/12/2015	Vicente	33.857
10	20/12/2015	María	67.329

B **Ordene** la lista ascendentemente usando **dos criterios**, primero VENDEDOR y luego FECHA.

La ordenación por el campo que queremos agrupar es imprescindible para que funcionen los subtotales, en este supuesto es el vendedor.

C Calcule los **subtotales [Datos > Esquema > Subtotal]** con los criterios siguientes:

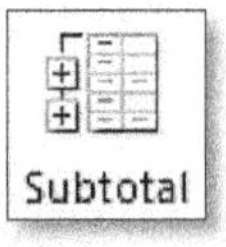

- Para cada cambio en: **VENDEDOR**
- Usar la función: **Suma**
- Agregar subtotal a: **VENTA**

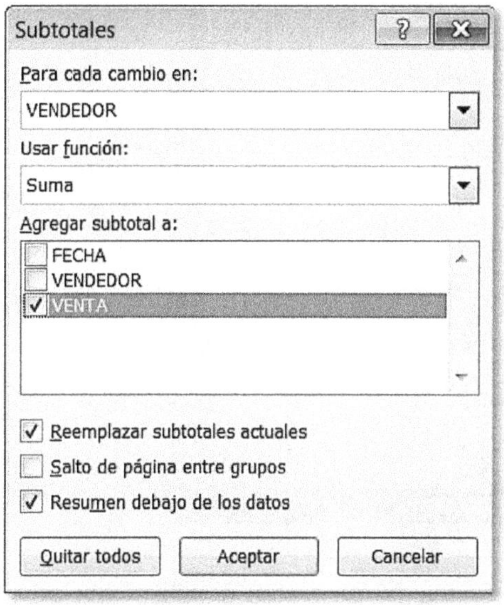

	A	B	C
1	**FECHA**	**VENDEDOR**	**VENTA**
2	02/01/2015	José	24.987
3	10/04/2015	José	12.844
4	15/12/2015	José	26.435
5		**Total José**	64.266
6	16/01/2015	María	10.484
7	07/06/2015	María	5.631
8	20/12/2015	María	67.329
9	31/12/2015	María	16.984
10		**Total María**	100.428
11	10/12/2015	Vicente	33.857
12	13/12/2015	Vicente	3.256
13		**Total Vicente**	37.113
14		**Total general**	201.807

En la parte izquierda aparece una nueva columna de **esquema** en la que podemos replegar o desplegar cada **nivel de resumen** clicando en los **números** y en los botones **+** y -. De esta manera, elegimos el detalle que nos interesa ver o lo ocultamos si no es relevante.

Para **cancelar los subtotales** volveremos a **Datos > Esquema > Subtotal** y clicaremos en el botón **Quitar todos**.

D Calcule ahora los mismos subtotales pero usando **diferentes funciones** (Cuenta, Mínimo, ...).

5.7 Tablas dinámicas: crear y modificar · Gráficos dinámicos

Los **informes de tablas y gráficos dinámicos** permiten realizar cálculos y crear gráficos a partir de una lista sin desvirtuar su estructura. Podemos calcular, agrupar y distribuir la información contenida en la lista de diversas formas y colocar el resultado en la misma hoja o en otra distinta.

PRÁCTICA

A En esta práctica crearemos una **tabla dinámica** sencilla que nos calcule el total de cada tipo de artículo. Lo haremos a partir de la lista del libro **Prácticas de Excel - Datos.xlsx**.

	A	B	C	D	E
1	ARTÍCULO	TIPO	COSTE	CANTIDAD	TOTAL
2	Cola "Kilo"	Bebida	2,50	984	2.460,00 €
3	Vino "Pronto"	Bebida	2,75	234	643,50 €
4	Fuet "E"	Comida	3,00	702	2.106,00 €
5	Jamón "El porquet"	Comida	250,20	515	128.853,00 €
6	Queso "Burgos"	Comida	80,25	186	14.926,50 €
7	Queso "Cabrales"	Comida	95,30	325	30.972,50 €
8	Candado "Lock"	Ferretería	6,15	30	184,50 €
9	Llaves BMW	Ferretería	6,15	56	344,40 €

Para insertarla, nos colocaremos dentro en la lista y accederemos a **Insertar > Tablas > Tabla dinámica**.

B En el cuadro de diálogo indicaremos que queremos situar la tabla en una **Hoja de cálculo existente**, en nuestro caso en la misma hoja de la práctica. Así pues, **clicaremos en la celda** a partir de la cual queremos que aparezca la tabla dinámica, por ejemplo, en **A12**.

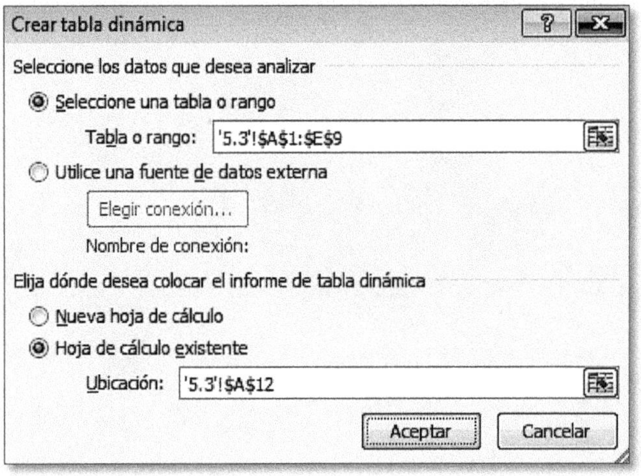

C En el panel **Lista de campos de tabla dinámica** seleccionaremos los campos TIPO y TOTAL para que *Excel* nos agrupe el primero y nos sume el segundo automáticamente.

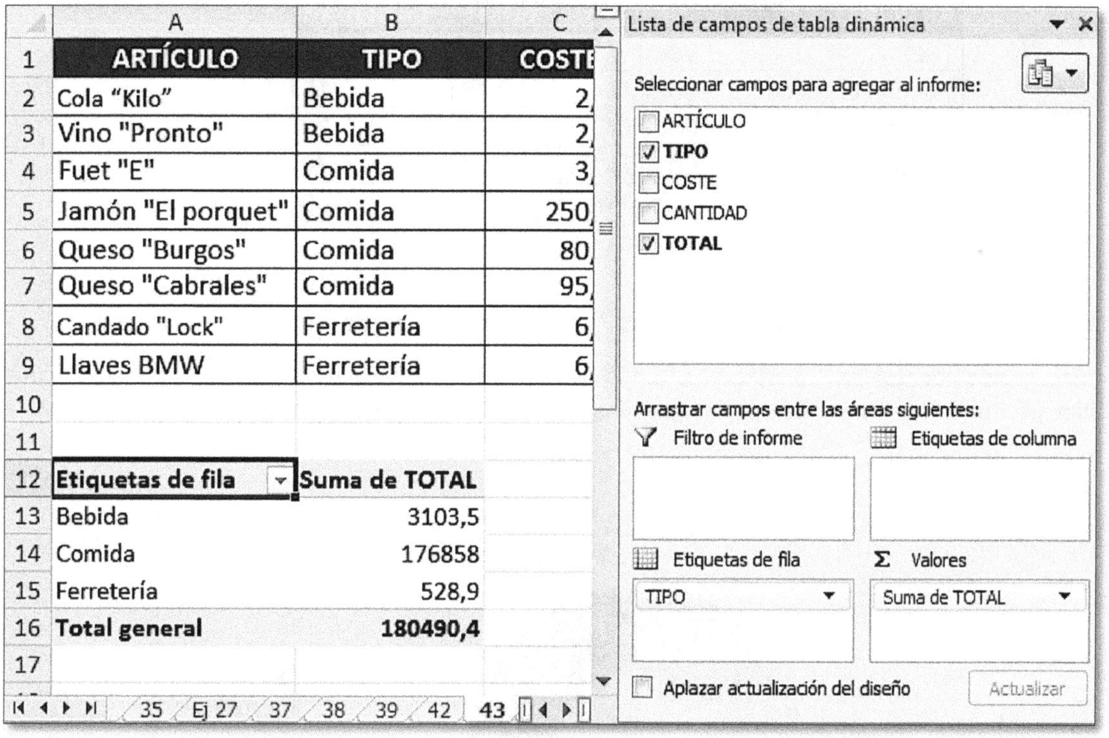

D Como nos interesa desglosar cada tipo, seleccionaremos también el campo ARTÍCULO, que será una nueva **Etiqueta de fila**, por debajo de TIPO.

12	Etiquetas de fila	Suma de TOTAL
13	**⊟Bebida**	**3103,5**
14	Cola "Kilo"	2460
15	Vino "Pronto"	643,5
16	**⊟Comida**	**176858**
17	Fuet "E"	2106
18	Jamón "El porquet"	128853
19	Queso "Burgos"	14926,5
20	Queso "Cabrales"	30972,5
21	**⊟Ferretería**	**528,9**
22	Candado "Lock"	184,5
23	Llaves BMW	344,4
24	**Total general**	**180490,4**

E Cambiaremos los datos siguientes (coste y/o cantidad) de nuestra tabla inicial y para **actualizar** la tabla dinámica acudiremos a **Herramientas de tabla dinámica > Opciones > Datos > Actualizar**.

ARTÍCULO	TIPO	COSTE	CANTIDAD
Fuet "E"	Comida	3,00	**115**
Jamón "El porquet"	Comida	**50,45**	**15**
Queso "Burgos"	Comida	**28,25**	**20**
Queso "Cabrales"	Comida	**60,00**	**70**
Candado "Lock"	Ferretería	6,15	**200**

F Ahora **insertaremos un gráfico dinámico** que nos muestre el porcentaje de cada tipo sobre el total.

Primero deberemos replegar los artículos clicando en el símbolo [–], ya que no queremos que aparezcan en el gráfico, y acudiremos a **Herramientas de tabla dinámica > Opciones > Herramientas > Gráfico dinámico.**

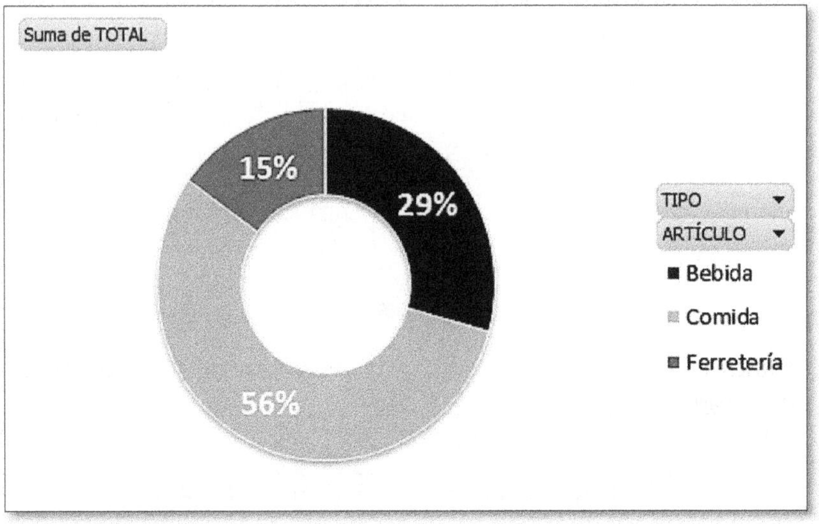

G Por último, probaremos a **desplegar/replegar** los artículos clicando en el símbolo [+] y observaremos cómo el cambio en la tabla dinámica se refleja en el gráfico dinámico.

También podemos usar los encabezados TIPO y ARTÍCULO para **filtrar** el gráfico.

5.8 Validación de datos

La **validación de datos** es una valiosa herramienta en la gestión de datos, ya que permite controlar qué valores pueden introducirse en las celdas, evitando, así, posibles errores.

Veamos unos supuestos de ejemplo.

PRÁCTICA

A Realice la tabla de abajo en una hoja del libro **Prácticas de Excel - Datos** y **seleccione el rango B4:G6**, donde aplicaremos una **validación** para evitar que se introduzcan valores menores de 0 y mayores de 50 (el total de preguntas por materia).

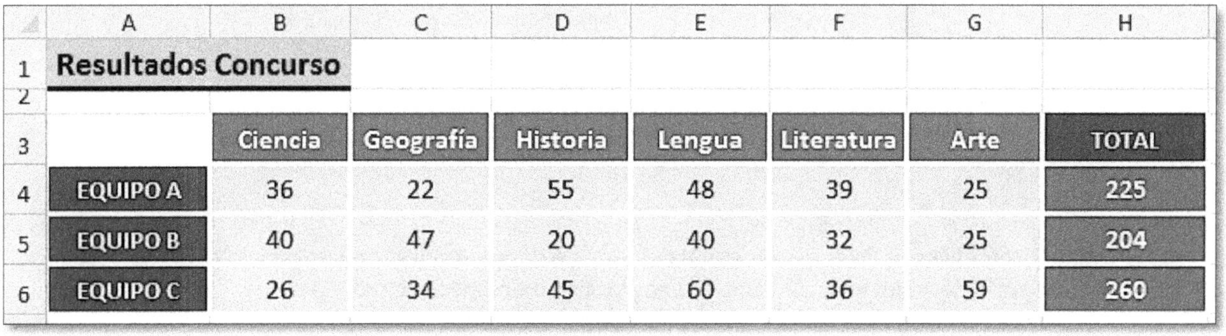

	A	B	C	D	E	F	G	H
1	Resultados Concurso							
2								
3		Ciencia	Geografía	Historia	Lengua	Literatura	Arte	TOTAL
4	EQUIPO A	36	22	55	48	39	25	225
5	EQUIPO B	40	47	20	40	32	25	204
6	EQUIPO C	26	34	45	60	36	59	260

B En **Datos > Herramientas de datos > Validación de datos** configuraremos la condición en la ficha **Configuración**: permitir número entero entre 0 (mínimo) y 50 (máximo).

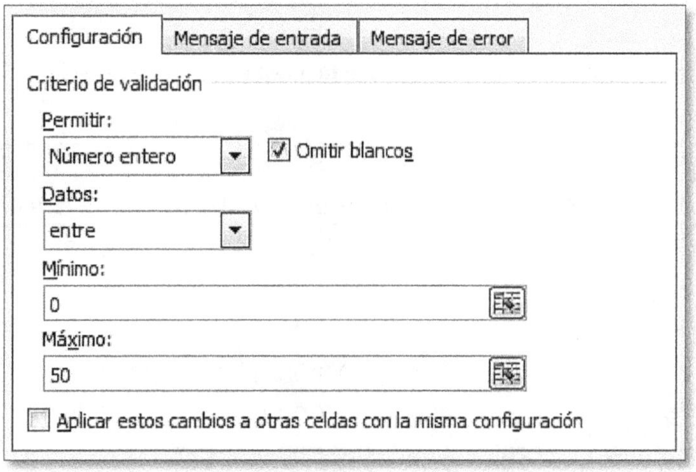

La casilla **Omitir blancos** seleccionada hace que no se evalúen las celdas vacías.

C En **Mensaje de error** escribiremos el título, *¡Ojo al dato!* y el texto de advertencia, *El número de respuestas ha de estar comprendido entre 0 y 50. Pulse en Reintentar para corregir o en Cancelar para dejarlo como estaba.*

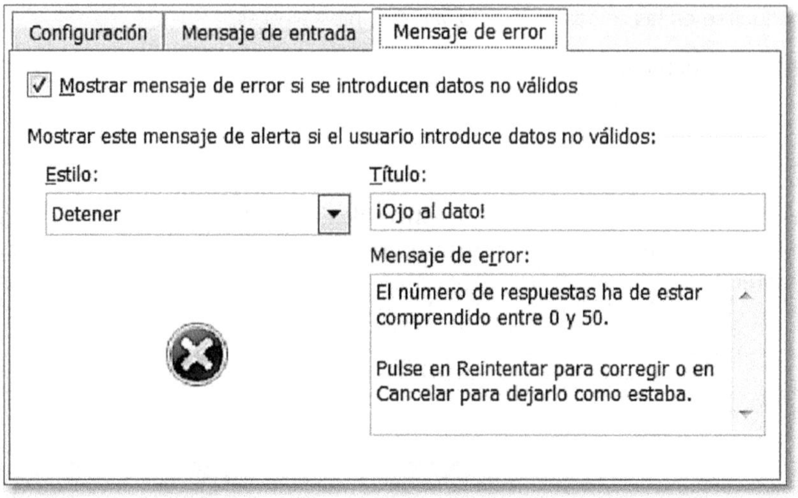

D Desde **Datos > Herramientas de datos >** menú **Validación de datos > Rodear con un círculo datos no válidos** comprobaremos si detecta los errores. Cambiaremos los tres datos incorrectos a 50.

A continuación, probaremos el correcto funcionamiento de la configuración que hemos establecido introduciendo algunos datos erróneos.

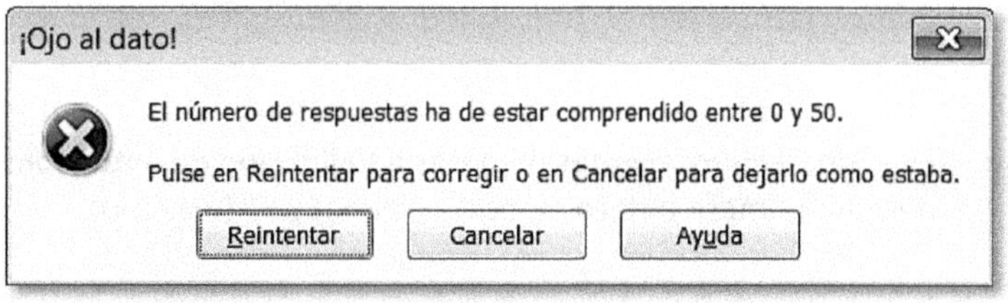

E Para aprender a utilizar otro estilo de validación, la **lista**, prepararemos esta tabla:

	A	B	C	D
1	***Cursos***	***Mañana***	***Tarde***	***Noche***
2		8,00 €	7,00 €	6,00 €
3		6,00 €	5,00 €	4,00 €
4		6,00 €	5,00 €	4,00 €
5		10,00 €	9,00 €	8,00 €
6		12,00 €	11,00 €	10,00 €

F Seleccionaremos el rango donde han de aparecer los cursos y en la ficha **Configuración** del cuadro de diálogo de validación elegiremos **Lista** en la casilla **Permitir**.

Al seleccionar **Celda con lista desplegable** obtendremos la lista de cursos de esta manera al clicar en la celda.

En **Origen** escribiremos los valores de la lista separados por punto y coma: *Base de datos; Diseño gráfico; Diseño Web; Hoja de cálculo; Procesador de texto.*

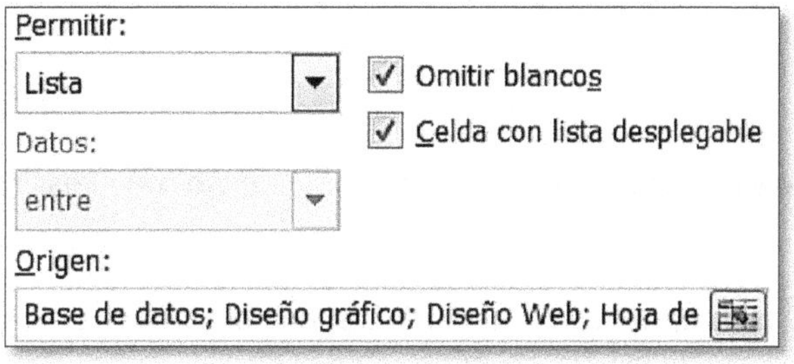

G Como mensaje de error elegiremos el **Estilo: Advertencia**, lo cual advertirá, pero **permitirá** introducir valores distintos de la lista.

Escribiremos *Dato erróneo* como título y *Elija un curso de la lista desplegable* como mensaje de error.

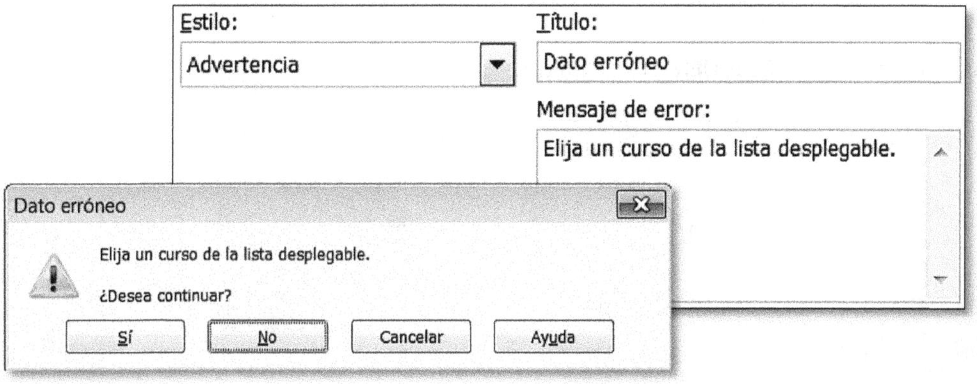

H Ahora, probaremos que funciona correctamente la validación introduciendo los siguientes datos válidos y alguno erróneo.

	A
1	***Cursos***
2	Base de datos
3	Hoja de cálculo
4	Procesador de texto
5	Diseño gráfico
6	Diseño Web

5.9 Trabajo con varias hojas · Fórmulas con referencias en otras hojas · Ventanas de libro

En este tema aprenderemos a **trabajar con varias hojas** de forma eficiente y a obtener otra **ventana del mismo libro** para poder ver distintas hojas del libro al mismo tiempo.

Asimismo, veremos cómo escribir **fórmulas** que contengan **referencias a celdas de otras hojas**.

PRÁCTICA

A Crearemos un **libro nuevo** y lo guardaremos con el nombre **Trabajo con varias hojas.** Usaremos dos hojas.

B Configuraremos la página de la **primera hoja** con orientación **horizontal.** Como encabezado, el **nombre del libro** y como pie de página, el **nombre de la hoja** y el **número de página.**

Insertaremos el WordArt también en la **primera** hoja.

C Una vez hayamos acabado, **copiaremos la hoja** con el menú contextual de su etiqueta para crear un duplicado exacto (configuración y contenido).

A continuación, escribiremos los **datos** en la primera hoja (mostrados abajo) y los **datos** de la segunda hoja (**Valor pedido**).

Cambiaremos sus nombres por **IVA-DESCUENTOS** (1ª hoja) y **PEDIDOS** (2ª hoja).

Hoja 1

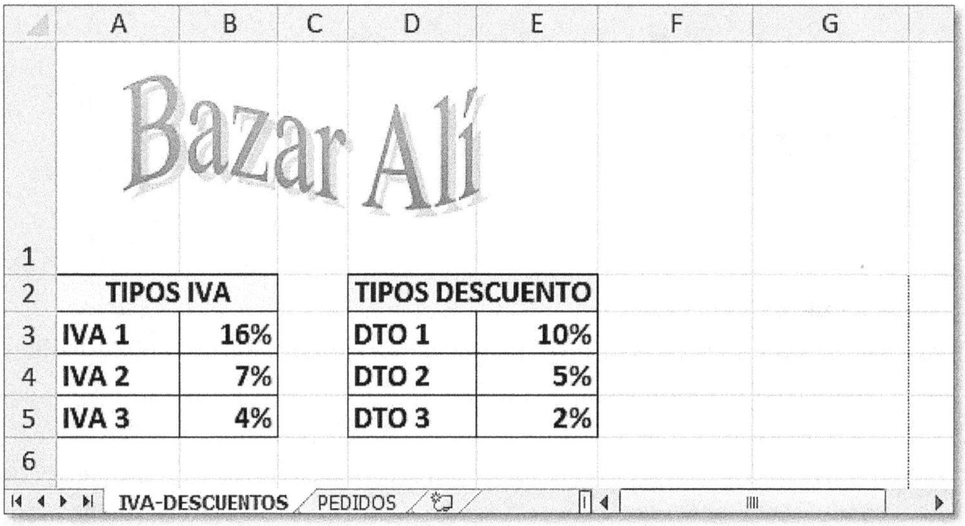

	A	B	C	D	E
2	TIPOS IVA			TIPOS DESCUENTO	
3	IVA 1	16%		DTO 1	10%
4	IVA 2	7%		DTO 2	5%
5	IVA 3	4%		DTO 3	2%

Hoja 2

	A	B	C	D	E	F	G
1	Bazar Alí						
2	**Artículo**	**Valor pedido**	**Tipo DTO**	**DTO**	**Tipo IVA**	**IVA**	**Precio Final**
3	Reloj despertador	250,65 €	**2%**	**5,01 €**	**16%**	**39,30 €**	**284,94 €**
4	Libro de cuentos	146,20 €	**2%**	**2,92 €**	**4%**	**5,73 €**	**149,01 €**
5	Portadocumentos	674,00 €	**10%**	**67,40 €**	**16%**	**97,06 €**	**703,66 €**
6	Planta Cactus	361,05 €	**2%**	**7,22 €**	**7%**	**24,77 €**	**378,60 €**
7	Cuaderno escolar	400,75 €	**5%**	**20,04 €**	**4%**	**15,23 €**	**395,94 €**
8							

IVA-DESCUENTOS | **PEDIDOS**

D Para ver las dos hojas a la vez clicaremos en **Vista > Ventana > Nueva ventana** con lo que obtendremos una **segunda ventana del mismo libro**.

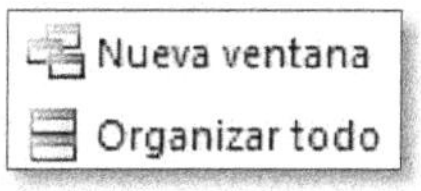

A continuación, clicaremos en **Organizar todo** para ver ambas ventanas dentro de *Excel*.

E Vamos a **calcular** las cantidades en negrita de la hoja PEDIDOS: el **DTO**, el **IVA** y el **Precio Final**. Pero, previamente hemos de recoger los datos de las columnas **Tipo DTO** y **Tipo IVA** de la hoja IVA-DESCUENTOS. Para ello, tras **escribir el signo =** de la fórmula,

1) **clicaremos en la etiqueta de la otra hoja,**

2) **clicaremos en la(s) celda(s)** que queramos introducir en la fórmula, y

3) **pulsaremos** la tecla **Entrar** para volver automáticamente a la fórmula de la hoja PEDIDOS.

En la fórmula aparecerá el nombre de la hoja (entrecomillado si el nombre contiene espacios u otro carácter delimitador) seguido de un signo de exclamación y de la referencia, por ejemplo, ='IVA-DESCUENTOS'!E5

F En la hoja IVA-DESCUENTOS actualizaremos el **IVA 1** al **21%** y cambiaremos el **DTO 3** por el **3,5%**.

Hecho esto, comprobaremos que en la hoja PEDIDOS se han actualizado los datos y resultados.

G Para volver a la vista de una sola ventana del libro, **cerraremos una** de las ventanas.

5.10 Protección de la hoja y del libro

Existen diversas maneras de **proteger la hoja y el libro** con contraseña, dependiendo de qué necesitemos: impedir que se hagan cambios en determinadas **celdas**, proteger la **estructura del libro** (sus hojas) o impedir la **apertura**.

PRÁCTICA

A En el libro creado en la práctica anterior **Trabajo con varias hojas** protegeremos las celdas de la hoja **Pedidos** que contienen fórmulas.

B Para ello, seleccionaremos los rangos de las celdas que no contienen fórmulas (**A3:B7**) y en **Inicio > Celdas > Formato > Protección > Bloquear celda** desactivaremos el bloqueo de celdas.

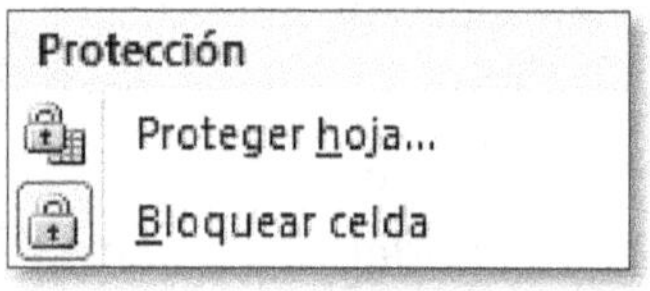

C En el mismo menú clicaremos en **Proteger hoja** y escribiremos una contraseña.

También podemos permitir ciertas acciones a los usuarios, sin necesidad de introducir la contraseña. Por defecto, solo se permite seleccionar celdas.

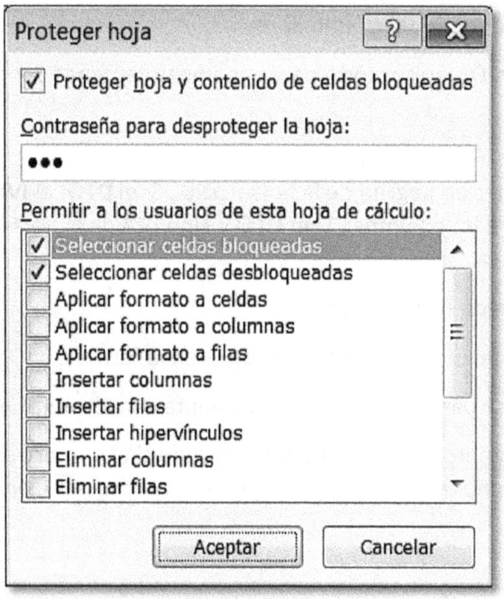

D Comprobaremos que no podemos hacer cambios en las celdas protegidas.

Para desproteger la hoja volveremos al menú, elegiremos **Desproteger hoja** y escribiremos la contraseña.

E Para proteger la estructura del libro acudiremos a **Revisar > Cambios** y clicaremos en **Proteger libro**.

Al hacerlo así, no se podrá eliminar, insertar ni llevar a cabo las demás operaciones con hojas.

Si no indicamos una contraseña en el cuadro de diálogo, otro clic en el botón desactivará la protección.

Para anular la protección del libro clicaremos en el mismo botón y escribiremos la contraseña.

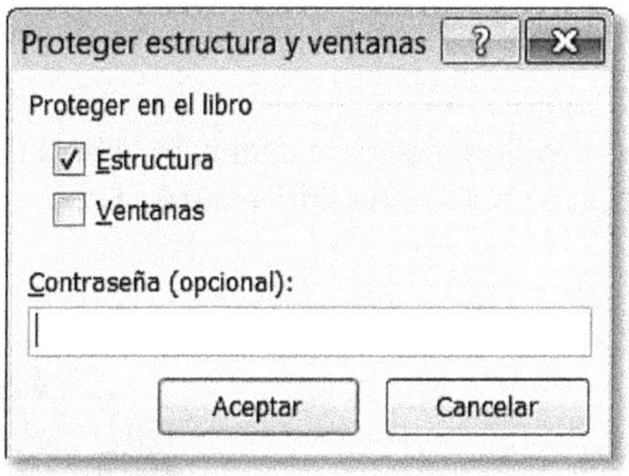

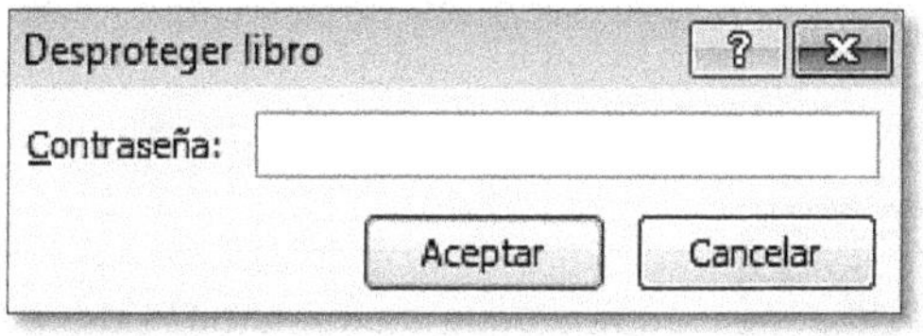

F Por último, si queremos proteger el libro contra apertura, deberemos ir a **Archivo > Información > Proteger libro > Cifrar con contraseña**.

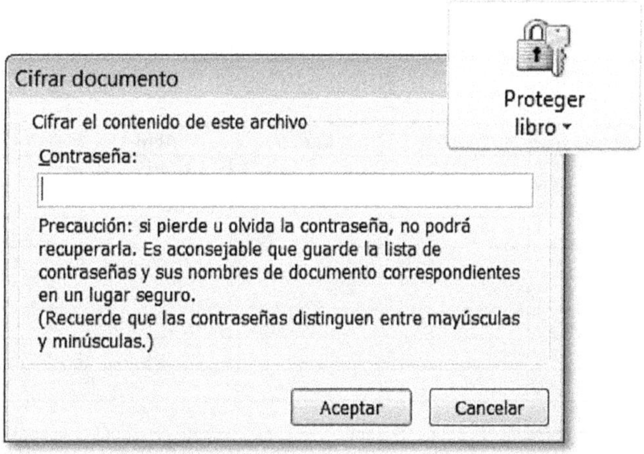

Para quitar la protección contra apertura clicaremos en el mismo botón y **borraremos** la contraseña.

NOTA: Es esencial memorizar o apuntar en sitio seguro las contraseñas, ya que, de olvidarlas, no se podrá modificar la hoja o abrir el libro.

5.11 Plantillas: crear y usar

El uso de plantillas de libros permite crear libros nuevos rápidamente con unas características y contenido predefinidos. La única diferencia con los libros normales de *Excel* es que las plantillas se usan para crear libros nuevos, manteniéndose estas sin cambios (a menos que las modifiquemos expresamente). La extensión de una plantilla de libro es **.xltx**.

Para utilizar las plantillas que vienen incorporadas activaremos **Archivo > Nuevo** y elegiremos **Plantillas instaladas.** Si disponemos de conexión a Internet podemos descargarnos gran cantidad de plantillas mediante la opción del panel **Microsoft Office Online.**

En este tema aprenderemos a crear, usar y modificar nuestras propias plantillas. Para ello configure la hoja de abajo en un libro nuevo o abra el libro **Contabilidad 1er Semestre.xlsx** en la carpeta **Archivos Office 2010 - Excel.**

	A	B	C	D	E	F	G	H
1				CONTABILIDAD DOMÉSTICA 1er SEMESTRE				
2	**Ingresos**	Enero	Febrero	Marzo	Abril	Mayo	Junio	**Total**
3	Nóminas							**0**
4	Comisiones							**0**
5	Varios							**0**
6	**Total Ingresos**	0	0	0	0	0	0	**0**
7								
8	**Gastos**	Enero	Febrero	Marzo	Abril	Mayo	Junio	**Total**
9	Comida							**0**
10	Electricidad							**0**
11	Agua							**0**
12	Hipoteca							**0**
13	Formación							**0**
14	Ropa							**0**
15	Varios							**0**
16	**Total Gastos**	0	0	0	0	0	0	**0**
17								
18	**Saldo mensual**	Enero	Febrero	Marzo	Abril	Mayo	Junio	**Saldo Final**
19		0	0	0	0	0	0	**0**

PRÁCTICA

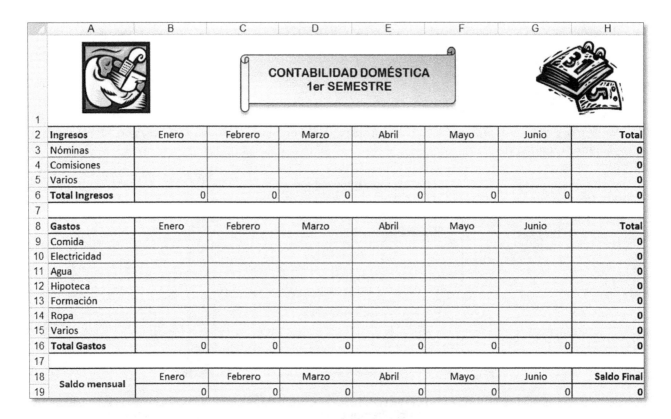

A Ahora convertiremos el libro en plantilla. Active **Archivo > Guardar como** y elija **Plantilla de Excel** en la casilla **Tipo**. Excel dirigirá el destino del archivo a la carpeta **Plantillas**.

Puede guardarla en otra carpeta de su elección, creada expresamente.

Tipo: Plantilla de Excel (*.xltx)

NOTA: La ruta completa de las plantillas en Windows 7, suponiendo que Office se haya instalado en el disco C:, es **C:\Users***Nombre de Usuario***\AppData\Roaming\Microsoft\Plantillas**

B Dele el nombre de **Plantilla Contabilidad 1er Semestre** y cierre *Excel*.

C Ya podemos crear libros a partir de la plantilla guardada. Abra *Excel* de nuevo. Acceda a **Archivo > Nuevo** y del panel izquierdo elija **Mis Plantillas**.

D **Seleccione** la plantilla creada clicando sobre ella y luego, sobre **Aceptar**. Con ello obtendremos un libro nuevo exactamente igual que la plantilla. Solo habrá que cambiarle el nombre cuando guardemos el libro.

Si la ha guardado en una carpeta propia, búsquela en la carpeta y haga **doble clic** sobre la plantilla (o clic con el botón derecho y **Nuevo**).

E Cree **otra plantilla** con el nombre de **Plantilla Contabilidad 2do Semestre,** que debe ser igual que la anterior, pero con los meses de Julio a Diciembre.

Nota: Para **modificar** la plantilla, cree un libro a partir de ella, haga los cambios que desee y guárdelo de nuevo como plantilla con el mismo nombre. A la pregunta si desea reemplazar la plantilla existente clique en **Sí**.

Si ha guardado la plantilla en una **carpeta propia**, haga clic con el botón derecho y elija **Abrir**. Cambie lo que le interese y guarde el archivo.

Para **cambiar el nombre** a la plantilla, siga los pasos para crear un libro nuevo basado en sus plantillas y en el cuadro de diálogo de **Mis Plantillas** clique con el botón derecho del ratón sobre la plantilla y elija **Propiedades.** Escriba el nuevo nombre en la primera casilla de la **ficha General.**

En el caso de haber guardado la plantilla en una **carpeta propia**, acceda a esa carpeta y cambie el nombre directamente.

Para **eliminar** una plantilla clique con el botón derecho del ratón sobre la plantilla en el cuadro de diálogo de **Mis Plantillas** (o en el archivo de la carpeta propia en la que la haya guardado) y elija **Eliminar.**

F Por último, **cree otra plantilla** que contenga las dos hojas (1er y 2do semestre) con el nombre de **Plantilla Contabilidad Anual**.

Una vez creada, **elimine** las otras dos plantillas semestrales.

5.12 Barra de acceso rápido · Cinta de opciones: crear ficha propia

Personalizar la **barra de acceso rápido** y la **cinta de opciones** con los botones de comando que utilizamos más a menudo nos ayudará a agilizar el trabajo con las hojas de cálculo.

PRÁCTICA

A Añada el botón **Vista previa de impresión e Imprimir** y el botón **Impresión rápida** a la barra de acceso rápido mediante el menú de la **Barra acceso rápido**. Luego, quite el botón de impresión rápida de igual manera.

Personalice esta barra según sus intereses, agregando o quitando botones de comando.

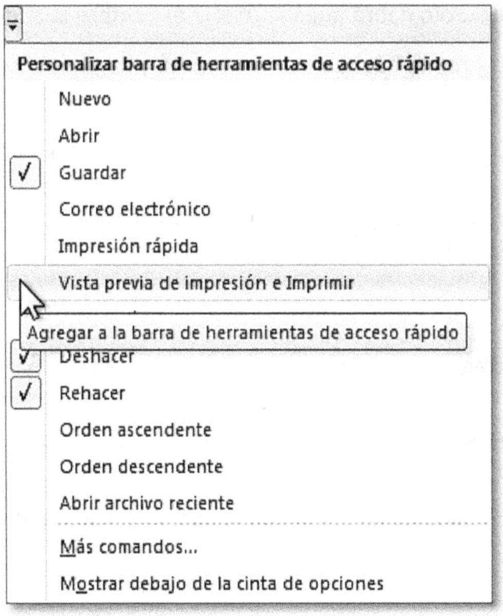

B Acceda a **Archivo > Opciones > Personalizar la cinta de opciones** (o menú contextual de la cinta) y en el panel de la derecha clique en **Nueva ficha**.

Dele su nombre propio clicando en **Cambiar nombre**.

C **Despliegue** el contenido de su ficha personalizada clicando en [+], seleccione **Nuevo grupo (personalizada)** y dele el nombre de **Mis botones**.

D Con el grupo **Mis botones** seleccionado, busque en el panel de la izquierda, dentro de **Comandos más utilizados**, el comando **Guardar como**. Selecciónelo y pulse **Agregar >>**.

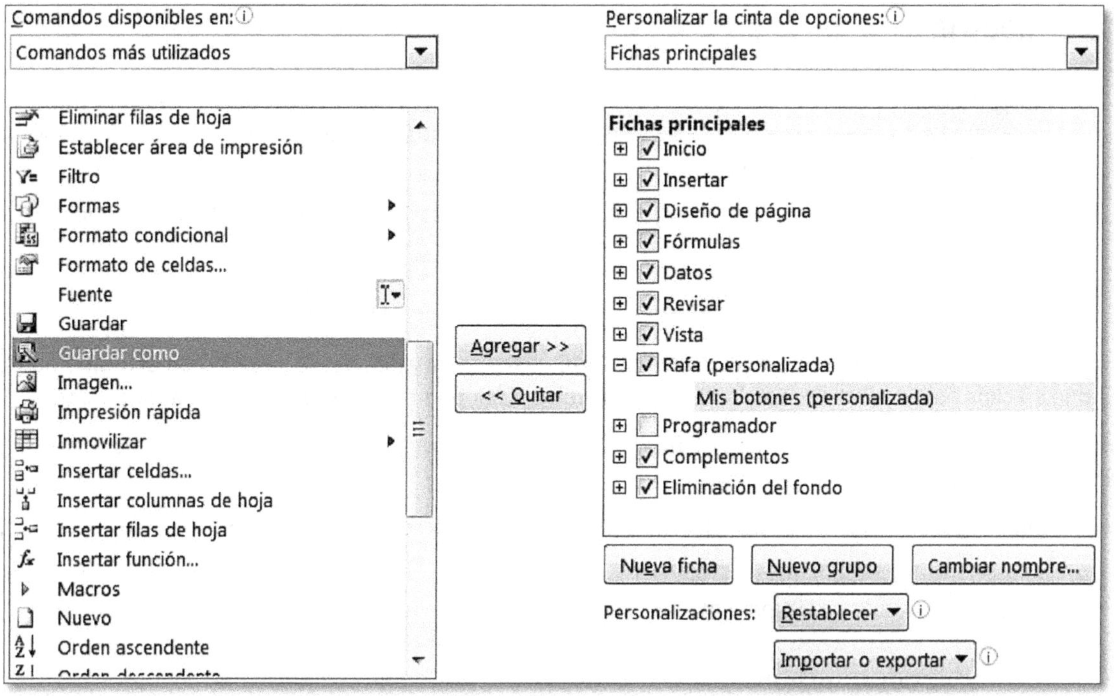

E Repita el procedimiento anterior para agregar el comando **Configurar página**.

Al acabar, clique en **Aceptar**.

F Añada, ahora, un **nuevo grupo** a su ficha con el nombre de **Mis macros**.

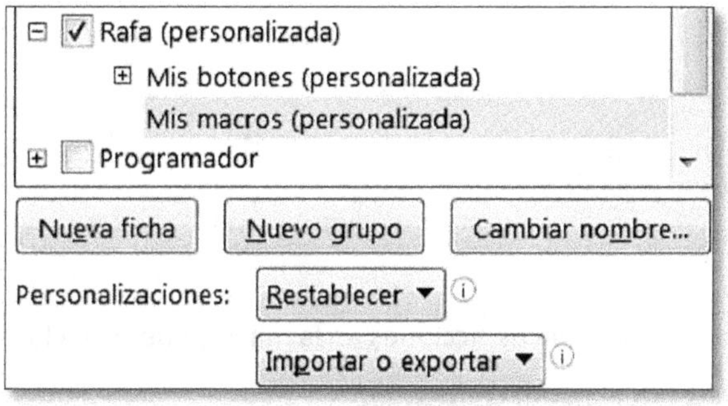

Nota: Para **quitar** comandos, grupos o fichas de la cinta de opciones use el botón **<< Quitar** o el menú contextual.

También puede **ordenar** las fichas y grupos según sus preferencias con los botones **Subir / Bajar** (o arrastrar) y desactivar la **visualización** de las fichas desmarcando la casilla asociada.

Para dejar la cinta con las opciones predeterminadas clique en **Restablecer**.

5.13 Macros

Una **macro** o macroinstrucción consiste en una secuencia de acciones que se llevan a cabo automáticamente. Si grabamos en una macro esta secuencia de acciones repetitivas, evitaremos tener que hacerlas nosotros mismos una y otra vez, ya que las ejecutará la macroinstrucción.

En este tema aprenderemos a crear una macro, a ejecutarla y a asignarla a un botón en la cinta de opciones.

PRÁCTICA

A Abra el libro **Ventas Delegados** (en **Archivos Office 2010 - Excel**) y guárdelo en su carpeta con el mismo nombre. Verá que en cada hoja de este libro se ha usado una fuente distinta que, además, no es la más adecuada.

Grabe una **macro** que cambie el formato de fuente de todas las hojas. Para ello, en **Vista > Macros >** menú **Macros** clique en **Grabar macro**.

Dele el nombre de **Normalizar_aspecto** (sin espacios) y asigne la macro al libro actual (**Este libro**).

En este ejemplo, restringimos la macro a un libro, pero si quisiéramos disponer de la macro en todos los libros de *Excel,* deberíamos guardarla en **Libro de macros personal**.

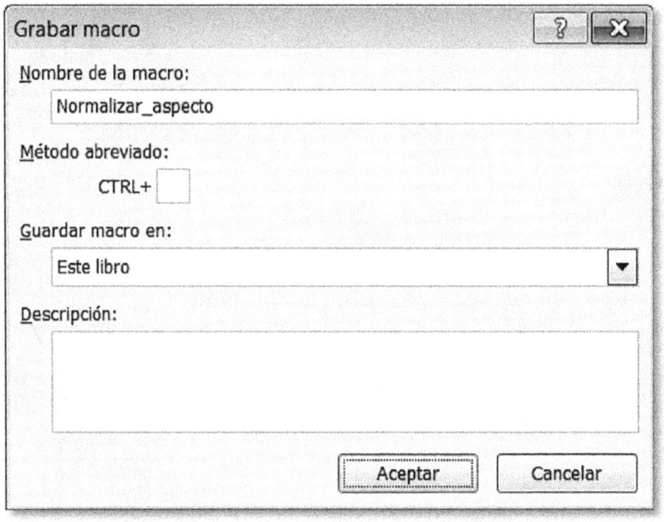

B Pulse **Aceptar** para comenzar la grabación de **acciones** en la macro, que serán las siguientes:

1) Seleccione **todas las hojas** con el **menú contextual**.

2) Seleccione **todo el contenido** de la **primera hoja**.

3) Desde **Inicio >** menú **Fuente** cambie el **formato** de **fuente** seleccionando la casilla **Fuente normal**.

4) **Desagrupe** las hojas **con el menú contextual**.

Al acabar, vuelva a **Vista > Macros** > menú **Macros** y clique en **Detener grabación**.

C Para comprobar que la macro funciona correctamente, primero **deshaga** las acciones anteriores. Luego, pulse el botón **Macros**, seleccione la macro **Normalizar_aspecto** y **ejecútela**.

Si se ha equivocado en la secuencia de acciones o la macro no funciona como debiera, selecciónela en la lista, **elimínela** y vuelva a grabarla.

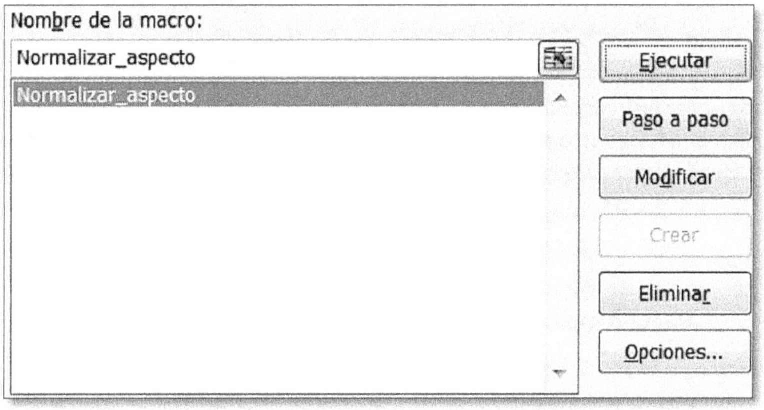

D Para tener la macro más a mano, vamos a asignarle un botón en nuestra ficha personalizada desde el cuadro de diálogo de **Personalizar la cinta de opciones**.

Accederemos a **Comandos disponibles en: Macros** y agregaremos el botón a nuestro grupo **Mis macros**.

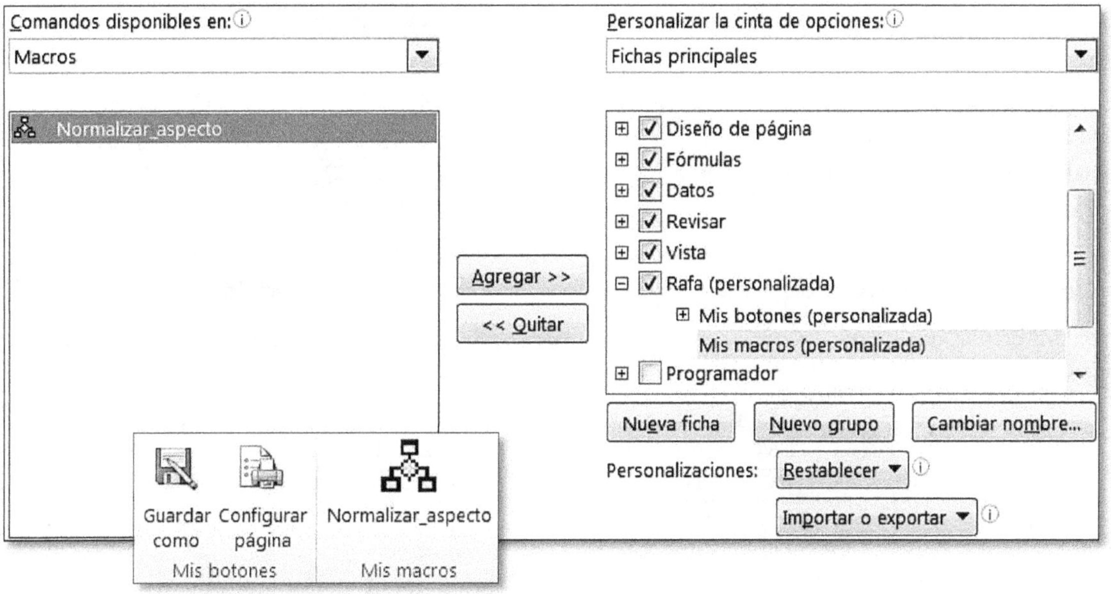

E Al guardar el libro deberemos usar la opción **Guardar como** y elegir el tipo **Libro de Excel habilitado para macros (*.xlsm)**.

5.14 Compartir libros: opciones y control de cambios

Cuando varias personas han de trabajar en un mismo libro dentro de una red local (intranet), podemos recurrir a la herramienta de **Compartir libro**.

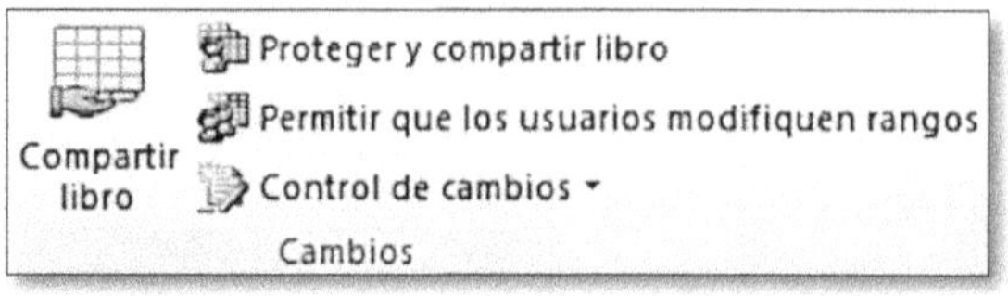

Veremos las **opciones** de que dispone y cómo **controlar** los cambios, todo ello desde la ficha **Revisar** y el mismo grupo: **Cambios**.

En primer lugar, hemos de **crear** una **carpeta de red compartida** para guardar en ella el libro que deseamos compartir. Si dispone de una red local, siga los pasos de la práctica. Si no tiene la red, simplemente lea los procedimientos.

PRÁCTICA

A Guarde un libro en una **carpeta compartida** y acceda a **Compartir libro**.

En el cuadro de diálogo seleccione la casilla **Permitir la modificación por varios usuarios a la vez...** y clique en **Aceptar**.

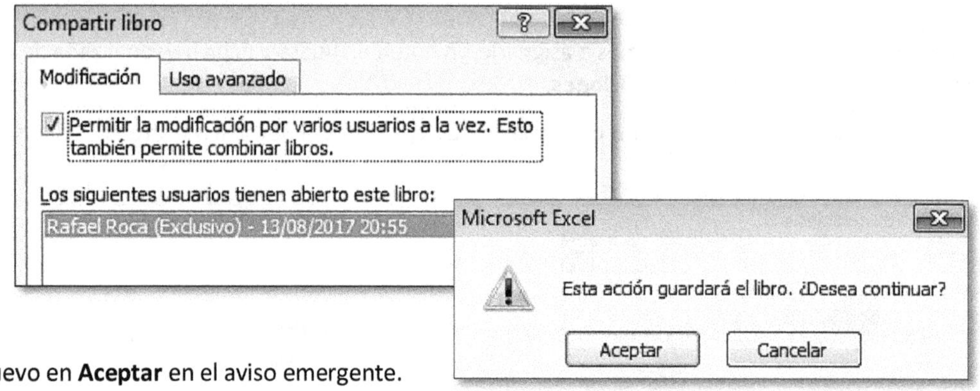

Clique de nuevo en **Aceptar** en el aviso emergente.

B En otro ordenador de la red, acceda a la carpeta compartida y abra el libro compartido.

En su ordenador, en **Compartir libro**, verá el nuevo usuario que tiene abierto el libro (y podrá quitarlo, si lo desea).

C Para ver en la hoja los cambios que hacen los usuarios del libro, acceda a **Control de cambios > Resaltar cambios**.

Aquí podrá controlar qué cambios se realizan por fecha (**Cuándo**), usuario (**Quién**) y lugar en la hoja (**Dónde**). En el ejemplo controlamos los cambios de un usuario.

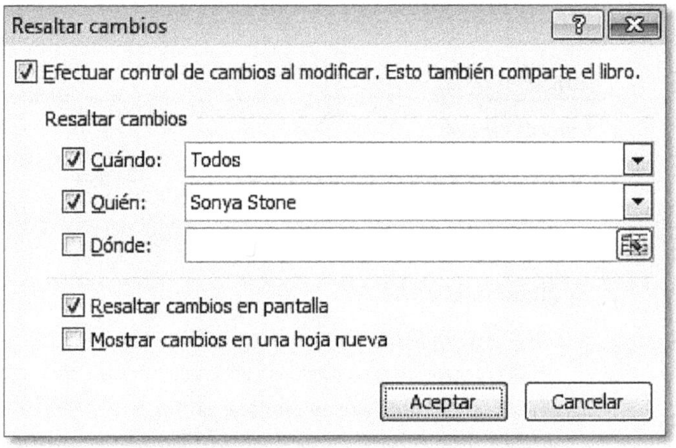

Nota: La casilla **Efectuar control de cambios al modificar** está seleccionada porque ya hemos compartido el libro. Si no fuera un libro compartido, al seleccionarla, iniciaríamos el proceso, guardando el libro en la carpeta compartida.

D Escriba "DATOS" en la celda A1 y en el otro ordenador escriba en las celdas A2 y A3.

Las **esquinas** de las celdas mostrarán un **color** distinto para cada usuario y al colocar el **puntero** sobre ellas obtendremos **información** sobre el cambio realizado.

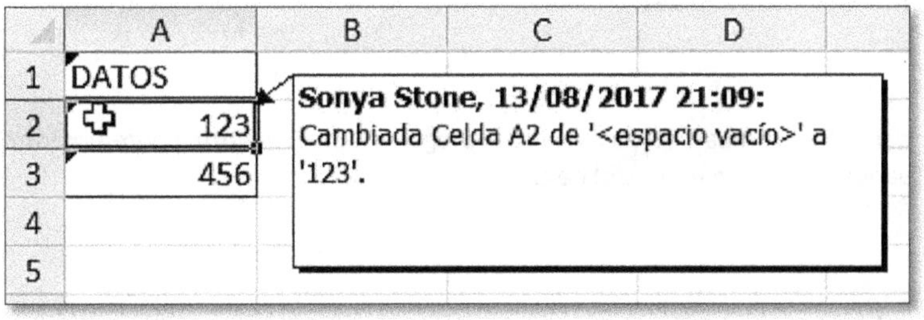

E Los cambios que hayan hecho los distintos usuarios podremos **aceptarlos** o **rechazarlos** en **Control de cambios > Aceptar o rechazar cambios**.

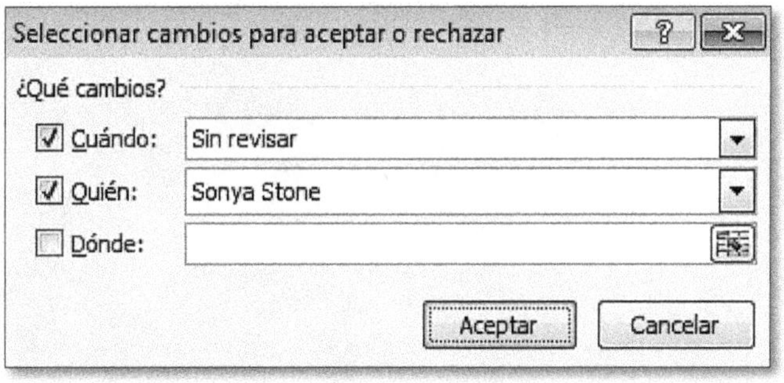

F Las opciones avanzadas de configuración de la herramienta las tenemos en **Compartir libro > Uso avanzado**.

Aquí estableceremos, si nos interesa, el **tiempo** máximo que se irán guardando los cambios; cuándo serán visibles para todos los cambios hechos por un usuario (**Actualizar cambios**); cómo gestionar **cambios conflictivos** (p. ej., de varios usuarios sobre las mismas celdas); y qué configuración reservar en exclusiva para el propio usuario (**Incluir en vista personal**).

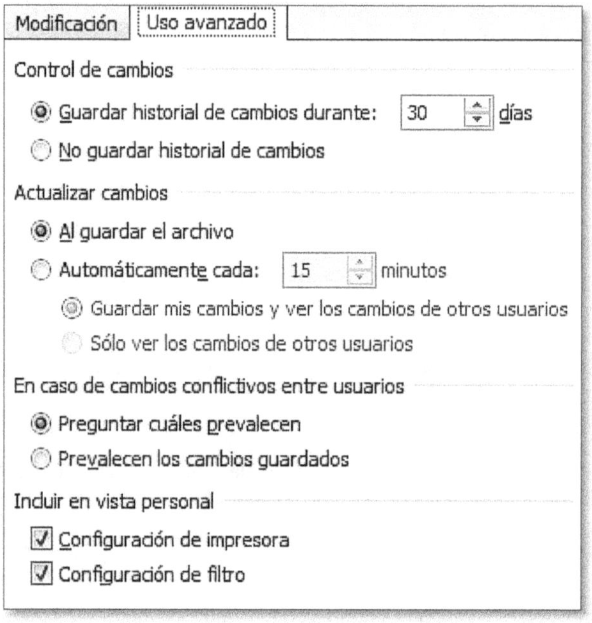

G Para dejar de compartir un libro, quite al resto de usuarios del libro compartido y desmarque la casilla **Permitir la modificación por varios usuarios a la vez**.

Nota: Si antes de guardar el libro compartido clicamos en **Proteger y compartir libro**, podremos introducir una contraseña para evitar que los usuarios desactiven el control de cambios.

5.15 Importar datos externos

Si necesitamos insertar en una hoja el contenido de una tabla de una base de datos, de un archivo de texto, de una tabla en una página web o de otras fuentes, el procedimiento más práctico, en general, será el de copiar y pegar. Por ejemplo, podemos copiar una tabla de *Word* y pegarla en una hoja de *Excel*.

No obstante, si el contenido es muy extenso o necesitamos vincular los datos importados, podemos echar mano a las opciones de importación de **Datos > Obtener datos externos**. Eso sí, en el caso de un texto, habrá de estar delimitado (separado) para que *Excel* lo pueda distribuir en columnas y filas.

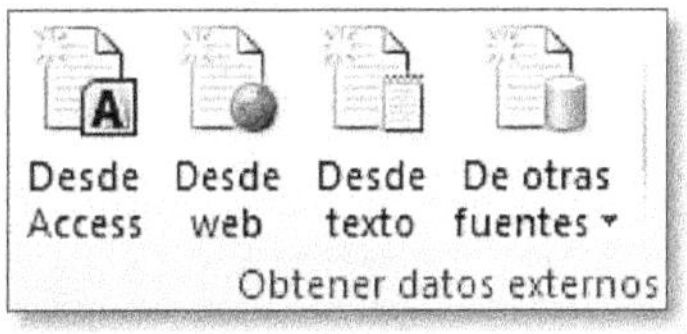

Practicaremos en este tema la importación desde un archivo de texto y de una tabla de *Access* a fin de familiarizarnos con el proceso, que será distinto según sea el origen de los datos.

PRÁCTICA

A En un libro nuevo que guardará con el nombre **Importar datos externos.xlsx**, en la primera hoja acceda a **Datos > Obtener datos externos > Desde texto**.

En el cuadro de diálogo de importar archivo de texto, vaya a la carpeta **Archivos Office 2010 - Excel**, seleccione el archivo **List.txt** y clique en **Importar**.

Se iniciará el asistente de importación de texto, que consta de tres pasos.

1) En el **primer paso** indicaremos cómo está separado el texto, que en este archivo serán datos delimitados.

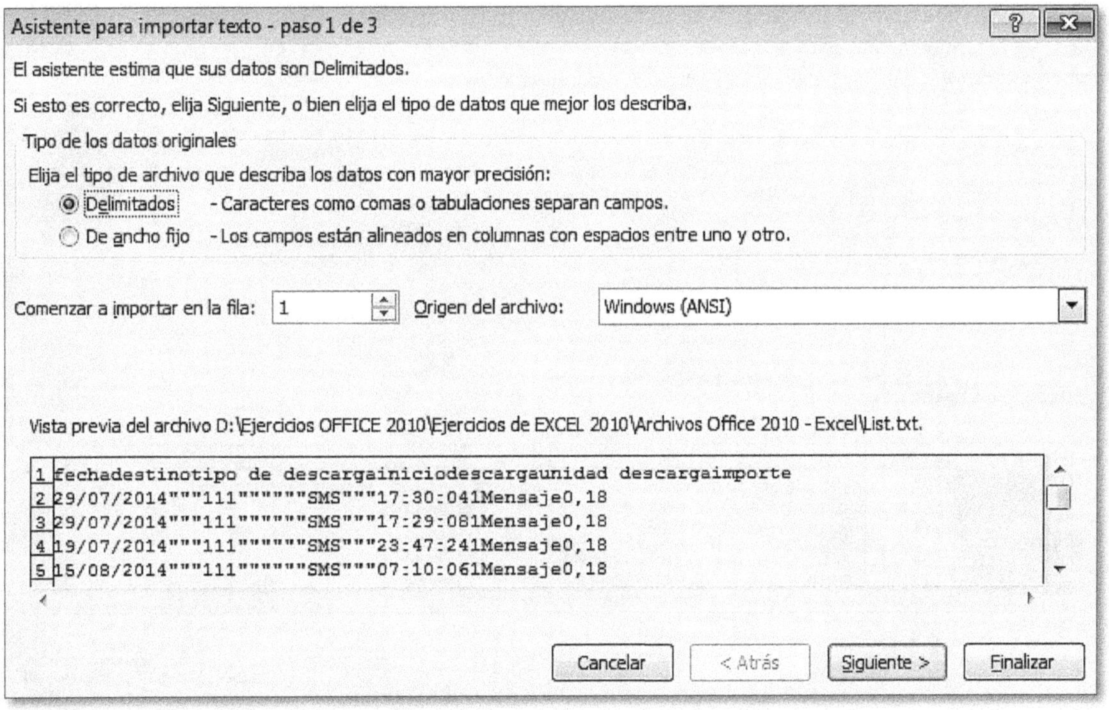

2) En el **segundo paso** indicaremos los separadores del texto si no los ha detectado *Excel* automáticamente.

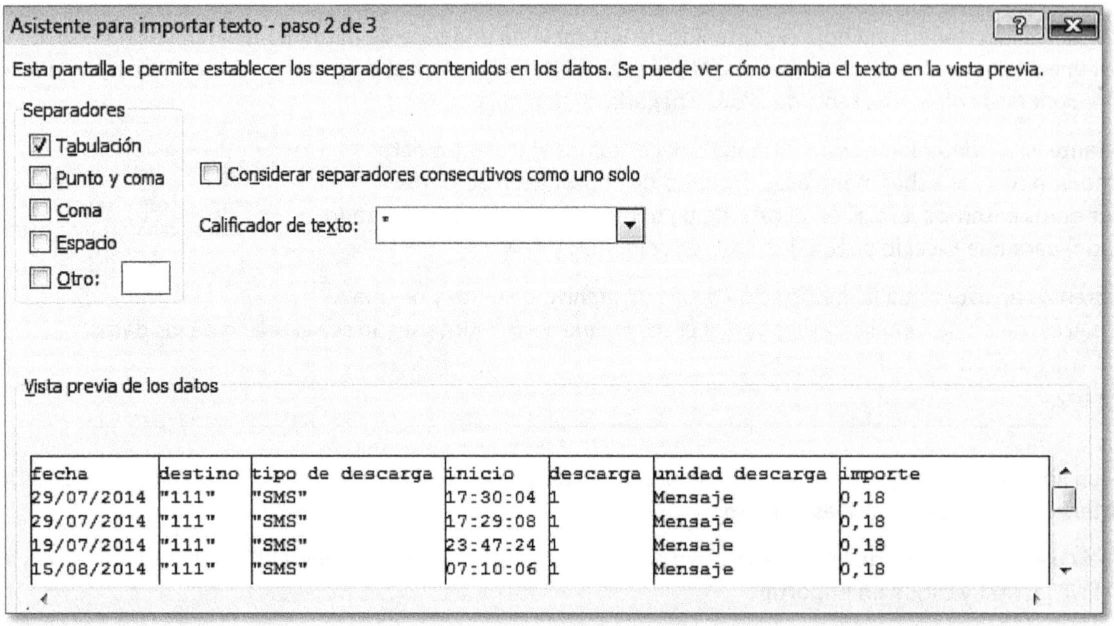

3) En el **tercer paso** estableceremos manualmente el formato de datos para cada columna, o lo dejaremos en **General** para que lo haga el programa automáticamente según haya números, fechas o texto en las columnas.

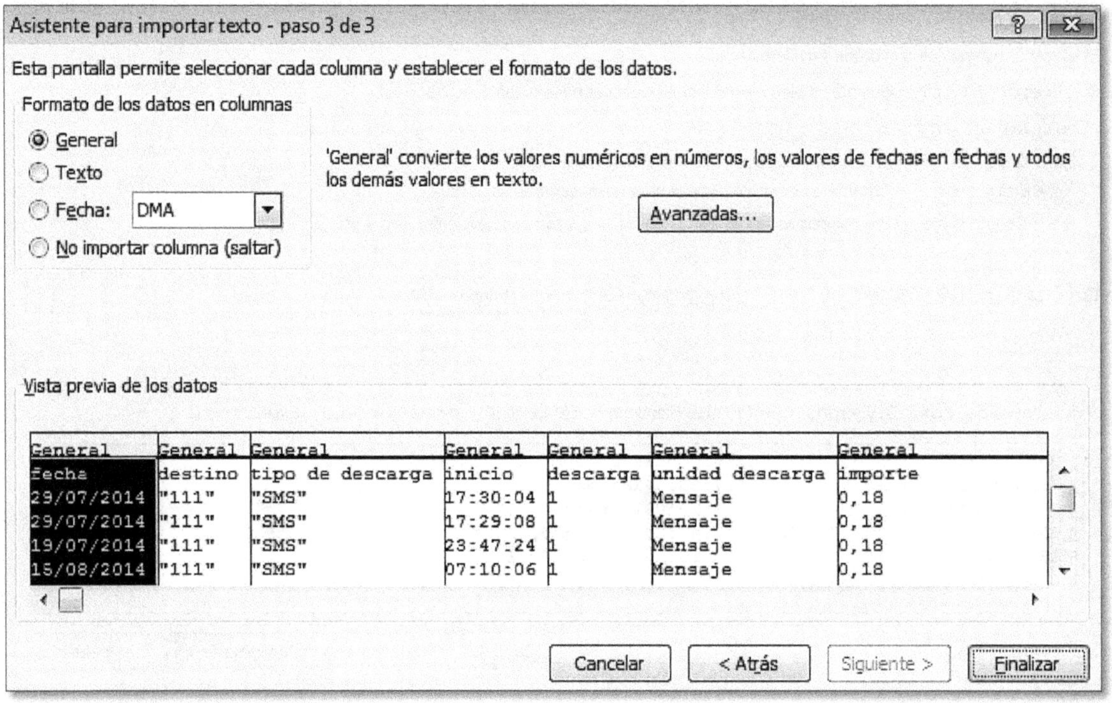

Al finalizar el asistente, indicaremos dónde **situar los datos**, que dejaremos a partir de la celda A1 propuesta.

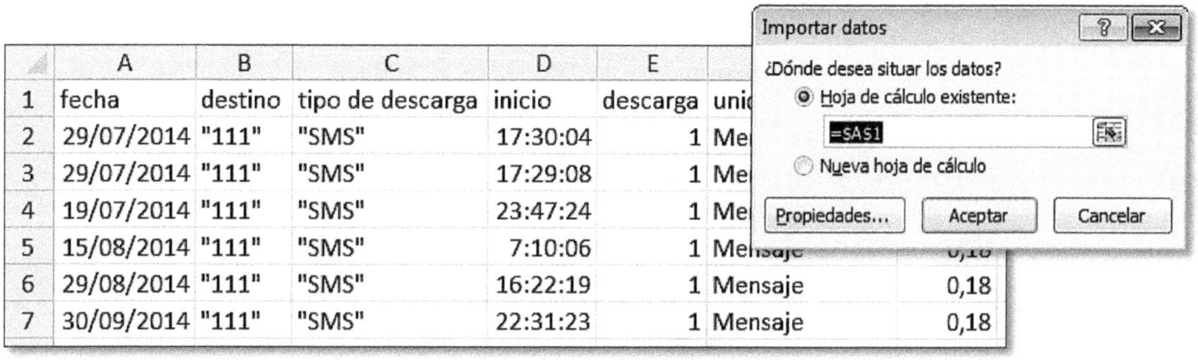

B Los datos importados están vinculados al archivo de origen, en nuestra práctica, **List.txt**. Esto implica que si hacemos cambios en el archivo de texto y en el libro de *Excel* clicamos en **Datos > Conexiones > Actualizar todo / Actualizar** los cambios se efectuarán también en la hoja.

Si no nos interesa mantener está conexión una vez que hemos importado los datos, la desactivaremos desde **Datos > Conexiones > Propiedades**, donde **desmarcaremos** la casilla **Guardar definición de consulta.**

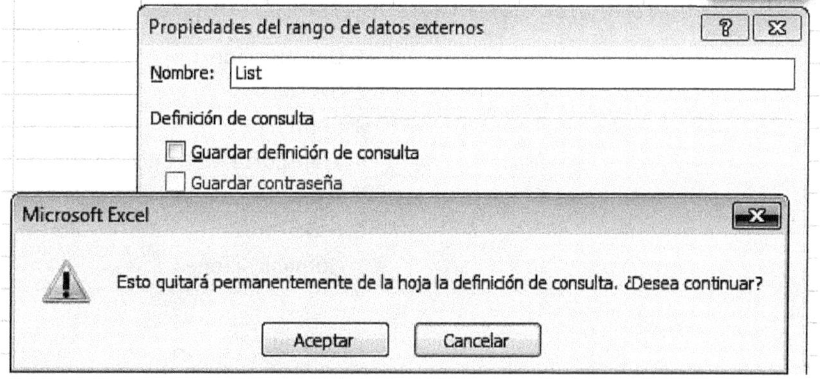

C Ahora realizaremos en otra hoja del libro la importación de una tabla de una base de datos de **Access** clicando en **Datos > Obtener datos externos > Desde Access**.

En el cuadro de diálogo para seleccionar archivos de origen de datos, vaya a la carpeta **Archivos Office 2010 - Excel** y abra **Actividades.accdb**.

Seleccione **Tabla Actividades Empresariales**, que es la tabla que nos interesa, y clique en **Aceptar**.

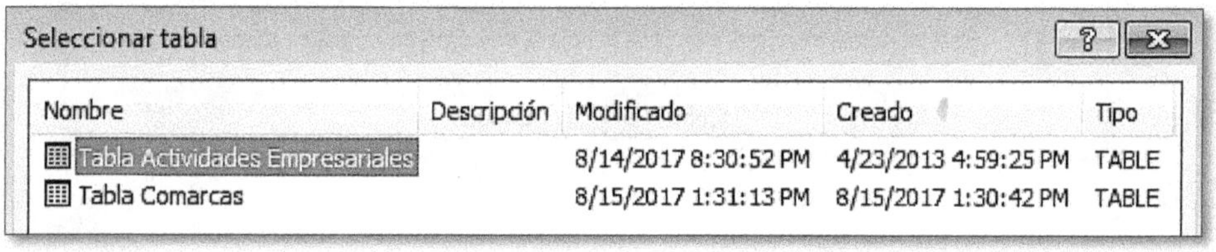

D De nuevo clicaremos en **Aceptar** en el cuadro de diálogo siguiente para importar los datos en forma de tabla a partir de la celda A1 en nuestra hoja.

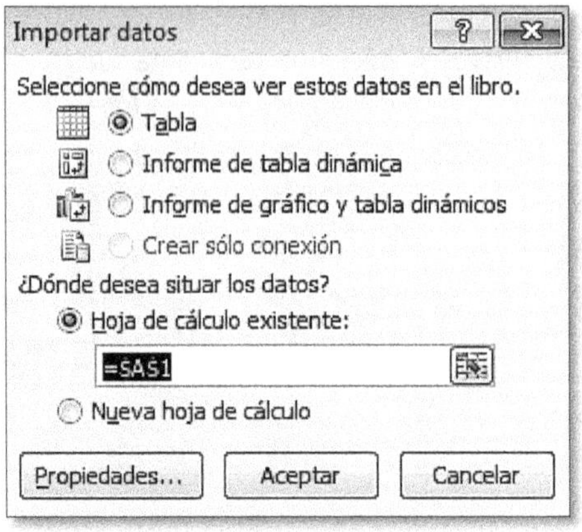

	A	B
1	Id_Actividad	Actividad
2	1	Construcción
3	2	Cerámica
4	3	Comercio
5	4	Transporte Mercancías
6	5	Transporte de Viajeros
7	6	Educación
8	7	Comunicaciones

E Como sucedía con el archivo de texto, los datos quedan vinculados con el origen, por lo tanto, al cambiarlos en la base de datos, cambiarán también en la hoja de cálculo cuando se pulse en **Herramientas de tabla > Diseño > Actualizar**.

Si queremos desvincularlos, clicaremos en **Herramientas de tabla > Diseño > Desvincular** y nos avisará de la imposibilidad de deshacer esta acción una vez llevada a cabo.

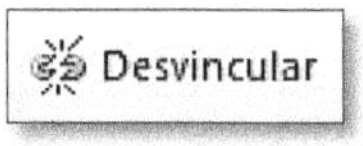

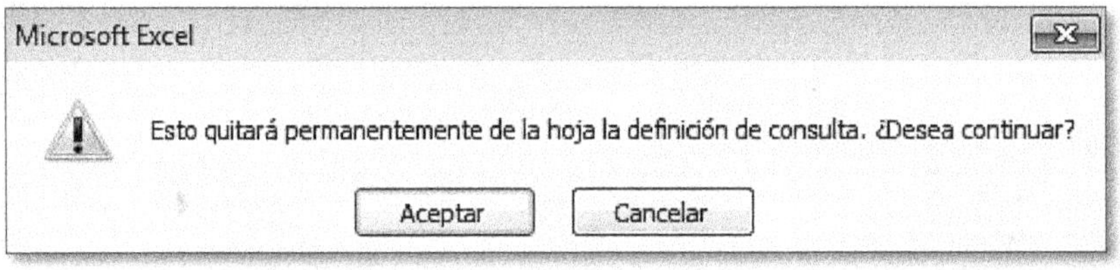

5.16 Opciones de Excel

En los distintos menús que contienen las **opciones de *Excel*** se puede personalizar el funcionamiento del programa en muchos aspectos. Si trabajamos intensivamente con esta aplicación, puede que nos interese ajustar algunos parámetros para realizar nuestras tareas más rápidamente. Por ejemplo, es posible predeterminar la fuente de los libros nuevos, elegir qué tipo de errores se deben buscar en las fórmulas o configurar la frecuencia de la copia de seguridad automática.

Comentaremos, a continuación, algunas de las opciones más comunes que encontramos en **Archivo > Opciones**, si bien, algunas de ellas ya las estudiamos al tratar los temas de las listas personalizadas y la personalización de la cinta de opciones.

En el menú **General** indicaremos la fuente por defecto, así como la vista y el número de hojas para los libros nuevos.

También aquí podemos cambiar el nombre del usuario de *Office*.

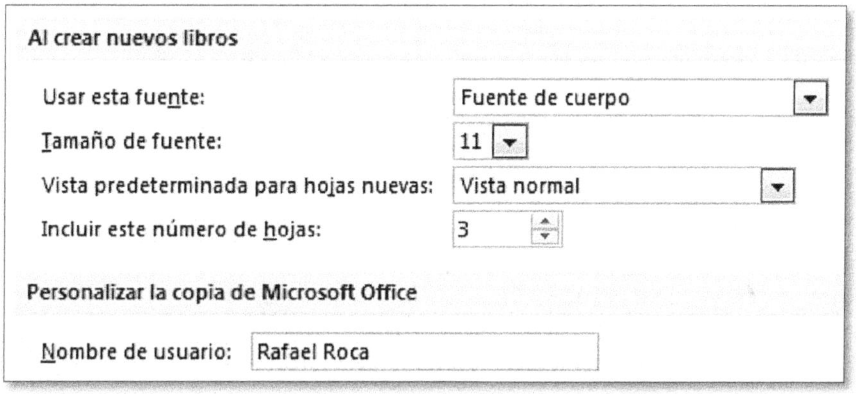

En el menú **Fórmulas** controlamos qué características de las fórmulas introducidas ha de considerar *Excel* como posible error y avisarnos al respecto.

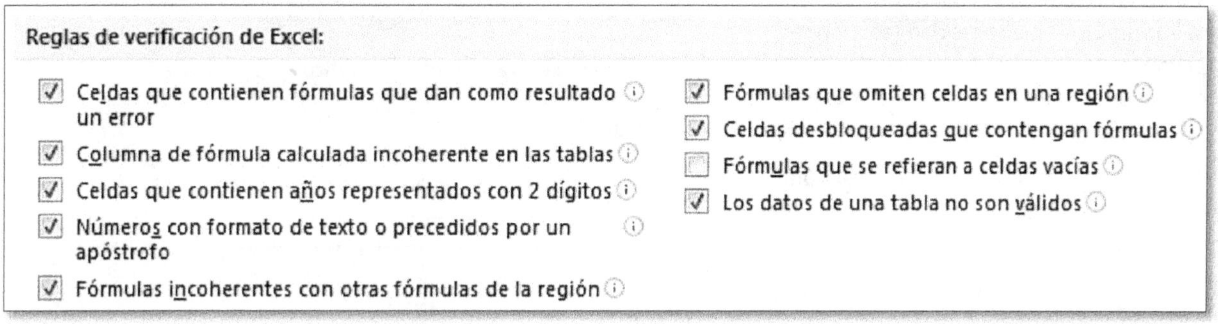

En el menú **Guardar** predeterminamos el formato, el tiempo que ha de transcurrir para que *Excel* haga una copia de seguridad del libro (información de Autorrecuperación), así como la ubicación por defecto para los libros de trabajo.

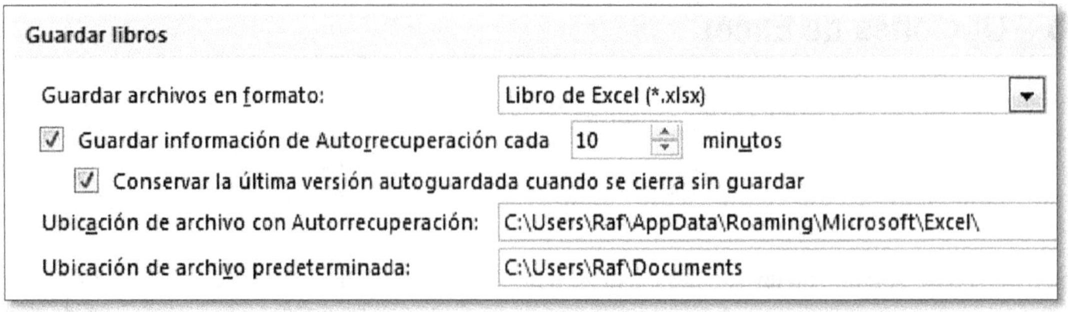

En el menú **Revisión**, que configura todos los programas de *Office*, tenemos las **opciones de autocorrección**, para controlar lo que nos corrige *Excel* de forma automática a medida que escribimos y la configuración de **ortografía**.

Por otra parte, el menú **Idioma** gestiona el idioma usado en la corrección ortográfica, en la interfaz y en la ayuda.

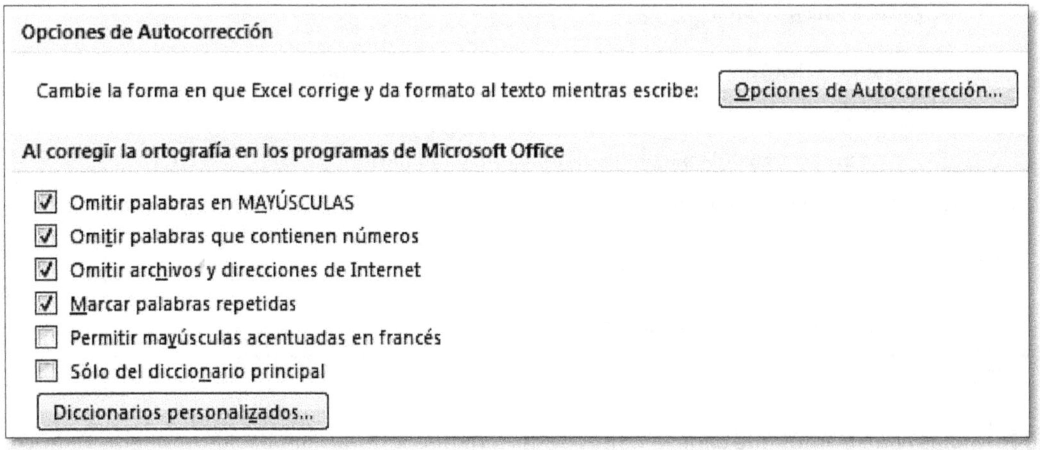

En el menú **Avanzado** controlamos los gráficos para imprimirlos en alta calidad (sección **Imprimir**) y para ocultar las etiquetas informativas que aparecen al colocar el puntero sobre sus elementos (sección **Gráfico**).

En la sección **Mostrar** del indicamos el número máximo de libros recientes que han de aparecer en el menú **Archivo**.

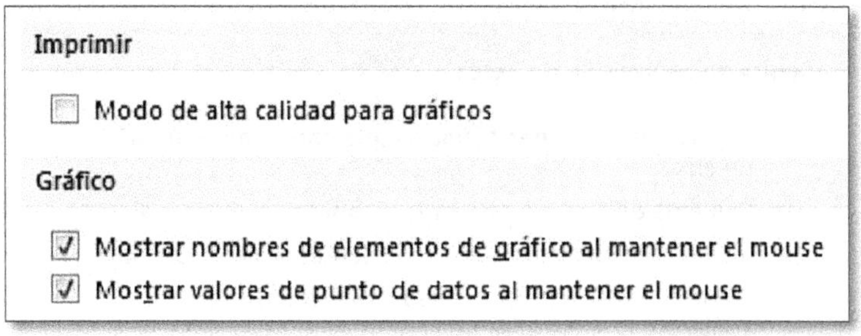

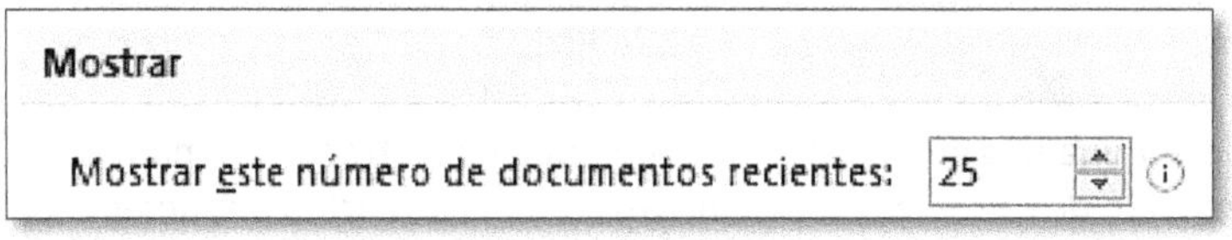

ACCESS 2010

BASE DE DATOS

4

Módulo 1 - PÁGINA 243

- Conceptos generales
- Objetos de la base de datos
- Base de datos:
  - *Crear*
  - *Cerrar y abrir*
  - *Panel de navegación*
- Tablas:
  - *Crear*
  - *Cerrar y abrir*
  - *Vista Hoja de datos*
  - *Vista Diseño*
  - *Guardar diseño*
  - *Agregar campos*
  - *Modificar y eliminar campos*
  - *Renombrar y ordenar campos*
  - *Tipos de datos*
  - *Propiedades de los campos*
  - *Tamaño*
  - *Máscara de entrada*
  - *Clave principal*
  - *Introducir datos*
  - *Ordenar y filtrar datos*
  - *Mover, ocultar e inmovilizar campos*
  - *Formato de texto*
  - *Imprimir*
- Ayuda de Access
- Ayuda contextual
- Copiar, cortar y pegar

Módulo 2 - PÁGINA 268

- Formularios:
  - *Crear*
  - *Modificar aspecto y diseño*
  - *Gestión de registros y datos*
  - *Ordenación y filtrado*
- Consultas:
  - *Crear consultas*
  - *Consultas de selección*
  - *Consultas de parámetros*
  - *Consultas con totales*
  - *Duplicar consulta*
  - *Exportar como PDF*
- Informes:
  - *Crear*
  - *Modificar*
  - *Asistente para informes*
  - *Informe basado en consulta*
  - *Informe de etiquetas*
  - *Exportar como PDF*
  - *Partes de una función*
- Revisión ortográfica
- Ocultar elementos de la ventana de Access
- Personalizar Barra de acceso rápido

Módulo 3 - PÁGINA 295

- Tablas:
  - *Limitar datos con lista de valores interna y externa*
  - *Insertar imágenes*
- Base de datos:
  - *Relaciones entre tablas*
  - *Actualizar campos en cascada*
  - *Relaciones con clave externa*
  - *Copiar tabla externa*
  - *Formulario inicial*
- Formularios:
  - *Subformularios*
  - *Botones de comando*
  - *Propiedades*
  - *Eliminar*
  - *Asistente para formularios*
  - *Insertar imágenes*
  - *Agregar campos*
  - *Formulario sobre consulta*
- Consultas:
  - *Campos nulos y calculados*
  - *Consulta con varias tablas*
  - *Formulario e informe sobre consulta*

Módulo 4 - PÁGINA 321

- Base de datos:
  - *Compactar y reparar*
  - *Cifrar con contraseña*
  - *Revisión de relaciones*
- Propiedades de campo:
  - *Título de campo*
  - *Valor predeterminado*
  - *Requerido*
  - *Regla de validación*
- Formularios:
  - *Orden de tabulación*
  - *Hipervínculos*
- Informes:
  - *Diseño*
  - *Secciones*
  - *Propiedades*
  - *Insertar imagen*
  - *Cálculos y funciones*
- Exportar tablas y consultas como hojas de cálculo de Excel

Módulo 5 - PÁGINA 342

- Tablas:
  - *Importar datos desde Excel*
  - *Analizar tabla*
  - *Regla de validación en tabla*
- Consultas de acción:
  - *Crear tabla*
  - *Eliminar, anexar y actualizar registros*
  - *Gestión de proceso con formulario y consulta de acción*
- Consultas de búsqueda:
  - *Duplicados y no coincidentes*
  - *Asistente para consultas*
- Consultas de referencias cruzadas
- Vista de tabla dinámica y gráfico dinámico
- Generador de expresiones
- Opciones de Access
- Limitaciones de las bases de datos de Access

Access · Módulo 1

TEMAS

1.1 Conceptos generales · Objetos de la base de datos

Con *Word, Excel* y *PowerPoint* podemos empezar a trabajar y crear archivos desde el momento que abrimos las aplicaciones, sin embargo, con *Access*, la cosa cambia.

La creación de una base de datos sólida y funcional requiere un **estudio previo a su diseño** que tenga en cuenta el tipo de información que se va a almacenar y el tratamiento que se le va a dar. Podríamos decir que hemos de empezar por el final, es decir, hemos de pensar qué resultados queremos obtener cuando los datos estén introducidos.

Esta investigación previa es necesaria porque, una vez creada la base de datos, es muy complicado hacer cambios en su estructura, al contrario que en un archivo de texto, cálculo o presentación.

Por otro lado, los **datos** que contiene y su **correcta gestión** son de **vital importancia**, pues suele tratarse de información sensible relativa a clientes, productos, empleados, servicios, etc. Por supuesto, cuanto más importante sea la información a gestionar, más cuidado hemos de poner en su diseño: no es lo mismo una base de datos personal de nuestros libros, discografía o contactos, que una base profesional implementada en un almacén, una clínica o un museo.

En general, deberemos plantearnos estas preguntas antes de comenzar el trabajo de diseño con el programa:

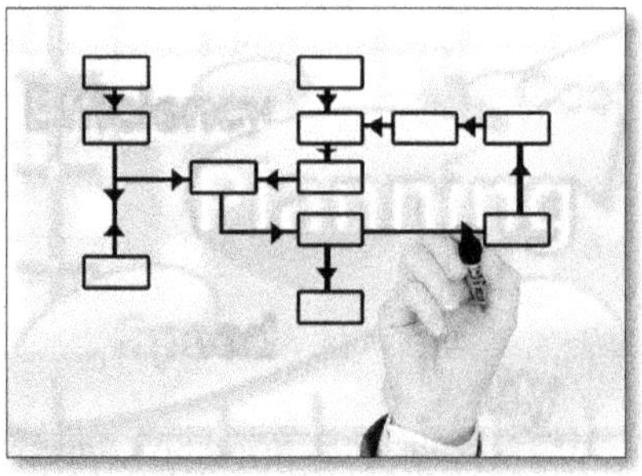

- ¿Qué datos necesito almacenar?
- ¿Qué información relevante quiero obtener de los datos?
- ¿Qué documentos necesito generar?
- ¿Qué uso le voy a dar: introduciré y modificaré datos con frecuencia o la usaré principalmente para consultarlos?

Cuando hayamos respondido a estas preguntas generales tendremos una idea más clara de nuestro proyecto y estaremos en condiciones que ponernos en marcha para crear los **objetos** de que consta la base de datos: **tablas**, **consultas**, **formularios** e **informes**, los cuales caracterizamos a continuación:

1 Tablas

- Son imprescindibles, pues almacenan todos los datos.
- Constan de filas (**registros**) y columnas (**campos**).
- Un registro contiene toda la información de un ítem (cliente, producto, obra, ...).

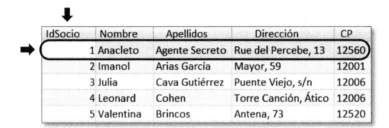

IdSocio	Nombre	Apellidos	Dirección	CP
1	Anacleto	Agente Secreto	Rue del Percebe, 13	12560
2	Imanol	Arias García	Mayor, 59	12001
3	Julia	Cava Gutiérrez	Puente Viejo, s/n	12006
4	Leonard	Cohen	Torre Canción, Ático	12006
5	Valentina	Brincos	Antena, 73	12520

2 Consultas

- Muestran los campos y registros de las tablas según los criterios que indiquemos. Por ejemplo, los clientes de un determinado lugar, los productos con pocas existencias o las obras de arte de una época concreta.
- Los datos pueden proceder de varias tablas. Por ejemplo, si tenemos una tabla con nuestros proveedores y otra con los productos, uniríamos las dos en una consulta para saber qué productos nos proporciona cada proveedor.
- También sirven para realizar cálculos, para llevar a cabo acciones que afecten al contenido de las tablas y para comparar los datos almacenados.

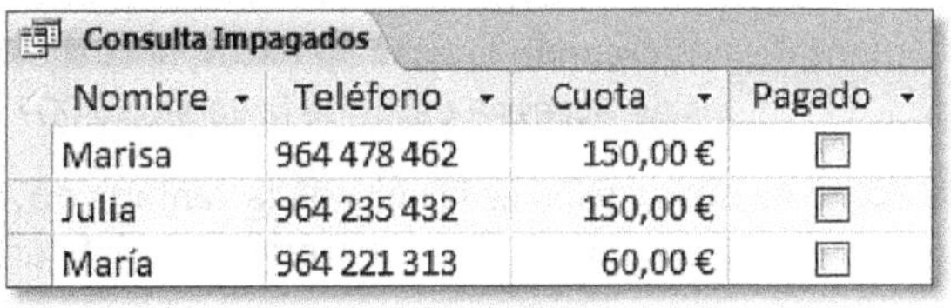

3 Formularios

- Visualizan y gestionan los datos de las tablas (o consultas), registro a registro. De esta forma, vemos un registro con sus campos a modo de ficha, para mayor comodidad del usuario de la base de datos.
- Pueden contener vínculos a otros objetos de la base de datos o externos, lo cual agiliza el trabajo de abrir aquellos que están relacionados.
- También, es posible añadir botones para realizar otras acciones, como cerrar el formulario.

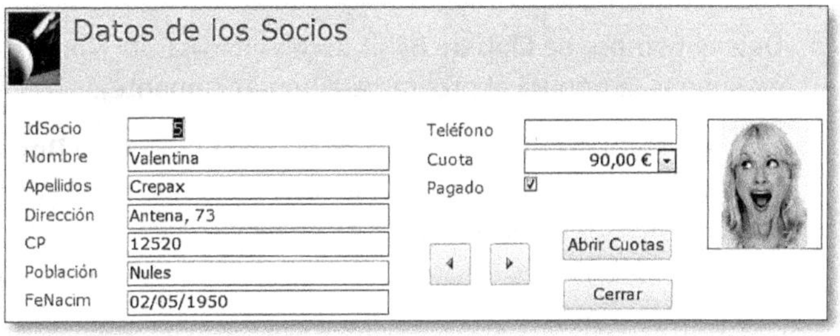

4 Informes

- Presentan los datos de tablas y consultas en un formato adecuado para imprimir.
- Agrupan, ordenan y realizan cálculos sobre los datos.
- Los informes, al igual que los demás objetos, se pueden exportar a otros formatos, como PDF.

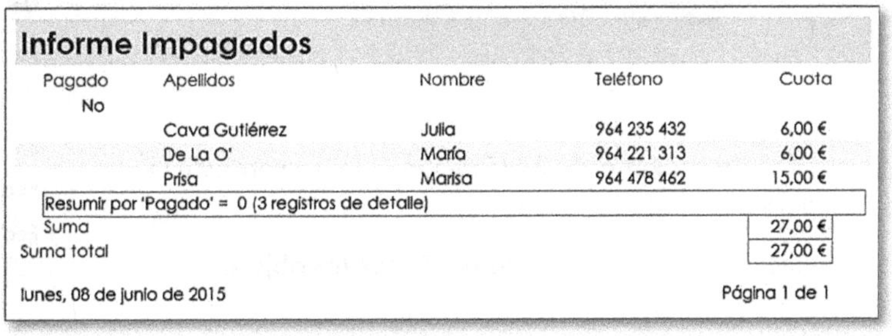

1.2 Crear base de datos · Panel de navegación

Access ofrece muchas plantillas de base de datos que contienen objetos ya preparados, pero para aprender a diseñar y a trabajar con bases de datos es mucho mejor crearla desde cero y conocer todo el proceso. Esto es lo que haremos desarrollando un supuesto práctico en el que crearemos los objetos necesarios para gestionar los socios de un club de billar y las cuotas que pagan al club.

Comenzaremos **creando la base de datos**, la cual hay que guardar antes de añadir los objetos y los datos. La extensión de los archivos de *Access* a partir de la versión 2007 es **.accdb**.

El **Panel de navegación** es la zona de la ventana de *Access* donde se muestran las tablas, consultas, formularios e informes que creamos. Comprobaremos su configuración para que se muestren estos objetos adecuadamente.

PRÁCTICA

A Abra *Access* y verá desplegadas las opciones de **Archivo > Nuevo**. Seleccione (si no lo está) **Base de datos en blanco** en el área de **Plantillas disponibles**.

Dele el nombre de **Club de Billar.accdb** en la casilla **Nombre de archivo** (si no escribe la extensión, la pondrá el programa automáticamente).

De forma predeterminada se guardará en la biblioteca **Documentos** al clicar en **Crear**, pero si preferimos otra ubicación, clicaremos en el **icono de la carpeta**, a la derecha de la casilla con el nombre del archivo, y elegiremos la carpeta de destino.

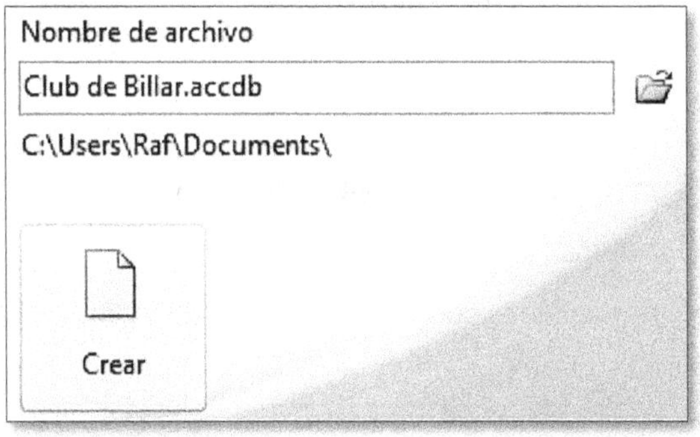

B A continuación, clique en el título del **Panel de navegación** (a la izquierda de la ventana de la aplicación) para desplegar su menú.

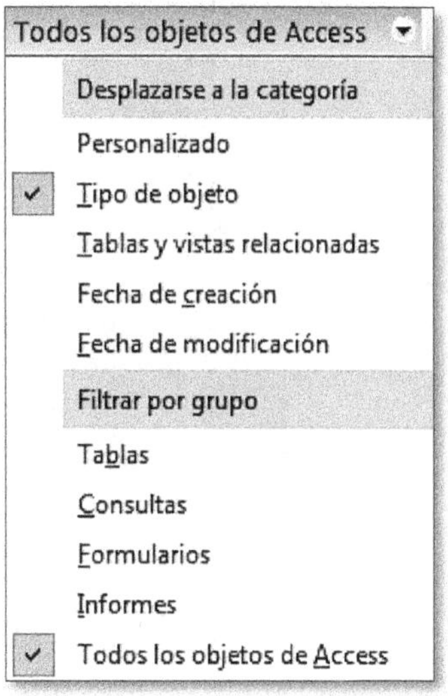

Asegúrese de que están seleccionados **Tipo de objeto** y **Todos los objetos de Access**.

Esto mostrará todos los objetos de *Access* a medida que los vaya creando y los organizará según su tipo.

El **Panel de navegación** también nos servirá para seleccionar y realizar operaciones con tablas, consultas, formularios e informes.

1.3 Tablas: crear, agregar campos, guardar

Las **tablas** son los objetos esenciales en toda base de datos, por tanto, una vez guardada la base de datos, lo primero que hemos de hacer es crear una tabla para introducir los datos de los socios del club.

A diferencia de las tablas de *Word* o de *Excel*, en las que escribimos directamente en las celdas, las de *Access* requieren que vayamos añadiendo campos (columnas) uno a uno y que indiquemos qué tipo de datos contendrá cada campo añadido. Por ejemplo, si creamos un campo para los apellidos de una persona, indicaremos que el tipo de datos será texto; si el campo almacenará un precio, el tipo de datos será número o moneda.

En este tema veremos cómo **crear** la tabla, cómo **agregar campos** que contendrán **texto** (en la **Vista Hoja de datos**) y cómo **guardar** estos cambios en el diseño de la tabla.

PRÁCTICA

A *Access* nos muestra automáticamente una **tabla (Tabla1)** cada vez que creamos una base de datos nueva.

La aprovecharemos para configurar nuestra primera tabla, pero, si la cerramos por error podemos crear otra en **Crear > Tabla / Diseño de tabla**.

La tabla aparece en la **Vista Hoja de datos**, que es la vista utilizada para introducir datos, pero que también nos permite agregar campos.

De momento, solo contiene el campo, **Id** (que trataremos posteriormente), y un botón en el encabezado de la segunda columna.

Clicaremos sobre el botón ***Haga clic para agregar*** y en el **menú de tipo de datos**, elegiremos **Texto**.

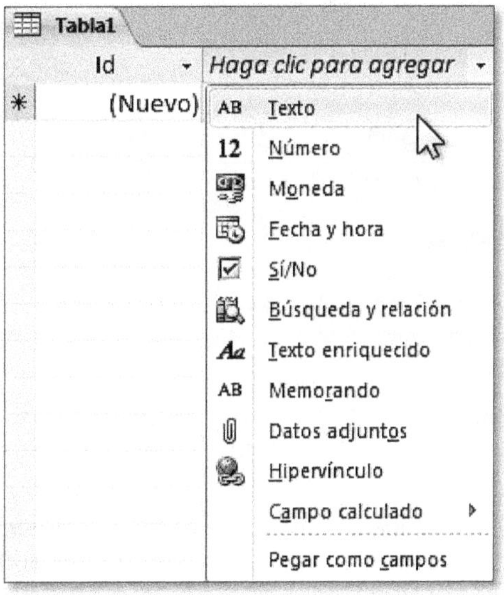

Ahora tendremos el **nombre del campo** (**Campo1**) seleccionado, preparado para que lo cambiemos: escribiremos **Nombre**, ya que contendrá el nombre propio del socio o socia del club, y pulsaremos **Entrar** (Intro). Si nos equivocamos al escribir, haremos doble clic sobre el encabezado y escribiremos el texto correcto.

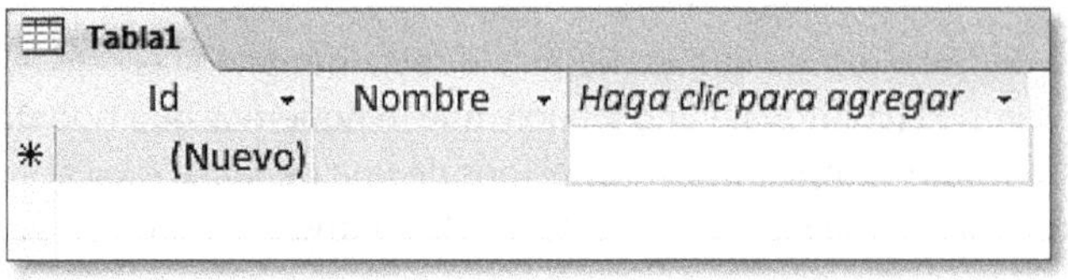

B Agregaremos **tres** campos más del tipo texto, **Apellidos**, **Alias** y **Dirección**, de igual manera que el anterior: clic en el botón de **agregar**, elegimos el **tipo**, cambiamos el **nombre** y pulsamos **Entrar**.

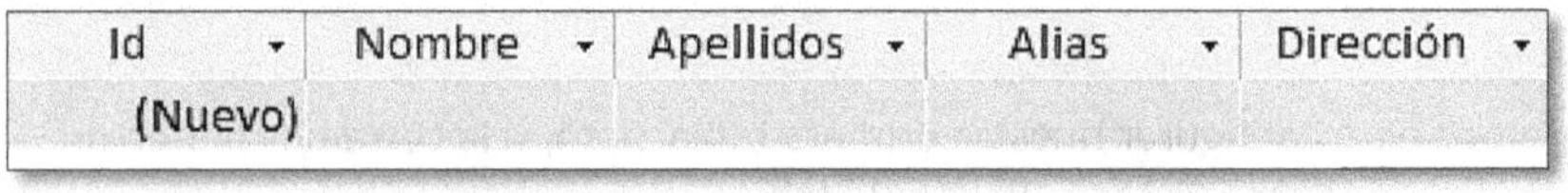

C Por último, clicaremos con el botón derecho en la **etiqueta** de la tabla (**Tabla1**) para desplegar el **menú contextual** (o pulsaremos **Ctrl+G**) y la **guardaremos** con el nombre **SOCIOS**.

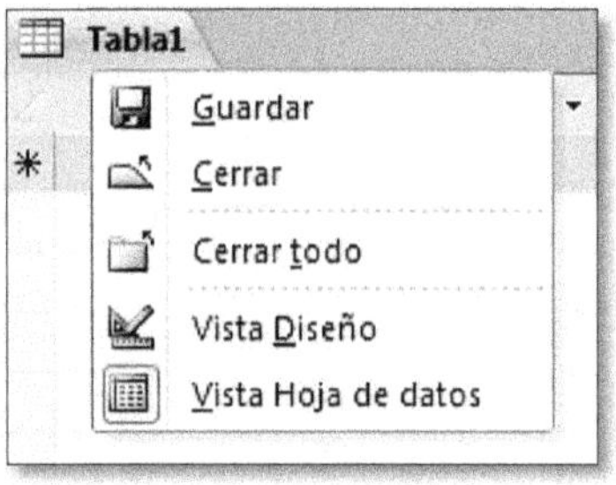

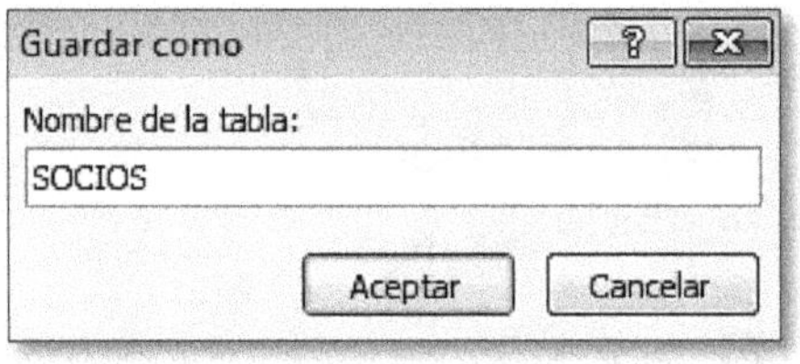

NOTA: Si nos equivocamos al darle el nombre a la tabla, siempre podemos cambiarlo en el **Panel de navegación**. Para ello, deberemos cerrar la tabla con el **menú contextual** de su etiqueta y del menú contextual de su nombre en el **Panel de navegación**, elegir **Cambiar nombre**.

Es muy importante **decidir los nombres** de las tablas al **inicio del diseño de la base de datos**, ya que una vez hayamos creado otros objetos (consultas, formularios e informes) y establecido relaciones entre ellas será muy problemático cambiarlos.

En el supuesto que desarrollamos aquí, hemos optado por escribir los nombres de las tablas en mayúsculas para identificarlas más fácilmente. Otros diseñadores prefieren escribir **Tabla** o **Tbl** delante del nombre. Sea como sea, se puede dar el nombre que uno prefiera, siempre que sea indicativo de su contenido.

1.4 Cerrar y abrir tabla · Cerrar y abrir base de datos

Las tablas, como cualquier otro objeto de la base de datos, las creamos, guardamos, cerramos y abrimos dentro de la ventana de *Access*.

Pero la base de datos en sí no la guardamos, solo los objetos que contiene. Si cerramos *Access*, todos los objetos abiertos que no estén siendo editados se cerrarán automáticamente.

PRÁCTICA

A **Cierre** la tabla SOCIOS con el **menú contextual** de su etiqueta o clicando la equis X , a la derecha de la ventana de la tabla.

Cierre, a continuación, la base de datos desde **Archivo > Cerrar base de datos**.

Si cierra *Access* clicando la equis de la barra de título, cerrará la ventana del programa y la base de datos.

B Vuelva a **abrir** la base de datos haciendo doble clic sobre su icono en la biblioteca **Documentos** (o en la carpeta donde la guardó).

Si tiene *Access* abierto, puede acceder a **Archivo > Abrir** o buscar la base de datos en los **archivos recientes**.

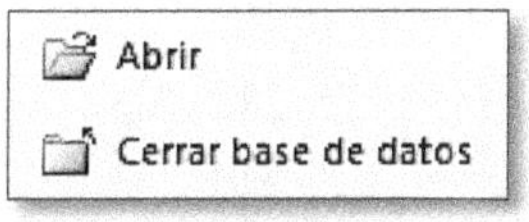

C Desde el **Panel de navegación**, **abra** la tabla haciendo **doble clic** en su nombre (o **menú contextual > Abrir**).

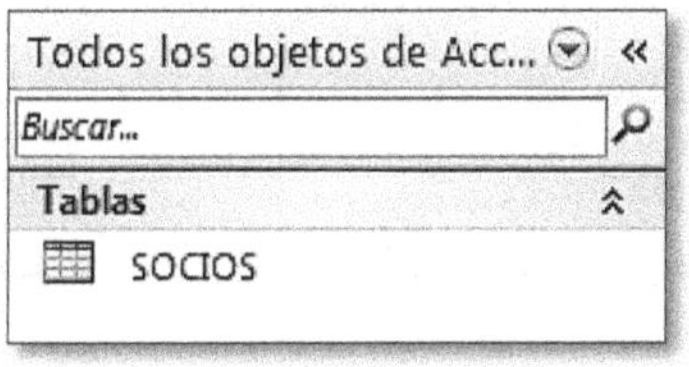

D La tabla aparece en la **Vista Hoja de datos**, pero cambiaremos a la de diseño, clicando en el botón **Vista Diseño** de la ficha **Inicio**.

1.5 Tablas: agregar y modificar campos en Vista Diseño

Antes hemos añadido campos a la tabla en la **Vista Hoja de datos**, pero tendremos un mayor control y más posibilidades de configuración en la **Vista Diseño**, que será la utilizada habitualmente para **agregar** y **modificar campos**.

PRÁCTICA

A En la **Vista Diseño** veremos una cuadrícula que muestra los **nombres** de los campos en la primera columna, el **tipo de datos** en la segunda y una casilla para incluir una **descripción** (opcional) en la tercera columna.

En el panel inferior aparecen las **Propiedades de los campos** y un recuadro con ayuda contextual, la cual muestra información de la casilla donde nos encontramos.

Al clicar en los nombres de los campos creados, la ficha **General** de las propiedades del campo nos mostrará el **tamaño** de los mismos, **255** caracteres. Ese tamaño es el máximo para campos de texto y se adjudica automáticamente cuando los agregamos.

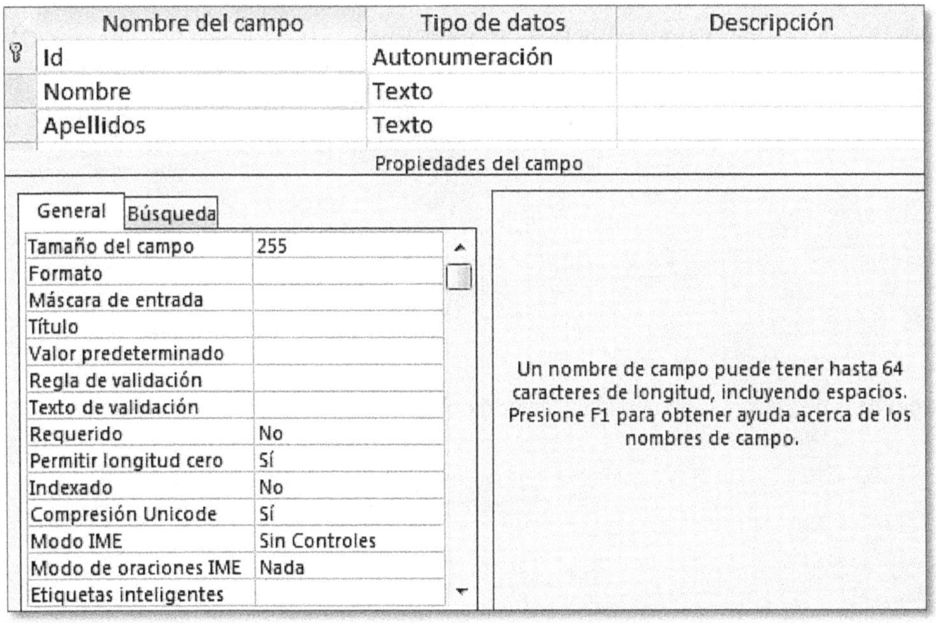

B No es conveniente asignar más tamaño a un campo del que necesita, ya que *Access* reserva ese espacio en el disco, independientemente del tamaño de los datos que introduzcamos, haciendo que la base de datos sea más grande de lo que debiera. Por ejemplo, aunque el nombre sea "Pepe", que tiene 4 caracteres, en el disco ocupará como si tuviera 255 caracteres. Deberemos, pues, modificar los tamaños de nuestros campos.

Clique sucesivamente en **Nombre**, **Apellidos**, **Alias** y **Dirección** y escriba un nuevo tamaño en la casilla **Tamaño de campo**:

Nombre del campo	**Tamaño**
Nombre	20
Apellidos	50
Alias	20
Dirección	50

C **Agregue** dos nuevos campos, **Población** y **Provincia**, debajo de los anteriores usando la cuadrícula del panel superior. Para establecer el tipo de datos, despliegue la casilla.

Nombre del campo	**Tipo de datos**	**Tamaño**
Población	Texto	50
Provincia	Texto	25

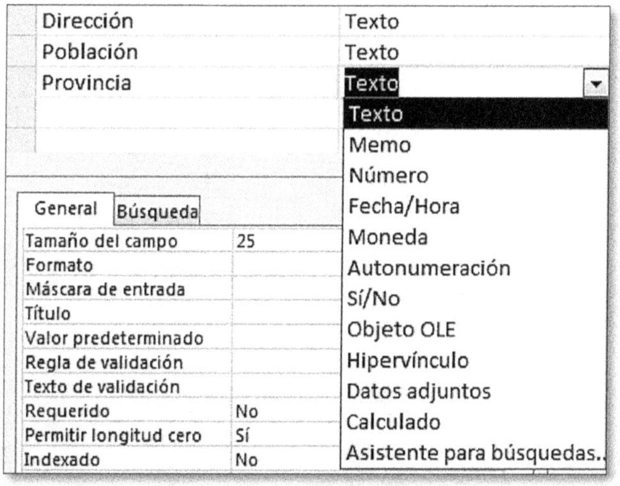

D En **Inicio > Vistas** se mostrará ahora el botón para pasar a la **Vista Hoja de datos**: clique en el botón, **guarde** la tabla cuando aparezca el mensaje y observe los campos creados.

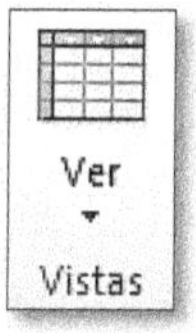

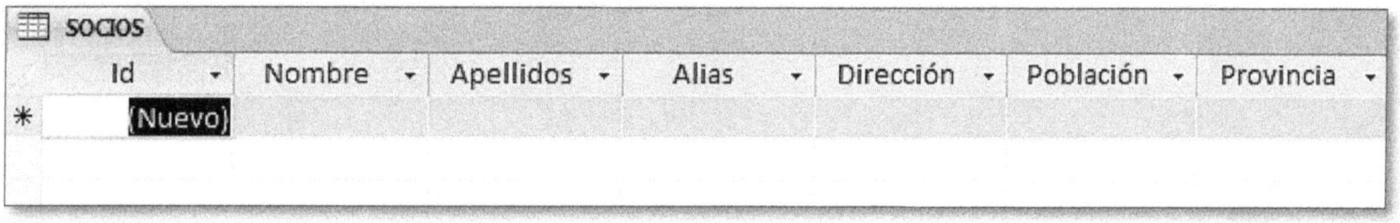

NOTA: Cuando pasemos a la vista de datos nos pedirá que guardemos, siempre que hayamos modificado el diseño.

1.6 Tablas: campos de Fecha/Hora, Número, Sí/No

Para almacenar fechas y números contamos con los tipos de datos **Fecha/Hora** y **Número**. El tipo **Sí/No** muestra una casilla para activarla o desactivarla, lo cual es muy útil para filtrar una tabla.

En el caso de las fechas y el campo booleano (Sí/No), no tendremos que configurar la propiedad **Tamaño**; mientras que, en el caso del número, su tamaño no serán dígitos, como los de tipo texto que hemos visto, sino aquellos especiales que maneja *Access* y que comentaremos con mayor detalle en el tema siguiente.

PRÁCTICA

A Vuelva a la **Vista Diseño** para introducir los campos mostrados, a continuación de los ya existentes.

Establezca su **formato** y su **tamaño** en el panel **Propiedades del campo**.

Nombre del campo	Tipo de datos	Tamaño	Formato
Código Postal	Texto	5	---
Fecha de Nacimiento	Fecha/Hora	---	Fecha Corta
Teléfono	Texto	9	---
Cuota	Número	Simple	Euro
Pagado	Sí/No	---	Sí/No

Para establecer el **formato** (y el **tamaño de número**), despliegue la casilla correspondiente:

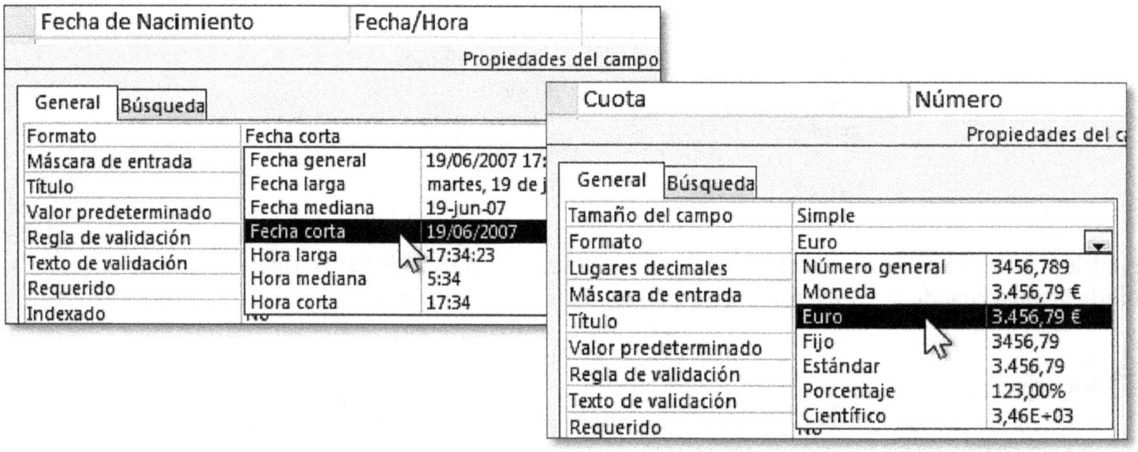

NOTA: Aunque un código postal y un número de teléfono constan de dígitos, establecemos su formato como texto porque no vamos a operar con ellos. Esto lo tomaremos como norma para cualquier campo similar. Los campos de texto admiten valores alfanuméricos, esto es, caracteres y números.

1.7 Tipos de datos y tamaño

Cuando diseñamos una base de datos, debemos ser cuidadosos al seleccionar el **tipo de datos** para cada campo, ya que, una vez introducidos los datos, hacer cambios puede resultar muy problemático.

El mismo cuidado hemos de tener al especificar su **tamaño**. Por ejemplo, si disminuimos los caracteres asignados a un campo de texto, se truncarán los datos introducidos que superen el nuevo tamaño. O, si cambiamos un campo de tipo número que admite muchos dígitos y decimales a otro que no los admite, los números existentes en ese campo se redondearán o se perderán.

Por ello, es conveniente conocer las características de los tipos de datos, las cuales resumimos en la tabla.

Tipo de datos	Características
Texto	Admite texto y números hasta **255** caracteres.
Memo	Admite grandes cantidades de texto y datos numéricos.
Número	Admite números y su tamaño puede ser: **Byte, Decimal, Entero, Entero largo, Simple** y **Doble.**
Fecha/Hora	Admite fechas y horas.
Moneda	Admite valores de moneda y aplica el **símbolo** de moneda (€, ¥, £, $, etc.) especificado en la configuración de Windows.
Autonumeración	En este tipo de campo, *Access* **inserta automáticamente un número** y lo **incrementa** cada vez que se agrega un nuevo registro a una tabla. Es útil para funcionar como clave principal, ya que no contendrá nunca valores repetidos y no se puede escribir en él.
Sí/No	Muestra una **casilla de verificación** o una **lista desplegable**, según el formato aplicado.
Hipervínculo	Está pensado para contener una **dirección web**. *Access* agrega http:// al texto escrito.
Datos adjuntos	Este tipo de campo sirve para adjuntar **archivos externos**, como imágenes, PDFs, hojas de cálculo, etc. No se puede escribir dentro de él.
Asistente para búsquedas	En realidad, no es un tipo de datos, sino un asistente que se usa para **crear listas desplegables** que muestran los posibles datos a introducir.

Si se establece la propiedad **Tipo de datos** en **Número**, la configuración del **Tamaño del campo** es un tanto peculiar y tiene que ver con la cantidad de dígitos que tenga el número a introducir, la precisión decimal requerida y el tamaño que ocupa en el disco. La tabla muestra los tamaños posibles y sus características.

Tamaño	Capacidad	Decimales	Ocupa
Byte	Números desde 0 hasta 255 (no admite fracciones).	Ninguno	1 byte
Decimal	Números desde –10^28–1 hasta 10^28–1	28	2 bytes
Entero	Números desde –32,768 hasta 32,767 (no admite fracciones).	Ninguno	2 bytes
Entero largo	Números desde -2.147.483.648 hasta 2.147.483.647 (no admite fracciones).	Ninguno	4 bytes
Simple	Números desde –3,402823E38 hasta –1,401298E–45 para valores negativos y desde 1,401298E–45 hasta 3,402823E38 para valores positivos.	7	4 bytes
Doble	Números desde –1,79769313486231E308 hasta –4,94065645841247E–324 para valores negativos y entre 4,94065645841247E–324 y 1,79769313486231E308 para valores positivos.	15	8 bytes

En principio, es mejor usar el valor más pequeño posible, porque, cuanto menor es el dato, requiere menos memoria y se procesa más rápidamente. En bases de datos grandes, con miles de registros, este es un factor a considerar, no tanto en bases modestas, como las que desarrollamos en las prácticas de este libro.

Por otra parte, hay que tener muy en cuenta que, si ya existen datos y modificamos el tamaño del campo, se verán afectados y **no podremos deshacer los cambios** después de guardar el diseño de tabla. Por ello, si es necesario llevar a cabo cambios en el diseño cuando ya hay datos introducidos, lo mejor es hacer una copia de la tabla o del archivo de base de datos y comprobar allí el efecto del cambio sobre los datos.

> **NOTA:** Aunque el tipo de datos **Moneda** también recoge valores numéricos, no es posible modificar su tamaño. En las prácticas hemos optado por asignar el tipo **Número** al campo **Cuota** por motivos didácticos, pero podría establecerse como moneda.

1.8 Máscaras de entrada: generar y escribir · Ayuda contextual

Los usuarios de la base de datos que diseñamos pueden cometer errores al escribir en los campos. Una forma de **controlar** y **normalizar** el aspecto de los datos a medida que los introducen los usuarios es crear plantillas para que se adapten a los requisitos. Estas plantillas se denominan **máscaras de entrada**.

PRÁCTICA

A Generaremos las siguientes máscaras de entrada para los campos **Código Postal**, **Fecha Nacimiento** y **Teléfono** siguiendo las instrucciones.

Nombre del campo	Máscara de entrada
Código Postal	00000;;_
Fecha de Nacimiento	00/00/0000;0;_
Teléfono	000\ 000\ 000;;_

B Seleccione (clique) el campo **Código Postal** y clique en la casilla **Máscara de entrada**. Ahora, clique en el **Generador** (el botón con tres puntos a la derecha de la casilla) y siga los pasos del **Asistente para máscaras de entrada**. Si se nos pide que guardemos la tabla, aceptaremos.

Elija **Código postal** en el primer paso y pruebe, si quiere, a escribir un código cualquiera. Si es incorrecto, por ejemplo, si escribe una letra en lugar de un número, se lo indicará el asistente. Luego, clique en **Siguiente** hasta finalizar el asistente, aceptando lo que nos propone *Access*.

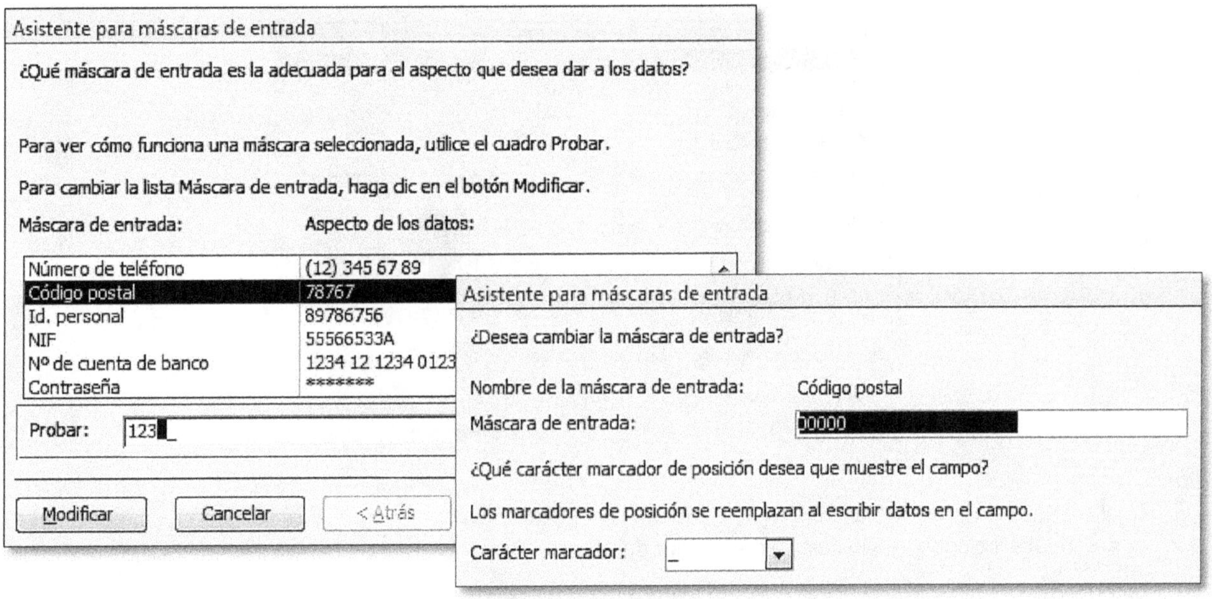
Asistente para máscaras de entrada
¿Qué máscara de entrada es la adecuada para el aspecto que desea dar a los datos?
Para ver cómo funciona una máscara seleccionada, utilice el cuadro Probar.
Para cambiar la lista Máscara de entrada, haga clic en el botón Modificar.
Máscara de entrada:
Aspecto de los datos:
Número de teléfono
(12) 345 67 89
Código postal
78767
Id. personal
89786756
NIF
55566533A
Nº de cuenta de banco
1234 12 1234 0123
Contraseña
****
Probar:
123
Modificar
Cancelar
< Atrás
Asistente para máscaras de entrada
¿Desea cambiar la máscara de entrada?
Nombre de la máscara de entrada:
Código postal
Máscara de entrada:
00000
¿Qué carácter marcador de posición desea que muestre el campo?
Los marcadores de posición se reemplazan al escribir datos en el campo.
Carácter marcador:
_

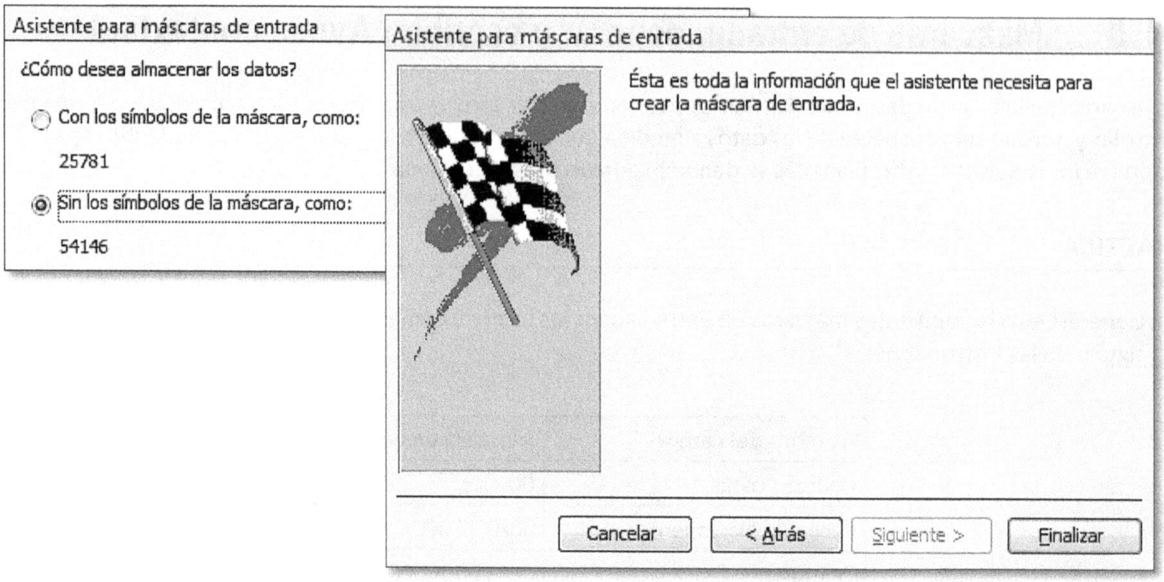

Una vez acabado el proceso veremos la máscara generada por el asistente, **00000;;_** , en el panel de **Propiedades del campo**.

C Para añadir una máscara de entrada al campo **Fecha de Nacimiento**, siga el mismo procedimiento, eligiendo **Fecha corta** en el primer paso y aceptando lo propuesto:

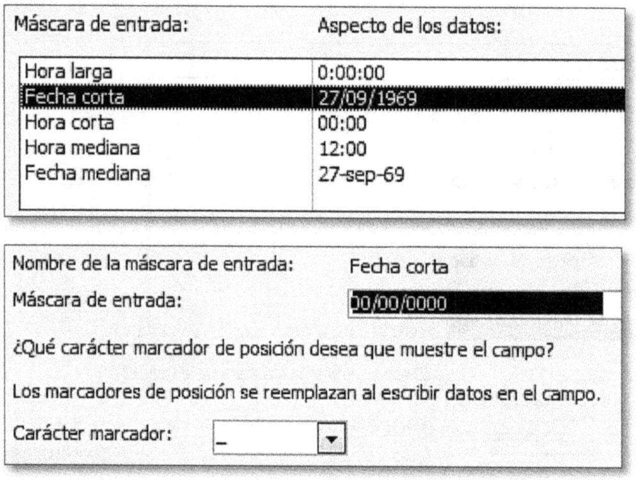

En el segundo paso del asistente se puede cambiar la máscara, escribiendo en la casilla correspondiente, pero, si se desconoce los códigos a incluir, lo mejor será dejar la que aparece.

De nuevo, al finalizar aparecerá la máscara generada por el asistente, **00/00/0000;0;_**.

D Para la máscara de entrada del campo **Teléfono**, en lugar de usar el asistente, escriba en la casilla el código siguiente: **000\ 000\ 000;;_**

Con esta máscara indicamos:

1. Que se introduzcan **nueve números** de forma **obligatoria**. Cada cero (**0**) indica un dígito obligatorio.
2. Que se incluyan **espacios** detrás de los dos primeros grupos de tres números. Con la **barra inversa** se consigue incluir el carácter que la sigue, en este caso, un **espacio** (****),
3. Que **no se guarden** los **caracteres de la máscara**. Al dejar en blanco la segunda sección, tras el punto y coma (;;_), se mostrarán, pero no se guardarán, los espacios que hemos incluido con la barra inversa. Si escribimos un cero en esta sección, se guardarán, como en el caso de la máscara generada para la fecha.
4. Que el **marcador de posición** sea el subrayado (_). El marcador de posición puede ser cualquier carácter, que será sustituido por los que se tecleen al introducir los datos en el campo.

NOTA: Las máscaras de entrada constan de **tres secciones** separadas por **punto y coma**, siendo la primera la que especifica la máscara de entrada propiamente dicha. La segunda sección controla si se guardan, o no, los caracteres de la máscara, y la tercera estable un carácter marcador de posición.

E Finalmente, **guarde** la tabla con el botón derecho de la **etiqueta** (**SOCIOS**) de la tabla o pulse **Ctrl+G**.

F Para aprender más sobre este tema, colóquese en la casilla de la máscara de entrada de cualquier campo y pulse **F1**. Esto abrirá la ventana de la **ayuda** con artículos sobre las máscaras. Clique en el título del segundo artículo.

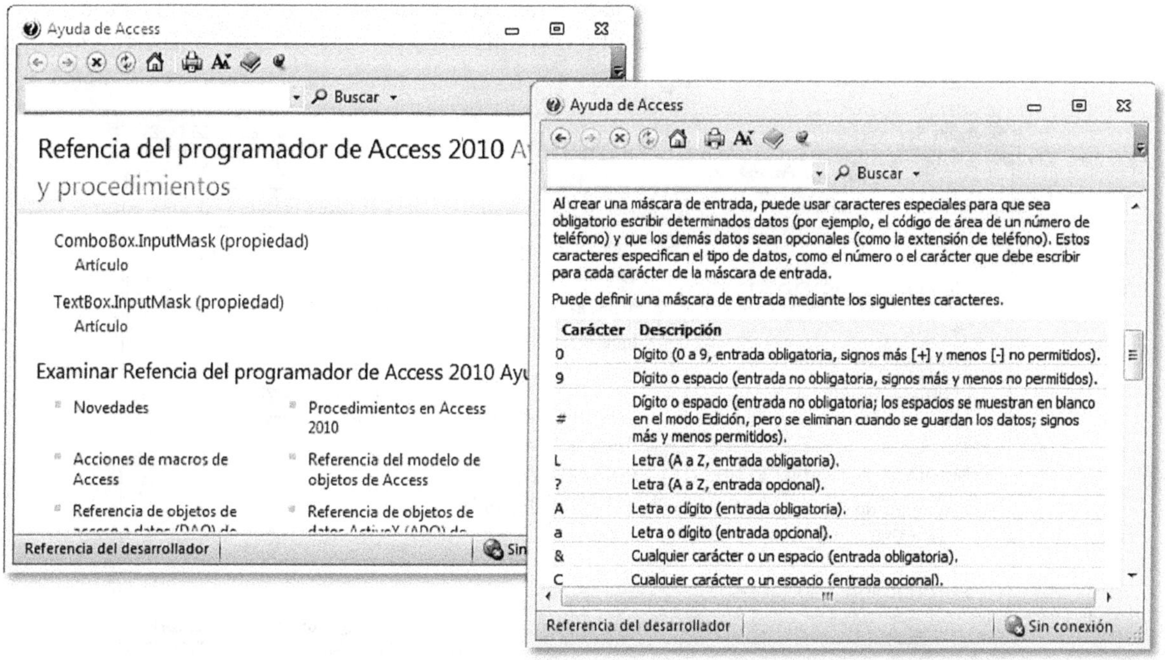

1.9 Ayuda de Access

Hemos comentado antes que al pulsar **F1** accedemos a la **Ayuda de *Access***. También lo haremos al clicar en el **botón del interrogante**, a la derecha de la cinta de opciones.

La tecla de función F1 nos lleva a los temas de ayuda referentes al lugar que tengamos seleccionado, por eso, cuando lo pulsamos estando en la máscara de entrada, los artículos mostrados se refieren a dicho asunto.

El botón del interrogante nos muestra la ventana de ayuda general del programa, donde podemos **consultar** los artículos predeterminados o **buscar** el tema sobre el que necesitamos información.

Por desgracia, los artículos de la ayuda no siempre son lo suficientemente didácticos ni exactos en cuanto a los resultados que necesitamos. Con todo, nos puede ser de utilidad en alguna ocasión.

PRÁCTICA

A **Abra** la ventana de ayuda del programa clicando en el botón del interrogante y para familiarizarse con la aplicación, clique en el título del primer artículo, **Conceptos básicos de Access** y, luego, en **Agregar datos a una base de datos de Access.**

Desplácese por el artículo y clique en **Escribir datos en una tabla**. Ojee el artículo, si lo desea, y clique en el botón de la flecha izquierda en la barra de herramientas para volver atrás en los artículos consultados.

Esta barra nos servirá, entre otras cosas, para volver al inicio, imprimir el artículo y cambiar el tamaño de fuente.

B **Busque**, ahora, el tema *propiedades de los campos*, escribiéndolo en la casilla de búsqueda y pulse **Entrar** (o clique en el botón **Buscar**). Si no encuentra el tema directamente, despliegue el **menú** del botón **Buscar** y amplíe la búsqueda a **Todo Access**, lo cual buscará en el sitio web Office.com (se necesita estar conectado a internet).

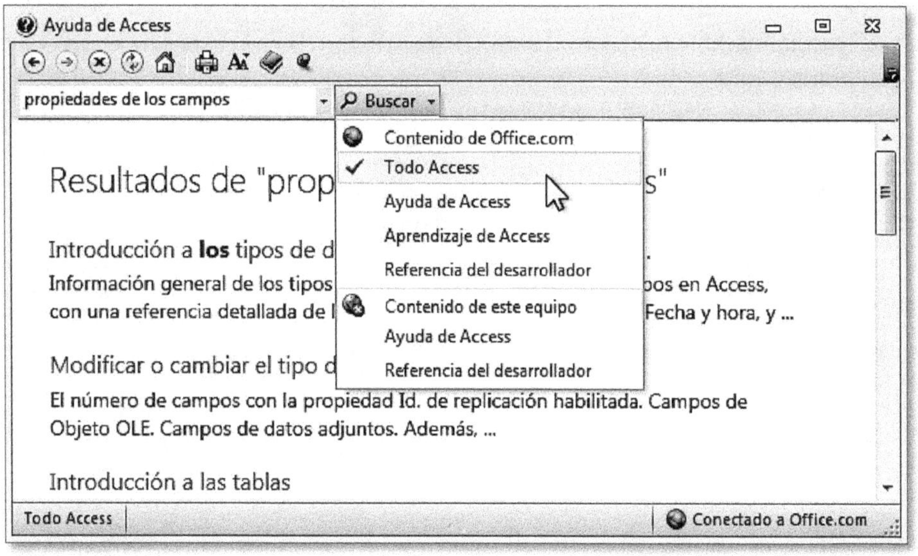

1.10 Tablas: renombrar, ordenar y eliminar campos, clave principal

Antes de introducir datos y crear otros objetos a partir de una tabla, nos conviene comprobar si los nombres de los campos son adecuados, si falta o sobra algún campo y si su orden es el más práctico para el usuario.

Además, es importante, comprobar que tenemos un campo establecido como **clave principal** para que *Access* cree un índice automáticamente a partir del contenido de ese campo.

En nuestro supuesto, hemos decidido modificar el **orden** y **cambiar** los **nombres** de algunos campos para clarificar su contenido o para que sean más cortos.

Por otra parte, nos han informado de que la dirección de los socios/as ha de ser exclusivamente de la ciudad de Castellón, así que **eliminaremos** el campo **Provincia**.

PRÁCTICA

A En la **Vista Diseño**, clique en la casilla con el nombre del campo **Id** y **cambie** su **nombre** a **IdSocio**.

B Compruebe que aparece el icono de una llave en el encabezado de la fila. Esto significa que *Access* ha establecido este campo, de tipo **Autonumeración**, como **clave principal** de la tabla.

El campo clave principal debe identificar inequívocamente cada registro de la tabla, es decir, no debe contener valores repetidos y no debe poderse cambiar, por ello, un campo que se numere automáticamente es ideal.

Siempre debe haber una clave principal en una tabla, porque *Access* crea automáticamente un índice para esa clave, que permite agilizar las consultas y otras operaciones.

Para **definir** o **quitar** la clave principal, use el menú contextual del encabezado de la fila del campo o acuda a **Herramientas de tabla > Diseño > Herramientas > Clave principal**.

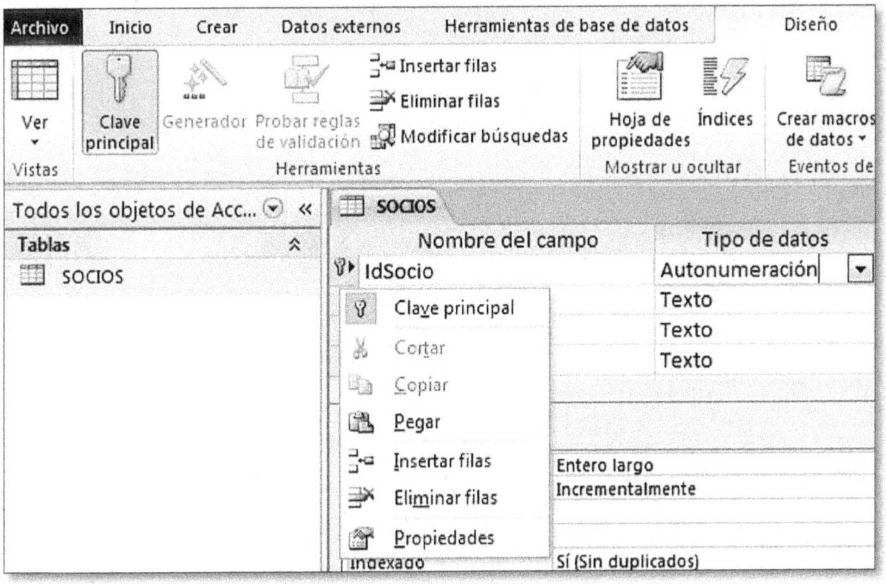

C Cambie el **nombre** del campo **Fecha de Nacimiento** por el de **FeNacim**.

D Cambie el **nombre** del campo **Código Postal** por el de **CP**.

E **Cambie** el **orden** de los campos: mueva el campo **CP** para que quede entre **Dirección** y **Población**. Para ello, clique sobre el **encabezado** para seleccionar la fila y **arrastre** el **encabezado** hasta la posición deseada.

Nombre del campo	Tipo de datos
IdSocio	Autonumeración
Nombre	Texto
Apellidos	Texto
Alias	Texto
Dirección	Texto
Población	Texto
Provincia	Texto
CP	Texto
FeNacim	Fecha/Hora

F **Elimine** el campo **Provincia** y el campo **Alias** con el **menú contextual > Eliminar filas** (o con **Herramientas de tabla > Diseño > Herramientas > Eliminar filas**).

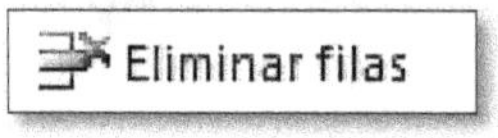

1.11 Tablas: introducir datos

Una vez estamos satisfechos con el diseño de la tabla, es hora de almacenar la información de los socios/as.

En este tema trataremos los procedimientos para **introducir** los **datos** en los registros, operación que llevaremos a cabo en la **Vista Hoja de datos**

PRÁCTICA

A Pase a la **Vista Hoja de datos** (puede cambiar de vista con los botones a la derecha de la **barra de estado**)

B Introduzca el **primer registro**: clique en la **casilla** debajo del nombre del campo **Nombre** y escriba: **Anacleto**.

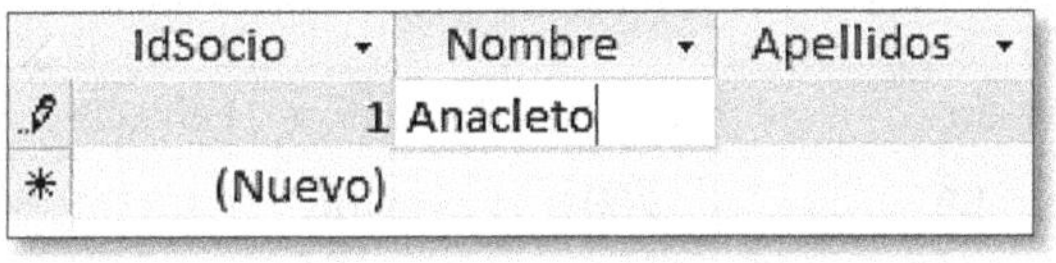

NOTA: Mientras está escribiendo en los campos de un registro, el encabezado de la fila mostrará el icono de un **lápiz**.

Los datos del campo **IdSocio** aparecerán automáticamente y no se podrán modificar, dado su tipo **Autonumeración**.

Pulse la **tecla Tab** para ir al campo **Apellidos** y escriba **Agente Secreto**.

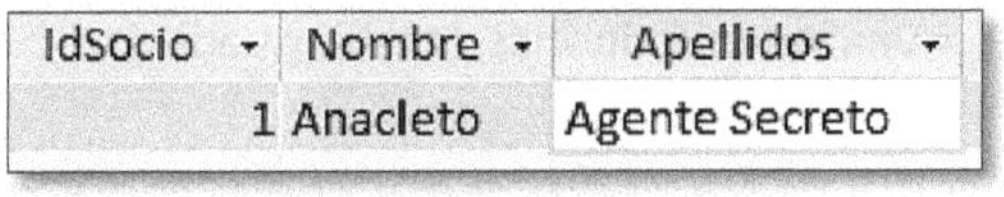

Repita el proceso para el resto de campos (también puede ir clicando en las distintas casillas para introducir los datos en lugar de pulsar **Tab**).

En los campos con **máscara de entrada**, escriba solo los dígitos y observe que se adaptan a la máscara definida.

En el campo **Pagado**, deje la casilla sin activar, ya que no ha pagado la cuota. Para activar/desactivar estas casillas de verificación, puede clicar o pulsar la **barra espaciadora**.

Nombre	Apellidos	Dirección	CP	Población	FeNacim	Teléfono	Cuota	Pagado
Anacleto	Agente Secreto	Rue del Percebe, 13	12560	Nules	29/04/1962	964 391 038	6,00 €	No

C Introduzca los cuatro **registros** mostrados abajo.

Cada vez que quiera introducir un registro nuevo, puede clicar en la fila siguiente, pulsar **Tab** en el último campo del registro introducido o clicar en **Inicio > Registros > Nuevo**.

Asimismo, tenga en cuenta las acciones que producen las teclas o combinaciones de teclas de la tabla siguiente.

TECLAS	ACCIÓN
Tab o **Entrar**	Ir al **campo siguiente**
Mayús+Tab	Ir al **campo anterior**
Tab o **Entrar** al **final** de un registro	Ir al **registro siguiente**
	Introducir un **registro nuevo** si se pulsa en el último
Barra espaciadora	Cambiar el **valor** de la **casilla de verificación** (Sí/No)
Ctrl+" (comillas)	Insertar el **mismo contenido** del campo del registro anterior
Esc o **Ctrl+Z**	**Borrar** el **contenido** de todos los campos del registro que **se está editando** o deshacer cambios si ya existía el registro
Ctrl+Z	**Eliminar** el **registro** que **se acaba de introducir**

Nombre	Apellidos	Dirección	CP	Población	FeNacim	Teléfono	Cuota	Pagado
Imanol	Arias García	Mayor, 59	12001	Castellón	09/05/1960	964 235 487	5,50 €	Sí
Julia	Cava Gutiérrez	Puente Viejo, s/n	12006	Castellón	06/07/1948	964 235 432	6,00 €	No
Leonard	Cohen	Torre Canción, Ático	12006	Castellón	12/12/1946	615 236 444	4,25 €	Sí
Valentina	Brincos	Antena, 73	12520	Nules	02/05/1950		8,00 €	Sí

Una vez introducidos, la tabla quedará así:

SOCIOS

IdSocio	Nombre	Apellidos	Dirección	CP	Población	FeNacim	Teléfono	Cuota	Pagado
1	Anacleto	Agente Secretc	Rue del Percebe, 13	12560	Nules	29/04/1962	964 391 038	6,00 €	☐
2	Imanol	Arias García	Mayor, 59	12001	Castellón	09/05/1960	964 235 487	5,50 €	☑
3	Julia	Cava Gutiérrez	Puente Viejo, s/n	12006	Castellón	06/07/1948	964 235 432	6,00 €	☐
4	Leonard	Cohen	Torre Canción, Ático	12006	Castellón	12/12/1946	615 236 444	4,25 €	☑
5	Valentina	Brincos	Antena, 73	12520	Nules	02/05/1950		8,00 €	☑

IMPORTANTE

Podrá **deshacer** (**Esc** o **Ctrl+Z**) las modificaciones que haga en un **registro** (fila) mientras se encuentre en él, pero ya no podrá hacerlo cuando lo guarde o inserte otro registro. Al deshacer, se eliminará el contenido de **todos los campos** de ese registro.

Los registros se **guardan automáticamente** cuando insertamos otro, pero si queremos guardar un registro durante el proceso de introducción de datos acudiremos a **Inicio > Registros > Guardar** (o **Mayús+Entrar**).

D Por último, **cierre** la tabla. No es necesario guardarla si no hacemos cambios en su diseño.

1.12 Tablas: ordenación de los datos, filtros y búsqueda

En tablas con muchos registros, si necesitamos encontrar una información concreta, será necesario saber cómo **ordenar** los registros, cómo **filtrar** la tabla para que muestre solamente aquellos registros que nos interesan y cómo **buscar** la información directamente en la tabla.

Al utilizar estas tres herramientas, por separado o combinadas, mostraremos y localizaremos rápidamente cualquier dato. Encontraremos las distintas opciones en la ficha **Inicio**, en el grupo **Ordenar y filtrar** y en el grupo **Buscar**.

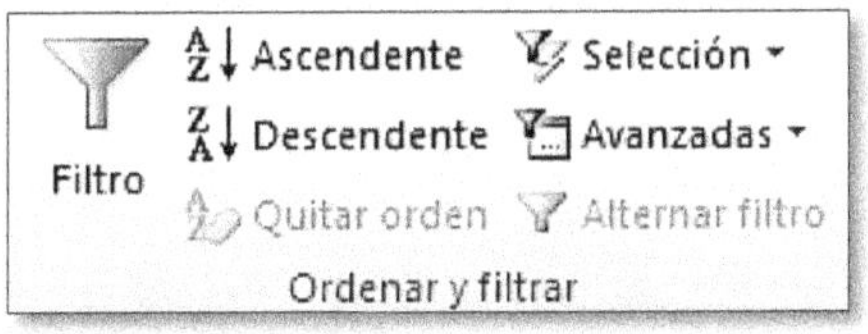

Realice las prácticas propuestas a fin de familiarizarse con estas herramientas básicas.

PRÁCTICA

A Abra la tabla SOCIOS y, en **Vista Hoja de datos**, ordénela por el campo **Cuota** en modo **descendente** de la siguiente manera:

Sitúese la columna de dicho campo y en **Inicio > Ordenar y filtrar**, clique en el botón **A-Z descendente** o haga clic en la flecha a la derecha del nombre del campo y elija **Ordenar de mayor a menor**.

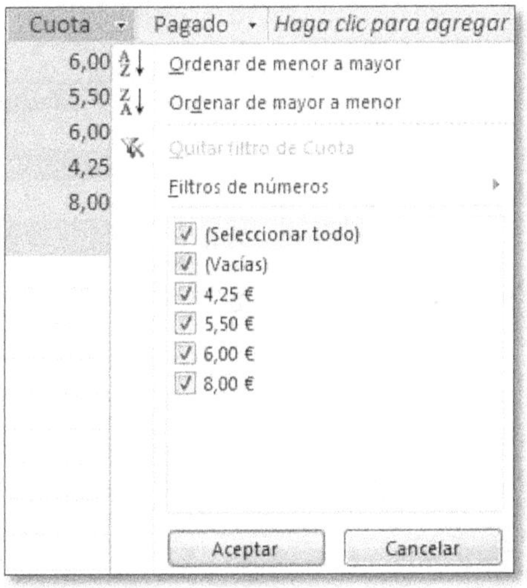

B Luego, ordénela por **Apellidos** en orden **ascendente**.

El último criterio de ordenación es el que prevalece, pero se muestra el icono de una flecha a la derecha de los campos que hemos usado para ordenar.

Clique en **Quitar orden** para dejar el orden inicial (**IdSocio**).

C **Filtre** la tabla por el campo **Población** para que aparezcan solo los socios de **Castellón** de la siguiente manera:

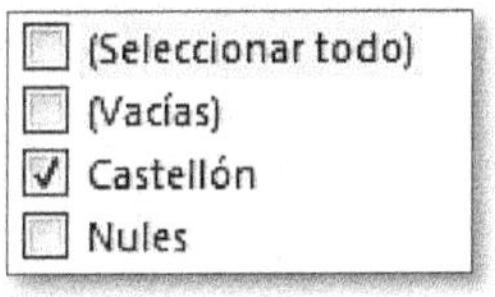

En **Inicio > Ordenar y filtrar > Filtro** o clicando en la flecha a la derecha del nombre del campo, deje solo la casilla de **Castellón** seleccionada y pulse **Aceptar**.

Deberían aparecer los tres registros de los socios de Castellón. El nombre del campo mostrará el icono de un **embudo** para indicar que contiene un filtro.

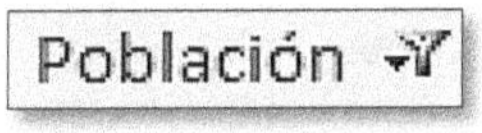

D Luego, **quite el filtro** desde el mismo menú, eligiendo **Quitar filtro de Población**.

E Ahora, queremos mostrar los registros de los socios de **Nules** que **no han pagado** la cuota. Lo conseguiremos aplicando dos filtros, uno en **Población** y el otro en **Cuota**.

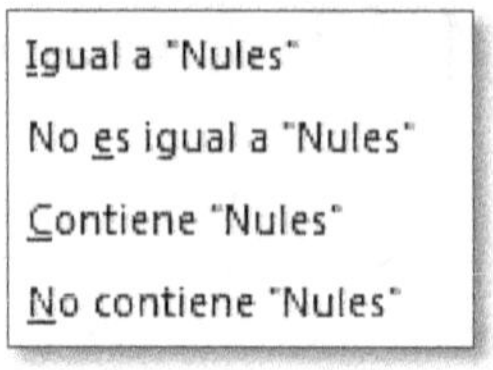

Para aprender otro método de filtrado usaremos, en esta ocasión, un **filtro por selección**: colóquese en uno de los campos cuyo contenido sea **Nules** y acceda a **Inicio > Ordenar y filtrar > Selección > Igual a "Nules"**.

A continuación, pulsando **Tab**, colóquese en uno de los campos con la casilla **Pagado** no seleccionada. Acceda de nuevo al **filtro por selección** y elija **No está activada**.

Debería aparecer solamente el registro de Anacleto Agente Secreto.

F **Quite todos los filtros** a la vez desde **Inicio > Ordenar y filtrar > Avanzadas > Borrar todos los filtros**.

G Despliegue el menú de la flecha del campo **Cuota** y mediante **Filtros de números > Mayor que**, consiga que aparezcan aquellos socios cuya cuota sea **mayor o igual a 6 €**.

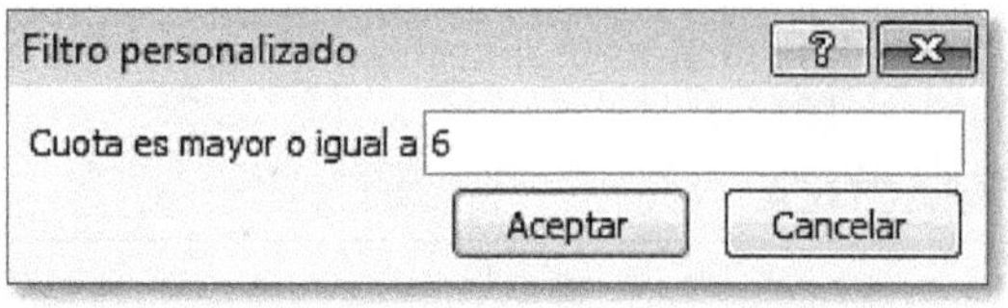

H Clique **Inicio > Ordenar y filtrar > Alternar filtro** para desactivar el filtro provisionalmente. Vuelva a clicar para activarlo. Por último, quite el filtro definitivamente.

Practique otros criterios de filtrado y, al acabar, recuerde quitarlos todos.

I Clique en **Inicio > Buscar** y busque en el campo **Apellidos** aquellos socios cuyo apellido comience por "C".

En el cuadro de diálogo, escriba esa inicial en la casilla **Buscar**, restrinja la búsqueda al **Campo actual** y al **Comienzo del campo**. Clique el **Buscar siguiente** para localizar los registros.

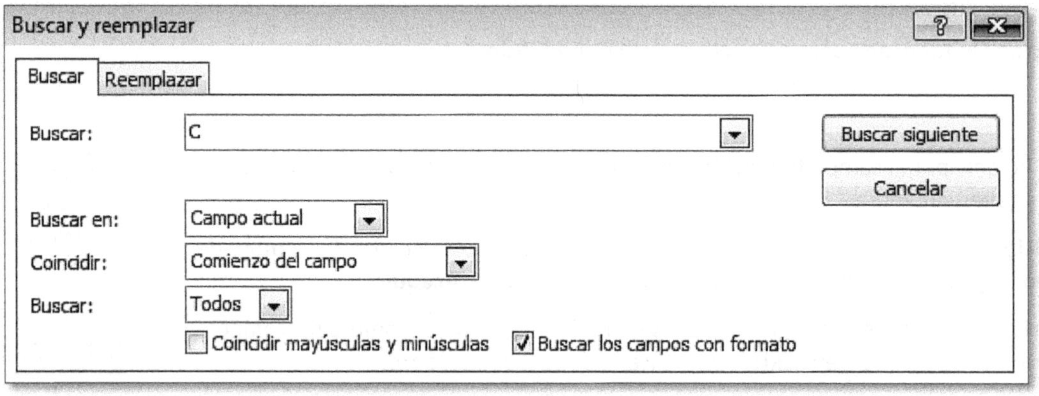

J A continuación, busque en **toda la tabla** los socios de Nules.

1.13 Tablas: mover, ocultar e inmovilizar campos

Cuando necesitemos mostrar o imprimir los datos de una tabla de forma distinta a lo establecido en **Vista Diseño**, lo modificaremos en la **Vista Hoja de datos**. Aquí **moveremos** las columnas para cambiar el orden de los campos y **ocultaremos** aquellos que no queremos mostrar.

Si en la tabla hay muchos campos (columnas) llegará el momento que perderemos de vista las primeras columnas a medida que escribimos en los campos posteriores. Normalmente las primeras columnas contienen los datos clave y sería conveniente tenerlas siempre visibles mientras introducimos los datos del registro. Lo conseguiremos con la opción de **inmovilizar columnas.**

Estas operaciones se llevan a cabo mediante el **menú contextual** de los encabezados de las columnas o en **Inicio > Registros > Más**.

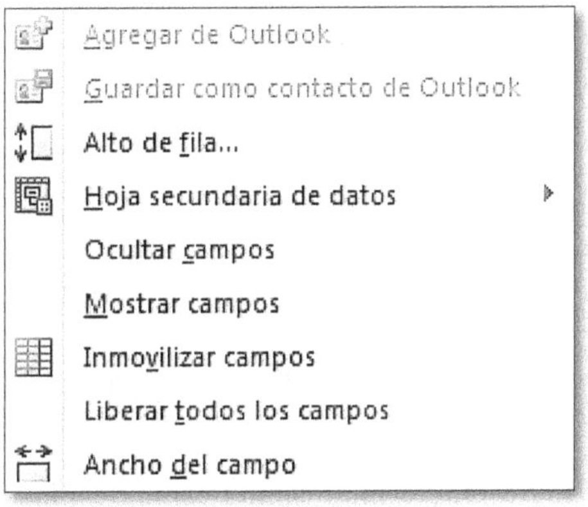

PRÁCTICA

A Con la tabla SOCIOS en modo **Hoja de datos, cambie el orden** de los campos **Nombre** y **Apellidos** para que aparezca primero el de Apellidos.

Para ello, **seleccione** la columna del nombre clicando en el encabezado. Luego, mueva el puntero a la parte inferior del **encabezado** (el puntero cambiará de forma a una cruz con flechas) y **arrastre** la columna.

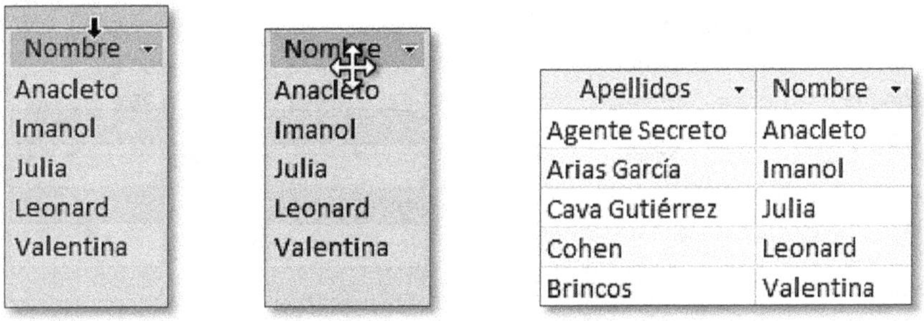

Compruebe que este cambio en la **Hoja de datos** no ha afectado al orden establecido en **Vista Diseño**. Vuelva a **Hoja de datos** y revierta esta acción.

B **Oculte** los campos **Dirección**, **CP**, **Población** y **FeNacim** con el **menú contextual** de sus encabezados o **Inicio > Registros > Más > Ocultar campos**.

Puede seleccionarlos previamente arrastrando por encima de sus encabezados y ocultarlos todos a la vez.

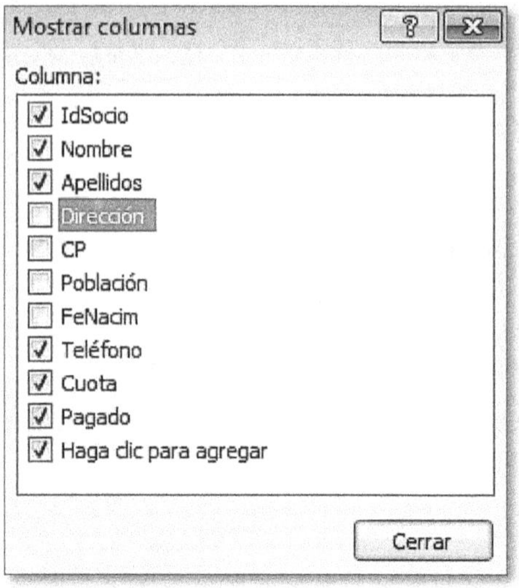

C Luego, **muéstrelos** todos con el **menú contextual** de cualquier encabezado o **Inicio > Registros > Más > Mostrar campos**: seleccione las casillas a la izquierda de los nombres.

En este cuadro de diálogo de mostrar columnas podemos, tanto mostrar los campos (columnas) ocultos, como ocultarlos al desactivar las casillas.

Compruébelo **ocultando** el campo **IdSocio**.

D **Inmovilice** los campos **Nombre** y **Apellidos**: seleccione las columnas y use el **menú contextual** (o **Inicio > Registros > Más > Inmovilizar campos**).

NOTA: Los campos que inmovilicemos se colocarán automáticamente al **inicio de la tabla** en la **Vista Hoja de datos.** En nuestro caso, ya son los campos iniciales y no veremos ninguna diferencia. Los campos inmovilizados no podrán ser movidos para cambiar su orden.

E Para comprobar que están correctamente inmovilizados, estreche la ventana de *Access* y desplácese hacia la derecha por los campos.

Si ha habido algún error y necesita **liberarlos**, utilice el menú contextual de cualquier encabezado (o **Inicio > Registros > Más > Liberar campos**) y, si fuera necesario, vuelva a ordenarlos.

Nombre	Apellidos	FeNacim	Teléfono	Cuota	Pagado
Anacleto	Agente Secreto	29/04/1962	964 391 038	6,00 €	☐
Imanol	Arias García	09/05/1960	964 235 487	5,50 €	☑
Julia	Cava Gutiérrez	06/07/1948	964 235 432	6,00 €	☐
Leonard	Cohen	12/12/1946	615 236 444	4,25 €	☑
Valentina	Brincos	02/05/1950		8,00 €	☑

F **Modifique** el código postal de Anacleto: escriba 12520.

1.14 Tablas: formato de texto, imprimir

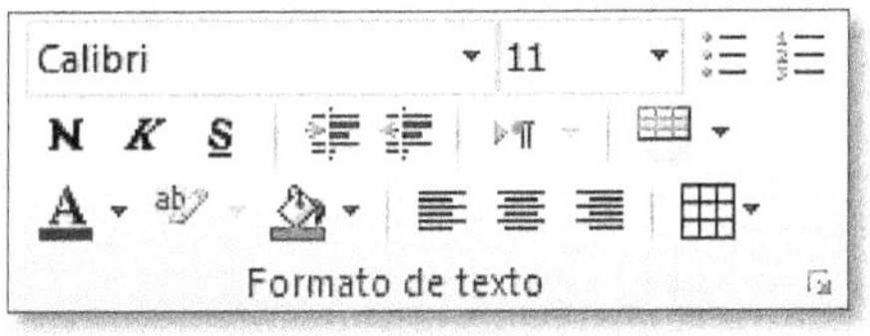

Aunque no es algo esencial en una tabla, es posible aplicar **formato de texto** a los datos si queremos personalizar el aspecto de la información a mostrar o a imprimir.

Las opciones disponibles son equivalentes a las básicas de un procesador de texto y las encontramos en el grupo **Formato de texto** de la ficha **Inicio**.

Los formatos de fuente, negrita, cursiva, subrayado, color, relleno y cuadrícula se aplican al conjunto de la tabla, mientras que la alineación afecta a campos individuales

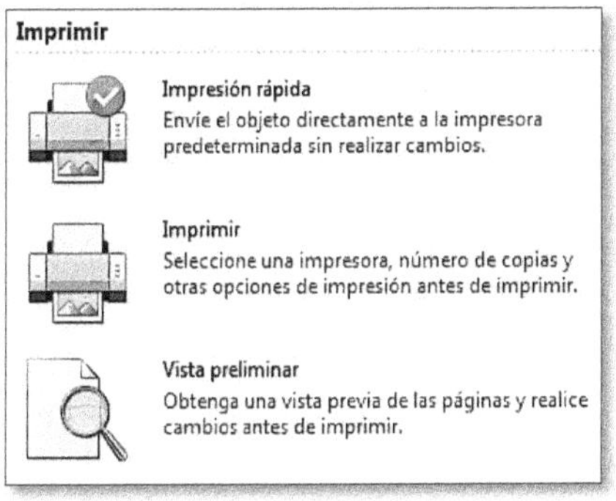

Access dispone de un objeto llamado informe destinado, esencialmente, a imprimir los datos de las tablas, pero también podemos **imprimir la tabla** directamente, sin necesidad de crear un informe.

La ordenación de los datos y los campos, las columnas ocultas y los filtros aplicados se considerarán al imprimir los registros.

Al acceder a **Archivo > Imprimir > Vista preliminar** tendremos el control sobre la impresión para obtener el resultado deseado.

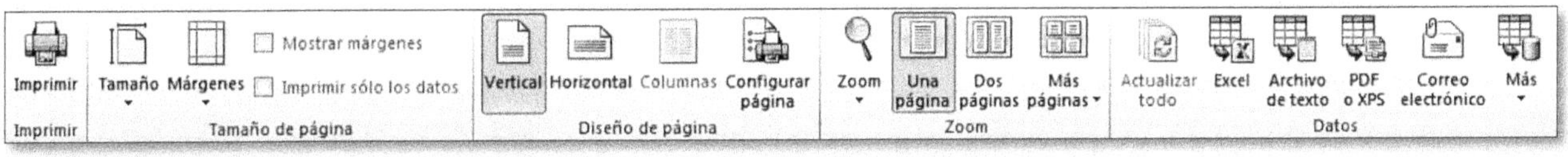

PRÁCTICA

A En **Vista Hoja de datos** cambie cualquier **formato** que le interese (fuente, negrita, color, cuadrícula, etc.) en **Inicio > Formato de texto**.

Tenga en cuenta que no podrá deshacer la acción con el botón **Deshacer** o **Ctrl+Z**. En lugar de ello, deberá aplicar manualmente el formato anterior o cerrar la tabla sin guardar los cambios. Esta última opción será la mejor si se han probado varios formatos y se quieren descartar todos para volver al predeterminado.

NOTA: El tipo de datos **memo** se puede configurar como **texto enriquecido**, lo cual hará que admita todos los formatos individualmente, incluidos la sangría, la numeración y las viñetas.

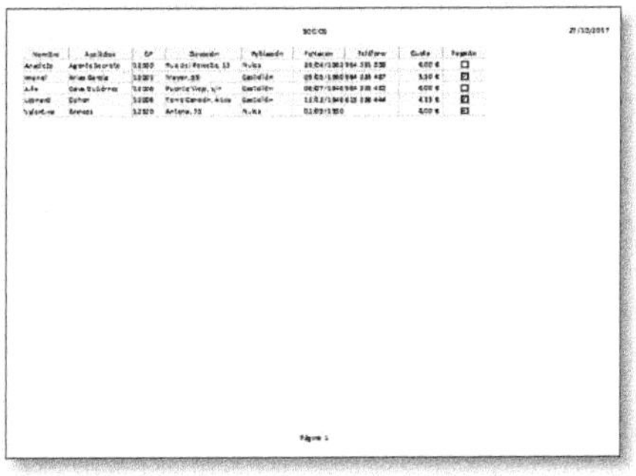

B Compruebe cómo quedará impresa la tabla en **Archivo > Imprimir > Vista preliminar**. Use el **zoom** para aumentar o disminuir la vista.

Compruebe el **tamaño del papel**, los **márgenes** y la **orientación**. Cambie esta última a **Horizontal** e imprima si lo desea clicando en **Imprimir**.

Por último, cierre la **Vista preliminar** y **cierre la tabla**.

Access · Módulo 2

TEMAS

2.1 Formularios: crear, modificar aspecto y diseño

La información de los socios/as del club de billar la hemos introducido directamente en la tabla, pero para los usuarios de la base de datos es más cómodo utilizar un formulario que muestre los registros uno a uno, con todos sus campos. Estos objetos son especialmente útiles cuando existen muchos campos por registro, así no los perdemos de vista.

Crear un **formulario** es muy sencillo desde **Crear > Formularios**. Con la tabla seleccionada, el botón **Formulario** nos proporcionará automáticamente uno que contendrá todos los campos visibles de la tabla. Seguiremos este procedimiento en la práctica de este tema.

> **NOTA:** Si clicamos en los botones **Diseño del formulario** o **Formulario en blanco** deberemos incluir los campos de forma manual, mientras que **Asistente para formularios** nos llevará paso a paso en su creación. Este último botón y el resto de opciones serán útiles para formularios complejos.

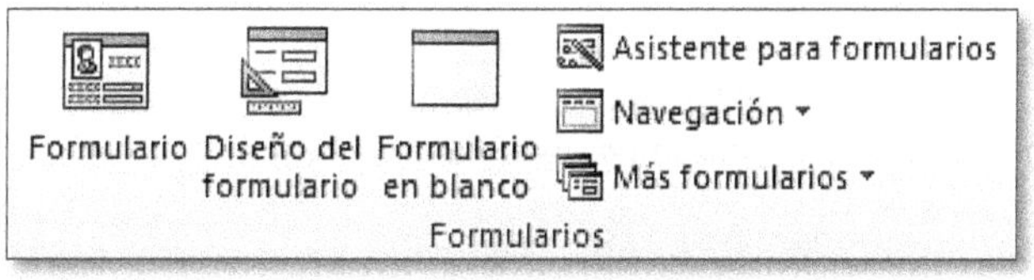

Una vez creado el formulario, habrá que modificar su **aspecto** y su **diseño** para ajustarlo a nuestras necesidades.

PRÁCTICA

A Con la tabla SOCIOS seleccionada en el **Panel de navegación**, cree un **formulario** para introducir datos en la tabla desde **Crear > Formularios > Formulario**.

Verá que contiene todos los campos excepto **IdSocio**, porque lo ocultamos anteriormente. Los campos incluidos en los formularios reciben el nombre de **controles** y el nombre de cada campo se denomina **etiqueta del control**.

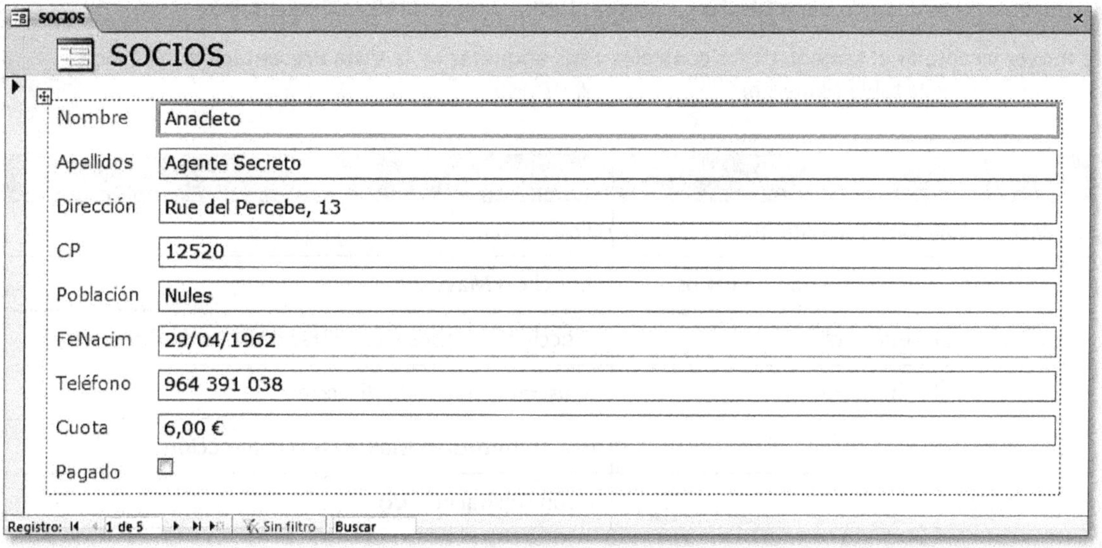

B El formulario aparece en la **Vista Presentación**, la cual es, junto a la **Vista Diseño**, la utilizada para modificarlo. Por tanto, aunque veamos los datos de la tabla en los controles y flechas en la parte inferior para desplazarnos de un registro a otro, no podremos acceder a los datos.

La **Vista Formulario** es la que nos permite gestionar los datos de la tabla.

Para cambiar la vista del formulario clicaremos en **Inicio > Vistas > Ver**.

C Antes de usar el formulario para gestionar los datos, modificaremos su **aspecto** y su **diseño**.

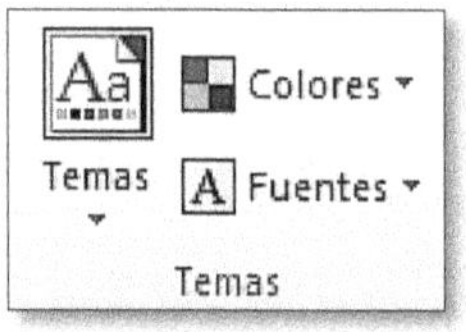

En la **Vista Presentación** (o **Vista Diseño**), vaya a la ficha **Herramientas de presentación de formulario > Diseño** y en el grupo **Temas** cambie, si lo desea, el tema (en el ejemplo se ha usado en el tema **Aspecto**), los colores o la fuente. Estos cambios no se pueden deshacer con el botón deshacer o **Ctrl+Z**.

NOTA: Si aparece un panel a la derecha con la lista de campos, clique en el botón de la X o clique en **Herramientas de presentación de formulario > Diseño > Agregar campos existentes** para cerrarlo.

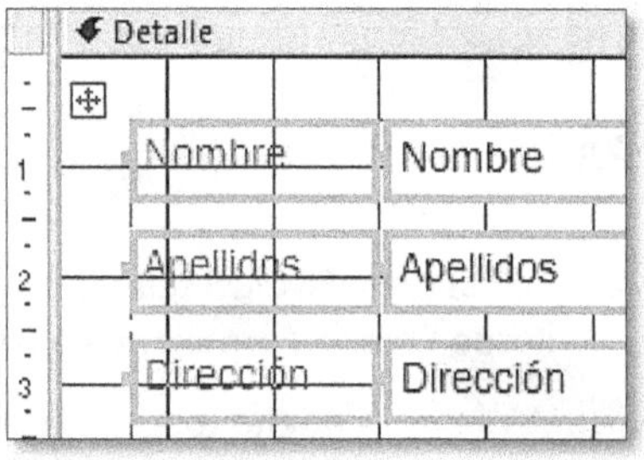

D Todos los controles aparecen agrupados y no podremos moverlos ni cambiar su tamaño individualmente, así que lo primero que haremos será anular este agrupamiento.

Pase a la **Vista Diseño** y clique en cualquier control de la **sección Detalle**.

A continuación, seleccione **todos los controles** de esa sección clicando en la esquina superior izquierda, en el cuadrado de la **cruz con flechas** (o desde **Herramientas de diseño de formulario > Organizar > Filas y columnas > Seleccionar diseño**).

En la ficha **Organizar**, en el grupo **Tabla**, elija **Quitar diseño**. Esto nos permitirá modificar los controles individualmente tanto en la **Vista Diseño** como, más fácilmente, en la **Vista Presentación.**

Para **mover** y **cambiar el tamaño** de los controles y sus etiquetas en la **Vista Presentación** utilice los procedimientos de la tabla siguiente:

ACCIÓN	PROCEDIMIENTO
Seleccionar un control o etiqueta	**clic**
Seleccionar o quitar selección de varios	**Ctrl+clic** o **Mayús+clic**
Mover control y etiqueta	seleccionar ambos y **arrastrar** o **teclas de dirección**
Mover control o etiqueta	**arrastrar** o **teclas de dirección**
Cambiar tamaño	arrastrar **borde** o **Mayús+teclas dirección**
Deshacer acción	botón **Deshacer** o **Ctr+Z**

NOTA: En la **Vista Diseño**, para **mover** el control y su etiqueta, arrastraremos el **borde** de cualquiera de ellos, mientras que, para **separarlos**, arrastraremos el **cuadrado** en la esquina superior izquierda. Las **dimensiones** las modificaremos arrastrando los **controladores de tamaño.**

E **Cambie la anchura** de los controles y sus etiquetas y **muévalos** para cambiar su distribución hasta que el formulario se vea aproximadamente como el de la imagen de abajo.

No se preocupe por la exactitud del resultado: use este primer formulario para practicar los procedimientos de modificación del diseño. Cuando más adelante creemos otros formularios, ya tendrá la suficiente experiencia.

F Clique en el **título** y cámbielo por **Socios del Club de Billar**.

Experimente, si lo desea, con los formatos de los controles usando las opciones de **Herramientas de presentación de formulario > Formato.**

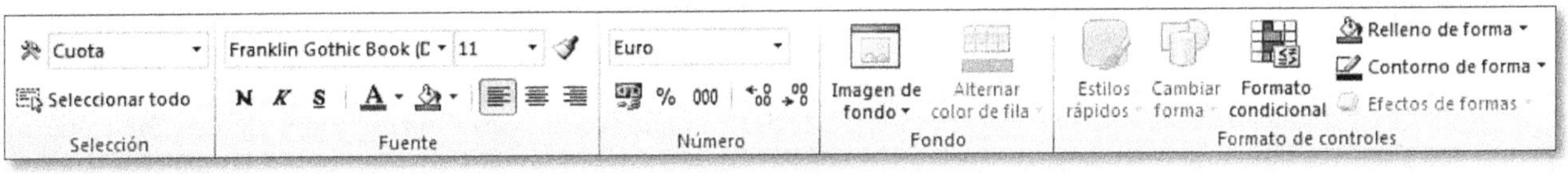

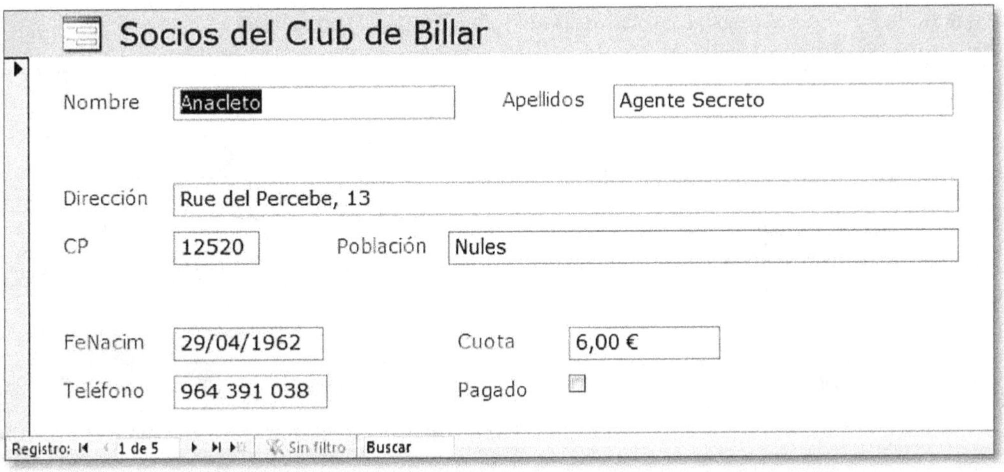

G **Guarde** el formulario con el nombre de **Formulario Socios** mediante el menú contextual de su etiqueta.

Luego, **ciérrelo** clicando en el botón de la **X**, o con el menú contextual de su etiqueta.

2.2 Formularios: gestión de registros y datos, revisión ortográfica

Ahora que disponemos de un formulario para gestionar los **registros** y los **datos** de nuestra tabla SOCIOS, lo usaremos para **introducir** otros/as socios/as, **eliminar** registros, **modificar**, **buscar** y **reemplazar** datos.

Veremos, también, que podemos comprobar la **ortografía** de forma similar al procesador de texto.

Las herramientas para llevar a cabo estas operaciones las encontramos en el grupo **Registros** y en el grupo **Buscar** de la ficha **Inicio**.

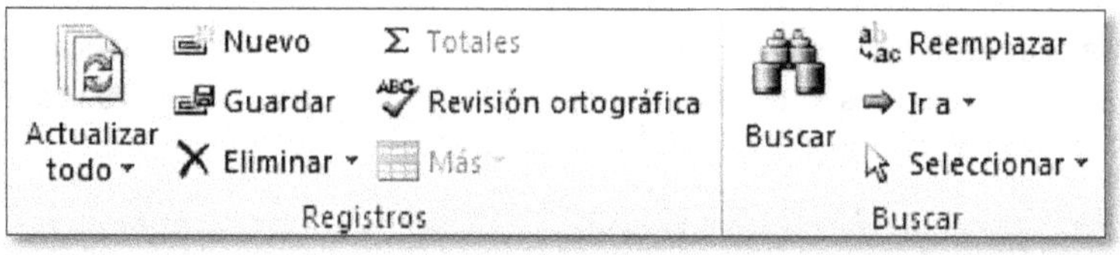

PRÁCTICA

A Abra el **Formulario Socios** y en **Vista Formulario** (la predeterminada al abrirlo) consulte los registros mediante la barra **Registro**, en la parte inferior del formulario.

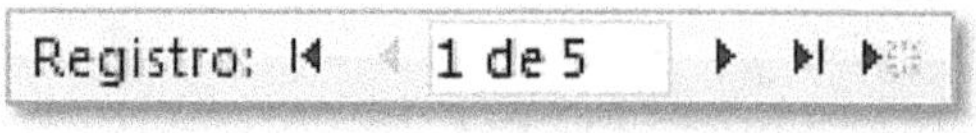

También puede utilizar estas combinaciones de teclas para desplazarse a nivel registro: **Ctrl+Av Pag** (siguiente); **Ctrl+Re Pag** (anterior); **Ctrl+Inicio** (primero); **Ctrl+Fin** (último).

B Añada a la tabla SOCIOS los registros mostrados abajo mediante el formulario.

Para introducir un **registro nuevo** puede clicar en el último botón de la barra **Registro**, mencionada arriba, o **Inicio > Registros > Nuevo**.

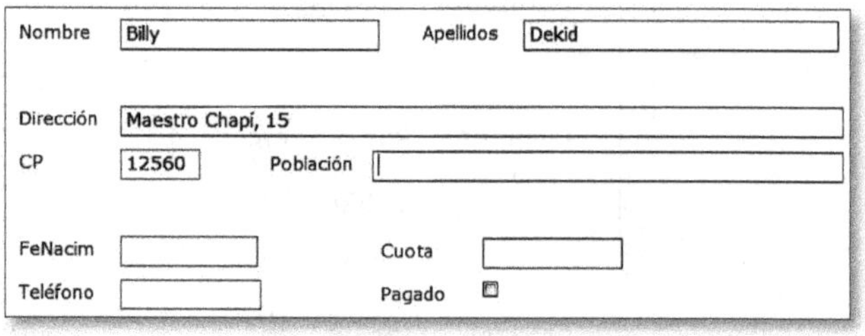

Recuerde que los registros se guardan automáticamente al pasar al siguiente o al crear uno nuevo.

Para guardar un registro antes de rellenar todos sus campos, clique en **Inicio > Registros > Guardar**.

Nombre	Apellidos	Dirección	CP	Población	FeNacim	Teléfono	Cuota	Pagado
Billy	Dekid	Maestro Chapí, 15	12560	Benicàssim	29/04/1962	964 391 038	6,00 €	Sí
Juan	Salaor	Puerto Pesquero, 15	12500	Vinaròs	08/08/1968	964 503 344	6,00 €	Sí
María	De La O'	El Huerto, 13	12002	Castellón	13/03/1913	964 221 313	6,00 €	No
Marisa	Prisa	Centella, 7	12580	Benicarló	26/09/1970	964 478 462	15,00 €	No
Marta	Sánchez Gil	May, 69	12002	Castellón	31/07/1965	652 212 121	9,00 €	Sí

Las teclas que se utilizan para agilizar la introducción de datos en las tablas también funcionan en los formularios.

	TECLAS	ACCIÓN
Desplazamiento	**Tab** o **Entrar**	Ir al **campo siguiente**
	Mayús+Tab	Ir al **campo anterior**
	Tab o **Entrar** al **final** de un registro	Ir al **registro siguiente**
		Introducir un **registro nuevo** si se pulsa en el último campo
	Inicio	Ir al **primer campo** del registro
	Fin	Ir al **último campo** del registro
	TECLAS	ACCIÓN
Edición	**Barra espaciadora**	Cambiar el **valor** de la **casilla de verificación** (Sí/No)
	Ctrl+" (comillas)	Insertar el **mismo contenido** del campo del registro anterior
	Esc o **Ctrl+Z**	**Borrar** el **contenido** de todos los campos del registro en **edición** o deshacer cambios si ya existía el registro
	Ctrl+Z	**Eliminar** el **registro** que **se acaba de introducir**

C Elimine el registro de **Anacleto Agente Secreto [Inicio > Registros > Eliminar > Eliminar registro]**. Al eliminar un registro desaparece sin posibilidad de recuperación.

D Cambie la **cuota** de Leonard Cohen a **6,00 €** y el **apellido** de Valentina, en lugar de Brincos debe ser **Crepax**.

E La casilla **Buscar** en la barra inferior del formulario sirve para buscar en el registro activo. Para buscar en todos los registros hay que acceder a **Inicio > Buscar**. Localice a los socios/as de **Benicàssim** y **Benicarló**.

Colóquese en el campo **Población** antes de clicar en **Inicio > Buscar**. Escriba **Benic** en la casilla **Buscar** y **Comienzo del campo** en **Coincidir**. Restrinja la búsqueda al **Campo actual**. Clique en **Buscar siguiente** para ver los registros sucesivamente.

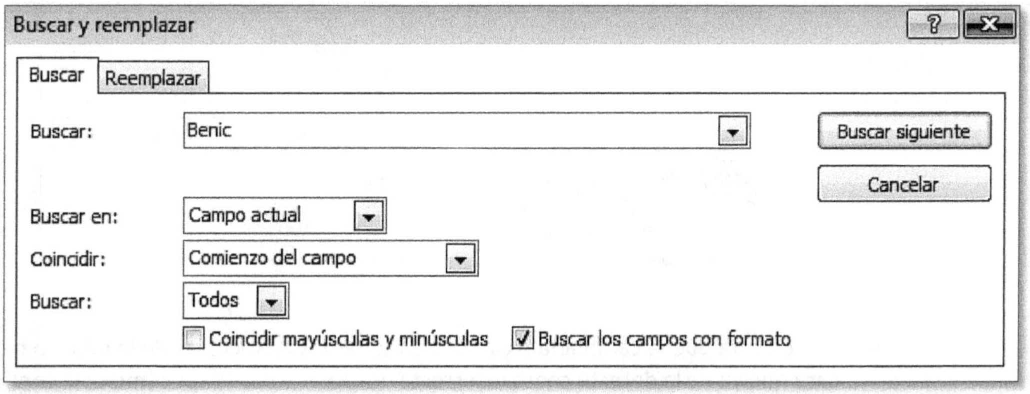

F Colóquese en el campo **Población** y **reemplace** la palabra Castellón por **Castelló [Inicio > Buscar > Reemplazar]**.

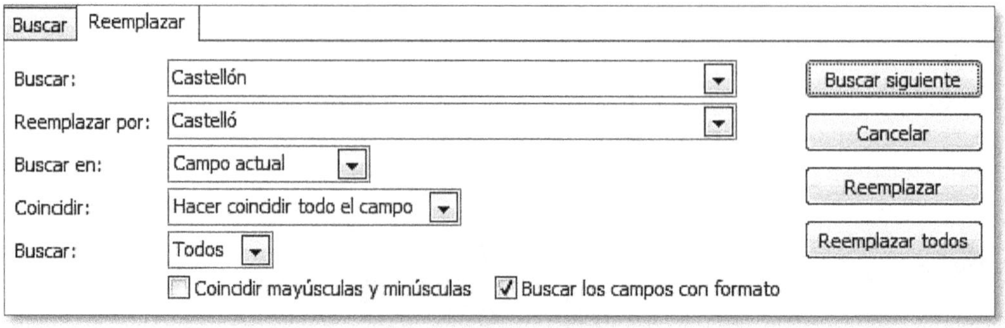

Reemplazar datos existentes es una operación delicada, ya que podríamos cometer un error que costara reparar. Por tanto, estaremos atentos a las opciones de búsqueda y reemplazo.

- En el cuadro de diálogo centre la búsqueda en el **Campo actual**, así evitamos cambiar otro dato que no sea la población. Por ejemplo, un apellido podría ser Castellón.
- Al **Hacer coincidir con todo el campo** descartamos las ciudades cuyo nombre contenga la palabra Castellón.
- No seleccionamos **Coincidir mayúsculas y minúsculas** por si se hubiera introducido, por ejemplo, "castellón".
- Si clicamos en **Buscar siguiente** y **Reemplazar** cambiaremos la palabra una a una. Si clicamos en **Reemplazar todo**, *Access* la cambiará en toda la tabla.

G La herramienta de revisión ortográfica tiene un uso más habitual en un procesador de texto, como *Word*, no obstante, no está de más ver su funcionamiento: acceda a **Inicio > Registros > Revisión ortográfica** y compruebe que detecta la población Nules como incorrecta, ya que no está incluida en el diccionario del idioma empleado.

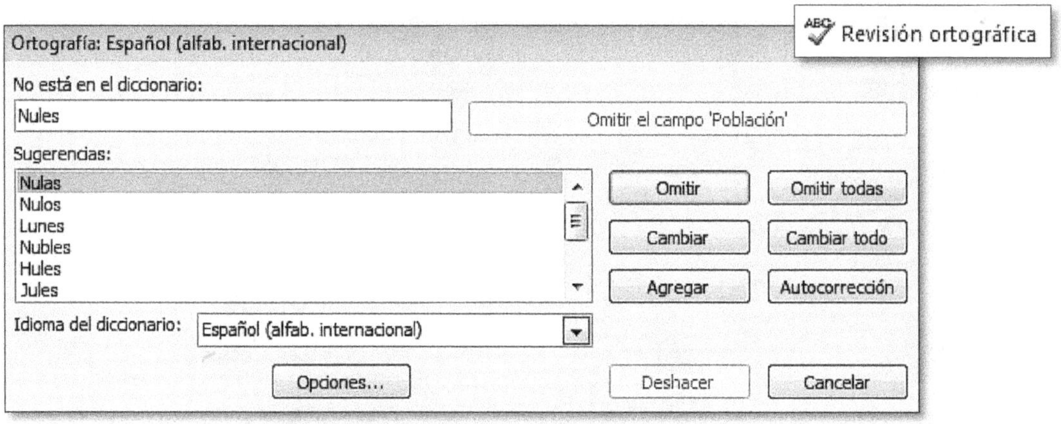

Si encuentra una palabra incorrecta puede cambiarla o cambiarlas todas las apariciones en la tabla, o bien, agregarla al diccionario para que ya no la detecte como incorrecta. Para ver y modificar cómo está configurada la revisión ortográfica, clique en **Opciones**.

2.3 Formularios: ordenación y filtrado

En el formulario, los registros se pueden **ordenar** y **filtrar** de igual manera que si estuviéramos en la tabla, sin que la ordenación o el filtrado aplicados al formulario afecten aquellos que pudieran existir en la tabla.

De hecho, los usuarios de la base de datos deberían interactuar con los datos mediante formularios, sin necesidad de acceder a las tablas.

Encontraremos las distintas opciones en la ficha **Inicio**, en el grupo **Ordenar y filtrar**.

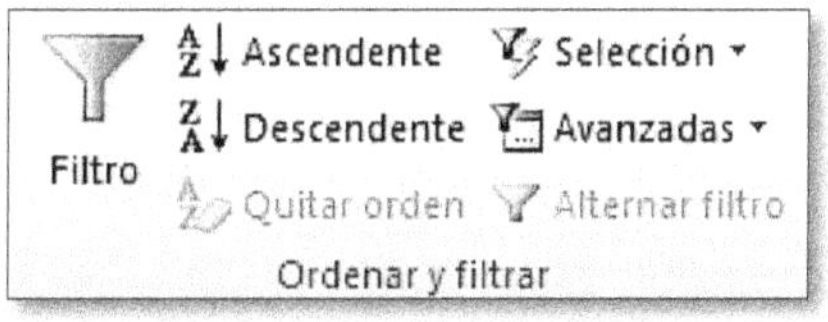

PRÁCTICA

A En el **Formulario Socios** ordene los registros por **Cuota** en forma **descendente**: sitúese en dicho campo en cualquier registro y en **Inicio > Ordenar y filtrar**, clique en el botón **A-Z descendente**.

Abra la tabla SOCIOS compruebe que esa ordenación no ha afectado a la propia de la tabla y, luego, ciérrela.

Vuelva al formulario y reordene los registros por **Nombre** ascendentemente.

B **Filtre** el formulario para ver los socios nacidos **antes de 1960**.

Sitúese en el campo **FeNacim** de cualquier registro y clique en **Inicio > Ordenar y filtrar > Filtro**. Elija **Filtros de fecha > Antes de**, escriba 31/12/1959 (o clique en el botón del calendario) y pulse **Aceptar**.

Compruebe que el filtro no se ha aplicado en la tabla SOCIOS.

Luego, **quite el filtro** en **Inicio > Ordenar y filtrar > Filtro > Quitar filtro de FeNacim**.

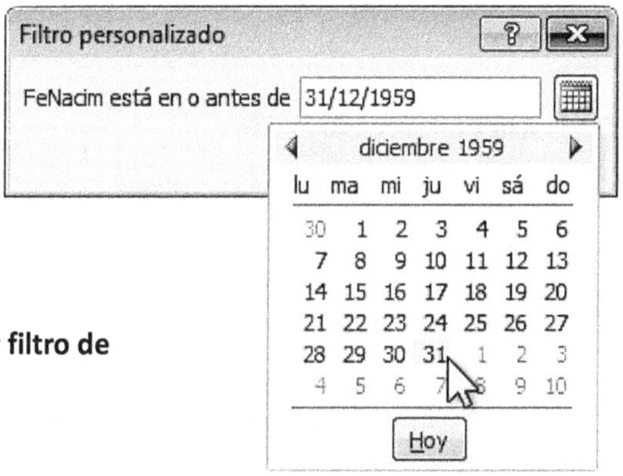

C **Fíltrelo** de nuevo para mostrar los socios cuya cuota es **mayor o igual que 5** y **menor o igual que 6 [Inicio > Ordenar y filtrar > Filtro > Filtros de números > Entre]**.

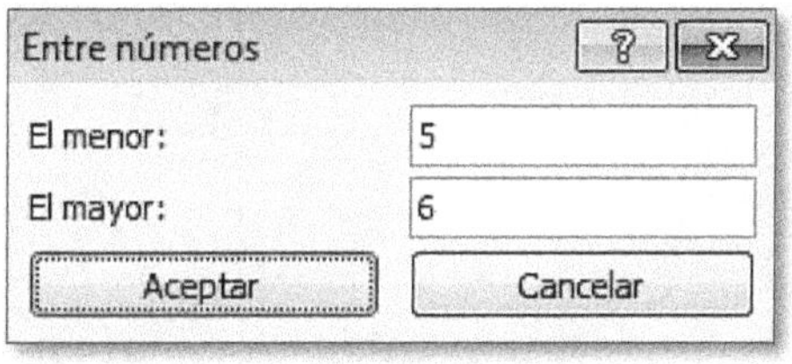

D Experimente, si lo desea, con otros filtros, pero al acabar, asegúrese de que los quita todos desde **Inicio > Ordenar y filtrar > Avanzadas > Borrar todos los filtros**.

2.4 Consultas de selección · Exportar consulta como PDF

Las consultas son otro de los objetos básicos de una base de datos. Con ellas extraemos información relevante para la empresa, persona u organización a partir de los datos almacenados en las tablas.

Con las **consultas de selección** responderemos a preguntas, tales como: qué productos me proporciona un determinado proveedor; qué álbumes de los Beatles tengo; qué esculturas del siglo XX hay en el museo; o, en nuestro supuesto, qué socios no han pagado la cuota.

El resultado de este tipo de consultas se asemejará a la tabla ordenada, filtrada y/o con campos ocultos, con la ventaja de tenerla siempre disponible y poder generar informes mucho más rápidamente. También se puede **exportar como un archivo PDF**, si no se quiere crear un informe.

Así pues, en este tema aprenderemos a crear consultas de selección con cuatro ejemplos que nos den como resultado:

1 Los/as socios/as de **Vinaròs** y los de **Benicarló**.

2 Los/as socios/as de **Castellón** que han **pagado** la cuota, **ordenados** por Nombre.

3 Los/as socios/as que **no han pagado, ordenados** por Cuota.

4 Los/as socios/as cuyas **cuotas** sean **menores o iguales que 6 €**.

PRÁCTICA

Consulta de selección 1

A Para crear la primera consulta que nos muestre los socios de Vinaròs y Benicarló clique en **Crear > Consultas > Diseño de consulta**.

En el cuadro de diálogo **Mostrar tabla** para elegir la que queremos consultar. Clique en SOCIOS, **Agregar** y **Cerrar**.

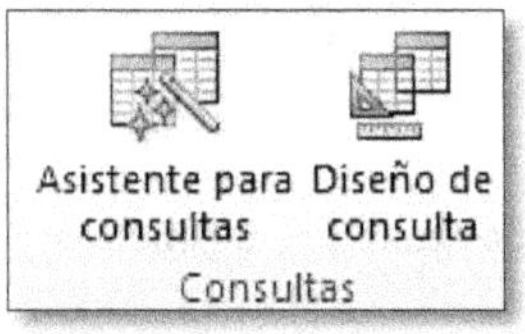

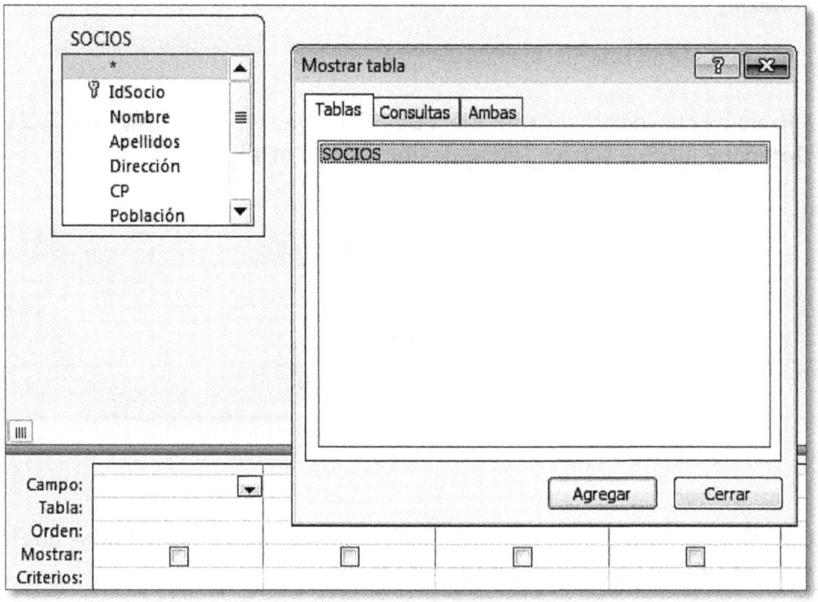

B Ahora, en la cuadrícula de la parte inferior de la **Vista Diseño** debe elegir qué **campos** y qué **criterios** incluir en la consulta. Para añadir los primeros, se puede hacer de tres maneras:

1) Hacer **doble clic** sucesivamente sobre los campos que muestra la ventana de la tabla (si arrastramos el borde inferior veremos la lista completa).

2) **Arrastrar** los campos a las columnas de la cuadrícula (se pueden seleccionar varios previamente con **Ctrl+clic** o con **Mayús+clic**)

3) **Clicar** en la **fila Campo** de cada columna de la cuadrícula y elegir de la lista desplegable

Elija los campos Nombre, Apellidos, Dirección, CP, Población y Teléfono.

En las filas de **criterios** del campo Población escriba **"Vinaròs"** y debajo **"Benicarló"** (si no entrecomillamos el texto, lo hará *Access* por nosotros). Alternativamente, los criterios podrían colocarse solo en la fila **Criterios** como **"Vinaròs" O "Benicarló".**

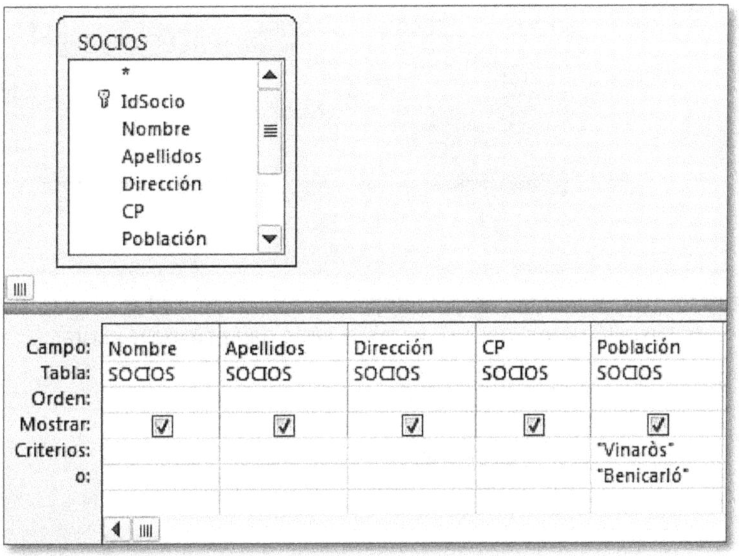

C Pase a **Vista Hoja de datos [Herramientas de consultas > Diseño > Resultados > Ver]** para comprobar que solo aparecen los registros de Vinaròs y de Benicarló. También puede clicar en **Ejecutar**.

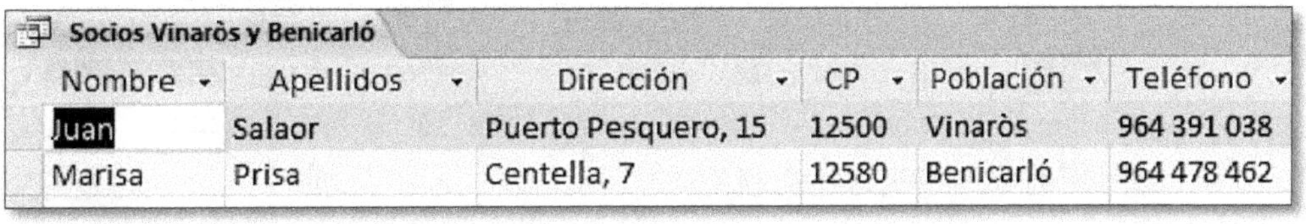

D **Guarde** la consulta con el nombre de **Socios Vinaròs y Benicarló** mediante el menú contextual de su etiqueta.

Consulta de selección 2

E Para ver los socios/as de Castelló que han pagado la cuota cree una **consulta de selección** de igual forma que la anterior y agregue la tabla SOCIOS.

F Configure la cuadrícula de la **Vista Diseño** con los campos Nombre, Apellidos, Dirección, CP, Población, Teléfono, Cuota y Pagado.

Como **criterios** en la columna Población, escriba **Castelló**.

Como criterios en la columna Pagado, escriba **Sí** (con acento).

Ordene los registros por **Nombre** clicando en la casilla correspondiente y eligiendo de la lista desplegable.

Campo:	Nombre	Apellidos	Dirección	CP	Población	Teléfono	Cuota	Pagado
Tabla:	SOCIOS	SOCIOS	SOCIOS	SOCIOS	SOCIOS	SOCIOS	SOCIOS	SOCIOS
Orden:	Ascendente							
Mostrar:	☑	☑	☑	☑	☑	☑	☑	☑
Criterios:					Castelló			Sí
o:								

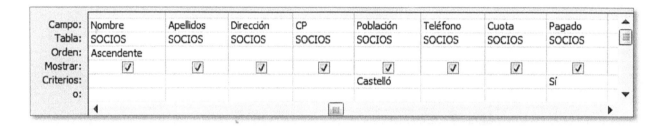

G Pase a **Vista Hoja de datos [Herramientas de consultas > Diseño > Resultados > Ver]** y compruebe que solo aparecen los registros de Castelló ordenados por nombre y que han pagado la cuota.

H Guarde la consulta con el nombre de **Socios Castelló**.

I En **Vista Diseño** desactive la casilla **Mostrar** del campo Población, con ello estará incluido en la consulta, pero no se mostrará al ejecutarla.

Pase a **Vista Hoja de datos** (o **ejecute** la consulta) para ver el resultado.

Socios Castelló Pagado

Nombre	Apellidos	Dirección	CP	Teléfono	Cuota	Pagado
Imanol	Arias García	Mayor, 59	12001	964 235 487	5,50 €	☑
Leonard	Cohen	Torre Canción, Ático	12006	615 236 444	6,00 €	☑
Marta	Sánchez Gil	May, 69	12002	964 478 462	9,00 €	☑

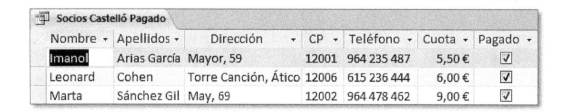

J Cierre la consulta y cambie su nombre en el **Panel de navegación** a **Socios Castelló Pagado** (menú contextual).

Consulta de selección 3

K Crearemos una consulta de selección, de manera que aparezcan sólo los socios que **no han pagado**, su nombre y apellidos, su dirección, su código postal, su población, su teléfono, su cuota y el campo Pagado.

L La **ordenaremos** por Cuota, descendente. En los **criterios** del campo **Pagado** habrá que escribir un cero: **0** porque no aceptará la palabra **No**, que en *Access* es un operador lógico. En campos de tipo booleano: **Sí** = **-1**; **No** = **0**.

M Ejecutaremos la consulta para ver el resultado y la **guardaremos** con el nombre de **Consulta Impagados**.

Consulta Impagados

Nombre	Apellidos	Dirección	CP	Población	Teléfono	Cuota	Pagado
Marisa	Prisa	Centella, 7	12580	Benicarló	964 478 462	15,00 €	☐
María	De La O'	El Huerto, 13	12002	Castelló	964 221 313	6,00 €	☐
Julia	Cava Gutiérrez	Puente Viejo, s/n	12006	Castelló	964 235 432	6,00 €	☐

N Desde **Archivo > Imprimir > Vista preliminar** compruebe cómo quedaría la copia impresa e imprima la **Hoja de datos** de la consulta si lo considera necesario.

O Luego, **exporte** el resultado de la consulta como PDF **[Datos externos > Exportar > PDF o XPS]**.

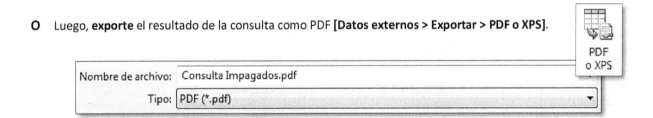

Nombre de archivo: Consulta Impagados.pdf

Tipo: PDF (*.pdf)

Consulta de selección 4

P Otra consulta de selección deberá mostrar aquellos socios cuya cuota sea **menor o igual que 6 €**.

Q Incluiremos los campos Nombre, Apellidos y Cuota y la ordenaremos por **cuota** ascendentemente.

R El **criterio <=6** deberá figurar en el campo **Cuota**.

Nombre	Apellidos	Cuota
Imanol	Arias García	5,50 €
María	De La O'	6,00 €
Juan	Salaor	6,00 €
Billy	Dekid	6,00 €
Leonard	Cohen	6,00 €
Julia	Cava Gutiérrez	6,00 €

NOTA: Los **operadores de comparación** son: **>** mayor, **<** menor, **>=** mayor o igual, **<=** menor o igual, **<>** distinto.

2.5 Consultas de parámetros

Otro tipo muy útil de consulta es aquél que nos pide los criterios al ser ejecutada, con lo cual, el resultado dependerá de lo que el usuario introduzca como criterios. Son las llamadas **consultas de parámetros**.

La forma de crearlas es igual que las consultas de selección, pero en la fila de criterios introduciremos ciertas palabras que permitirán la entrada dinámica de los mismos.

Veremos dos ejemplos que nos muestren:

1 Los/as socios/as según su **población**, introduciendo la población.

2 Los/as socios/as según su **fecha de nacimiento** introduciendo un intervalo de fechas.

PRÁCTICA

Consulta de parámetros 1

A Para consultar los socios según su población, deberemos crear una **consulta de parámetros** desde **Crear > Consultas > Diseño de consulta**. La guardaremos con el nombre que nos parezca mejor.

B Como queremos incluir **todos los campos**, elegiremos **SOCIOS.*** como primer campo. Así evitaremos tener que incluir los campos individualmente.

C Al ejecutarla deberá pedirnos la población del socio. Para ello, **añadiremos** el campo **Población**, sin mostrarlo, y en sus **criterios** escribiremos **Como [Introduzca la población]**.

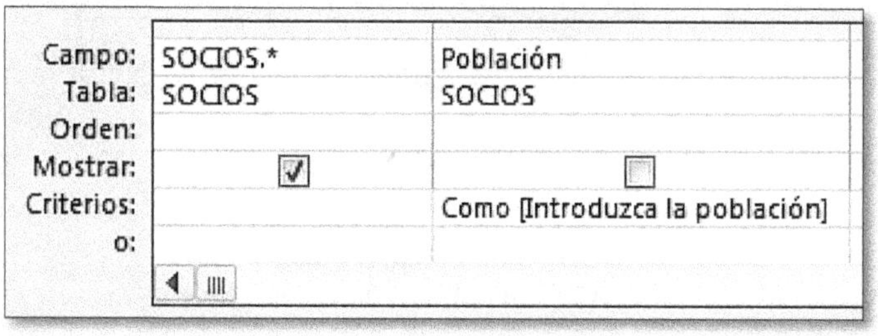

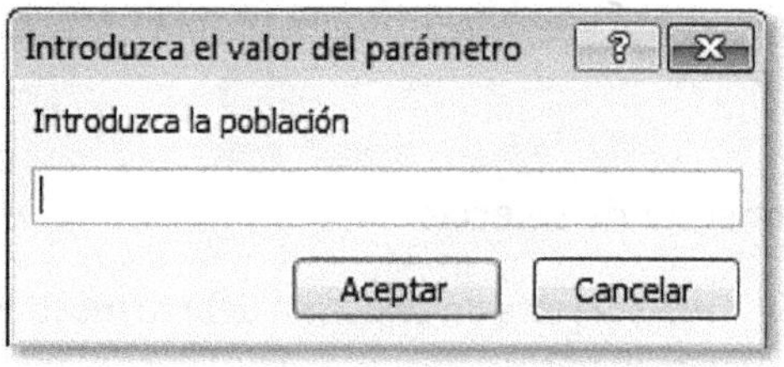

El **texto entre corchetes** aparecerá en el cuadro de diálogo al **ejecutar** la consulta y no deberá coincidir con el nombre del campo. Este texto no es estrictamente necesario, pero servirá de ayuda al usuario de la base de datos.

La palabra **Como** antes de los corchetes tampoco es necesaria, pero permitirá el uso de los **comodines**: * (varios caracteres) y **?** (un carácter).

Así, al escribir **Ben*** mostrará los socios de Benicàssim, Benicarló, etc.; al escribir **solo el asterisco**, mostrará todos los registros; al escribir **?ucaina**, mostrará Sucaina y Zucaina.

La anchura de las columnas se cambia arrastrando la **intersección de los encabezados**.

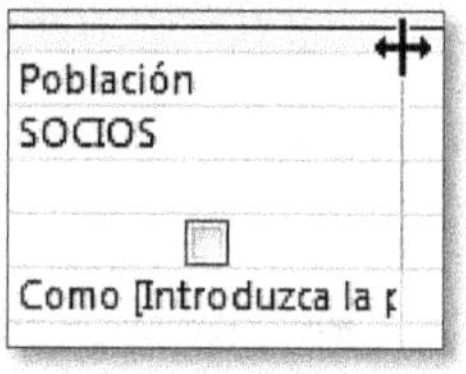

Consulta de parámetros 2

D Para consultar los socios según su **fecha de nacimiento**, deberemos crear una nueva **consulta de parámetros**. Como en el ejemplo anterior, incluiremos todos los campos de la tabla SOCIOS.

E Al ejecutarla deberá pedirnos un intervalo de fechas de nacimiento de socios. Para ello, agregaremos el **campo FeNacim** y escribiremos estos criterios:

Entre [Escriba fecha inicial] Y [Escriba fecha final]

Las palabras **Entre** e **Y** delante de los dos **textos entre corchetes** harán que aparezcan **dos cuadros de diálogo** para escribir el intervalo de fechas.

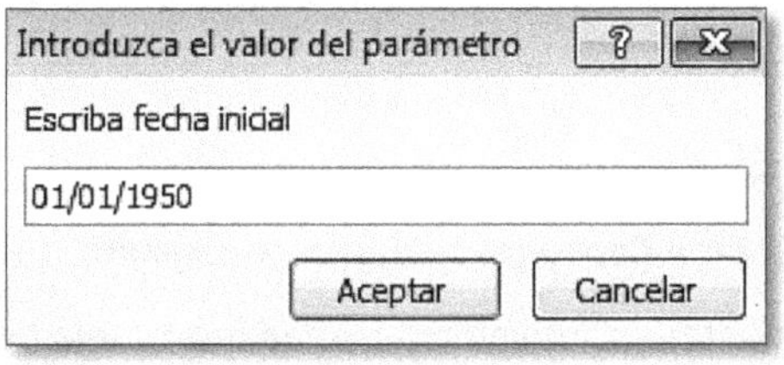

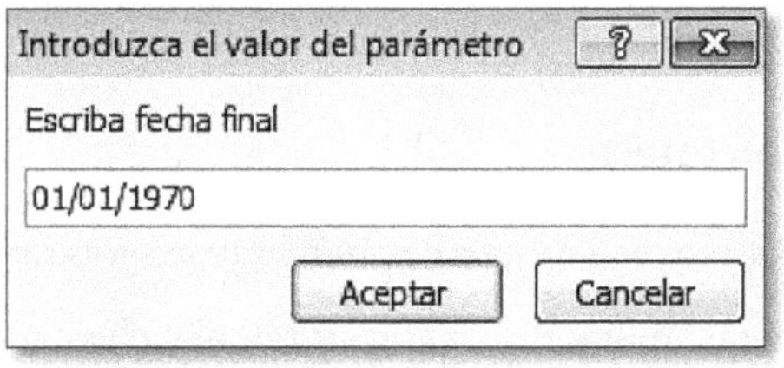

Fechas

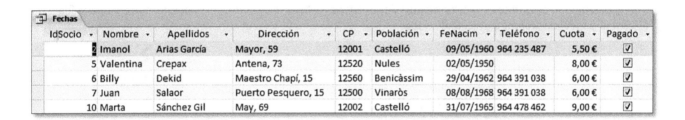

IdSocio	Nombre	Apellidos	Dirección	CP	Población	FeNacim	Teléfono	Cuota	Pagado
2	Imanol	Arias García	Mayor, 59	12001	Castelló	09/05/1960	964 235 487	5,50 €	☑
5	Valentina	Crepax	Antena, 73	12520	Nules	02/05/1950		8,00 €	☑
6	Billy	Dekid	Maestro Chapí, 15	12560	Benicàssim	29/04/1962	964 391 038	6,00 €	☑
7	Juan	Salaor	Puerto Pesquero, 15	12500	Vinaròs	08/08/1968	964 391 038	6,00 €	☑
10	Marta	Sánchez Gil	May, 69	12002	Castelló	31/07/1965	964 478 462	9,00 €	☑

Si queremos obtener los registros **ordenados**, incluiremos el campo por el cual queremos la ordenación.

Como se muestran todos los campos de la tabla, el campo de ordenación lo ocultaremos para que no aparezca duplicado.

2.6 Consultas con totales · Duplicar consulta

Una posibilidad muy interesante es realizar cálculos en las consultas a partir de los datos contenidos en los campos de las tablas.

En concreto, aprenderemos en este tema a crear **consultas con totales**, que nos permiten obtener datos estadísticos y sumar campos numéricos, entre otras funciones, de forma sencilla.

Mediante dos ejemplos averiguaremos:

1 Cuál es la cuota **menor**, la **mayor** y la **media**.

2 A cuánto asciende el **total** de las cuotas de los socios/as de **Castelló** que han **pagado**.

Para el segundo ejemplo, **duplicaremos la consulta** creada anteriormente y la modificaremos para añadir los totales.

PRÁCTICA

Consulta con totales 1

A Cree una consulta de igual manera que las anteriores: **Crear > Consultas > Diseño de consulta**.

Como lo que queremos averiguar tiene que ver con las cuotas exclusivamente, añadiremos solamente este campo a la cuadrícula, pero **tres veces** para que cada columna muestre un cálculo.

Seguidamente, clicaremos en **Herramientas de consultas > Mostrar u ocultar > Totales**, lo cual añadirá la fila **Total**, donde elegiremos el cálculo deseado.

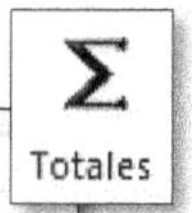

Campo:	Cuota	Cuota	Cuota
Tabla:	SOCIOS	SOCIOS	SOCIOS
Total:	Agrupar por	Agrupar por	Agrupar por
Orden:			
Mostrar:	☑	☑	☑

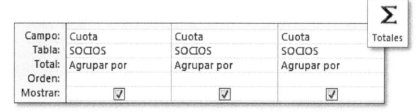

B Ahora, desplegaremos la lista **Agrupar por** en la fila de los totales para elegir **Min**, **Max** y **Promedio**, respetivamente.

Campo:	Cuota	Cuota	Cuota
Tabla:	SOCIOS	SOCIOS	SOCIOS
Total:	Mín	Máx	Promedio

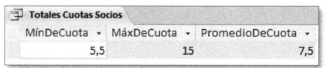

Al ejecutar la consulta deberían aparecer los datos:

Cuota mínima: 5,5

Cuota máxima: 15

Cuota media: 7,5

Totales Cuotas Socios

MínDeCuota	MáxDeCuota	PromedioDeCuota
5,5	15	7,5

C Guarde la consulta con el nombre de **Totales Cuotas Socios**.

Consulta con totales 2

D Para averiguar cuál es el total de las cuotas pagadas por los socios/as de Castelló, aprovecharemos la consulta **Socios Castelló Pagado.**

La seleccionaremos en el **Panel de navegación**, la copiaremos **[Inicio > Portapapeles > Copiar** o **Ctrl+C]** y clicaremos en **Pegar** o pulsaremos **Ctrl+V**.

Le daremos el nombre de **Total Pagado Castelló**.

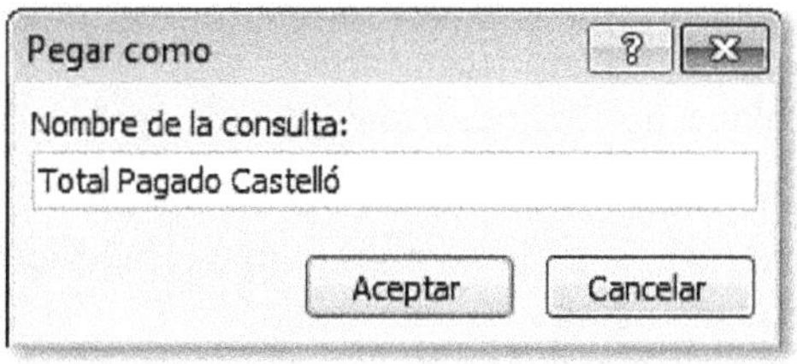

NOTA: Copiar y **pegar** funciona con todos los objetos en la misma base de datos o entre bases de datos distintas.

E La abriremos en **Vista Diseño** con el menú contextual de su nombre en el **Panel de navegación**.

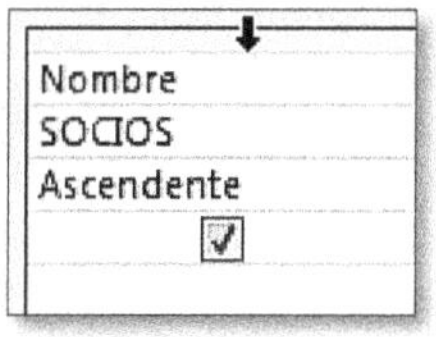

Aquí eliminaremos los campos Nombre, Apellidos, Dirección, CP y Teléfono colocándonos en cada columna y clicando en **Herramientas de consultas > Configuración de consultas > Eliminar columnas** (o tecla **Supr**). También podemos seleccionar previamente varias columnas consecutivas arrastrando por sus encabezados y eliminarlas todas a la vez.

Mostraremos el campo Población, que habíamos ocultado anteriormente.

F Activaremos la fila de **totales** y agruparemos el campo **Cuota** por la función **Suma**.

Campo:	Población	Cuota	Pagado
Tabla:	SOCIOS	SOCIOS	SOCIOS
Total:	Agrupar por	Suma	Agrupar por
Orden:			
Mostrar:	☑	☑	☑
Criterios:	"Castelló"		Sí

Al ejecutar la consulta debería darnos el resultado de la suma: 20,5.

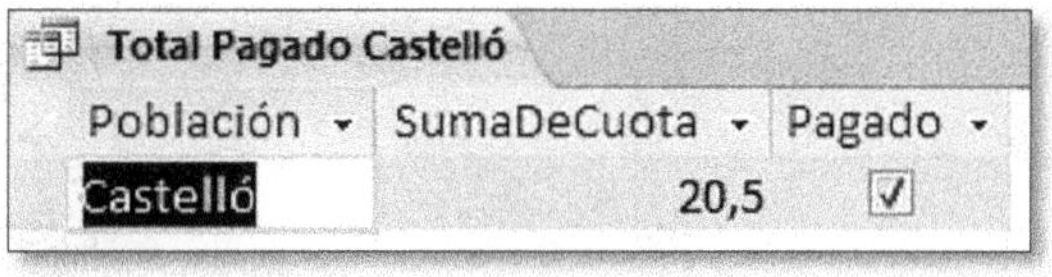

2.7 Informes: crear y modificar · Asistente para informes

Cuando sea necesario presentar o distribuir los datos de tablas o consultas deberemos recurrir a los **informes** para obtener un resultado idóneo en forma impresa o en PDF. Además de los datos, los informes pueden incluir cálculos.

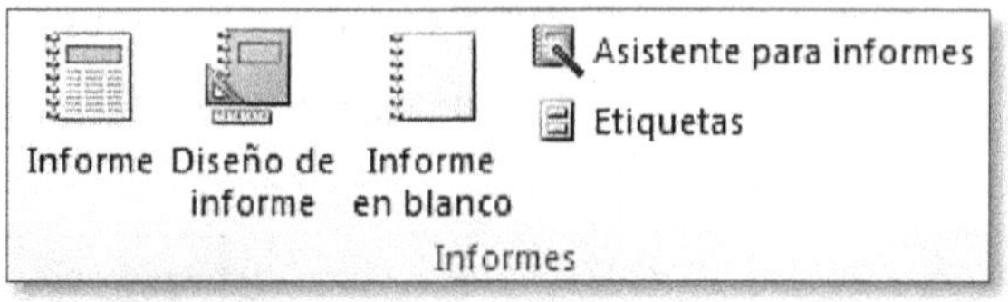

Crear este tipo de objeto es bastante sencillo al utilizar el **Asistente para informes**. Sin embargo, al igual que sucedía con el formulario, será necesario ajustar su diseño una vez creado.

En **Crear > Informes** existen más opciones, pero **Informe** nos da uno demasiado simple y las otras opciones nos hacen partir de cero, por lo que no son aconsejables si no tenemos experiencia con estos objetos.

En la práctica de este tema, crearemos un informe basado en la tabla SOCIOS que nos muestre dos grupos de socios/as, los/as que han pagado y los/as que no, junto a sus nombres, apellidos y teléfono. Además, incluiremos los totales parciales, el total general y los porcentajes de cada grupo.

PRÁCTICA

A Seleccionaremos la tabla en el **Panel de navegación**, clicaremos en **Crear > Informes > Asistente para informes** y seguiremos los pasos del asistente.

En el **paso 1**, nos aseguraremos de que figura la tabla SOCIOS en la casilla **Tablas/Consultas**, de lo contrario la elegiremos de su menú desplegable.

Incluiremos en el informe los **campos** Apellidos, Nombre, Teléfono, Cuota y Pagado, por ese orden, seleccionándolos en **Campos disponibles** y clicando en el **botón >**. Si nos equivocamos, los quitaremos a la inversa: clicando en **Campos seleccionados** y en el **botón <**.

Los botones **>>** y **<<**, incluyen o quitan todos los campos de la tabla/consulta.

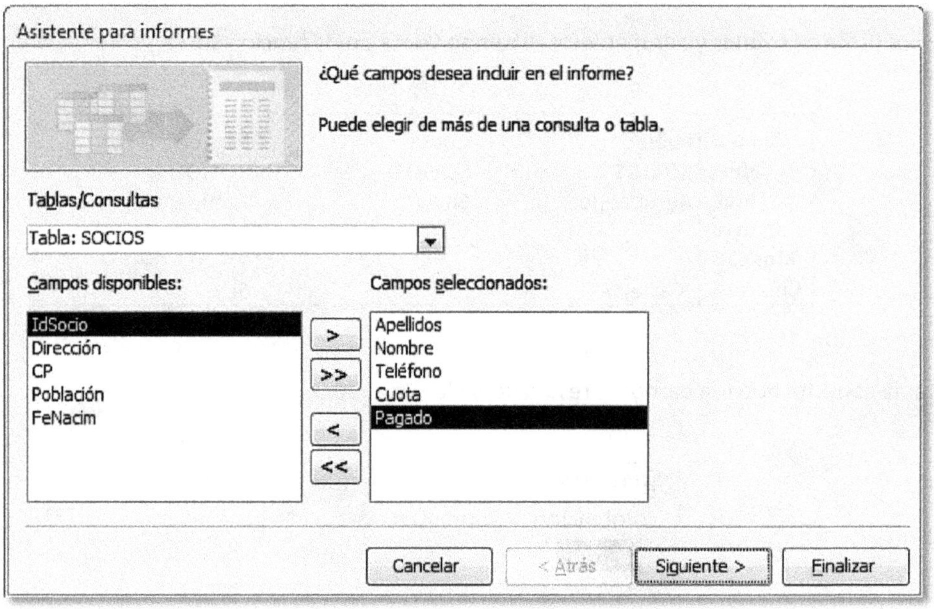

B En el **paso 2**, elegiremos el **campo** por el que queremos **agrupar** los registros con el botón **>**.

El informe mostrará tantos grupos como valores tenga el campo elegido. En nuestro caso, al elegir **Pagado**, son dos: **Sí** y **No**.

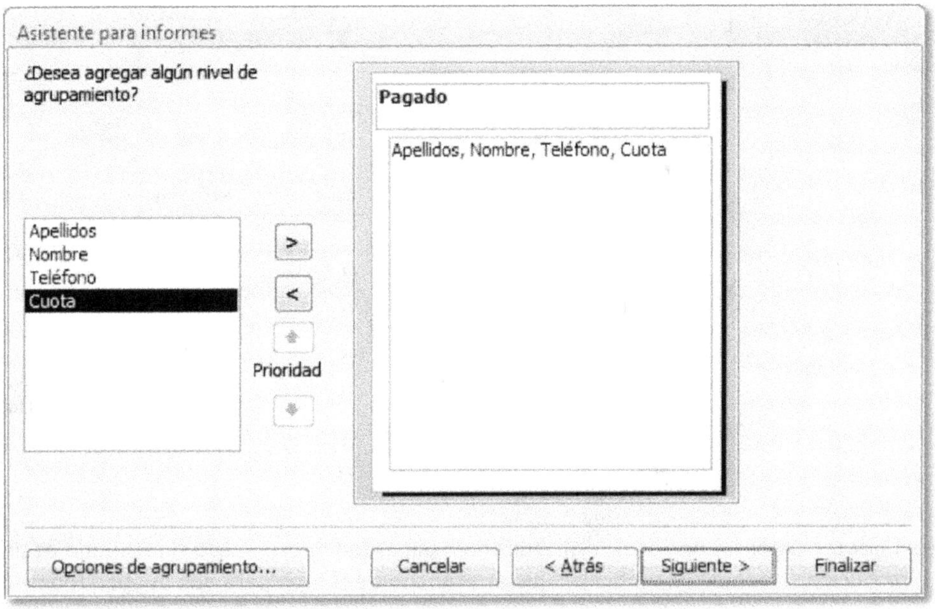

NOTA: Si hubiera más de un nivel de agrupamiento podríamos establecer la **prioridad**, por ejemplo: países - provincias - ciudades. Y, si hubiera muchos registros, podríamos controlar el número a mostrar con las **Opciones de agrupamiento**.

C En el **paso 3**, estableceremos la **ordenación** y los **cálculos** que queremos realizar.

Desplegaremos la lista del primer criterio para ordenarlo por el campo **Apellidos** de forma **ascendente**.

A continuación, al clicar en **Opciones de resumen** indicaremos lo siguiente:

- Que **sume** el campo **Cuota**, lo cual nos dará el total parcial de cada grupo y el total general. Solo aparecerá este campo disponible para hacer los cálculos porque, de los campos que hemos incluido en el informe, es el único de tipo numérico.
- Que **muestre** el **detalle** (cada registro de la tabla) y el **resumen** (la cuenta de los registros).
- Que **calcule el porcentaje del total por sumas** para ver el tanto por ciento que corresponde a cada grupo.

Al **aceptar** las opciones de resumen, volveremos al paso 3, donde clicaremos en **Siguiente**.

NOTA: Podemos clicar en el botón **Atrás** para modificar un paso anterior y en **Cancelar** para salir del asistente sin crear el informe. Si clicamos en **Finalizar** antes de configurar todos los pasos, el asistente creará el informe con las opciones predeterminadas.

D En el **paso 4**, aceptaremos las opciones: distribución en **pasos** (en nuestro caso el resultado es similar en los tres tipos de distribución), orientación **vertical** y **ajustar el ancho de campo** para que quepan todos los campos en una página.

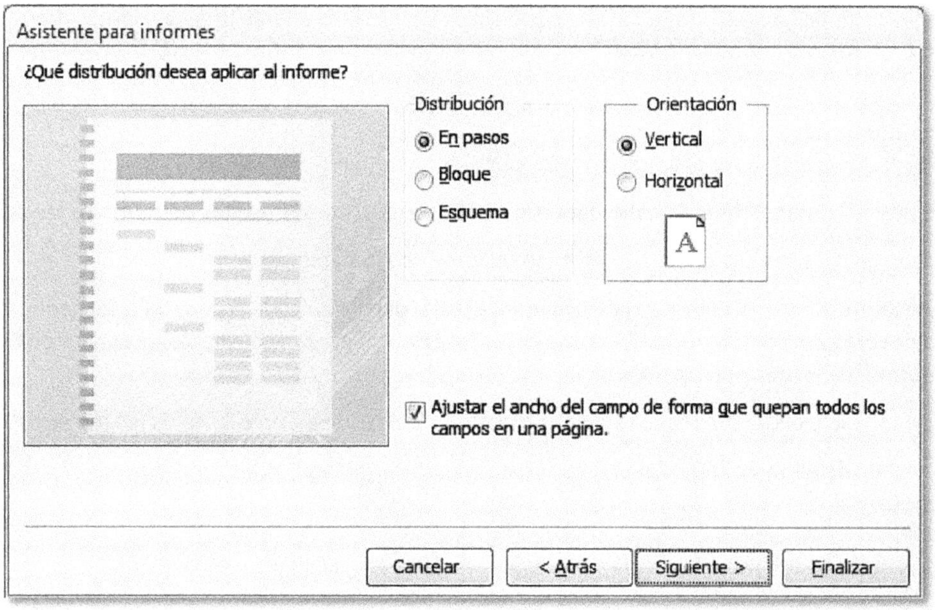

E En el último paso, le daremos el nombre de **Informe Cuotas** y finalizaremos con **Vista previa del informe**.

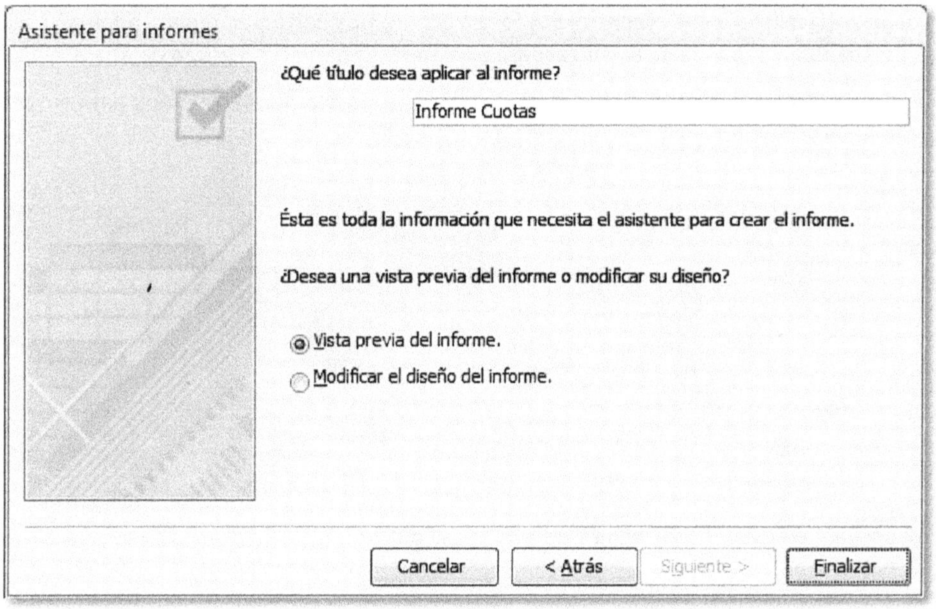

F En esta **Vista preliminar** nos daremos cuenta de que los controles para algunos campos, como Cuota, son demasiado cortos, mientras que otros, como Pagado, son demasiado largos. (Nota: la imagen de abajo muestra solo la parte superior del informe).

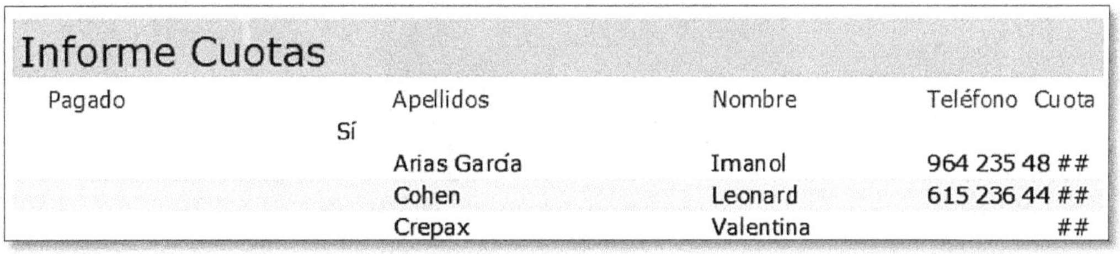
Informe Cuotas
Pagado
Apellidos
Nombre
Teléfono
Cuota
Sí
Arias García
Imanol
964 235 48 ##
Cohen
Leonard
615 236 44 ##
Crepax
Valentina
##

G Desde la **Vista Presentación [Inicio > Vistas > Ver] moveremos** y **modificaremos** la anchura de los controles que lo requieran, tal como hicimos en el formulario de los socios. Recordemos cómo:

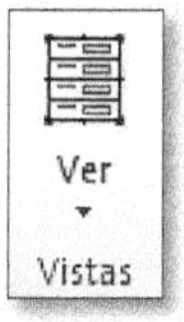
Ver
Vistas

ACCIÓN	PROCEDIMIENTO
Seleccionar un control o etiqueta	**clic**
Seleccionar o quitar selección de varios	**Ctrl+clic** o **Mayús+clic**
Mover control y etiqueta	seleccionar ambos y **arrastrar** o **teclas de dirección**
Mover control o etiqueta	**arrastrar** o **teclas de dirección**
Cambiar tamaño	arrastrar **borde** o **Mayús+teclas dirección**
Deshacer acción	Botón **Deshacer** o **Ctr+Z**

En primer lugar, seleccionaremos el control **Sí** y lo **estrecharemos** hasta que tenga un tamaño similar a su etiqueta, que aparece en la zona de encabezados. Esto afectará también al grupo de abajo, **No**.

Luego, seleccionaremos las **etiquetas** y los **controles** de Apellido, Nombre y Teléfono para **moverlas** hacia la izquierda con la tecla de dirección.

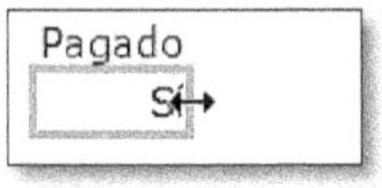

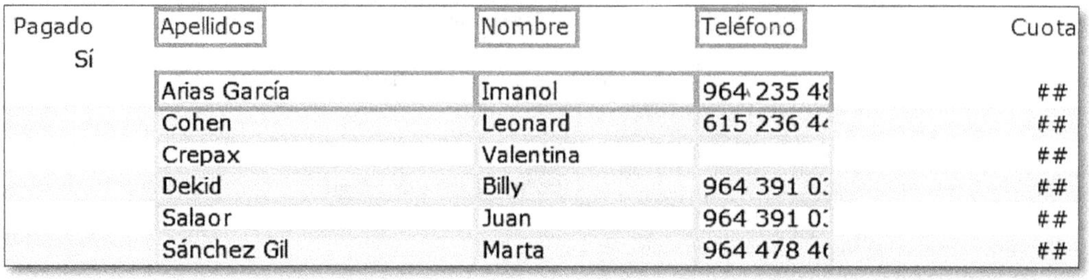

Pagado
Sí
Apellidos
Nombre
Teléfono
Cuota
Arias García
Imanol
Cohen
Leonard
Crepax
Valentina
Dekid
Billy
Salaor
Juan
Sánchez Gil
Marta

Por último, **ensancharemos** el control de Teléfono y los controles de la columna Cuota y para que muestren el contenido completo.

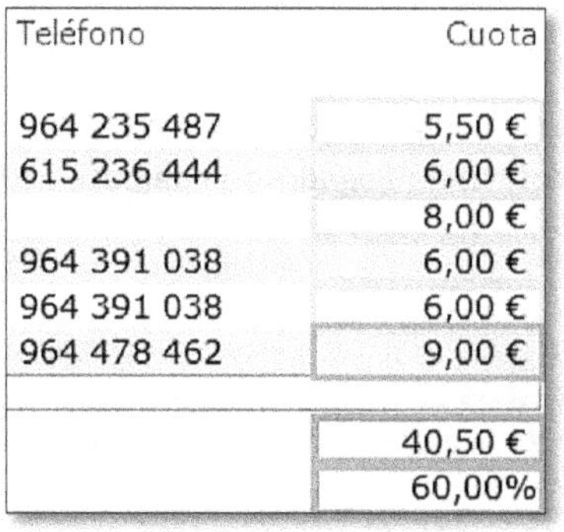

Teléfono
Cuota
964 235 487
5,50 €
615 236 444
6,00 €
8,00 €
964 391 038
6,00 €
964 391 038
6,00 €
964 478 462
9,00 €
40,50 €
60,00%

H En la ficha **Diseño > Temas** podemos cambiar el aspecto global del informe. Y en **Herramientas de presentación de informe > Formato** existen opciones para cambiar el formato de los controles.

Pongamos el **título** en negrita, desde el grupo **Fuente**, seleccionando el control previamente.

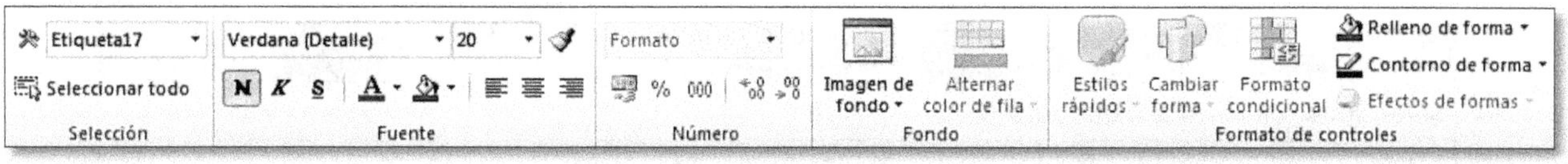

I El resultado final de los pasos anteriores, en **Vista preliminar**, debería ser similar al siguiente:

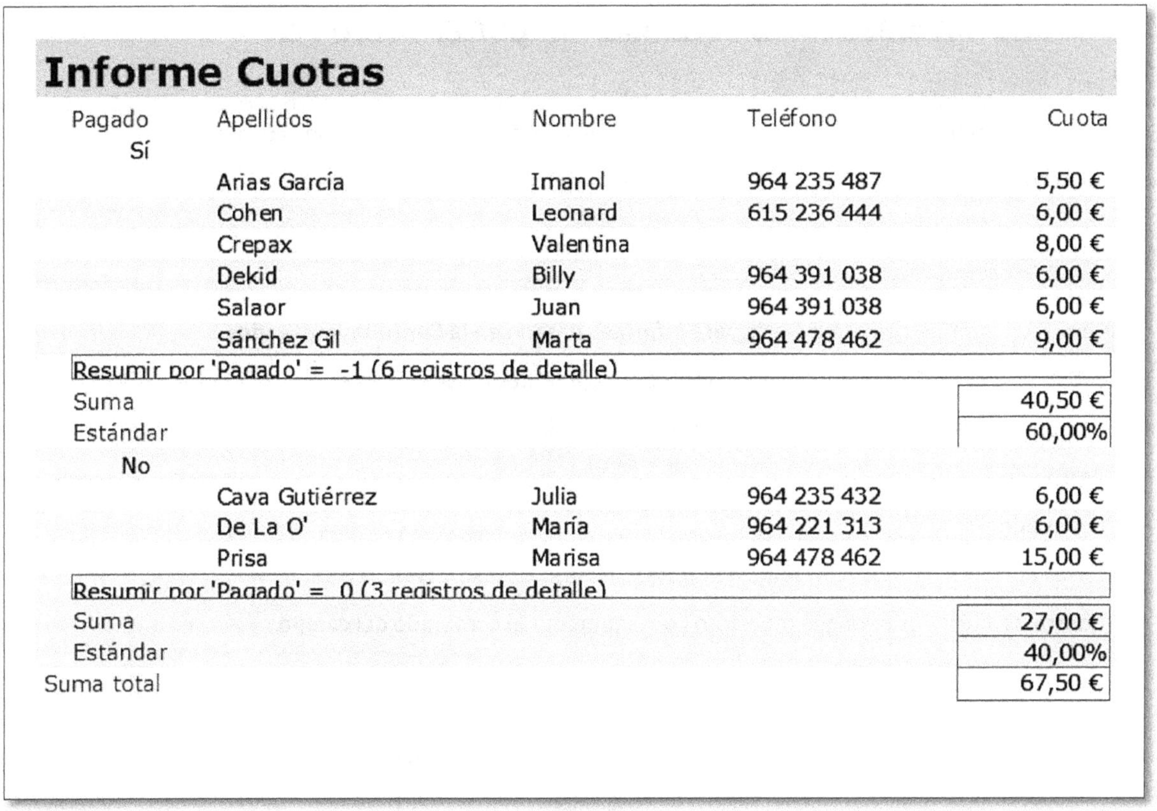

Informe Cuotas

Pagado	Apellidos	Nombre	Teléfono	Cuota
Sí				
	Arias García	Imanol	964 235 487	5,50 €
	Cohen	Leonard	615 236 444	6,00 €
	Crepax	Valentina		8,00 €
	Dekid	Billy	964 391 038	6,00 €
	Salaor	Juan	964 391 038	6,00 €
	Sánchez Gil	Marta	964 478 462	9,00 €
Resumir por 'Pagado' = -1 (6 registros de detalle)				
Suma				40,50 €
Estándar				60,00%
No				
	Cava Gutiérrez	Julia	964 235 432	6,00 €
	De La O'	María	964 221 313	6,00 €
	Prisa	Marisa	964 478 462	15,00 €
Resumir por 'Pagado' = 0 (3 registros de detalle)				
Suma				27,00 €
Estándar				40,00%
Suma total				67,50 €

2.8 Informe basado en consulta · Exportar como PDF

Como hemos visto, los informes se pueden basar en tablas o en consultas. A fin de revisar el proceso de creación y modificación de informes, haremos una práctica con un nuevo **informe basado** en una **consulta**.

También **exportaremos** el informe finalizado como **PDF**, el formato de intercambio e impresión de archivos estándar.

PRÁCTICA

A Crearemos un informe con el **asistente para informes** basado en la **Consulta Impagados**.

Le denominaremos **Informe Impagados** y tendrá las siguientes características:

- Campos: Apellidos, Nombre, Teléfono, Cuota y Pagado.
- **Agrupado** por Pagado.
- **Ordenado** por Apellido.
- En las opciones de resumen, **suma** de Cuota y mostrar **detalle** y **resumen**.
- Controles ajustados para que muestren correctamente el contenido del campo.

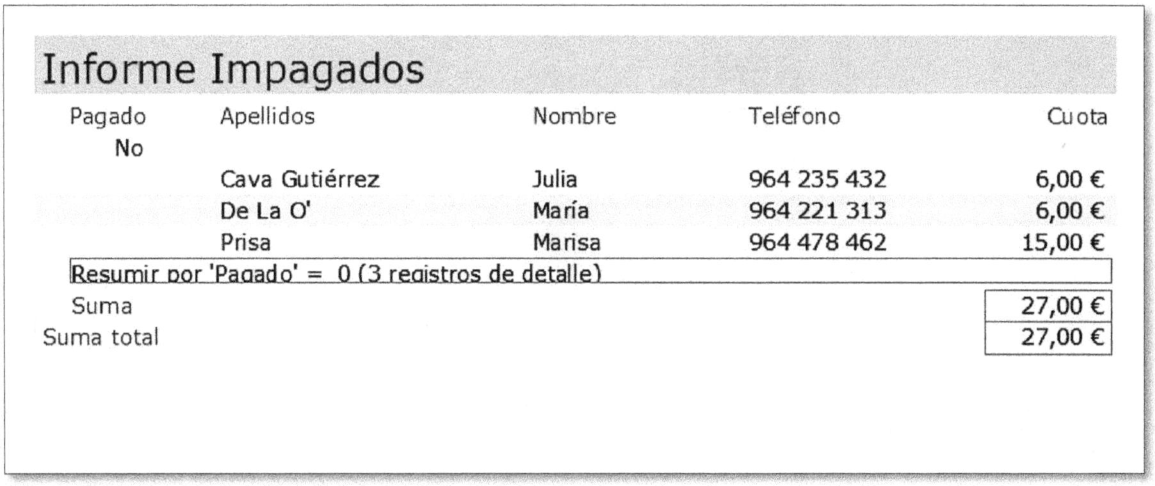

Informe Impagados

Pagado	Apellidos	Nombre	Teléfono	Cuota
No				
	Cava Gutiérrez	Julia	964 235 432	6,00 €
	De La O'	María	964 221 313	6,00 €
	Prisa	Marisa	964 478 462	15,00 €
Resumir por 'Pagado' = 0 (3 registros de detalle)				
Suma				27,00 €
Suma total				27,00 €

B Luego, **exportaremos** el informe como PDF **[Datos externos > Exportar > PDF o XPS]** con el nombre que queramos.

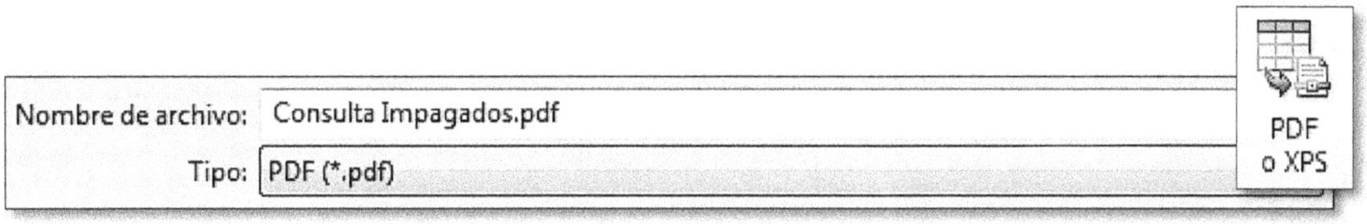

2.9 Informe de etiquetas

Un tipo especial de informe es el que nos permite crear **etiquetas** estándar o personalizadas con los datos de tablas o consultas para poderlas imprimir en nuestro papel de etiquetas. El proceso para crearlas sigue un asistente con el que configurará el tamaño, la fuente, los campos y la ordenación de las etiquetas.

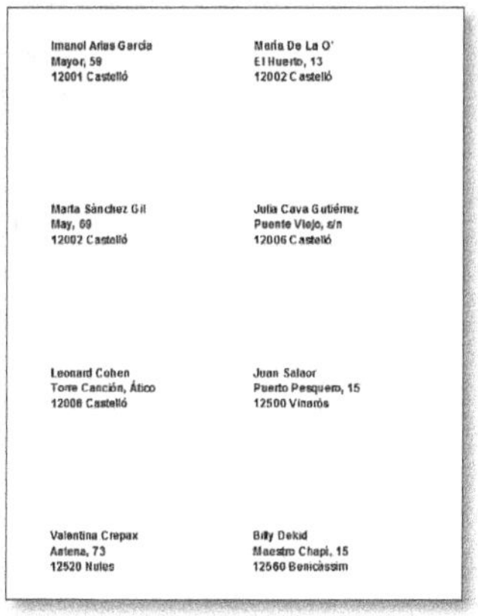

PRÁCTICA

A Cree un informe de etiquetas basado en la tabla SOCIOS: seleccione la tabla en el **Panel de navegación**, acceda a **Crear > Informes > Etiquetas** y siga los pasos del **Asistente para etiquetas**.

Para este ejemplo, en el **paso 1,** elija la etiqueta marca **Avery**, modelo **C2166.**

Si las etiquetas de las que disponemos no figuraran en **Filtro por fabricante** deberíamos clicar en **Personalizar** para establecer las medidas.

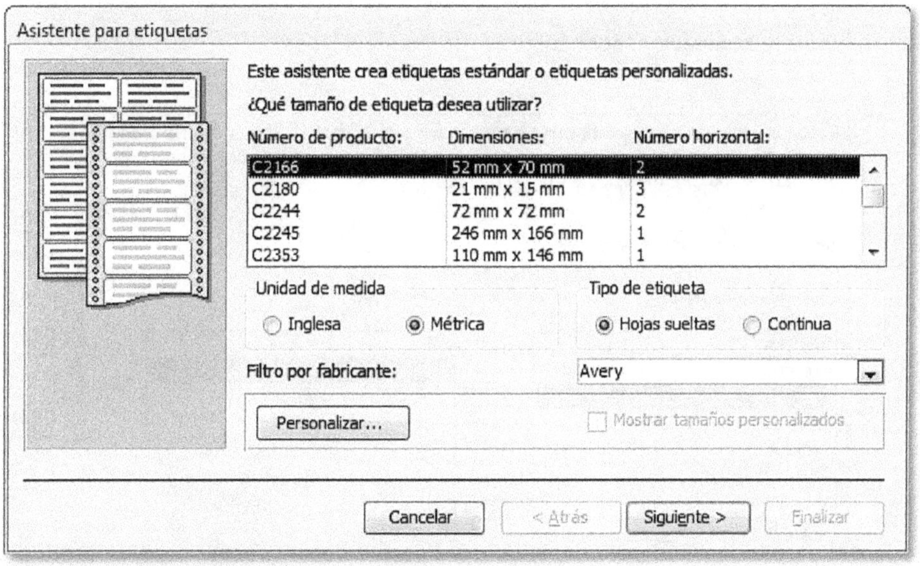

B En el **paso 2**, cambie el tamaño de la fuente a **12** y el espesor a **Semi-negrita**.

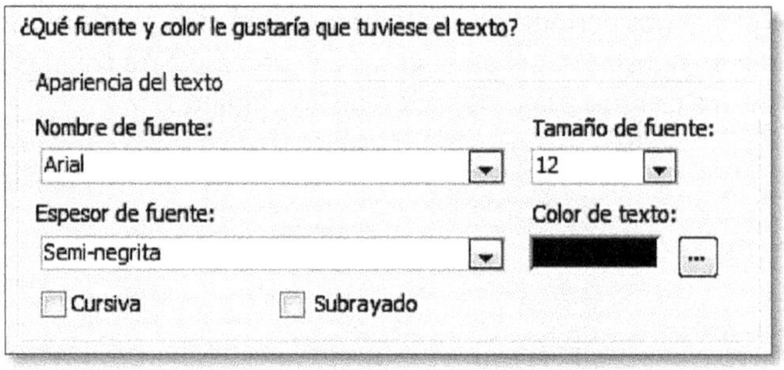

C En el **paso 3**, elija los campos a incluir en la etiqueta. En el recuadro **Etiqueta prototipo** pulse la **barra espaciadora** para separar los campos y **Entrar** para bajar de línea.

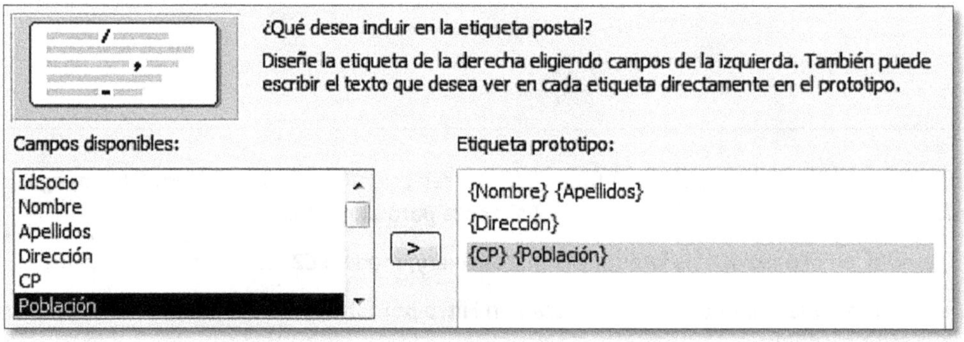

D En **el paso 4**, establezca la **ordenación**, por código postal y por apellidos.

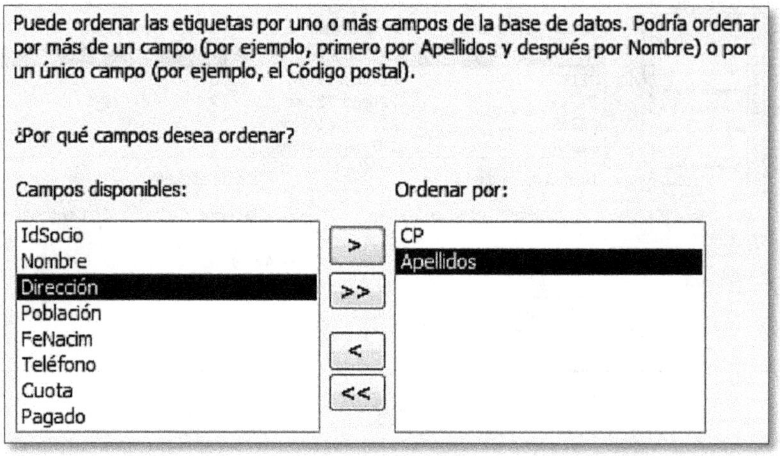

E En el **último paso**, daremos el nombre de **Etiquetas SOCIOS** al informe.

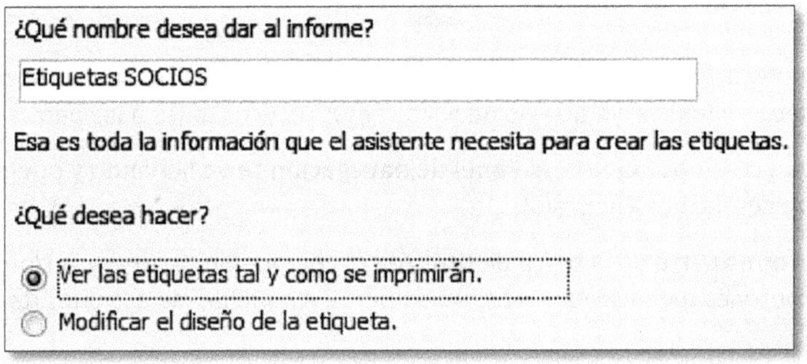
¿Qué nombre desea dar al informe?
Etiquetas SOCIOS
Esa es toda la información que el asistente necesita para crear las etiquetas.
¿Qué desea hacer?
Ver las etiquetas tal y como se imprimirán.
Modificar el diseño de la etiqueta.

2.10 Ocultar elementos de la ventana de Access · Personalizar Barra de acceso rápido

Si **ocultamos** el **Panel de navegación** y/o la **cinta de opciones** tendremos más espacio en la pantalla, lo cual será de utilidad al trabajar con objetos extensos, ya que no necesitaremos recurrir tanto a las barras de desplazamiento.

Por otra parte, a medida que creamos objetos, el **Panel de navegación** se va llenando y puede ser de utilidad **ocultar** alguna **lista de objetos** para centrarnos en otra(s).

La **barra de acceso rápido** forma parte de la barra de título de la ventana de *Access* (a la izquierda) y puede personalizarse añadiendo botones para acceder más rápidamente a aquellas las acciones de realizamos con más frecuencia.

PRÁCTICA

A **Oculte** el **Panel de navegación** clicando en el botón con la **doble flecha <<**.

Para mostrarlo, clique en la **doble flecha >>**.

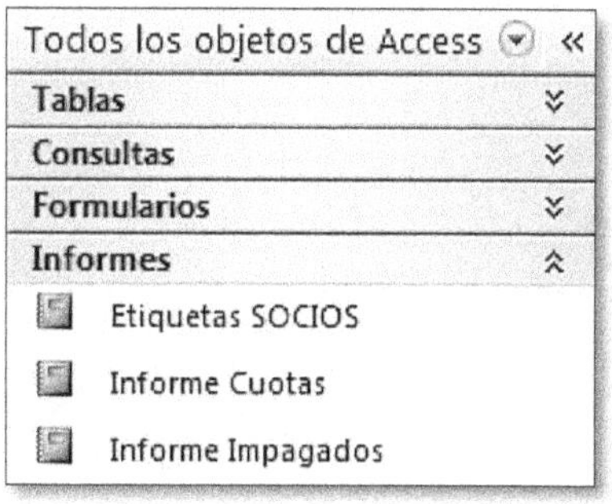

B Dentro del panel, pruebe a **ocultar/mostrar** las distintas **listas de objetos** clicando en sus encabezados (Tablas, Consultas, Formularios, Informes).

C **Minimice** la cinta de opciones con el **botón ^** (en la parte superior derecha de la ventana de *Access*) o haciendo **doble clic en una pestaña**. También funciona la combinación **Ctrl+F1**.

Luego, muéstrela de nuevo (o manténgala oculta si lo desea).

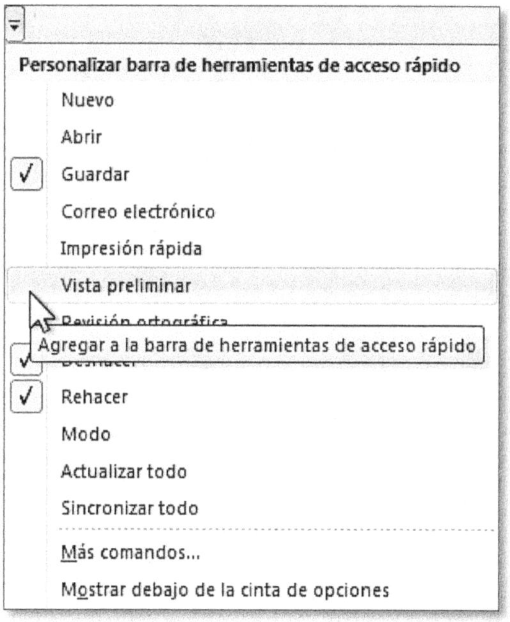

D Añada el botón de **Vista preliminar** a la **barra de acceso rápido** desplegando su menú. Para quitar botones acuda al mismo menú.

E **Personalice** esta barra según sus intereses.

Con la opción **Más comandos** del menú de la **Barra acceso rápido** accedemos a todos los botones posibles. También aquí, podremos quitar todas las personalizaciones y dejar la barra como venía de fábrica con el botón **Restablecer**.

Access · Módulo 3

TEMAS

3.1 Tablas: limitar datos con una lista de valores interna

Cuando desarrollamos bases de datos para otros, suelen surgir contratiempos porque la persona que nos encomendó en el trabajo no había previsto las necesidades concretas en la etapa previa de diseño.

En nuestro supuesto, la presidenta del club de billar ha detectado errores en la cantidad asignada a las cuotas. Además, necesita que los tipos de cuota, con su importe y características se guarden en una tabla para poderlos gestionar independientemente y poder actualizarlos fácilmente.

Las cuotas deben ser de **tres tipos**:

- **Básica**: **60 €**, incluye acceso a las instalaciones, uso de las mesas de billar los fines de semana y acceso al bar del club.
- **Plus**: **90 €**, incluye acceso a las instalaciones, uso de las mesas de billar los todos los días de la semana, acceso al bar y al restaurante del club.
- **Premium**: **150 €**, incluye acceso a las instalaciones, uso preferente de las mesas de billar todos los días de la semana, depósito y cuidado de material propio, acceso al bar, al restaurante del club, a la sauna, al jacuzzi y a la sala de masajes.

Además, para curarnos en salud, **limitaremos los datos** a introducir a una **lista de valores interna** que contenga la denominación de cada cuota y los importes correspondientes.

PRÁCTICA

A En primer lugar, deberemos crear una tabla específica, CUOTAS **[Crear > Tablas > Diseño de tabla]** con los siguientes campos:

Nombre	Tipo de datos	Tamaño	Formato	Indexado
IdCuota	Autonumeración			Sí (sin duplicados)
Tipo	Texto	10		Sí (sin duplicados)
Importe	Número	Simple	Euro	Sí (sin duplicados)
Características	Memo			

NOTA: Al elegir **Sí (sin duplicados)** en la propiedad **Indexado** de los campos conseguimos evitar la duplicación de valores en dichos campos. Otra característica de la indexación, como ya hemos comentado, es que acelera las búsquedas y ordenamientos de la tabla, aunque también hace más lenta su actualización si hay muchos registros.

B Ahora, estableceremos el campo **IdCuota** como **clave principal** de la tabla desde **Herramientas de tabla > Diseño > Herramientas > Clave principal.**

C En esta tabla limitaremos la **búsqueda** del **campo Tipo** a esos tres valores en una lista desplegable.

Para ello modificaremos la ficha **Búsqueda** como sigue:

- En **Mostrar control** elegiremos **Cuadro combinado.**
- En **Tipo de origen de la fila** estableceremos **Lista de valores.**
- En **Origen de la fila** consignaremos los valores, separados por punto y coma: **Básica;Plus;Premium.**
- En **Limitar a la lista** elegiremos **Sí** para evitar que se escriban otros valores diferentes de los anteriores.
- En **Permitir ediciones de lista de valores** elegiremos **Sí** para poder modificarlos posteriormente sin entrar en el diseño de la tabla.

Tipo	Texto
General	Búsqueda
Mostrar control	Cuadro combinado
Tipo de origen de la fila	Lista de valores
Origen de la fila	Básica;Plus;Premium
Columna dependiente	1
Número de columnas	1
Encabezados de columna	No
Ancho de columnas	
Filas en lista	16
Ancho de la lista	Auto
Limitar a la lista	Sí
Permitir varios valores	No
Permitir ediciones de lista d	Sí

D Asimismo, estableceremos los tres importes en la **ficha Búsqueda** de las propiedades del campo **Importe** para que aparezcan en una **lista desplegable.**

Tendrán las mismas características que en el campo anterior, excepto **Origen de la fila** que será **60;90;150.**

Importe	Número
General	Búsqueda
Mostrar control	Cuadro combinado
Tipo de origen de la fila	Lista de valores
Origen de la fila	60;90;150
Columna dependiente	1
Número de columnas	1
Encabezados de columna	No
Ancho de columnas	
Filas en lista	16
Ancho de la lista	Auto
Limitar a la lista	Sí
Permitir varios valores	No
Permitir ediciones de lista de valores	Sí

E Una vez configurados los campos, guardaremos el diseño de la tabla y en la **Vista Hoja de datos,** introduciremos los datos de los campos **Importe** y **Tipo** mediante la lista desplegable y escribiremos en el campo **Características** las indicadas arriba.

Al acabar, cerraremos la tabla.

IdCuota	Tipo	Importe	Características
1	Básica	60,00 €	Acceso a las instalaciones, uso de las mesas de billar los fines de semana y acceso al bar del club
2	Plus	90,00 €	Acceso a las instalaciones, uso de las mesas de billar los todos los días de la semana, acceso al bar y al restaurante del club
3	Premium	150,00 €	Acceso a las instalaciones, uso preferente de las mesas de billar todos los días de la semana, depósito y cuidado de material propio, acceso al bar, al restaurante del club, a la sauna, al jacuzzi y a la sala de masajes

3.2 Tablas: limitar datos con una lista de valores externa

En el tema anterior hemos limitado los datos de dos campos mediante una lista interna, pero la lista puede provenir de otra tabla o consulta.

Como hay que cambiar las cuotas erróneas de los socios/as, sería conveniente obtener una lista desplegable en el campo **Cuota** de la tabla SOCIOS, que buscara los datos en el campo **Importe** de la tabla CUOTAS, es decir, una **lista de valores externa**. De esta manera minimizaremos los posibles errores y facilitaremos la labor al usuario o usuaria de la base de datos.

PRÁCTICA

A En la **tabla SOCIOS** hemos de establecer las propiedades de búsqueda en el **campo Cuota**. Para ello rellenaremos la ficha **Búsqueda** como sigue:

- En **Mostrar control** elegiremos **Cuadro combinado**.
- En **Tipo de origen de la fila** estableceremos **Tabla/Consulta**.
- En **Limitar a la lista** elegiremos **Sí** para evitar que se escriban otros valores diferentes de los anteriores.

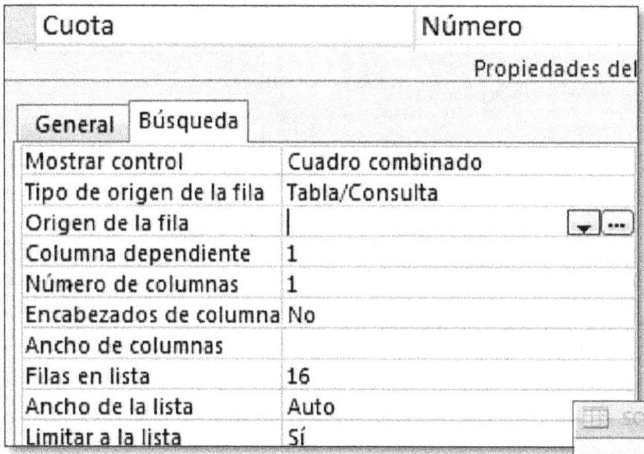

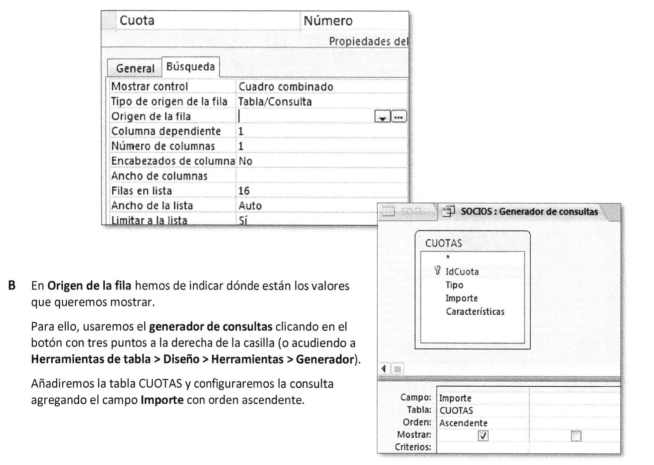

B En **Origen de la fila** hemos de indicar dónde están los valores que queremos mostrar.

Para ello, usaremos el **generador de consultas** clicando en el botón con tres puntos a la derecha de la casilla (o acudiendo a **Herramientas de tabla > Diseño > Herramientas > Generador**).

Añadiremos la tabla CUOTAS y configuraremos la consulta agregando el campo **Importe** con orden ascendente.

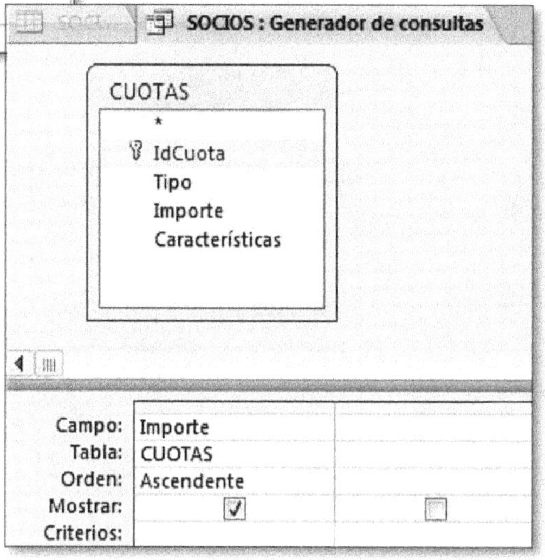

C **Cerraremos** la ventana del generador de consultas y **guardaremos los cambios** realizados en la instrucción SQL cuando nos pregunten.

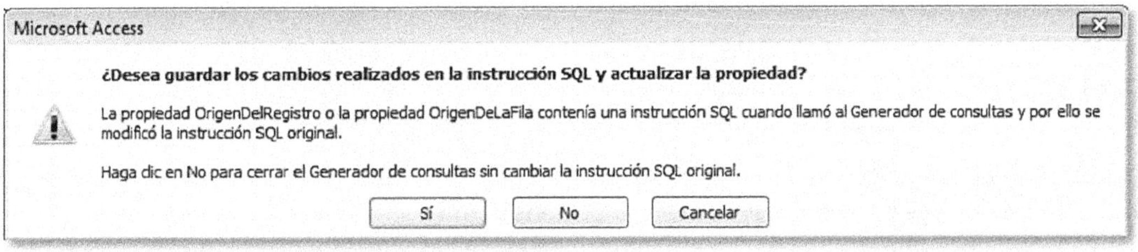

NOTA: Las consultas en *Access* las creamos de forma gráfica, pero internamente se genera una instrucción en el **lenguaje SQL** (*Structured Query Language* o Lenguaje de Consulta Estructurado). Este lenguaje es un estándar en la mayoría de sistemas de gestión de bases de datos relacionales comerciales. Para ver el código subyacente a las consultas que hemos creado, accederemos a **Inicio > Vistas > Vista SQL**.

La instrucción SQL aparecerá en la casilla **Origen de la fila**.

Mostrar control	Cuadro combinado
Tipo de origen de la fila	Tabla/Consulta
Origen de la fila	SELECT CUOTAS.Importe FROM CUOTAS ORDER BY CUOTAS.Importe;

D **Guardaremos** el diseño de la tabla y en la **Vista Hoja de datos** de la tabla SOCIOS, **cambiaremos la cuota** de cada socio con la **lista** del campo **Cuota**:

Nombre	Apellidos	Cuota
Billy	Dekid	60,00 €
Imanol	Arias García	60,00 €
Juan	Salaor	60,00 €
Julia	Cava Gutiérrez	150,00 €
Leonard	Cohen	90,00 €
María	De La O'	60,00 €
Marisa	Prisa	150,00 €
Marta	Sánchez Gil	90,00 €
Valentina	Crepax	90,00 €

E Al cambiar el contenido del campo, las consultas e informes creados anteriormente mostrarán los nuevos datos. Puede comprobarlo, si lo desea.

3.3 Base de datos: relaciones entre tablas (uno a varios) · Actualizar campos en cascada

Las tablas que creamos en una base de datos son temáticas, lo cual facilita su gestión. El problema surge cuando necesitamos reunir información que se encuentra en dos o más tablas. La solución será crear **relaciones** entre ellas, conectarlas para poder elegir los datos que nos interesen.

Para ello, necesitamos que ambas tablas tengan un campo en común, un campo cuyo **tipo** y **contenido** sea el **mismo** en las dos. Ese contenido común será lo que nos permitirá "enganchar" los dos campos y relacionar las tablas en la ventana de relaciones **[Herramientas de base de datos > Relaciones > Relaciones]**.

Las relaciones permiten, además de agrupar información dispersa en varias tablas, crear consultas, formularios e informes más complejos, actualizar datos y borrar registros.

Ahondaremos sobre las relaciones entre tablas en este tema a medida que aprendemos a crearlas y a configurarlas con este supuesto práctico:

Se nos requiere modificar la base de datos para conseguir que **cambien automáticamente las cuotas** de los socios cuando cambiemos un importe de la tabla CUOTAS.

PRÁCTICA

A Desde **Herramientas de base de datos > Relaciones > Relaciones** accedemos a la ventana de relaciones.

En **Herramientas de relaciones** clicaremos en **Mostrar tabla** para agregar CUOTAS y SOCIOS.

Con las tablas agregadas, cambiaremos sus dimensiones arrastrando el borde de sus ventanas, si fuera necesario, para poder ver todos los campos.

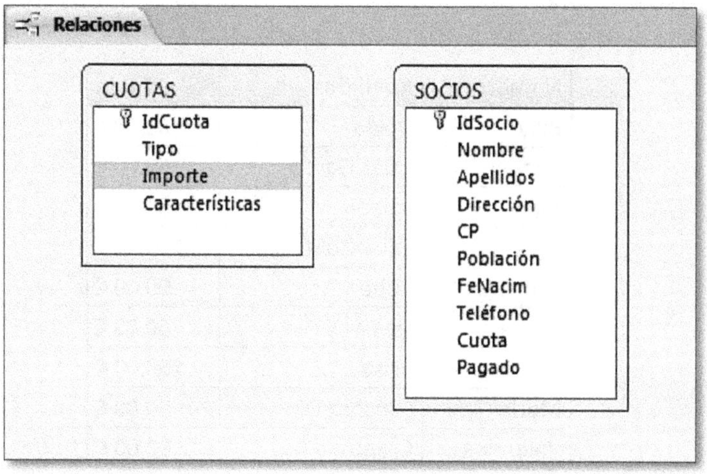

B **Arrastraremos** el campo **Importe** de la tabla CUOTAS **encima** del campo **Cuota** de la tabla SOCIOS.

C Aparecerá el cuadro de diálogo **Modificar relaciones** y en su parte inferior veremos la relación que se establecerá: **Uno a varios.**

Este es el tipo de relación más común en las bases de datos, por ejemplo, un mismo cliente con varios pedidos, un proveedor que proporciona varios productos, un artista que ha creado varias obras y, en nuestro caso, un mismo importe que corresponde a varias cuotas de los socios/as.

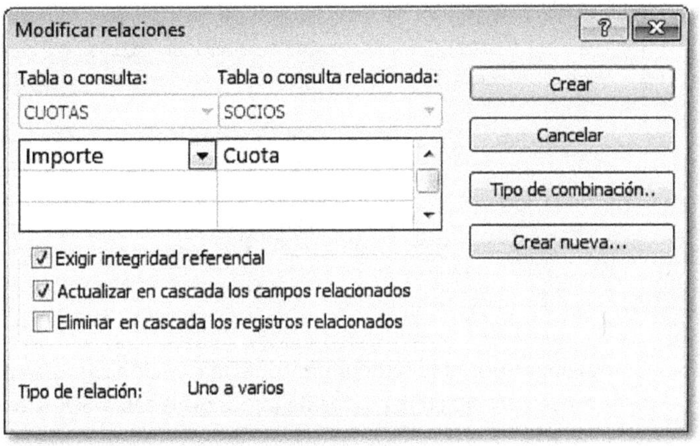

Seleccionaremos, además, **Exigir integridad referencial** para evitar que se introduzcan datos en el campo de la **tabla secundaria** (SOCIOS) que no existan en el campo de la **tabla principal** (CUOTAS) y para poder actualizar el contenido del campo **Cuota.**

Para conseguir esto último hemos de seleccionar **Actualizar en cascada los campos relacionados.**

Al clicar en **Crear** obtendremos la relación como una línea que une ambos campos. El número **1** aparece en la tabla principal, mientras que el símbolo de infinito **∞** aparece en la relacionada. Esto nos indica que un registro de la tabla principal tendrá varios registros relacionados en la tabla secundaria.

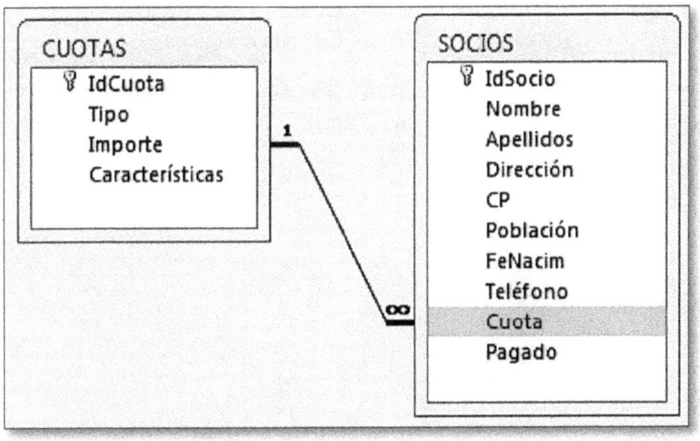

Si precisamos **modificar** o **eliminar** una relación usaremos el **menú contextual** encima de la línea, o bien, seleccionaremos la línea y clicaremos en **Herramientas de base de datos > Herramientas > Modificar relaciones / Borrar diseño.**

D Pulsaremos en **Cerrar** para cerrar la ventana de relaciones y **guardaremos** los cambios de diseño.

E Al abrir la tabla CUOTAS veremos que aparece el signo más **+** al inicio de los registros. Si clicamos en él se desplegarán los registros de la tabla SOCIOS a los que corresponde ese tipo de cuota.

IdCuota	Tipo	Importe	Características	Haga clic para agregar
1	Básica	60,00 €	Acceso a las instalaciones, uso de las mesas de billar los fines de semana y acceso al bar del club	

Nombre	Apellidos	Dirección	CP	Población	FeNacim	Teléfono	Pagado	Haga clic pa
manol	Arias García	Mayor, 59	12001	Castelló	09/05/1960	964 235 487	☑	
Billy	Dekid	Maestro Chapí, 15	12560	Benicàssim	29/04/1962	964 391 038	☑	
Juan	Salaor	Puerto Pesquero, 15	12500	Vinaròs	08/08/1968	964 391 038	☑	
María	De La O'	El Huerto, 13	12002	Castelló	13/03/1913	964 221 313	☐	
*							☐	

IdCuota	Tipo	Importe	Características	Haga clic para agregar
2	Plus	90,00 €	Acceso a las instalaciones, uso de las mesas de billar los todos los días de la semana, acceso al bar y al restaurante del club	
3	Premium	150,00 €	Acceso a las instalaciones, uso preferente de las mesas de billar todos los días de la semana, depósito y cuidado de material propio,	

F Comprobaremos el funcionamiento de la relación **cambiando algún importe** de la tabla CUOTAS para ver si se refleja ese cambio en los datos de cuota de la tabla SOCIOS.

Como, al diseñar la tabla CUOTAS, en la búsqueda del campo **Importe** hemos establecido **Permitir ediciones de lista de valores**, *Access* nos indicará tal circunstancia y nos pedirá si queremos modificar la lista, lo cual haremos en el cuadro de diálogo emergente.

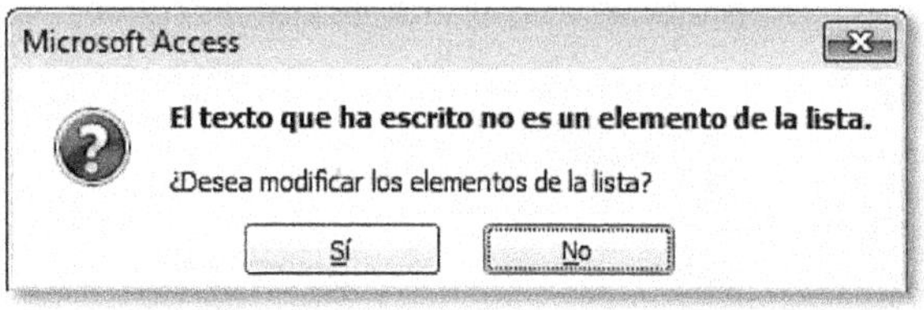

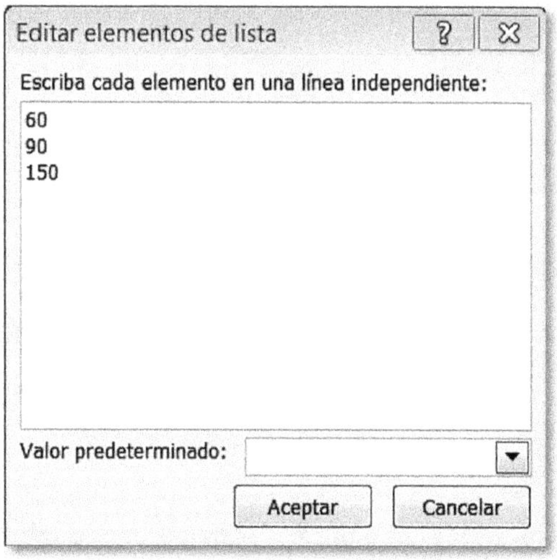

En la **Vista Hoja de datos** también podemos cambiar la lista con el **menú contextual del campo > Editar elementos de lista** y, por supuesto, accediendo al diseño de la tabla.

Finalmente, dejaremos los importes consignados en un principio: 60, 90 y 150.

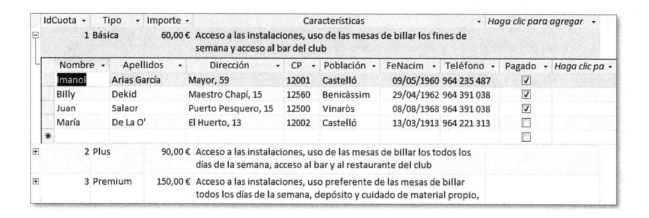

3.4 Formularios: subformularios · Botones de comando · Propiedades

Cuando tenemos una relación uno a varios entre dos tablas, al crear un formulario automático para la tabla principal, aparecerá en la parte inferior un **subformulario** con los registros relacionados de la tabla secundaria.

Esto es muy práctico, ya que desde un solo formulario mostramos y podemos gestionar datos de dos tablas. Lo comprobaremos creando un formulario para la tabla CUOTAS.

Otros elementos útiles que podemos añadir a un formulario son los **botones de comando**, que realizan diversas acciones al pulsarlos, como ir al registro siguiente/anterior o abrir un objeto de la base de datos.

Por otro lado, en las **propiedades del formulario** controlamos hasta el más mínimo aspecto del formulario en sí y de cada uno de los controles. En la práctica siguiente veremos cómo ocultar partes de formulario que no necesitamos.

PRÁCTICA

A Con la tabla CUOTAS seleccionada en el **Panel de navegación** accederemos a **Crear > Formularios > Formulario**.

Veremos que tenemos un **subformulario** en forma de tabla debajo de los controles de las cuotas. A medida que pasemos de un registro a otro, el subformulario mostrará los registros relacionados, es decir, los correspondientes a cada tipo de cuota.

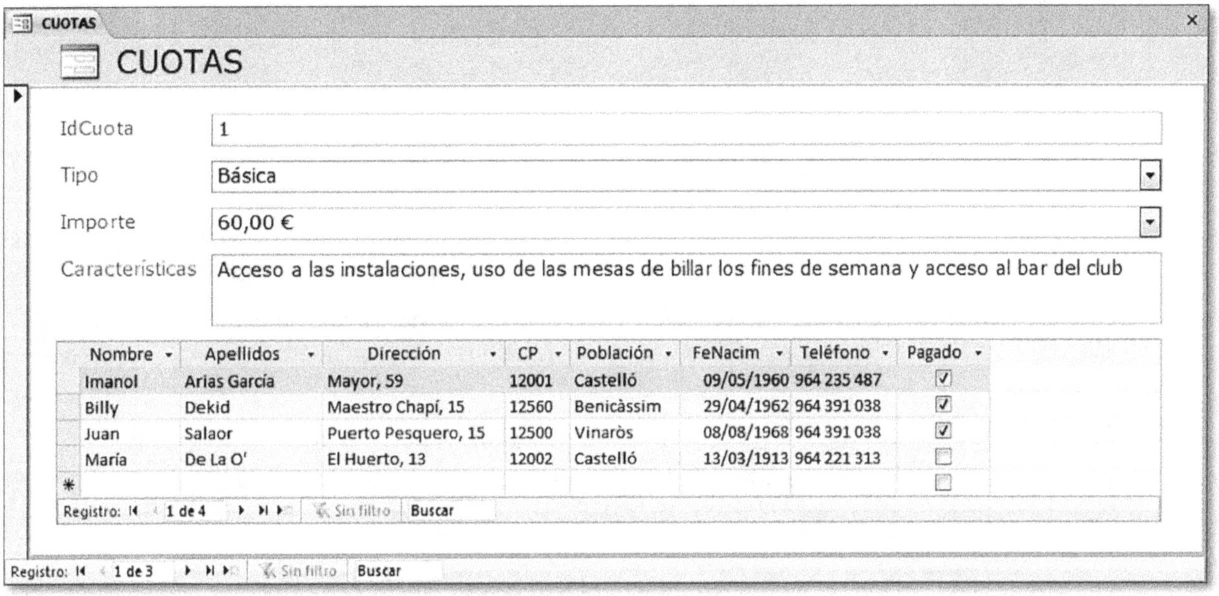

B Lo guardaremos con el nombre de **Formulario Cuotas** y cambiaremos el título a **Datos de las Cuotas**

Distribuiremos y cambiaremos el tamaño de los controles de forma similar a la mostrada abajo, pero antes de poder hacerlo, como ya ocurrió con el formulario de los socios/as, deberemos desagrupar los controles. Para conseguirlo habrá que:

1 Pasar a la **Vista Diseño** y clicar en cualquier control de la **sección Detalle**.

2 Seleccionar todos los controles desde **Herramientas de diseño de formulario > Organizar > Filas y columnas > Seleccionar diseño.**

3 Desagruparlos desde **Herramientas de diseño de formulario > Organizar > Tabla > Quitar diseño.**

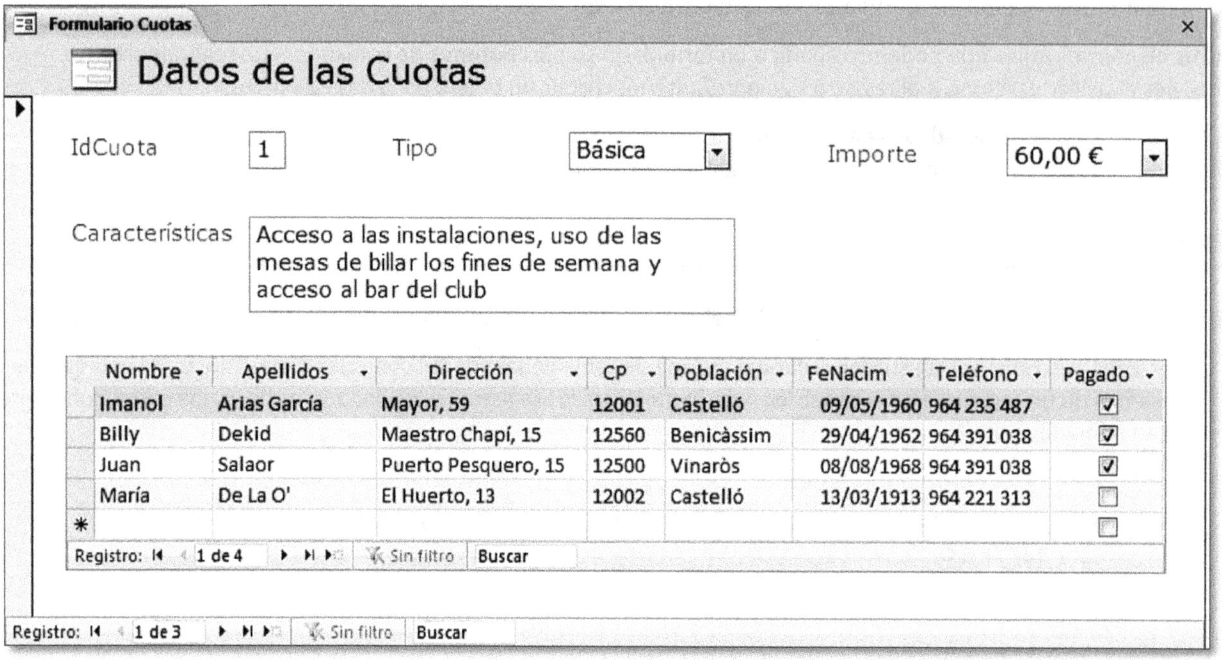

C Desde la **Vista Diseño > Herramientas de diseño** insertaremos ahora unos **botones de comando** que realicen la acciones de ir al registro anterior, ir al registro siguiente y abrir el formulario de los socios/as.

Clicaremos en **Diseño > Controles >** control **Botón** y, a continuación, donde queramos colocar el botón, por ejemplo, a la derecha las características, donde hemos dejado un hueco.

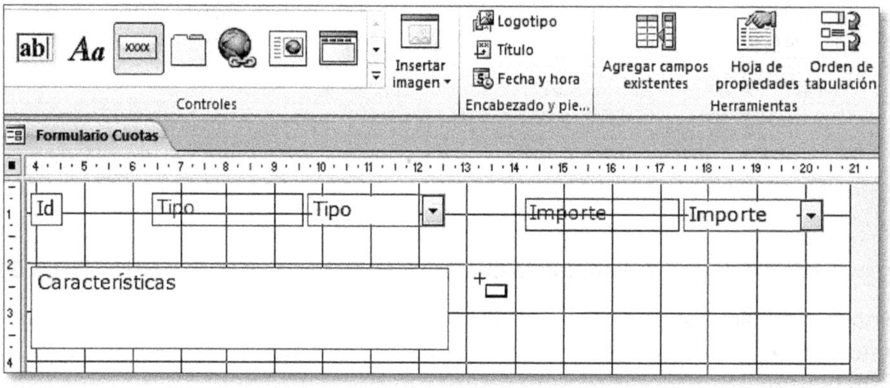

Seguiremos los pasos el asistente y elegiremos las siguientes opciones:

- Categorías: **Navegación de registros**; Acciones: **Ir al registro anterior**. (PASO 1)
- Imagen: **Ir al anterior**. (PASO 2)
- Nombre del botón: **RegAnterior**. (PASO 3)

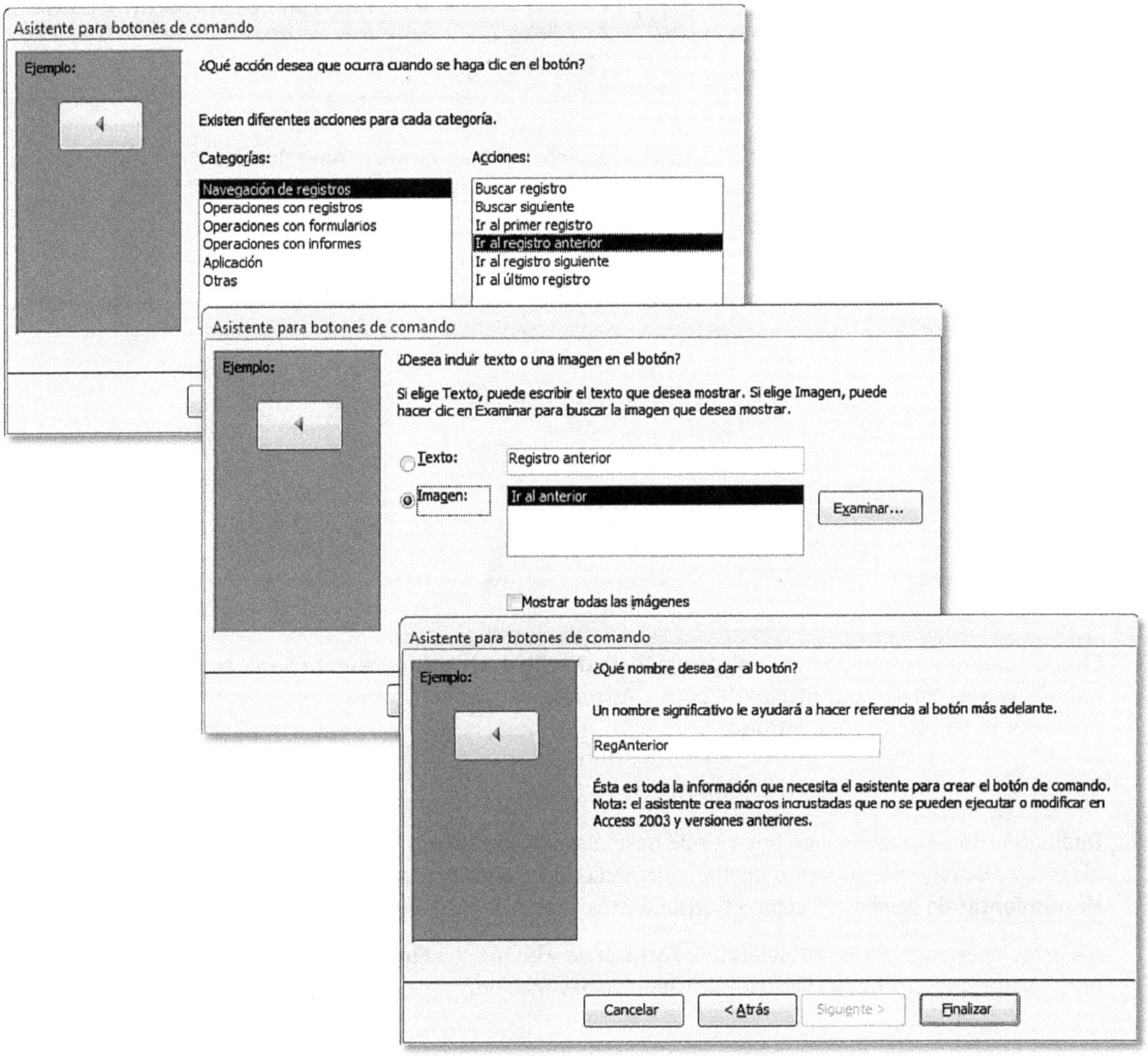

D Repetiremos el proceso para insertar otro botón que nos lleve al **registro siguiente**, con las siguientes opciones:

- Categorías: **Navegación de registros**; Acciones: **Ir al registro siguiente**. (PASO 1)
- Imagen: **Ir al siguiente**. (PASO 2)
- Nombre: **RegSiguiente**. (PASO 3)

E Añadiremos un último botón que nos abra el **Formulario Socios**, con las siguientes opciones:

- Categorías: **Operaciones con formularios**; Acciones: **Abrir formulario.** (PASO 1)
- **Formulario Socios.** (PASO 2)
- **Abrir el formulario y mostrar todos los registros.** (PASO 3)
- Texto: **Abrir Socios.** (PASO 4)
- Nombre: **AbrirSocios.** (PASO 5)

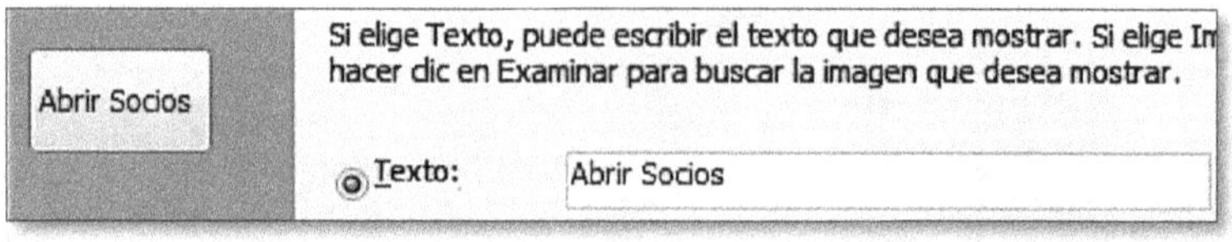

NOTA: En el texto para el botón se puede escribir el símbolo &, por ejemplo, **Abrir So&cios** para que pueda abrir el formulario pulsando **Alt+C**, la letra a continuación del símbolo &, la cual quedará subrayada: **Abrir Socios**.

F Guardaremos el diseño y pasaremos a **Vista formulario** para comprobar el funcionamiento de los botones de comando creados.

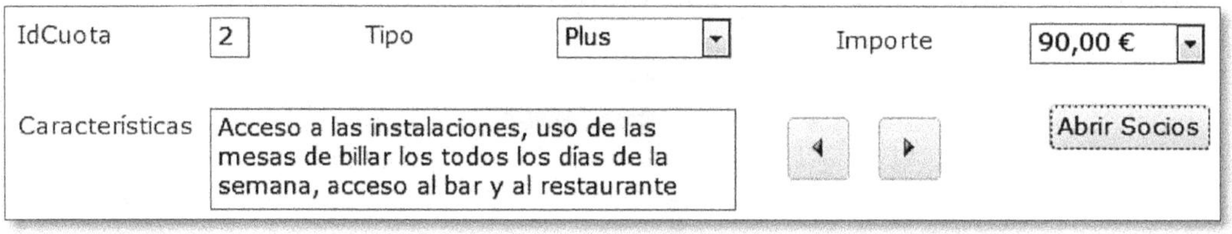

En cualquier momento podemos volver a la **Vista Diseño** o a la **Vista Presentación** y modificar la posición, el tamaño y la forma de los controles de botón. Además, en la ficha **Formato** contamos con muchas opciones para modificar el aspecto de los controles.

G Dado que contamos ahora con botones de desplazamiento y no nos interesa en este formulario el selector de registro, podemos ocultarlos accediendo a **Vista Presentación/Diseño** y en **Herramientas de diseño > Diseño > Herramientas**, activar la **Hoja de propiedades**.

Allí estableceremos el **Tipo de selección: Formulario** y en la ficha **Formato** cambiaremos a **No** el valor de las propiedades **Selectores de registro** y **Botones de navegación.**

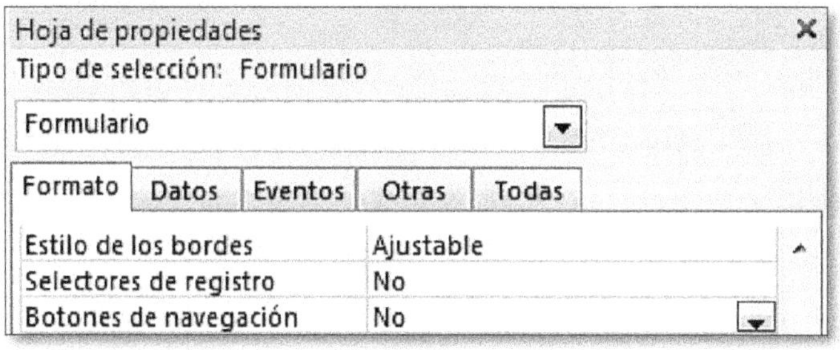

3.5 Formulario: eliminar, crear con el Asistente para formularios · Copiar botones de comando

Los cambios que hemos hecho en el campo Cuota de la tabla SOCIOS, que ahora muestra una lista desplegable, no se reflejan en el formulario de los socios/as porque lo creamos antes de llevar a cabo el cambio en la tabla. Podemos eliminar el control de este campo y volverlo a agregar en las vistas de presentación o de diseño, pero optaremos por **eliminar el formulario** en sí y volverlo a crear usando el **Asistente para formularios**. Así, conoceremos las posibilidades de este método.

Veremos, además, que los **botones de comando** se pueden **copiar entre formularios** una vez creados, simplemente con copiar y pegar. De esta forma, se evita realizar todo el proceso de nuevo.

PRÁCTICA

A Para **eliminar** el **Formulario Socios** use el menú contextual sobre su nombre en el **Panel de navegación** o pulse la tecla **Supr**. El mensaje de confirmación informará de que no se puede recuperar el objeto una vez eliminado. Esto se aplica a cualquier objeto de la base de datos.

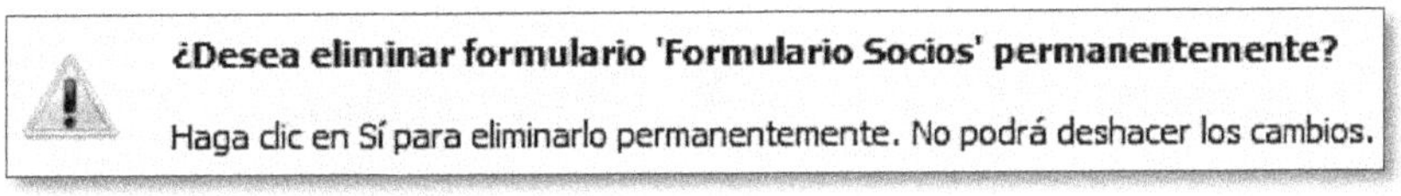
¿Desea eliminar formulario 'Formulario Socios' permanentemente?
Haga clic en Sí para eliminarlo permanentemente. No podrá deshacer los cambios.

B Para crear un nuevo formulario acuda a **Crear > Formularios > Asistente para formularios** y siga los pasos.

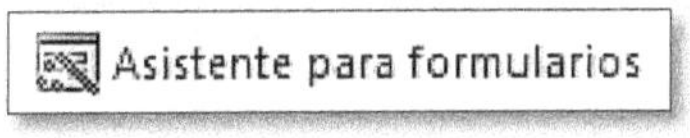

En el **paso 1** incluya todos los campos con el botón **>>**. En el **paso 2** elija una **distribución en columnas**, y en el **paso 3** dele el título de **Formulario Socios.**

En la **Vista Presentación/Diseño**, cambie el título a **Datos de los Socios** y distribuya los controles de forma similar a la mostrada abajo. No será necesario quitar el diseño de los controles porque el asistente no los agrupa.

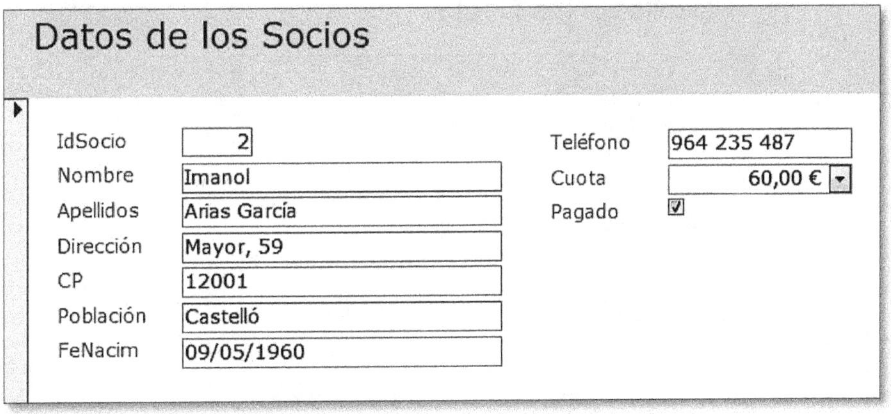

C En **Vista Diseño** inserte **dos botones de comando** de igual manera que hizo en el tema anterior. Un botón abrirá el formulario de cuotas y el otro cerrará el formulario de los socios/as.

El primero tendrá estas características:

- Categorías: **Operaciones con formularios**; Acciones: **Abrir formulario.** (PASO 1)
- **Formulario Cuotas.** (PASO 2)
- **Abrir el formulario y mostrar todos los registros.** (PASO 3)
- Texto: **Abrir Cuotas.** (PASO 4)
- Nombre: **AbrirCuotas.** (PASO 5)

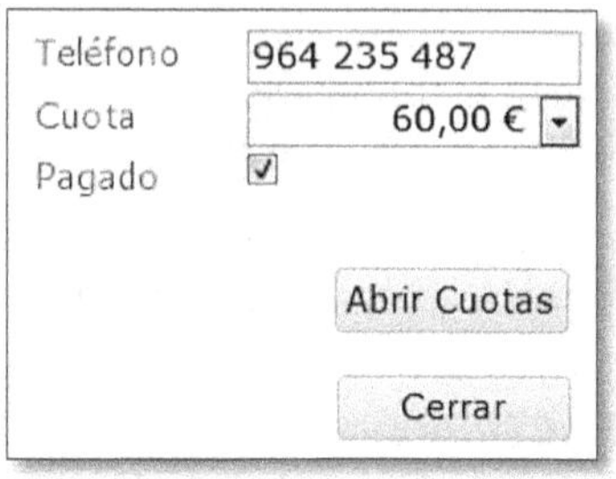

El segundo tendrá estas características:

- Categorías: **Operaciones con formularios**; Acciones: **Cerrar formulario.** (PASO 1)
- Texto: **Cerrar.** (PASO 2)
- Nombre: **CerrarFormulario.** (PASO 3)

D Asimismo, desactive el selector de registro desde la **Hoja de propiedades** y pase a la **Vista formulario** para comprobar los botones.

E En la **Vista Diseño** seleccione el botón de **Cerrar** y con el menú contextual o **Ctrl+C**, cópielo.

Abra o pase a la **Vista Diseño** del **Formulario Cuotas** y con el menú contextual o **Ctrl+V**, péguelo.

F Por último, repita el proceso anterior, pero a la inversa, para copiar al formulario de los socios/as **los botones de navegación de registros** que insertó en el formulario de las cuotas. Seleccione ambos para copiarlos a la vez.

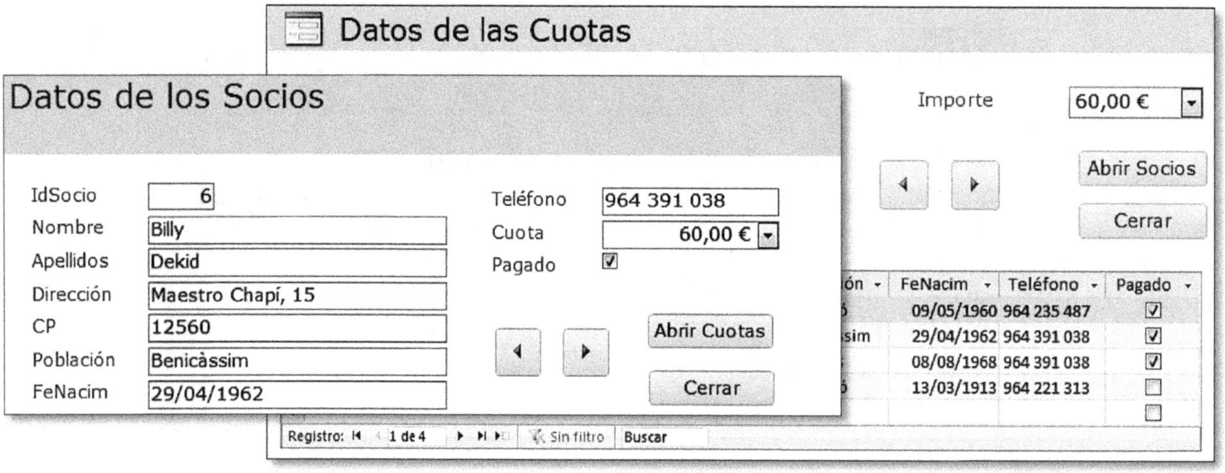

3.6 Imágenes en formularios y tablas · Agregar campos a formulario

Al crear un formulario de forma automática, en el encabezado, al lado del título aparece una imagen predeterminada. Tanto si aparece, como si no, lo importante es saber que podemos colocar **imágenes** propias, por ejemplo, el logotipo de la empresa.

También en las tablas es posible agregar un campo de tipo **Datos Adjuntos** que muestre la imagen de un producto, una obra de arte o de un/a socio/a. En este caso, la imagen no se verá directamente en la tabla, sino en el formulario basado en ella.

Nos han encargado que pongamos un logotipo en los dos formularios de la base de datos y la foto del socio/a en el formulario que gestiona sus datos. La primera tarea consistirá en insertar la imagen en el encabezado. Para realizar la segunda tarea deberemos **añadir un campo** a la tabla SOCIOS que almacene la imagen y **agregar** luego ese **campo al formulario**.

PRÁCTICA

A Comencemos por el **Formulario Cuotas**. En la **Vista diseño**, clicaremos en **Herramientas de diseño de formulario > Diseño > Encabezado y pie de página > Logotipo**.

Buscaremos en la carpeta **Archivos Office 2010 - Access > Imágenes Club de Billar** la imagen **Logo Club Billar.jpg**, la seleccionaremos y clicaremos en **Aceptar**.

B La imagen no se mostrará correctamente, así que deberemos ajustarla.

Primero, accederemos a la **Hoja de Propiedades > Formato** para cambiar la propiedad **Modo de cambiar el tamaño** a **Zoom**.

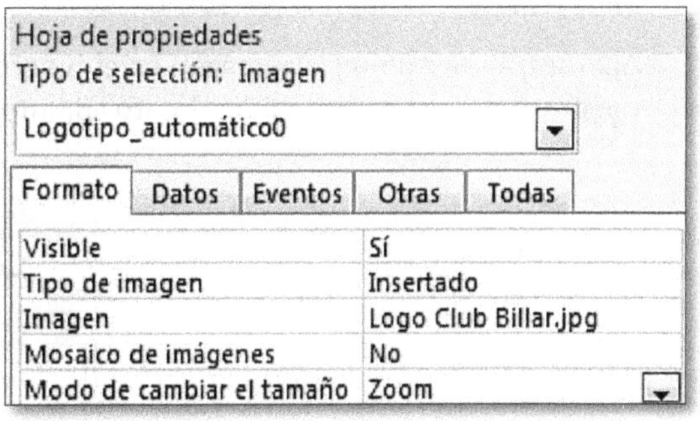

Luego arrastraremos hacia abajo la **parte inferior** de la zona del **encabezado** para darle más espacio.

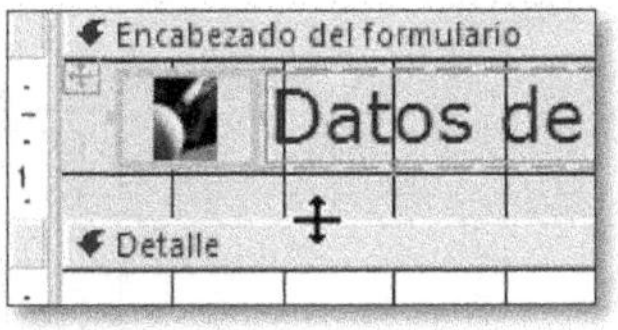

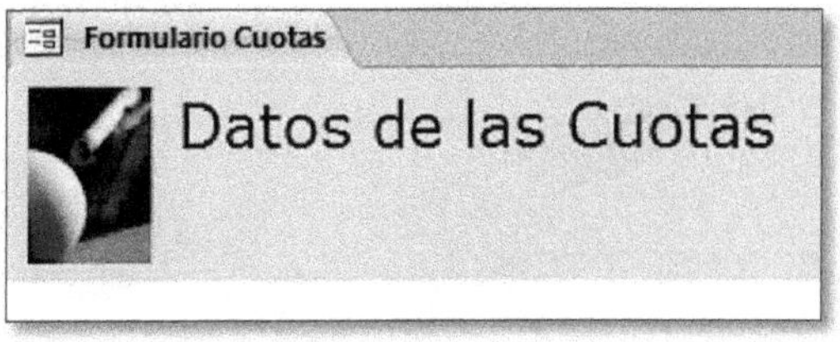

Por último, **agrandaremos** la imagen arrastrando sus bordes/esquinas (o **Mayús+teclas dirección**) y la **moveremos** (**teclas dirección** o **Ctrl+teclas dirección**) hasta que quede aproximadamente como la siguiente.

El control del título cambiará a medida que lo haga la imagen, pero no importa, ya que mantiene la distribución inicial. Si queremos modificarlos por separado, habrá que desagruparlos con la opción de **Herramientas de diseño de formulario > Organizar > Tabla > Quitar Diseño**.

C Cambiaremos ahora el **Formulario Socios**. Como este formulario, creado con el asistente, no tiene una imagen de logotipo, actuaremos de forma distinta para insertarla.

En la **Vista diseño** moveremos el título del encabezado a la derecha para dejar sitio a la imagen, clicaremos fuera del título y accederemos a **Herramientas de diseño de formulario > Diseño > Controles > Insertar imagen > Examinar**.

Elegiremos la misma imagen que para el formulario de las cuotas, **Logo Club Billar.jpg** y **arrastraremos** para dar un tamaño a la imagen de, aproximadamente, la altura del encabezado.

Por último, ajustaremos el tamaño la posición de la imagen y del título, así como la zona del encabezado para que quede, más o menos, como lo mostrado.

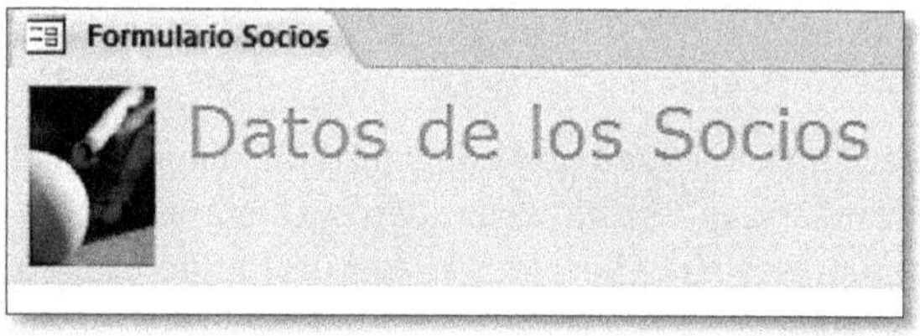

D Para poner una foto de los socios que se vea en el formulario necesitamos insertar un nuevo campo del tipo **Datos adjuntos** en la tabla SOCIOS con el nombre de **Foto**.

En las **Propiedades de campo** le daremos el **Título** de **Foto**, igual que el **nombre** de campo.

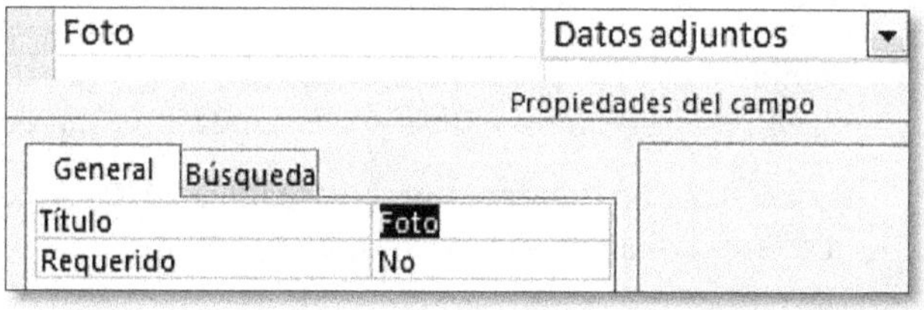

E Pasaremos a **Vista hoja de datos** y clicaremos con el **botón derecho** sobre el campo del primer registro para acceder a **Administrar Datos adjuntos > Agregar**.

Buscaremos la imagen del socio/a, en este caso, **Imanol.jpg** en **Archivos Office 2010 - Access > Imágenes Club de Billar**, la seleccionaremos y la abriremos.

Aparecerá el nombre de la imagen en el cuadro de diálogo de Datos adjuntos, clicaremos en **Aceptar** y la tabla mostrará que ese registro tiene 1 dato adjunto.

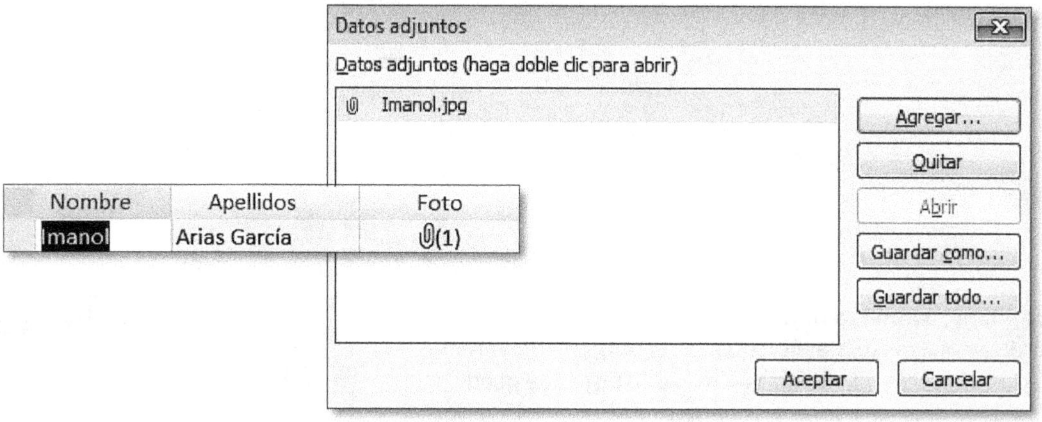

F Repetiremos el proceso para el resto de socios/as que tienen foto: **Julia**, **Leonard**, **Valentina**, **Billy**, **María** y **Marisa**.

G La imagen no se mostrará en la tabla, sino en el formulario. Como este campo es nuevo tendremos que añadirlo al formulario: en la **Vista Diseño**, en la ficha **Diseño > Herramientas**, clicaremos en **Agregar campos existentes**.

Estrecharemos el panel con la lista de campos para ver todo el formulario y arrastraremos el campo **Foto** a la parte derecha.

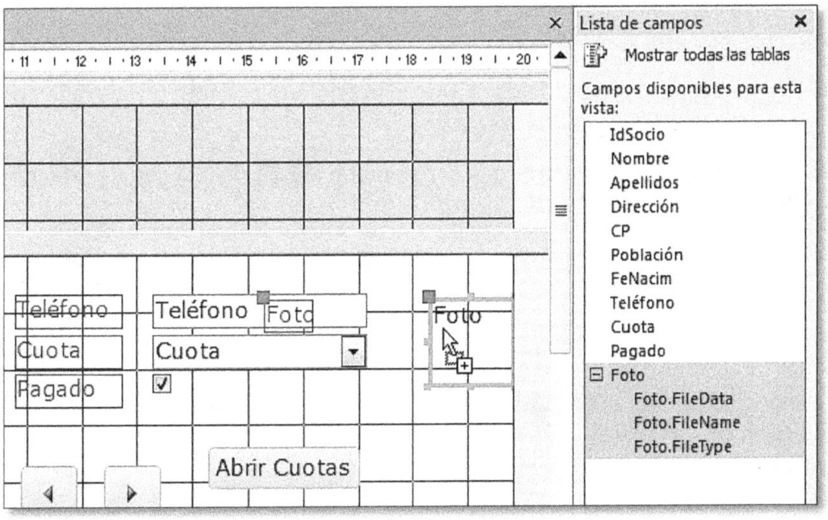

H **Borraremos** la **etiqueta** del control (seleccionar y tecla **Supr**) y cambiaremos a la **Vista Presentación**, que será la más práctica para ajustar el tamaño y lograr que se muestre bien la imagen.

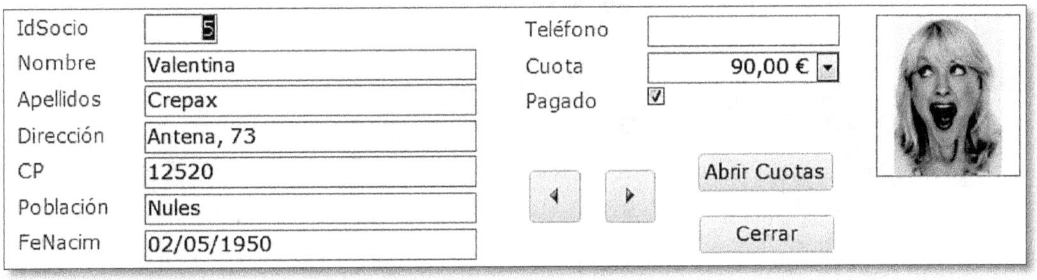

En la **Vista Formulario** también se puede añadir o eliminar imágenes al clicar sobre el control y elegir **Administrar datos adjuntos**.

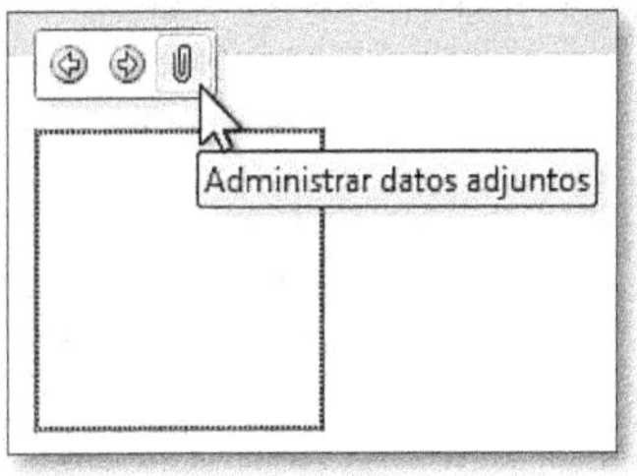

3.7 Consultas: campos nulos y calculados, consultas con varias tablas

Ya hemos visto cómo las consultas nos proporcionan información relevante a partir de los datos de las tablas. No obstante, necesitamos conocer más posibilidades del diseño de consultas.

En este tema trataremos la detección de campos sin contenido, es decir, **campos nulos**, cómo hacer **cálculos** y cómo incluir **campos de varias tablas** en una sola consulta.

Lo llevaremos a la práctica con este supuesto:

El administrativo del club quiere saber qué socios **no tienen** el **teléfono** o la **foto** en sus registros sin tener que consultarlos uno a uno.

Al contable del club le interesa saber el **importe** que corresponde al **21% de IVA** que ya está incluido en la cuota y el **importe neto**, sin el IVA.

También quiere saber **cuántos socios** han suscrito cada **tipo de cuota** y el **total de cada tipo**.

PRÁCTICA

A Comenzaremos por crear sendas consultas que nos den los registros con el teléfono y foto vacíos. Crearemos una **consulta de selección** con la tabla SOCIOS donde figuren el nombre, los apellidos y el teléfono **[Crear > Consultas > Diseño de consulta]**.

B En la cuadrícula de la **Vista diseño** de la consulta escribiremos la expresión **Es Nulo** en los criterios del campo **Teléfono**.

Campo:	Nombre	Apellidos	Teléfono
Tabla:	SOCIOS	SOCIOS	SOCIOS
Orden:			
Mostrar:	☑	☑	☑
Criterios:			Es Nulo

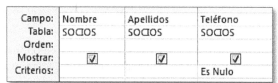

Al ejecutar la consulta debería aparecer el registro de Valentina. Guardaremos la consulta como **Socios sin teléfono**.

	Nombre	Apellidos	Teléfono
	Valentina	Crepax	
*			

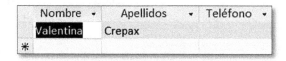

Repetiremos los pasos anteriores para averiguar los socios sin foto, en este caso, incluiremos el campo **Foto** en lugar del teléfono. Guardaremos la consulta como **Socios sin foto**.

Los registros serán el de Juan y el de Marta:

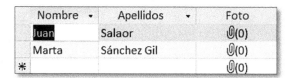

	Nombre	Apellidos	Foto
	Juan	Salaor	(0)
	Marta	Sánchez Gil	(0)
*			(0)

C Para averiguar la cantidad que corresponde al IVA crearemos una **consulta de selección** con la tabla CUOTAS e incluiremos los campos **Tipo** e **Importe**.

En la **Vista diseño** activaremos la fila de totales desde **Herramientas de consulta > Diseño > Mostrar u ocultar**.

A continuación, estableceremos **dos campos calculados** escribiendo en la fila **Campo**:

Importe IVA: [Importe]*21/121 e **Importe NETO: [Importe]-[Importe IVA]**, respectivamente.

El primer campo calculado nos dará la cantidad que corresponde a un IVA del 21% en cada tipo de cuota y el segundo, el importe neto, una vez calculado el dato anterior.

En la fila **Total** de los dos campos elegiremos **Expresión**.

Campo:	Tipo	Importe	Importe IVA: [Importe]*21/121	Importe NETO: [Importe]-[Importe IVA]
Tabla:	CUOTAS	CUOTAS		
Total:	Agrupar por	Agrupar por	Expresión	Expresión
Orden:				
Mostrar:	✓			

Tipo	Importe	Importe IVA	Importe NETO
Básica	60,00 €	10,4132231404959	49,5867768595041
Plus	90,00 €	15,6198347107438	74,3801652892562
Premium	150,00 €	26,0330578512397	123,96694214876

Una vez comprobada la validez de la consulta, la guardaremos como **Consulta IVA**.

D La consulta para resolver la tercera cuestión planteada deberá incluir la tabla SOCIOS y la tabla CUOTAS. Estas tablas quedaron relacionadas en ejercicios anteriores, paso necesario para realizar una consulta con varias tablas.

Activaremos los totales. Elegiremos el campo **Tipo** de la tabla CUOTAS para agrupar los registros y el campo **Cuota** de la tabla SOCIOS dos veces, una para contar los tipos y la otra para calcular sus totales.

Es decir, agruparemos los registros por **Tipo**, la función **Cuenta** nos dará la cantidad de socios suscritos a cada tipo de cuota y la función **Suma**, nos dará los totales de cada tipo.

En la fila **Campo**, escribiremos **Socios suscritos: [Cuota]** y **Total tipo cuota: [Cuota]** para que aparezca el texto antes de los puntos como nombre de los campos calculados

La guardaremos con el nombre de **Consulta Estadísticas**.

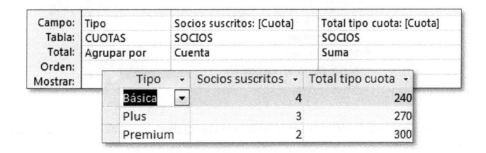

Campo:	Tipo	Socios suscritos: [Cuota]	Total tipo cuota: [Cuota]
Tabla:	CUOTAS	SOCIOS	SOCIOS
Total:	Agrupar por	Cuenta	Suma
Orden:			
Mostrar:			

Tipo	Socios suscritos	Total tipo cuota
Básica	4	240
Plus	3	270
Premium	2	300

3.8 Base de datos: relaciones con clave externa, relación uno a uno · Copiar tabla externa

Ya relacionamos las dos tablas de nuestra base de datos con un tipo de relación uno a varios. Ahora veremos otro tipo de relación, **uno a uno**. Pero no solo eso.

Para comprender mejor el concepto y el proceso de las relaciones entre tablas, en las relaciones anteriores utilizamos directamente los campos Importe y Cuota. Sin embargo, en un diseño "formal" de una base de datos se suele usar la **clave principal** de la tabla principal y se **añade un campo en la tabla relacionada**, del mismo tipo y con el mismo contenido, para establecer la relación (**clave externa**). A esta clave externa se le suele dar el mismo nombre de campo para identificarlo más fácilmente.

Así pues, tras haber añadido el campo IdCuota en la tabla SOCIOS y haber rellenado los correspondientes datos (1, 2 o 3) en cada registro, podríamos haber relacionado así las dos tablas, con el mismo resultado:

CUOTAS SOCIOS
IdCuota (CLAVE PRINCIPAL) **1------------∞** **IdCuota** (CLAVE EXTERNA)

Esta manera de establecer relaciones será lo que practiquemos en este tema, aprovechando que el club necesita gestionar la junta directiva y los socios que la componen.

Como alguien creó una base de datos con una tabla donde figuran los cargos de la junta, **copiaremos** esa **tabla** a nuestra base de datos, la modificaremos y la relacionaremos con la tabla SOCIOS.

PRÁCTICA

A Abra la base de datos **Junta del Club.accdb** que se encuentra en la carpeta **Archivos Office 2010 - Access** y copie la tabla JUNTA DIRECTIVA **[Inicio > Portapapeles > Copiar** o **menú contextual** o **Ctrl+C]**.

B Abra o pase a la ventana de la base de datos **Club de Billar.accdb** y pegue la tabla copiada **[Inicio > Portapapeles > pegar** o **menú contextual** o **Ctrl+V]**.

En el mensaje emergente dele el nombre de JUNTA DIRECTIVA y elija pegar la **estructura** y los **datos**.

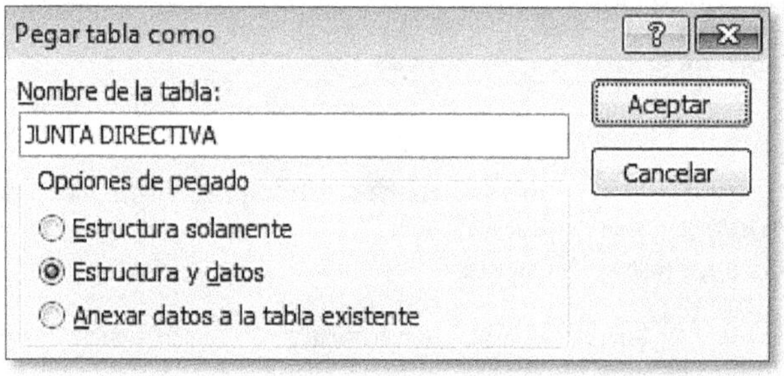

NOTA: Alternativamente, se puede **arrastrar** una tabla (u otro objeto) de una base de datos a otra. Si lo hacemos así, quedará una copia de la tabla con el mismo nombre, que incluirá la estructura y los datos.

C Si abre la tabla constatará que tiene dos campos, **IdJunta**, que es la clave principal, y **Cargo**, que contiene la denominación de los cargos.

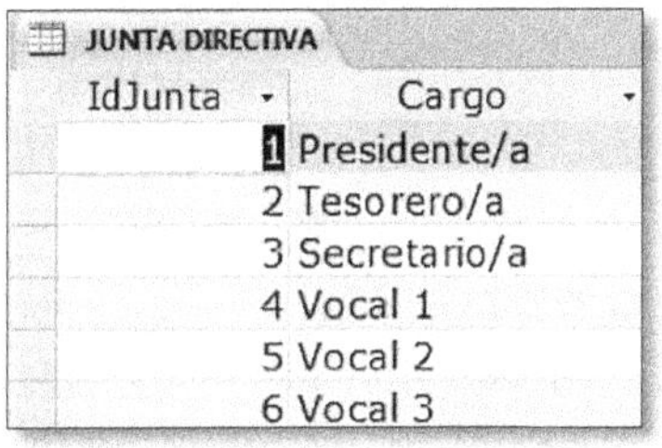

Vamos a relacionarla con la tabla SOCIOS, de manera que podamos asignar un cargo a un socio/a y acceder a sus datos sin tener que duplicarlos en la tabla de la junta directiva.

Siendo SOCIOS la tabla principal y su campo **IdSocio**, la **clave principal** de la relación, necesitaremos añadir un campo de **igual tipo** y **tamaño** en la tabla JUNTA DIRECTIVA para usarlo como **clave externa**. Le daremos el mismo nombre, IdSocio.

D Así pues, en la **Vista Diseño**, inserte el nuevo campo **IdSocio** de tipo **Número** con un tamaño **Entero largo**, para que coincida con la clave principal de la tabla SOCIOS.

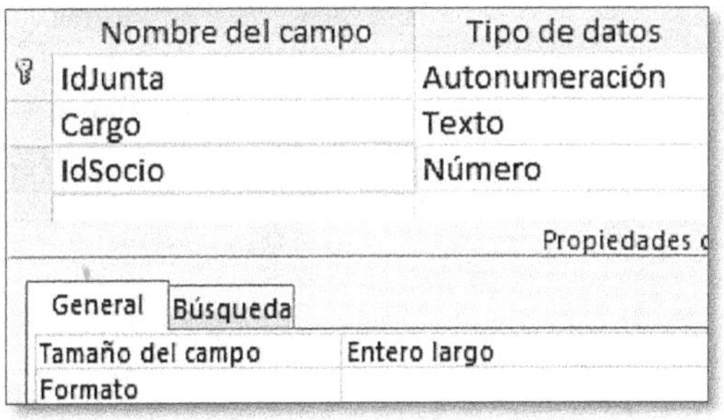

El campo IdSocio de la tabla SOCIOS es de tipo **Autonumérico**, equivalente al tipo **Número**, y su tamaño es **Entero largo**. Se cumple, por tanto, el requisito para establecer la relación.

E En **Vista Hoja de datos** introduzca los siguientes identificativos de socios/as para asignarles los cargos:

IdJunta	Cargo	IdSocio
1	Presidente/a	3
2	Tesorero/a	9
3	Secretario/a	2
4	Vocal 1	4
5	Vocal 2	5
6	Vocal 3	6

F Una vez introducidos los datos, vuelva al diseño de la tabla y en IdSocio establezca la propiedad de **Requerido: Sí**, para que no quede algún cargo vacío cuando cambien los miembros de la junta y también, **Indexado: Sí (Sin duplicados)** para que evitar que un/a socio/a ocupe más de un cargo.

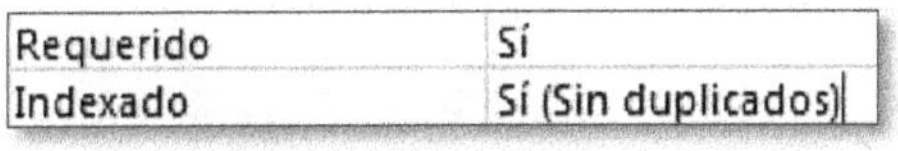

Guarde el diseño de la tabla JUNTA DIRECTIVA. *Access* le avisará del cambio en las propiedades y le advertirá de posibles errores con los datos introducidos: clique en **Sí**. Luego, **cierre** la tabla.

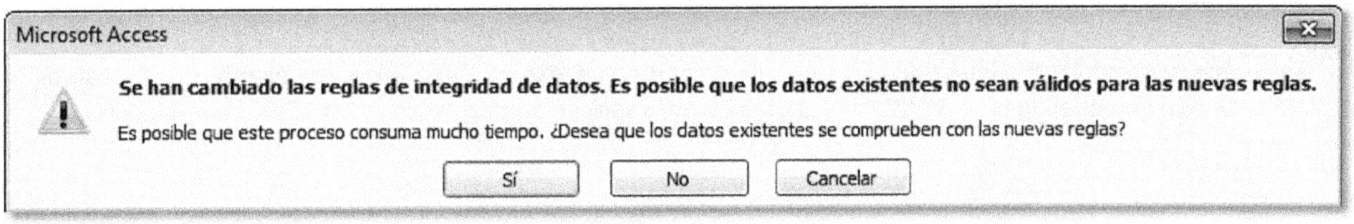

G Ya puede relacionar las dos tablas desde **Herramientas de bases de datos > Relaciones**.

En la ventana de relaciones, clique en **Mostrar tabla** para agregar JUNTA DIRECTIVA y cierre el cuadro de diálogo.

Arrastre el campo **IdSocio** de la tabla SOCIOS encima del campo **IdSocio** de la tabla JUNTA DIRECTIVA,

El tipo de relación propuesta por *Access* será **Uno a uno**, dado que las propiedades de los campos establecen que no habrán duplicados. Este tipo es el que nos interesa, ya que implica que un/a socio/a ocupará un solo cargo, y viceversa.

Active **Exigir integridad referencial** para evitar:

- Que se introduzca un IdSocio en la tabla JUNTA DIRECTIVA sin que exista en la tabla SOCIOS. Es decir, no podrá asignarse un cargo si no existe el correspondiente registro del socio/a.
- Que se borre el registro de un socio que esté en la junta directiva, lo cual equivaldría a tener un cargo vacío.

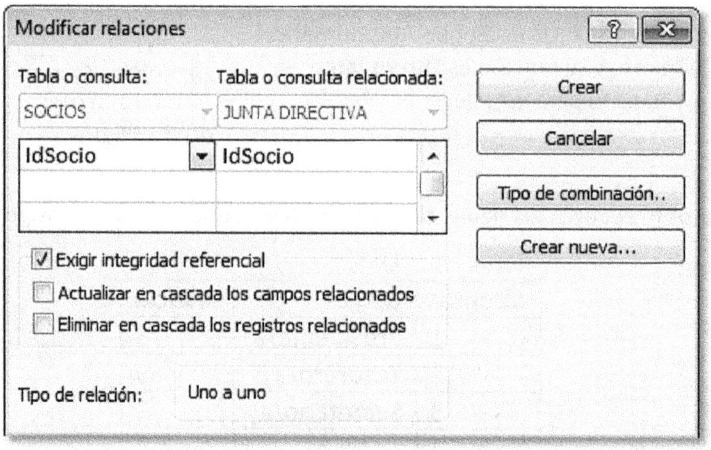

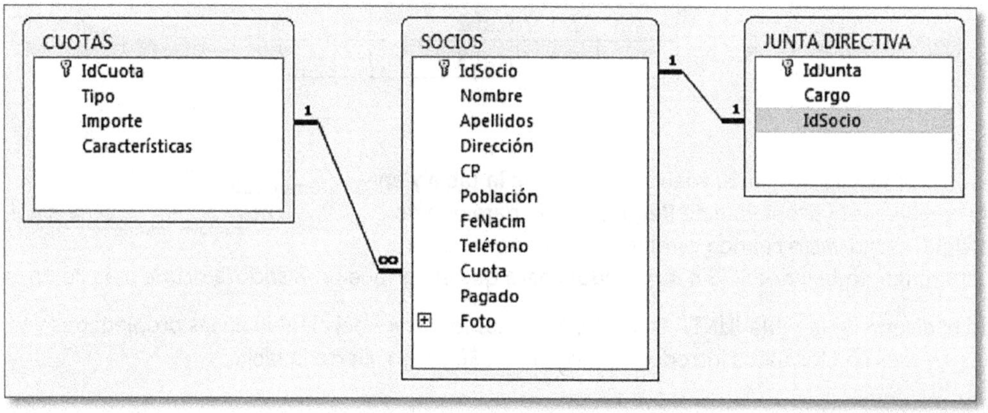

H Si quiere comprobar la integridad referencial, introduzca un IdSocio inexistente, por ejemplo, el 25. También, intente eliminar en la tabla SOCIOS el registro de un/a socio/a que figure en la junta, por ejemplo, el 3.

I Por último, cierre la ventana de relaciones y **guarde** su diseño.

3.9 Formulario e informe sobre consulta

La tabla JUNTA DIRECTIVA necesitará un **formulario** para gestionar los datos, pero como los datos de los socios/as se encuentran en otra tabla, habrá que crear primero una **consulta** con campos de ambas.

Con un **informe** basado en esta consulta obtendremos un listado de la junta y datos adicionales de sus miembros.

PRÁCTICA

A Crearemos una **consulta** que incluya las tablas JUNTA DIRECTIVA y SOCIOS **[Crear > Consultas > Diseño de consulta]**.

Elegiremos todos los campos de la primera tabla y los campos Nombre, Apellidos, Teléfono y Foto de la segunda.

La ordenaremos ascendentemente por **IdJunta** y la guardaremos con el nombre de **Consulta Junta Directiva**.

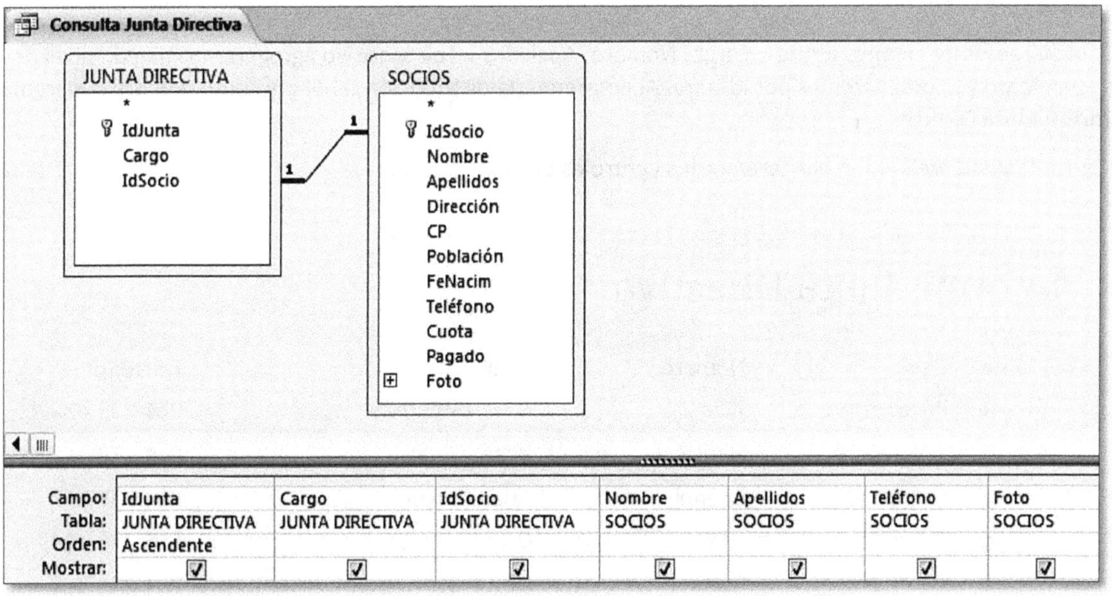

IdJunta	Cargo	IdSocio	Nombre	Apellidos	Teléfono	Foto
1	Presidente/a	3	Julia	Cava Gutiérrez	964 235 432	(1)
2	Tesorero/a	9	Marisa	Prisa	964 478 462	(1)
3	Secretario/a	2	Imanol	Arias García	964 235 487	(1)
4	Vocal 1	4	Leonard	Cohen	615 236 444	(1)
5	Vocal 2	5	Valentina	Crepax		(1)
6	Vocal 3	6	Billy	Dekid	964 391 038	(1)

B Ahora, crearemos un **formulario** con el asistente, seleccionando previamente la consulta en el **Panel de navegación [Crear > Formularios > Asistente para formularios]**.

Incluiremos **todos** los campos y elegiremos una distribución en **columnas**. Le daremos el nombre de **Formulario Junta Directiva**.

C Mediante este formulario cambiaremos el cargo de **Vocal 2**, a la socia con IdSocio **8**, María De La O'.

El cambio se reflejará al cerrar el formulario o al pulsar en **Inicio > Registros > Actualizar todo**.

D Para crear el informe, seleccionaremos también la consulta y accederemos a **Crear > Informe > Asistente para informes.**

Allí, incluiremos los campos IdJunta, Cargo, Nombre, Apellidos y Teléfono. No agregaremos ningún nivel de agrupamiento y lo ordenaremos por IdJunta. Aceptaremos la distribución tabular y como nombre le daremos **Informe Junta Directiva**.

Al cerrar la **Vista preliminar**, ajustaremos los controles que lo precisen.

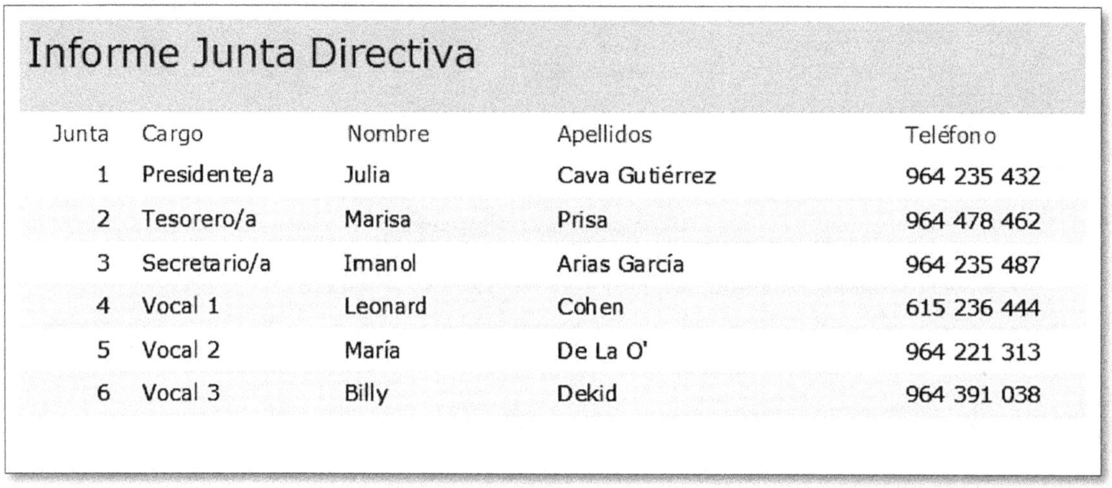

Informe Junta Directiva

Junta	Cargo	Nombre	Apellidos	Teléfono
1	Presidente/a	Julia	Cava Gutiérrez	964 235 432
2	Tesorero/a	Marisa	Prisa	964 478 462
3	Secretario/a	Imanol	Arias García	964 235 487
4	Vocal 1	Leonard	Cohen	615 236 444
5	Vocal 2	María	De La O'	964 221 313
6	Vocal 3	Billy	Dekid	964 391 038

3.10 Base de datos: formulario de navegación inicial

Una opción muy práctica para los usuarios de la base de datos es contar con un menú para acceder a los formularios e informes desde una sola página cuando se abre la base de datos.

Esto se consigue con un tipo especial de **formulario de navegación**, el cual crearemos en este tema. Si queremos que este formulario de menú se abra automáticamente con la base de datos, lo especificaremos en **Archivo > Opciones > Base de datos actual > Opciones de aplicación > Mostrar formulario**.

PRÁCTICA

A Accederemos a **Crear > Formularios > Navegación** y del menú elegiremos **Pestañas verticales, izquierda**.

En la zona de la **izquierda**, colocaremos los **botones** para abrir los formularios e informes y en la zona de la **derecha** se mostrará el **objeto** al clicar en su botón correspondiente.

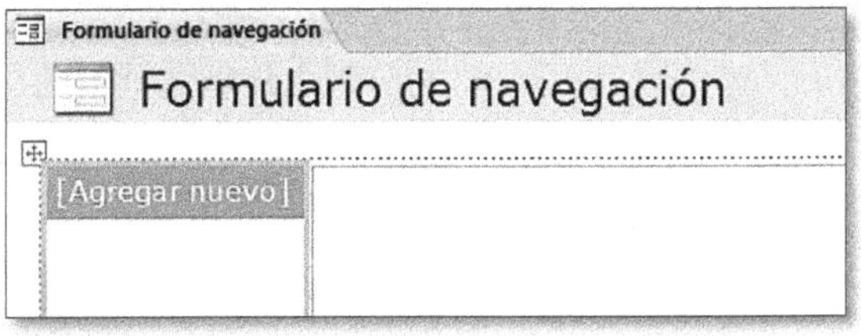

Arrastraremos el **Formulario Cuotas** desde el **Panel de navegación** a la zona izquierda, bajo **[Agregar nuevo]**.

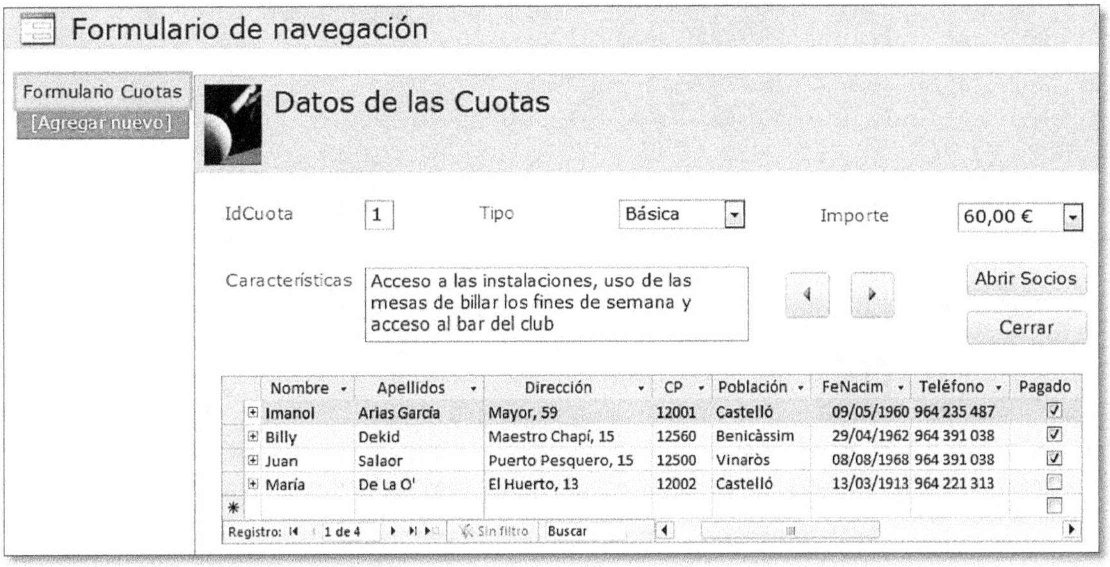

B Arrastraremos también el **Formulario Socios** y **Formulario Junta Directiva** y en la misma **Vista Presentación** o en la **Vista Formulario** comprobaremos su funcionamiento.

Tengamos en cuenta que el botón **Cerrar** de los formularios de las cuotas y de los socios/as, cerrarán ahora el de navegación.

Guardaremos el formulario con el mismo nombre, **Formulario de navegación**.

C Se puede **cambiar el texto** de cada botón, seleccionándolo y haciendo clic dentro.

También, es posible modificar su color de relleno, contorno, fuente, forma, etc. en **Herramientas de presentación de formulario > Formato**.

Si queremos **cambiar el orden** de los botones de navegación, los arrastraremos hacia arriba o hacia abajo.

Y si queremos **eliminarlos**, usaremos el menú contextual o **Inicio > Registros > Eliminar**.

D Arrastraremos, los **informes** de las **cuotas**, de los **impagados** y de la **junta directiva**. No crearemos un botón para el informe de etiquetas de los/as socios/as porque el formulario de navegación nos permite verlo, pero no imprimirlo.

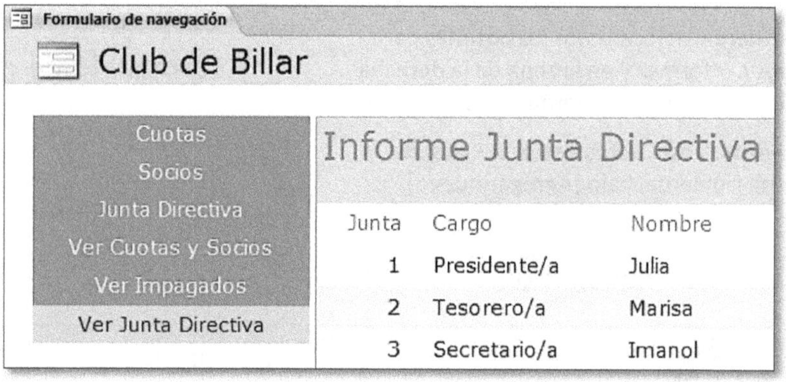

El formulario de navegación está **limitado** a los formularios y a la visualización de informes, así que, si queremos ejecutar una consulta o imprimir un informe, deberemos acudir al **Panel de navegación**. No obstante, también es posible crear un formulario en blanco donde añadir botones de comando que realicen estas acciones, tal como hicimos en los formularios de socios y de cuotas, y luego asignar un botón de navegación a este formulario.

E Como el formulario de navegación va a ser el menú que facilite la gestión de la base de datos, cambiaremos su título a **Club de Billar** y, para que se abra automáticamente con la base de datos, acudiremos a **Archivo > Opciones > Base de datos actual > Opciones de aplicación > Mostrar formulario**, donde lo elegiremos en la casilla desplegable.

Cerraremos la base de datos y la volveremos a abrir para comprobar que se muestra el formulario con la primera opción activa, Cuotas. Si preferimos que sea otro formulario o informe el que se muestre, colocaremos su botón en primer lugar.

Si nuestra intención es que no se vea ninguna información al abrirse el formulario, podemos crear un formulario o informe en blanco, o con una imagen del club, y asignarle un botón de navegación, que pondremos el primero.

Access · Módulo 4

TEMAS

4.1 Compactar y reparar la base de datos · Cifrar con contraseña

Con el uso prolongado, una base de datos aumenta de tamaño y puede ralentizarse. Asimismo, se pueden producir errores en su estructura. Para evitarlo, recurriremos a la opción de **compactar y reparar** de vez en cuando, dependiendo de mayor o menor uso que se haga de la base de datos.

Otra medida de seguridad, pero, en cuanto al acceso a la misma base de datos, es el **cifrado con contraseña**. Al hacer así, se pedirá que se introduzca la contraseña cada vez que se abre la base de datos.

PRÁCTICA

A Lógicamente, debemos realizar copias de seguridad de todos nuestros archivos importantes y, será conveniente hacer una copia de la base de datos antes de utilizar la herramienta para compactar y reparar.

Con todos los objetos cerrados activaremos **Herramientas de base de datos > Herramientas > Compactar y reparar base de datos** (o **Archivo > Información > Compactar y reparar**).

NOTA: Si somos usuarios únicos tenemos la opción de automatizar este proceso cuando se cierra la base datos en **Archivo > Opciones > Base de datos actual > Compactar al cerrar.**

B Para que se nos exija una contraseña al abrir la base de datos, deberemos abrirla primero en **modo exclusivo** desplegando el **menú del botón Abrir [Archivo > Abrir]** y acudir a **Archivo > Información > Cifrar con contraseña**.

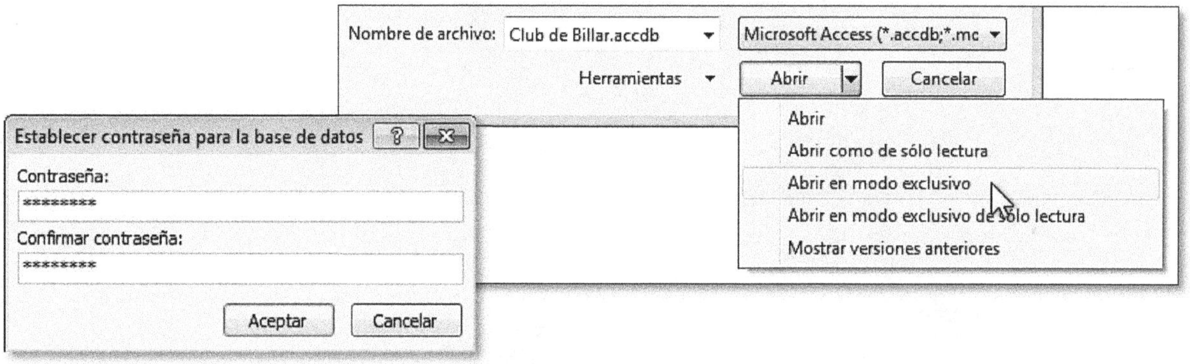

Antes de cifrar con contraseña es conveniente contar con una copia de seguridad de la base de datos. Asimismo, es esencial memorizar la contraseña y/o anotarla en un sitio seguro; de lo contrario, será imposible abrir la base de datos.

C Para quitar la contraseña dada repetiremos el proceso de abrir en modo exclusivo y accederemos a **Archivo > Información > Descifrar base de datos.**

4.2 Combinar correspondencia con Word

Los informes de *Access* tienen muchas posibilidades, pero diseñarlos desde cero es bastante engorroso. Por ejemplo, si hemos de enviar una carta a los/as socios/as, es mucho más rápido y tenemos más posibilidades de diseño al utilizar el procesador de texto *Word* para redactarla y combinarla luego con los datos.

Para realizar la práctica de este tema, es necesario saber trabajar mínimamente con el procesador de texto y, si se está familiarizado con la herramienta de **combinar correspondencia**, será más fácil llevarla a cabo. Esta herramienta nos permite crear cartas personalizadas con los datos almacenados en tablas o consultas de una base de datos. En nuestro caso, lo haremos con los/as socios/as del club.

Durante el proceso de combinación de correspondencia emplearemos **3 archivos**:

1. La tabla SOCIOS de *Access* con los **datos** a combinar.
2. El documento principal de la combinación, que en este caso será una **carta**, que habrá de crear en *Word* y cuyo contenido se muestra al final de la práctica.
3. El documento con los **datos combinados**, es decir, con el texto de la carta más los datos de la tabla.

PRÁCTICA

A Abriremos *Word* y redactaremos un documento similar al mostrado al final de este tema, pero sin incluir él texto entre comillas angulares « », que serán los campos que insertaremos posteriormente.

B Al acabar, desde la ficha **Correspondencia > Iniciar combinación de correspondencia**, iniciaremos la combinación de correspondencia eligiendo **Cartas**.

C A continuación, para indicar a quién irán dirigidas las cartas, clicaremos en **Seleccionar destinatarios** y, luego, en **Usar lista existente**.

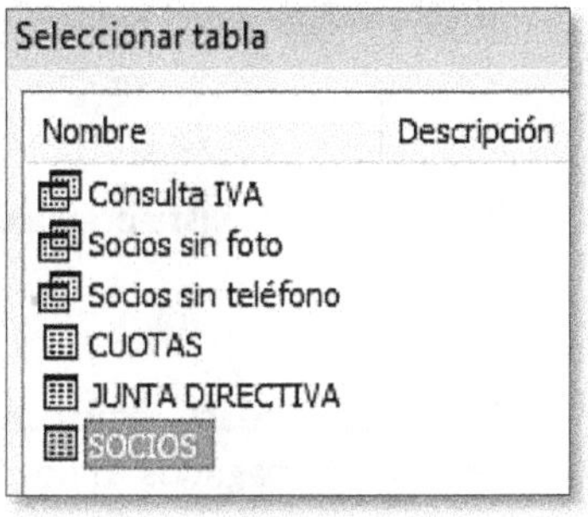

D Para elegir un origen de datos, abriremos la base de datos **Club de Billar.accdb** y, dentro de ella, la tabla **SOCIOS**.

E Ahora colocaremos el cursor en la posición donde queremos que aparezcan los datos (nombre, dirección, cuota, etc.) del socio/a y en el grupo **Escribir e insertar campos** clicaremos en **Insertar campo combinado**.

De la lista, elegiremos los campos necesarios "Nombre", "Apellidos", "Dirección", "CP", "Población" y "Cuota"

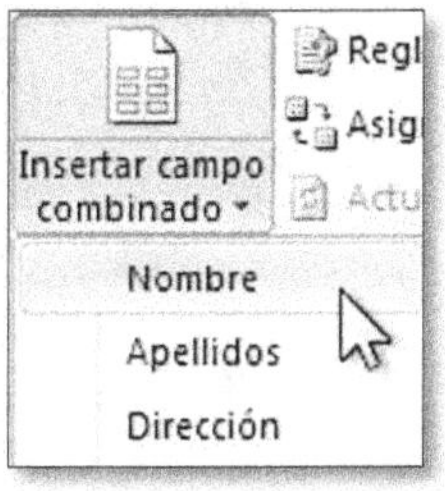

«Nombre» «Apellidos»
«Dirección»
«CP» «Población»

F Mediante el botón **Vista previa de resultados** comprobaremos cómo quedan los datos combinados.

Si clicamos en los botones de las **flechas** visualizaremos los distintos registros de la tabla.

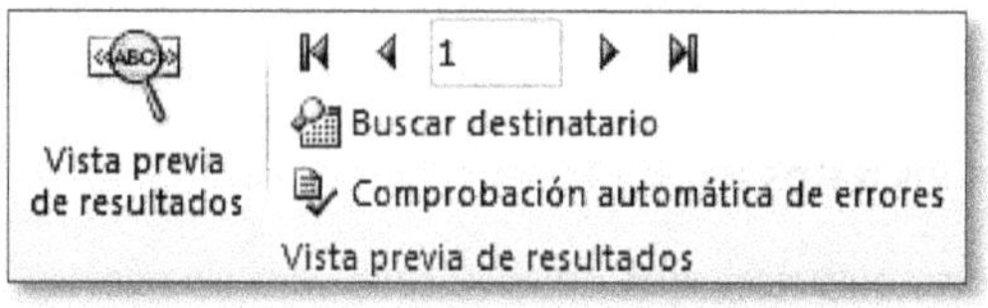

G Seleccionando los campos insertados en el documento podemos cambiar su formato (fuente, alineación, sangría, etc.) el cual se aplicará a todos los datos combinados con los campos.

H Finalmente clicaremos en **Finalizar y combinar**, eligiendo **Editar documentos individuales** para **todos los registros**.

Con ello se creará automáticamente un <u>documento</u> (**Cartas1**) conteniendo el texto de la carta y los datos de los socios.

Este documento se podrá imprimir o guardar como documento de *Word* (o PDF).

Si se detecta algún error, habrá que descartarlo, corregir el error y volver a combinar.

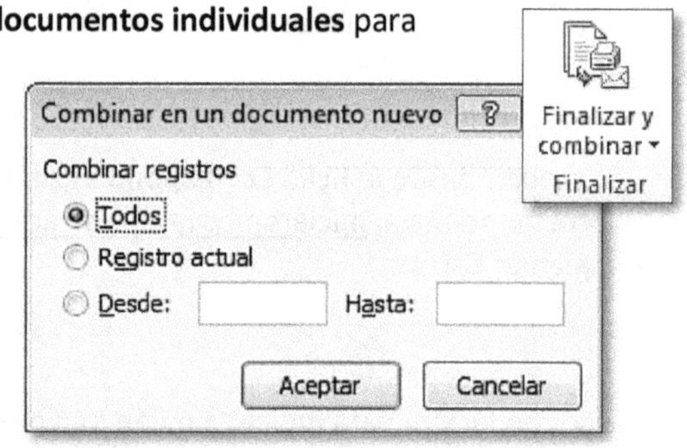

I Pasaremos a la **vista previa de impresión** para comprobar mejor el resultado.

J Por último, redactaremos una carta a los socios que no han pagado la cuota. El **origen de los datos** será la **Consulta Impagados**. El documento será igual que el anterior, pero cambiaremos el texto por el siguiente:

Por la presente te comunicamos que, a fecha de hoy, todavía no has satisfecho la cuota del año actual que asciende a un total de

«Cuota» €

CLUB DE BILLAR DE CASTELLÓ

C/ Carambola, 3
12121 Castelló de la Plana

«Nombre» «Apellidos»
«Dirección»
«CP» «Población»

Estimado socio/a **«Nombre»**:

Por la presente te comunicamos que la cuota del año actual asciende a un total de

«Cuota» €

Como siempre, la puedes hacer efectiva en las oficinas del club o por transferencia a la cuenta 9876543210 del banco Actividades Lúdicas.

Atentamente,

Marisa Prisa
Tesorera

4.3 Propiedades de campo: título, valor predeterminado, requerido, regla de validación

Los nombres que ponemos a los campos en la **Vista Diseño** de la tabla, son los que aparecen en la **Vista Hoja de Datos**, en los formularios, informes y al ejecutar consultas. Pero, si nos interesa mostrar otros distintos, más claros para los/as usuarios/as de la base de datos, los escribiremos en la casilla **Título** de las propiedades de campo.

La propiedad **Valor predeterminado** hará aparecer un valor en el campo automáticamente cuando añadimos un registro. Esto nos será útil cuando el dato que introducimos en un campo suele ser el mismo en cada registro nuevo. Por ejemplo, si la mayoría de nuevos clientes es de Barcelona, estableceremos "Barcelona" como valor predeterminado.

Cuando un campo no puede quedar vacío (un DNI o un CIF, un nombre de proveedor o de producto, etc.) recurriremos a la propiedad **Requerido**, que nos obligará a escribir en el campo o no podremos guardar el registro.

Para evitar errores en la introducción de los datos hemos utilizado máscaras de entrada. Además de estas, contamos con la opción de poner en las propiedades del campo una condición de cumplimiento necesario, lo que se denomina **regla de validación**. Si el dato que escribimos, no cumple dicha condición, es decir, infringe la regla de validación, *Access* no nos dejará introducirlo. Por ejemplo, el precio de un producto no puede ser menor que 0.

PRÁCTICA

A Utilizaremos en esta práctica una base de datos que ya contiene tres tablas. En la carpeta **Archivos Office 2010 - Access** localice la base de datos **Delicatessen.accdb**, cópiela a la biblioteca **Documentos** o a otra carpeta de su elección y abra el archivo.

A continuación, abra la tabla **Productos** y observe los nombres de los campos. Pase a **Vista Diseño** y compare los nombres de los campos con los de la **Vista Hoja de datos**.

Son distintos porque se les ha dado un **Título** en las propiedades de campo. Ese texto es que aparecerá en los objetos creados a partir de la tabla.

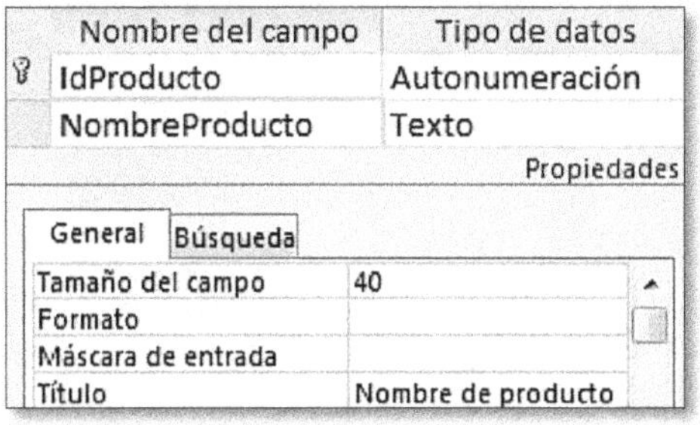

B Abra la tabla **Proveedores** en modo diseño y observe en las propiedades del campo **País** que el **valor predeterminado** es "Alemania", ya que la mayoría de nuevos proveedores provendrán de allí. Si vamos a la **Vista Hoja de datos**, comprobará que el nuevo registro que figura al final, ya contiene el país.

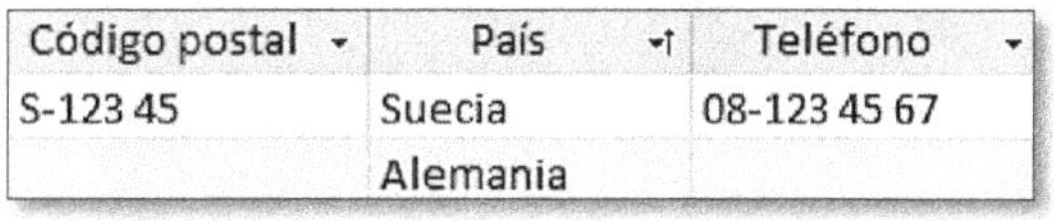

C El nombre de producto en la tabla **Productos** debería ser obligatorio, por lo tanto, no ha de quedar vacío el campo: en las propiedades del campo establezca **Requerido: Sí**.

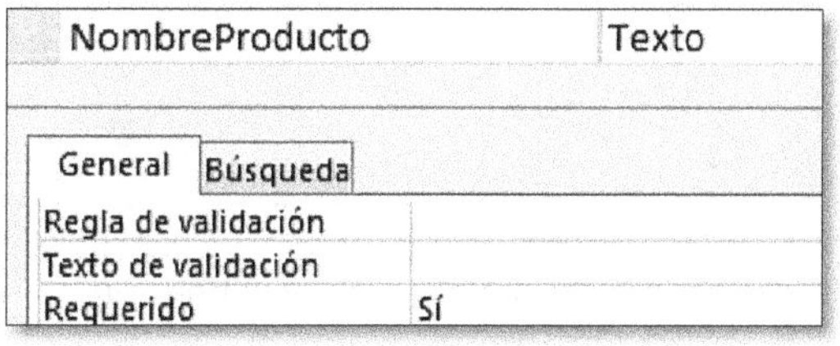

Para comprobar la propiedad, en la **Vista Hoja de datos** (o en el **Formulario Productos**), borre un nombre de producto y pase al siguiente registro. *Access* mostrará un aviso de que debemos introducir contenido en el campo.

Acepte y deshaga la acción o pulse **Esc**.

D En esta misma tabla va a crear una **regla de validación** que controle el contenido que se introduce en el precio del producto para evitar que se escriban números negativos, es decir, el precio habrá de ser **mayor o igual a 0**.

En la casilla **Regla de validación**, escriba: **>=0**.

En la casilla **Texto de validación** escriba, por ejemplo, "El precio no puede ser negativo". Este texto es que aparecerá en el mensaje de advertencia cuando se viole la regla de validación.

Pase a **Vista Hoja de datos** y guarde el diseño.

Cuando *Access* le avise del cambio en las propiedades, clique en **Sí** para que compruebe los datos con la nueva regla.

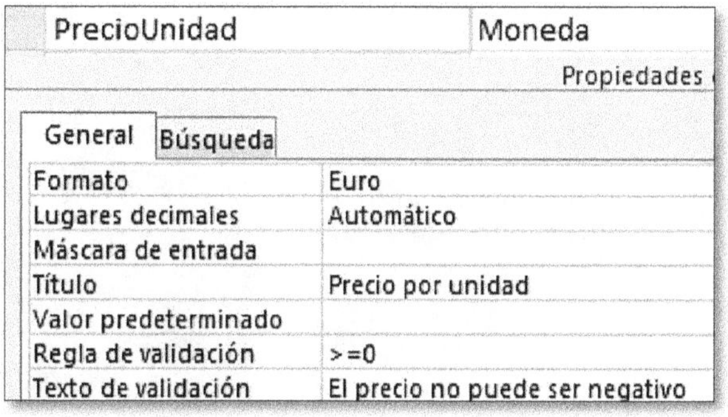

Cambie un precio a un valor negativo, para ver si funciona correctamente la regla.

Acepte y pulse **Esc** para cancelar el cambio.

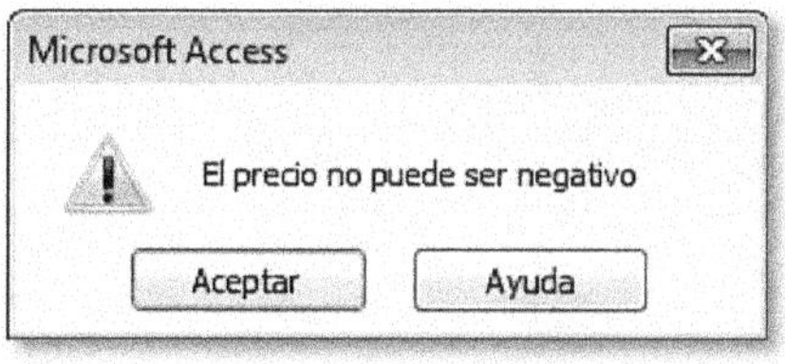

4.4 Revisión de relaciones

Siendo las **relaciones** entre tablas uno de los temas más complejos de las bases de datos, dedicamos este tema a revisar su creación.

PRÁCTICA

A Abra la base de datos **Delicatessen.accdb**, si no la tiene abierta, y relacione las tres tablas existentes **[Herramientas de base de datos > Relaciones > Relaciones]**.

- **Tabla Categorías** (clave principal IdCategoría) con **Tabla Productos** (clave externa IdCategoría)
  Tipo de relación **Uno a varios**.
- **Tabla Proveedores** (clave principal IdProveedor) con **Tabla Productos** (clave externa IdProveedor)
  Tipo de relación **Uno a varios**.

Exija **Integridad referencial** en ambas relaciones.

La ventana de relaciones debería quedar como sigue:

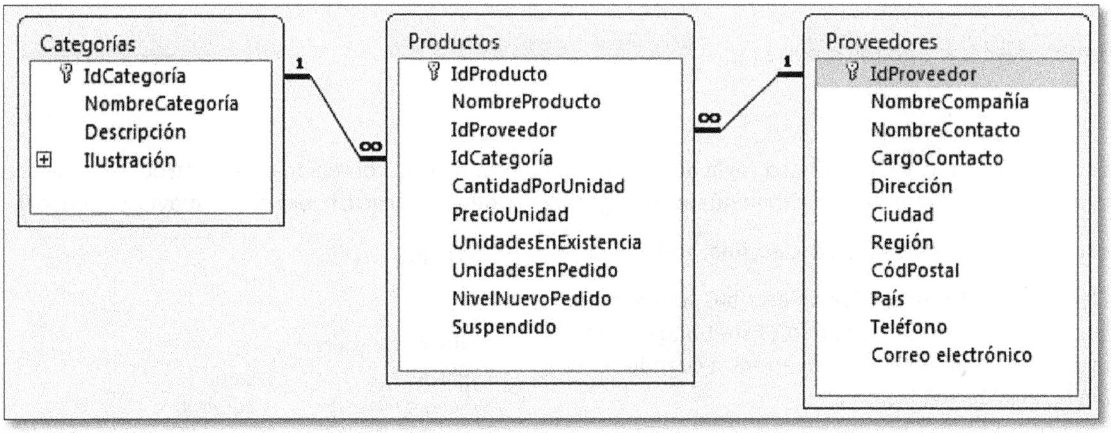

4.5 Formularios: orden de tabulación, hipervínculos

Cuando creamos un formulario basado en una tabla o consulta e introducimos datos, para movernos de un campo al siguiente, lo más habitual es pulsar la tecla **Tab** (o **Mayús+Tab** para ir al campo anterior). El orden que siguen los campos es el mismo que tienen en la tabla o consulta, pero si estas se han ido modificando o nos interesa otro orden en el formulario, habremos de modificarlo.

Veremos, pues, cómo controlar el **orden de tabulación** para que la introducción de datos sea más efectiva.

También aprenderemos a insertar **hipervínculos**, cuya función es abrir otros objetos de la base de datos, archivos externos, páginas web y correos electrónicos desde los formularios.

PRÁCTICA

A Abra el **Formulario Productos** y compruebe que el orden de tabulación no es el que debiera.

Cámbielo en la **Vista diseño**: en **Herramientas de diseño > Diseño > Herramientas**, clique en **Orden de tabulación**.

Seleccione el campo de la lista clicando en su **encabezado** (el cuadrado a la izquierda del nombre) y, luego, **arrástrelo** a la posición correcta.

El orden de tabulación de los campos debería ser el mismo que en la tabla.

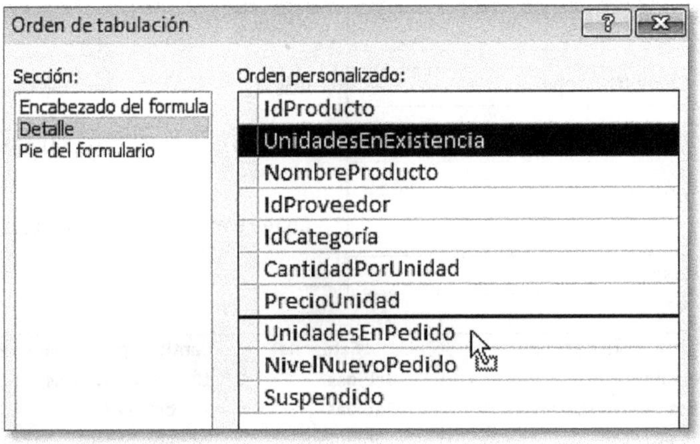

B Cree 2 formularios automáticos **[Crear > Formularios > Formulario]**, uno para la tabla **Categorías** y otro para la tabla **Proveedores**.

Una vez creados, modifique el tamaño la posición de sus controles para que queden aproximadamente como se muestra abajo.

Ambos formularios de deberían incluir automáticamente un **subformulario** de **Productos** si la relación entre las tablas establecida en el tema anterior está bien configurada.

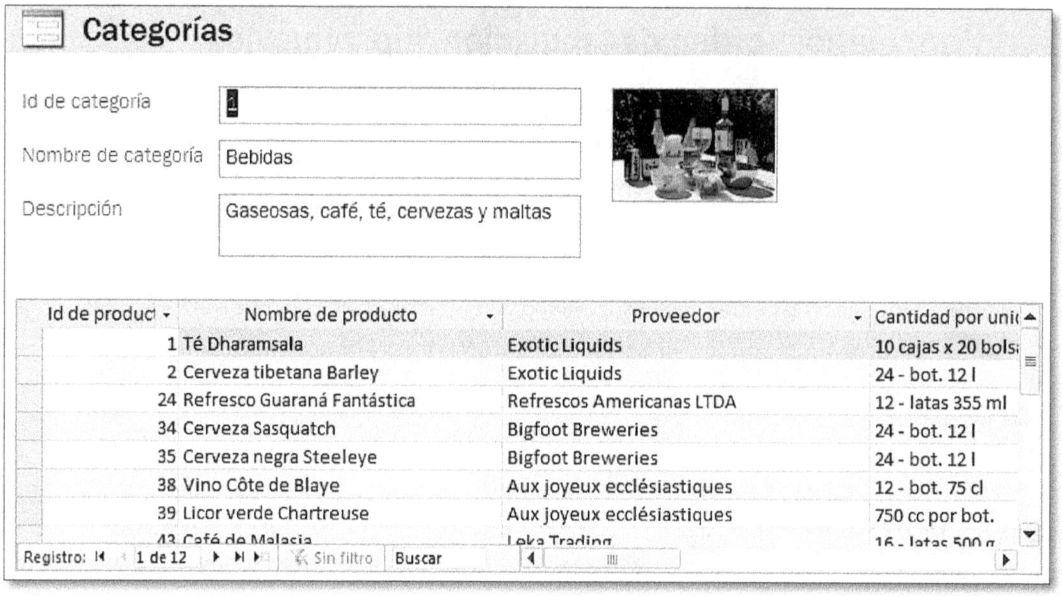

Categorías

Id de categoría: 1

Nombre de categoría: Bebidas

Descripción: Gaseosas, café, té, cervezas y maltas

Id de product	Nombre de producto	Proveedor	Cantidad por unid
1	Té Dharamsala	Exotic Liquids	10 cajas x 20 bols
2	Cerveza tibetana Barley	Exotic Liquids	24 - bot. 12 l
24	Refresco Guaraná Fantástica	Refrescos Americanas LTDA	12 - latas 355 ml
34	Cerveza Sasquatch	Bigfoot Breweries	24 - bot. 12 l
35	Cerveza negra Steeleye	Bigfoot Breweries	24 - bot. 12 l
38	Vino Côte de Blaye	Aux joyeux ecclésiastiques	12 - bot. 75 cl
39	Licor verde Chartreuse	Aux joyeux ecclésiastiques	750 cc por bot.
43	Café de Malasia	Leka Trading	16 - latas 500 g

Registro: 1 de 12 Sin filtro Buscar

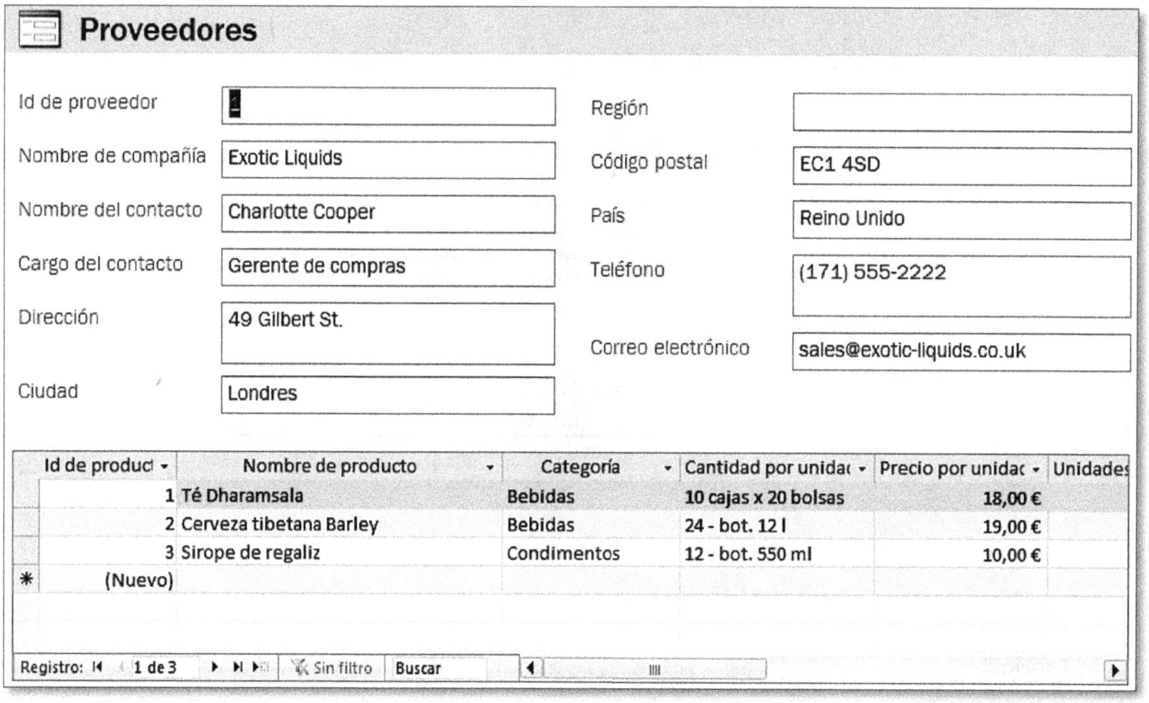

Proveedores

Id de proveedor: 1

Nombre de compañía: Exotic Liquids

Nombre del contacto: Charlotte Cooper

Cargo del contacto: Gerente de compras

Dirección: 49 Gilbert St.

Ciudad: Londres

Región:

Código postal: EC1 4SD

País: Reino Unido

Teléfono: (171) 555-2222

Correo electrónico: sales@exotic-liquids.co.uk

Id de product	Nombre de producto	Categoría	Cantidad por unidad	Precio por unidad	Unidades
1	Té Dharamsala	Bebidas	10 cajas x 20 bolsas	18,00 €	
2	Cerveza tibetana Barley	Bebidas	24 - bot. 12 l	19,00 €	
3	Sirope de regaliz	Condimentos	12 - bot. 550 ml	10,00 €	
* (Nuevo)					

Registro: 1 de 3 Sin filtro Buscar

C En la **Vista diseño** de los tres formularios inserte **hipervínculos** en el encabezado que abran otros formularios.

Comience por el formulario de productos, clique en la zona de encabezado y estreche el control del título para dejar espacio a la derecha.

Acceda a **Herramientas de diseño > Diseño > Controles > Hipervínculo** y en el cuadro de diálogo, elija **Vincular a: Objeto de esta base de datos.**

A continuación, despliegue el grupo de **Formularios** y seleccione el **Formulario Categorías**.

Como **texto** del hipervínculo escriba **Abrir Categorías**. Pulse **Aceptar**.

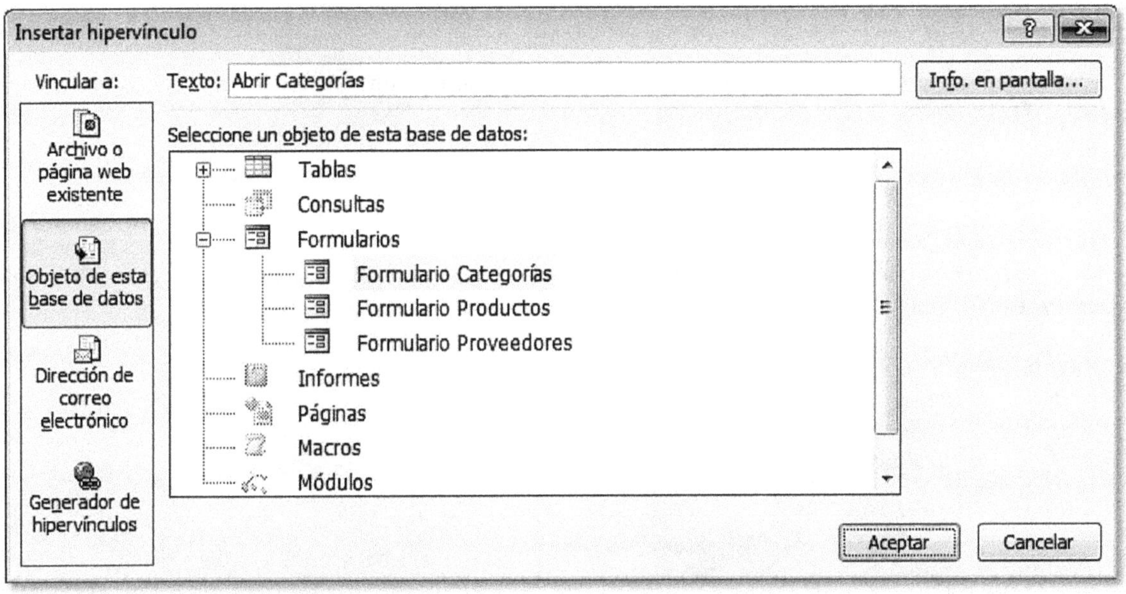

Arrastre el hipervínculo a la derecha del título y modifique su formato, si lo desea **[Herramientas de diseño > Formato > Fuente]**.

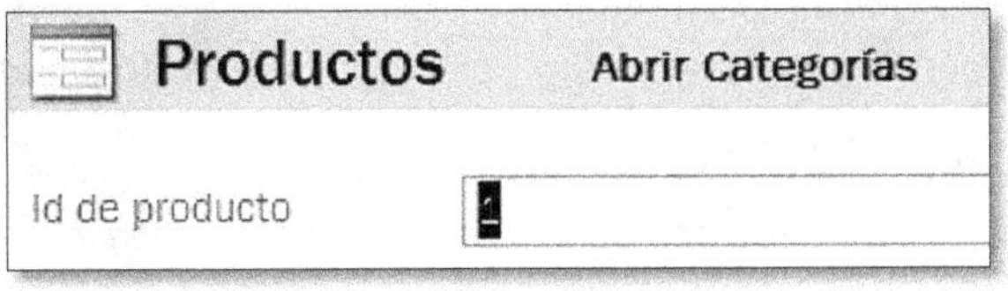

En la **Vista Formulario** compruebe su funcionamiento clicando encima.

D Repita el proceso para insertar otro hipervínculo que abra el **Formulario Proveedores**.

E Luego, inserte un hipervínculo en el **Formulario Categorías** y otro en el **Formulario Proveedores** que abran el **Formulario Productos**.

NOTA: Puede **copiar** los hipervínculos, al igual que los botones de comando, entre formularios una vez creados.

Si ha cambiado el formato de alguno, puede repetirlo en otro del mismo formulario con la opción de **Copiar formato** de **Inicio > Portapapeles**.

F Por último, inserte un hipervínculo a una **página web**, por ejemplo, a la web de Google: https://www.google.es.

Elija **Generador de hipervínculos**, escriba la dirección web en la casilla **Dirección** o en **Dirección URL base** y el texto que quiera mostrar en el control en la casilla **Texto**.

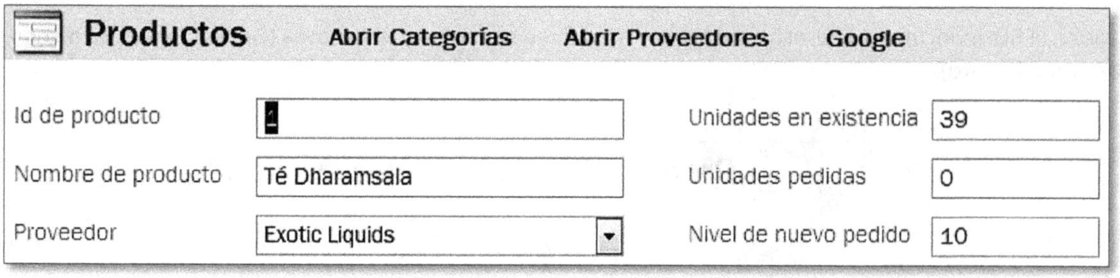

G Experimente, si lo desea, con más hipervínculos y con los botones de comando, que ya utilizó en prácticas anteriores.

4.6 Revisión de consultas

Ya sabemos que la manera de "interrogar" a las tablas de una base de datos son las **consultas**. Retomamos en este tema este objeto, a fin de que nos sirva para asentar los conocimientos obtenidos con anterioridad.

PRÁCTICA

A En la base de datos **Delicatessen.accdb**, diseñe una consulta de **parámetros** que incluya las tablas **Categorías** y **Productos.**

Al ejecutar la consulta debe aparecer un cuadro de diálogo con el título **¿Suspendido? No=0; Sí=-1** para elegir si queremos mostrar los productos suspendidos o los activos.

Incluiremos los campos mostrados abajo, agrupados por **categoría** y ordenados por **categoría** y por **producto**.

Campo:	NombreCategoría	NombreProducto	CantidadPorUnidad	UnidadesEnExistencia	Suspendido
Tabla:	Categorías	Productos	Productos	Productos	Productos
Orden:	Ascendente	Ascendente			
Mostrar:	☑	☑	☑	☑	☑
Criterios:					[¿Suspendido? No=0; Sí=-1]

Guárdela como **Productos Suspendidos Sí/No**.

B Diseñe una consulta de **parámetros** que nos pida el país y luego, la ciudad del proveedor, de forma que sea posible introducir caracteres comodín (* y ?), es decir, incluya la palaba **Como** al inicio del criterio.

Puede indicar la posibilidad de usar los comodines en el texto del mensaje.

Campo:	Proveedores.*	País	Ciudad
Tabla:	Proveedores	Proveedores	Proveedores
Orden:			
Mostrar:	☑	☐	☐
Criterios:		Como [Escriba el país]	Como [Escriba la ciudad]

Guárdela como **Proveedores por País y Ciudad**.

C Cree una consulta sobre la tabla **Productos** que muestre el riesgo de quedarnos sin stock de los productos en activo. Incluya los campos NombreProducto, UnidadesEnExistencia, UnidadesEnPedido, NivelNuevoPedido y Suspendido.

Habrá riesgo si las unidades en existencia más las unidades en pedido son menores que el nivel del nuevo pedido.

Necesitará un campo calculado con la suma **[UnidadesEnExistencia]+[UnidadesEnPedido]**.

Para que los registros cumplan la condición de ser menores que el nivel del nuevo pedido, habrá que escribir **<[NivelNuevoPedido]** como criterio del campo calculado.

Ordene la consulta por nombre de producto y oculte el campo Suspendido, cuyo criterio ha de ser **0** (o **Falso**, que es lo que pondrá *Access*).

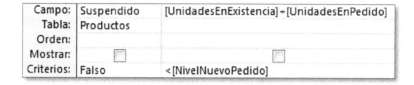

Campo:	Suspendido	[UnidadesEnExistencia]+[UnidadesEnPedido]
Tabla:	Productos	
Orden:		
Mostrar:		
Criterios:	Falso	<[NivelNuevoPedido]

Guárdela como **Riesgo Stock**.

D Inserte un **hipervínculo** a esta consulta en el formulario **Productos**. Como texto escriba **Ver Riesgo Stock**.

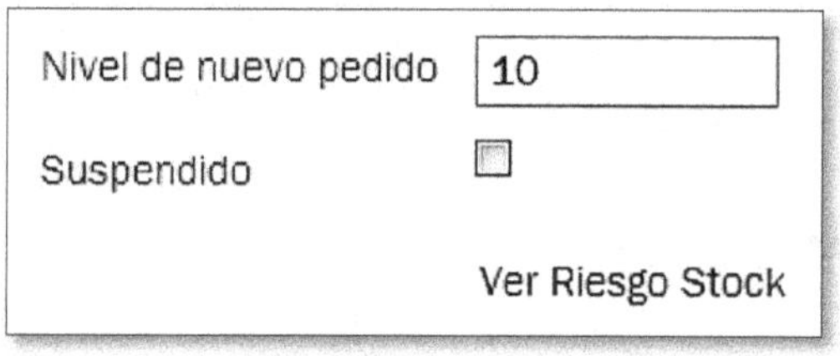

E Cree una consulta con **totales** que incluya la tabla **Categorías** y la tabla **Productos** que nos muestre cuántos productos hay en cada categoría. Incluya el campo NombreCategoría y NombreProducto.

Escriba **Número de productos:** delante de NombreProducto para que se muestre como encabezado de la columna al ejecutar la consulta.

Ordénela por número de productos, descendente.

Campo:	NombreCategoría	Número de productos: NombreProducto
Tabla:	Categorías	Productos
Total:	Agrupar por	Cuenta
Orden:		Descendente

Guárdela como **Productos por Categoría**.

4.7 Informes: diseño, secciones, propiedades, insertar imagen

La manera más clara de plasmar los datos para imprimirlos son los **informes** y la forma más rápida de crearlos es el asistente para informes. El problema es que el resultado habrá de ser **modificado** en la mayoría de ocasiones.

El informe se divide en varias **secciones**, según los niveles de agrupamiento y opciones de resumen que hayamos establecido al crearlo. Estas secciones las veremos en la **Vista Diseño** y, al acceder a sus **propiedades** y a las del informe en sí, es posible realizar cambios en la ordenación e impresión, entre otros, sin crear el informe de nuevo.

PRÁCTICA

A Cree un **informe** con el asistente que muestre las unidades en existencia de cada producto, agrupados los productos por categoría.

Este informe estará basado en la consulta **Productos Suspendidos Sí/No**, con lo cual nos pedirá el criterio cada vez que lo abramos o cambiemos sus propiedades.

En el informe se han de ver los datos por **categorías**, con dos niveles de **agrupamiento** (**Suspendido** y **NombreCategoría**) y ordenado por **producto**. Dele el mismo nombre que la consulta.

El aspecto habría de ser similar al mostrado, con los cambios que se indican en el punto B:

Productos Suspendidos Sí/No

Suspendido	Categoría	Nombre de producto	Cantidad por unidad	Stock
Sí				
	Bebidas			
		Refresco Guaraná Fantástica	12 - latas 355 ml	20
	Carnes			
		Buey Mishi Kobe	18 - paq. 500 g	29
		Cordero Alice Springs	20 - latas 1 kg	0
		Empanada de carne	48 porc.	0
		Salchicha Thüringer	50 bolsas x 30 salch	0
	Condimentos			
		Mezcla Gumbo del chef Anton	36 cajas	0
	Frutas/Verduras			
		Col fermentada Rössle	25 - latas 825 g	26
	Granos/Cereales			
		Tallarines de Singapur	32 - 1 kg paq.	26

B En la **Vista diseño**, en la sección **Encabezado de página**, se ha cambiado el texto de las etiquetas de los controles Nombre de categoría y Unidades en existencia por otro más corto: **Categoría** y **Stock**.

También en esta sección se han puesto en negrita las etiquetas de los nombres de los campos. Para **seleccionar todas** las etiquetas de la fila hay que clicar al inicio de la fila. Si se arrastra hacia abajo/arriba, se seleccionan los controles situados por encima o por debajo, incluso de las otras secciones del informe.

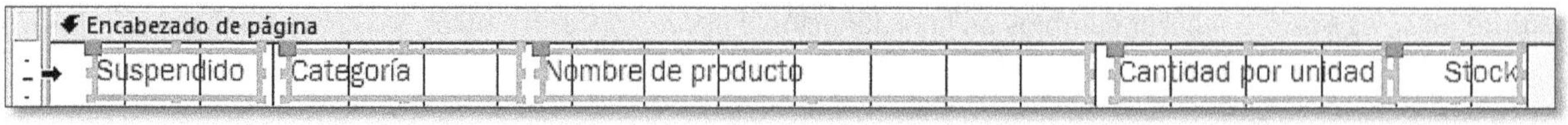

En la sección **Encabezado de Suspendido**, el control de Suspendido se ha alineado a la **izquierda**.

En la sección **Detalle** se han hecho **más altos los controles** del nombre del producto y de la cantidad por unidad, para prevenir que un contenido más largo que el control no se muestre por completo. Así, si el nombre o la cantidad supera la longitud del control se mostrará en más de una línea.

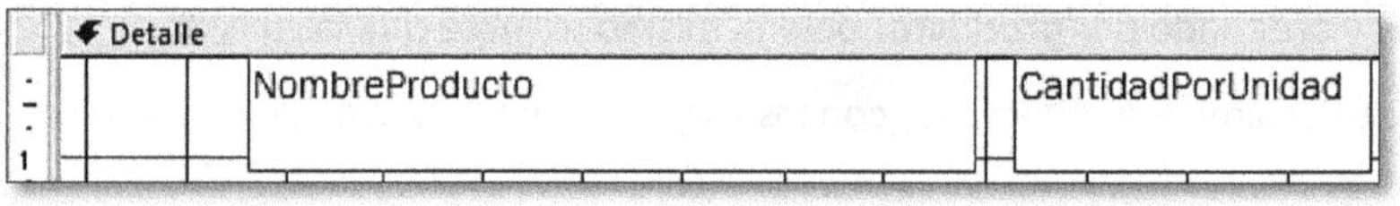

C En la **Vista Informes** se muestra el informe todo seguido, mientras que en la **Vista preliminar** aparece paginado. Si clica en los **selectores de página** de esta vista, verá que algún nombre de categoría no llega a encabezar su correspondiente grupo de productos.

Para evitar que esto ocurra, habrá que indicar que se imprima siempre el nombre de la categoría al inicio de cada página. Deberá modificar las propiedades del encabezado del nombre de categoría **[Herramientas de diseño > Diseño > Herramientas > Hoja de propiedades]**.

Primero, clique en la sección **Encabezado NombreCategoría** y en la ficha **Formato** de la hoja de propiedades indique **Repetir sección: Sí**.

Guarde el diseño del informe, ciérrelo y ábralo para mostrar los productos no suspendidos (**0**). En la **Vista preliminar** compruebe las modificaciones que ha realizado (utilice la opción de la lupa y del menú del **zoom** para ver mejor las páginas).

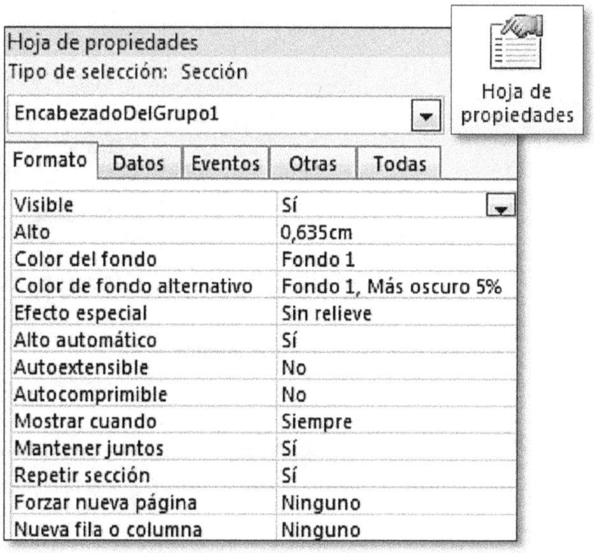

NOTA: Con la opción **Forzar nueva página: Antes de la sección**, cada categoría aparecería en una página propia.

D Si necesita hacer un cambio en la ordenación de los campos, acuda a **Herramientas de diseño > Diseño > Herramientas > Hoja de propiedades**.

En la ficha **Datos**, escriba en la casilla **Ordenar por**, la nueva ordenación. Por ejemplo, en el informe anterior, en la hoja de propiedades del **Informe** escriba **[UnidadesEnExistencia] DESC** para ordenarlo por ese campo en forma descendente (para ascendente no escriba nada después del nombre del campo). Compruebe el resultado.

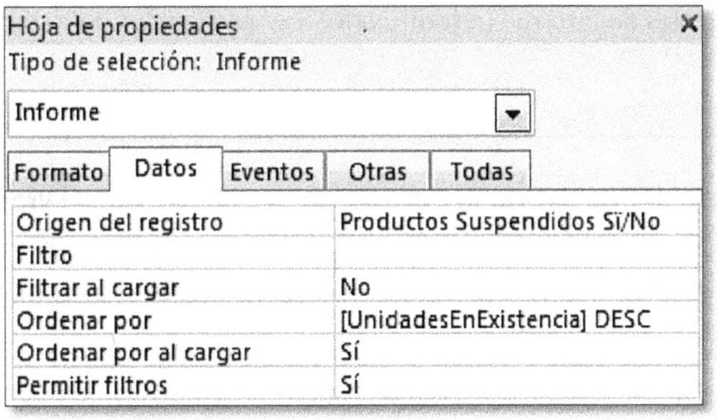

E Pruebe a insertar una imagen en el encabezado del informe **[Herramientas de diseño > Diseño > Controles > Insertar imagen]**. Seleccione la imagen **Casilla.png** de la carpeta **Archivos Office 2010 - Access**.

Una vez insertada, para poder cambiar su tamaño libremente, abra la **Hoja de propiedades** y en la ficha **Formato** establezca **Modo de cambiar el tamaño: Extender**.

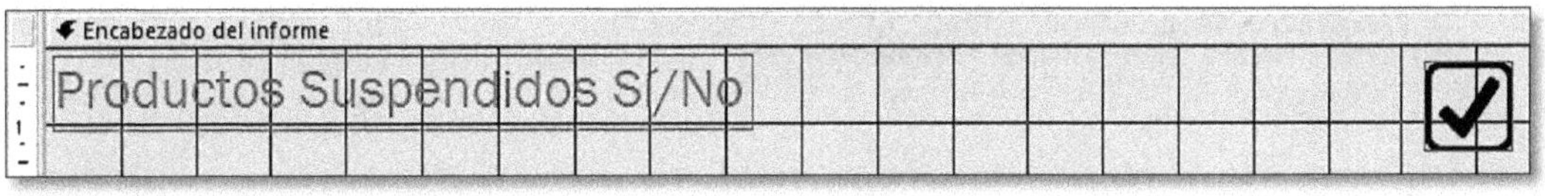

F Para configurar la página hágalo en la **Vista preliminar**.

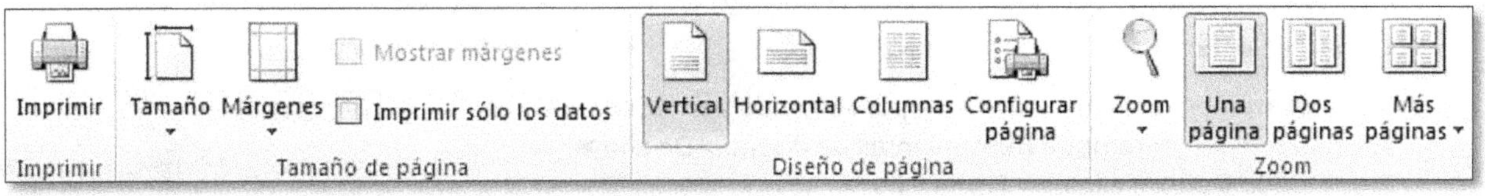

Use la lupa y el menú de **Zoom** para examinar mejor el informe.

Con la opción de **Imprimir sólo los datos** activada no se imprimirá el encabezado del informe, ni el de página.

4.8 Informes: cálculos y funciones

Al igual que en las consultas, en los informes podemos incluir **funciones** que nos den un resultado determinado y realizar **cálculos** con los campos numéricos. Así pues, si no existe una consulta con los campos calculados que necesitamos y no nos interesa crearla, lo haremos directamente en el informe.

Nos centraremos en este tema en los procedimientos para construir fórmulas personalizadas y para usar las funciones más habituales, que en los controles de informe (o formulario) irán precedidas del signo = (igual).

PRÁCTICA

A Mediante el asistente para informes, crearemos un **informe** basado en la tabla **Productos** que muestre el nombre del producto, el precio por unidad y las unidades en existencia.

No tendrá agrupamiento, ya que nos interesa una lista simple de nuestras existencias, y lo ordenaremos por **producto**, ascendentemente.

Elegiremos una distribución **tabular**, dado que será un listado sin grupos, y de nombre le daremos **Valor Productos y Totales**.

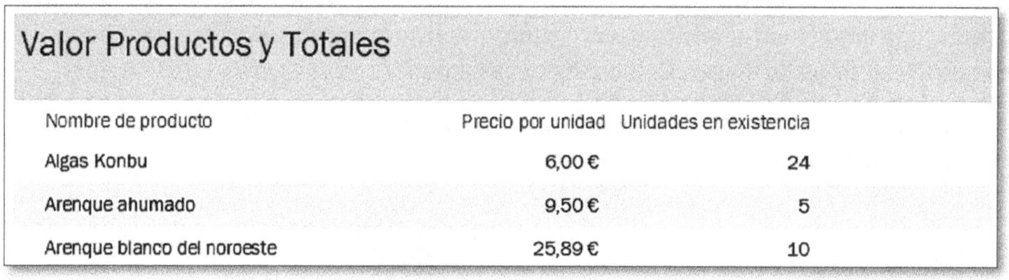

Valor Productos y Totales

Nombre de producto	Precio por unidad	Unidades en existencia
Algas Konbu	6,00 €	24
Arenque ahumado	9,50 €	5
Arenque blanco del noroeste	25,89 €	10

B Pasaremos a **Vista Diseño** y observaremos la sección **Pie de página**. En un cuadro de texto a la izquierda aparece la función **=Ahora()**, que muestra la **fecha** actualizada cada vez que se abre o imprime el informe.

> NOTA: En realidad, esta función muestra de forma predeterminada una fecha corta seguida de la hora, pero el asistente para informes la configura como fecha larga **[Hoja de propiedades > Formato > Formato: Fecha larga]**.

Como queremos ver la fecha y la hora por separado y situadas en el encabezado, recurriremos a **Herramientas de diseño > Diseño > Encabezado y pie de página > Fecha y hora**.

Elegiremos lo que nos interese incluir y su formato. En el ejemplo, se ha optado por incluir la fecha larga y la hora en formato 24 h. sin los segundos.

Veremos que tenemos dos cuadros de texto en el encabezado del informe que muestran las funciones **=Fecha()** y **=HoraActual()** respectivamente. Como no necesitamos la función =Ahora() del pie de página, seleccionaremos y suprimiremos ese cuadro de texto.

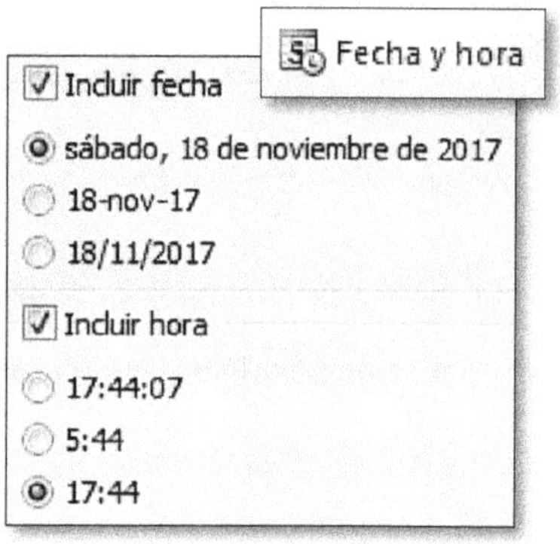

C A la derecha del pie de página hay una expresión para mostrar el **número de página**, **[Page]**, y el **total** de páginas, **[Pages]**.

El **texto** que precede a los números va entrecomillado y el símbolo **&** sirve para unir el texto con el código.

Así, si quisiera mostrar 1 / 5, por ejemplo, la expresión sería **=[Page] & " / " & [Pages]**.

D Vamos a insertar una **etiqueta**, cuya única función será mostrar un texto en el pie de informe, de manera que no haya duda de que se ha llegado a la última página.

En **Herramientas de diseño > Diseño > Controles**, clicaremos en el control **Etiqueta** y arrastraremos por la zona del pie del informe para darle un tamaño.

Escribiremos el texto FIN DEL INFORME y aumentaremos su fuente. En **Vista preliminar** comprobaremos el resultado.

E Ahora, debemos averiguar **cuánto vale** cada producto multiplicando el precio por las unidades. Este tipo de cálculo no podemos realizarlo en el asistente para informes, que, además, necesita un nivel de agrupamiento para poder operar.

Para poder escribir la fórmula y que se muestre en el informe necesitamos insertar un **cuadro de texto** en la sección **Detalle**. Lo haremos como con la etiqueta del punto anterior.

Borraremos la etiqueta asociada al cuadro de texto y ajustaremos su posición y tamaño.

Si tenemos dificultades para seleccionar la etiqueta asociada, en **Vista Presentación** será más fácil. Si queremos precisión al mover el control, pulsaremos **Ctrl** y las teclas de dirección. El tamaño lo cambiamos con **Mayús** y las teclas de dirección, y el tamaño exacto lo logramos en **Hoja de propiedades > Formato > Formato: Ancho / Alto**.

Para que tenga un encabezado, insertaremos una **etiqueta** en el encabezado de página con el texto **Valor**.

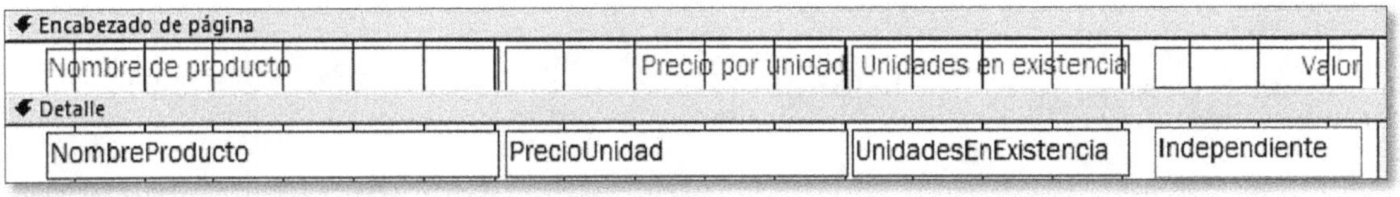

F Clicaremos dentro del cuadro de texto independiente y escribiremos la fórmula siguiente, que multiplica los dos campos: **=[PrecioUnidad]*[UnidadesEnExistencia]**.

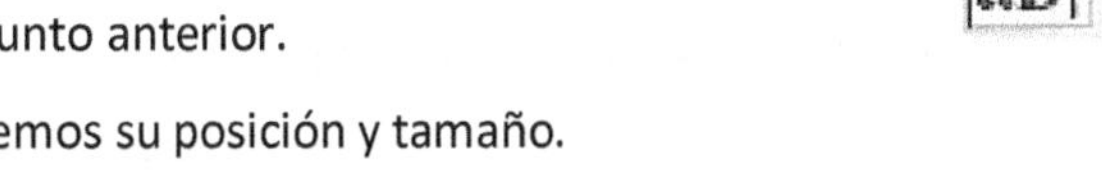

En **Hoja de propiedades > Datos**, la casilla **Origen del control** mostrará la fórmula.

Comprobaremos este último punto y en la ficha **Formato** de la hoja de propiedades le aplicaremos el formato **Euro**.

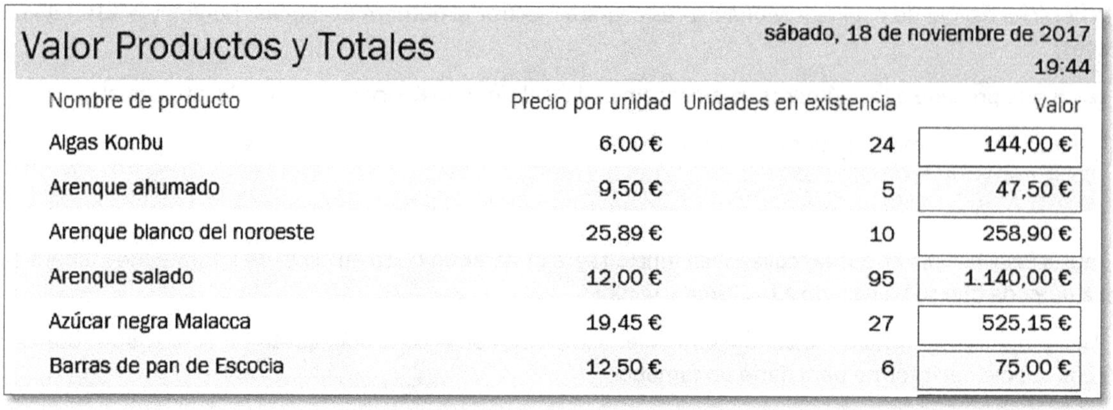

Valor Productos y Totales — sábado, 18 de noviembre de 2017 — 19:44

Nombre de producto	Precio por unidad	Unidades en existencia	Valor
Algas Konbu	6,00 €	24	144,00 €
Arenque ahumado	9,50 €	5	47,50 €
Arenque blanco del noroeste	25,89 €	10	258,90 €
Arenque salado	12,00 €	95	1.140,00 €
Azúcar negra Malacca	19,45 €	27	525,15 €
Barras de pan de Escocia	12,50 €	6	75,00 €

G Finalmente colocaremos en el encabezado del informe el total de productos, el total de existencias y el valor total de las mismas. De esta manera, se verán los datos nada más abrir el informe.

Dejaremos espacio para los cuadros de texto bajo el encabezado arrastrando la **zona inferior** del mismo.

A continuación, insertaremos los cuadros texto y los dispondremos como nos parezca mejor o como muestra el ejemplo de abajo.

En sus **etiquetas** escribiremos **Número productos**, **Total existencias** y **Valor existencias**, respectivamente.

Los cálculos los realizaremos con las funciones **=Cuenta([NombreProducto])**, **=Suma([UnidadesEnExistencia])** y **=Suma([PrecioUnidad]*[UnidadesEnExistencia])**, respectivamente.

El formato para Número productos y Total existencias habrá de ser **Formato: Estándar**, **Lugares decimales: 0**.

Y para Valor existencias, **Formato: Euro**.

Aplicaremos los formatos que queramos para cambiar el aspecto de los controles.

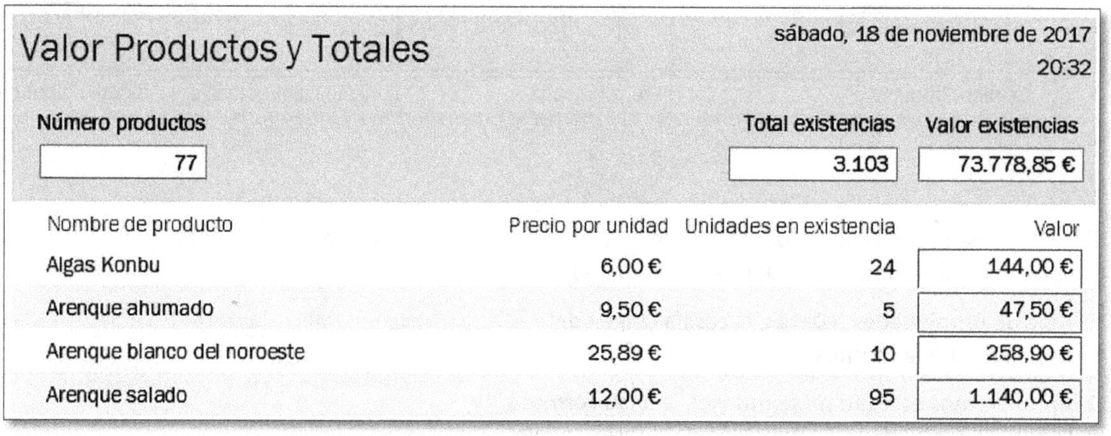

Valor Productos y Totales — sábado, 18 de noviembre de 2017 — 20:32

Número productos	Total existencias	Valor existencias
77	3.103	73.778,85 €

Nombre de producto	Precio por unidad	Unidades en existencia	Valor
Algas Konbu	6,00 €	24	144,00 €
Arenque ahumado	9,50 €	5	47,50 €
Arenque blanco del noroeste	25,89 €	10	258,90 €
Arenque salado	12,00 €	95	1.140,00 €

4.9 Exportar tablas y consultas como hojas de cálculo de Excel

Los datos almacenados en tablas y consultas se pueden **exportar a *Excel*** para convertirlos en hojas de cálculo y trabajar con este programa. Por supuesto, necesitaremos tener *Excel* instalado u otra aplicación compatible para comprobar el resultado de la exportación.

Veremos dos ejemplos de este sencillo proceso con una tabla y una consulta.

PRÁCTICA

A Para obtener una hoja de cálculo con los datos almacenados en la tabla **Productos** la seleccionaremos en el **Panel de navegación** y accederemos a **Datos externos > Exportar > Excel**.

La guardaremos en la carpeta **Documentos** con el nombre de **Productos exportados a Excel**, nombre que escribiremos al final de la ruta mostrada en la casilla **Nombre de archivo**. Para guardarlo en otra carpeta, clicaremos en **Examinar**.

El formato será **Libro de Excel (*.xlsx)**. Si queremos un formato de una versión anterior, desplegaremos la casilla.

Activaremos **Exportar datos con formato y diseño**. Con esta opción se tendrá en cuenta la ordenación y los filtros aplicados, si los hubiera.

Si activamos **Abrir el archivo de destino al finalizar la operación de exportación**, veremos el resultado inmediatamente, de lo contrario, comprobaremos el resultado abriendo nosotros mismos el archivo de *Excel*.

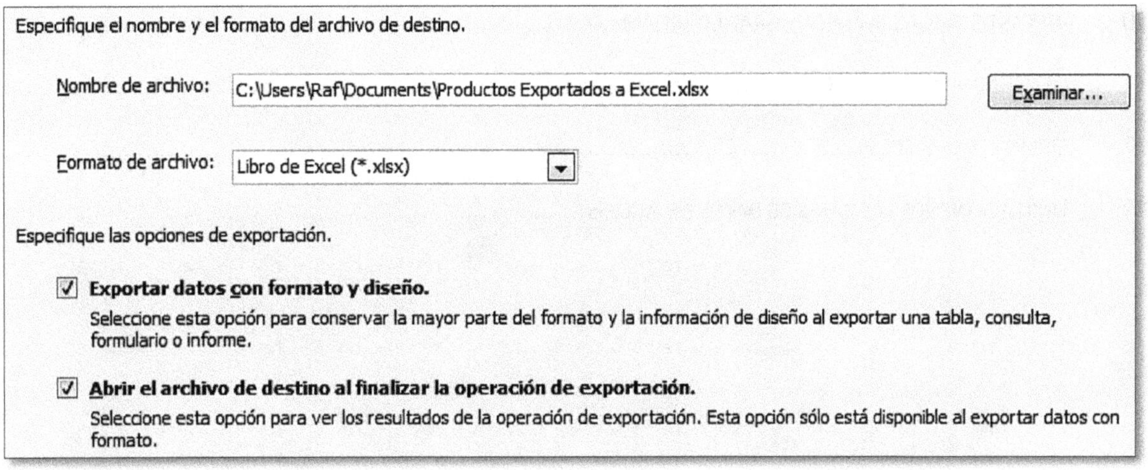

La opción **Exportar sólo los registros seleccionados** nos servirá para exportar parte de la tabla, pero hemos de seleccionar los registros antes de comenzar el proceso.

Cerraremos el asistente sin guardar los pasos para la exportación.

B Realizaremos la misma operación con la consulta **Productos por Categoría**, guardándola esta vez con el nombre de **Productos por Categoría exportados a Excel.xlsx**.

Access · Módulo 5

TEMAS

5.1 Importar datos desde Excel

La operación inversa a la estudiada en el tema anterior, es decir, **importar datos desde *Excel***, nos será muy útil si los datos que necesitamos en una base de datos ya están introducidos en una hoja de cálculo.

Al importar, se creará una tabla con el contenido de la hoja de cálculo, o bien, se añadirán los datos a una tabla existente. Esta última opción es muy delicada, ya que el contenido de las celdas de la hoja debe ser compatible con el tipo y tamaño de los campos de la tabla de *Access*.

PRÁCTICA

A Cree una nueva base de datos con el nombre de **Empresas** en la cual importaremos datos desde *Excel*.

B Accederemos a **Datos externos > Importar y vincular > Excel** y clicaremos en **Examinar** para seleccionar el archivo **Empresas.xlsx** dentro de la carpeta **Archivos Office 2010 - Access**.

C En el cuadro de diálogo del asistente activaremos la opción **Importar el origen de datos en una nueva tabla de la base de datos actual** y en el paso siguiente nos aseguraremos de que está marcada la opción **Primera fila contiene encabezados de columna.**

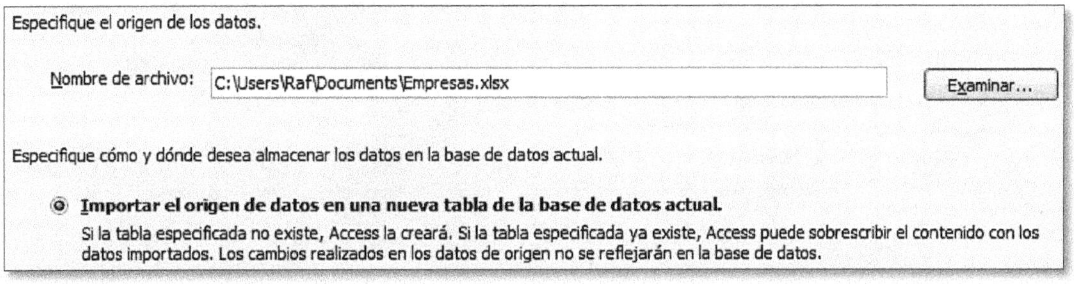

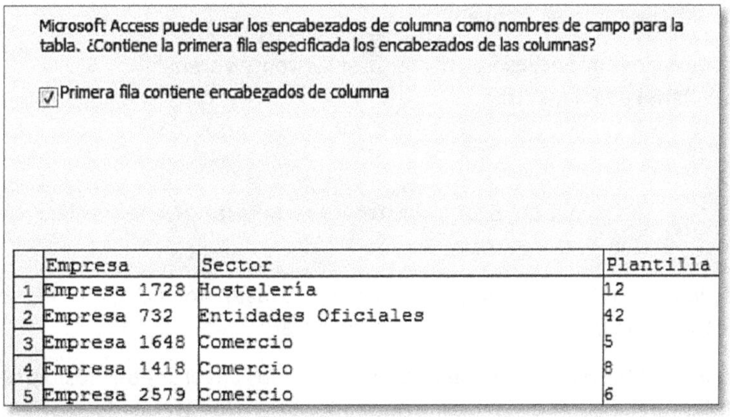

D A continuación, podemos configurar los campos **clicando** en las respectivas **columnas** o bien podemos hacerlo una vez acabada la importación. Haremos algunos cambios:

Clicaremos en la columna Empresa y cambiaremos el nombre del campo a **NombreEmpresa**

Como *Access* siempre "tira para arriba" en los procesos automatizados, deberíamos establecer un tamaño de campo menor en los campos numéricos: Plantilla (**Entero largo**), AñoInicio y AñoFin (**Entero**).

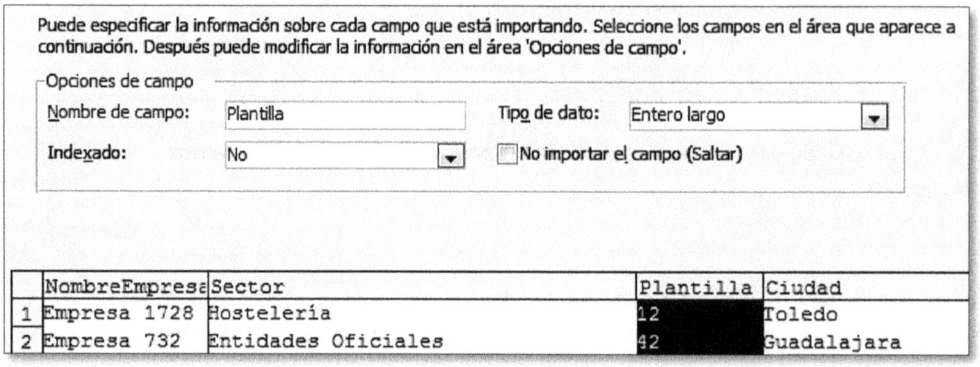

E En el paso siguiente, dejaremos que *Access* inserte una **clave principal**: el campo autonúmerico **Id**.

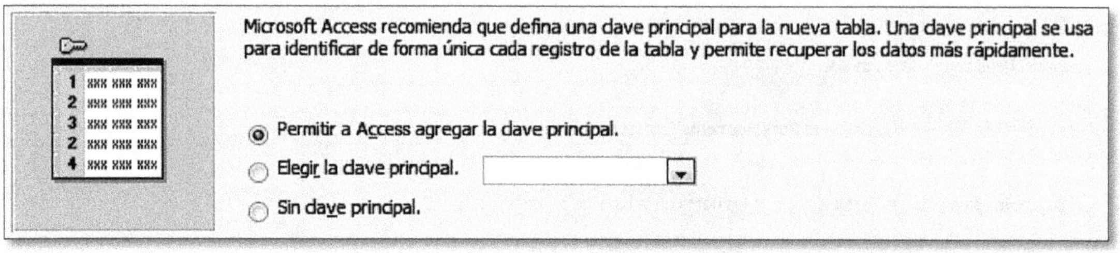

F Por último, en la casilla **Importar a la tabla** le daremos el nombre de **Empresas España** y finalizaremos el asistente.

No guardaremos los pasos de la importación y al cerrar el asistente veremos la tabla generada en el **Panel de navegación**.

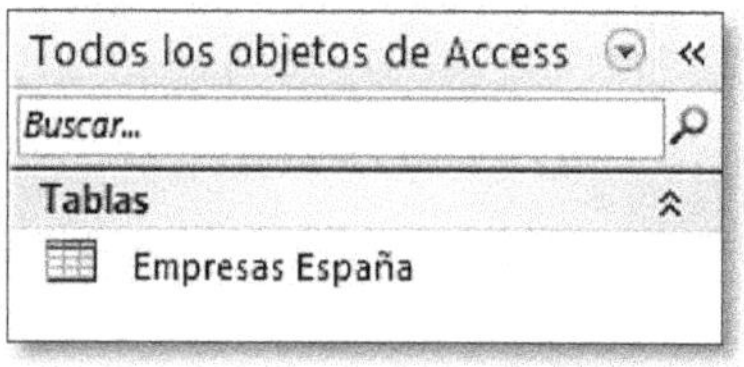

G Abriremos la tabla creada, que contendrá 3.167 registros, y en la **Vista Diseño** cambiaremos el nombre del campo Id por **IdEmpresa**.

En las propiedades de los campos NombreEmpresa, Sector y Ciudad, modificaremos el tamaño a **100**. También dejaremos la casilla de formato de estos campos de texto vacía.

Al pasar a la **Vista Hoja de datos** o al guardar el diseño, *Access* nos advertirá del posible truncamiento de datos. Continuaremos de todas maneras, ya que ningún contenido supera los 100 caracteres.

5.2 Analizar tabla

Cuando en una tabla aparecen muchos datos repetidos en uno o más campos, es indicativo de que podría dividirse en otras tablas que contuvieran esos datos exclusivamente. De esta forma, se disminuiría el tamaño de la base de datos y se minimizarían los errores al introducir tales datos.

La herramienta **Analizar tabla** comprueba si sucede el caso anterior y propone la creación de tablas relacionadas. La utilizaremos en la tabla que hemos importado en el tema anterior para modificar la estructura de la base de datos y optimizar su funcionamiento.

PRÁCTICA

A La tabla **Empresas España** contiene muchos datos repetidos en los campos **Sector** y **Ciudad**. Idealmente, estos datos deberían estar en sus propias tablas. Vamos a **analizar la tabla** importada y a dejar que *Access* nos proponga una solución.

B Accederemos a **Herramientas de base de datos > Analizar > Analizar tabla** y seguiremos los pasos del asistente.

Los dos primeros son meramente ilustrativos, pero es interesante leer las explicaciones y ver los ejemplos.

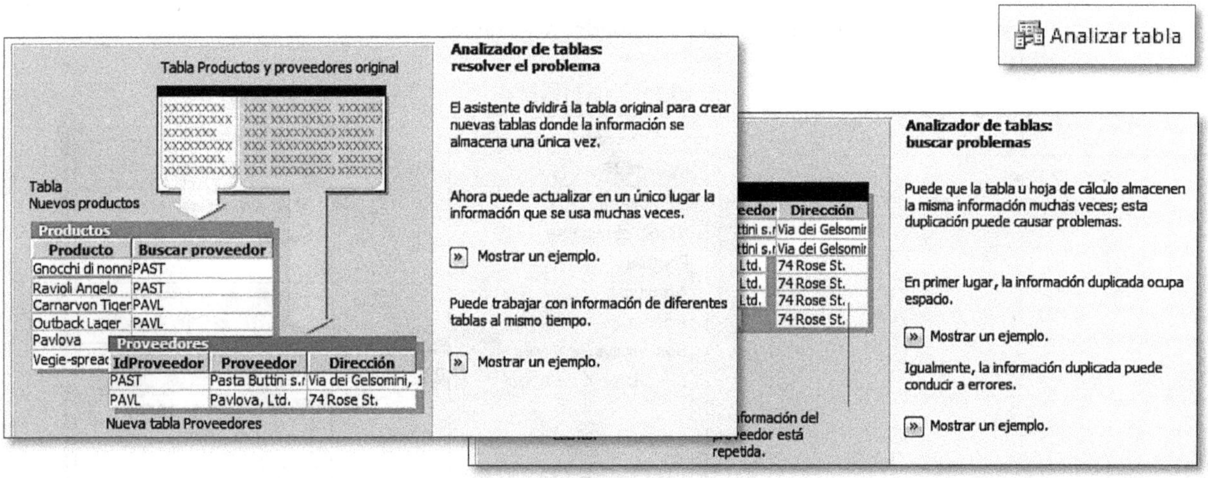

C En el **paso 3** aparecerá la tabla seleccionada (si hubiera más tablas en la base de datos, habría que seleccionar una) y marcada la casilla **¿Desea mostrar las páginas de introducción?**

Sin modificar nada, iremos al paso siguiente.

D En el **paso 4** dejaremos decidir al asistente para que nos muestre su propuesta.

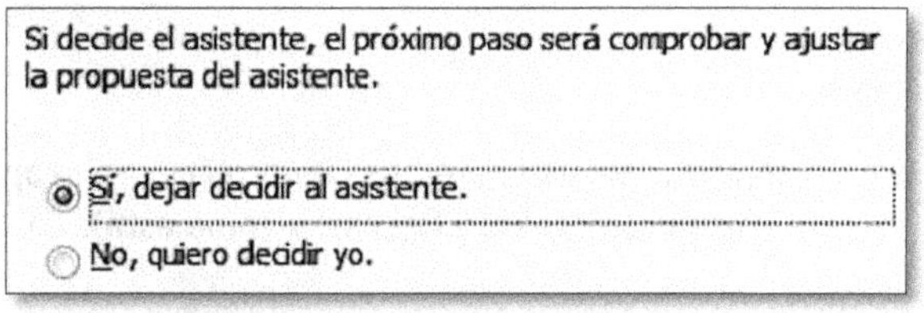

E En el **paso 5** veremos las **tablas** y las **relaciones** propuestas, pudiendo cambiar el tamaño y la posición de las ventanas de tablas mostradas para ver mejor el resultado.

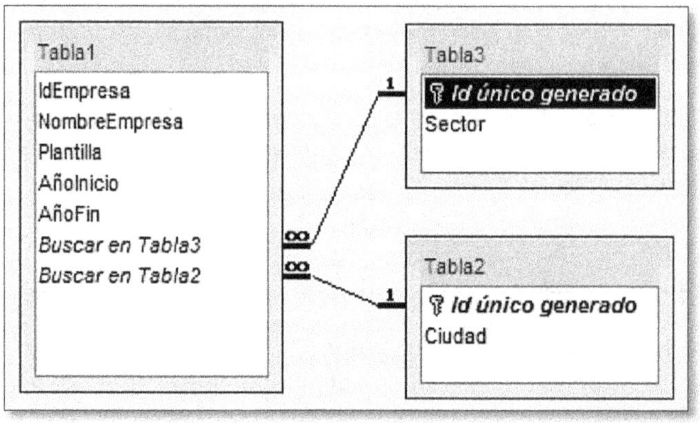

F Cambiaremos el **nombre** de las tablas haciendo doble clic encima el nombre provisional (Tabla1, Tabla2, Tabla3) o clicando en el botón **Cambiar el nombre de la tabla**, a la derecha. Si nos equivocamos, desharemos con el botón asociado.

Daremos los nombres de **Empresas**, **Sectores** y **Ciudades** a las tablas.

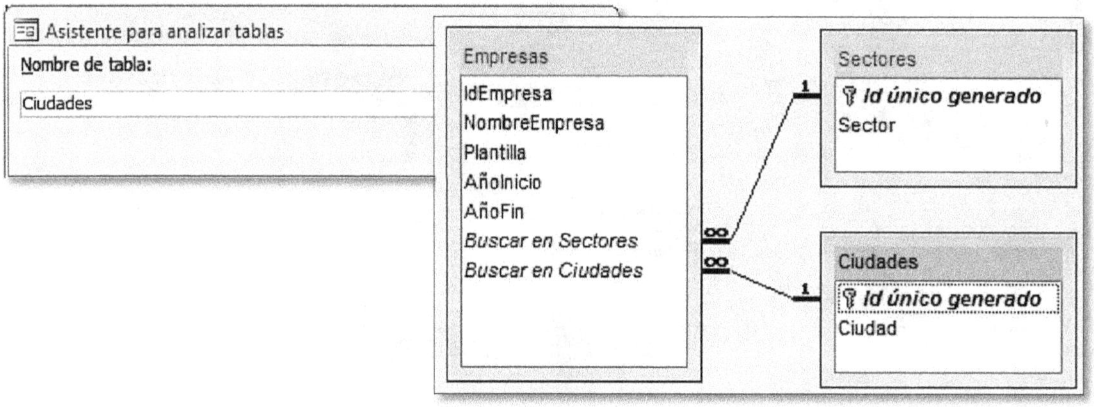

G Iremos al **paso 6**, donde se comprueban las claves principales. Clicaremos en el campo **IdEmpresa** para seleccionarlo y, a continuación, en el botón de la **llave** para establecerlo como **clave principal** de la tabla **Empresas**.

H En el **paso 7** desestimaremos las correcciones propuestas, dejando en **blanco** la casilla de **Corrección** o eligiendo de la lista desplegable **(Dejar tal y como está)**.

Sector	Corrección
Máquinas Recreativas	
Refino de Petróleo	
Trabajo Temporal	
Fabricación y reparación de maq. de precisión	(Dejar tal y como está)

I En el **último paso** no dejaremos que cree la consulta y finalizaremos el asistente.

Ahora, deberíamos tener las tablas en el **Panel de navegación**.

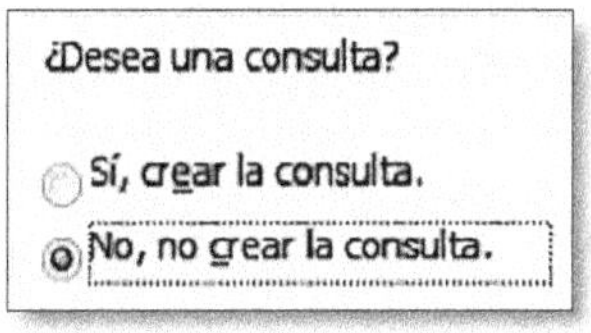
¿Desea una consulta?
Sí, crear la consulta.
No, no crear la consulta.

J Nos queda **renombrar** los campos de la nueva tabla **Empresas** y **reordenarlos**.

Cambiaremos el **nombre** de SectoresId_ y de CiudadesId_ a **Sector** y **Ciudad**, respectivamente. Borraremos su **título** en las propiedades del campo para que coincida con el nombre dado y los moveremos para que queden después de Plantilla.

Una vez comprobado que todo está correcto, podemos eliminar la tabla original **Empresas España**.

Nombre del campo	Tipo de datos
IdEmpresa	Autonumeración
NombreEmpresa	Texto
Plantilla	Número
Sector	Número
Ciudad	Número
AñoInicio	Número
AñoFin	Número

NOTA: En el proceso de **Analizar tabla**, *Access* ha creado una **búsqueda externa** en las propiedades de los campos vinculados de la tabla **Empresas**. Si la expresión compleja introducida por *Access* nos causa problemas en algún momento, podemos rehacer esa búsqueda tal como aprendimos en el módulo 3 al tratar el tema de limitar datos con una lista de valores externa:

Origen de la fila	SELECT Sectores.ID, Sectores.Sector FROM Sectores ORDER BY Sectores.Sector;
Columna dependiente	1
Número de columnas	2
Encabezados de columna	No
Ancho de columnas	0cm
Filas en lista	8
Ancho de la lista	Auto

5.3 Regla de validación en tabla

Ya hemos establecido reglas de validación en campos individuales de una tabla para evitar la introducción de valores indeseados. Ahora bien, si necesitamos controlar los valores de un campo en función de los que contiene otro campo de la tabla, necesitamos establecer una **regla de validación** en las propiedades de la **tabla**. Por ejemplo, la fecha en que se inicia un curso debe ser anterior a la fecha en que termina.

La regla se comprobará cuando se pase al siguiente registro o se intente guardar el actual, impidiendo su guardado si se infringen las condiciones que hemos puesto.

PRÁCTICA

A En la base de datos **Empresas**, la tabla **Empresas** tiene el campo AñoInicio que indica el año en que comenzó la actividad de la empresa, mientras que AñoFin indica cuando finalizó, si lo hizo.

A fin de minimizar errores, pondremos la regla de validación **[AñoInicio] <= [AñoFin]** que evitará la introducción de registros cuyo año de inicio sea mayor que el año de finalización.

En **Vista Diseño > Hoja de propiedades > Regla de validación** comenzaremos a escribir el nombre del campo, *Access* nos sugerirá los nombres de los campos. Podemos hacer **doble clic** en ellos para insertarlos o escribirlos directamente, sin tener en cuenta las sugerencias.

Como texto de validación podemos escribir, por ejemplo, **El año de inicio ha de ser menor o igual que el final**.

Regla de validación	[AñoInicio]<=[AñoFin]
Texto de validación	El año de inicio ha de ser menor o igual que el final

B Pasaremos a **Vista Hoja de datos**, guardaremos el diseño y aceptaremos los mensajes de advertencia de *Access* cuando aparezcan.

Comprobaremos la regla introduciendo algún valor que la infrinja y ante el mensaje con el texto de validación, aceptaremos.

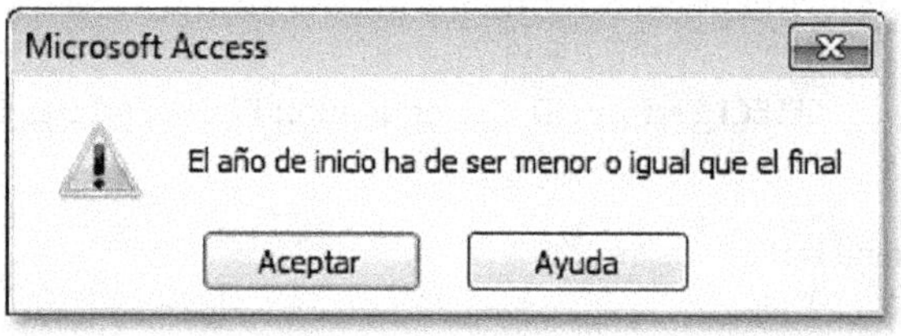

Luego, pulsaremos **Esc** para cancelar el valor erróneo.

5.4 Consultas de acción: introducción, crear tabla

Además de las consultas que hemos diseñado, las cuales seleccionan, agrupan y realizan cálculos de una o más tablas, existen otras que realizan acciones. Estas **consultas de acción** sirven para:

- **Crear tablas** a partir de las existentes. Por ejemplo, para dividir una tabla extensa en otras con menos registros, o para crear un historial antes de eliminar registros actualmente no válidos.
- **Añadir registros** que figuren en otra tabla.

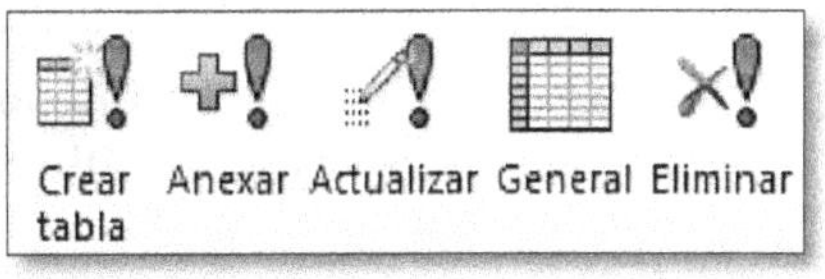

- **Actualizar registros** modificando el contenido de uno o más campos. Por ejemplo, en época de rebajas podemos bajar el precio de todos o parte de los productos aplicando un porcentaje de descuento, o bien, podemos retrasar las fechas de los cursos si no van a comenzar en las fechas previstas.
- **Eliminar** gran cantidad de **registros** que ya no son válidos.

Para crear una consulta de acción es necesario diseñar antes una consulta de selección que contenga los campos y los criterios que ha de utilizar *Access* en la creación de la nueva tabla o en la agregación, la eliminación y la actualización de registros. Esta consulta previa será la "lista de instrucciones" que seguirá *Access* para realizar la acción elegida.

Mediante supuestos prácticos aprenderemos cómo diseñar estas consultas y obtener los resultados deseados. En este tema diseñaremos la consulta inicial y la usaremos para crear una tabla de historial de empresas.

PRÁCTICA

A Crearemos una consulta de selección con las tres tablas y sus campos, excepto las claves principales. Como en la tabla **Empresas** los campos Sector y Ciudad son de tipo numérico, vinculados a las claves principales de las otras dos tablas, incluiremos los de las tablas **Sectores** y **Ciudades**, que contienen el texto.

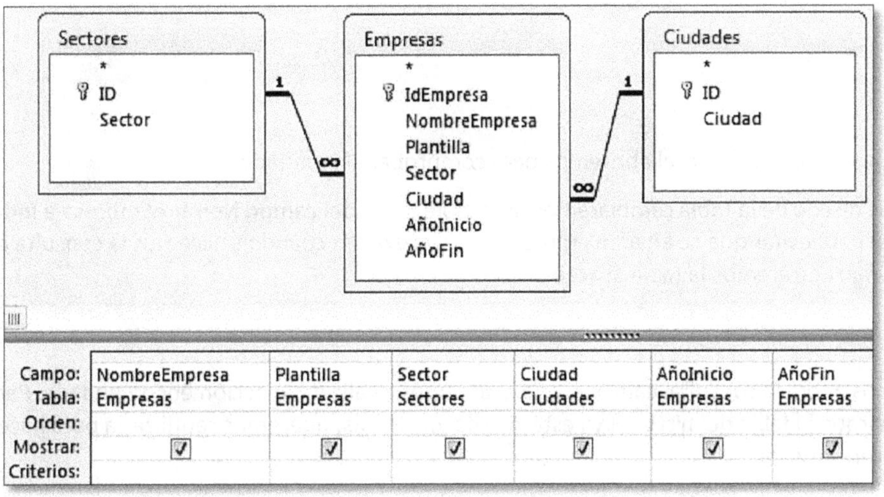

El resultado de la consulta, tal cual está, será idéntico a la tabla de empresas, pero lo importante es que nos servirá de base para ejecutar consultas de acción. La guardaremos, pues, como **Base para Consulta de Acción**.

B Como en la tabla **Empresas** nos sobran las empresas que han finalizado su actividad, crearemos una tabla con sus registros, a modo de historial, y luego los eliminaremos de la tabla original.

El criterio para detectar estos registros lo escribiremos en la fila correspondiente del campo **AñoFin**, y será el siguiente: **Es No Nulo**, es decir, el campo no ha de estar vacío (la expresión **Es Nulo**, sería lo contrario).

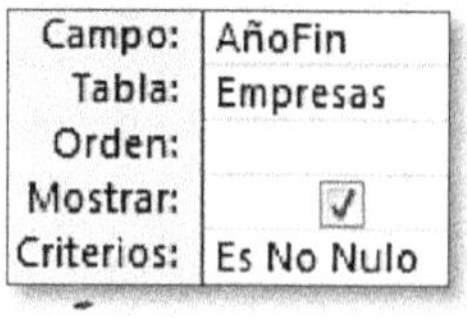

C Ejecutaremos la consulta de selección para ver si muestra los registros que tienen contenido en ese campo y, al volver a la **Vista Diseño**, la convertiremos en consulta de creación de tabla clicando en **Herramientas de consultas > Diseño > Tipo de consulta > Crear tabla**.

En el cuadro de diálogo le daremos el nombre de **Historial Empresas** y clicaremos en **Aceptar**.

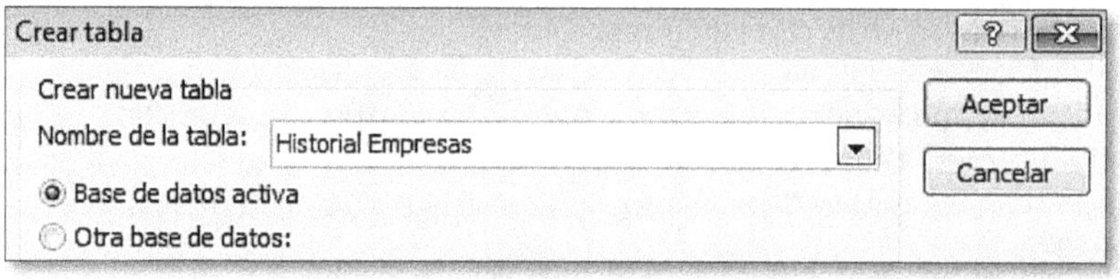

El botón de **Crear tabla** quedará activado, indicando que la consulta actual hará esa acción cuando se ejecute. Ejecutaremos la consulta y *Access* nos advertirá de lo que va a ocurrir.

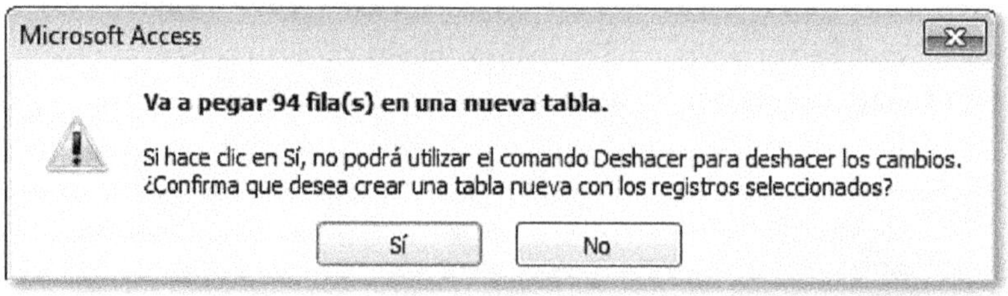

Aparecerá la nueva tabla, la cual abriremos para comprobar el resultado.

Luego, en el diseño de la tabla cambiaremos las propiedades del campo NombreEmpresa a **Indexado: Sí (Sin duplicados)** para evitar que se añadan empresas que ya existen cuando utilicemos la consulta de anexar en el próximo tema. Cerraremos la tabla al acabar.

D Si guardamos ahora la consulta, cada vez que la abramos, realizará la acción encomendada. Pero eso no nos interesa, porque la tabla del historial ya está creada y, además, queremos reutilizarla para hacer más consultas de acción posteriormente.

Por lo tanto, clicaremos en el botón **Herramientas de consultas > Diseño > Tipo de consulta > Seleccionar**, para convertirla de nuevo en consulta de selección antes de guardarla.

5.5 Consultas de acción: eliminar y anexar registros

Poder **eliminar** muchos **registros** de golpe supone un ahorro de trabajo importante. Si los criterios para su eliminación son siempre los mismos, una consulta específica lo hará automáticamente y aportará mayor seguridad en el proceso.

Para añadir registros a una tabla que se encuentran en otra, siempre podemos copiar y pegar, pero si esta operación se hace periódicamente según los mismos criterios, es mejor automatizarla con una consulta de **anexar registros**.

Esta posibilidad es especialmente interesante en tablas que guardan frecuentemente historiales de compras, de empleados, de facturas, etc. en las que copiar manualmente registros requiere mucho tiempo. En el supuesto con el que estamos trabajando, automatizaremos el proceso de añadir registros a la tabla **Historial Empresas**.

PRÁCTICA

A Ahora que ya tenemos los registros de las empresas que han cesado su actividad en la tabla **Historial Empresas**, deberemos eliminar esos registros de la tabla de las empresas. De esta forma, aligeramos su peso y agilizamos el funcionamiento de la base de datos.

Cualquier operación de eliminación de gran cantidad de registros conlleva riesgo, así que, antes realizarla, es conveniente tener una **copia actualizada** de la base de datos o, al menos, de la tabla que se va a ver afectada.

Necesitaremos una consulta especial solo con la tabla **Empresas**: en la **Vista Diseño** clicaremos en el **asterisco** o elegiremos en la fila **Campo** toda la tabla, **Empresas.***. Esto incluirá todos los campos, aunque no se muestren individualmente, sino en una sola columna.

Añadiremos el campo **AñoFin** para escribir el criterio **Es No Nulo**, el mismo que en la consulta anterior, porque nos interesa eliminar los mismos registros que ya contiene la tabla del historial.

Antes de convertirla en consulta de eliminación, comprobaremos que al ejecutarla nos muestra los 94 registros que tienen contenido en el campo AñoFin.

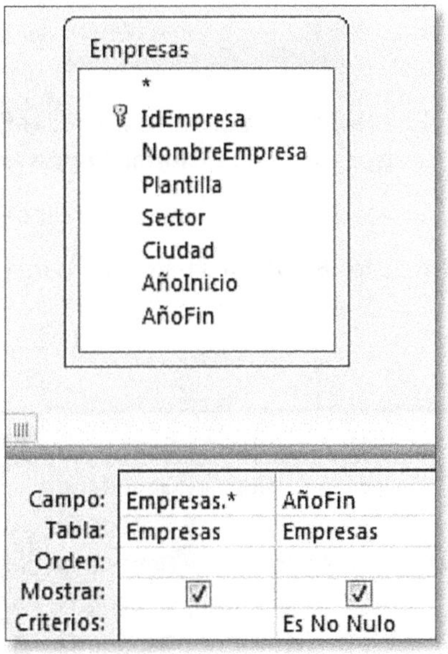

B Clicaremos en el botón **Herramientas de consultas > Diseño > Tipo de consulta > Eliminar** y la ejecutaremos. En el cuadro de diálogo, aceptaremos la eliminación siendo conscientes que no podremos deshacer la acción.

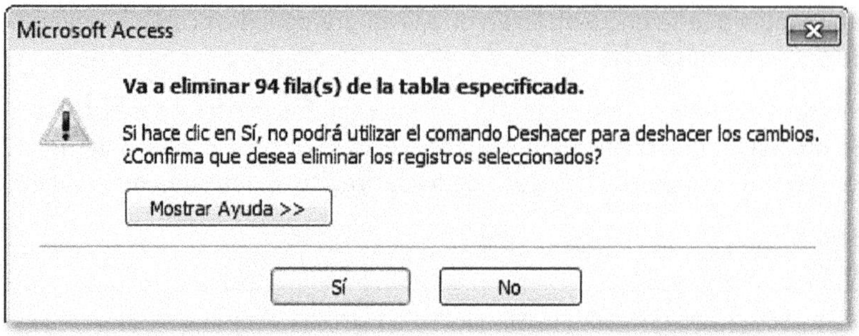

Abriremos la tabla para comprobar el resultado y la cerraremos al acabar. Guardaremos la consulta como **Eliminar Empresas sin Actividad**.

Cada vez que la abramos eliminará los registros que cumplan el criterio, por tanto, antes de ejecutarla deberemos haber anexado las nuevas empresas que no estén activas.

Si volvemos a ejecutar ahora mismo la consulta, veremos que ya no hay registros que cumplan el criterio.

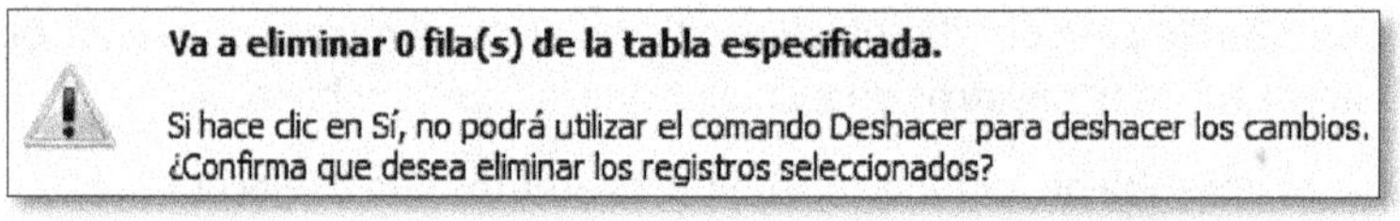

C Con el tiempo, variarán los datos de las empresas y habrá más empresas que dejarán su actividad. Deberemos entonces añadirlas a la tabla del historial.

Vamos a modificar algunos registros de la tabla de empresas para que reflejen este cese de actividad y, posteriormente, **anexaremos** estos registros a la tabla **Historial Empresas**.

Ordenaremos la tabla por **IdEmpresa** y, luego, por **Sector**, ambos ascendentemente.

Escribiremos **2000** en el campo **AñoFin** de los **6 primeros registros** (para repetir el contenido introducido en el campo anterior, podemos pulsar **Ctrl+"**).

IdEm	NombreEmpresa	Plantilla	Sector	Ciudad	AñoInicio	AñoFin
280	Empresa 1837	15	Agricultura y Ganadería	Zaragoza	1987	2000
284	Empresa 402	61	Agricultura y Ganadería	León	1991	2000
347	Empresa 2652	90	Agricultura y Ganadería	Alicante	1970	2000
348	Empresa 1522	22	Agricultura y Ganadería	Madrid	1971	2000
349	Empresa 1302	10	Agricultura y Ganadería	Almería	1972	2000
658	Empresa 2368	25	Agricultura y Ganadería	Barcelona	1970	2000

D Abriremos en **Vista Diseño** la consulta **Base para Consulta de Acción**, mantendremos los mismos criterios (**AñoFin: Es No Nulo**) y clicaremos en el botón **Herramientas de consultas > Diseño > Tipo de consulta > Anexar**.

En el cuadro de diálogo elegiremos la tabla **Historial Empresas** de la casilla desplegable.

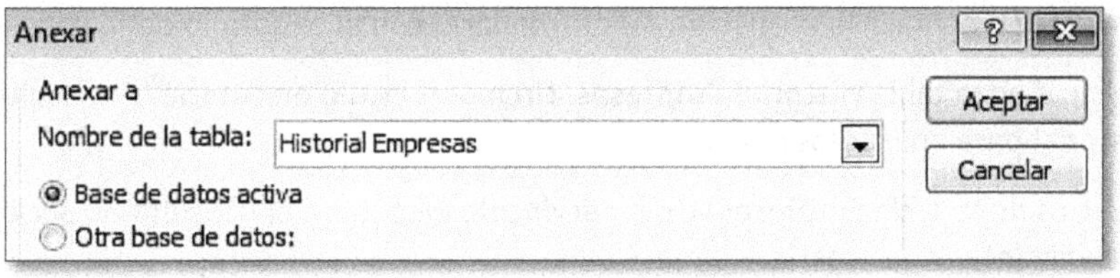

Al aceptar y ejecutar la consulta nos indicará que se anexarán 6 filas. Una vez cliquemos en **Sí**, comprobaremos la tabla **Historial Empresas**, que debería tener ahora 100 registros. Luego, cerraremos la tabla.

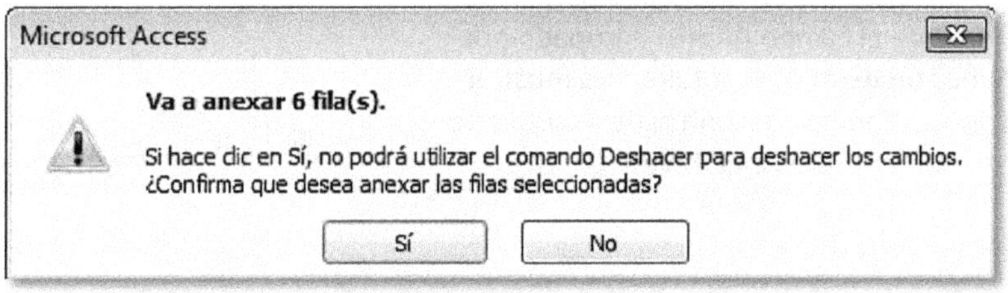

E Desde **Archivo > Guardar objeto como**, guardaremos la consulta como **Añadir Empresas al Historial**, de esta manera la tendremos preparada para futuras actualizaciones y mantendremos la consulta actual.

Una vez guardada, revertiremos la consulta actual a una consulta de selección al clicar en el botón **Herramientas de consultas > Diseño > Tipo de consulta > Seleccionar**.

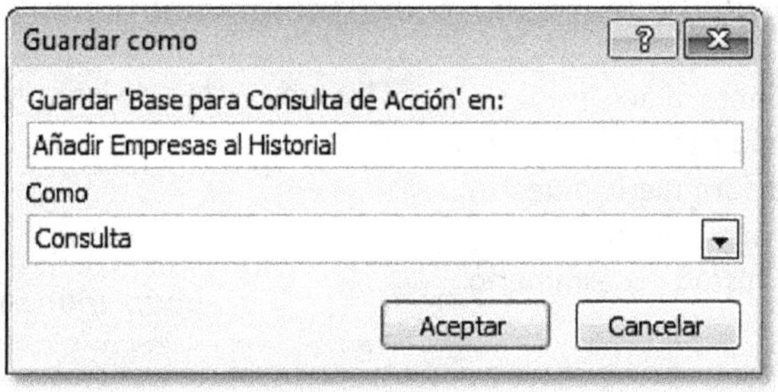

F Para finalizar la gestión del historial, deberíamos ejecutar la consulta de eliminación **Eliminar Empresas sin Actividad**, que diseñamos al inicio de la práctica.

5.6 Gestión de proceso con formulario y consultas de acción

Sería interesante crear un **formulario** con hipervínculos que facilitara al usuario de la base de datos la gestión del historial. Este formulario debería:

1 **Comprobar** si hay registros en la tabla **Empresas** que hayan de ser archivados en el historial. Crearíamos una consulta que mostrara o contara los registros y un formulario con el resultado de la consulta.

2 **Archivar** los registros en la tabla **Historial Empresas**. Un hipervínculo ejecutaría la consulta de acción **Añadir Empresas al Historial** para anexar los registros.

3 **Eliminar** los registros de la tabla **Empresas**. Un hipervínculo ejecutaría la consulta de acción **Eliminar Empresas sin Actividad** para eliminar los registros.

PRÁCTICA

A Crearemos una consulta con **totales** que indique el número de registros de la tabla **Empresas** que tengan un año de finalización y la guardaremos como **Contar Empresas sin Actividad**.

Deberá tener solamente el campo **AñoFin** agrupado por **Cuenta** y añadiremos un texto como título para mostrar en la columna (y en la etiqueta del control del formulario posterior), **Número de empresas a archivar**.

Campo:	Número de empresas a archivar: AñoFin
Tabla:	Empresas
Total:	Cuenta

B Luego, crearemos un formulario automático **[Crear > Formularios > Formulario]** al que cambiaremos su título y su nombre por **Gestión del Historial de Empresas**.

Modificaremos el diseño a nuestro gusto e insertaremos **dos hipervínculos**: uno que abra la consulta **Añadir Empresas al Historial** y otro que abra la consulta **Eliminar Empresas sin Actividad**, junto con sendas etiquetas explicativas.

También podemos insertar un botón de comando que cierre el formulario.

Probaremos su funcionamiento, bien sin registros, o bien modificando algún registro de la tabla **Empresas** para que el formulario muestre un número de empresas a archivar para, seguidamente, anexarlo al historial y eliminarlo de la tabla de empresas.

NOTA: Los botones de comando no pueden ejecutar consultas de eliminación de forma predeterminada, de ahí que se haya optado por insertar hipervínculos.

Si cancelamos el proceso de ejecución de una consulta de acción llamada por un hipervínculo, *Access* mostrará un mensaje informativo, que habrá que aceptar.

5.7 Consultas de acción: actualizar registros

Como hemos comentado en la introducción a las consultas de acción, es posible cambiar el contenido de un campo en muchos registros de una tabla a partir de los criterios que queramos con las **consultas de actualización**. Si hemos de rebajar o aumentar el precio de varios productos, por ejemplo, este tipo de consulta es idónea.

Veremos cómo diseñar estas consultas de actualización con dos ejemplos.

PRÁCTICA

A En la tabla **Empresas** existen registros con un número de plantilla incorrecto porque la persona que los introdujo cometió un error. En concreto, el número de trabajadores de las empresas de Barcelona, Tarragona, Lérida y Gerona debería ser diez veces mayor.

Para solucionar el problema crearemos una consulta de actualización que multiplique por 10 el valor de dicho campo en los registros de estas ciudades.

Solamente, necesitamos los campos Plantilla y Ciudad, pero, ya que tenemos la consulta **Base para Consultas de Acción**, la aprovecharemos.

B Abriremos la consulta en la **Vista Diseño** y escribiremos los nombres de las ciudades en los criterios del campo Ciudad, una debajo de la otra o en la misma fila de criterios separadas con **O** (que es como lo dejará *Access*): **"Barcelona" O "Tarragona" O "Lérida" O "Gerona"**.

Campo:	Ciudad
Tabla:	Ciudades
Orden:	
Mostrar:	☑
Criterios:	"Barcelona" O "Tarragona" O "Lérida" O "Gerona"

La ejecutaremos para comprobar que aparecen los 309 registros de las 4 ciudades.

C A continuación, la convertiremos en una consulta de actualización clicando en el botón **Herramientas de consultas > Diseño > Tipo de consulta > Actualizar** y veremos que en la cuadrícula han desaparecido las filas Orden y Mostrar y tenemos en su lugar la fila **Actualizar a**.

Precisamente, en esa fila, debajo del campo **Plantilla** escribiremos **[Plantilla]*10**, es decir, multiplicaremos el contenido del campo por 10.

Campo:	NombreEmpresa	Plantilla	Sector	Ciudad
Tabla:	Empresas	Empresas	Sectores	Ciudades
Actualizar a:		[Plantilla]*10		
Criterios:				"Barcelona" O "Tarragona" O "Lérida" O "Gerona"

Al clicar en **Ejecutar** aparecerá el aviso de *Access* y cuando cliquemos en **Sí**, cambiarán los valores del campo.

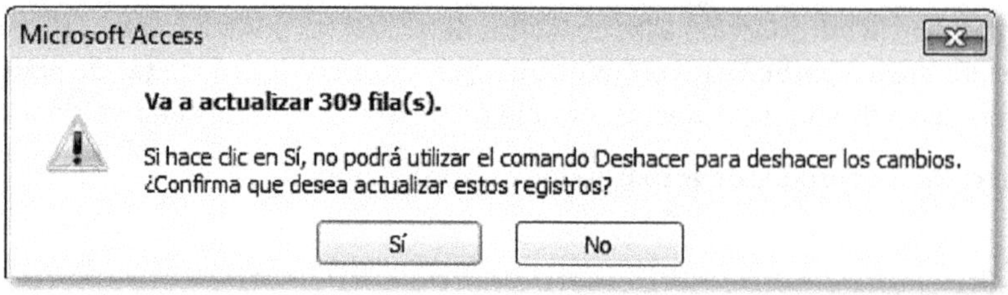

Convertiremos de nuevo la consulta en una de selección clicando en el botón **Herramientas de consultas > Diseño > Tipo de consulta > Seleccionar** y comprobaremos que el número de trabajadores ha aumentado.

D El segundo supuesto concierne a la base de datos **Delicatessen.accdb**. Aquí tenemos varios productos suspendidos de los que aún quedan varias unidades en el almacén y nos interesa venderlos lo antes posible. Por ello, hemos decidido rebajar su precio a la mitad.

E Crearemos, pues, una consulta con la tabla **Productos** a la que añadiremos tres campos: **PrecioUnidad** para modificarlo, **Suspendido** y **UnidadesEnExistencia** para establecer los criterios. En los criterios de Suspendido escribiremos **Sí** (o **-1**) y en los de UnidadesEnExistencia escribiremos **>0**.

Ejecutaremos la consulta antes de convertirla para ver si los registros que muestra son correctos.

Convertiremos la consulta en una de actualización y escribiremos la fórmula **[PrecioUnidad]/2** en la fila **Actualizar a** del campo PrecioUnidad.

Campo:	PrecioUnidad	Suspendido	UnidadesEnExistencia
Tabla:	Productos	Productos	Productos
Actualizar a:	[PrecioUnidad]/2		
Criterios:		Sí	>0

Ejecutaremos la consulta de actualización y comprobaremos el efecto sobre el precio.

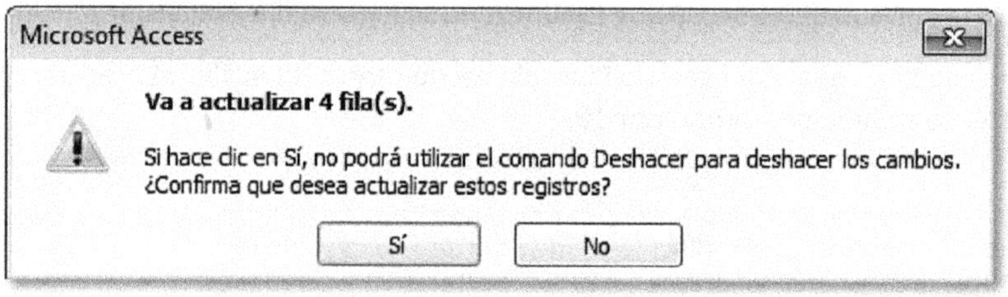

La convertiremos de nuevo en consulta de selección y la guardaremos con el nombre de **Actualizar Precios**.

5.8 Consultas de búsqueda: duplicados y no coincidentes · Asistente para consultas

Los valores repetidos en ciertos campos es un hecho habitual, por ejemplo, "Madrid" aparece muchas veces en el campo Ciudad de nuestra tabla de empresas; y "Alemania" se repite en la tabla de proveedores. El problema surge cuando no deben existir valores repetidos, como en el campo que guarda el nombre de la empresa o el del proveedor. Para detectar estos posibles errores contamos con las **consultas de buscar duplicados**.

Por otra parte, las **consultas de buscar no coincidentes** comparan dos tablas y nos muestran aquellos registros en los que el contenido de un determinado campo no es el mismo en las dos tablas. Podría darse el caso de un sector asignado a una empresa que no constara en la tabla de sectores, o de un proveedor asignado a un producto que no constara en la tabla de proveedores.

Los problemas aquí mencionados, que detectan las consultas de búsqueda, se pueden evitar estableciendo propiedades de campo adecuadas y relaciones entre tablas con integridad referencial, tal como hemos hecho en prácticas anteriores. Pero, si esto no fuese posible o no somos nosotros los que hemos diseñado las tablas, este tipo de consultas nos vendrán muy bien.

Aprenderemos a crearlas utilizando el **asistente para consultas** y, además, modificaremos una consulta de no coincidentes para que haga lo contrario, buscar los registros de dos tablas cuyos campos tengan el mismo contenido.

PRÁCTICA

A Comencemos buscando duplicados en la tabla **Empresas**. En **Crear > Consultas > Asistente para consultas** elegiremos **Asistente para búsqueda de duplicados** y, en el siguiente paso, la tabla de empresas.

El campo a comprobar es NombreEmpresa, así que lo enviaremos a la casilla **Campos con valores duplicados**.

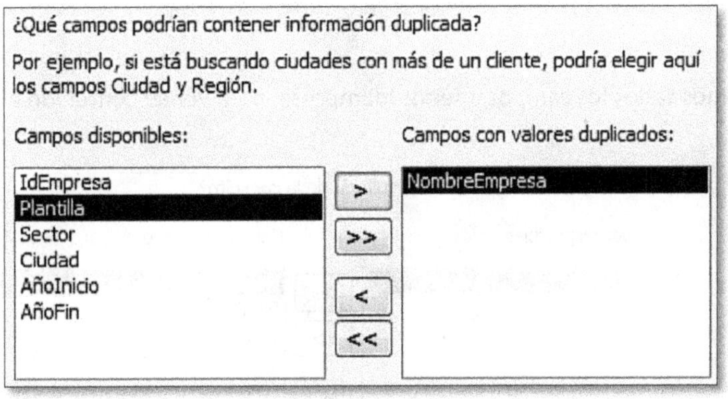

En el siguiente paso elegiremos mostrar todos los campos, menos IdEmpresa, y en el último le daremos el nombre de **Buscar duplicados en Nombre de Empresa**.

El resultado de la consulta no debería mostrar ningún nombre duplicado. Si añadimos un registro con un nombre que ya existe, la consulta lo mostrará. A fin de evitar duplicidad de valores en este campo, podríamos indexarlo sin duplicados, con la consecuencia de ralentizar las actualizaciones de la tabla. En tablas con muchos registros y actualizaciones frecuentes habría que considerar qué es más útil, si indexar el campo o recurrir a la consulta.

B Usaremos, ahora, el asistente para crear una **consulta de no coincidentes** y comparar la información de la tabla **Empresas** e **Historial Empresas**.

En el **paso 2** (¿Qué tabla o qué consulta contiene los registros que desea incluir en el resultado de la consulta?) elegiremos la tabla **Empresas**.

En el **paso 3** (¿Qué tabla o qué consulta contiene los registros relacionados?) seleccionaremos **Historial Empresas**.

En el **paso 4** seleccionaremos los **campos** de **ambas tablas** que queremos comparar (NombreEmpresa en las dos) y clicaremos en **<=>** para relacionarlos.

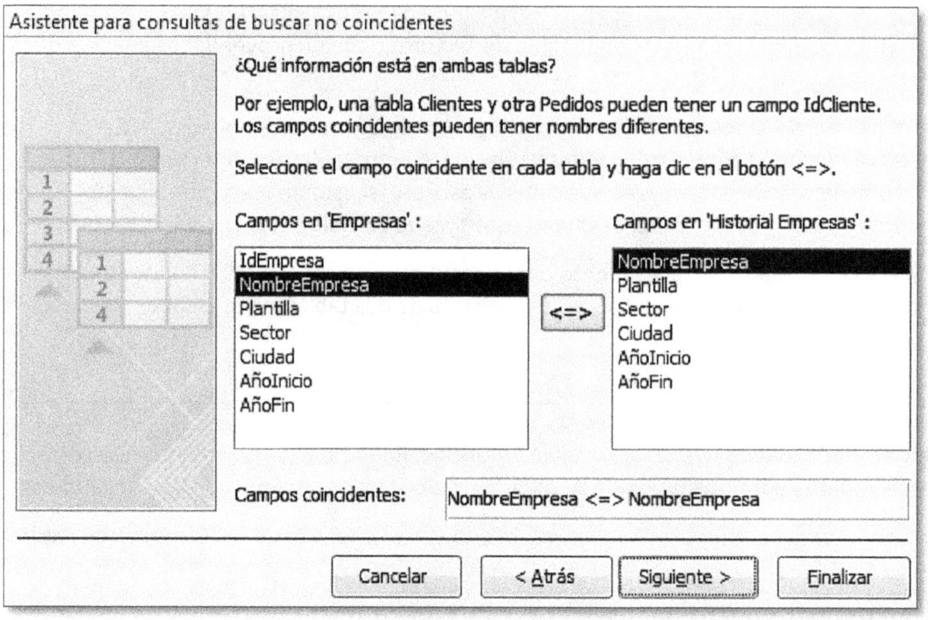

En el **paso 4** elegiremos todos los campos, menos IdEmpresa, para ver su contenido al ejecutar la consulta:

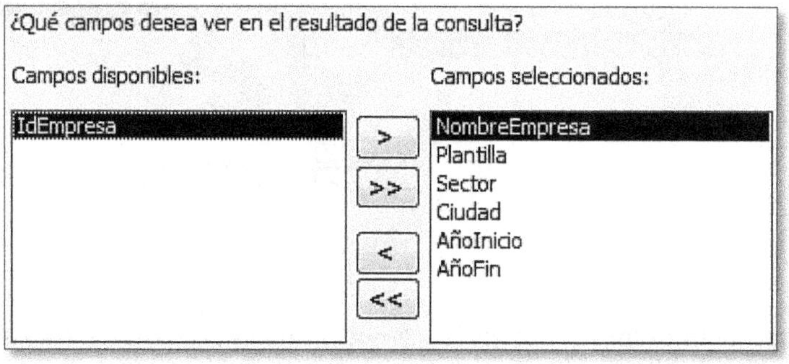

Dejaremos el nombre que nos propone *Access* y finalizaremos el asistente.

El resultado debería mostrarnos todos los registros de la tabla **Empresas**, ya que ningún nombre de empresa de esta tabla coincide con ningún nombre de la tabla **Historial Empresas**.

C Pasaremos a **Vista Diseño** y veremos la relación que ha creado el asistente entre los campos de ambas tablas para comparar su contenido y mostrar todo registro no coincidente, es decir, que **es nulo** en la tabla del historial.

D En temas anteriores llevamos a cabo la gestión del historial, copiando (anexando) las empresas sin actividad a la tabla **Historial Empresas** y eliminándolas luego de la tabla **Empresas**. Si se hizo bien esa gestión, el resultado de nuestra consulta de buscar no coincidentes será el mencionado en el punto B.

Ahora bien, sería interesante conseguir lo contrario: mostrar si hay registros con el **mismo nombre** de empresa en las dos tablas. Eso indicaría que tales registros se han copiado al historial, pero **no se han eliminado** de la tabla de empresas.

Para conseguirlo, en la **Vista Diseño** cambiaremos los criterios del campo **NombreEmpresa** de **Historial Empresas** por **Es No Nulo**. Al ejecutar la consulta, no debería aparecer ningún registro.

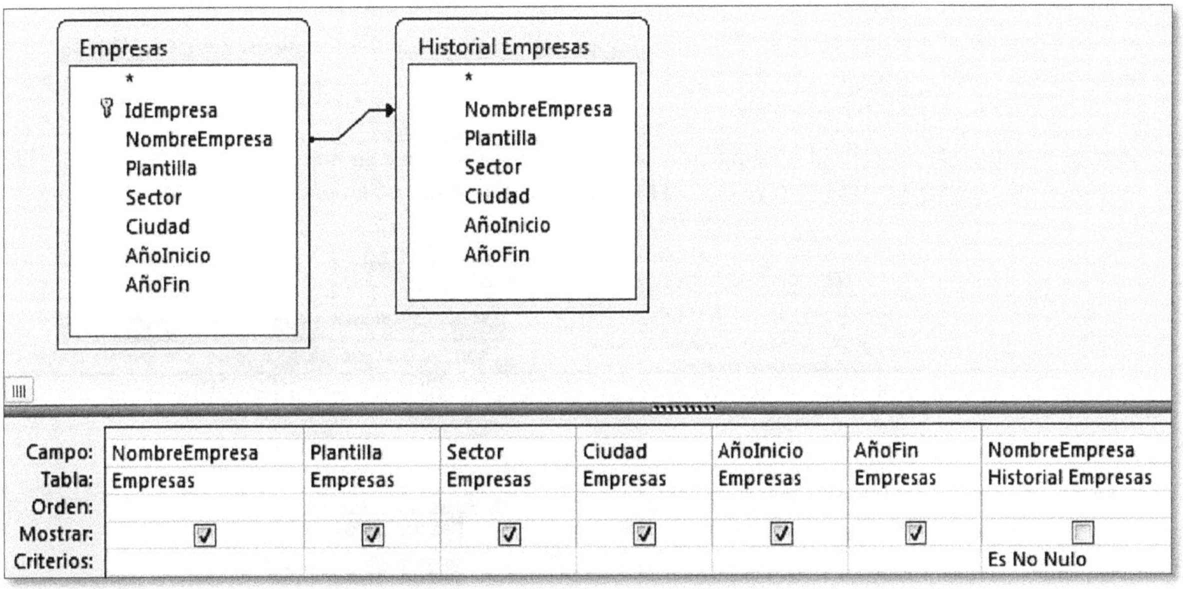

E Cerraremos la consulta y cambiaremos su nombre por **Buscar Empresas pendientes de Eliminar.**

Hagamos una prueba. Insertemos el siguiente registro en la tabla **Empresas.**

NombreEmpresa	Plantilla	Sector	Ciudad	AñoInicio	AñoFin
Empresa de Prueba	100	Comercio	Soria	1999	2009

Ejecutaremos la consulta **Añadir Empresas al Historial** desde el **Panel de navegación** o mediante el formulario **Gestión del Historial de Empresas** y, a continuación, la consulta **Buscar Empresas pendientes de Eliminar.**

El resultado debería ser ahora el registro de la Empresa de Prueba, que existe en las dos tablas.

5.9 Consultas de referencias cruzadas

En una consulta de selección normal podemos calcular totales sobre un campo en función de otro agrupado, por ejemplo, podemos saber cuántas empresas hay en cada sector, o cuántos sectores hay en determinadas ciudades.

Sin embargo, las **consultas de referencias cruzadas** permiten calcular totales de un campo en una columna y, a la vez, incluir otras columnas que muestren qué valores contribuyen a esos totales. Por ejemplo, podemos averiguar el total de empresas por sector y cuántas empresas de cada ciudad hay en cada sector.

Para obtener esto último, crearemos una consulta de referencias cruzadas con el asistente.

PRÁCTICA

A En **Crear > Consultas > Asistente para consultas** elegiremos **Asist. consultas de tabla de ref. cruzadas** y, en el **paso 1**, la consulta **Base para Consulta de Acción**.

Al seleccionar esta consulta limitaremos los resultados a las cuatro ciudades que figuran en los criterios, aunque se pueden establecer otros, si se desea, o crear una consulta de selección específica que incluya los campos de las tablas de empresas, sectores y ciudades.

En el **paso 2** hay que seleccionar el campo que aparecerá en la primera columna y cuyo contenido ocupará las filas de esa columna. Elegiremos **Sector**, ya que queremos saber el número de empresas por sector.

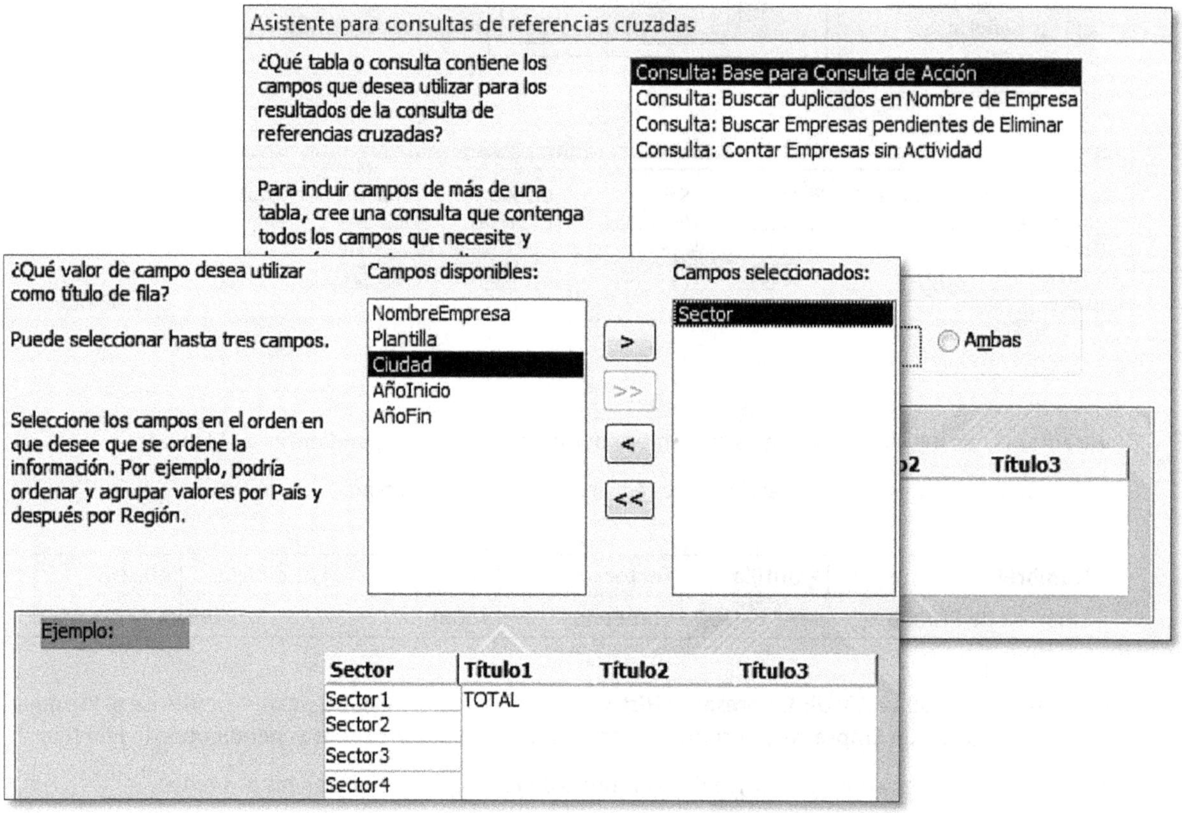

B En el **paso 3** seleccionaremos el campo **Ciudad**, puesto que queremos mostrar cuántas empresas de cada sector hay en cada ciudad.

En el **paso 4** elegiremos el campo a calcular, **NombreEmpresa**, y el cálculo a realizar, **Cuenta**. También dejaremos seleccionada la casilla **Sí, incluir suma de filas** para obtener el total de empresas en cada sector (filas).

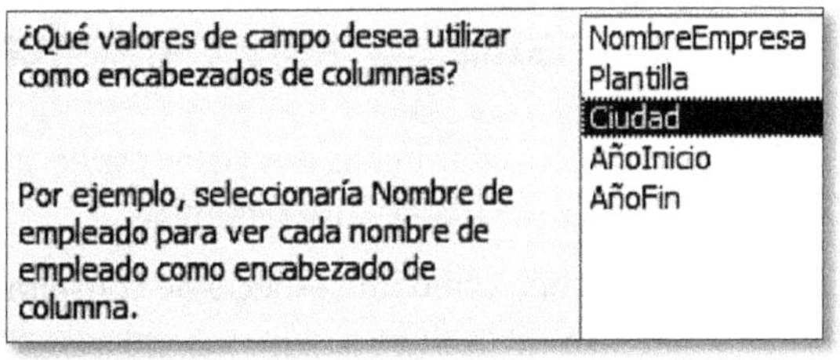

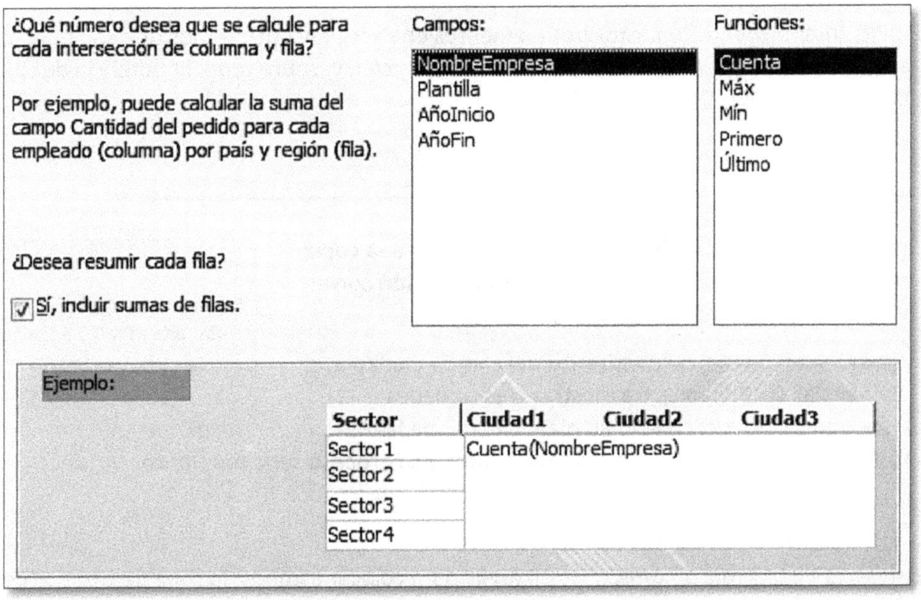

C Escribiremos **Ref Cruzadas Empresas Catalanas por Sector** como nombre de la consulta y finalizaremos el asistente, cuyo resultado debería ser:

Sector	Total de NombreEmpresa	Barcelona	Gerona	Lérida	Tarragona
Agricultura y Ganadería	7	6			1
Agua, Gas y Calefacción	27	22	1		4
Alimentación	9	6			3
Artes Gráficas	1	1			
Aserradores	8	6	1		1
Cerámica	21	19		1	1
Comercio	18	12	1	2	3
Construcción	31	27	3	1	

Si pasamos a la **Vista Diseño**, observaremos cómo ha configurado la consulta el asistente y podremos modificarla. De hecho, si ya tenemos experiencia, es posible crear consultas de referencias cruzadas sin el asistente al clicar en el botón **Herramientas de consulta > Diseño > Tipo de consulta > General**.

5.10 Vistas de tabla dinámica y gráfico dinámico

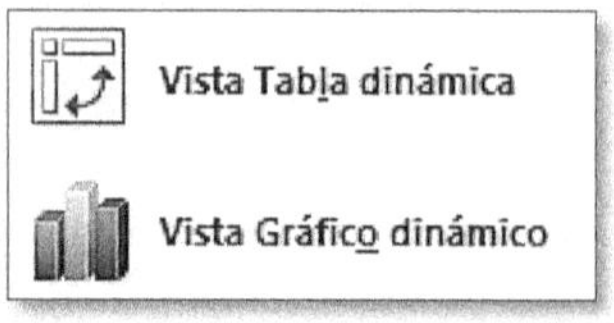

Las tablas y las consultas tienes dos vistas especiales conectadas entre sí: la **Vista Tabla dinámica** y la **Vista Gráfico dinámico**.

La primera funciona como una especie de consulta de referencias cruzadas, con campos en filas y en columnas, que se puede modificar rápidamente tantas veces como queramos, de ahí el nombre de dinámica. La segunda, muestra en forma de gráfico los datos de la tabla. Y, si modificamos el gráfico dinámico, los cambios se reflejarán en la tabla dinámica.

Si hemos trabajado anteriormente con estos dos elementos en *Excel*, encontraremos que son muy parecidos en cuanto a su manejo, sin embargo, las posibilidades de configuración y, sobre todo, la potencia de cálculo es muy superiores en la hoja de cálculo.

PRÁCTICA

A Para ver las posibilidades de las vistas dinámicas haremos una copia (copiar y pegar) de la consulta **Base para Consulta de Acción** con el nombre de **Vista Tabla y Gráfico dinámicos**.

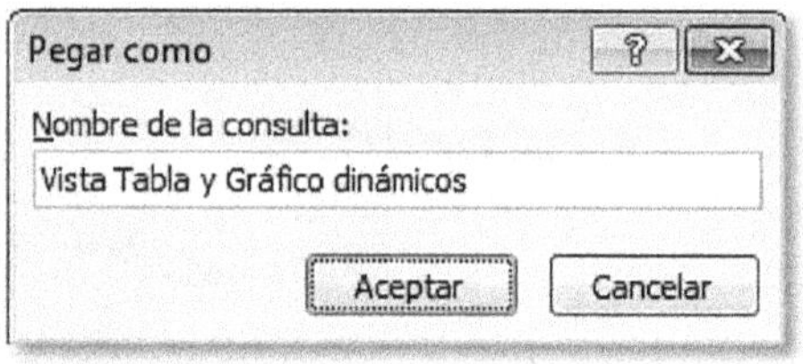

En el modo diseño cambiaremos los criterios del campo Ciudad a **"Madrid" O "Sevilla" O "Bilbao"** para mostrar tres ciudades diferentes. Podríamos dejar el criterio en blanco para que las mostrara todas, pero obtendríamos demasiados datos y su proceso sería más lento.

B Cambiaremos a la **Vista Tabla dinámica**. Hay **4 áreas** para colocar campos: la zona de campos de **fila**, la de campos de **columna**, campos de **totales** (o detalle) y campos de **filtro**.

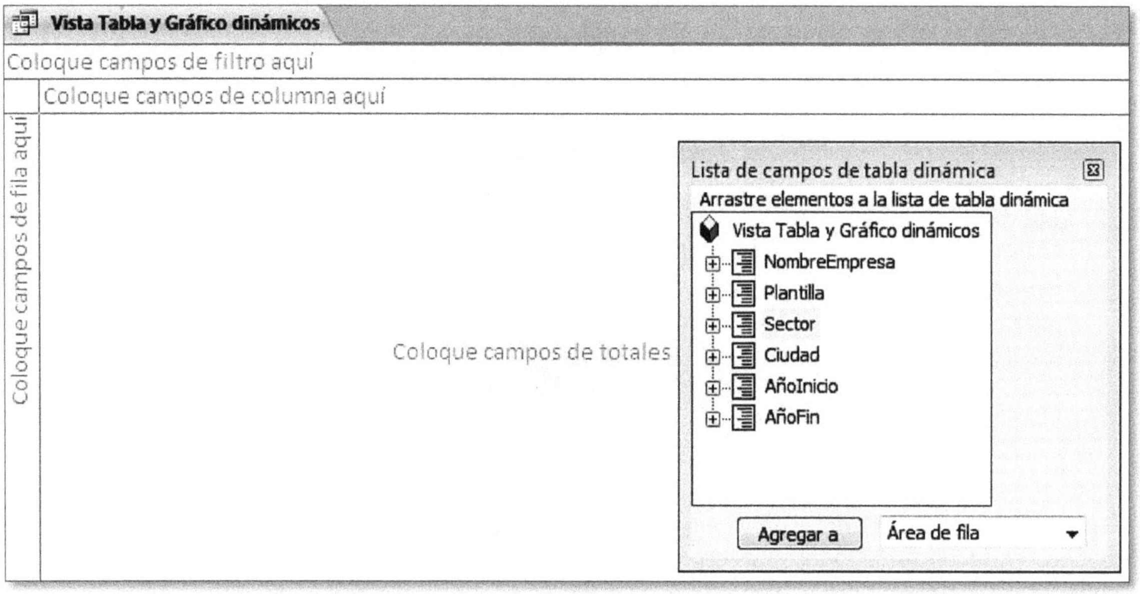

C Los campos de la consulta aparecen en una ventana, la cual podemos ocultar, o mostrar si no se viera, clicando en el botón **Lista de campo** de la ficha de **Herramientas de tabla dinámica**.

Para colocar los campos en las distintas áreas, los **arrastramos** desde la lista al área deseada, o los seleccionamos en la lista, elegimos el área y clicamos en **Agregar**.

Vamos a configurar una tabla dinámica que muestre los mismos datos que la consulta de referencias cruzadas del tema anterior, pero con distintas ciudades y, luego la modificaremos.

Agregaremos el campo **Sector** al área de **filas** arrastrándolo. Si nos equivocamos, lo arrastramos fuera de la tabla dinámica o clicamos encima y pulsamos **Supr** o el botón **Quitar campo**.

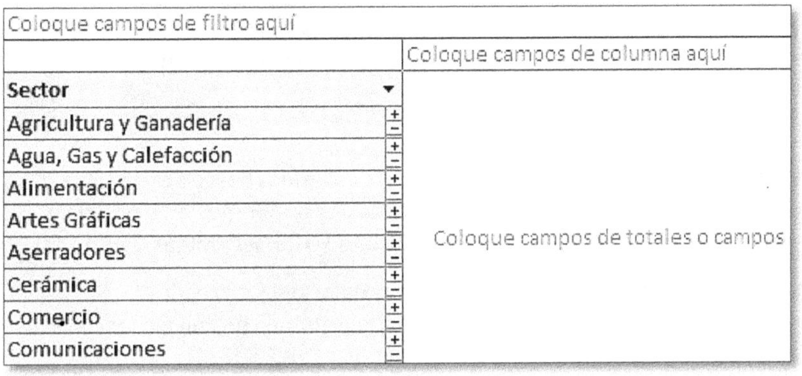

D Ahora agregaremos **NombreEmpresa** desde la lista de campos: lo **seleccionamos**, elegimos **Área de datos** de la casilla desplegable bajo la lista de campos y clicamos en **Agregar a**.

Aparecerá el campo **Recuento de NombreEmpresa** con el número de empresas correspondientes a cada sector.

E Cuando agreguemos **Ciudad** al área de campos de **columna** tendremos 4 columnas, una para cada ciudad y el total general.

Podemos arrastrar los encabezados de las columnas para cambiar su orden o para pasarlos de un área a otra.

	Ciudad ▾			
	Bilbao	Madrid	Sevilla	Total general
Sector ▾	Recuento de NombreEmpresa	Recuento de NombreEmpresa	Recuento de NombreEmpresa	Recuento de NombreEmpresa
Agricultura y Ganadería	5	5	1	11
Agua, Gas y Calefacción	47	21	21	89
Alimentación	15	7	4	26
Artes Gráficas	5			5

Los botones con los signos **+** (más) y menos (-) sirven para ocultar/mostrar los datos de las columnas.

El botón de la flecha a la derecha de Sector y Ciudad permite filtrar los resultados. Si queremos un filtro según otro campo, lo agregaremos al área de campos de filtro.

F Cambiemos los datos sobre los que se calcula para averiguar cuántas personas trabajan en cada sector y ciudad: borraremos el Recuento de NombreEmpresa y agregaremos **Plantilla** al **Área de datos**. Al ser un campo numérico, sumará su contenido, en lugar de contar el número de registros.

	Ciudad ▾			
	Bilbao	Madrid	Sevilla	Total general
Sector ▾	Suma de Plantilla	Suma de Plantilla	Suma de Plantilla	Suma de Plantilla
Agricultura y Ganadería	132	441	12	585
Agua, Gas y Calefacción	240	45	38	323
Alimentación	271	311	55	637
Artes Gráficas	51			51

G Al pasar a **Vista Gráfico dinámico** veremos un gráfico de columnas basado en la tabla dinámica donde Ciudad constituye las series y Sector, las categorías. Si preferimos otro tipo de gráfico, lo elegiremos de **Herramientas de gráfico dinámico > Diseño > Tipo > Cambiar tipo de gráfico**.

Si filtramos por Ciudad o Sector nos centraremos en los datos del filtro aplicado. Si intercambiamos la posición de Ciudad y Sector, cambiará el gráfico en consecuencia. Hagamos esto último.

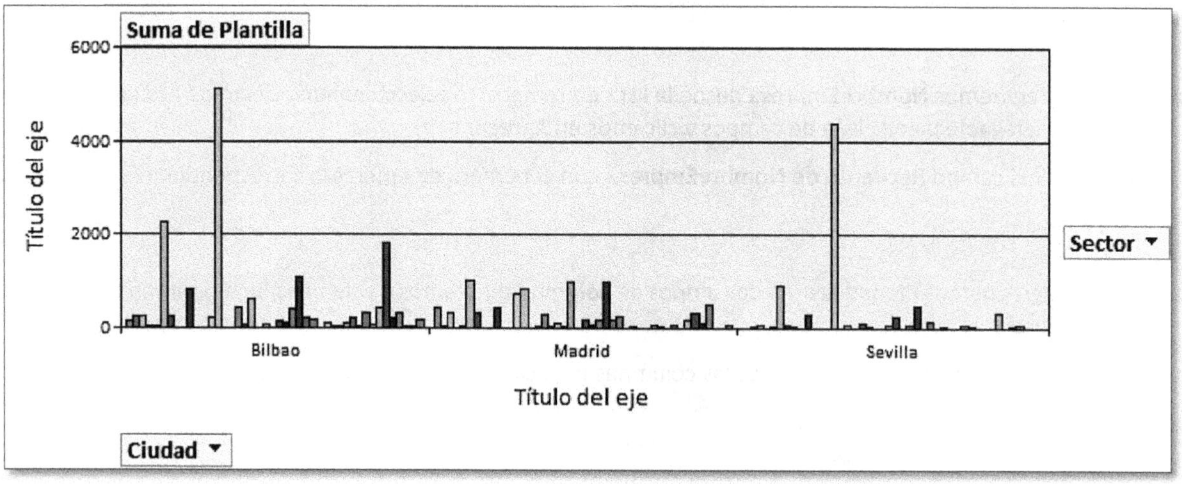

H En la **Vista Tabla dinámica** comprobaremos que el cambio en el gráfico se ha producido también en la tabla: lo que modifiquemos en una vista, se modificará en la otra.

5.11 Generador de expresiones

Las expresiones son cálculos, condiciones y funciones que introducimos en los campos calculados de una consulta, en las reglas de validación de los campos de una tabla o en los controles de un formulario o de un informe.

A lo largo de este libro hemos utilizado expresiones para sumar, restar, multiplicar, dividir, comparar, verificar campos Sí/No y valores nulos. También las hemos usado para calcular totales, contar registros y obtener la fecha y hora.

Vamos a resumir y clarificar aquí este importante componente de las bases de datos y a introducir el **generador de expresiones**. Mediante esta herramienta escribiremos expresiones largas de forma más cómoda y tendremos acceso a todos sus posibles elementos (funciones, operadores, campos, etc.).

En una expresión puede haber, como elementos más importantes:

- **Identificadores**, que son los nombres de **campo**, escritos entre corchetes: **[Plantilla]**, y los nombres de **tabla** o **consulta**, también entre corchetes, seguidos del signo de exclamación y del campo: **[Empresas]![Plantilla]**.
- **Operadores** aritméticos (**+**, **-**, *****, etc.), de comparación (**>**, **<=**, **<>**, etc.), lógicos (**O**, **Y**, **No**, etc.).
- **Constantes**: **Verdadero**, **Falso**, **Nulo**, **""** (cadena de caracteres vacía).
- **Funciones** de diverso tipo: **=Cuenta[NombreProducto]**, **=Suma[UnidadesEnExistencia]**.
- **Valores propios**, es decir, texto, números o fechas que escribimos nosotros: **"Madrid"**, **7**, **#12/10/1492#**.

Por ejemplo, la expresión **[SOCIOS]![FeNacim] < Ahora() Y > #31/12/1899#**, indica que la fecha del campo FeNacim de la tabla SOCIOS ha de ser anterior a la fecha actual y posterior al siglo XIX. Las fechas se consignan entre almohadillas.

Si la expresión la escribimos en un **control** de informe o de formulario, irá precedida del signo igual =, pero no habrá que ponerlo en tablas y consultas.

La ventana del generador de expresiones

Accedemos a su ventana desde el botón con tres puntos a la derecha de la casilla donde introducimos la expresión para una regla de validación (**tabla**), o para un origen del control (**formulario, informe**).

Si la expresión va en un campo calculado o en los criterios de una **consulta**, deberemos clicar en **Herramientas de consultas > Diseño > Configuración de consultas > Generador**.

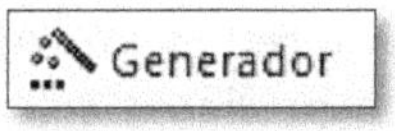

El menú contextual de la casilla también mostrará la opción del generador en todos los casos.

La **parte superior** de la ventana es el área de edición y sirve para escribir la expresión, mientras que en la **parte inferior** contamos con tres grupos de opciones: **Elementos de expresión**, **Categorías de expresión** y **Valores de expresión** para facilitarnos su confección. Si no vemos la parte inferior, clicaremos en el botón **Más >>**.

La cantidad de elementos disponibles dependerá de tipo de expresión que estemos generando: campo calculado, regla de validación, etc. y habrá de desplegar su contenido si muestra el signo más **+** delante.

Al clicar en un **elemento** de expresión (campo, función, constante, operador) veremos qué **categorías** tiene y, según la categoría seleccionada, veremos los **valores** posibles a introducir.

Para introducir cualquier campo, operador, valor, etc. haremos **doble clic** sobre el que queramos.

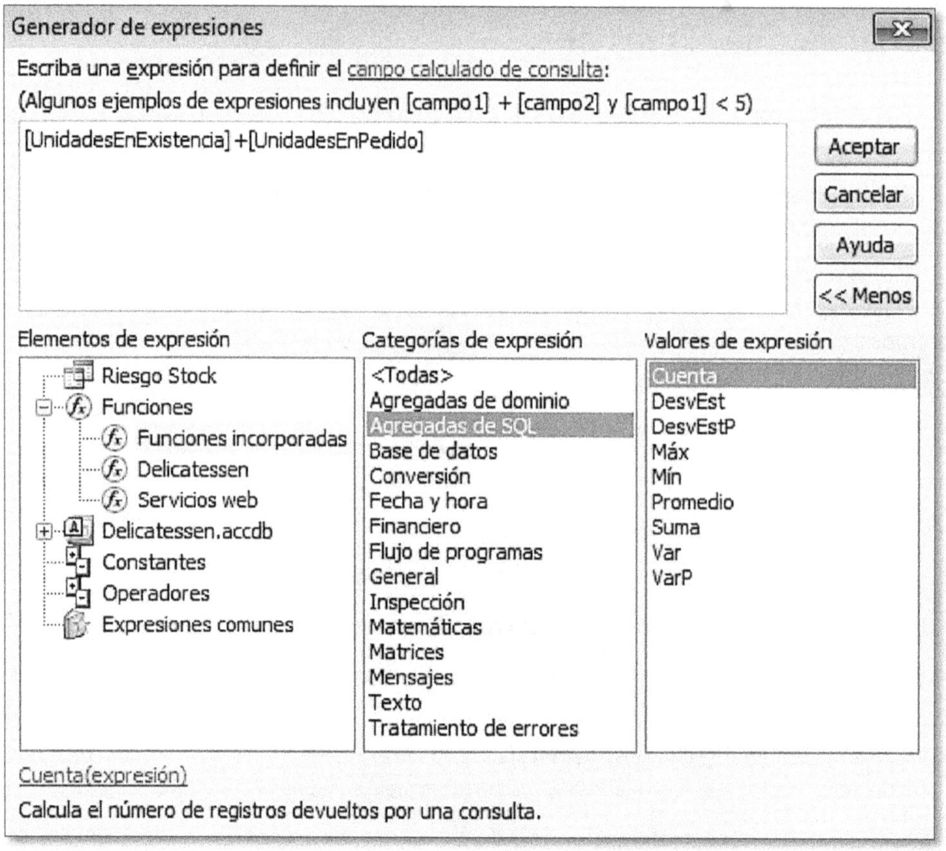

Una característica interesante del generador de expresiones es que al pie de su ventana nos indica qué hace la función seleccionada y al hacer clic en el nombre de la función nos mostrará ayuda sobre la función.

Si necesitamos utilizar expresiones complejas y queremos ampliar la información sobre este tema, buscaremos en la ayuda de *Access* **Usar expresiones de Access** o **Guía de la sintaxis de expresiones**, seleccionando **Todo Access** en la casilla **Buscar**.

5.12 Opciones de Access

Por regla general las aplicaciones de *Office* están configuradas de la manera más cómoda para el usuario, no obstante, es posible que nuestra forma de trabajar requiera comportamientos diferentes de forma predeterminada. También es posible que otro/a usuario/a de la base de datos haya cambiado opciones que haya que revertir.

En los menús de las **opciones de *Access*** se pueden modificar gran cantidad de parámetros para adaptar el programa a todo tipo de usuarios. Mencionaremos aquí algunas de las más habituales, con el consejo que, si no se está seguro del cambio a realizar, es mejor dejarlas como están.

Accederemos a **Archivo > Opciones** y veremos una ventana con distintos menús, cada uno con varias secciones:

En el menú **General** podemos cambiar el usuario de *Access*, cuyo nombre e iniciales se guardan en las propiedades del archivo .accdb. Este cambio afecta al resto de aplicaciones de *Office*.

Por otra parte, si lo que nos interesa es que no se guarde esta información en la base de datos con la que estamos trabajando, en el menú **Base de datos actual** activaremos la casilla **Opciones de aplicación > Quitar la información personal de las propiedades del archivo al guardarlo**.

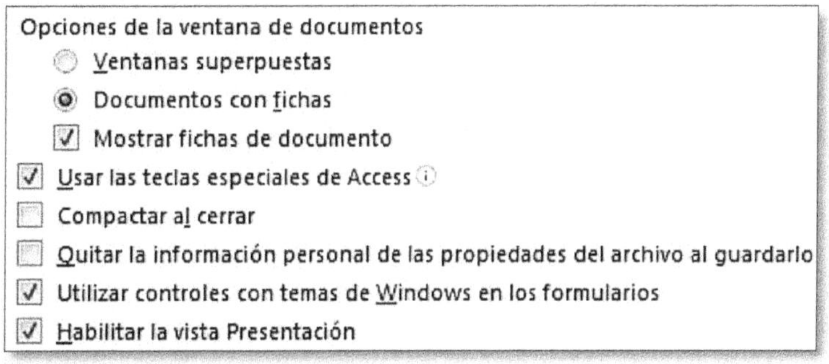

También aquí, en **Opciones de la ventana de documentos** es posible indicar que los objetos se muestren en ventanas individuales en lugar de en fichas, tal como aparecían en versiones anteriores a *Access 2007*.

Igualmente, podemos deshabilitar la **Vista Presentación** si trabajamos solamente con la de diseño.

En **Base de datos actual > Navegación** controlaremos el **Panel de navegación** para ocultarlo (no recomendable) y para configurarlo con las **Opciones de navegación** si nos conviene a nuestra manera de trabajar.

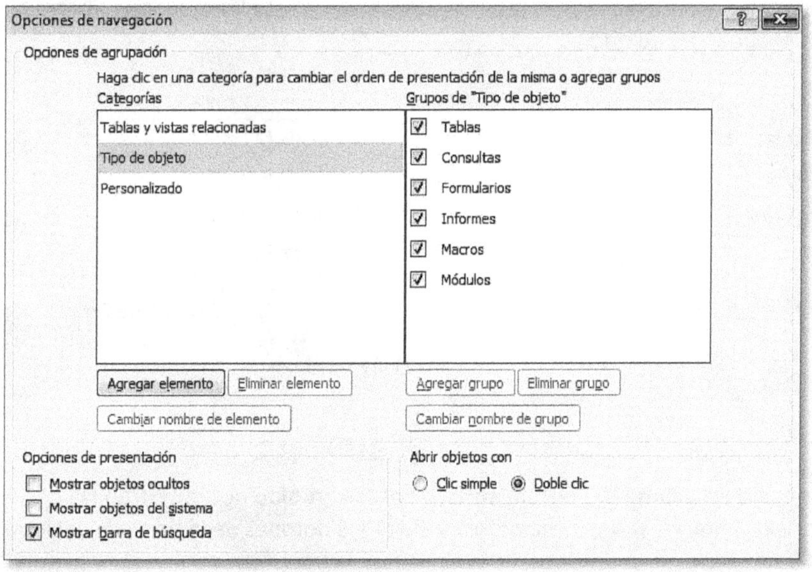

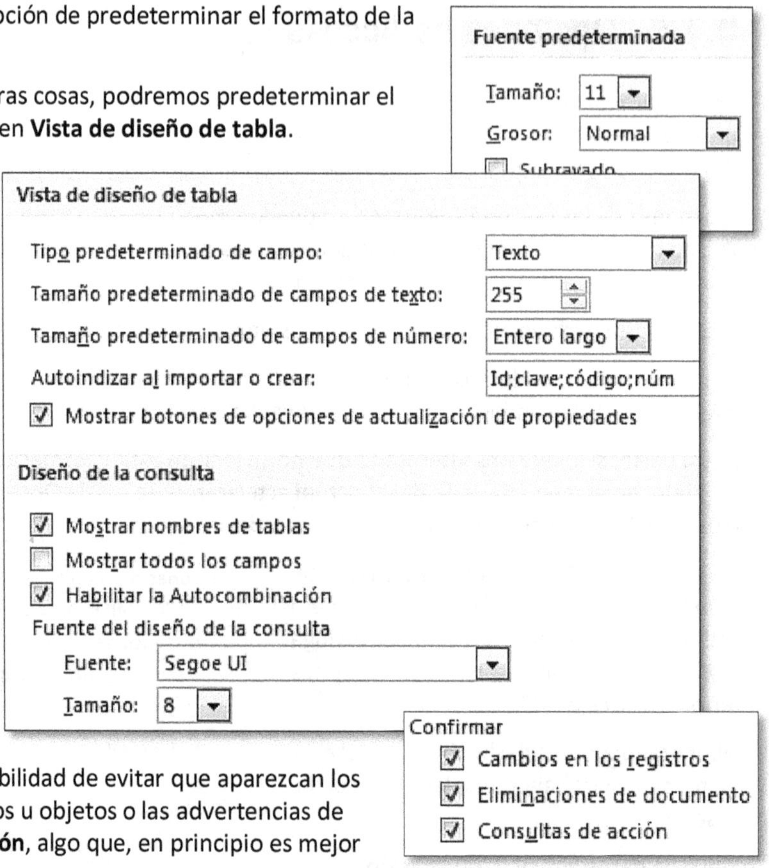

En el menú **Hoja de datos** contamos con la opción de predeterminar el formato de la fuente en que se muestran los datos.

En el menú **Diseñadores de objetos**, entre otras cosas, podremos predeterminar el tamaño de los campos de texto y de número en **Vista de diseño de tabla**.

En cuanto a las consultas, indicaremos si se muestra la lista de tablas a agregar cuando iniciamos su diseño y predeterminaremos la fuente de la cuadrícula QBE (Query By Example) en **Diseño de consulta**.

En el menú **Revisión** tenemos las **opciones de autocorrección**, que controlan lo que nos corrige *Access* de forma automática a medida que escribimos y la configuración de **ortografía**, que afecta a todos los programas de *Office*.

El menú **Idioma** muestra el idioma usado en la corrección ortográfica, en la interfaz y en la ayuda. Permite cambiar el idioma y añadir otros.

De las muchas opciones del menú **Configuración de cliente**, destacamos la posibilidad de evitar que aparezcan los mensajes de confirmación al eliminar registros u objetos o las advertencias de las consultas de acción desde la sección **Edición**, algo que, en principio es mejor no cambiar.

En la sección **Mostrar** indicamos el número máximo de bases de datos recientes que aparecen en el menú **Archivo**.

Si nos gusta un tema concreto para los objetos de la base de datos, lo podemos indicar en la sección **Tema predeterminado > Examinar**. Por ejemplo, para las bases de datos de este libro podría haberse predeterminado el tema **Aspecto**, que es el que se ha utilizado.

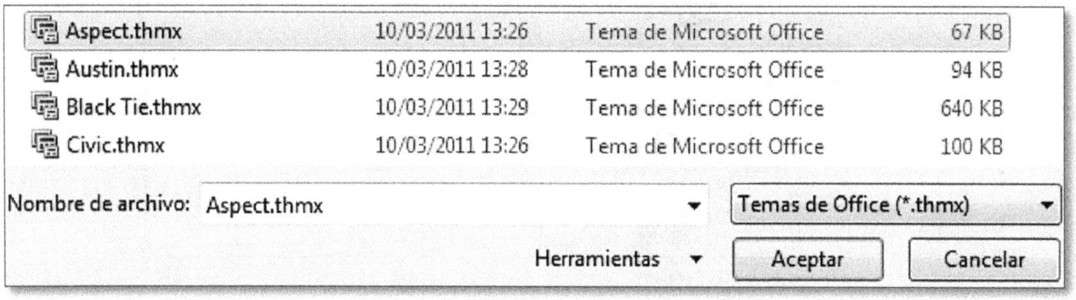

Personalizar cinta de opciones y **Barra de herramientas de acceso rápido** nos muestran las opciones para cambiar los botones de las fichas de la cinta, crear una ficha propia y elegir los botones de la barra de inicio rápido, tal como se lleva a cabo en *Word* y en *Excel*.

5.13 Limitaciones de las bases de datos de Access

Antes de embarcarse en un proyecto de diseño de una base de datos importante, conviene conocer las limitaciones con que se encontrará en *Access*. En la mayoría de casos no se superarán los límites impuestos, pero una empresa de gran envergadura o con previsión de crecimiento debería considerar si *Access* será adecuado para sus necesidades.

El tamaño de una **base de datos**, incluidos todos los objetos y los datos tiene un **límite** de **2 gigabytes** (en realidad, algo menor, porque *Access* crea objetos propios internamente). Aunque se puede evitar esta limitación de tamaño colocando las tablas en distintas bases de datos y vinculándolas entre sí, esto hace más engorrosa su gestión.

Las siguientes limitaciones se refieren a bases de datos de *Access 2007* y *Access 2010*.

Límites en Base de datos	
Número total de objetos	32.768
Número de caracteres en un nombre de objeto	64
Número de caracteres en una contraseña	14

Límites en Tablas	
Número de caracteres del nombre de un campo	64
Número de campos	255
Número de registros	Sin límite (pero máximo espacio en disco 2 gigabytes)
Número de tablas abiertas	2.048 (incluyendo tablas vinculadas e internas)
Número de caracteres de un campo de texto	255
Número de caracteres de un campo Memo	65.535 (introducidos por el usuario)
Número de índices	32
Número de campos en un índice o una clave principal	10
Número de caracteres de un mensaje de validación	255
Número de caracteres en una regla de validación	2.048
Número de caracteres de una descripción del campo o tabla	255
Número de caracteres por registro (excluyendo los campos Memo) si UnicodeCompression está establecida en Sí	4.000
Número de caracteres del valor de una propiedad de campo	255

Límites en Consultas	
Número de relaciones aplicadas	32 por tabla, menos el número de índices que hay en la tabla que no forman parte de las relaciones*
Número de tablas en una consulta	32*
Número de combinaciones en una consulta	16*
Número de campos en un conjunto de registros	255
Tamaño de un conjunto de registros	1 gigabyte
Límite para ordenar	255 caracteres en uno o varios campos
Número de niveles de consultas anidadas	50*
Número de caracteres en una celda de la cuadrícula de diseño	1.024
Número de caracteres de un parámetro	255

*Los valores máximos podrían ser menores si la consulta incluye campos de búsqueda con varios valores.

Límites en Formularios e Informes	
Número de caracteres en una etiqueta	2.048
Número de caracteres en un cuadro de texto	65.535
Ancho de formulario o informe	57,79 cm (22,75 pulgadas)
Alto de sección	57,79 cm (22,75 pulgadas)
Alto de todas las secciones más los encabezados de sección (en la Vista Diseño)	508 cm (200 pulgadas)
Número de niveles de formularios o informes anidados	7
Número de campos o expresiones que se pueden ordenar o agrupar en un informe	10
Número de encabezados y pies de grupo en un informe	10
Número de páginas impresas en un informe	65.536
Número de controles y secciones que se pueden agregar a un formulario o informe	754

POWERPOINT 2010

PRESENTACIÓN DE DIAPOSITIVAS

5

Módulo 1 - PÁGINA 373

- Requisitos y consejos en el diseño de presentaciones
- Presentación:
  - *Crear*
  - *Guardar*
  - *Cerrar*
  - *Abrir*
  - *Título*
  - *Tema*
  - *Mostrar pase de diapositivas*
- Diapositivas:
  - *Insertar*
  - *Diseño*
  - *Duplicar*
  - *Eliminar*
  - *Restablecer*
  - *Tamaño*
  - *Orientación*
- Cuadros de texto:
  - *Insertar*
  - *Modificar*
  - *Formato de fuente*
- Imágenes:
  - *Insertar*
  - *Modificar*
  - *Cambiar*
- Deshacer/Rehacer
- Seleccionar objetos
- Eliminar objetos
- Copiar, cortar y pegar
- Visualización:
  - *Vista Normal*
  - *Ficha Diapositivas*
  - *Zoom*
  - *Ajustar*
  - *Mostrar en escala de grises*
  - *Vista Clasificador de diapositivas*

Módulo 2 - PÁGINA 391

- Diapositivas:
  - *Configurar transición*
  - *Seleccionar*
  - *Comentarios*
  - *Anotaciones*
  - *Encabezado de sección*
  - *Diapositiva final*
  - *Gráficos de fondo*
  - *Encabezado y pie de página*
  - *Viñetas*
  - *Insertar WordArt*
  - *Insertar tabla*
  - *Importar texto*
  - *Notas del orador*
- Animaciones:
  - *Aplicar*
  - *Configurar*
  - *Reproducir*
  - *Copiar*
  - *Panel de animación*
- Presentación:
  - *Importar diapositivas*
  - *Secciones*
  - *Guardar como *.ppsx*
  - *Guardar como PDF*
  - *Incrustar fuentes*
  - *Imprimir*
  - *Presentación personalizada*
- Visualización:
  - *Ficha Esquema*
  - *Vista Patrón de diapositivas*
  - *Vista Patrón de documentos*
  - *Vista Página de notas*
  - *Vista Moderador*
- Revisión ortográfica
- Idioma
- Desplazamiento alternativo
- Resolución de pantalla
- Puntero láser

Módulo 3 - PÁGINA 414

- Diapositivas:
  - *Transición automática*
  - *Estilo de fondo*
  - *Imagen de fondo*
  - *Insertar forma*
  - *Formato de forma, imagen y cuadro de texto*
  - *Insertar acciones y vínculos*
  - *Insertar botones de acción*
- Animaciones:
  - *Animación múltiple*
  - *Reordenar animaciones*
  - *Animación avanzada: establecer desencadenante*
- Presentación:
  - *Guardar como vídeo*
  - *Presentación en bucle*
  - *Protección contra cambios*
  - *Protección contra apertura*
- Insertar audio
- Grabar narración
- Ocultar cinta de opciones
- Personalizar barra de acceso rápido
- Opciones de Powerpoint

PowerPoint · Módulo 1

TEMAS

1.1 Requisitos y consejos en el diseño de presentaciones

Las presentaciones de diapositivas se han convertido en una herramienta muy popular gracias a la proliferación de los equipos informáticos y a programas como *Microsoft PowerPoint*, un software sencillo y potente, que posibilita la creación de presentaciones muy variadas de forma rápida y efectiva.

Existen **dos tipos** de presentación: con orador y automática. La primera la utilizan profesores/as, estudiantes, científicos/as, agentes comerciales, conferenciantes, etc. para exponer un tema ante una audiencia presencial o remota. La segunda se diseña para ser difundida por internet u otros medios sin que se requiera la presencia de un/a orador/a.

En las páginas siguientes aprenderemos a crear y a perfeccionar ambos tipos de presentaciones, teniendo siempre presente que la presentación es un medio, no un fin en sí misma. Con ello queremos decir que todos los elementos que intervienen en su diseño han de adecuarse a su finalidad real, que es servir de apoyo visual a la transmisión del tema o idea.

Elementos de las diapositivas

El **texto** de las diapositivas no ha de ser extenso, preferiblemente, tan solo ha de indicar los puntos que desarrollará el/la orador/a. En presentaciones sin orador/a, destinadas a mostrarse en equipos individuales podrá ser más amplio.

Asimismo, las **fuentes** (tipografía) elegidas deberán ser claras y lo suficientemente grandes para ser leídas a distancia.

Las **imágenes** han de tener relación con el tema y una calidad suficiente.

Los efectos de **transición** (cambio) de diapositiva y de **animación** de los objetos de texto o imágenes nos han de servir para captar y mantener la atención de nuestra audiencia, pero, si abusamos de ellos o no son los adecuados, conseguiremos el efecto contrario.

En cuanto a los efectos de **sonido**, mejor no incluirlos, a no ser que nuestro público sea muy joven y necesitemos motivación extra.

Insertar **audio** a modo de música de fondo en una presentación automática es interesante, siempre que no haya grabada una narración e interfiera con ella. En una presentación con orador/a lo habitual es no tener música sonando durante el pase de diapositivas, pero habremos de incluir audio, cuando el tema tratado lo requiera (p. ej., historia de la música, sonidos de animales, ejemplos de idiomas, etc.).

Es posible insertar un **vídeo** en una diapositiva, no obstante, este es el elemento que puede causar más problemas de reproducción, por lo tanto, si es necesario mostrarlo, es aconsejable hacerlo fuera de la presentación. Si queremos mostrarlo en la misma diapositiva, deberíamos asegurarnos de su correcto funcionamiento en el mismo equipo con el que haremos el pase, es decir, en el mismo ordenador conectado al mismo proyector o monitor externo.

Estilo de la presentación

El tipo de **audiencia** y la **temática** es lo que hemos de tener en cuenta cuando decidamos el estilo de la presentación.

Por ejemplo, si estamos enseñando ciencias naturales a niños de primaria, emplearemos colores brillantes y efectos llamativos, pero si estamos dando una conferencia sobre el antiguo Egipto a personas adultas, usaremos tonos de color y fuentes que nos recuerden la época, así como efectos de animación más sutiles.

PowerPoint dispone de un amplio conjunto de estilos que se ajustan a variadas temáticas y que podemos, además, modificar según nuestras preferencias.

Medios para la presentación

El medio más habitual para mostrar la presentación es el **proyector** conectado al equipo informático, configurado como réplica de la pantalla de nuestra pantalla.

La mayoría de proyectores manejan de forma nativa una resolución de imagen de 800x600 o 1024x768, pero el equipo informático seguramente tendrá más resolución nativa. A la hora de proyectar, lo idóneo es que coincidan ambos, pero dadas sus diferencias deberemos ajustar la resolución de pantalla en nuestro sistema operativo o, si el proyector permite otra resolución, aunque no sea de forma nativa, probarla antes de hacer el pase de diapositivas.

En proyectores de gama alta o en **monitores** modernos de ordenador o televisión la resolución es mayor y, por tanto, no suele ser problemática. En todo caso, siempre que sea posible deberíamos hacer una prueba antes de mostrar la presentación con diapositivas.

Si la presentación va a ser distribuida, su correcta visualización dependerá de muchos más factores, en función del equipo del destinatario: sistema operativo, versión del programa, fuentes instaladas, ... En este caso habría que incrustar las fuentes en la presentación o convertirla en un vídeo si el pase es automático. Cómo llevar a cabo estas acciones lo aprenderemos en los temas correspondientes del libro.

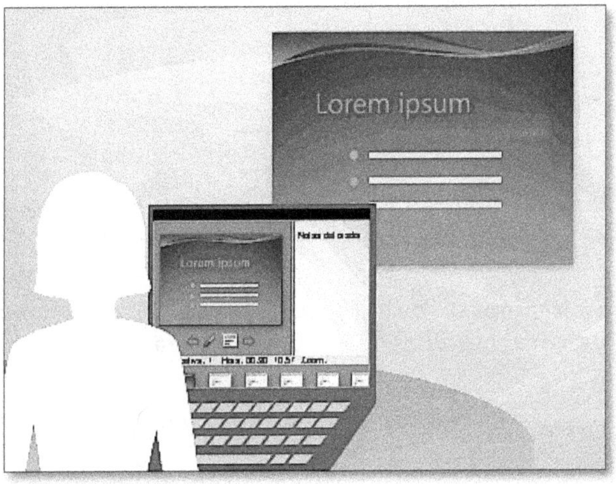

Presentaciones para terceros

Cuando diseñemos una presentación para una empresa o para cualquier otra organización los requisitos aumentarán y habrá que ser más rigurosos, si cabe, en la calidad final. En concreto deberemos:

- Incorporar adecuadamente la **imagen corporativa** de la empresa mediante la inclusión de logotipos o marcas en encabezados/pies de página.
- Tener en cuenta al diseñar las diapositivas, los **colores**, **fuentes** y otros **elementos gráficos** presentes en documentos, campañas de marketing, productos, etc. de la empresa.
- Respetar las **normas de estilo** de la organización.
- Mantener la presentación **confidencial** mediante el cifrado por contraseña si contiene datos sensibles.

1.2 Crear una presentación · Título · Temas · Cuadros de texto

Cuando abrimos *PowerPoint* tenemos dispuesta una presentación para comenzar a trabajar. Por tanto, al igual que sucede con *Word* y *Excel*, no es necesario crear un archivo inicialmente. No obstante, si queremos hacerlo, nos dirigiremos a **Archivo > Nuevo > Presentación en blanco > Crear** (o pulsaremos **Ctrl+U**).

También tenemos la opción de descargar alguna de las muchas plantillas de ejemplo incluidas con el programa o en la web Office.com, pero, para aprender a diseñar una presentación, lo mejor es partir de una en blanco.

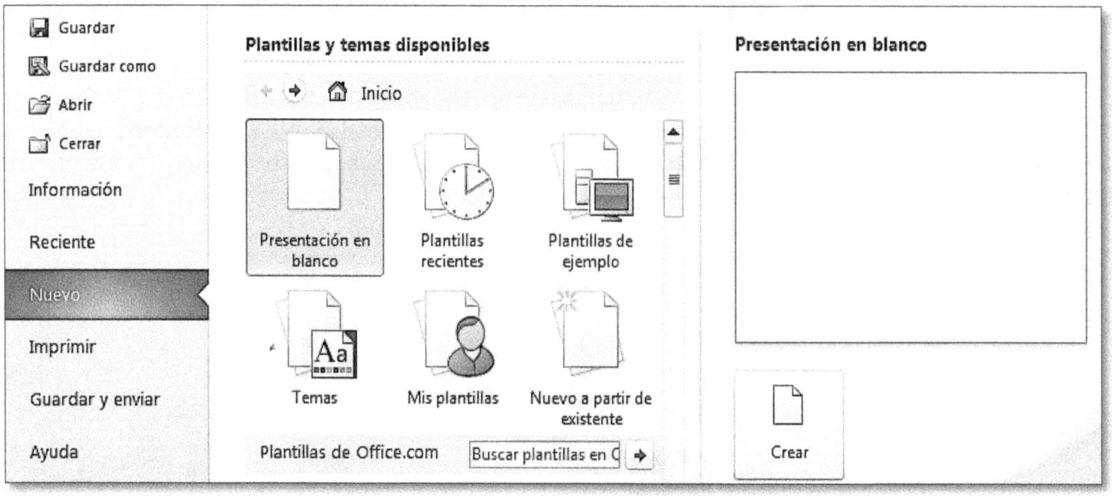

Bajo la cinta de opciones veremos la diapositiva de título, donde, como indica su nombre, sirve para mostrar el **título de la presentación**. A la izquierda, tendremos un panel con una miniatura de esta diapositiva inicial.

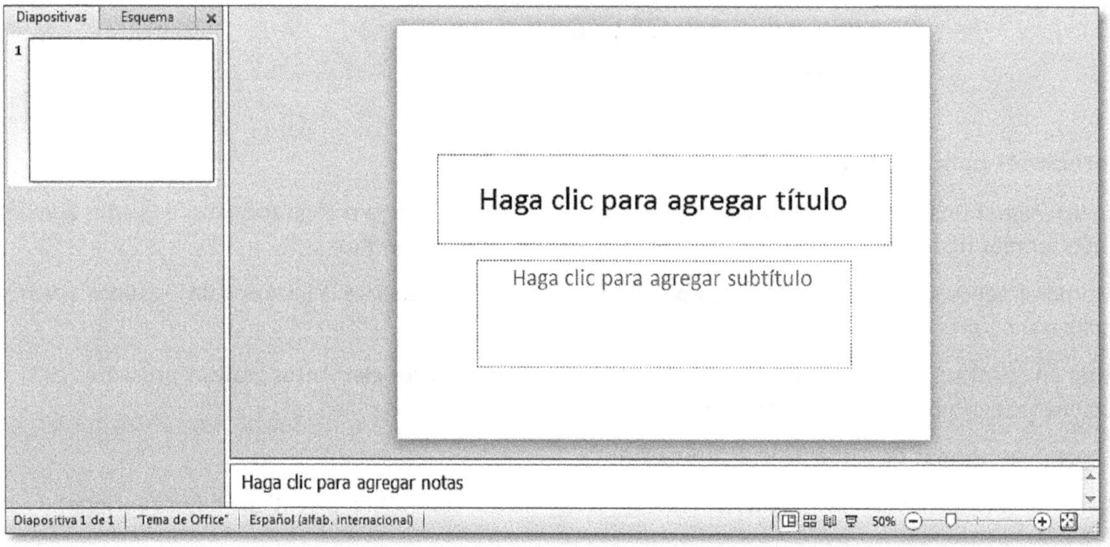

El conjunto de colores, fuentes y estilos que se aplica a todas las diapositivas constituye el **tema** de la presentación. El tema predeterminado es el llamado Office, pero se puede elegir otro en la ficha **Diseño**.

Comenzaremos aquí la elaboración de una presentación sobre el sistema solar a partir de la presentación en blanco que nos propone *PowerPoint.* A medida que la desarrollemos aprenderemos a manejar los elementos básicos del programa.

En la práctica siguiente, en concreto, insertaremos texto en los objetos destinados a ello: los **cuadros de texto**.

PRÁCTICA

A Cambiaremos el aspecto general de la presentación desde el grupo **Temas** de la ficha **Diseño**. Mediante las flechas a la derecha de las miniaturas de muestra buscaremos y clicaremos en el tema **Metro**.

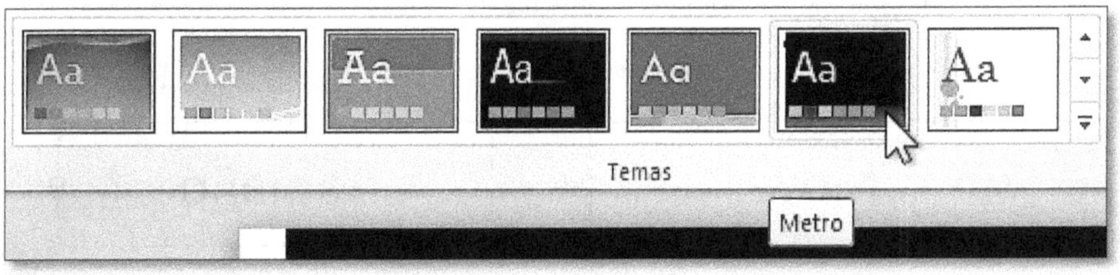

La elección de un tema con fondo negro, va en función de las imágenes que insertaremos en las diapositivas, cuyo fondo también es negro. De esta manera, las imágenes se mostrarán perfectamente, dando a nuestra presentación un "look" armónico.

B Clicaremos en el **cuadro de texto** preparado para agregar el **título** y aparecerá el cursor en su interior. Escribiremos: *EL SISTEMA SOLAR.*

En *PowerPoint* se usan estos cuadros para incluir texto en la presentación. La mayoría de diseños de diapositiva disponibles los contiene de forma predeterminada, pero se pueden insertar otros, modificarlos, eliminarlos, etc.

C A continuación, clicaremos en el cuadro de texto del subtítulo y escribiremos: *Presentación creada por "nombre".*

1.3 Formato de fuente · Seleccionar y modificar cuadros de texto

Al texto insertado en los cuadros de texto se le puede aplicar cualquier **formato de fuente**, tanto la fuente en sí, como los formatos habituales de tamaño, color, negrita, cursiva, etc. desde la ficha **Inicio**.

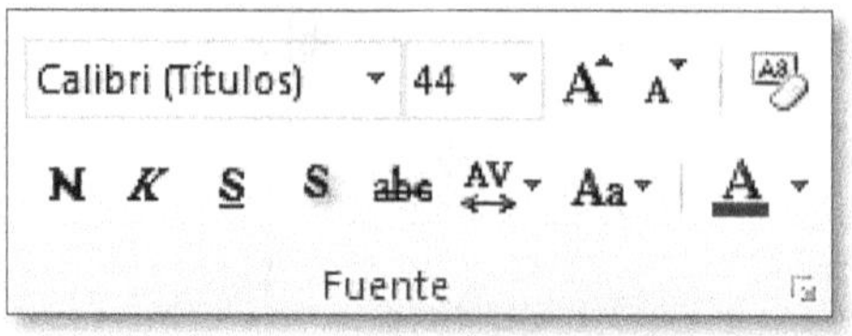

Por otro lado, estos objetos se pueden **modificar** en cuanto su **posición** (arrastrar su borde) y en cuanto a su **tamaño** (arrastrar controladores de tamaño de las esquinas o centrales).

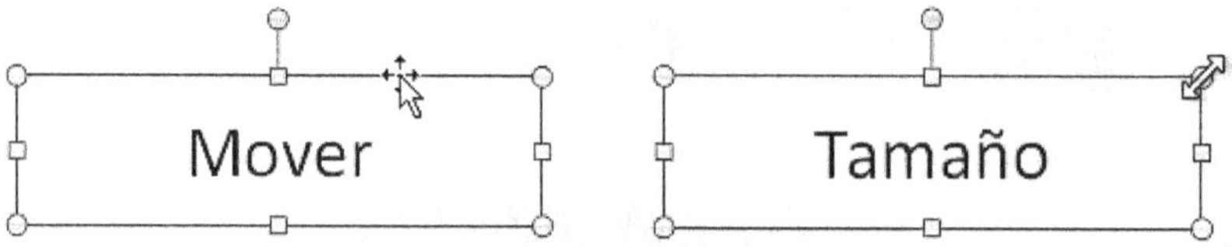

PRÁCTICA

A Clicaremos en el <u>borde del cuadro de texto</u> para **seleccionarlo** y desde **Inicio > Fuente** aumentaremos la fuente del título a **60 puntos**, bien con la lista desplegable, bien con el botón **Aumentar tamaño de fuente**.

Cuando seleccionamos el cuadro de texto, el cambio en el formato afecta a todo el contenido. Si queremos cambiar parte del texto, clicaremos dentro del cuadro de texto y lo seleccionaremos arrastrando por encima.

> **NOTA:** Para cambiar el formato de una sola palabra no es necesario seleccionarla, basta con que el cursor se encuentre dentro de ella. Para seleccionar un párrafo, se puede hacer triple clic sobre cualquier palabra de ese párrafo.

B Seleccionaremos el cuadro de texto del subtítulo y cambiaremos la fuente a *Bradley Hand ITC 24* buscándola en la lista de fuentes. También pondremos el texto en negrita.

C **Moveremos** el subtítulo debajo el título arrastrando el <u>borde del cuadro de texto</u> y ajustaremos la **altura** de los dos cuadros de texto arrastrando los <u>controladores de tamaño</u>.

1.4 Guardar, cerrar y abrir la presentación

Para no perder el trabajo que estamos realizando, lo mejor es **guardar la presentación** lo antes posible clicando en el botón **Guardar** en la barra de acceso rápido. Al guardarla por primera vez le daremos un nombre y una ubicación.

El archivo de *PowerPoint* guardado tendrá la extensión **.pptx**.

Al acabar de trabajar con la presentación, **cerraremos** su ventana con el botón de la equis y para reanudar nuestras tareas la **abriremos** desde la carpeta donde la hayamos guardado.

También en el menú **Archivo** tenemos los comandos para realizar estas operaciones.

PRÁCTICA

A Clicando en el botón de guardar o desde **Archivo > Guardar**, guardaremos la presentación con el nombre de **El sistema solar.pptx**, el cual escribiremos en la casilla correspondiente del cuadro de diálogo **Guardar como**.

En la casilla **Tipo** dejaremos **Presentación de PowerPoint (*.pptx)** y como ubicación dejaremos también la biblioteca **Documentos** (o elegiremos otra carpeta si así lo preferimos).

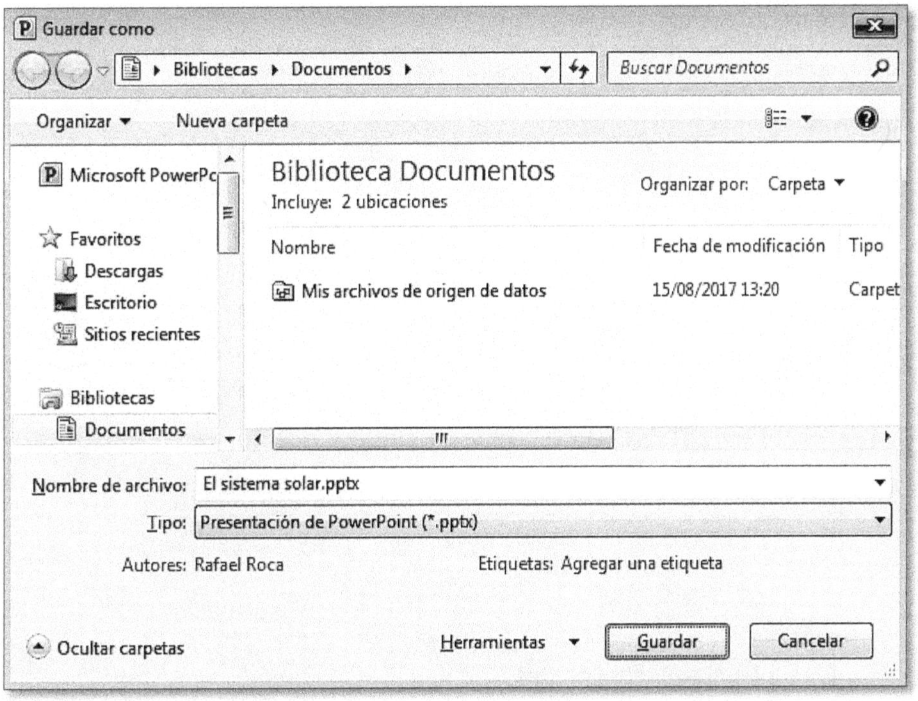

NOTA: La extensión **.pptx** no es necesario escribirla, ya que *PowerPoint* la pone por nosotros, tal como se muestra en la casilla **Tipo**.

A medida que vayamos modificando la presentación, iremos guardando los cambios, pero ya no se nos pedirá el nombre ni la ubicación, a no ser que elijamos la opción de **Guardar como**.

Para guardar rápidamente es interesante usar la combinación de teclas **Ctrl+G**.

B Una vez guardado el archivo, lo podemos **cerrar** con el botón de la **X**, con lo cual cerraremos la ventana del programa. Para mantener *PowerPoint* abierto acudiremos a **Archivo > Cerrar** o pulsaremos **Ctrl+F4**.

Si cerramos la presentación antes de guardar los cambios, el programa nos avisará de tal circunstancia y podremos guardarla antes de cerrar, cerrarla descartando los cambios (**No guardar**) o dejar sin efecto la orden de cerrar (**Cancelar**).

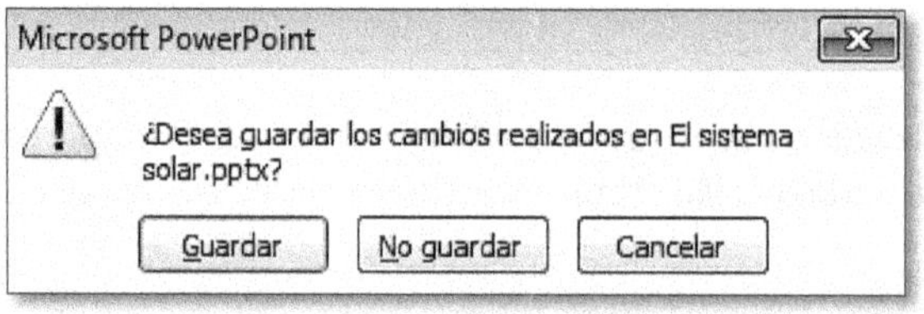

C Para **abrir** una presentación guardada, haremos doble clic sobre el archivo en la carpeta donde lo hayamos guardado o clicaremos en **Archivo > Abrir**.

Las distintas presentaciones que abramos se mostrarán en **Archivo > Recientes**.

1.5 Insertar diapositivas · Cambiar diseño · Mostrar en escala de grises

Dependiendo de qué queramos mostrar en una diapositiva, dispondremos de varios diseños para añadir rápidamente el texto, las imágenes y otros objetos. También podremos **insertar una diapositiva** en blanco, pero es conveniente usar uno de los establecidos.

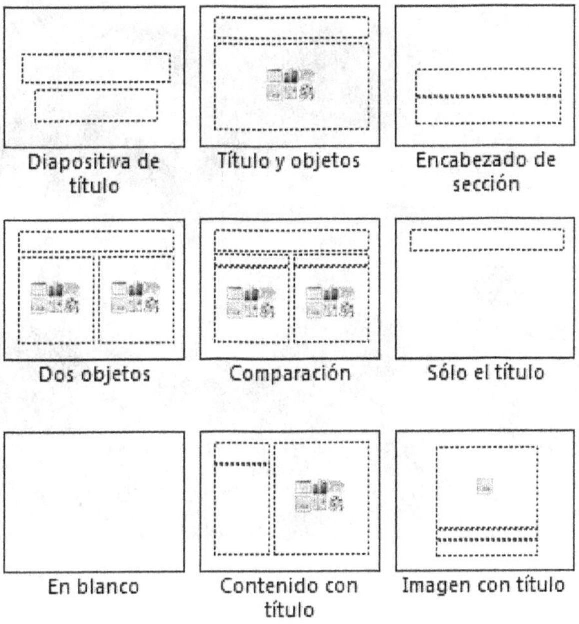

Sea como sea, una vez insertada, es posible **cambiar su diseño** fácilmente.

Los diseños de diapositivas son los mismos para todos los temas. Para trabajar mejor en las diapositivas con temas oscuros, contamos con la opción de mostrarla en **escala de grises**.

Veremos estas opciones realizando la práctica propuesta.

PRÁCTICA

A Desde la ficha **Inicio**, en el grupo **Diapositivas,** insertaremos una nueva diapositiva clicando en el texto **Nueva diapositiva**, bajo el botón.

Elegiremos el diseño **Contenido con título** y escribiremos como **título**, *El Sol* y como **texto** el mostrado abajo. Pulsaremos **Entrar** (Intro) al final de cada párrafo (tras el punto y aparte).

DATOS

Estrella del sistema solar.

Distancia de la Tierra: 150 millones de kilómetros.

Masa: 98 % del total del Sistema Solar.

Temperatura: unos 5.000º C en superficie.

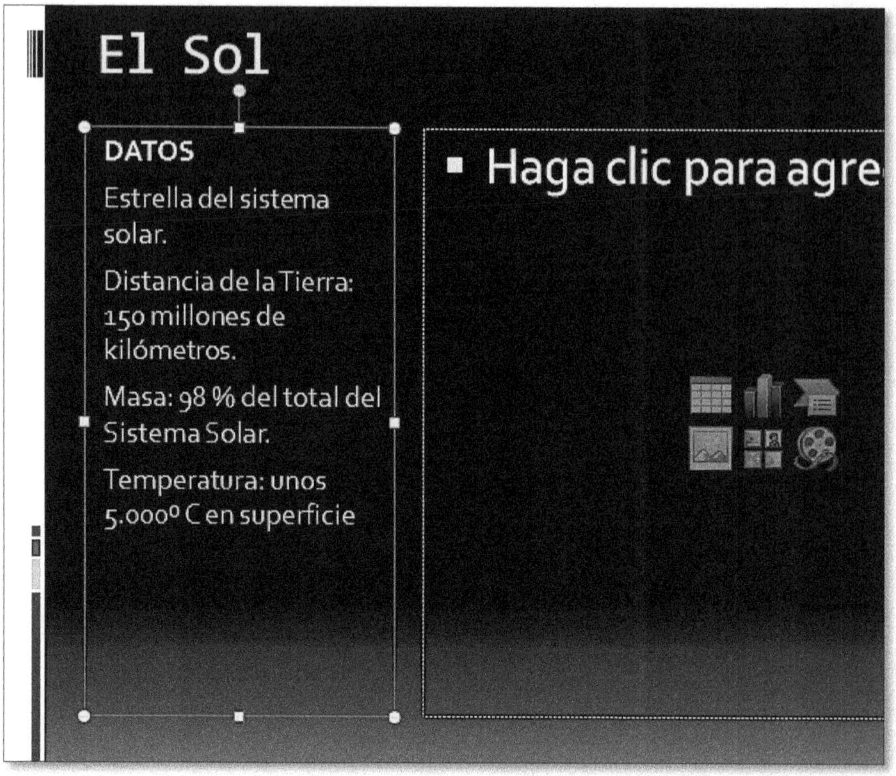

B Comprobaremos que el diseño se puede cambiar clicando en el botón **Diseño** y eligiendo otro. Luego, volveremos al diseño inicial de contenido con título.

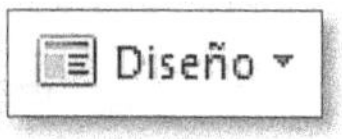

C Aumentaremos la **fuente del cuadro de texto** con los datos a 24 pto. Para ello podemos seleccionar el texto o seleccionar todo el cuadro clicando en su borde.

Aplicaremos el formato **negrita** a la palabra DATOS.

D Ajustaremos también la altura/anchura del cuadro de texto con los datos arrastrando <u>los controladores de tamaño</u>.

E Dado el fondo oscuro de este diseño, podemos mostrar la presentación en **Escala de grises [**ficha **Vista]** para trabajar con más comodidad y volver al color al acabar.

1.6 Imágenes: insertar, mover y cambiar tamaño

Las imágenes son objetos básicos en toda presentación que se precie. En las diapositivas podemos **insertar imágenes** propias o aquellas incluidas con el programa.

Las modificaciones básicas que habrá que hacer en la imagen cuando esté insertada serán **moverla** y **cambiar su tamaño**.

PRÁCTICA

A Para añadir una imagen en la diapositiva, clicaremos en el botón **Insertar imagen desde archivo** que aparece en el cuadro de objetos. Insertaremos la imagen **Sol.jpg** que se encuentra en la carpeta **Archivos Office 2010 - PowerPoint > Sistema solar**.

Si quisiéramos insertar una imagen de las que nos proporciona *Office*, clicaríamos en **Imágenes prediseñadas**.

B Ajustaremos la **posición** de la imagen arrastrándola hacia la esquina superior derecha y también ajustaremos su **tamaño** arrastrando los controladores de las esquinas para mantener sus proporciones.

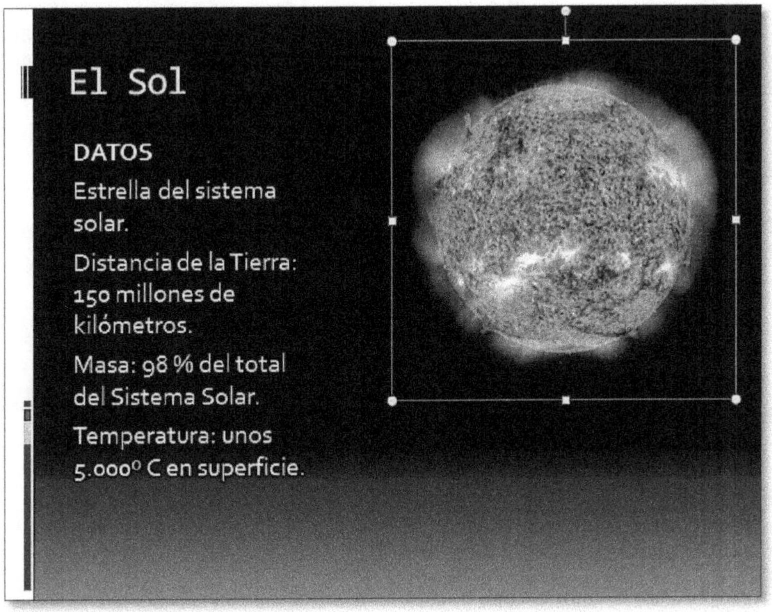

1.7 Restablecer · Deshacer · Rehacer · Eliminar objetos

Cuando comentemos errores contamos con varias opciones para enmendarlos:

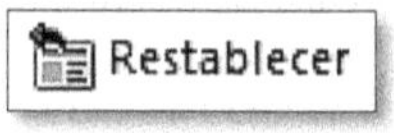

La opción **Restablecer** restaura la diapositiva al diseño original en cuanto al tamaño, posición, formato de los objetos y las fuentes empleadas. La encontramos en **Inicio > Diapositivas**.

La opción **Deshacer** deshace la última acción realizada, es decir, va hacia atrás en la secuencia de acciones que hemos hecho (escribir, insertar imagen, mover, eliminar, etc.). La activamos con el botón **Deshacer** de la barra de acceso rápido (en la esquina superior izquierda de la ventana de *PowerPoint*) o con **Ctrl+Z**.

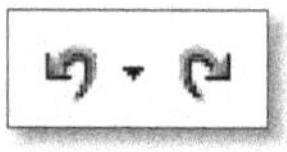

Si nos pasamos deshaciendo, nos será útil la opción **Rehacer**, que rehace la última acción que hemos deshecho. La activamos con el botón **Rehacer** de la barra de acceso rápido o con **Ctrl+Y**.

NOTA: Si no se ha deshecho alguna acción, no aparecerá el botón de rehacer. En su lugar tendremos el botón **Repetir**, que repetirá la última acción realizada.

PRÁCTICA

A Para comprobar cómo podemos **rectificar** o **eliminar** aquello que no nos interese, insertaremos una nueva diapositiva con el diseño **Contenido con título** a continuación de la del sol.

B Moveremos los cuadros de texto y el de objetos a cualquier posición.

Escribiremos en los cuadros de texto, cambiaremos la fuente y el tamaño.

C Para recuperar la posición, tamaño y formato preestablecidos pulsaremos en **Inicio > Diapositivas > Restablecer**.

Como vemos, el texto escrito se conserva, pero el resto de cambios realizados se han revertido.

D Ahora, **eliminaremos** el cuadro con el título y el de los objetos clicando en su borde y pulsando la tecla **Supr**.

Clicaremos en el botón **Deshacer** o pulsaremos **Ctrl+Z** para recuperar lo borrado.

Volveremos a eliminar los cuadros de texto clicando en el botón **Rehacer** o pulsando **Ctrl+Y**.

1.8 Ficha Diapositivas · Eliminar diapositiva · Vista Normal · Zoom · Ajustar

Ya hemos visto cómo aparecen miniaturas de las diapositivas que insertamos en la ficha **Diapositivas** del **panel izquierdo**. Estas miniaturas las usaremos cuando la operación que queramos llevar a cabo afecte a las diapositivas en sí: copiarlas, moverlas o, lo que haremos en la práctica de este tema, **eliminarlas**.

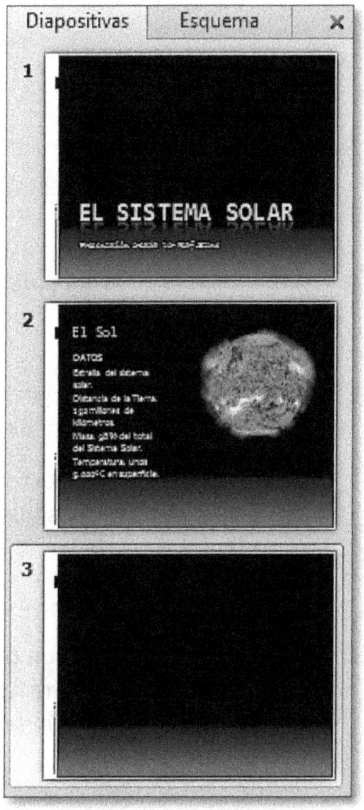

Este panel forma parte de la **Vista Normal** y puede ensancharse/estrecharse arrastrando su borde derecho, de manera que las miniaturas se mostrarán más grandes o más pequeñas en consonancia.

Si lo cerramos clicando en la equis, lo recuperaremos clicando en el botón **Normal** de la ficha **Vista** o el botón de la barra de estado, al lado del zoom.

Si queremos **ajustar el tamaño de visualización** de las diapositivas aumentaremos el **zoom** (a la derecha de la barra de estado) clicando en los botones o arrastrando el control deslizante.

Si queremos ajustar automáticamente su tamaño al tamaño de la ventana, clicaremos en el botón **Ajustar diapositiva a la ventana actual**, a la derecha del zoom.

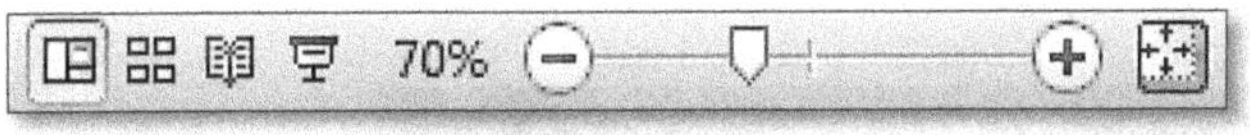

PRÁCTICA

A **Eliminaremos** la diapositiva número 3, que insertamos en la práctica anterior. Lo haremos mediante el **menú contextual** o la tecla **Supr**, seleccionándola en el panel izquierdo.

B Ajustaremos la **anchura** del panel izquierdo hasta que veamos las miniaturas al tamaño que prefiramos.

C Comprobaremos la función del **zoom** y el **ajuste automático** al tamaño de la ventana.

1.9 Girar y recortar imagen · Insertar cuadro de texto

Para adaptar una imagen a las necesidades de la presentación podemos **girarla** y **recortarla**. Practicaremos estas opciones y también cómo **insertar un cuadro de texto** cuando no lo incluya el diseño de la diapositiva.

PRÁCTICA

A Insertaremos una tercera diapositiva con el diseño **Título y objetos**, teniendo en cuenta que la diapositiva aparecerá a continuación de la que tenemos seleccionada. Como título escribiremos: *Los planetas*.

B Insertaremos la imagen **Planetas.jpg** de igual manera que hicimos con la imagen del Sol.

C Esta imagen habrá que girarla **[Herramientas de imagen > Formato > Organizar > Girar]** para que se muestre correctamente, con el Sol a la izquierda.

También habrá que recortarla **[Herramientas de imagen > Formato > Tamaño > Recortar]** por la derecha para que desaparezca el último planeta, Plutón. Para ello, arrastraremos los controladores de recorte y clicaremos fuera de la imagen al acabar.

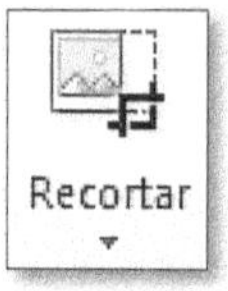

D Además, insertaremos un **cuadro de texto** clicando en **Insertar > Texto > Cuadro de texto** y arrastrando para darle forma. El cuadro irá debajo de la imagen y en él escribiremos: *Los planetas a escala: Mercurio, Venus, Tierra, Marte, Júpiter, Saturno, Urano y Neptuno*.

Aumentaremos a 28 pto la fuente del cuadro de texto y ajustaremos su posición y tamaño.

1.10 Mostrar pase de diapositivas (Presentación con diapositivas)

Tras insertar una diapositiva para nuestro planeta, comprobaremos cómo se mostrará la presentación a pantalla completa como pase de diapositivas en la ficha **Presentación de diapositivas**.

PRÁCTICA

A Añadiremos una cuarta diapositiva para el planeta Tierra con el diseño **Contenido con título**.

B Escribiremos el **texto** de abajo, pulsando **Entrar** (Intro) al final de cada párrafo y aumentaremos la fuente 24 pto:

DATOS

Nuestro planeta azul viaja a una velocidad de 108.000 km/h alrededor del Sol.

Los océanos cubren las dos terceras partes de su superficie.

Su atmósfera, rica en oxígeno permite la existencia de vida.

Su único satélite es la Luna.

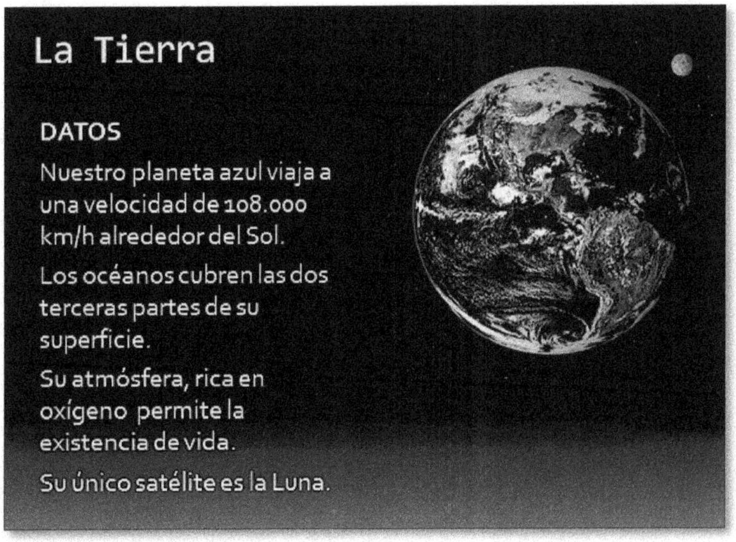

C Insertaremos la imagen Tierra.jpg desde Archivos Office 2010 - PowerPoint > Sistema solar.

Ajustaremos el tamaño del cuadro de texto, además de la posición y el tamaño de la imagen para que quede aproximadamente como se muestra:

D En **Presentación con diapositivas > Iniciar presentación con diapositivas** comprobaremos como se visualizará la presentación a pantalla completa.

Para pasar las diapositivas, haremos clic o usaremos las teclas de dirección. Para cancelar el pase la presentación, pulsaremos la tecla **Esc**.

NOTA: El botón a la izquierda del zoom, en la barra de estado, inicia la presentación a partir de la diapositiva actual.

1.11 Duplicar diapositivas · Cambiar imagen · Vista Clasificador de diapositivas

Una opción muy útil cuando las diapositivas a insertar son iguales o muy similares a otra que ya hemos configurado es **duplicar la diapositiva**, con lo cual obtendremos una copia idéntica en la cual modificaremos aquello necesario: título, texto, imágenes, ...

Si vamos a insertar una imagen en la copia de una diapositiva que sustituya a la existente, por ejemplo, la imagen del planeta, es muy interesante la opción de **cambiar imagen** que añadirá la nueva en el mismo sitio y con el mismo tamaño que la sustituida.

La vista **Clasificador de diapositivas** nos mostrará las miniaturas como si estuvieran encima de una mesa y será práctica para ordenarlas.

PRÁCTICA

A Seleccionaremos la diapositiva de la Tierra y la **duplicaremos** tres veces para incluir a Venus, a Marte y a Mercurio, en ese orden. Así, aprovecharemos los formatos ya dados.

Para ello, clicaremos en el texto del botón **Nueva diapositiva** y elegiremos **Duplicar diapositivas seleccionadas** (o **Duplicar diapositiva** del menú contextual).

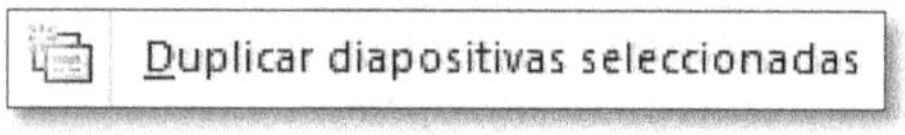

B En las diapositivas duplicadas podemos seleccionar y eliminar la imagen de la Tierra para insertar las imágenes correspondientes (**Venus.jpg**, **Marte.jpg** y **Mercurio.jpg**).

Sin embargo, utilizaremos la opción **Cambiar imagen** del menú contextual de la imagen. Con este método, la nueva imagen adopta el tamaño y posición de la sustituida.

Esta opción se encuentra también en **Herramientas de imagen > Formato > Ajustar**.

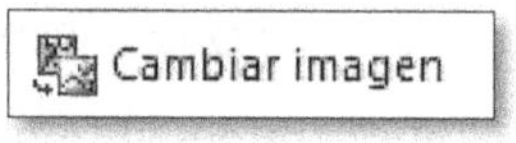

C El texto del título y los datos, con la misma fuente y tamaño, será el siguiente:

Venus
Tiene un tamaño casi idéntico al de la Tierra, pero sin agua y con temperaturas que alcanzan los 480º C.
Está rodeado de una espesa capa de nubes de ácido sulfúrico.
Su densa atmósfera contiene, principalmente, dióxido de carbono, un gas pesado que atrapa el calor.

Marte
Se le denomina "planeta rojo" debido al óxido de hierro que cubre su superficie.
Un poco menor que la Tierra, su temperatura oscila entre 110º C bajo cero y 0º C.
Su tenue atmósfera se compone de dióxido de carbono. Tiene dos satélites: Fobos y Deimos.

Mercurio
Es el planeta más próximo al Sol y el que se mueve a mayor velocidad.
Alcanza temperaturas de 430 º C.
El más pequeño de los planetas rocosos, tiene un diámetro de 4.880 km (menos de la mitad del terrestre).

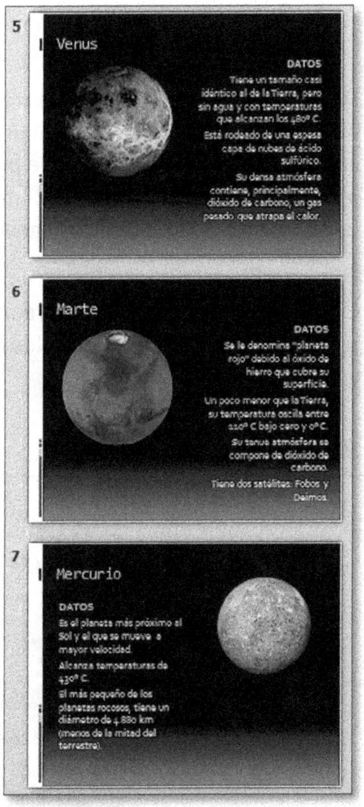

D Para romper un poco la monotonía del aspecto de la presentación, en las diapositivas de **Venus** y **Marte** moveremos el cuadro de texto con los datos a la derecha y la imagen a la izquierda, para que cada uno ocupe el lugar del otro.

El texto lo alinearemos a la derecha desde **Inicio > Párrafo**, seleccionando previamente el cuadro de texto.

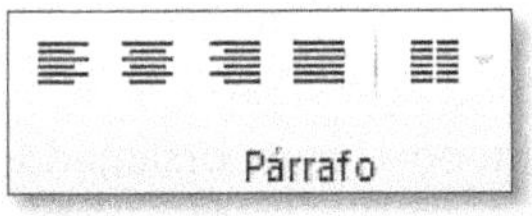

E En la vista **Clasificador de diapositivas** de la ficha **Vista** arrastraremos las miniaturas para cambiar el orden de los planetas en función de su cercanía al Sol: Mercurio, Venus, Tierra y Marte.

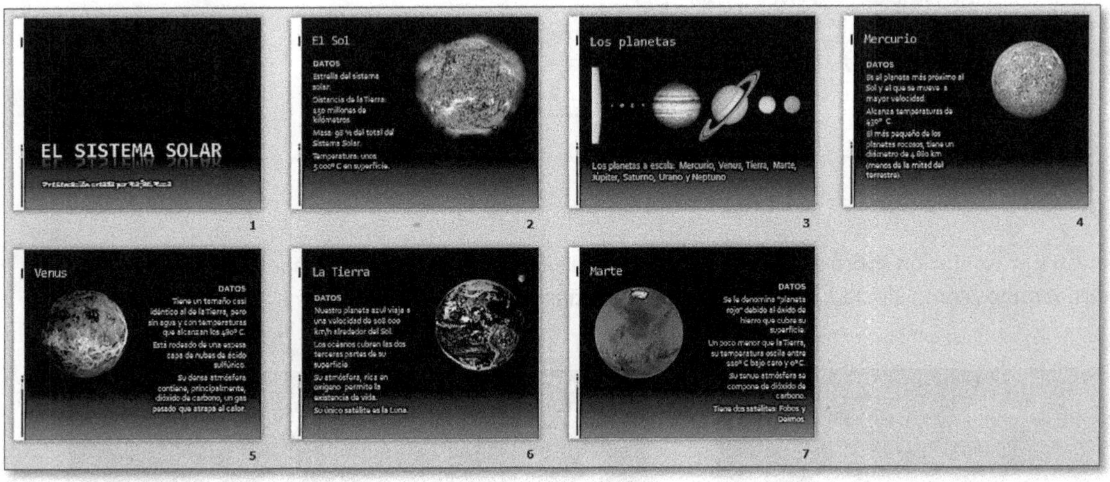

F Al acabar de ordenar las diapositivas, volveremos a la **Vista Normal**.

G Finalmente, **guardaremos** la presentación y **cerraremos** *PowerPoint*.

1.12 Tamaño y orientación de las diapositivas

De forma predeterminada *PowerPoint* nos da un tamaño, o más bien, una **relación de aspecto** de **4:3**, es decir, 4 en horizontal por 3 en vertical con una orientación horizontal para presentación en pantalla. Este tamaño es el más conveniente para la mayoría de proyectores y es el que se ha utilizado en todas las prácticas de este libro, pero si la presentación se va a mostrar siempre en monitores o en proyectores de gama alta, tal vez queramos modificar el tamaño para adaptarlo a sus capacidades.

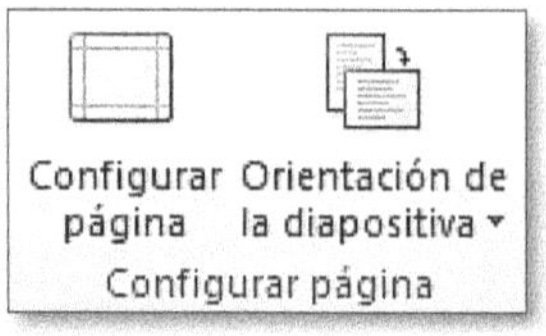

Para cambiar el **tamaño y la orientación de las diapositivas** acudiremos a **Diseño > Configurar página**. Eso sí, habremos de hacerlo antes de empezar a diseñar la presentación, de lo contrario, los elementos gráficos existentes quedarán distorsionados y el texto desajustado.

PRÁCTICA

A Comprobaremos cómo cambiar el tamaño u orientación de las diapositivas abriendo *PowerPoint* y en **Diseño > Configurar página > Configurar página** elegiremos distintos tamaños para ver el efecto producido en la diapositiva.

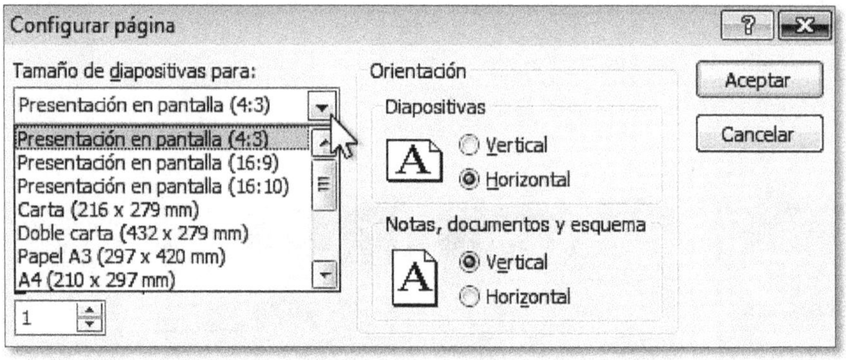

B En nuestra presentación sobre el sistema solar, cambiaremos el tamaño de las diapositivas a **16:9** y comprobaremos cómo afecta a los elementos que contienen. Luego, **desharemos** esta acción.

PowerPoint · Módulo 2

TEMAS

2.1 Transición de diapositivas · Seleccionar diapositivas

Uno de los atractivos de las presentaciones digitales son los efectos especiales que se pueden aplicar a las diapositivas y a los objetos que contienen. Cuando uno de estos efectos visuales se aplica a la diapositiva en sí se denomina **transición de diapositivas**.

En la ficha **Transiciones** encontramos todos los efectos disponibles y las herramientas para configurarlos.

Si vamos a aplicar una misma transición a varias diapositivas, lo mejor será seleccionarlas previamente en la ficha **Diapositivas**. Para **seleccionar** más de una diapositiva pulsaremos **Ctrl+clic**. Si pulsamos esa combinación sobre una ya seleccionada, quitará la selección.

Si las diapositivas que queremos seleccionar se encuentren seguidas, podemos clicar en la primera y pulsar **Mayús+clic** en la última.

PRÁCTICA

A Comenzaremos aplicando una transición a la diapositiva número 2, el Sol.

En **Transiciones > Transición a esta diapositiva / Intervalos** elegiremos una transición con las siguientes características:

- Efecto: **Desvanecer** (mediante las flechas a la derecha del recuadro mostraremos todos los efectos).
- Duración: **1,25 s**. (el tiempo se mide en segundos y para indicarlo usaremos las flechas o lo escribiremos).

NOTA: Junto a la transición, podemos aplicar sonidos, si bien, no son muy recomendables en presentaciones formales.

B A continuación, seleccionaremos las diapositivas 3, 4, 5, 6 y 7 (**Ctrl+clic** o **Mayús+clic**) para aplicarles la transición:

- Efecto: **Revelar**.
- Duración: **1 s.**

NOTA: Las diapositivas con transición mostrarán el icono de una estrella debajo de su número, en la ficha Diapositivas.

C En la ficha **Presentación con diapositivas** comprobaremos como se visualizará la presentación a pantalla completa.

2.2 Animación de los objetos · Configurar animación · Reproducción

Siguiendo con nuestro propósito de enriquecer visualmente la presentación, desde la ficha **Animaciones** añadiremos **animaciones** a los objetos de texto.

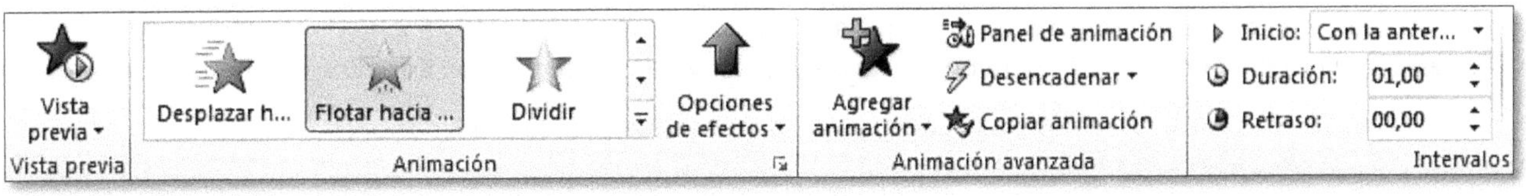

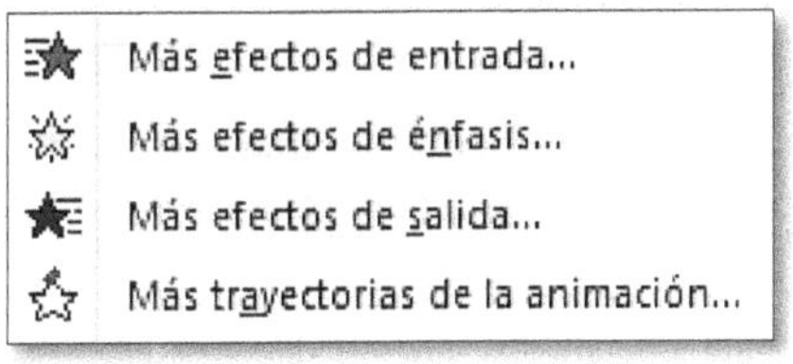

Las animaciones básicas son de **entrada**, para que aparezca el objeto, de **énfasis**, para destacarlo, y de **salida**, para que desaparezca. En el menú de la galería o en el botón **Agregar animación** encontramos los tipos más habituales y dispondremos de más en las opciones finales del menú.

Para cada animación podemos configurar cuándo ha de empezar, cuánto ha de durar y el tiempo que ha de transcurrir antes de iniciarse, todo ello en el grupo **Intervalos**.

Practicaremos la animación de objetos en la primera diapositiva donde a animaremos el título y el subtítulo.

PRÁCTICA

A En la diapositiva de título **seleccionaremos** el cuadro de texto con el título y elegiremos:

- Efecto de entrada: **Flotar hacia adentro**.
- Inicio: **Con la anterior**.
- Duración: **1 s.**

B Ahora **seleccionaremos** el cuadro de texto con el subtítulo y elegiremos:

- Efecto de entrada: **Zoom.**
- Inicio: **Después de la anterior**.
- Duración: **0,75 s.**
- Retraso: **0,25 s.**

C Con el botón **Vista Previa** de la ficha **Animaciones** veremos las transiciones y animaciones en la vista **Normal**.

> **NOTA:** Para **cambiar** de animación, elegiremos otra. Para **quitarla**, en el grupo **Animación** elegiremos **Ninguna**.
>
> Si queremos **añadir** varias animaciones para un mismo objeto clicaremos en **Animación avanzada > Agregar animación**. En este grupo tenemos también la opción de **copiar** una animación aplicada y pegarla a otro(s) objeto(s).
>
> El número **0** a la izquierda del objeto indica que se inicia automáticamente. Si aparece un **1**, se inicia con un clic.

2.3 Copiar animación

Para aplicar una animación a un objeto idéntica a otra que ya hemos utilizado, tenemos la opción de **copiar la animación** y pegarla en el objeto que nos interese.

Esto se consigue con el botón **Copiar animación** dentro de **Animaciones > Animación avanzada**. Si clicamos una vez sobre el botón, la pegaremos a un objeto, si hacemos doble clic, la pegaremos en todos los que queramos hasta que desactivemos la opción con **Esc** o con el mismo botón.

En la práctica de este tema usaremos esta opción, pero no sin antes aplicar más animaciones.

PRÁCTICA

A Continuaremos animando objetos de las diapositivas. En la diapositiva del Sol, **animaremos** el título, la imagen y el cuadro de texto con los datos, personalizando las animaciones.

B Seleccionaremos el cuadro de texto con el título y elegiremos:

- Efecto de entrada: **Forma**.
- Inicio: **Con la anterior**.
- Duración: **1,50 s.**

C Seleccionaremos la imagen y elegiremos:

- Efecto de entrada: **Desvanecer**.
- Inicio: **Después de la anterior**.
- Duración: **1 s.**

D Para los datos sería conveniente que **cada párrafo** fuera apareciendo al **hacer clic**, ya que en una exposición deberíamos ir comentando los datos uno a uno. De esta manera controlaríamos la aparición del párrafo siguiente. Seleccionaremos el cuadro de texto con los datos y elegiremos:

- Efecto de entrada: **Barrido**.
- Opciones de efectos: Dirección - **Desde arriba**, Secuencia - **Por párrafo**.
- Inicio: **Al hacer clic**.
- Duración: **0,75 s.**

NOTA: En lugar de hacer clic para iniciar la animación o pasar de diapositiva, podemos pulsar la barra espaciadora, **Entrar** o las teclas de dirección abajo/derecha. Las teclas de dirección arriba/izquierda, van hacia atrás en la secuencia.

Los números que aparecen al lado de los párrafos indican el orden de inicio de cada animación manual.

E Añadiremos animaciones a los objetos de la tercera diapositiva, Los planetas.

Para el título:

- Efecto de entrada: **Dividir**.
- Opciones de efectos: **Vertical entrante**.
- Inicio: **Con la anterior**.
- Duración: **0,75 s**.

Para la imagen:

- Efecto de entrada: **Barrido**.
- Opciones de efectos: **Desde la izquierda**.
- Inicio: **Después la anterior**.
- Duración: **1 s**.

F En el cuadro de texto queremos la misma animación que la imagen, así que **copiaremos la animación** de la imagen en tres pasos: (1) la seleccionaremos, (2) clicaremos en **Animaciones > Animación avanzada > Copiar animación** y (3) clicaremos en el cuadro de texto.

G Por último, **copiaremos las animaciones** aplicadas en los objetos de la diapositiva del Sol, pero haciendo **doble clic** en el botón para ir pegándolas en los objetos correspondientes de las diapositivas de **Mercurio**, **Venus**, la **Tierra** y **Marte**.

Para que aparezcan en la secuencia correcta, deberemos copiarlas en el mismo orden en que las aplicamos en la diapositiva del Sol: 1º el título, 2º la imagen, 3º los datos.

2.4 Importar diapositivas y texto de archivo externo · Insertar tabla

Las diapositivas existentes en una presentación se pueden copiar a otra, si nos interesa aprovecharlas. Lo mismo podemos decir del texto que tenemos en un archivo de texto, página web, etc. Las acciones de **insertar diapositivas** y **texto** se llevan a cabo con una simple operación de copiar y pegar.

Las tablas son un objeto útil para presentar información relacionada de forma ordenada en filas y columnas. Para **insertar una tabla** clicaremos en el botón **Tabla** de la ficha **Insertar**.

PRÁCTICA

A Completaremos la presentación importando diapositivas para los planetas restantes del archivo **Planetas gaseosos y enanos.pptx** que abriremos desde la carpeta **Archivos Office 2010 - PowerPoint > Sistema solar.**

En la ficha **Diapositivas** seleccionaremos todas las diapositivas y las copiaremos con **Inicio > Portapapeles > Copiar**. A continuación, seleccionaremos la última diapositiva de nuestra presentación y las pegaremos con **Inicio > Portapapeles > Pegar**.

También se puede utilizar el **menú contextual**, las combinaciones de teclas **Ctrl+C** y **Ctrl+V** o **arrastrar** de una ventana a otra.

B El texto de los datos para los planetas Júpiter, Saturno, Urano y Neptuno se encuentra en el archivo **Texto Planetas.txt**, en la carpeta **Archivos Office 2010 - PowerPoint > Sistema solar.**

Abriremos dicho archivo, **seleccionaremos** el texto para cada planeta, lo **copiaremos** (**Ctrl+C**) y lo **pegaremos** (**Ctrl+V**) en los cuadros de texto de las diapositivas correspondientes.

C En la diapositiva con los planetas enanos insertaremos una tabla de 6 columnas y 2 filas marcando ese tamaño en la cuadrícula de **Insertar > Tablas > Tabla**. El texto de la tabla será el siguiente

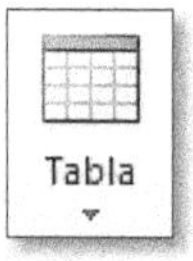

Planetas según distancia al Sol	Ceres	Plutón	Haumea	Makemake	Eris
Masa comparada con la Tierra	0,074	0,22	0,09	0,12	0,19

Moveremos la tabla a la parte inferior de la diapositiva arrastrando su borde y desde **Herramientas de tabla > Diseño > Estilos de tabla** elegiremos el estilo que prefiramos.

Para ajustar el **tamaño**, arrastraremos los controladores en el borde y para ajustar la **anchura de las columnas**, arrastraremos la línea de intersección entre las mismas.

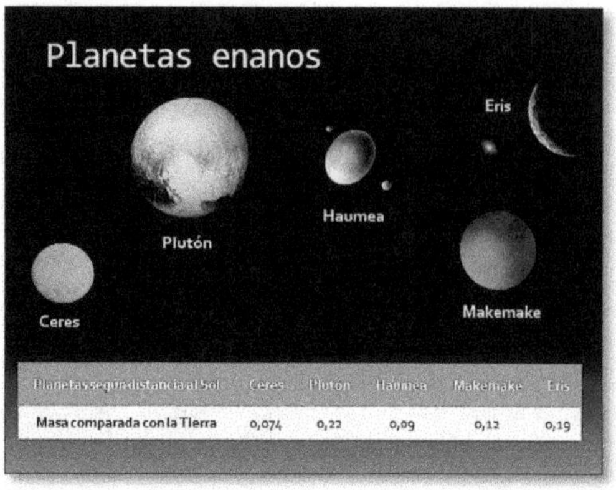

D Aplicaremos las animaciones que queramos a los objetos de esta diapositiva. Podemos probar los efectos de entrada **Rebote** y el efecto de énfasis **Girar** para las imágenes de los planetas.

2.5 Ficha Esquema · Revisión ortográfica · Idioma

Cuando hemos de modificar el texto o su formato de varias diapositivas, será muy útil la ficha **Esquema** del panel izquierdo: Aquí veremos solamente el texto y podremos seleccionarlo en varias diapositivas a la vez.

La herramienta de **revisión ortográfica** tiene un uso más habitual en un procesador de texto, no obstante, no está de más comprobar su funcionamiento, así como la posibilidad de cambiar el **idioma** establecido para la revisión.

PRÁCTICA

A En la ficha **Esquema** seleccionaremos todas las apariciones de la palabra DATOS haciendo **doble clic** en la primera y **Ctrl+doble clic** en el resto.

Cambiaremos su color, por ejemplo, a un tono dorado.

En la ficha **Esquema** no aparece el texto de la diapositiva 3. Esto sucede porque el cuadro de texto que lo contiene lo insertamos nosotros, no formaba parte del diseño original de la diapositiva. De ahí que, en la medida de los posible, sea mejor utilizar los diseños preestablecidos.

Si queremos **seleccionar todo el texto** de una diapositiva, haremos **clic** sobre el icono de diapositiva que aparece a lado del número.

Si queremos **replegar/desplegar** el texto de una diapositiva, haremos **doble clic** sobre el icono de diapositiva, a lado del número.

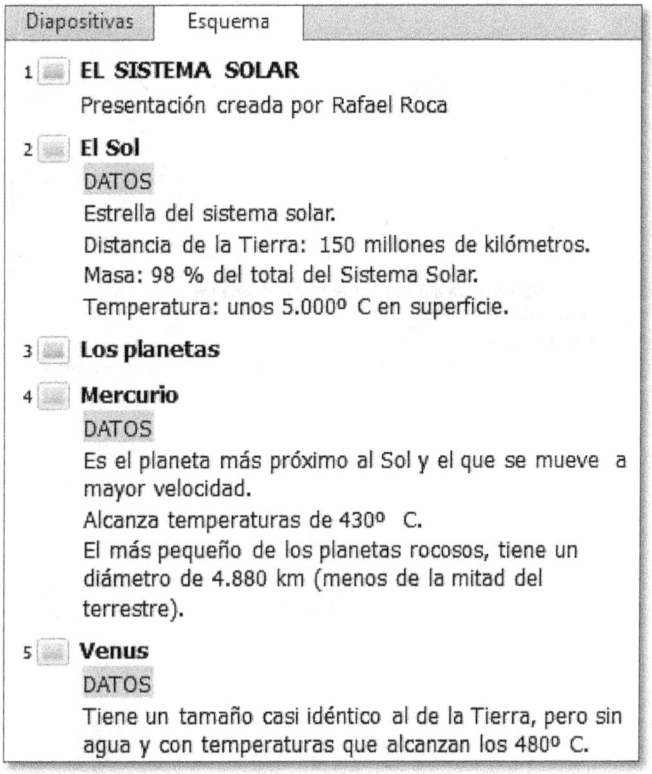

B Habrá observado que ciertas palabras aparecen con un subrayado ondulado de color rojo. Esto se debe a que *PowerPoint* tiene la **revisión ortográfica** configurada para que detecte aquellas palabras que no figuran en el diccionario a medida que escribimos.

Para corregir una palabra mal escrita, clicaremos con el botón secundario sobre ella y elegiremos de entre las sugerencias del programa, o bien, la corregiremos nosotros manualmente.

Para revisar toda la presentación acudiremos a **Revisar > Revisión > Ortografía** y usaremos los botones del cuadro de diálogo para cambiar la palabra, omitirla o agregarla al diccionario.

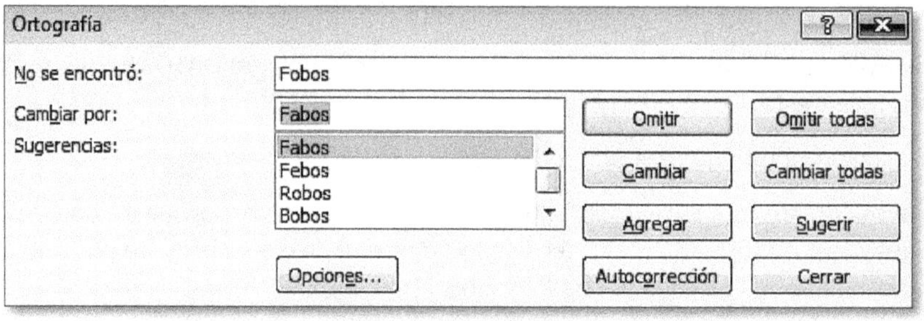

C Para cambiar el **idioma** con el que revisar la ortografía, podemos clicar en el botón que lo muestra en la barra de estado o en **Revisar > Idioma > Idioma > Establecer idioma de corrección.**

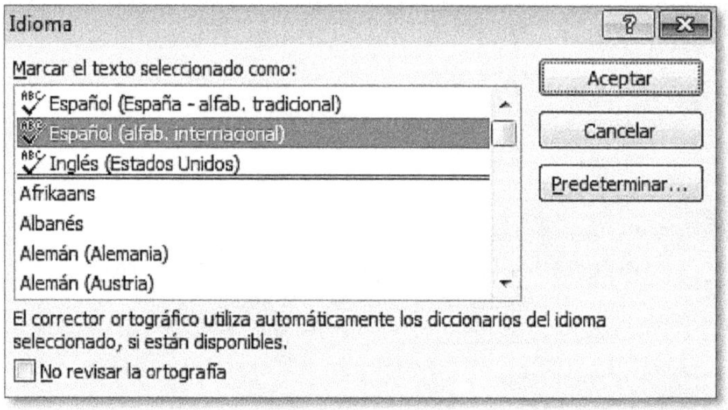

2.6 Diapositivas de encabezado de sección · Viñetas · Secciones

Si el tema de nuestra presentación contiene varias partes o secciones diferenciadas es conveniente introducir cada una a nuestra audiencia con una **diapositiva de encabezado de sección**.

Si, además, la presentación tiene muchas diapositivas tenemos la opción de dividirla en **secciones** para facilitar su gestión. Cada sección contendrá un grupo de diapositivas que podremos seleccionar, ocultar o mover rápidamente.

PRÁCTICA

A En esta práctica insertaremos tres diapositivas como **encabezados de sección**, con el diseño de ese mismo nombre.

La primera irá antes de Mercurio (*Los planetas rocosos*), la segunda, antes de Júpiter (*Los planetas gaseosos*) y la tercera, antes de los planetas enanos (*Los planetas enanos*).

B Listaremos los planetas, aumentaremos la fuente para que se vea mejor y, seleccionando el cuadro de texto, aplicaremos viñetas a los párrafos desde **Inicio > Párrafo > Viñetas**. Si los párrafos tuvieran que seguir un orden secuencial, usaríamos el botón de al lado, **Numeración**.

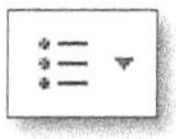

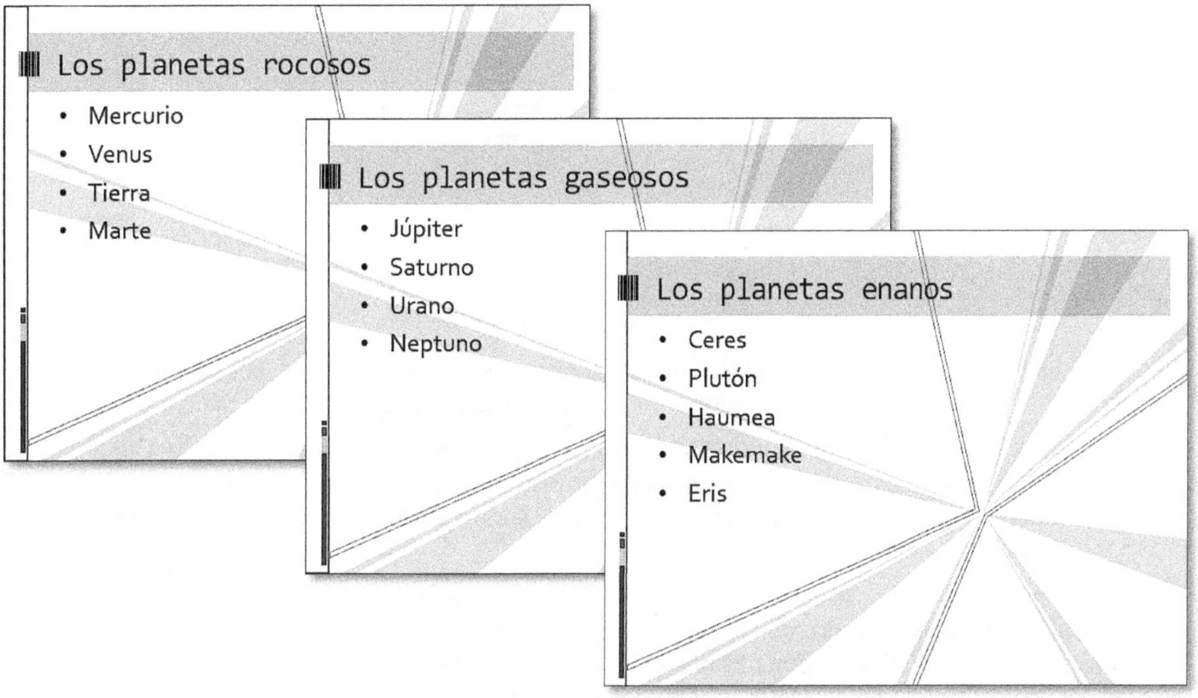

C A las tres diapositivas de encabezado de sección les aplicaremos la **transición** con el efecto **Desvanecer** y una duración de **1 s.**, seleccionándolas previamente en el panel de diapositivas.

D Veremos, ahora, cómo organizar la presentación por **secciones**.

Seleccionaremos la diapositiva *Los planetas rocosos* y accederemos a **Inicio > Diapositivas > Sección**. Clicaremos en **Agregar sección** y aparecerá una barra en la ficha **Diapositivas** indicando que a partir de ahí empieza la sección.

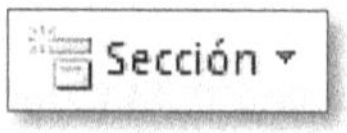

Le daremos el nombre de **Planetas rocosos** clicando con el botón secundario sobre la barra "Sección sin título" y eligiendo **Cambiar nombre de sección**.

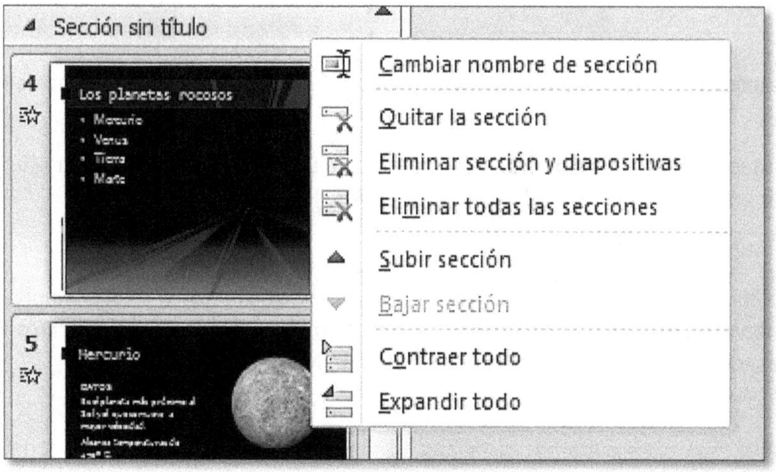

Las diapositivas anteriores a la sección agregada las agrupa *PowerPoint* en otra sección que titula "Sección predeterminada", a la que también podemos cambiar su nombre.

E **Repetiremos** las acciones anteriores de agregar sección y cambiar su nombre en las diapositivas de encabezado restantes: *Los planetas gaseosos* y *Los planetas enanos*.

F Comprobaremos que al clicar en la barra de una sección se **seleccionan** todas las diapositivas que contiene. Esto es muy útil para aplicar una misma transición, un mismo encabezado o pie de página a todas a la vez.

Asimismo, la **flecha** a la izquierda del nombre de la sección nos permite **replegar/desplegar** su contenido, de manera que en presentaciones extensas no tengamos que desplazarnos tanto en busca de la diapositiva en la que queremos trabajar.

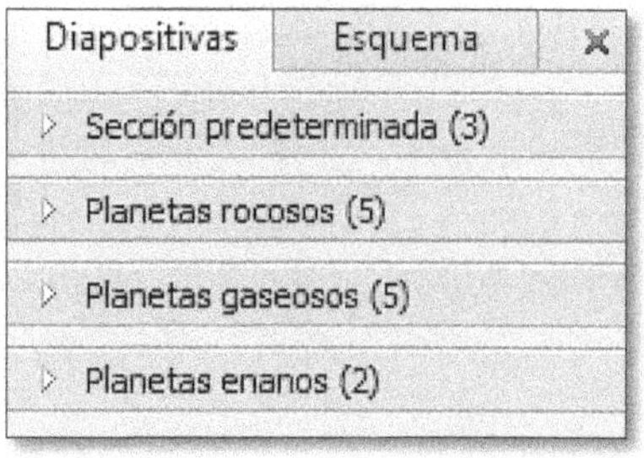

Esta opción la encontramos también en el menú contextual de la sección, en el cual podremos cambiar el orden de las secciones (**Subir / Bajar sección**), eliminarlas (**Quitar sección / Eliminar todas las secciones**) y eliminar la sección junto a las diapositivas que contiene (**Eliminar sección y diapositivas**).

2.7 Panel de animación · WordArt · Diapositiva final

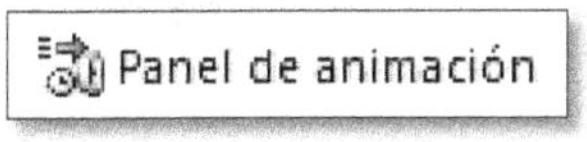

El **Panel de animación** nos amplía las opciones de personalización de las animaciones aplicadas. También nos permite reordenarlas fácilmente, arrastrándolas dentro del panel y eliminarlas. Lo activaremos en **Animación Avanzada**.

El **WordArt** es un texto artístico cuyo menú nos ofrece varios estilos, más o menos llamativos. Para añadir este cuadro de texto artístico accederemos a la ficha **Insertar**.

PRÁCTICA

A Animaremos los objetos de las diapositivas de encabezado de sección.

Al título le aplicaremos una animación con estas características desde **Animaciones > Animación**:

- Efecto de Entrada: **Rótula**.
- Inicio: **Con la anterior.**
- Duración: **1 s.**

En el **Panel de animación** desplegaremos el **menú de la animación** y elegiremos **Opciones de efectos** para en la ficha **Efecto** activar **Animar texto**: **Por letra.**

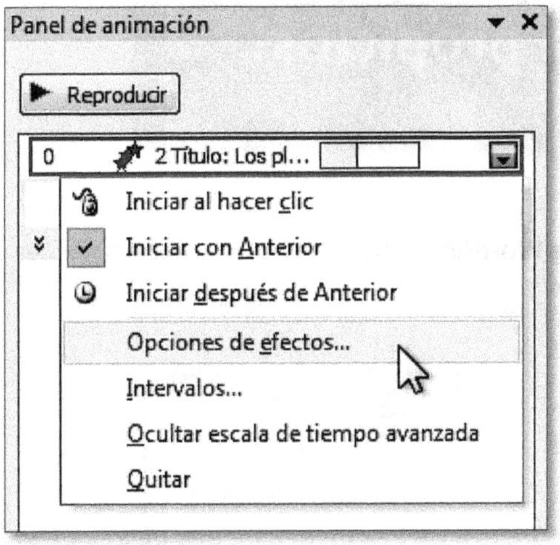

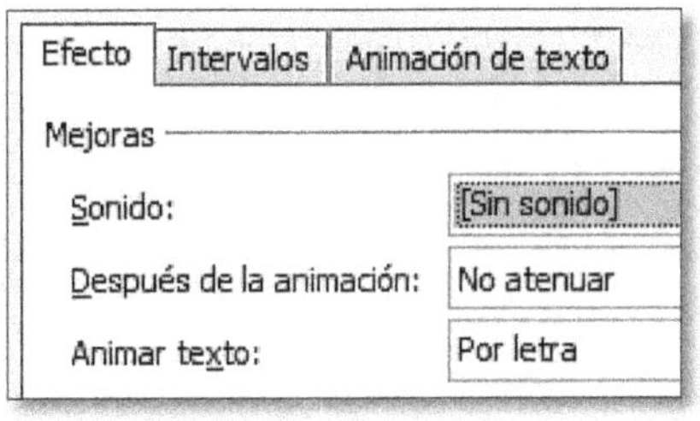

B Al texto le aplicaremos una animación con estas características:

- Efecto de Entrada: **Flotar hacia arriba.**
- Inicio: **Con la anterior.**
- Duración: **1 s.**
- Retraso; **1 s.**

En el **Panel de animación** indicaremos que la animación del texto sea por letra, de igual manera que el título.

C Para acabar la presentación, insertaremos una última diapositiva al final agradeciendo la atención prestada. Sus características, por ejemplo, podrían ser:

- Diseño: **En blanco**.
- Transición: **Mostrar, 2 s.**

Y el contenido:

- Un **WordArt [Insertar > Texto > WordArt]** con el estilo que prefiramos y el texto: *Gracias por su atención y...*
- Efecto de Entrada **Desplazar hacia arriba**, **Con la anterior**, **2,75 s**.
- Otro **WordArt** debajo del anterior con el texto: ¡que los astros les sean propicios!
- Efecto de Entrada **Zoom**, **Después de la anterior**, **1,5 s**.

En **Herramientas de dibujo > Formato > Estilos de WordArt** existen gran cantidad de opciones para personalizar el WordArt, con las cuales podemos experimentar.

D Finalmente, comprobaremos como se visualizará la presentación [Presentación con diapositivas > Iniciar presentación con diapositivas].

2.8 Insertar comentarios y anotaciones · Desplazamiento alternativo

Los **comentarios** funcionan a modo de notas adhesivas para incluir recordatorios o instrucciones en las diapositivas. En presentaciones complejas, de índole técnica o científica, en las que colaboran varios/as autores/as, la persona responsable de revisar el trabajo puede emplear estos comentarios durante el proceso de creación para dar indicaciones y sugerir correcciones.

Los comentarios no se muestran durante el pase de diapositivas. Para insertarlos, modificarlos y eliminarlos hay que acceder a **Revisar > Comentarios**.

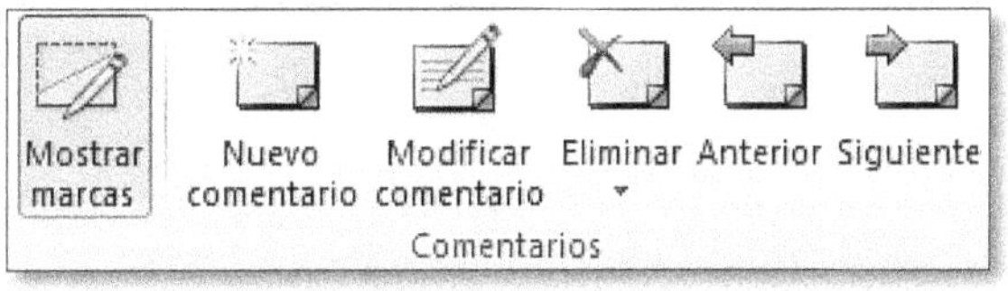

A diferencia de los comentarios, las **anotaciones** se realizan durante el pase de la presentación para destacar o aclarar aquello que muestra la diapositiva. Elegiremos la herramienta de resaltado o la de pluma para "dibujar" en la diapositiva arrastrando el puntero. Al salir de la presentación tendremos la opción de guardar las anotaciones o descartarlas.

Si queremos desplazarlos a una diapositiva o sección concreta durante el pase de diapositivas, contamos con un **desplazamiento alternativo** al que accedemos de igual forma que a las anotaciones, desde los botones de la **esquina inferior izquierda** de la diapositiva (o desde el menú contextual).

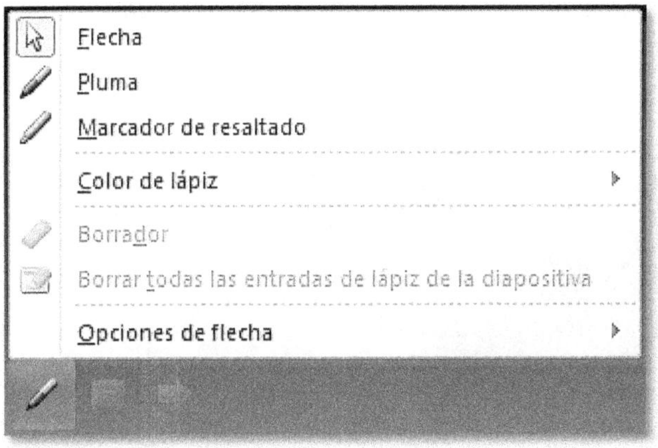

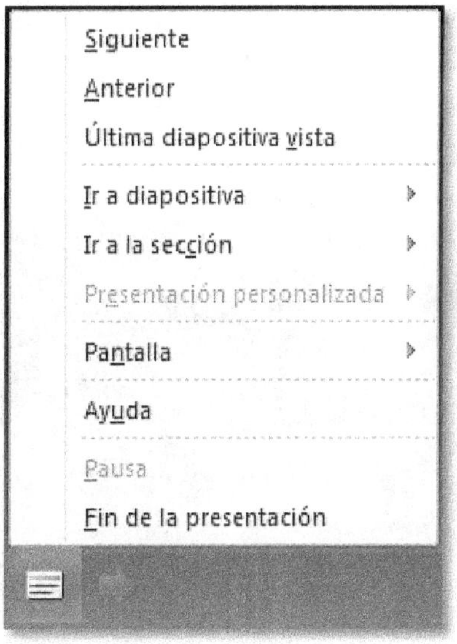

Practicaremos todas estas opciones a continuación.

PRÁCTICA

A Insertaremos un **comentario** en la diapositiva de título **[Revisar > Comentarios > Nuevo comentario]** en el que escribiremos lo siguiente: *La barra blanca de este tema no queda bien. Recordar quitar estos gráficos de fondo.* Al acabar de escribir, clicaremos fuera del globo.

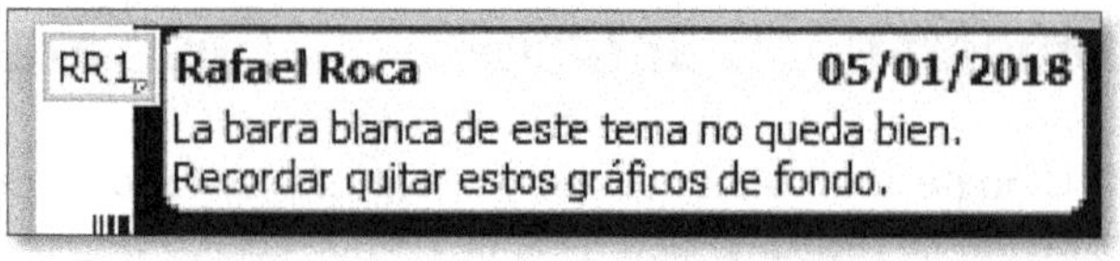

La **marca del comentario** (con las iniciales del usuario y numerada) aparecerá en la esquina superior izquierda de la diapositiva. Si seleccionamos un objeto o clicamos en un párrafo antes de insertar el comentario, la marca quedará junto al objeto o párrafo. En cualquier caso, la podemos arrastrar a cualquier posición en la diapositiva.

Esta marca nos servirá para **seleccionar** y **mostrar** el contenido del comentario al hacer clic y para **modificarlo** al hacer doble clic.

Cuando el comentario ya no sea necesario podemos seleccionarlo y **eliminarlo** desde el mismo grupo **Comentarios**. También este grupo contiene los botones para desplazarnos al **anterior** o al **siguiente** comentario dentro de la presentación si hemos insertado varios.

NOTA: En el globo aparece el **nombre de usuario** de *Office*, mientras que la marca de comentario contiene las **iniciales**. Para modificar estos datos hemos de acudir a **Archivo > Opciones > General > Personalizar la copia de Microsoft Office**.

B Realicemos ahora una **anotación** en la diapositiva del Sol. Iniciaremos el pase de diapositivas y desde el botón del bolígrafo en la esquina inferior izquierda de la diapositiva o desde el **menú contextual > Opciones de puntero**, elegiremos la **pluma** y arrastraremos para rodear el tercer párrafo y destacarlo, de esta manera.

Al finalizar la presentación (**Esc** o **Fin de la presentación**) se nos preguntará si queremos conservar las anotaciones. En el caso de haberlas conservado, se pueden eliminar posteriormente, ya que aparecerán como objetos gráficos en la diapositiva.

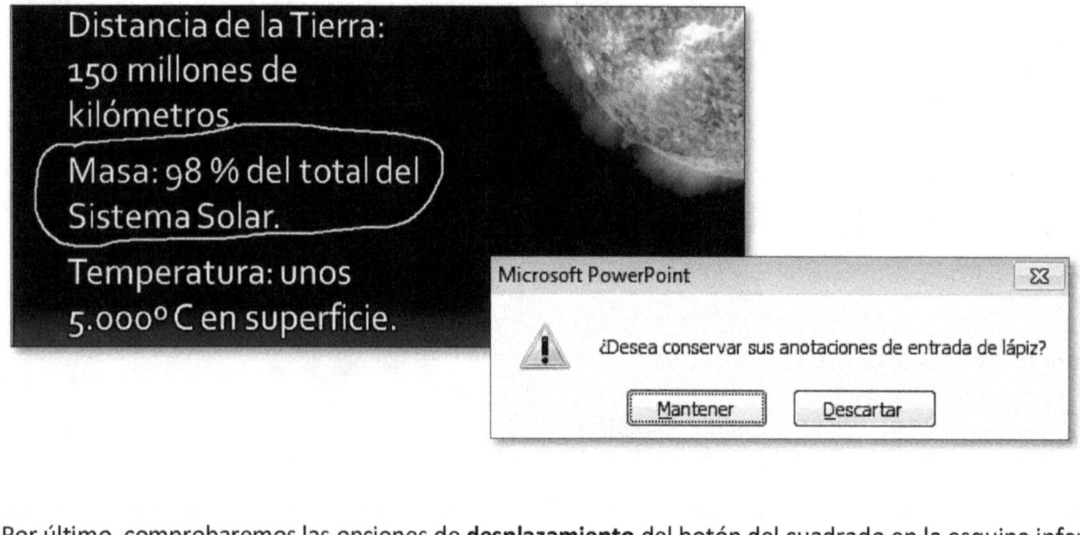

C Por último, comprobaremos las opciones de **desplazamiento** del botón del cuadrado en la esquina inferior izquierda de la diapositiva o directamente desde el **menú contextual** (ir a diapositiva, sección, última vista, etc.).

En ese menú contamos también con otras opciones de control de la presentación en **Pantalla**.

2.9 Encabezado y pie de página · Vista Patrón de diapositivas · Gráficos de fondo

El **encabezado** y el **pie de página** son dos zonas en la parte superior e inferior de las diapositivas, respectivamente, donde podemos insertar un texto o el número de diapositiva. Aquello que insertemos en estas áreas aparecerá en todas las diapositivas de la presentación o en las que nos interese.

En la vista **Patrón de diapositivas** podemos modificar el formato del encabezado y pie de página, así como el formato de los objetos de texto que forman parte de las diapositivas. Si modificamos el patrón, por ejemplo, cambiamos la fuente del título, todos los títulos de las diapositivas que tengan ese patrón cambiarán en consonancia.

En el patrón de las diapositivas figuran todos los diseños (patrones) y podemos ocultar los **gráficos de fondo**, uno a uno, o de todas las diapositivas a la vez, no obstante, los ocultaremos accediendo a la ficha **Diseño**. En nuestra presentación con el tema **Metro**, los gráficos son la banda blanca a la izquierda y el fondo de las diapositivas de encabezado de sección.

PRÁCTICA

D En **El sistema solar.pptx** insertaremos un **pie de página** en todas las diapositivas, para que se muestre en la presentación desde **Insertar > Texto > Encabezado y pie de página**.

En la ficha **Diapositivas** seleccionaremos las casillas **Número de diapositiva**, **No mostrar en diapositiva de título** y **Pie de página**, donde escribiremos *El sistema solar*.

Clicaremos en **Aplicar a todas**. Si quisiéramos el pie solamente en la diapositiva actual, clicaríamos en **Aplicar**.

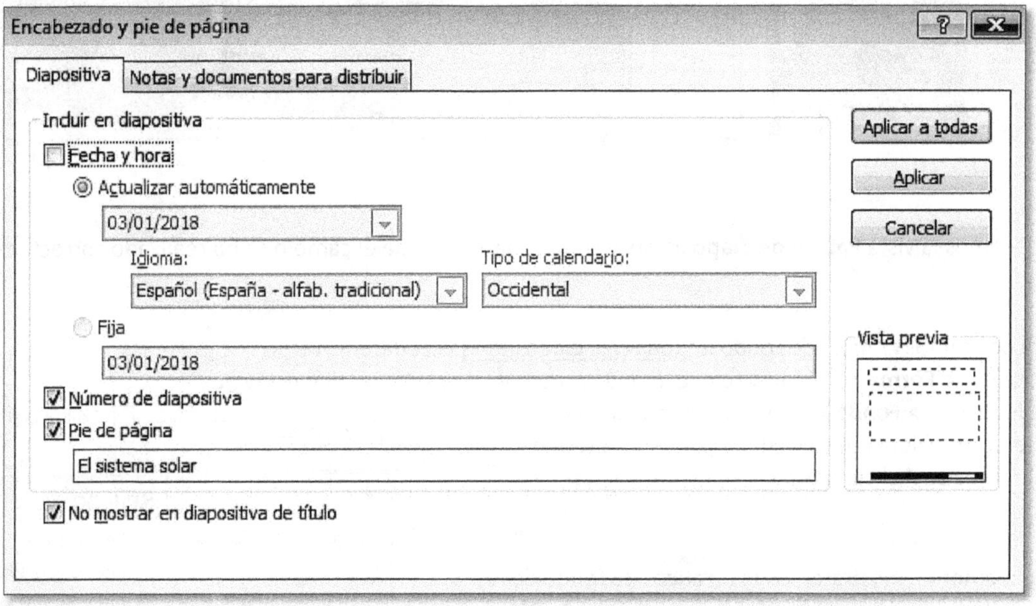

E En la ficha **Vistas** accederemos a la vista **Patrón de diapositivas** y nos aseguraremos de que seleccionamos el patrón de diapositivas **número 1**, que aparece al principio de la lista y que es el patrón raíz, aquel que utilizan todas las diapositivas. Los cambios que hagamos al patrón raíz afectarán a todas las diapositivas de la presentación.

Alinearemos a la **izquierda** el texto *El sistema solar* del cuadro con el pie de página. Este cambio lo podríamos hacer directamente en la diapositiva, ya que el pie de página aparece en un cuadro de texto, pero deberíamos hacerlo en cada diapositiva, una a una.

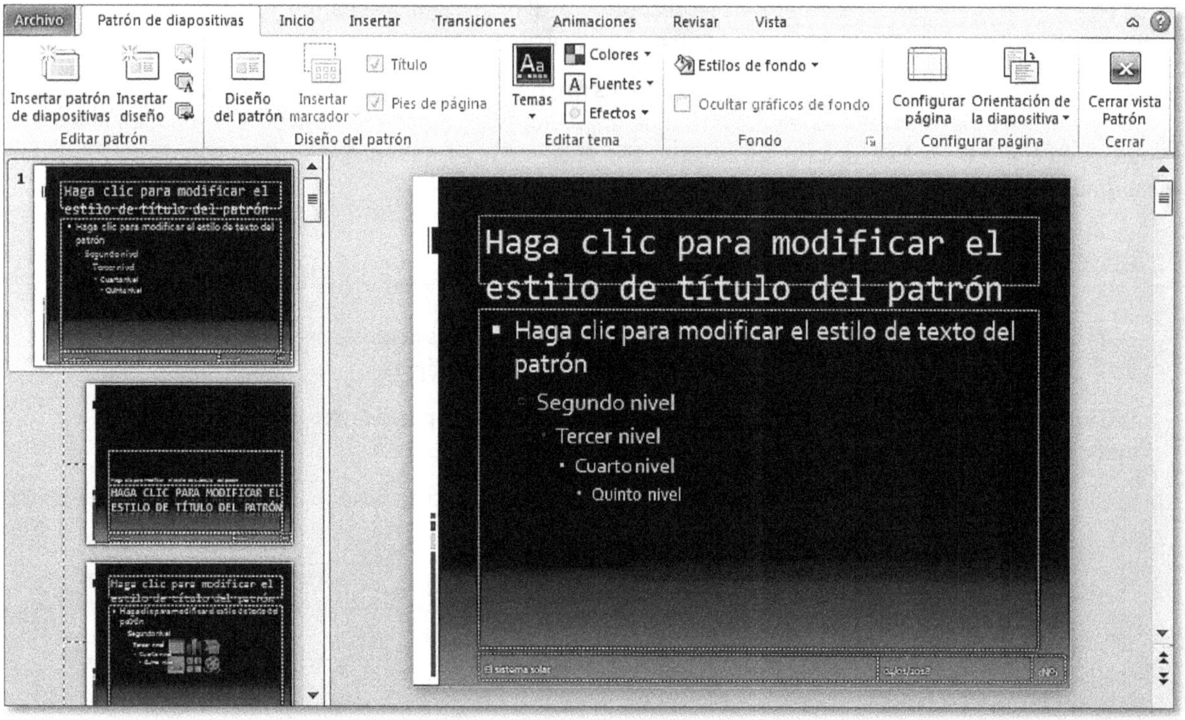

F Cerraremos la vista **Patrón de diapositivas** y comprobaremos que el cambio se ha realizado correctamente.

G Para ocultar los gráficos de fondo de todas las diapositivas accederemos a las opciones de **Formato del fondo** con el menú contextual de cualquier diapositiva o desde **Diseño > Fondo > Estilos de fondo**. En la ficha **Relleno** seleccionaremos **Ocultar gráficos de fondo** y clicaremos en **Aplicar a todo**.

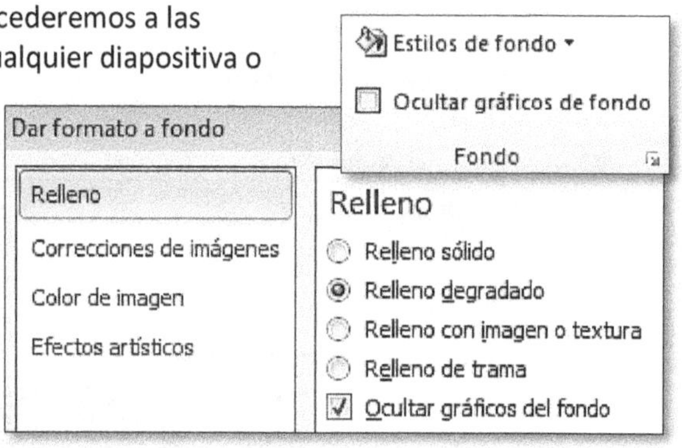

H Seguidamente, mostraremos los gráficos de fondo de las diapositivas de los **encabezados de sección** desde **Diseño > Fondo** desactivando la casilla **Ocultar gráficos de fondo**.

2.10 Guardar presentación como *.ppsx · Incrustar fuentes

Si queremos que la presentación comience automáticamente cuando la abramos desde la carpeta, deberemos guardarla con el formato **Presentación con diapositivas de PowerPoint**, cuya extensión es **ppsx**. También es conveniente este tipo de archivo para distribuirla. No obstante, para mostrar nuestro *.pptx directamente, sin necesidad de guardarlo como *.ppsx, podemos clicar en el archivo *.pptx en la carpeta que lo contiene con el botón secundario del ratón (o similar) y del menú contextual elegir **Mostrar**.

Al distribuir una presentación o al mostrarla en un equipo distinto del nuestro, es posible que las fuentes que hemos empleado no estén instaladas en el otro equipo y, por tanto, la presentación no se muestre como queremos. Para prevenir este problema contamos con la opción de **incrustar las fuentes** en el archivo. Esto nos asegurará la fidelidad al mostrarlo, pero también ocupará bastante más espacio en disco, en función de la cantidad de fuentes empleadas.

PRÁCTICA

A Una vez guardada la presentación en la que estamos trabajando, para que se muestre al hacer doble clic, desde **Archivo > Guardar como**, guardaremos también una copia como **Presentación con diapositivas de PowerPoint (*.ppsx)** con el nombre **El sistema solar - Mostrar.ppsx**.

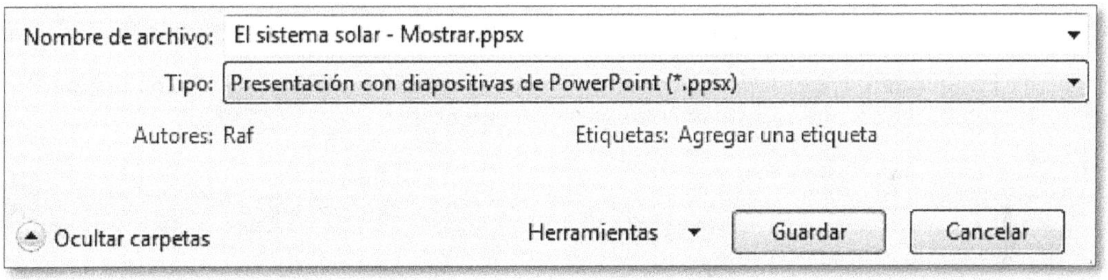

Podríamos darle el mismo nombre, pero así será más fácil de localizar, ya que, a menos que la vista de los archivos de la carpeta sea el modo **Lista** o el modo **Detalles** no distinguiremos los archivos por su icono porque ambos mostrarán una imagen de la primera diapositiva.

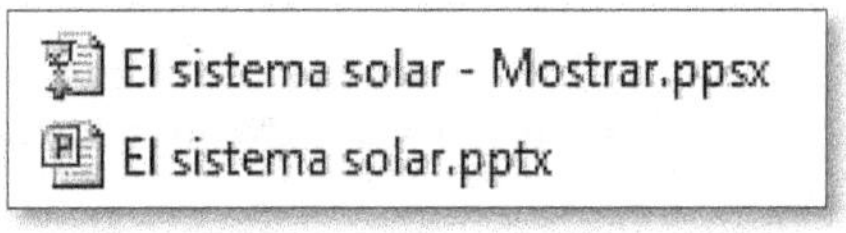

Cerraremos *PowerPoint* y haremos doble clic sobre **El sistema solar - Mostrar.ppsx** para verificar que se muestra automáticamente. Si quisiéramos abrir el ppsx para modificarlo, es posible mediante **Archivo > Abrir**.

B Para asegurarnos de que las fuentes empleadas aparezcan correctamente en cualquier equipo en el que muestre la presentación, con la presentación abierta accederemos a **Archivo > Opciones > Guardar > Mantener la fidelidad al compartir esta presentación > Incrustar fuentes en el archivo.**

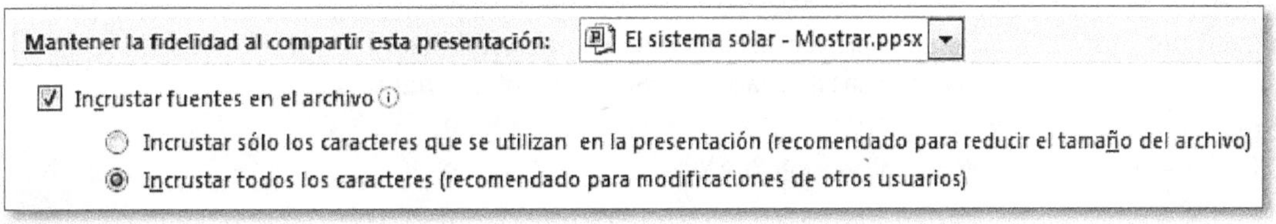

2.11 Vista Patrón de documentos · Imprimir · Guardar como PDF

Normalmente no es necesario imprimir las diapositivas de una presentación, pero si queremos **imprimirla** podemos configurar su impresión en la vista **Patrón de documentos**.

En esta vista estableceremos el encabezado, el pie de página y la numeración de páginas, pero para configurar la orientación, el número de diapositivas por página y otras opciones es mejor acudir a **Archivo > Imprimir**.

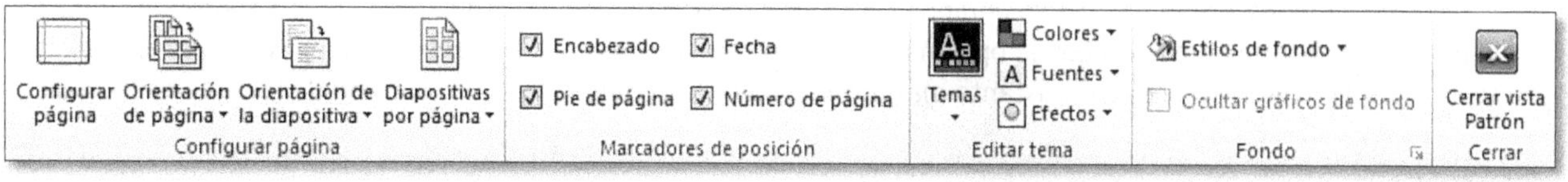

Si lo que nos interesa en distribuir una copia para imprimir, deberíamos **guardar** la presentación **como PDF**, un formato estándar en cualquier sistema operativo.

PRÁCTICA

A Escribiremos un encabezado y un pie de página en los cuadros de texto de la vista **Patrón de documentos**.

En el cuadro **Encabezado**: *Presentación creada con PowerPoint 2010* y en el cuadro **Pie de página**: nuestro nombre. Al acabar, cerraremos la vista del patrón de documentos.

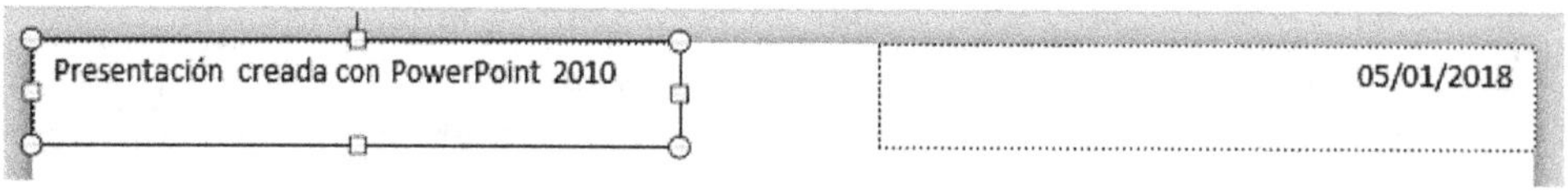

NOTA: El grupo **Marcadores de posición** sirve para mostrar u ocultar la información indicada. Si hemos establecido un encabezado/pie y desactivamos su marcador de posición, se borrará lo que hayamos escrito.

B Desde **Archivo > Imprimir** estableceremos que el **número de diapositivas** a imprimir por página sea 6, que la **orientación** de las diapositivas sea **horizontal** y la de la página sea **vertical**.

Otras opciones de impresión a configurar son el número de **copias** y cómo queremos que estas aparezcan impresas, **intercaladas** o no.

Para ahorrar consumibles de color podemos optar por imprimir en **escala de grises** o en blanco y negro.

Si queremos imprimir parte de la presentación, deberemos escribir los números de las diapositivas en la casilla **Diapositivas** separados por **punto y coma** (;) o **guion** (desde...hasta). Por ejemplo, al escribir 1;3-5;8, se imprimirías las diapositivas números 1, 3, 4, 5 y 8.

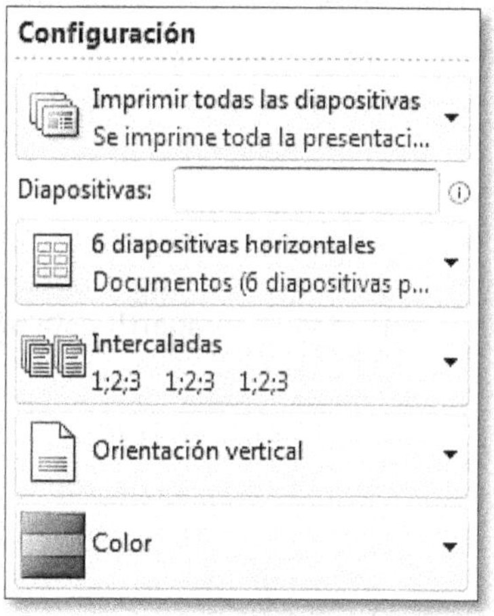

Otra manera de imprimir un grupo de diapositivas es seleccionarlas antes de entrar en este menú. Si hacemos esto último, elegiremos **Imprimir selección** en lugar de todas las diapositivas.

El vínculo a las propiedades de impresora nos mostrará aquellas específicas de la que tengamos instalada.

Al clicar en **Imprimir** obtendremos la presentación en papel con la configuración del menú.

C Para guardarla como PDF acudiremos a **Archivo > Guardar como** (o **Archivo > Guardar y enviar > Crear documento PDF/XPS**).

En el cuadro de diálogo clicaremos sobre **Opciones** para configurar la exportación del archivo.

Si queremos que el archivo PDF contenga varias diapositivas por página, elegiremos **Documentos** en **Opciones de publicación** e indicaremos cuántas queremos incluir, así como su orientación.

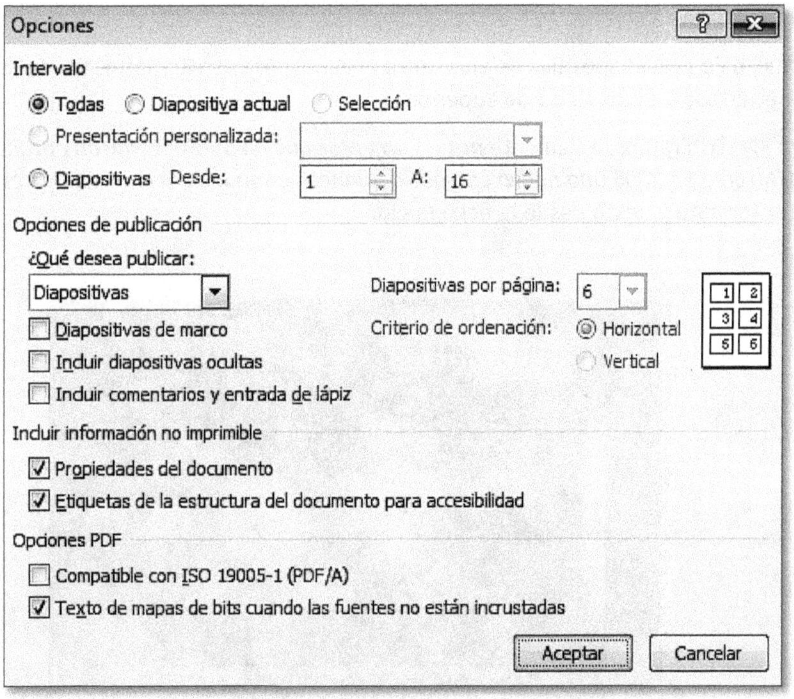

2.12 Notas del orador · Vista Página de notas · Vista Moderador

Si el tema que hemos de explicar a una audiencia es complicado o, simplemente, queremos asegurarnos de que no olvidamos nada cuando mostremos la presentación, podemos usar las **notas del orador**. Estas anotaciones junto a las diapositivas nos servirán, a modo del apuntador en las obras de teatro, como recordatorios de un texto literal que hayamos de citar, una observación que debamos hacer o una anécdota que queramos contar, por ejemplo.

En la vista **Página de notas** veremos y podremos modificar las notas de forma más cómoda.

Para ver las notas durante la presentación deberemos **imprimirlas** o tener dos monitores en nuestro equipo. Si el ordenador en el que vamos a ejecutar el archivo de *PowerPoint* permite conectar un monitor extra, podremos utilizar uno de ellos para ver las notas y manejar las diapositivas, mientras el otro muestra la presentación a pantalla completa. Dado este último caso, activaríamos la **Vista del Moderador** para controlar los monitores.

PRÁCTICA

A En la vista **Normal**, bajo cada diapositiva se encuentra el panel para escribir las **notas del orador**. Para hacer más grande este panel, arrastraremos su borde superior.

En la diapositiva 3, escribiremos la siguiente nota: *Comentar que no aparece **Plutón** porque la Unión Astronómica Internacional (UAI) creó en 2006 una nueva categoría, **planeta enano**, en la cual incluyó este "ex-planeta"*. Podremos aplicar formato al texto desde la ficha **Inicio**.

B En **Vista > Vistas de presentación** pasaremos a la vista **Página de notas** para comprobar que podemos editar aquí la nota y las de todas las demás diapositivas.

C Para imprimir las notas del orador, en **Archivo > Imprimir**, en lugar de **Diapositivas de página completa** estableceremos **Páginas de notas**.

D Normalmente contamos con un monitor y un proyector para mostrar la presentación, pero si tuviéramos otro monitor, accederíamos a **Presentación con diapositivas > Monitores > Usar vista del moderador**.

Al activar esta casilla con un solo monitor conectado, nos advertirá de tal circunstancia y, si clicamos en **Comprobar**, nos mostrará la página de **ayuda** sobre cómo utilizar esta vista. Además, abrirá el **Panel de Control de Windows** para detectar monitores.

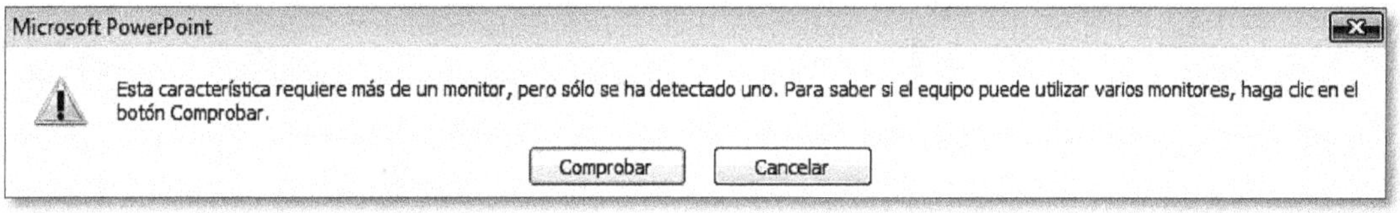

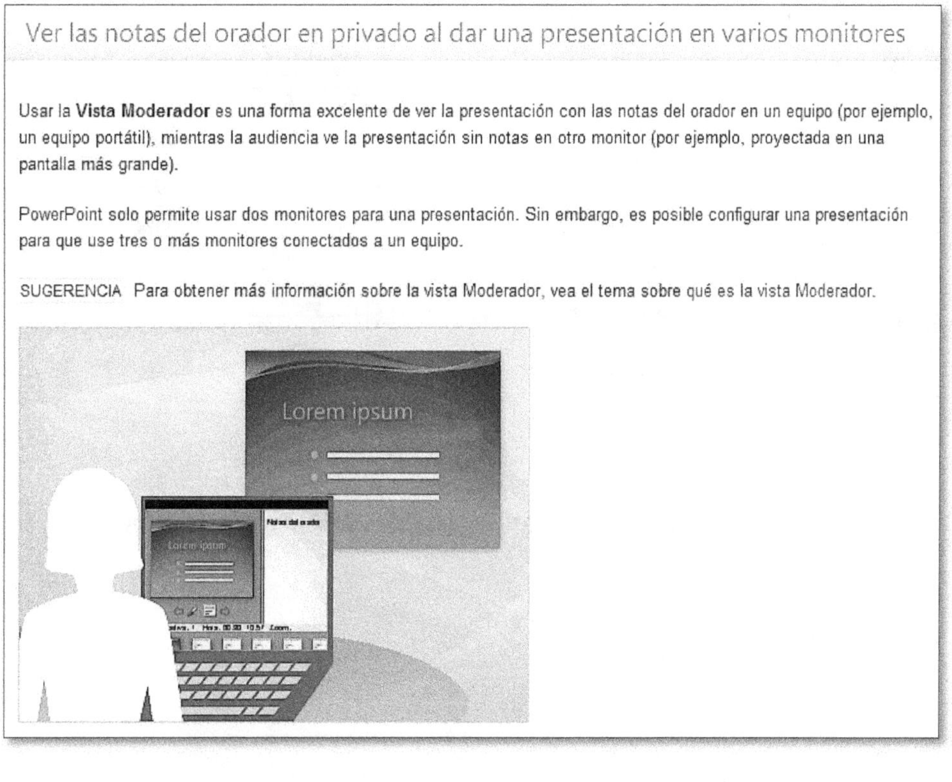

2.13 Presentación personalizada · Resolución de pantalla · Puntero láser

En presentaciones muy extensas es posible que nos interese tener subconjuntos de diapositivas para mostrar independientemente. Eso lo conseguimos creando una o varias **presentaciones personalizadas**.

La **resolución de la pantalla** dependerá del dispositivo de salida, un proyector o un monitor, no obstante, la podremos ajustar en **Presentación con diapositivas > Monitores**.

Si mantenemos pulsada la tecla **Ctrl** y clicamos o arrastramos puntero del ratón obtendremos un símil de **puntero láser** en la pantalla, útil para centrar la atención de la audiencia en una parte de la diapositiva.

PRÁCTICA

A Crearemos dos **presentaciones personalizadas**, una que incluya solo los planetas rocosos y otra que incluya solamente los gaseosos.

B En **Presentación con diapositivas > Presentación personalizada > Presentaciones personalizadas** clicaremos en **Nueva** para, seguidamente, indicar las diapositivas que contendrá.

C Daremos el nombre de **Planetas rocosos** a la presentación, **seleccionaremos** las diapositivas de la 4 a la 8 en el panel de la izquierda (una a una o con **Ctrl+clic / Mayús+clic**) y clicaremos en **Agregar** para incluirlas.

Si nos equivocamos, usaremos el botón **Quitar** y para reordenarlas, si fuera necesario, los botones de las flechas.

Crearemos de igual manera otra presentación personalizada para los planetas gaseosos, con las diapositivas 9-13.

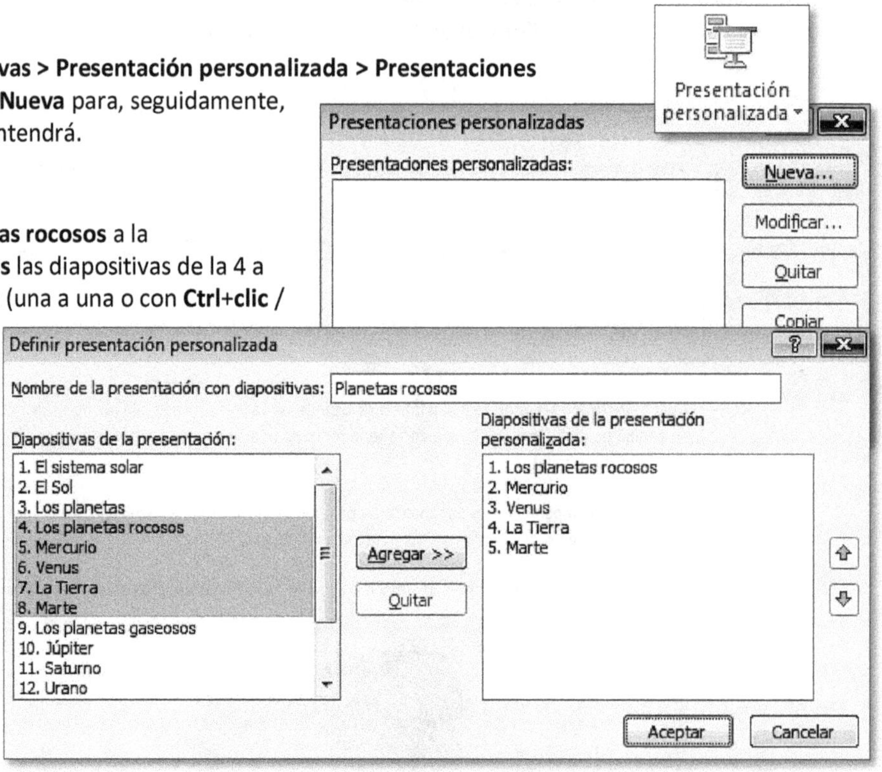

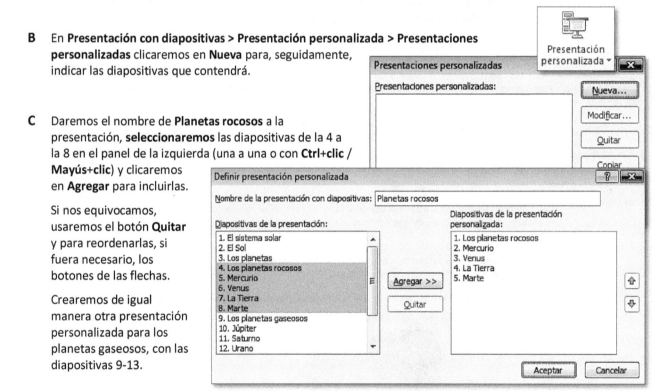

D Una vez acabadas, las podemos mostrar directamente desde el botón **Presentación personalizada**.

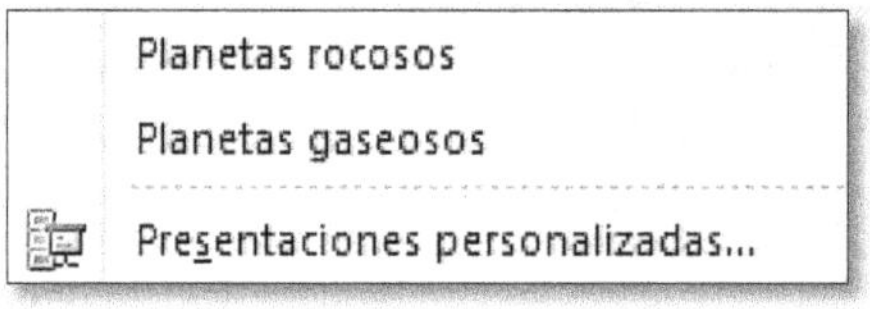

E El proyector o pantalla que usamos para mostrar la presentación a la audiencia, a menudo tiene una resolución más baja que nuestro equipo. Para optimizar la visualización es posible que tengamos que ajustar la resolución de pantalla. Lo haremos en **Presentación con diapositivas > Monitores > Resolución.**

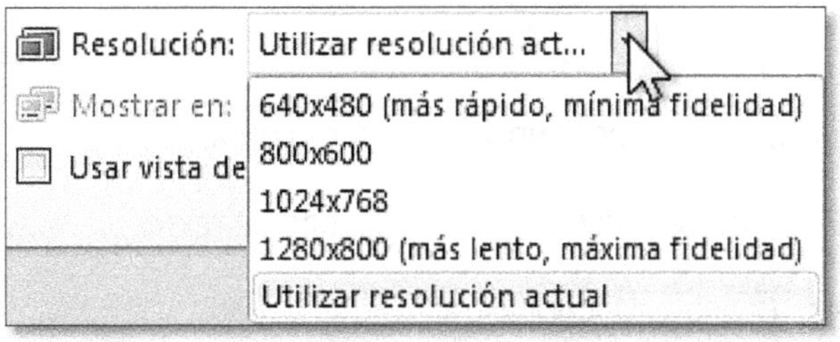

F Si no disponemos de un **puntero láser** físico y necesitamos usarlo en alguna presentación podemos mantener pulsada la tecla **Ctrl** mientras clicamos o arrastramos puntero del ratón durante el pase de diapositivas.

Para elegir el color del puntero accederemos a **Presentación con diapositivas > Configurar > Configuración de la presentación con diapositivas > Color del puntero láser**.

PowerPoint · Módulo 3

Temas

3.1 Transición automática · Estilo de fondo · Imagen de fondo

Al crear una presentación cuyas diapositivas tienen una **transición automática**, es decir, se muestran cuando transcurre un tiempo determinado, el orador no necesita intervenir para pasar de diapositiva. Este tipo de presentación es más adecuada para distribuirla que para mostrarla ante una audiencia.

En el diseño de la presentación los temas son útiles, pero, si no necesitamos tantos elementos gráficos, podemos partir del tema predeterminado y aplicar un **estilo de fondo** o una **imagen de fondo**.

Practicaremos estas opciones creando una presentación para la agencia de viajes TourWorld, que podría utilizarse para publicitar sus destinos. Una presentación de ejemplo se encuentra en la carpeta **Archivos Office 2010 - PowerPoint**.

PRÁCTICA

A A partir de la **diapositiva inicial de título** que nos propone *PowerPoint* escribiremos como **título** *TourWorld DESTINOS*.

Pulsaremos **Entrar** para separar las dos palabras y aplicaremos al texto un **estilo de WordArt** en **Herramientas de dibujo > Formato > Estilos de WordArt**.

B A esta primera diapositiva le aplicaremos una **transición**. En la presentación **Ejemplo TourWorld.ppsx**, la transición es **Desvanecer, En negro, 1 s.**

C Para que la transición sea automática, en **Transiciones > Intervalos > Avanzar a la diapositiva** desactivaremos **Al hacer clic con el mouse** y activaremos **Después de**, dejando el tiempo en **00:00,00** (minutos:segundos,décimas).

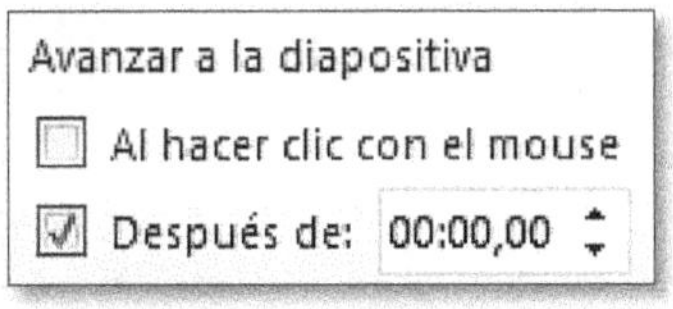

D En lugar de elegir un tema, simplemente aplicaremos un **estilo de fondo** de nuestro gusto de entre los que nos ofrece el menú de **Estilos de fondo**, en la ficha **Diseño**, lo cual afectará a todas las diapositivas que añadamos.

E En **Estilos de fondo > Formato del fondo** encontraremos más opciones de personalización (colores, tramas, degradados, transparencia, etc.). También aquí podremos incluir una **imagen de fondo** en las diapositivas seleccionadas o en todas ellas. Incluiremos en la diapositiva inicial la imagen **Fondo_TourWorld.jpg**, que se encuentra en **Archivos Office 2010 - PowerPoint > TourWorld**.

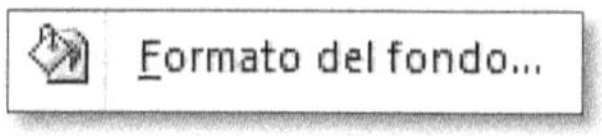

Para ello accederemos al cuadro de diálogo **Dar formato al fondo** y en la ficha **Relleno** seleccionaremos **Relleno con imagen o textura**. Clicaremos en **Archivo** para buscar la imagen, la seleccionaremos y clicaremos en **Insertar**.

Para que se vea bien el texto, aplicaremos una **transparencia** a la imagen del **75%** y cerraremos el cuadro.

Si quisiéramos el relleno de imagen en todas las diapositivas, actuales y futuras, clicaríamos en **Aplicar a todo**. Para anular el relleno aplicado, clicaremos en **Restablecer fondo**.

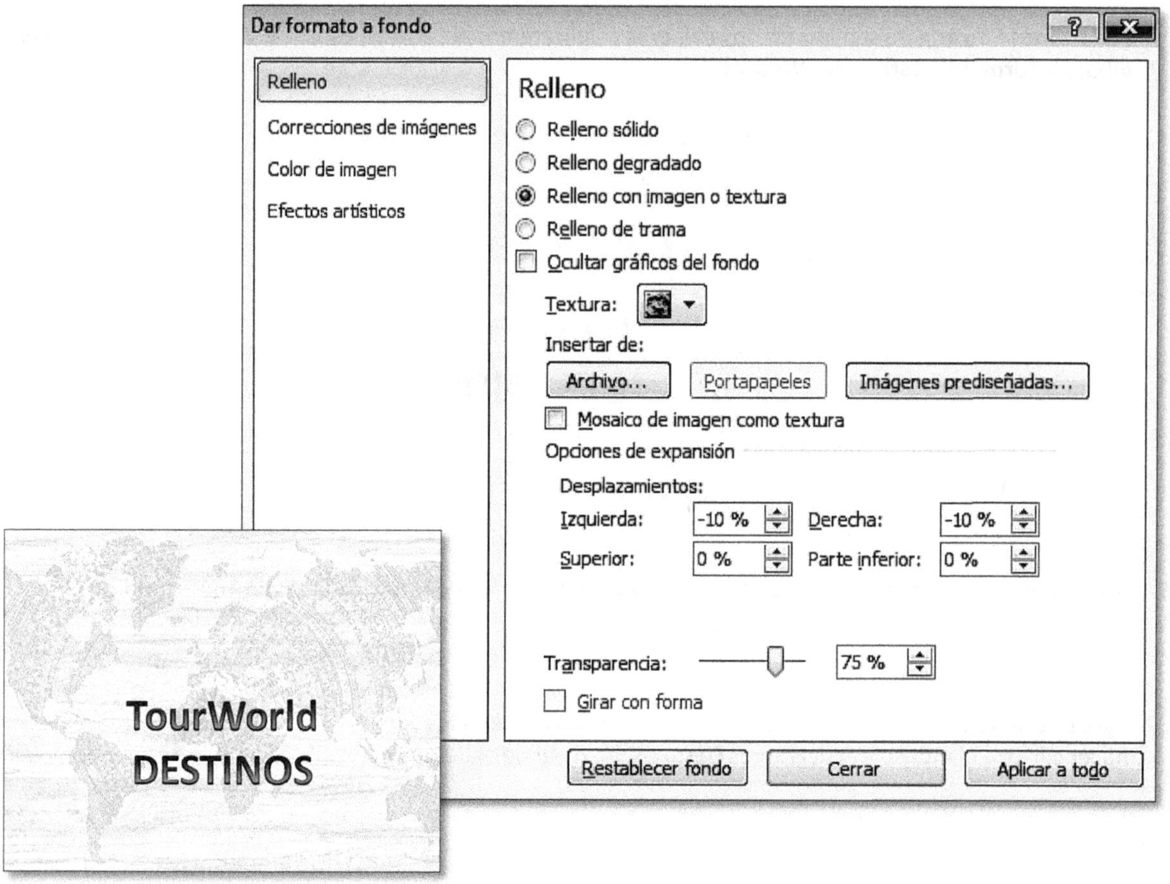

F Guardaremos la presentación como **TourWorld.pptx**.

3.2 Insertar forma · Formato de forma, imagen y cuadro de texto

Las **formas** son dibujos preestablecidos que pueden incluir texto cuando se trata de formas cerradas. En este caso, funcionan como cuadros de texto con un aspecto específico.

Tanto para las **formas**, como para **imágenes** y los **cuadros de texto** existen gran cantidad de ajustes y estilos a la hora de darles el **formato** que más nos interese. Los encontraremos en la ficha **Herramientas de dibujo / imagen > Formato**.

PRÁCTICA

A Insertaremos una forma circular en la diapositiva de título que nos sirva como logotipo de la agencia de viajes.

En **Insertar > Ilustraciones > Formas** clicaremos en la **elipse**, dentro del grupo de formas básicas y arrastraremos para dibujar un círculo encima del título.

NOTA: Para dibujar formas regulares (círculo, cuadrado) o mantener las proporciones de una forma al cambiar su tamaño, arrastre uno de los controladores de las esquinas **manteniendo** la tecla **Mayús** pulsada.

B Con la forma seleccionada **escribiremos** *TW*, aumentaremos la fuente y pondremos el texto en negrita.

Para dar formato a este objeto gráfico acudiremos a **Herramientas de dibujo > Formato**. En general, lo mejor será aplicar uno de los **estilos de forma** prediseñados, pero podemos experimentar con las distintas posibilidades de la ficha.

También aquí se le puede dar un **tamaño** concreto, que, en el caso del ejemplo, es de 4 x 4 cm.

Si necesitamos **precisión** para colocar los objetos, podemos activar las guías, la cuadrícula y la regla en **Vista > Mostrar**.

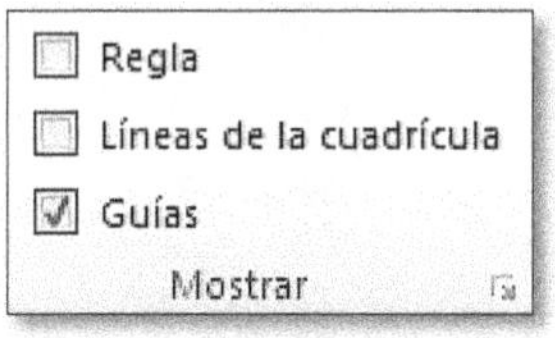

C Ahora, insertaremos una nueva diapositiva con el diseño **Imagen con título**. El **estilo de fondo** de la diapositiva debería ser el que hemos establecido en el tema anterior.

Como título escribiremos *Tahití* y como imagen insertaremos el archivo **Tahití.jpg** desde la carpeta **Archivos Office 2010 - PowerPoint > TourWorld**.

D Borraremos el cuadro de texto de abajo, que no usaremos y daremos **formato** al otro cuadro de texto y a la imagen libremente (tamaño, posición, fuente, etc.).

En el ejemplo se ha usado un marco sencillo blanco para la imagen, y para el cuadro de texto: fuente Calibri 36, negrita, estilo de forma con contorno claro y relleno coloreado en azul.

E A continuación, aplicaremos la transición que más nos guste y estableceremos que avance la diapositiva tras un **tiempo** de **7 segundos** (00:07,00), desactivando **Al hacer clic con el mouse**.

En la presentación de ejemplo, la transición es **Cubrir, Desde arriba, 1,5 s.**

3.3 Animación múltiple · Reordenar animaciones

Para lograr efectos visuales más sofisticados tenemos la opción de añadir más de una animación a los objetos con el botón **Agregar animación** de la ficha **Animaciones**.

Estas **animaciones múltiples** quedarán agrupadas, así que, para gestionarlas, por ejemplo, si hay que **reordenarlas**, deberemos acceder al **Panel de animación**.

PRÁCTICA

A Al cuadro de texto con el título le aplicaremos la animación de entrada **Zoom**, **con la anterior**, **2,5 s.**

A continuación, le aplicaremos otra de énfasis: **Onda**, **Con la anterior**, **1 s.**, clicando en **Agregar animación**,

Para poder ver y seleccionar las animaciones deberemos mostrar el **Panel de animación**, donde aparecerán por separado.

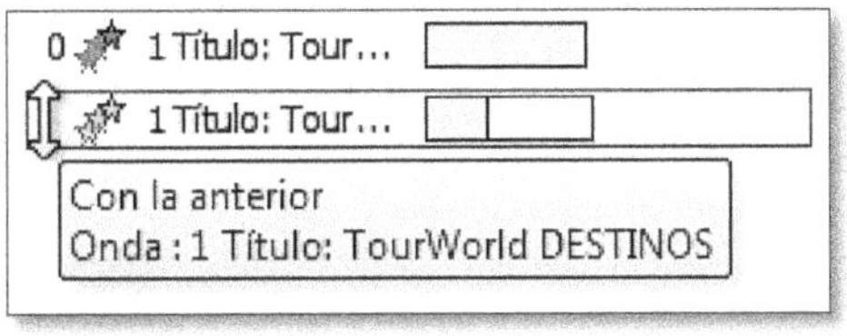

NOTA: En ciertas animaciones, como en el caso de la onda, aparecerán unos triángulos en el objeto al que se le ha aplicado la animación. Al arrastrar estos triángulos, cambiaremos la forma en que se muestra la animación.

B A la forma con el logotipo le aplicaremos la animación de entrada **Rebote**, **Después de la anterior**, **2 s.**

Ahora con **Agregar animación**, le aplicaremos otra de entrada, **Rótula**, **Con la anterior**, **4 s.**

C **Reordenaremos** las animaciones de manera que las dos aplicadas a la forma aparezcan primero.

Para ello las seleccionaremos con **Ctrl+clic** en el panel y las arrastraremos arriba del todo, antes de las del título. O bien, usaremos las flechas abajo del panel o las de **Animaciones > Intervalos > Reordenar animación**

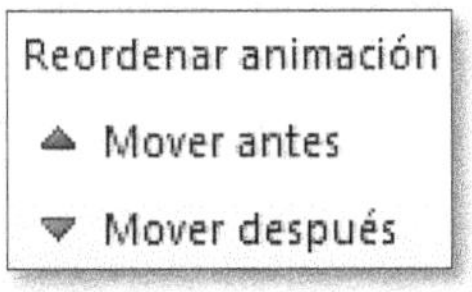

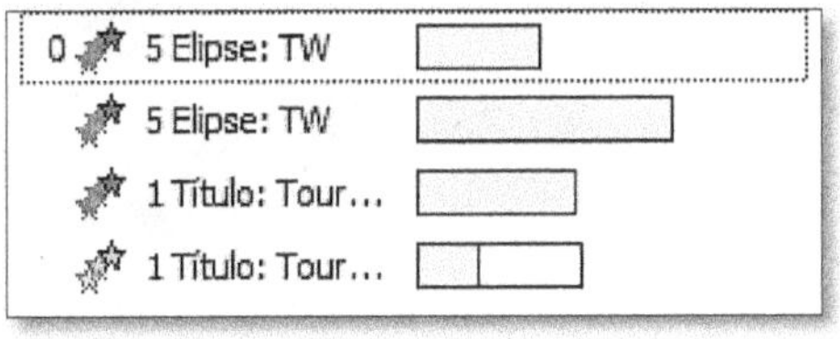

D En la diapositiva de Tahití, a la imagen y al cuadro de texto con título le aplicaremos **animaciones** de nuestro agrado, simples o múltiples.

En la presentación de ejemplo se ha aplicado una a cada objeto. La animación de la imagen es **Desvanecer**, **Después de la anterior**, **2 s.** y la animación del cuadro de texto, **Flotar hacia arriba**, **Después de la anterior**, **1 s.**

E Cuando estemos satisfechos con el resultado, **duplicaremos** esta diapositiva para añadir otra imagen y texto conservando las transiciones, animaciones y los formatos dados al texto. En el caso de no querer las mismas animaciones, las cambiaremos en la diapositiva duplicada.

Podemos añadir 18 diapositivas, al igual que en el ejemplo, o las que nos parezcan.

F Para insertar otra fotografía elegiremos **Cambiar imagen** del menú contextual de la imagen para que la nueva sea igual en cuanto a tamaño, posición y formato dado.

NOTA: La presentación **Ejemplo TourWorld.ppsx** de la carpeta **Archivos Office 2010 - PowerPoint** contiene sonido. Aprenderemos a insertarlo en el siguiente tema.

3.4 Insertar audio · Grabar narración

De igual manera que una buena banda sonora mejora una película, una buena música de fondo mejorará una presentación destinada a verse individualmente, sin la presencia de un orador. El archivo de **audio** que insertemos debería estar, preferiblemente en formato .mp3 o .wma.

Además de, o en lugar de, la música se puede **grabar** una **narración** en las diapositivas, lo cual será útil para presentaciones didácticas o comerciales que necesiten explicaciones orales. Si se opta por grabar la narración habrá que tener un micrófono, además de los altavoces.

PRÁCTICA

A Para insertar música en la presentación seleccionaremos la **diapositiva inicial** y desde la ficha **Insertar** clicaremos en **Multimedia > Audio** para elegir un archivo de sonido.

En el caso del ejemplo se ha insertado una canción en formato **.mp3** que dura 166 segundos. Para su presentación deberá elegir un archivo propio de su agrado.

B En el centro de la diapositiva aparecerá una imagen de un altavoz y un reproductor con los controles básicos. Al arrastrar la imagen del altavoz, lo moveremos a la posición que queramos.

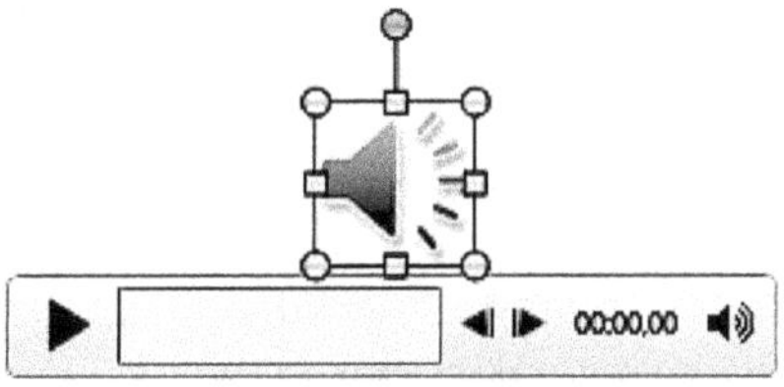

C Desde **Herramientas de audio > Reproducción > Opciones de audio** estableceremos como **Inicio**, que se reproduzca en todas las diapositivas, con ello conseguimos que suene la música durante toda la presentación, no solo en la diapositiva en la que insertamos el audio. Seleccionaremos **Ocultar durante la presentación** para que no se vea el icono del altavoz.

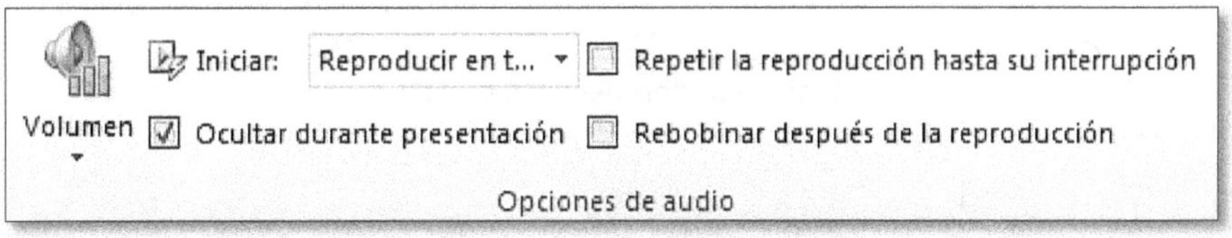

Las otras opciones de este grupo nos permiten ajustar el volumen del sonido, hacer que suene indefinidamente hasta que lo interrumpamos (**Repetir...**) y volver a reproducir el archivo de audio desde el principio si la presentación continúa cuando el audio ya ha acabado (**Rebobinar...**).

También hemos de considerar el grupo **Editar**, que nos permite acortar el archivo de audio si fuera necesario y hacer que el volumen aumente progresivamente al inicio y disminuya al final (**Fundido...**).

D Para la presentación de ejemplo, en la ficha **Animaciones** se ha cambiado el inicio del audio a **Después de la anterior**, es decir, después de la animación del título. De esta forma, no comenzará la reproducción hasta que no hayan acabado las animaciones de los objetos.

E Como el archivo de audio del ejemplo tiene una duración de **166 segundos** y ha de sonar en 19 diapositivas, el tiempo de avance a la diapositiva se ha establecido en 7 segundos después de haber comprobado que es el tiempo idóneo para que coincida con la duración de la canción, sumando los 1,5 s. del efecto de transición.

F Cuando nos hayamos asegurado de que todo es correcto, guardaremos la presentación. Para que se muestre automáticamente al abrirla, guardaremos también el archivo como **Presentación con diapositivas de PowerPoint (*.ppsx)** con el nombre **TourWorld - Mostrar.ppsx**.

NOTA: En una diapositiva se pueden insertar clips de vídeo desde **Insertar > Multimedia > Vídeo**, no obstante, esta opción suele causar problemas porque existen formatos y códecs de vídeo que no maneja bien *PowerPoint*. Si es necesario mostrar un vídeo relacionado con la exposición, es aconsejable hacerlo fuera de la presentación, utilizando un software externo para reproducirlo. En todo caso, se puede insertar un **vínculo** en la diapositiva que abra el archivo de vídeo o la aplicación para ejecutarlo. El procedimiento para insertar vínculos lo estudiaremos posteriormente

G Si nos interesa grabar una locución para que se escuche durante el pase de la presentación, lo haremos en **Presentación con diapositivas > Configurar**.

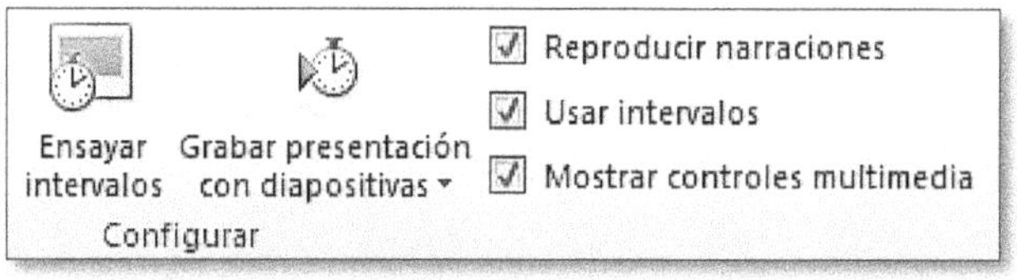

Con el botón **Grabar presentación con diapositivas** grabaremos nuestra narración en el pase a pantalla completa. Desde el menú del botón indicaremos dónde comenzar la grabación: en la primera diapositiva o en la actual. Si no nos ha gustado lo grabado, lo eliminaremos al acabar.

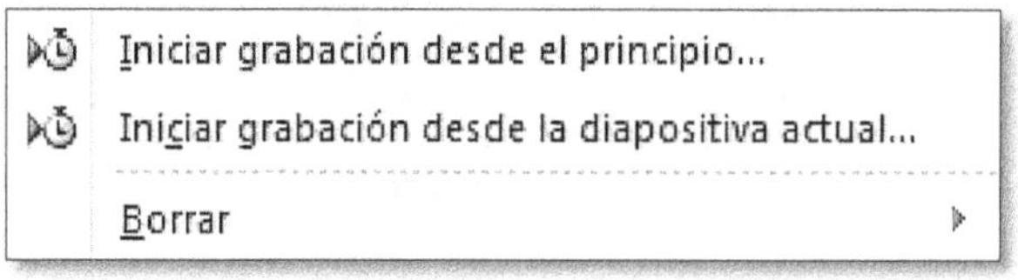

Antes de iniciarse la grabación habrá que elegir si grabamos los **intervalos** o solamente la **narración** y gestos del puntero láser. Si no grabamos los intervalos, quedarán los ya establecidos, si los grabamos, quedarán los nuevos, adaptados al tiempo empleado en la narración.

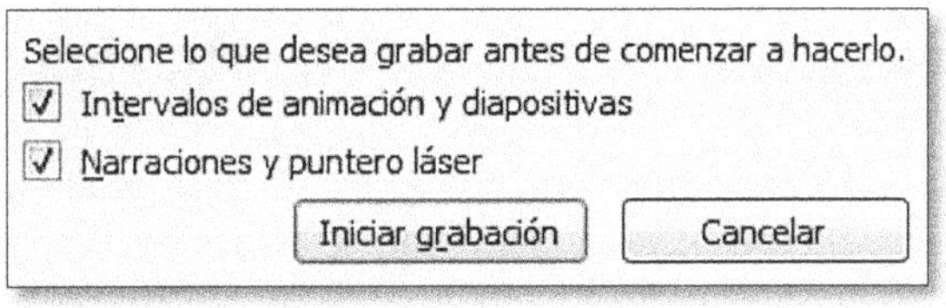

Aparecerá una barra para controlar la grabación, cuyos botones sirven para pasar a la diapositiva **siguiente**, **pausar** la grabación y **volver a grabar** el audio en la diapositiva actual.

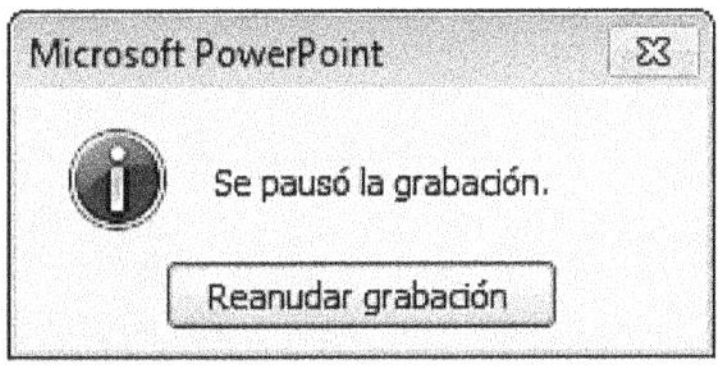

Hemos de tener en cuenta que la grabación se realiza por diapositiva y no se graba el audio durante la transición. Durante el proceso de grabación hay que pasar a la diapositiva siguiente de forma manual.

Como el audio se graba por diapositiva, podemos pausar la grabación tras cada una y prepararnos para la siguiente. Y, si cometemos un error, repetiremos la grabación solo en esa diapositiva.

Al llegar al final de la presentación o cerrar la barra del controlador de la grabación se nos preguntará si queremos o no guardar la grabación. Si la guardamos, aparecerá el icono de un altavoz en aquellas diapositivas que hayamos grabado.

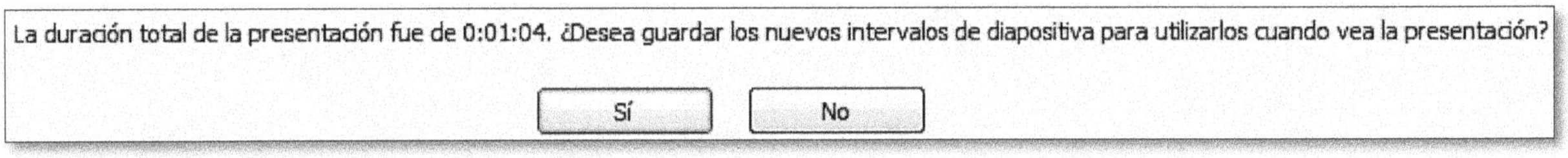

H Las tres opciones a la derecha del botón **Grabar presentación con diapositivas** controlarán los aspectos indicados en las mismas a la hora de la reproducir la presentación a pantalla completa, así, aunque hayamos grabado una narración, podemos silenciarla.

I Con el botón **Ensayar intervalos**, simplemente, probaremos nuestra presentación en público, pudiendo guardar los intervalos al finalizar, si el ensayo nos ha ido bien.

El procedimiento será el mismo que al grabar la presentación, pero solo guardará los nuevos intervalos.

3.5 Guardar presentación como vídeo · Presentación en bucle

Uno de los problemas más comunes cuando tenemos que mostrar el pase de diapositivas en un equipo distinto del nuestro es que el visor o la versión de *PowerPoint* instalada no coincida con la usada para crear nuestro archivo, con lo cual el resultado será deficiente. Es posible, incluso, que no exista programa alguno con que ejecutarla.

Si la presentación es automática, distribuida a muchas personas, el problema mencionado se agrava exponencialmente. Por tanto, lo más práctico en estos casos es **guardar la presentación como vídeo**, lo cual mantendrá fielmente todos los elementos de las diapositivas.

El caso contrario sucede cuando la presentación ha de ser mostrada en un local y equipo concretos, donde no concurren las circunstancias anteriores y su finalidad es publicitaria. Aquí, necesitaremos que el pase vuelva a mostrarse una vez acabado y para lograrlo configuraremos una **presentación en bucle** que seguirá indefinidamente hasta que la paremos manualmente.

PRÁCTICA

A Previniendo que el destinatario de la presentación no disponga de *PowerPoint* o de un visor adecuado, exportaremos la presentación como **vídeo (*.wmv)** desde **Archivo > Guardar y enviar > Crear un vídeo**.

Aquí podemos cambiar el **tamaño del vídeo** para optimizarlo según su destino e indicar si se incluyen la narración y los intervalos.

Si hemos grabado narraciones, elegiremos **Usar narraciones e intervalos grabados**. Si no las hemos grabado, elegiremos **No usar narraciones ni intervalos grabados**.

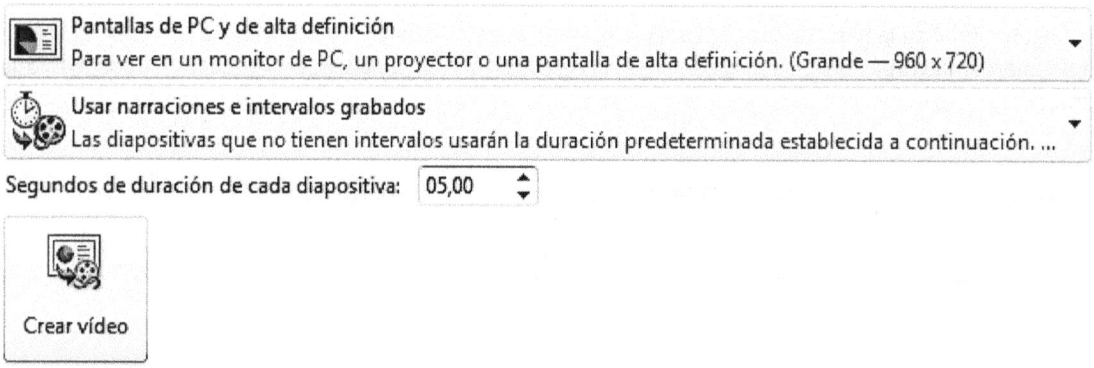

B Al clicar en **Crear vídeo** nos pedirá guardarlo, le daremos un nombre y comenzará el proceso.

La creación del vídeo suele llevar bastante tiempo, dependiendo de la potencia de nuestro equipo, la complejidad de la presentación y la resolución elegida. Por ello, podemos cancelarla desde la barra de estado.

Si la presentación contiene audio o clips de vídeo es posible que *PowerPoint* nos aconseje **optimizar la compatibilidad** antes de comenzar a crear el vídeo para evitar problemas cuando este se muestre en otro equipo.

Es conveniente realizar esta optimización, a no ser que conozcamos el equipo donde vamos a hacer el pase y no vayamos a distribuir la presentación. Lo haremos en **Archivo > Información > Optimizar la compatibilidad**.

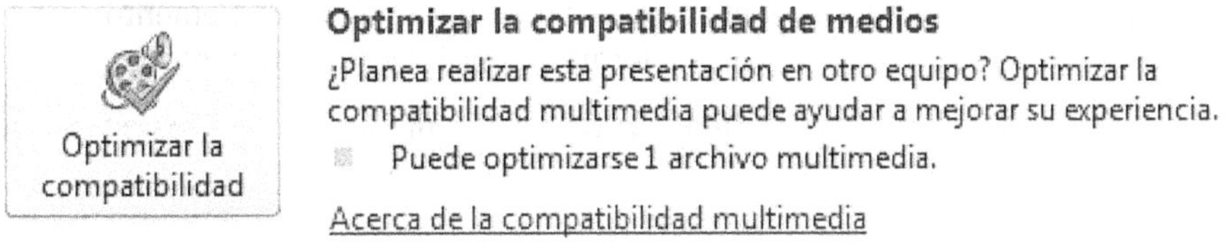

NOTA: Bajo el botón anterior tenemos otro que nos permite comprimir los elementos multimedia, no obstante, lo mejor es no hacerlo, ya que se pierde calidad en la reproducción de los mismos.

C Si queremos que la presentación se reproduzca en un bucle, acudiremos a **Presentación con diapositivas > Configurar > Configuración de la presentación con diapositivas**.

D En el cuadro de diálogo seleccionaremos **Tipo de presentación > Examinada en exposición (pantalla completa)**.

Al elegir este tipo de presentación, se activa automáticamente **Repetir el ciclo hasta presionar 'Esc'** dentro de las opciones de presentación, que es lo que nos interesa.

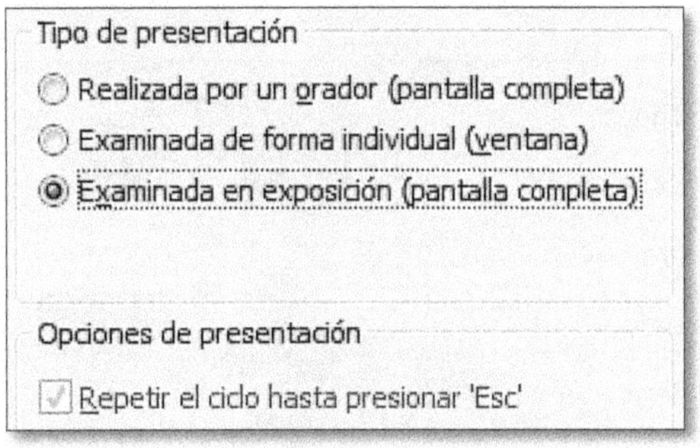

3.6 Gráficos SmartArt: Insertar, configurar y animar

Los gráficos **SmartArt** son un tipo de elemento gráfico prediseñado en el que incluimos información para transmitirla de forma más eficaz.

Existen diversos tipos de SmartArt, entre los cuales elegiremos el que más convenga a la clase de información que queramos plasmar: establecer una comparación, mostrar la relación entre varios elementos, crear un organigrama o jerarquía, ilustrar las etapas de un proceso. mostrar información cíclica o repetitiva, etc.

Una vez insertado, en la ficha **Herramientas de SmartArt** tenemos todas las opciones para trabajar con estos gráficos, especialmente en la ficha **Diseño**.

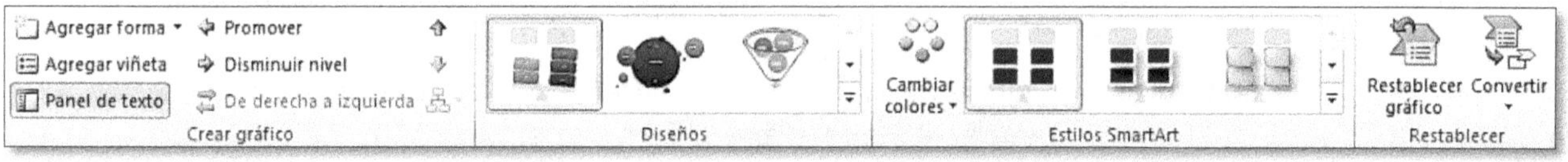

Practicaremos en este tema cómo insertarlos, configurarlos y cómo animarlos utilizando una presentación ya preparada, **Intro Comercio electrónico.pptx**.

PRÁCTICA

A Abriremos la presentación **Intro Comercio electrónico.pptx**, que se encuentra en la carpeta **Archivos Office 2010 - PowerPoint**.

B En la diapositiva número **6**, titulada *Contrarrestar los inconvenientes*, insertaremos un **SmartArt** desde **Insertar > Ilustraciones > SmartArt**.

C Elegiremos el tipo **Balanza,** dentro de la categoría **Relación**, que nos servirá para contrastar los pros y los contras del comercio electrónico.

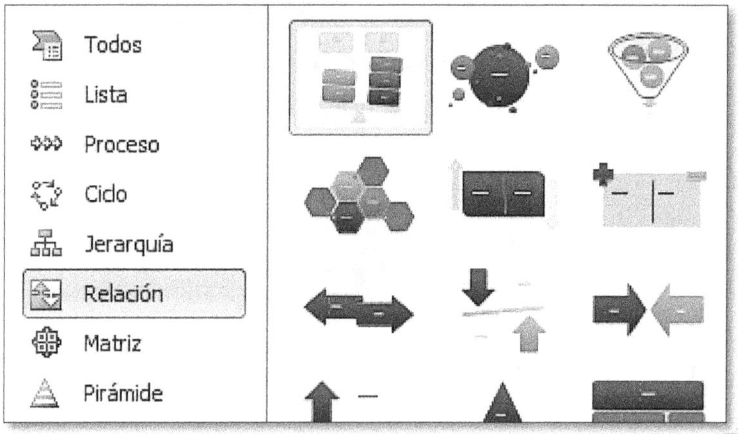

D El gráfico nos mostrará dos partes, la de escritura (**Panel de texto**) y la del gráfico en sí, aunque también se puede escribir en las formas del gráfico y dar formato al texto. En la primera columna listaremos los contras y en la segunda, las acciones para contrarrestarlos.

En el cuadro de encabezado de los contras escribiremos el signo menos (-) y en el de al lado, el signo más (**+**). Las formas superiores se corresponden con las viñetas de primer nivel del **Panel de texto** y las formas de debajo, con las viñetas de segundo nivel, que son las que equilibran o desequilibran la balanza.

Escribiremos *Intangibilidad* como primer inconveniente, en la forma o en el panel.

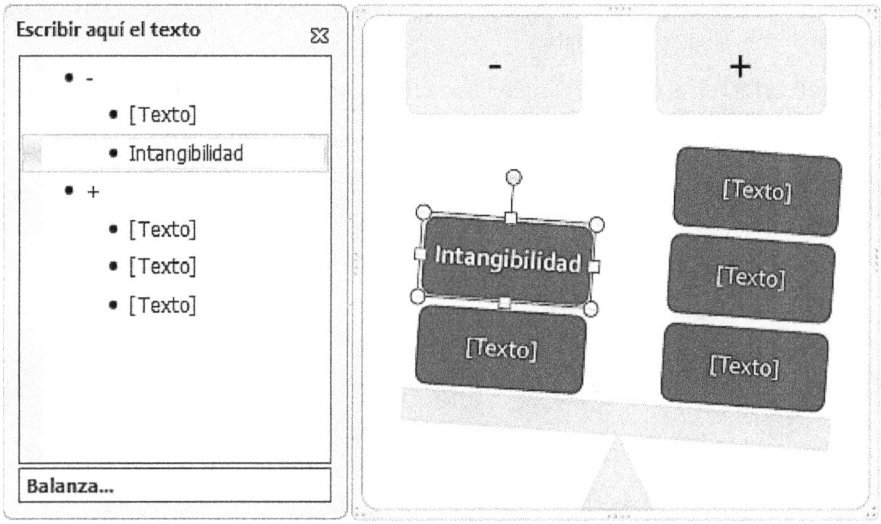

Los otros tres inconvenientes serán, es este orden, *Distancia, Desconfianza* e *Inseguridad*. Para añadirlos necesitaremos **agregar** dos formas en **Herramientas de SmartArt > Diseño > Crear gráfico > Agregar forma** o **Agregar viñeta**.

Para ordenar las formas, clicaremos en **Subir** o **Bajar**, en el mismo grupo de opciones.

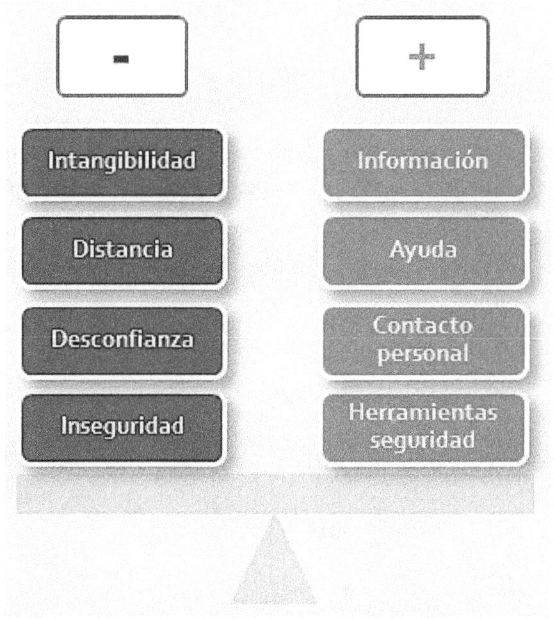

E En la segunda columna de la balanza escribiremos, en este orden, *Información, Ayuda, Contacto personal* y *Herramientas seguridad*.

F Le aplicaremos el estilo y los colores que prefiramos desde **Herramientas de SmartArt > Diseño / Formato**.

Si seleccionamos las formas individualmente o varias de ellas el formato se aplicará a la selección.

Para anular todos los formatos aplicados y volver al estilo original acudiremos a **Herramientas de SmartArt > Restablecer > Restablecer gráfico**.

G Seleccionando el **SmartArt** le aplicaremos una animación:

- Efecto de entrada: **Flotar hacia arriba**.
- Opciones de efectos: Dirección - **Flotar hacia abajo**, Secuencia - **Una a una**.
- Inicio: **Después de la anterior**.
- Duración: **0,5 s**.

H En la diapositiva número **9** con el título *Tres claves para la usabilidad* insertaremos otro **SmartArt** del tipo **Radial convergente**, dentro de la categoría **Relación**.

Escribiremos *USABILIDAD* en el círculo y *Diseño, Estructura* y *Accesibilidad* en los rectángulos.

Le aplicaremos un estilo, formato y animación de nuestro agrado.

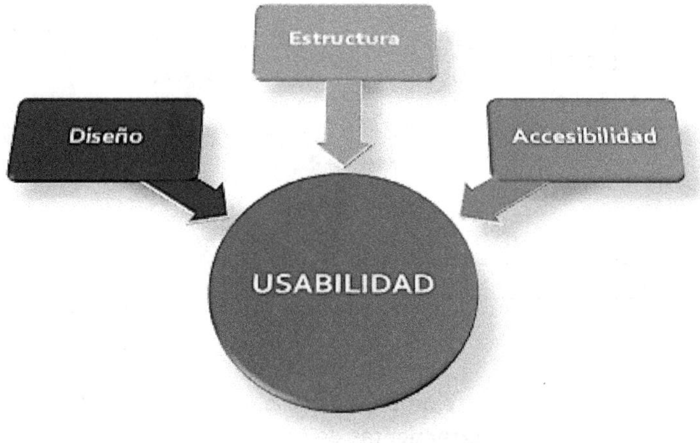

I Por último, en la misma categoría elegiremos un SmartArt de tipo **Embudo** para insertar en la diapositiva número **18** que tiene el título *Fidelizar al cliente*.

Como elementos dentro del embudo escribiremos *Calidad producto, Calidad servicio* y *Calidad atención*. Como resultado, *FIDELIZACIÓN CLIENTE*.

Le aplicaremos los estilos y formatos que deseemos y la siguiente animación:

- Efecto de entrada: **Flotar hacia adentro**.
- Opciones de efectos: Dirección - **Flotar hacia abajo,** Secuencia - **Una a una**.
- Inicio: **Después de la anterior**.
- Duración: **0,75 s**.

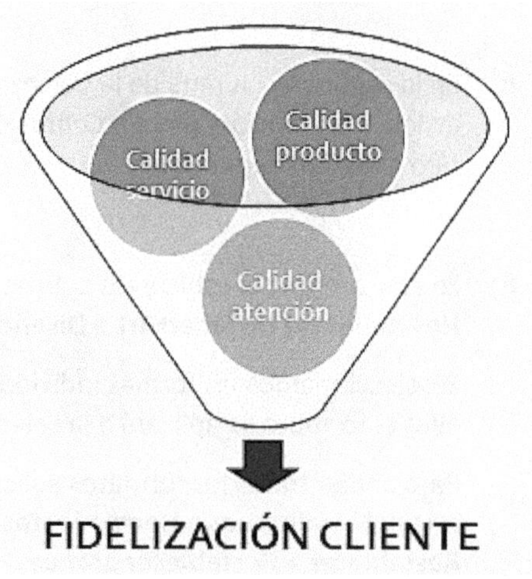

3.7 Insertar vínculos: acciones e hipervínculos

Al asignar un **vínculo** a un objeto de la diapositiva conseguimos que, al clicar sobre el objeto, se lleve a cabo una acción, como ir a una diapositiva concreta, abrir una presentación o un archivo externo, ejecutar un programa determinado o abrir un sitio web en el navegador.

Esta característica nos permitirá crear un menú inicial para desplazarnos a las distintas secciones de la presentación y conectar contenido externo que pueda ser útil, bien para ampliar el tema que estamos presentando, bien para mostrar ejemplos ilustrativos del mismo.

Tanto el botón **Hipervínculo** como el botón **Acción**, en la ficha **Insertar**, nos darán las opciones necesarias de forma similar.

PRÁCTICA

A En la diapositiva número 2, desde **Insertar > Ilustraciones > Formas**, insertaremos **cuatro formas** (rectángulos) que nos servirán como un menú para acceder a las cuatro secciones de la presentación.

B Escribiremos en las formas: *Ventajas e inconvenientes, El sitio web (pre-venta), La tienda en línea (venta)* y *Atención post-venta*.

Desde **Herramientas de dibujo** les aplicaremos un **diseño** y unos **colores** que armonicen con los empleados en las diapositivas de encabezado de sección. Para agilizar la tarea, configuraremos la primera forma y, cuando estemos satisfechos/as, la copiaremos y la pegaremos; así solo tendremos que cambiar el texto y el color de relleno.

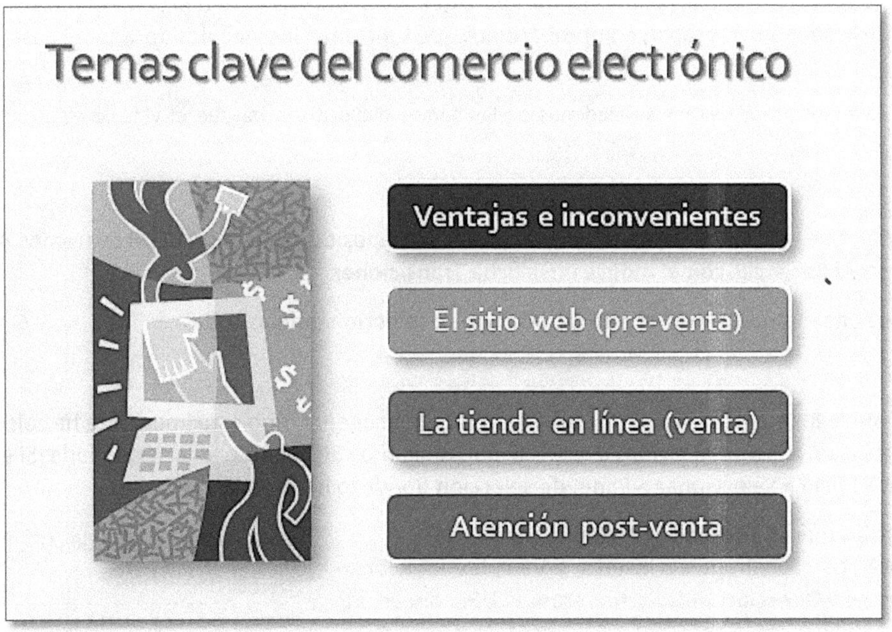

C Seleccionaremos la primera forma (clic en su borde) y desde **Insertar > Vínculos > Acción** estableceremos el **Clic del mouse** como **Hipervínculo a > Diapositiva > 3. Ventajas e inconvenientes.**

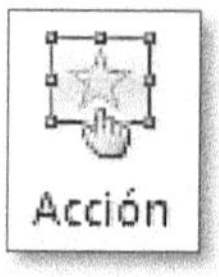

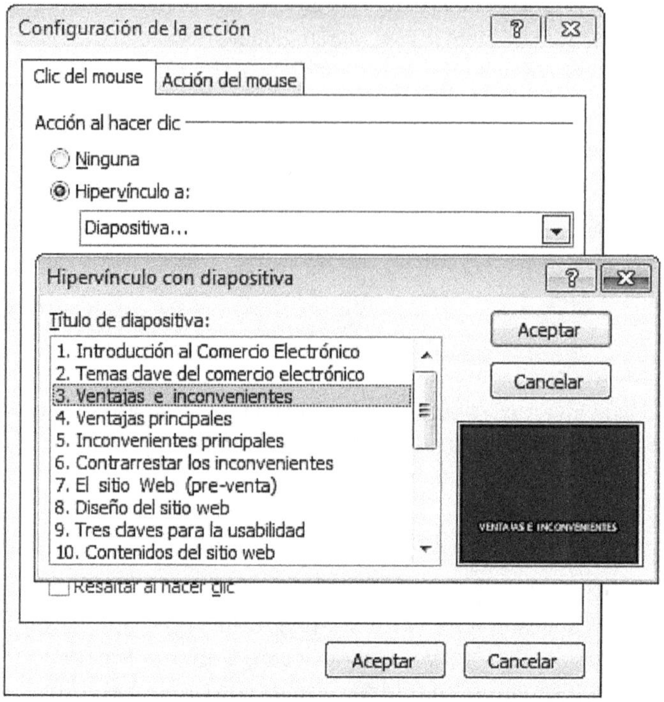

Repetiremos el proceso con las demás formas para que cada una nos lleve a la correspondiente diapositiva de encabezado de sección. Al acabar, comprobaremos que funcionan los vínculos durante el pase de diapositivas.

NOTA: No debemos preocuparnos si añadimos o eliminamos diapositivas, ya que el vínculo establecido se actualiza automáticamente.

A fin de evitar que un clic fuera de los botones pase a la diapositiva siguiente, desactivaremos **Avanzar a la diapositiva > Al hacer clic con el mouse** en la ficha **Transiciones.**

Aplicaremos una misma animación a todas las formas, seleccionándolas todas.

D En la diapositiva **8**, *Diseño de la interfaz*, eliminaremos la imagen. Como esta imagen se ha colocado en el fondo **[menú contextual > Enviar al fondo]** es posible que tengamos dificultad para seleccionarla. Si este fuera el caso, activaríamos **Inicio > Seleccionar > Panel de selección** donde lo haremos fácilmente.

Ahora insertaremos la imagen **Logo_Apple.png**, la seleccionaremos y acudiremos a **Insertar > Vínculos > Acción > Clic del mouse > Dirección URL.** Escribiremos la URL (dirección web) **https://www.apple.com/es/** y en el pase de diapositivas comprobaremos que abre el sitio web en el navegador.

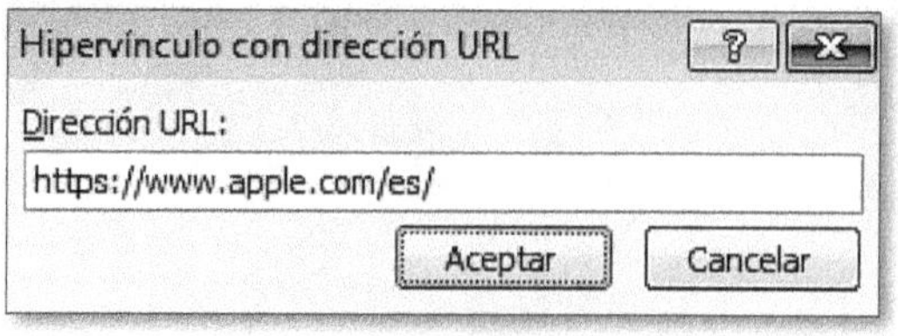

Luego, le aplicaremos una animación de entrada a la imagen para que aparezca al final del resto de animaciones.

E Por último, insertaremos un vínculo a otra dirección web de igual manera, pero seleccionaremos previamente el texto *Google AdWords* de la diapositiva **11**. La URL será: **https://adwords.google.com/home/**.

F Para comprobar los hipervínculos sin necesidad de cambiar al pase de diapositivas a pantalla completa, haremos clic con el botón secundario del ratón sobre el objeto y del menú contextual elegiremos **Abrir hipervínculo**.

En este menú también encontramos las opciones para **modificarlo**, **copiarlo** y **quitarlo**.

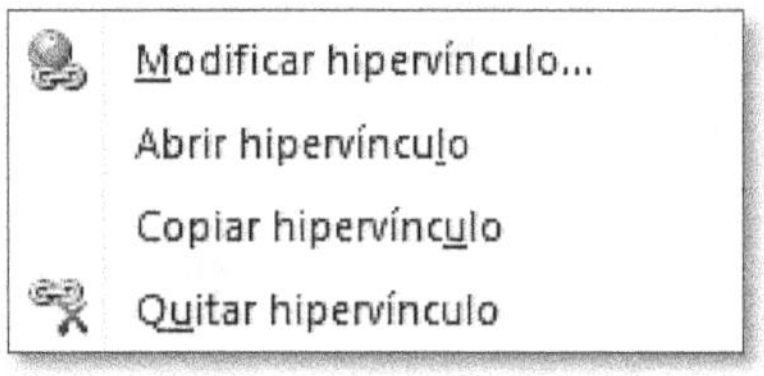

3.8 Insertar botones de acción

Los **botones de acción** son formas con iconos que representan acciones de desplazamiento a diapositivas y otras acciones comunes.

Al asignarles un hipervínculo, los podemos utilizar como botones de navegación en la presentación desplazarnos o para realizar otra acción si nos parece bien el icono.

Se insertan como cualquier otra forma y los encontramos en **Insertar > Ilustraciones > Formas**, al final del menú.

PRÁCTICA

A En la esquina superior derecha de la cuarta diapositiva, *Ventajas principales*, insertaremos **dos botones de acción** desde **Insertar > Ilustraciones > Formas > Botones de acción**: uno nos dirigirá a la diapositiva del menú y el otro avanzará una diapositiva.

Elegiremos el botón con el icono de una casa y tras arrastrar para dibujarlo, aparecerá el cuadro de diálogo **Configuración de la acción** con la opción **Hipervínculo a** seleccionada.

Seleccionaremos la diapositiva **2** como destino del vínculo.

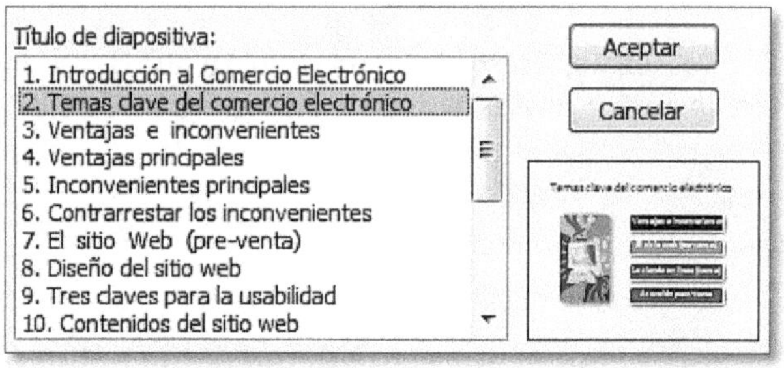

B Repetiremos la operación, eligiendo el botón de la flecha derecha, el cual ya está configurado para desplazarse a la diapositiva siguiente.

C Una vez insertados los botones, les daremos el formato y tamaño que nos gusten.

D Para añadirlos en otras diapositivas, los seleccionaremos, los **copiaremos** y los **pegaremos** en todas las diapositivas <u>excepto</u> en las dos primeras y en la última.

En las diapositivas al final de las tres primeras secciones, **eliminaremos** el botón de avanzar a la siguiente diapositiva, ya que queremos volver al menú tras cada sección.

En la penúltima diapositiva, **eliminaremos** el botón de volver al menú inicial, ya que habremos llegado al final de la presentación.

Si quisiéramos restringir la navegación a los botones de acción que insertemos, deberíamos desactivar **Avanzar a la diapositiva > Al hacer clic con el mouse** en la ficha **Transiciones**.

3.9 Animación avanzada: establecer desencadenante

Normalmente, cada animación que aplicamos la configuramos para que se inicie después o al mismo tiempo que la anterior, o bien cuando se clique sobre la diapositiva. Otra opción es **establecer** un **desencadenante** para que se inicie la animación al hacer clic sobre el mismo objeto que la contiene animado o sobre otro distinto.

Esta posibilidad es interesante para crear tests en los que, al clicar sobre las opciones de cada pregunta, se muestre una animación que indique si la respuesta el correcta o incorrecta. Aprenderemos a realizar este tipo de diapositiva con la práctica propuesta.

PRÁCTICA

A Abriremos la presentación **Test de comprensión.pptx** y en la diapositiva número **2** escribiremos unas preguntas en cuadros de texto. Debajo de ellas insertaremos **2 formas** con las opciones verdadero y falso.

Queremos que, al clicar en el botón con la respuesta **incorrecta**, el fondo de la forma cambie al color **rojo** y al clicar en el botón de la respuesta **correcta**, cambie a **verde**.

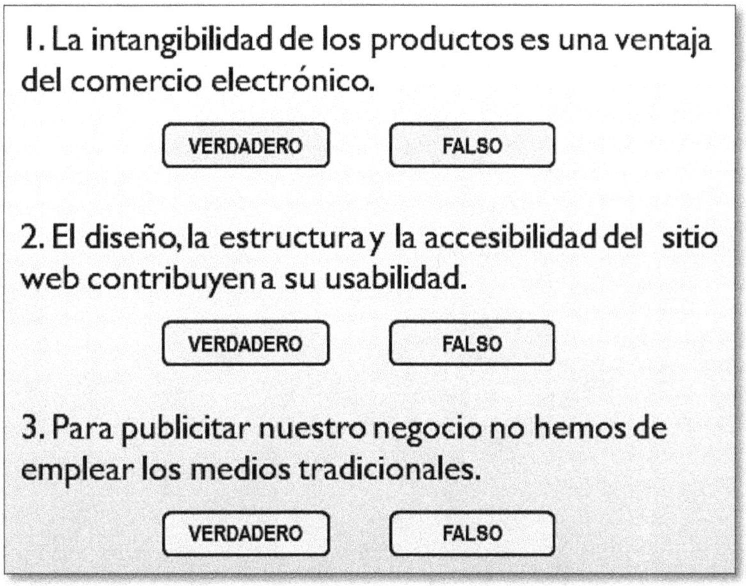

B Configuraremos la primera pregunta y las dos formas. A las formas les aplicaremos la animación **Color de relleno** dentro de la categoría **Énfasis** y en **Opciones de efectos** daremos el color de fondo rojo a la forma "verdadero" y el verde a "falso". La duración será de **0,25 s**.

C Para que detecte el **clic sobre la forma** y no sobre la diapositiva habrá que configurar la animación en **Animaciones > Animación avanzada > Desencadenar > Al hacer clic con**, y elegir el nombre de la forma.

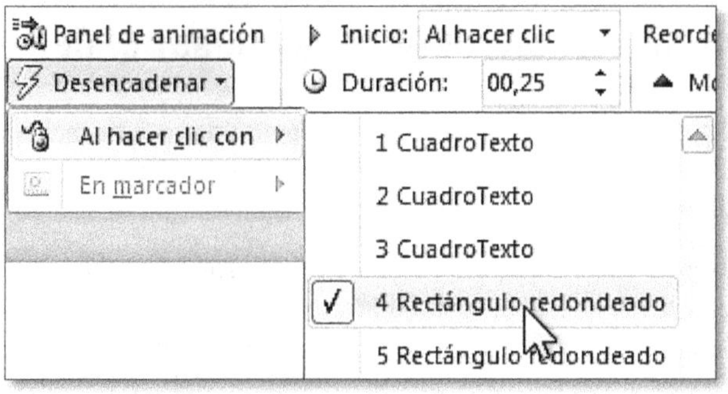

D Una vez configuradas las animaciones, seleccionaremos con **Ctrl+clic** o **Mayús+clic** el cuadro de texto y las formas y los duplicaremos para añadir las demás preguntas.

Cambiaremos el color de relleno de cada forma según sea correcta o incorrecta la cuestión.

E Si queremos experimentar, podemos añadir más opciones por pregunta, usar distintas animaciones o insertar imágenes.

3.10 Ocultar cinta de opciones · Personalizar barra de acceso rápido

La **cinta de opciones** se puede minimizar (ocultar) y, de esta forma, tener más espacio para trabajar en la presentación en la pantalla.

Por su parte, la **barra de acceso rápido**, que forma parte de la barra de título de la ventana de *PowerPoint*, puede personalizarse añadiendo botones para tener más a mano las acciones de realizamos habitualmente y quitando los que no nos interesen.

PRÁCTICA

A Comprobaremos cómo **minimizar** la cinta de opciones con el botón ^ (en la parte superior derecha de la ventana de *PowerPoint*) o haciendo **doble clic en una pestaña**. También lo logramos con la combinación te teclas **Ctrl+F1**.

Mostraremos la cinta de igual manera.

B Desplegando el menú de la **Barra acceso rápido** añadiremos los botones **Abrir** y **Presentación desde el principio** a la barra de acceso rápido.

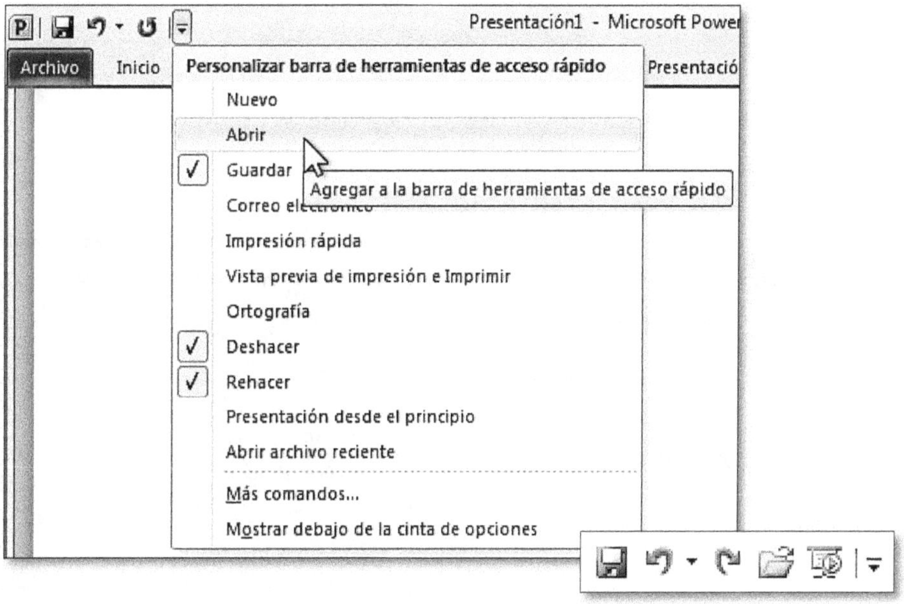

C Luego, quitaremos el botón **Abrir** y personalizaremos esta barra según nuestros intereses.

NOTA: Con la opción **Más comandos** del menú de la **Barra acceso rápido** accedemos a todos los botones posibles. También aquí, podremos quitar todas las personalizaciones y dejar la barra como venía de fábrica con el botón **Restablecer**.

3.11 Protección de la presentación: cambios y apertura

Si necesitamos proteger una presentación para que no se realicen **cambios** en ella o para que solamente se pueda **abrir** mediante la introducción de una contraseña, encontramos las opciones pertinentes en **Archivo > Información > Proteger presentación**.

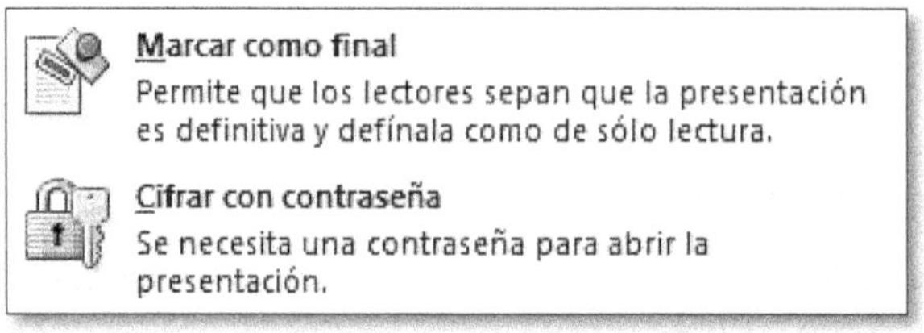

PRÁCTICA

A Protegeremos una de nuestras presentaciones contra cambios marcándola como final en **Archivo > Información > Proteger presentación > Marcar como final**.

Un cuadro de diálogo nos pedirá confirmación y, cuando lo hagamos, otro nos informará sobré qué ocurre cuando el archivo se ha establecido como versión final.

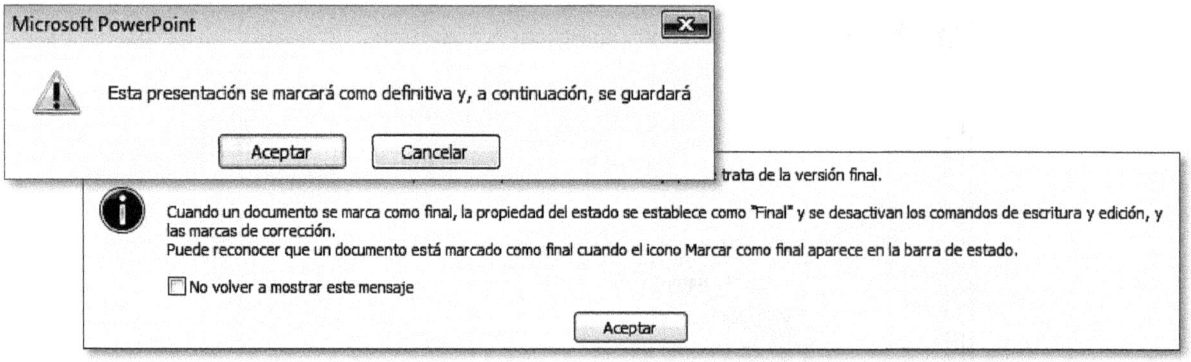

Para **revertir** la protección contra escritura y hacer de nuevo el archivo editable, volveremos a la opción de marcar como final.

B Si necesitamos proteger contra apertura la presentación acudiremos a **Archivo > Información > Proteger presentación > Cifrar con contraseña**.

Para **quitar** la contraseña, lo haremos en la misma opción, escribiendo la asignada anteriormente.

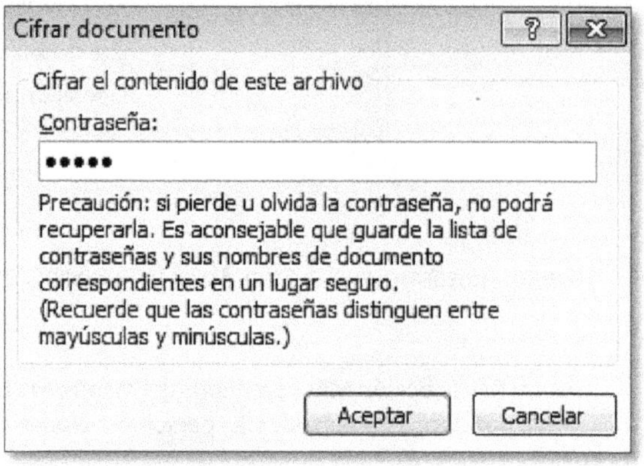

3.12 Opciones de PowerPoint

Normalmente, no necesitamos cambiar el comportamiento general de la aplicación y, por regla general, es mejor no hacerlo. No obstante, sí es conveniente saber dónde encontrar las opciones de *PowerPoint* y conocer aquellas que pueden sernos útiles: en **Archivo > Opciones** encontramos los menús disponibles.

En el menú **General** podemos cambiar el nombre del usuario de todas las aplicaciones de *Office*, incluido *PowerPoint*.

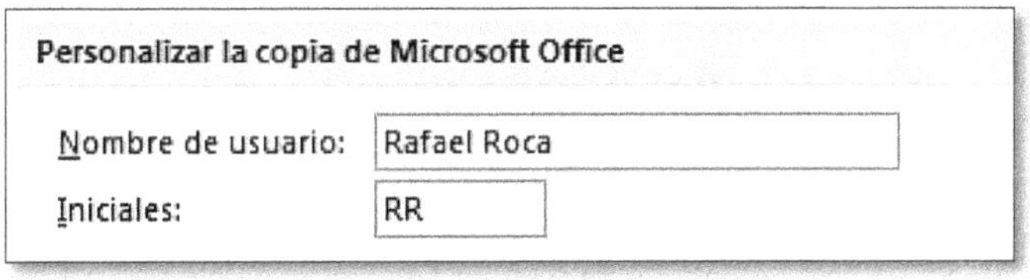

En el menú **Revisión** controlamos el funcionamiento de la revisión ortográfica en los programas de *Office* y, al clicar en **Opciones de autocorrección**, configuramos aquellas correcciones que *PowerPoint* hace automáticamente mientras escribimos.

Dado que en las presentaciones priman los elementos gráficos sobre el texto, no es éste un tema importante, pero si estamos especialmente interesados en conocer su funcionamiento, podemos acudir a la ayuda del programa.

En **Guardar > Guardar presentaciones** establecemos el tiempo que ha de transcurrir para la próxima copia de seguridad automática que realiza *PowerPoint*.

Estas copias se utilizan para recuperar presentaciones que no han sido guardadas debido a algún error que ha cerrado el programa o el sistema operativo de forma incorrecta.

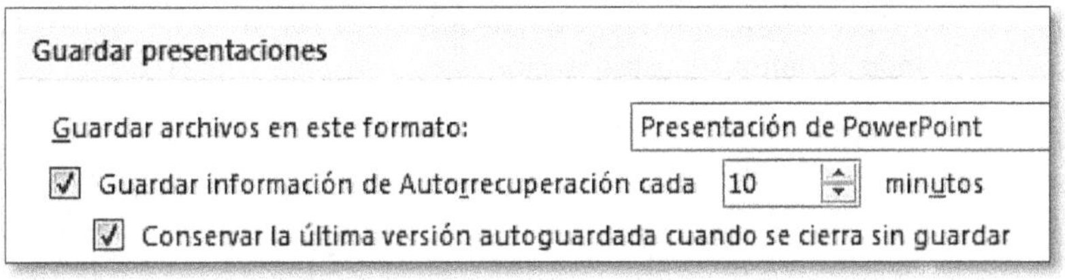

Ya hemos comentado que, para evitar problemas con las fuentes utilizadas en la presentación cuando la mostramos en un equipo distinto del nuestro, es conveniente incrustarlas en el archivo. Si no hay más editores de la presentación, no será necesario incrustar todos los caracteres de las fuentes, solo los que aparecen en ella.

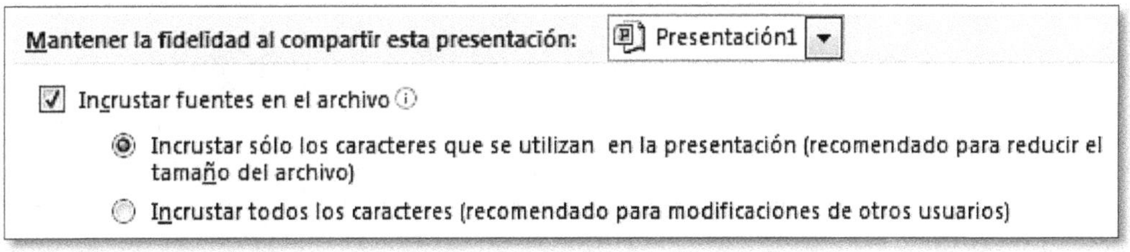

En el menú **Avanzadas > Opciones de edición** indicamos cuántas acciones podremos deshacer. De forma predeterminada están limitadas a 20, pero el máximo es 150.

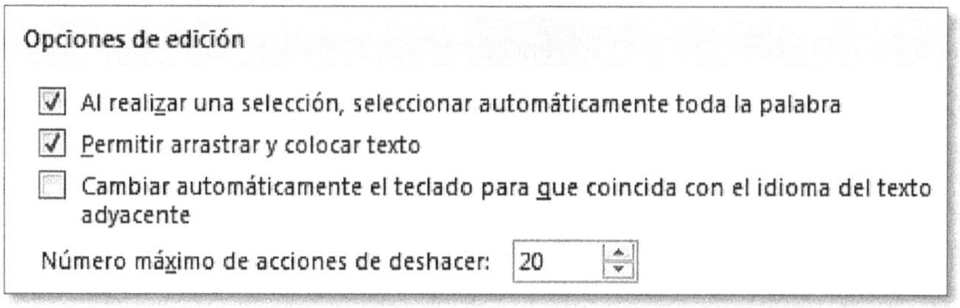

Si hemos de imprimir las diapositivas con imágenes en la más alta calidad posible, seleccionaremos la casilla **No comprimir las imágenes del archivo** en **Avanzadas > Tamaño y calidad de la imagen**, de lo contrario, se imprimirán a la resolución predeterminada abajo.

Por otra parte, si descartamos los **datos de edición**, no podremos recuperar la imagen original una vez hayamos cambiado su tamaño, color, etc.

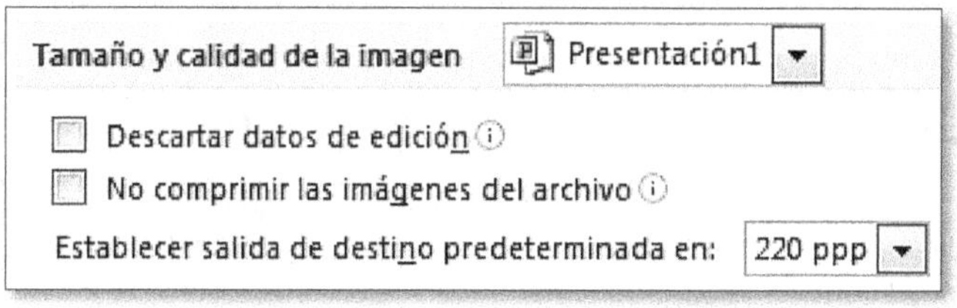

En **Mostrar** podemos indicar cuántas presentaciones recientes queremos ver (máximo: 50) en **Archivo > Recientes** y qué vista queremos mostrar cuando abramos las presentaciones.

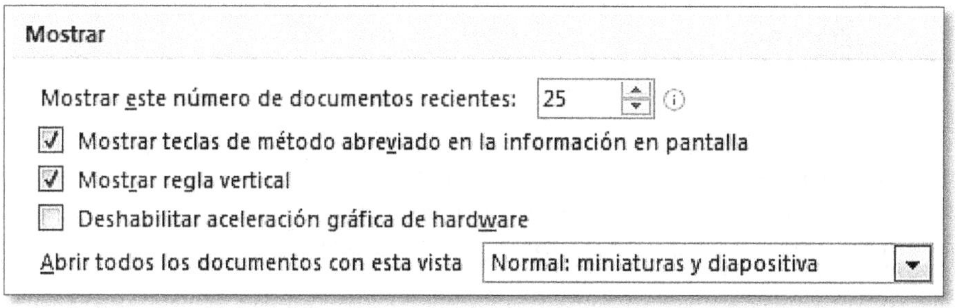

Código descarga: KP2010ExAc

www.ingramcontent.com/pod-product-compliance
Lightning Source LLC
Chambersburg PA
CBHW081500050326
40690CB00015B/2866
9781986641739